Haberland, Eingliederung von Aussiedlern

D1721597

**Haberland**

# Eingliederung von Aussiedlern

Sammlung von Texten, die für die Eingliederung von
Aussiedlern aus den osteuropäischen Staaten von Bedeutung sind

Bearbeitet von Jürgen Haberland
Ministerialrat im
Bundesministerium des Innern

Heggen-Verlag, Leverkusen

© 1991 Heggen-Verlag, Leverkusen
5. überarbeitete und erweiterte Auflage
ISBN 3-927 448-05-2

# VORWORT

Die hiermit vorgelegte Sammlung soll die Arbeit bei der Eingliederung der deutschen Aussiedler aus den osteuropäischen Staaten sowie der Zuwanderer aus der DDR und aus Berlin (Ost) erleichtern. Sie wendet sich an die Mitarbeiter in den Behörden sowie bei den Verbänden und schließlich an jeden, der mit der Betreuung der Aussiedler und Zuwanderer befaßt ist.

Die Einleitung ist ebenso gegliedert wie die nachfolgende Textsammlung; sie soll dem Leser einen kurzgefaßten Überblick über die angesprochenen Bereiche geben. Die Textsammlung beginnt mit der Wiedergabe von Dokumenten, die eine Grundlage für die Aussiedlung aus den osteuropäischen Staaten bilden. Abschließend werden die Maßnahmen der Bundesregierung im Rahmen des Programms zur Eingliederung von Aussiedlern und Zuwanderern vom 12. Mai 1976 dargestellt. Des weiteren werden Gesetze, Verordnungen, Richtlinien, Beschlüsse und Merkblätter wiedergegeben, die für die Eingliederung von Bedeutung sind.

Ein Teil dieser Texte war bisher nicht veröffentlicht. Andere Texte waren nur schwer zugänglich, weil sie an einer Vielzahl von Stellen abgedruckt und nicht in einem Sammelwerk zusammengestellt worden waren. Das führte dazu, daß die umfassende Beratung von Aussiedlern und Zuwanderern über die ihnen zustehenden Rechte im Einzelfall immer wieder auf Schwierigkeiten stoßen konnte. Diesem Zustand soll durch diese Sammlung abgeholfen werden, die den vom Bundesminister des Innern herausgegebenen „Wegweiser für Aussiedler", der sich in erster Linie an die Betroffenen wendet, ergänzt. Den einzelnen Abschnitten sind daher Hinweise auf die entsprechenden Abschnitte des „Wegweisers" vorangestellt.

Aus Raumgründen konnten nicht alle einschlägigen Vorschriften abgedruckt werden. Hierbei wurde überwiegend auf die Aufnahme solcher Bestimmungen verzichtet, die ohne Schwierigkeiten zugänglich sind.

Hinweise für Ergänzungen und Verbesserungen werden gern entgegengenommen.

Bonn, im Juni 1978

# VORWORT ZUR 5. AUFLAGE

Seit dem Erscheinen der 4. Auflage (Ende 1988) sind im Recht der Aufnahme und der Eingliederung zahlreiche Änderungen eingetreten.

Das Eingliederungsanpassungsgesetz, das am 1. Januar 1990 in Kraft trat, modifizierte einige Leistungen für Aussiedler und Übersiedler. Kernstück war die Einführung eines Eingliederungsgeldes, das u. a. das bisher gewährte Arbeitslosengeld und das Unterhaltsgeld während der Teilnahme an Deutschlehrgängen ablöste.

Nach den ersten freien und demokratischen Wahlen in der damaligen DDR am 18. März 1990 beschloß die Bundesregierung, das Aufnahmeverfahren für Übersiedler zu beenden. Darüber hinaus wurde eine Reihe von Leistungen für Übersiedler eingestellt. Mit der Aufhebung des Aufnahmegesetzes zum 1. Juli 1990 und schließlich mit der Herstellung der deutschen Einheit am 3. Oktober 1990 kann der Tatbestand einer Übersiedlung nicht mehr erfüllt werden. Deshalb ist auch der Titel des Buches geändert worden in „Eingliederung von Aussiedlern". Dennoch wird das Recht der Eingliederung von Übersiedlern nach wie vor dargestellt. Die nunmehr vorliegende 5. Auflage gibt den aktuellen Stand des Rechts der Eingliederung unter Berücksichtigung des Einigungsvertrages wieder.

Allen Kollegen, die mich bei der Vorbereitung unterstützt haben, danke ich für ihre wertvollen Hinweise. Dieser Dank gilt vor allem Herrn Ministerialrat Manfred Meissner und Herrn Oberamtsrat Heinz Berresheim aus dem Bundesministerium des Innern.

Bonn, im November 1990                                                       Jürgen Haberland

# INHALTSÜBERSICHT                                                        Seite

VORWORT                                                                          5
ABKÜRZUNGSVERZEICHNIS                                                            14
EINLEITUNG                                                                       18

1. **Grundlagen der Aussiedlung**
   1.1 Internationale Verträge und Deklarationen
       1.1.1 Allgemeine Erklärung der Menschenrechte vom 10. Dezember
             1948 – Auszug –                                                     82
       1.1.2 Internationaler Pakt zur Beseitigung jeder Form von Rassen-
             diskriminierung vom 7. März 1966 (BGBl. 1969 II S. 961)
             – Auszug –                                                          83
       1.1.3 Internationaler Pakt über bürgerliche und politische Rechte vom
             19. Dezember 1966 (BGBl. 1973 II S. 1569) – Auszug –               84
       1.1.4 Schlußakte der Konferenz über Sicherheit und Zusammenarbeit
             in Europa (Helsinki 1975) – Auszug –                              84

   1.2 Aussiedlung aus der Union der Sozialistischen Sowjetrepubliken
       Repatriierungserklärung vom 8. April 1958                               87

   1.3 Aussiedlung aus Polen
       1.3.1 Information der Regierung der
             Volksrepublik Polen (Dezember 1970)                               89
       1.3.2 Ausreiseprotokoll (9. Oktober 1975)                              90
       1.3.3 Schreiben des Bundesministers des Auswärtigen,
             Hans-Dietrich Genscher, an den Außenminister der VR Polen,
             Stefan Olszowski, vom 9. März 1975                                91
       1.3.4 Schreiben des Außenministers der VR Polen an den
             Bundesminister des Auswärtigen vom 15. März 1976                  92

2. **Leistungen an Aussiedler**
   **– Übersicht –**
   **entfällt, vgl. Hinweis auf Seite 27**

3. **Aufnahme in der Bundesrepublik Deutschland**
   3.1 Verordnung über die Bereitstellung von Durchgangslagern und
       über die Verteilung der in das Bundesgebiet aufgenommenen
       deutschen Vertriebenen auf die Länder des Bundesgebiets
       (Verteilungsverordnung) vom 28. März 1952 (BGBl. I S. 236)             92
   3.2 Grundsätze für die Aufnahme in der von der Arbeitsgemeinschaft
       der Landesflüchtlingsverwaltungen im Einvernehmen mit dem
       Bundesminister des Innern beschlossenen Fassung
       vom 19. Dezember 1986                                                   94
   3.3 Richtlinie des Bundesministers des Innern für die Zahlung einer
       einmaligen Überbrückungshilfe der Bundesregierung vom
       29. November 1985 (GMBl. 1986, S.8), geändert durch Richtlinie
       vom 17. Dezember 1986 (GMBl. 1987, S. 20)                              95

3.4   Richtlinie des Bundesministers des Innern über die Verrechnungsfähigkeit der Kosten der Rückführung gemäß § 15 des Ersten Gesetzes zur Überleitung von Lasten und Deckungsmitteln auf den Bund... vom 4. Februar 1986 (GMBl. S. 87)     97

3.5   Gesetz über die Festlegung eines vorläufigen Wohnortes für Aussiedler und Übersiedler vom 6. Juli 1989 (BGBl. I S. 1378)     99

**4.   Rechtsstellung**

4.1   Gesetz über die Angelegenheiten der Vertriebenen und Flüchtlinge (Bundesvertriebenengesetz) i.d.F. vom 3. September 1971 (BGBl. I S. 1565), zuletzt geändert durch Gesetz vom 23. September 1990 (BGBl. II S. 885, 918)     101

4.2   Erlaß des Bundesministers des Innern „Registrierverfahren für Aussiedler" vom 18. April 1990 – VtK I 6/VtK I 5-902 213/18 –     138

4.3   Richtlinien zur Anwendung der §§ 3 und 4 des Bundesvertriebenengesetzes (BVFG), Runderlaß des Ministers für Arbeit, Gesundheit und Soziales des Landes Nordrhein-Westfalen vom 10. Mai 1982 (MBl. S. 942)     143

4.4   Richtlinien zur Anwendung des § 6 des Bundesvertriebenengesetzes, Runderlaß des Ministers für Arbeit, Gesundheit und Soziales des Landes Nordrhein-Westfalen vom 20. Februar 1980 (MBl. S. 1782)     157

4.5   Richtlinien, betreffend Durchführung des § 13 des Bundesvertriebenengesetzes vom 20. Juli 1954 (GMBl. S. 418)     165

4.6   Flüchtlingshilfegesetz i.d.F. vom 15. Mai 1971 (BGBl. I S. 681), zuletzt geändert durch Gesetz vom 26. Juni 1990 (BGBl. I S. 1142)     173

4.7   Gesetz über den ehelichen Güterstand von Vertriebenen und Flüchtlingen vom 4. August 1969 (BGBl. I S. 1067)     181

**5.   Staatsangehörigkeit, Namensrecht**

5.1   Artikel 116 des Grundgesetzes     183

5.2   Reichs- und Staatsangehörigkeitsgesetz vom 22. Juli 1913 (RGBl. S. 583), zuletzt geändert durch Gesetz vom 25. Juli 1986 (BGBl. I S. 1142) – Auszug –     183

5.3   Gesetz zur Regelung von Fragen der Staatsangehörigkeit vom 22. Februar 1955 (BGBl. I S. 65), geändert durch Gesetz vom 29. Juni 1977 (BGBl. I S. 1101)     185

5.4   Richtlinien des Bundesministers des Innern für die Prüfung der Staatsangehörigkeit und Namensführung der Aussiedler vom 29. Juli 1976, geändert durch Erlaß vom 6. August 1990     191

5.5   Merkblatt des Bundesministers des Innern über Fragen der Staatsangehörigkeit und der Namensführung     198

**6.   Wohnraumversorgung, Wohngeld, Einrichtungsdarlehen**

6.1   §§ 25, 26 des Zweiten Wohnungsbaugesetzes i.d.F. vom 14. August 1990 (BGBl. I S. 1730), geändert durch Gesetz vom 23. September 1990 (BGBl. II S. 885, 1126)     202

6.2 §§ 16, 17 des Wohngeldgesetzes i.d.F. vom 28. Februar 1990
(BGBl. I S. 310), zuletzt geändert durch Gesetz vom 23. September 1990
(BGBl. II S. 885, 1127)     204

6.3 Richtlinien für die Gewährung von zinsverbilligten
Einrichtungsdarlehen an Aussiedler und Übersiedler vom
20. September 1976 (Bundesanzeiger vom 30. September 1976, S. 1),
in der Fassung vom 18. Juni 1990 (Bundesanzeiger vom 27. Juni 1990)     205

6.4 Rundschreiben des BMI vom 24. September 1976     209

6.5 Rundschreiben des BMI vom 1. Juni 1977     211

6.6 Rundschreiben des BMI vom 3. Oktober 1978     213

6.7 Rundschreiben des BMI vom 25. Oktober 1978     213

6.8 Rundschreiben des BMI vom 25. November 1978     214

6.9 Rundschreiben des BMI vom 6. Dezember 1978     214

6.10 Rundschreiben des BMI vom 19. Juli 1979     214

6.11 Rundschreiben des BMI vom 12. März 1984     215

6.12 Rundschreiben des BMI vom 26. März 1984     215

6.13 Rundschreiben des BMI vom 25. August 1987     216


7. **Leistungen nach dem Arbeitsförderungsgesetz**

7.1 Arbeitsförderungsgesetz vom 25. Juni 1969 (BGBl. I S. 582), zuletzt
geändert durch Gesetz vom 23. September 1990 (BGBl. II S. 885, 1033)
– Auszug –     216

7.2 Anordnung des Verwaltungsrats der Bundesanstalt für Arbeit über die
individuelle Förderung der beruflichen Ausbildung (A Ausbildung)
i.d.F. der 29. Änderungsanordnung vom 6. Juli 1990 (ANBA S. 1144)     242

7.3 Anordnung des Verwaltungsrats der Bundesanstalt für Arbeit über die
individuelle Förderung der beruflichen Fortbildung und Umschulung
(A Fortbildung und Umschulung) i.d.F. der 18. Änderungsanordnung
vom 9. März 1990 (ANBA S. 606)     253

7.4 Arbeitslosenhilfeverordnung vom 7. August 1974 (BGBl. I S. 1929),
zuletzt geändert durch Verordnung vom 10. Oktober 1990
(BGBl. I S. 2171)     265

7.5 Runderlaß des Präsidenten der Bundesanstalt für Arbeit, betr.
Eingliederung der Aussiedler vom 2. August 1988 (Dienstblatt der
Bundesanstalt für Arbeit 105/88)     268

7.6 Anordnung des Verwaltungsrats der Bundesanstalt für Arbeit über
die Sprachförderung von Aussiedlern, Asylberechtigten und
Kontingentflüchtlingen und die Förderung der beruflichen Eingliederung
von Aussiedlern und Übersiedlern (A Aussiedler und Übersiedler)
vom 16. März 1988 i.d.F. vom 9. März 1990 (ANBA S. 614)     272

7.7 Runderlaß des Präsidenten der Bundesanstalt für Arbeit, betr.
Gewährung von Leistungen an Aussiedler und Übersiedler
vom 22. Dezember 1989 (Dienstblatt der Bundesanstalt für
Arbeit 150/89)     275

**8.  Sprachförderung**

8.1   Runderlaß des Präsidenten der Bundesanstalt für Arbeit
„Eingliederung der Aussiedler; Förderung der Teilnahme an
Deutsch-Lehrgängen für Aussiedler" vom 14. November 1988
(ANBAS. 1705)                                                           297

8.2   Runderlaß des Präsidenten der Bundesanstalt für Arbeit
„Sicherung der Qualität der Deutsch-Sprach-Lehrgänge und der
beruflichen Bildungsmaßnahmen für Aussiedler" vom 20. Oktober 1989
(ANBAS. 1419)                                                           299


**9.  Eingliederung in Schule und Beruf**

9.1   Zweite Neufassung der Empfehlung der Kultusministerkonferenz zur
Eingliederung von deutschen Aussiedlern in Schule und Berufsausbildung vom 17. November 1977 (GMBl. 1978, S. 76)                    301

9.2   Richtlinien des Bundesministers für Jugend, Familie, Frauen und
Gesundheit für die Vergabe von Beihilfen zur schulischen, beruflichen
und gesellschaftlichen Eingliederung junger Aussiedler, junger
Zuwanderer aus der DDR und Berlin (Ost) sowie junger ausländischer
Flüchtlinge – sog. Garantiefonds – Schul- und Berufsbildungs-
bereich – (RL-GF-SB) vom 1. März 1988 (GMBl. S. 243)                    308

9.3   Richtlinien des Bundesministers für Jugend, Familie, Frauen und
Gesundheit für
– die Gewährung von Zuwendungen an die Otto Benecke
   Stiftung e. V., Bonn, und
– die Vergabe von Stipendien durch die Otto Benecke Stiftung an
   junge Aussiedler, junge Zuwanderer aus der DDR und Berlin (Ost)
   sowie junge ausländische Flüchtlinge zur Vorbereitung und
Durchführung eines Hochschulstudiums – sog.
Garantiefonds – Hochschulbereich – (RL-GF-H) vom 1. März 1988
(GMBl. S. 256)                                                          327

9.4   Nebenbestimmungen für Zuwendungen zur Projektförderung aus
dem Garantiefonds (NBest-P-GF) zu Nr. 16 der RL-GF-H
(GMBl. 1988, S. 262)                                                    339

9.5   Richtlinien des Bundesministers für Bildung und Wissenschaft über
Zuwendungen an die Otto Benecke Stiftung zur Förderung der
Eingliederung von Aussiedlern mit abgeschlossenem Hochschul-
studium (Akademikerprogramm) i.d.F. vom 1. Juli 1990                    342

9.6   Vereinbarung über die Berechnung der Gesamt- bzw.
Durchschnittsnote der Hochschulzugangsberechtigung deutscher
Aussiedler, Beschluß der Kultusministerkonferenz vom
9. September 1985 (GMBl. 1986, S. 351)                                  346

9.7   Vereinbarung über die Errechnung der Durchschnittsnote für
Zeugnisse über die Hochschulzugangsberechtigung aus der DDR,
Beschluß der Kultusministerkonferenz vom 8. Juli 1987
(GMBl. S. 455)                                                          349

9.8   Beschluß der Kultusministerkonferenz vom 15. Januar 1970
i.d.F. vom 23. Februar 1979 zur Anerkennung von Reifezeugnissen
aus der DDR (GMBl. S. 451)                                              350

9.9 Beschluß der Kultusministerkonferenz vom 4. Januar 1972 zur
Anerkennung von DDR-Zeugnissen, die den Abschlußzeugnissen der Realschulen vergleichbar sind (GMBl. S. 112)          351

**10. Anerkennung von Prüfungen und Befähigungsnachweisen**

10.1 Grundsätze zur rechtlichen Handhabung der §§ 92 und 71 des
Bundesvertriebenengesetzes sowie des § 7 Abs. 7 der Handwerksordnung des Bundesministers für Wirtschaft vom
26. November 1976          351

10.2 Beschluß der Kultusministerkonferenz zur Erteilung von
Genehmigungen zur Führung ausländischer akademischer Grade
sowie zur Führung entsprechender ausländischer Bezeichnungen
vom 28. April 1977 i.d.F. vom 13. Mai 1985 (GMBl. S. 498)          369

10.3 Beschluß der Kultusministerkonferenz zur nachträglichen
Graduierung/Diplomierung von Berechtigten nach dem Bundesvertriebenengesetz i.d.F. vom 25. Juni 1982 (GMBl. S. 559)          371

10.4 Rundschreiben des Bundesministers für Verkehr vom 10. Mai 1977 zur
Erteilung der Fahrerlaubnis an Personen, die einen entsprechenden
Anspruch nach § 92 des Bundesvertriebenengesetzes (BVFG) haben          372

**11. Hilfen zur Gründung von selbständigen Existenzen**

11.1 Wegweiser des Bundesministers für Wirtschaft für den Aufbau einer
selbständigen Existenz in der gewerblichen Wirtschaft (aus dem
vom Bundesminister des Innern herausgegebenen „Wegweiser
für Aussiedler", August 1990)          372

11.2 Richtlinien für die Berücksichtigung bevorzugter Bewerber bei der
Vergabe öffentlicher Aufträge (Vertriebene, Sowjetzonenflüchtlinge,
Verfolgte, Evakuierte, Werkstätten für Behinderte und
Blindenwerkstätten) vom 11. August 1975 (Bundesanzeiger vom
20. August 1975, S. 2), zuletzt geändert durch Richtlinie vom
26. März 1990 (Bundesanzeiger vom 10. April 1990, S. 1857)          376

11.3 Gesetz über die Deutsche Ausgleichsbank
(Ausgleichsbankgesetz-AusglBankG) i.d.F. vom 23. September 1986
(BGBl. I S. 1544), geändert durch Gesetz vom 16. Dezember 1986
(BGBl. I S. 2478)          383

11.4 Merkblatt „Existenzgründungsprogramme" der Deutschen Ausgleichsbank          387

11.5 Richtlinie des Bundesministers für Wirtschaft „ERP-Existenzgründungsprogramm"          392

11.6 Allgemeine Bedingungen des Bundesministers für Wirtschaft
für die Vergabe von ERP-Mitteln (ERP-Vergabebedingungen)          393

11.7 Merkblatt der Deutschen Ausgleichsbank für Aus- und Übersiedler „ERP-Existenzgründungsprogramm"          395

11.8 Ergänzungsprogramm I – Richtlinie der Deutschen
Ausgleichsbank –          395

11.9 Ergänzungsprogramm II – Richtlinie der Deutschen
Ausgleichsbank –          397

**12. Lastenausgleich**

12.1   Merkblatt des Bundesausgleichsamt zum Lastenausgleich für
       Aussiedler – Erste Informationen – (Merkblatt BAA 21-84, aus dem
       vom Bundesminister des Innern herausgegebenen „Wegweiser für
       Aussiedler", August 1990)                                              397

12.2   Rundschreiben des Präsidenten des Bundesausgleichsamts
       betreffend Hausratsentschädigung für Spätaussiedler vom
       29. November 1971                                                      401


**13. Steuerliche Vergünstigungen**

13.1   §§ 7 e, 10 a, 33, 52 Abs. 22 des Einkommensteuergesetzes i.d.F. vom
       7. September 1990 (BGBl. I S. 1898), geändert durch Gesetz vom
       23. September 1990 (BGBl. I S. 885, 974)                               402

13.2   §§ 33 a Abs. 1 des Einkommensteuergesetzes 1953 i.d.F. vom
       15. September 1953 (BGBl. I S. 1355)                                   405

13.3   Abschnitte 179, 184, 189, 193 der Einkommensteuer-Richtlinien
       (EStR 1987, geändert durch EStÄR 1990 vom 2. Juli 1990
       (BStBl. Sondernummer 1/1990)                                          405

13.4   Abschnitt 151 der Lohnsteuer-Richtlinien (LStR 1990) vom
       3. Oktober 1989 (BStBl. Sondernummer 3/1989)                          407


**14. Eingliederung in die Landwirtschaft**

14.1   Richtlinien des Bundesministers für Ernährung, Landwirtschaft und
       Forsten für die Gewährung von Darlehen und Beihilfen aus Bundes-
       haushaltsmitteln für die ländliche Siedlung nach dem Bundes-
       vertriebenengesetz vom 31. März 1954 (MinBl. BML S. 4), zuletzt
       geändert durch Rundschreiben des BML vom 9. September 1969
       (MinBl. BML S. 162)                                                    408

14.2   Prioritätenregelung gemäß § 46 Abs. 4 und § 67 des Bundes-
       vertriebenengesetzes (BVFG), zuletzt geändert durch Rundschreiben
       des BML vom 20. Dezember 1983 – 523 – 6160 – (Richtlinien für die
       Rangfolge bei der Bewilligung von Finanzierungshilfen des Bundes)
       i.d.F. vom 9. September 1968 (MinBl. BML S. 479)                       420

14.3   Rundschreiben des Bundesministers für Ernährung, Landwirtschaft
       und Forsten zur Auslegung des Begriffs „aus der Landwirtschaft
       stammen" im § 35 BVFG vom 6. November 1978, geändert durch
       Rundschreiben des BML vom 20. Dezember 1983 – 523-6160                 420

14.4   Fragebogen zur Erfassung der aus der Landwirtschaft
       stammenden Aussiedler                                                  422


**15. Renten- und Unfallversicherung**

15.1   Fremdrentengesetz vom 25. Februar 1960 (BGBl. I S. 93), zuletzt
       geändert durch Gesetz vom 18. Dezember 1989 (BGBl. I S. 2261)         424

15.2   Art. 23 und Art. 24 des Gesetzes zu dem Vertrag vom 18. Mai 1990
       über die Schaffung einer Währungs-, Wirtschafts- und Sozialunion
       zwischen der Bundesrepublik Deutschland und der Deutschen
       Demokratischen Republik vom 25. Juni 1990 (BGBl. II S. 518)           436

**16. Recht der Heimkehrer, Häftlinge und Kriegsgefangenen**

16.1  Gesetz über die Entschädigung ehemaliger deutscher Kriegsgefangener (Kriegsgefangenenentschädigungsgesetz –
KgfEG –) i.d.F. vom 4. Februar 1987 (BGBl. I S. 506),
zuletzt geändert durch Gesetz vom 23. September 1990
(BGBl. II S. 885, 919)                                                            440

16.2  Gesetz über Hilfsmaßnahmen für Personen, die aus politischen
Gründen außerhalb der Bundesrepublik Deutschland in
Gewahrsam genommen wurden (Häftlingshilfegesetz) i.d.F. vom
4. Februar 1987 (BGBl. I S. 512), zuletzt geändert durch Gesetz vom
23. September 1990 (BGBl. II S. 885, 919)                                          449

16.3  Richtlinien der Heimkehrerstiftung – Stiftung für ehemalige
Kriegsgefangene – für die Gewährung von Leistungen aus Stiftungsmitteln i.d.F. vom 1. Januar 1987 (BAnz. S. 12441), geändert
durch Bekanntmachung vom 27. April 1988 (BAnz. S. 2017)                            459

16.4  Merkblatt der Heimkehrerstiftung zu Leistungen zur Minderung
von Nachteilen in der gesetzlichen Rentenversicherung                             465

16.5  Merkblatt der Heimkehrerstiftung für die Gewährung von
Unterstützungen aus Mitteln der Heimkehrerstiftung                                467

16.6  Richtlinien der Stiftung für ehemalige politische Häftlinge für die
Gewährung von Leistungen aus Stiftungsmitteln i.d.F. vom
17. Dezember 1985 (BAnz. 1986, S. 3982), geändert durch
Bekanntmachung vom 11. Februar 1988 (BAnz. S. 717)                                469

**17. Anhang**

17.1  Artikel 119 bis 120 a des Grundgesetzes vom 23. Mai 1949
(BGBl. S. 1), mehrfach geändert                                                   471

17.2  Erstes Gesetz zur Überleitung von Lasten und Deckungsmitteln auf
den Bund (Erstes Überleitungsgesetz) i.d.F. vom 28. April 1955
(BGBl. I S. 193), zuletzt geändert durch Gesetz vom 8. Juni 1977
(BGBl. I S. 801)                                                                   472

17.3  § 41 des Wehrpflichtgesetzes i.d.F. vom 13. Juni 1986
(BGBl. I S. 879), zuletzt geändert durch Gesetz vom 6. Dezember 1990
(BGBl. I S. 2588)                                                                  481

17.4  § 51 des Bundesseuchengesetzes i.d.F. vom 18. Dezember 1979
(BGBl. I S. 2261), zuletzt geändert durch Gesetz vom 12. September 1990
(BGBl. I S. 2002)                                                                  482

17.5  §§ 1, 2 des Bundeskindergeldgesetzes, zuletzt geändert durch Gesetz
vom 23. September 1990 (BGBl. II, S. 885, 1093)                                    483

**18. Anschriften der für die Eingliederung zuständigen obersten
Landesbehörden**                                                                  486

**SACHVERZEICHNIS**                                                               487

# ABKÜRZUNGSVERZEICHNIS

| | |
|---|---|
| A | Anordnung |
| aaO | am angegebenen Ort |
| Abs. | Absatz |
| AdoptG | Adoptionsgesetz vom 2. Juli 1976 (BGBl. I S. 1749) |
| a. E. | am Ende |
| ÄndG | Änderungsgesetz |
| AFG | Arbeitsförderungsgesetz vom 25. Juni 1969 (BGBl. I S. 582), mehrfach geändert |
| Alg | Arbeitslosengeld |
| Alhi | Arbeitslosenhilfe |
| ANBA | Amtliche Nachrichten der Bundesanstalt für Arbeit |
| AOK | Allgemeine Ortskrankenkasse |
| Art. | Artikel |
| AufnG | Aufnahmegesetz = Gesetz über die Aufnahme von Deutschen in das Bundesgebiet vom 23. Oktober 1961, geändert durch Gesetz vom 18. Februar 1986 (BGBl. I S. 265) |
| BA | Bundesanstalt für Arbeit |
| BAA | Bundesausgleichsamt |
| BAföG | Bundesausbildungsförderungsgesetz i.d.F. vom 6. Juni 1983 (BGBl. I S. 645, 1680) |
| BAnZ | Bundesanzeiger |
| BBiG | Berufsbildungsgesetz vom 14. August 1969 BGBl. I S. 1112), mehrfach geändert |
| BEG | Bundesentschädigungsgesetz i.d.F. vom 29. Juni 1956 (BGBl. I S. 559), mehrfach geändert |
| ber | berichtigt |
| BEvG | Bundesevakuiertengesetz i.d.F. vom 13. Oktober 1961 (BGBl. I S. 1866), geändert |
| BFH | Bundesfinanzhof |
| BGB | Bürgerliches Gesetzbuch vom 18. August 1986 (RGBl. S. 195), mehrfach geändert |
| BGBl. | Bundesgesetzblatt |
| BHO | Bundeshaushaltsordnung vom 19. August 1969 (BGBl. I S. 1284), mehrfach geändert |
| BkGG | Bundeskindergeldgesetz i.d.F. vom 30. Januar 1990 (BGBl. I S. 149), geändert |
| BMF | Bundesminister der Finanzen |
| BMI | Bundesminister des Innern |
| BMJFFG | Bundesminister für Jugend, Familie, Frauen und Gesundheit |
| BML | Bundesminister für Ernährung, Landwirtschaft und Forsten |
| BR-Drucksache | Bundesratsdrucksache |
| BSHG | Bundessozialhilfegesetz i.d.F. vom 20. Januar 1987 (BGBl. I S. 401, 494) |
| BStBl | Bundessteuerblatt |
| BT-Drucksache | Bundesratsdrucksache |
| BVerfG | Bundesverfassungsgericht |
| BVerfGE | Entscheidungen des Bundesverfassungsgerichts, Amtliche Sammlung |
| BVFG | Bundesvertriebenengesetz i.d.F. vom 3. September 1971 (BGBl. I S. 1565, 1807), mehrfach geändert |

| | |
|---|---|
| BVerwG | Bundesverwaltungsgericht |
| BVerwGE | Entscheidungen des Bundesverwaltungsgerichts, Amtliche Sammlung |
| BVG | Bundesversorgungsgesetz i.d.F. vom 22. Januar 1982 (BGBl. I S. 21), mehrfach geändert |
| CSSR | Tschechoslowakische Sozialistische Republik |
| DAZ | Durchgangswohnheim für Aussiedler und Zuwanderer des Landes Berlin |
| DDR | Deutsche Demokratische Republik |
| DÖV | Die öffentliche Verwaltung |
| DSL-Bank | Deutsche Siedlungs- und Landesrentenbank |
| DVBl | Deutsches Verwaltungsblatt |
| E | Entscheidungssammlung |
| Egg | Eingliederungsgeld |
| EKD | Evangelische Kirche in Deutschland |
| ERP | European Recovery Program |
| EStG | Einkommensteuergesetz i.d.F. vom 7. September 1990 (BGBl. I S. 1898), geändert |
| EStG 1953 | Einkommensteuergesetz i.d.F. vom 15. September 1953 (BGBl. I S. 1355) |
| EStR 1987 | Einkommensteuer-Richtlinien vom 24. Februar 1988, geändert durch Einkommensteuer-Änderungsrichtlinien 1990 vom 2. Juli 1990 (BStBl.-Sondernummer 1/1990) |
| FANG | Fremdrenten- und Auslandsrenten-Neuregelungsgesetz vom 25. Februar 1960 (BGBl I S. 93), geändert |
| f., ff. | folgende(r), folgende |
| FlüHG | Flüchtlingshilfegesetz vom 15. Mai 1971 (BGBl. I S. 681), mehrfach geändert |
| FlüSG | Flüchtlingssiedlungsgesetz vom 10. August 1949 (WiGBl. S. 231), aufgehoben |
| FRG | Fremdrentengesetz i.d.F. vom 25. Februar 1960 (BGBl. I S. 93), mehrfach geändert |
| G 131 | Gesetz zur Regelung der Rechtsverhältnisse der unter Artikel 131 b des Grundgesetzes fallenden Personen i.d.F. vom 13. Oktober 1965 (BGBl. I S. 1685), mehrfach geändert |
| GABl | Gemeinsames Arbeitsblatt (Baden-Württemberg) |
| GBl | Gesetzblatt |
| GDL | Grenzdurchgangslager |
| GewO | Gewerbeordnung i.d.F. vom 1. Januar 1987 (BGBl. I S. 425) |
| GG | Grundgesetz für die Bundesrepublik Deutschland vom 23. Mai 1949 (BGBl. S. 1), mehrfach geändert |
| GMBl. | Gemeinsames Ministerialblatt |
| GVBl. | Gesetz- und Verordnungsblatt |
| HAG | Gesetz über die Rechtsstellung heimatloser Ausländer im Bundesgebiet vom 25. April 1951 (BGBl. I S. 269), mehrfach geändert |
| HASt | Heimatauskunftstelle |
| HHG | Häftlingshilfegesetz i.d.F. vom 4. Februar 1987 (BGBl. I S. 512) |
| HkG | Heimkehrergesetz vom 19. Juni 1950 (BGBl. I S. 221), mehrfach geändert |

| | |
|---|---|
| HR-DB | Durchführungsbestimmungen zur Hausratsentschädigung |
| HwO | Handwerksordnung i.d.F. vom 28. Dezember 1965 (BGBl. I S. 1) |
| ibv | Informationen für die Beratungs- und Vermittlungsdienste der Bundesanstalt für Arbeit |
| i.d.F. | in der Fassung |
| i.d.R. | in der Regel |
| IPR-Gesetz | Gesetz zur Neuregelung des Internationalen Privatrechts vom 25. Juli 1986 (BGBl. I S. 1142) |
| i.S. | im Sinne |
| i.V.m. | in Verbindung mit |
| KgfEG | Kriegsgefangenenentschädigungsgesetz i.d.F. vom 4. Februar 1987 (BGBl. I S. 508), geändert |
| KMK | Ständige Konferenz der Kultusminister der Länder |
| KSZE | Konferenz für Sicherheit und Zusammenarbeit in Europa |
| KV | Krankenversicherung |
| KVMG | Gesetz über die Verwendung der Mittel der Träger der gesetzlichen Krankenversicherung vom 15. Dezember 1979 (BGBl. I S. 2241) |
| LAB | Lastenausgleichsbank (jetzt: Deutsche Ausgleichsbank) |
| LAG | Lastenausgleichsgesetz i.d.F. vom 1. Oktober 1969 (BGBl. I S. 1909), mehrfach geändert |
| MBINW | Ministerialblatt Nordrhein-Westfalen |
| MinFVK | Ministerium für Flüchtlinge, Vertriebene und Kriegsgeschädigte |
| Mtbl. BAA | Mitteilungsblatt des Bundesausgleichsamts |
| NAG | Notaufnahmegesetz vom 22. August 1950 i.d.F. vom 23. Oktober 1961 (jetzt: Aufnahmegesetz) |
| NDV | Nachrichtendienst des Deutschen Vereins für öffentliche und private Fürsorge |
| NamÄndG | Gesetz über die Änderung von Vor-und Familiennamen vom 5. Januar 1938 (RGBl. I S. 9), mehrfach geändert |
| NBest-P-GF | Nebenbestimmungen für Zuwendungen zur Projektförderung aus dem Garantiefonds |
| NJW | Neue Juristische Wochenschrift |
| Nr., Nrn. | Nummer, Nummern |
| OS | Oberschlesien |
| OVG | Oberverwaltungsgericht |
| RdErl. | Runderlaß |
| RGBl. | Reichsgesetzblatt |
| RiA | Recht im Amt |
| RL-GF-H | Richtlinien des BMJFFG für die Vergabe von Beihilfen..., sog. Garantiefonds – Hochschulbereich vom 1. März 1988 (GMBl. S. 256) |
| RL-GF-SB | Richtlinien des BMJFFG für die Vergabe von Beihilfen..., sog. Garantiefonds – Schul- und Berufsbildungsbereich vom 1. März 1988 (GMBl. S. 243) |
| ROW | Recht in Ost und West |
| RRO | Rechnungslegungsordnung für das Reich i.d.F. vom 31. August 1942 (Reichsministerialblatt S. 211) |

| | |
|---|---|
| RuStAG | Reichs- und Staatsangehörigkeitsgesetz vom 22. Juli 1913 (RGBl. S. 583), mehrfach geändert |
| RV | Rentenversicherung |
| RVO | Reichsversicherungsordnung i.d.F. vom 15. Dezember 1924 (RGBl. I S. 799), mehrfach geändert |
| S. | Seite, Seiten |
| SBZ | Sowjetische Besatzungszone |
| Schnellbr. | Schnellbrief |
| SchwbG | Schwerbehindertengesetz i.d.F. vom 26. August 1986 (BGBl. I S. 1421, 1550) |
| SGB | Sozialgesetzbuch vom 11. Dezember 1975 (BGBl. I S. 3015)/ 23. Dezember 1976 (BGBl. I S. 3845), mehrfach geändert |
| StARegG | Gesetz zur Regelung von Fragen der Staatsangehörigkeit vom 22. Februar 1955 (BGBl. I S. 65), geändert |
| UdSSR | Union der Sozialistischen Sowjetrepubliken |
| UhG | Unterhaltsgeld |
| UN | Vereinte Nationen |
| usw. | und so weiter |
| VG | Verwaltungsgericht |
| VGH | Verwaltungsgerichtshof |
| vgl. | vergleiche |
| v.H. | vom Hundert |
| VO | Verordnung |
| VOS | Vereinigung der Opfer des Stalinismus |
| VorlVV | Vorläufige Verwaltungsvorschriften zur BHO |
| VR | Volksrepublik |
| VVO | Verteilungsverordnung vom 28. März 1952 (BGBl. I S. 236) |
| VwVfGNW | Verwaltungsverfahrensgesetz Nordrhein-Westfalen |
| WASt | Wehrmachtsauskunftsstelle |
| Wegweiser für Übersiedler | Wegweiser für Flüchtlinge und Übersiedler aus der DDR (herausgegeben vom Bundesminister des Innern) |
| WiGBl. | Gesetzblatt der Verwaltung des Vereinigten Wirtschaftsgebiets |
| II. WobauG | Zweites Wohnungsbaugesetz i.d.F. vom 14. August 1990 (BGBl. S. 1730), geändert |
| WoGG | Wohngeldgesetz i.d.F. vom 28. Februar 1990 (BGBl. I S. 310), geändert |
| ZAH | Zentrale Aufnahmestelle des Landes Hessen |
| z.B. | zum Beispiel |
| ZfSH/SGB | Zeitschrift für Sozialhilfe und Sozialgesetzbuch |
| Ziff. | Ziffer |

# EINLEITUNG

## 1. GRUNDLAGEN DER AUSSIEDLUNG

### Vorbemerkung

Während des **Zweiten Weltkriegs** und danach haben Millionen von Deutschen ihre Heimat in den Gebieten des Deutschen Reiches östlich von Oder und Neiße, die durch das Potsdamer Kommuniqué (**„Potsdamer Abkommen"**) vom 2. August 1945 unter die Verwaltung der Union der Sozialistischen Sowjetrepubliken und Polens gestellt worden waren, und in den ost- und südosteuropäischen Staaten UdSSR, Polen, Rumänien, CSSR, Ungarn und Jugoslawien durch Flucht und Vertreibung verloren. Artikel XIII des Abkommens hatte „die Überführung der deutschen Bevölkerung oder von Bestandteilen derselben, die in Polen, der Tschechoslowakei und Ungarn zurückgeblieben sind", „in ordnungsgemäßer und humaner Weise" in deutsche Gebiete vorgesehen. Mit „Polen" waren hier auch die deutschen Ostgebiete gemeint.

Die Vertreibungsmaßnahmen gingen Ende 1948 zurück und waren im Herbst 1950 im wesentlichen abgeschlossen. Nach diesem Zeitpunkt wurde als **Aussiedler** angesehen, wer „die zur Zeit unter fremder Verwaltung stehenden deutschen Ostgebiete, Danzig, Estland, Lettland, Litauen, die Sowjetunion, Polen, die Tschechoslowakei, Ungarn, Rumänien, Bulgarien, Jugoslawien, Albanien, oder China verlassen hat oder verläßt" (§ 1 Abs. 2 Nr. 3 des Bundesvertriebenengesetzes, abgedruckt unter 4.1).

Insgesamt hatten bis Ende 1949 fast 8 Millionen Menschen ihre Heimat in den Vertreibungsgebieten verlassen und überwiegend in den drei westlichen Besatzungszonen und in den Westsektoren Berlins, später in der Bundesrepublik Deutschland und in Berlin (West) Aufnahme gefunden. Bis jetzt hat sich diese Zahl durch den Zuzug von Aussiedlern auf über rd. 10 Millionen erhöht.

Die **Aussiedlung aus den Staaten Ost- und Südostteuropas** hat sich in der Zeit von 1950 wie folgt entwickelt:

| Bereiche: | UdSSR | Polen | Rumänien | CSFR | Gesamtzahl |
|---|---|---|---|---|---|
| 1950 – 1969 | 22.151 | 402.801 | 19.748 | 76.094 | 659.738 |
| 1970 | 342 | 5.624 | 6.519 | 4.702 | 19.444 |
| 1971 | 1.145 | 25.241 | 2.848 | 2.337 | 33.637 |
| 1972 | 3.420 | 13.482 | 4.374 | 894 | 23.895 |
| 1973 | 4.493 | 8.903 | 7.577 | 525 | 23.063 |
| 1974 | 6.541 | 7.825 | 8.484 | 378 | 24.507 |
| 1975 | 5.985 | 7.040 | 5.077 | 516 | 19.657 |
| 1976 | 9.704 | 29.364 | 3.766 | 849 | 44.402 |
| 1977 | 9.274 | 32.857 | 10.989 | 612 | 54.251 |
| 1978 | 8.455 | 36.102 | 12.120 | 904 | 58.123 |
| 1979 | 7.226 | 36.274 | 9.663 | 1.058 | 54.887 |
| 1980 | 6.954 | 26.637 | 15.767 | 1.733 | 52.071 |
| 1981 | 3.773 | 50.983 | 12.031 | 1.629 | 69.455 |
| 1982 | 2.071 | 30.355 | 12.972 | 1.776 | 48.170 |
| 1983 | 1.447 | 19.121 | 15.501 | 1.176 | 37.925 |
| 1984 | 913 | 17.455 | 16.553 | 963 | 36.459 |
| 1985 | 460 | 22.075 | 14.924 | 757 | 38.968 |
| 1986 | 753 | 27.188 | 13.130 | 882 | 42.788 |
| 1987 | 14.488 | 48.423 | 13.994 | 835 | 78.523 |
| 1988 | 47.572 | 140.226 | 12.902 | 949 | 202.673 |
| 1989 | 98.134 | 250.340 | 23.387 | 2.027 | 377.055 |

Die Zahl der Aussiedler hat sich in den ersten zehn Monaten des Jahres 1990 wie folgt entwickelt:

| | |
|---|---:|
| Republik Polen | 128.374 |
| UdSSR | 124.419 |
| Rumänien | 106.082 |
| CSFR | 1.603 |
| Ungarn | 1.287 |
| Jugoslawien | 895 |
| sonstige Gebiete | 82 |
| über das westliche Ausland aufgenommen | 5 |

Das sind insgesamt 362.747 Aussiedler. Deren Zahl hatte im Vergleichszeitraum des Vorjahres bei 297.413 gelegen.

In der Gesamtzahl (rechte Spalte) sind außer den Aussiedlern aus den Bereichen UdSSR, VR Polen, Rumänien und CSFR Aussiedler aus Ungarn (18.594), Jugoslawien (88.107), aus sonstigen Gebieten (2.928) und über das freie Ausland aufgenommene Vertriebene (52.523) enthalten. Die Aufstellung umfaßt auch Aussiedler, die ohne eine Genehmigung der Behörden ihres Herkunftslandes zur endgültigen Ausreise im Bundesgebiet eingetroffen sind.

Rund 2,7 Millionen Menschen haben in der Zeit von 1949 bis zum Bau der Mauer in Berlin am 13. August 1961 **Mitteldeutschland** verlassen und im Bundesgebiet (einschließlich Land Berlin) Aufnahme gefunden. Seit dem 13. August 1961 bis Ende Juni 1990 kamen rd. 1,2 Mio weitere Übersiedler hinzu.

Übersiedler sind Personen, die mit Genehmigung der DDR-Behörden in das Bundesgebiet (einschließlich Land Berlin) gezogen waren. Zu ihnen gehören aber auch Flüchtlinge, Sperrbrecher und Sonstige. Flüchtlinge sind Personen, die die frühere DDR unter Einschluß von Berlin (Ost) ohne behördliche Genehmigung verlassen haben und ständigen Aufenthalt im Bundesgebiet genommen hatten. Sperrbrecher sind Personen, die die frühere DDR unter Einschluß von Berlin (Ost) unter Gefahr für Leib und Leben verlassen hatten. Sonstige sind Deutsche aus der DDR oder aus Berlin (Ost), die nach vorangegangener Haft mit Genehmigung der dortigen Behörden oder ohne eigenen Antrag auf deren Veranlassung in das Bundesgebiet (einschließlich Land Berlin) gekommen waren.

Die Entwicklung der **Übersiedlung aus der (ehemaligen) DDR und Berlin (Ost)** ergibt sich aus der nachstehenden Übersicht.

Von Kriegsende bis 1948 kamen aus dem Gebiet der (späteren) DDR und aus Berlin (Ost) 732.100 Personen, von 1949 bis zum 12. August 1961 2.686.942 Flüchtlinge.

|  | Gesamtzahl | Übersiedler mit Ge- nehmigung | Flüchtlinge | Sperrbrecher* | Sonstige** |
|---|---|---|---|---|---|
| 13.8.1961 |  |  |  |  |  |
| – 1969 | 263.755 | 133.657 | 130.098 | 28.711 | – |
| 1970 | 17.519 | 12.472 | 5.047 | 901 | – |
| 1971 | 17.408 | 11.565 | 5.843 | 832 | – |
| 1972 | 17.164 | 11.627 | 5.537 | 1.245 | – |
| 1973 | 15.189 | 8.667 | 6.522 | 1.842 | – |
| 1974 | 13.252 | 7.928 | 5.324 | 969 | – |
| 1975 | 16.285 | 10.274 | 6.011 | 673 | – |
| 1976 | 15.168 | 10.058 | 5.110 | 610 | – |
| 1977 | 12.078 | 8.041 | 4.037 | 721 | – |
| 1978 | 12.117 | 8.271 | 3.846 | 461 | – |
| 1979 | 12.515 | 9.003 | 3.512 | 463 | – |
| 1980 | 12.763 | 8.775 | 3.107 | 424 | 881 |
| 1981 | 15.433 | 11.093 | 2.900 | 298 | 1.440 |
| 1982 | 13.208 | 9.113 | 2.565 | 283 | 1.530 |
| 1983 | 11.343 | 7.729 | 2.487 | 228 | 1.127 |
| 1984 | 40.974 | 34.982 | 3.651 | 192 | 2.341 |
| 1985 | 24.912 | 18.752 | 3.484 | 160 | 2.676 |
| 1986 | 26.178 | 19.982 | 4.660 | 210 | 1.536 |
| 1987 | 18.958 | 11.459 | 6.252 | 288 | 1.247 |
| 1988 | 39.832 | 29.033 | 590 | 1.094 |  |
| insgesamt | 616.051 | 382.481 | 40.101 | 13.872 |  |

Im Jahre 1989 kamen 343.854 Übersiedler, davon rd. 177.000 im November und Dezember. Die Gesamtzahl der Übersiedler lag Ende 1989 bei rd. 4.379.000.

Die Zahl der Übersiedler aus der DDR und aus Berlin (Ost) hat sich in der ersten Jahreshälfte 1990 wie folgt entwickelt:

| Januar | 73.729 |
|---|---|
| Februar | 63.893 |
| März | 46.241 |
| April | 24.615 |
| Mai | 19.217 |
| Juni | 21.577 |

Damit wurden im Jahre 1990 insgesamt noch 240.272 Übersiedler registriert. In dieser Gesamtzahl sind ebenso wie in den Zahlen von Januar und Februar Zuzüge aus dem Jahre 1989 enthalten, die in schriftlichen Verfahren abgewickelt wurden.

Die Schaffung der Währungs-, Wirtschafts- und Sozialunion zwischen der Bundesrepublik Deutschland und der (ehemaligen) DDR zum 1. Juli 1990 machte besondere Regelungen zur Aufnahme von Personen entbehrlich, die von dort in das (bisherige) Bundesgebiet zuzogen. Die statistische Erfassung dieser Fälle wurde daher mit der Aufhebung des Aufnahmegesetzes zu dem genannten Tag eingestellt.

Die **künftige Entwicklung der Aussiedlung** läßt sich nicht abschätzen. In den Aussiedlungsgebieten der Staaten Ost- und Südosteuropas leben derzeit noch rd. 3,2 bis 3,5 Millionen Deutsche. Eine genaue Gesamtzahl läßt sich nicht ermitteln.

---

*) Die Sperrbrecher sind in der Zahl der Flüchtlinge enthalten.
**) Die Gruppe der „Sonstigen" wird erst ab 1. Januar 1980 erfaßt und ist bis dahin in der Rubrik „Flüchtlinge" enthalten.

Aber auch **über vierzig Jahre nach dem Ende des Zweiten Weltkrieges** fühlen sich viele dieser Deutschen nach wie vor der deutschen Sprach- und Kulturnation zugehörig. Die Folgen des Zweiten Weltkrieges haben ihnen jedoch weithin die Möglichkeit genommen, in den Aufenthaltsstaaten als Volksgruppe mit eigener Identität in Sprache, Kultur und Religion zu leben. Viele Deutsche in den Aussiedlungsgebieten setzen deshalb keine Hoffnung mehr auf die Zukunft ihrer Volksgruppe.

Hinzu kommt, daß der Strukturwandel vom Agrar- zum Industriestaat unabhängig von der herrschenden Ideologie und von einem ausgeprägten Nationalismus in einigen Staaten den Prozeß der Assimilierung der Minderheiten beschleunigt.

Deshalb ist die in der Welt einmalige Entwicklung der schon fast vierzig Jahre währenden Aussiedlung von Deutschen aus ihren angestammten Heimatgebieten in die Bundesrepublik Deutschland noch keineswegs abgeschlossen. Die Aussiedlung ist ein langdauernder, dynamischer Prozeß, der sich seit Mitte 1987 in einem unvorhersehbaren Maße verstärkt hat.

Die Bundesregierung betreibt **keine Volkstumspolitik.** Sie fordert die Deutschen in den Staaten Ost- und Südosteuropas nicht dazu auf, in die Bundesrepublik Deutschland zu kommen.

Sie sieht es allerdings mit Blick auf eine Einreise in die Bundesrepublik Deutschland als ein Menschenrecht der im Ausland lebenden Deutschen an, selbst darüber zu entscheiden, in welchem Land, in welcher Gesellschaftsordnung, mit welcher Sprache und in welchem Kulturkreis sie leben und ihre Kinder aufwachsen lassen wollen.

Sie unterstützt deshalb bestehende **Ausreisewünsche.** Sie ist entschlossen, den im Bundesgebiet eintreffenden Aussiedlern gemeinsam mit den Ländern, den Gemeinden, den Kirchen, den Vertriebenen- und den Wohlfahrtsverbänden sowie engagierten Bürgern eine schnelle **Eingliederung** in die hiesigen Lebensverhältnisse zu gewährleisten.

Die **Rechtsordnung der Bundesrepublik Deuschland** bietet den hierfür erforderlichen Rahmen. Sie garantiert von Verfassungs wegen die Freizügigkeit für alle Deutschen (Art. 11 GG) und die Aufnahme von Volksdeutschen zusammen mit ihren nichtdeutschen Ehegatten und den gemeinsamen Abkömmlingen (Art. 116 Abs. 1 GG). Sie sieht in ihren Gesetzen, insbesondere im Bundesvertriebenengesetz, die bevorzugte Aufnahme dieses Personenkreises und seine wirtschaftliche, gesellschaftliche und soziale Eingliederung in Deutschland vor.

Für die deutschen Aussiedler ohne deutsche Staatsangehörigkeit (vgl. hier Einleitung Nr. 5) ist die Zuerkennung des Status als Vertriebener (Aussiedler) Voraussetzung für den Erwerb der Rechtsstellung als Deutscher (Art. 116 Abs. 1 GG). Der Erwerb des Aussiedlerstatus ist für deutsche Staatsangehörige und deutsche Volkszugehörige wesentlich für die Begründung einer wirtschaftlichen Existenz in der Bundesrepublik Deutschland durch die Inanspruchnahme von Rechten, Vergünstigungen und Eingliederungshilfen.

## 1. Internationale Verträge und Deklarationen

Der Wunsch vieler Deutscher, als Deutsche unter Deutschen zu leben und selbst darüber zu bestimmen, in welcher Kultur und welcher Gesellschaftsordnung sie und ihre Kinder leben, läßt sich häufig nur dann verwirklichen, wenn die Aufenthaltsstaaten eine Ausreise mit dem Ziel der dauernden Wohnsitznahme in der Bundesrepublik Deutschland zulassen. Eine Reihe von internationalen Verträgen und Deklarationen enthält die Forderung nach Gewährung von **Ausreisefreiheit.**

Zu nennen sind Artikel 13 der **Allgemeinen Erklärung der Menschenrechte** vom 10. Dezember 1948 – abgedruckt unter 1.1.1, Artikel 5 – des **Internationalen Paktes zur Beseitigung jeder Form von Rassendiskriminierung** vom 7. März 1966 – abgedruckt unter

1.1.2 – und Artikel 12 des **Internationalen Pakts über bürgerliche und politische Rechte** vom 19. Dezember 1966 – abgedruckt unter 1.1.3.

Die **Schlußakte der Konferenz über Sicherheit und Zusammenarbeit in Europa (Helsinki 1975)** – auszugsweise abgedruckt unter 1.1.4 – enthält im sogenannten Korb III in dem Abschnitt „Menschliche Kontakte" Grundsätze zur Erleichterung der Familienzusammenführung und zur Ermöglichung der Aus- und Einreise in Fällen der Eheschließung zwischen Bürgern verschiedener Staaten.

In den Entschließungen der **XXV. Internationalen Rotkreuzkonferenz** (1986) werden in Abschnitt XV (Zusammenarbeit zwischen den nationalen Rotkreuz- und Rothalbmondgesellschaften und den Regierungen ersucht,

> die Anträge von Personen, die das Land zu verlassen und mit Angehörigen ihrer Familie in einem Land vereinigt zu werden wünschen, das sich zu ihrer Aufnahme bereit erklärt hat, unter humanitären Gesichtspunkten wohlwollend zu prüfen, unverzügliche Entscheidungen zu treffen und dabei darauf zu achten, daß kein Antrag ungerecht oder diskriminierend bearbeitet wird.

## 1.1 Aussiedlung aus der Union der Sozialistischen Sowjetrepubliken

Die Denkschrift zum **Abkommen über Allgemeine Fragen des Handels und der Seeschiffahrt und zu dem Konsularvertrag** zwischen der Bundesrepublik Deutschland und der Union der Sozialistischen Sowjetrepubliken aus dem Jahre 1958 (BT-Drucksache 545) hatte sich eingehend mit der Repatriierung deutscher Staatsangehöriger befaßt. Ein von deutscher Seite angestrebtes Abkommen, das deutschen Staatsangehörigen unter Wahrung der Freiwilligkeit die Rückkehr aus der Sowjetunion ermöglichen sollte, war seinerzeit nicht zustandegekommen. Die sowjetische Seite erklärte jedoch, daß Ostpreußen, andere deutsche Staatsangehörige und unter bestimmten Voraussetzungen auch Memelländer sowie sog. Vertragsumsiedler uneingeschränkt repatriierungsberechtigt seien.

Dabei war die **Repatriierung** jeweils abhängig von dem Nachweis der deutschen Staatsangehörigkeit am 21. Juni 1941. Eine sowjetische Wohlwollenserklärung bestand zugunsten der Repatriierung der Vertragsumsiedler, die von den sowjetischen Behörden als sowjetische Staatsangehörige angesehen werden. Die vorgenannte Denkschrift ist durch Zeitablauf im wesentlichen gegenstandslos geworden, weil die auf sie gestützten Ausreisefälle erledigt sein dürften.

Nach der sowjetischen **Repatriierungserklärung** vom 8. April 1958 – abgedruckt unter 1.2 – haben sich beide Seiten im Verlauf der Verhandlungen zum Prinzip der Zusammenführung von Familien bekannt, die infolge des Zweiten Weltkrieges getrennt worden sind. Dabei sind sie übereingekommen, daß jede der beiden Seiten auf der Grundlage ihrer Gesetzgebung verfahren wird.

Durch einen Beschluß des Ministerrats der UdSSR ist die Verordnung über die Einreise in die UdSSR und die Ausreise aus der UdSSR vom 20. September 1970 um einen neuen Abschnitt (Punkte 19 ff) ergänzt worden **(Verordnung vom 28. August 1986).** Nach Punkt 24 aaO wird ein Antrag auf Ausreise aus der UdSSR in das Ausland zum Zwecke der **Familienzusammenführung** geprüft bei Vorlage einer Einladung des Ehemannes, der Ehefrau, des Vaters, der Mutter, des Sohnes, der Tochter, des leiblichen Bruders und der leiblichen Schwester, die von den zuständigen Behörden des jeweiligen ausländischen Staates beglaubigt ist. Außerdem müssen notariell beglaubigte Erklärungen der in der UdSSR zurückbleibenden Familienmitglieder sowie des früheren Ehepartners (sofern aus der gmeinsamen Ehe minderjährige Kinder vorhanden sind) darüber vorliegen, daß der Ausreisende ihnen gegenüber keine unerfüllten Verpflichtungen nach der Gesetzgebung der UdSSR mehr hat.

Auf Antrag des Ausreisenden kann die Frage geprüft werden, ob mit ihm zusammen andere Verwandte und arbeitsunfähige Unterhaltsberechtigte ausreisen, wenn sie zusammenleben und einen gemeinsamen Haushalt führen.

Sofern eine Person, die die Ausreise beantragt, in der UdSSR keine Familienmitglieder besitzt, kann ein Antrag auch bei Vorlage einer Einladung eines anderen Verwandten zur Prüfung entgegengenommen werden.

Der vorstehende Beschluß ist am 1. Januar 1987 in Kraft getreten.

### 1.2 Aussiedlung aus der Republik Polen

Im Zusammenhang mit dem Abschluß des Vertrages zwischen der Bundesrepublik Deutschland und der Volksrepublik Polen über die Grundlagen der Normalisierung ihrer gegenseitigen Beziehungen vom 7. Dezember 1970 hatte die Regierung der VR Polen gegenüber der Regierung der Bundesrepublik Deutschland eine **„Information über Maßnahmen zur Lösung humanitärer Probleme"** – abgedruckt unter 1.3.1 – abgegeben. In dieser Information wurde darauf verwiesen, daß auf Grund einer Vereinbarung zwischen dem Polnischen Roten Kreuz und dem Deutschen Roten Kreuz, die auf Grund einer Empfehlung der polnischen Regierung aus dem Jahre 1950 geschlossen worden sei, bis 1959 etwa eine Viertelmillion Menschen ausgereist seien. In den Jahren 1960 bis 1969 seien „im normalen Verfahren" zusätzlich etwa 150 000 Menschen aus Polen ausgereist. Die polnische Seite erkannte an, daß in Polen bis heute „aus verschiedenen Gründen (z. B. enge Bindung an den Geburtsort) eine gewisse Zahl von Personen mit unbestreitbar deutscher Volkszugehörigkeit und von Personen aus gemischten Familien zurückgeblieben" sei, „bei denen im Laufe der vergangenen Jahre das Gefühl dieser Zugehörigkeit dominiert" habe. Die polnische Regierung erklärte, daß „Personen, die auf Grund ihrer unbestreitbaren deutschen Volkszugehörigkeit in einen der beiden deutschen Staaten auszureisen wünschen, dies unter Beachtung der in Polen geltenden Gesetze und Rechtsvorschriften tun können".

Im Zusammenhang mit dem Schlußtreffen der Konferenz für Sicherheit und Zusammenarbeit in Europa (KSZE) im Oktober 1975 in Helsinki hat der Minister für auswärtige Angelegenheiten der VR Polen, Stefan Olszowski, erklärt, daß in den Jahren 1971 bis 1975 auf der Grundlage der „Information der Regierung der Volksrepublik Polen" aus dem Jahre 1970 etwa 65 000 Personen die Genehmigung zur Ausreise für den ständigen Aufenthalt in der Bundesrepublik Deutschland und in der DDR erhalten haben.

In dem **Ausreiseprotokoll** vom 9. Oktober 1975 – abgedruckt unter 1.3.2 – stellte die polnische Seite fest, daß sie auf Grund der Untersuchungen der zuständigen polnischen Behörden in der Lage sei zu erklären, daß etwa 120 000 bis 125 000 Personen im Laufe der nächsten vier Jahre die Genemigung ihres Antrags zur Ausreise erhalten werden, wobei die Ausreisegenehmigungen in dem vorgesehenen Zeitraum möglichst gleichmäßig erteilt werden. Darüber hinaus wurde in dem Protokoll ausdrücklich festgehalten, daß keine zeitliche Einschränkung für die Antragstellung durch Personen vorgesehen sei, die die in der „Information" genannten Kriterien erfüllen.

In einem Schreiben des Bundesministers des Auswärtigen, Hans-Dietrich Genscher, an den Außenminister der Volksrepublik Polen vom 9. März 1976 – abgedruckt unter 1.3.3 – wurde erklärt, die Bundesregierung lege der erneuten Bekräftigung großen Wert bei,

– daß im Laufe von vier Jahren etwa 120 000 bis 125 000 Personen die Genehmigung ihres Antrags zur Ausreise auf der Grundlage der „Information" und in Übereinstimmung mit den in ihr genannten Kriterien erhalten werden

und

– daß darüber hinaus keine zeitliche Einschränkung für die Einreichung und möglichst zügige Bearbeitung der Anträge von Personen vorgesehen wird, die die in der „Information" genannten Kriterien erfüllen, was bedeutet, daß auch in diesen Fällen die Ausreisegenehmigungen nach dem genannen Verfahren erteilt werden.

Das Antwortschreiben des Außenministers der VR Polen vom 15. März 1976 ist unter 1.3.4 abgedruckt.

### 1.3 Aussiedlung aus Rumänien

In der **„Gemeinsamen Erklärung** zwischen der Bundesrepublik Deutschland und der Sozialistischen Republik Rumänien" zum Abschluß des offiziellen Besuchs von Bundeskanzler Helmut Schmidt am 6. und 7. Januar 1978 in der Sozialistischen Republik Rumänien heißt es u. a.:

„Sie (der Bundeskanzler der Bundesrepublik Deutschland, Helmut Schmidt, und der Präsident der Sozialistischen Republik Rumänien, Nicolae Ceausescu) bekräftigen ihre Absicht, die Kontakte zwischen den Bürgern beider Länder und den Reiseverkehr einschließlich zwischen Verwandten weiter zu erleichtern. Sie stimmen darin überein, daß humanitäre Fragen im Bereich der Familienzusammenführung und Eheschließungen zwischen Bürgern beider Länder auf der Grundlage der in bilateralen und internationalen Dokumenten bekräftigten Absichten weiterhin wohlwollend behandelt werden." (Bulletin des Presse- und Informationsamts der Bundesregierung, 1978, S. 23)

In einer **Gemeinsamen Presseerklärung** im Anschluß an den Besuch des Bundesministers des Auswärtigen, Hans-Dietrich Genscher, in der Sozialistischen Republik Rumänien vom 31. Mai bis 1. Juni 1983 heißt es u. a.:

„Die beiden Seiten hoben die Bedeutung ihrer Zusammenarbeit auf dem humanitären Gebiet hervor und drückten ihre Befriedigung über die getroffene Regelung aus. Sie bekräftigten ihre Absicht, im Geiste des Vertrauens, des guten Willens und des gegenseitigen Verständnisses bei der Behandlung der humanitären Fragen auf der Grundlage der in bilateralen und internationalen Dokumenten festgelegten Prinzipien zusammenzuarbeiten." (Bulletin des Presse- und Informationsamts der Bundesregierung, 1983, S. 515)

### 1.4 Aussiedlung aus der CSFR

In einem **Briefwechsel** aus Anlaß des Abschlusses des Vertrages über die gegenseitigen Beziehungen zwischen der Bundesrepublik Deutschland und der Tschechoslowakischen Sozialistischen Republik vom 1. Dezember 1973 hatte die Regierung der CSSR erklärt, daß die zuständigen tschechoslowakischen Stellen Anträge tschechoslowakischer Bürger, die auf Grund ihrer deutschen Nationalität die Aussiedlung in die Bundesrepublik Deutschland wünschen, im Einklang mit den in der CSSR geltenden Gesetzen und Rechtsvorschriften wohlwollend beurteilen werden.

### 2. EINGLIEDERUNGSHILFEN

#### 2.1 Eingliederungsprogramm vom 12. Mai 1976

Am 12. März 1976 hatte der **Bundesrat** einstimmig das im Oktober 1975 geschlossene deutsch-polnische Abkommen über Renten- und Unfallversicherung, die Vereinbarung über die pauschale Abgeltung von Rentenansprüchen und das Abkommen mit der VR Polen über die Gewährung eines Finanzkredits gebilligt. Damit war der Weg frei für das Wirksamwerden des Ausreiseprotokolls vom 9. Oktober 1975, abgedruckt unter 1.3.2.

**Das Bundeskabinett** hatte sich daraufhin in seiner Sitzung am 17. März 1976 eingehend mit der Frage der Eingliederung der deutschen Aussiedler aus der Volksrepublik Polen befaßt. Die zuständigen Bundesminister wurden aufgefordert, unter Ausnutzung aller Möglichkeiten jede Anstrengung zu unternehmen, um die Eingliederung so unbürokratisch wie möglich zu fördern und, soweit dies in ihren Zuständigkeiten liegt, sicherzustellen. Der Bundesminister des Innern wurde beauftragt, ein **Programm zur Eingliederung** der Aussiedler vorzulegen.

Dieses Programm ist in Abstimmung mit den Ländern erarbeitet und am 12. Mai 1976 vom Bundeskabinett verabschiedet worden. Es beschränkte sich nicht auf die Aussiedler aus dem polnischen Bereich, sondern erstreckte sich sowohl auf die Aussiedler aus den übrigen ost-und südosteuropäischen Staaten sowie auf die Zuwanderer (Übersiedler) aus der DDR und aus Berlin (Ost).

Die **Schwerpunkte** der Maßnahmen lagen und liegen vor allem in folgenden Bereichen:

– Schaffung von Wohnraum und Gewährung von Einrichtungsdarlehen,

– Überwindung der Sprachschwierigkeiten durch großzügige Sprachförderungsmaßnahmen auch für solche Aussiedler, die eine Berufstätigkeit nicht anstreben,

– Beschleunigung und Vereinfachung der Anerkennung von Ausbildungsgängen und Befähigungsnachweisen,

– qualifikationsgerechte Vermittlung von Arbeit und Beratung durch Fachkräfte, die mit dem Problemen der Aussiedler vertraut sind,

– Hilfen zur Gründung selbständiger Existenzen,

– besondere Maßnahmen zur gesellschaftlichen Eingliederung jugendlicher Aussiedler,

– verstärkte individuelle Betreuung in den Familien, insbesondere durch die Vermittlung von Patenschaften,

– Weckung von Verständnis für die Probleme und die besondere Lage der Aussiedler in der Öffentlichkeit.

**Das Programm der Bundesregierung vom 12. Mai 1976** mit Fortschreibungen ist dargestellt bei HABERLAND, Hilfen für deutsche Aussiedler – Fünf Jahre Eingliederungsprogramm der Bundesregierung, NDV 1981, S. 124 ff = ibv 1981, 809 ff, ferner bei HABERLAND, Eingliederungshilfen für deutsche Aussiedler NDV 1984, S. 185 ff = ibv 1984, S. 1073 ff, HABERLAND, Eingliederungshilfen für Zuwanderer aus der DDR und aus Berlin (Ost) ZfSH/SGB 1984, S. 344 ff = ibv 1984, S. 1723 ff, HABERLAND, Die Eingliederung von Aussiedlern und Zuwanderern (Übersiedlern) NDV 1989, 75 ff = ibv 1989, 1195 ff; HABERLAND, Das Eingliederungsanpassungsgesetz – Änderungen im Recht der Eingliederung von Aussiedlern und Übersiedlern, NDV 1990, 69 = ibv 1990, 733; HABERLAND, Änderungen im Recht der Aufnahme und der Eingliederung von Aussiedlern und Übersiedlern, NDV 1990, 413. Ein ausführlicher Überblick über die organisatorischen Maßnahmen zur Eingliederung von Aussiedlern und Zuwanderern findet sich bei KARL HEINZ SCHAEFER, Aufgaben und Organisation der öffentlichen Verwaltung zur Eingliederung von Aussiedlern und späten DDR-Zuwanderern, Die Verwaltung 19 (1986), S. 65 ff.

### 2.2 Sonderprogramm der Bundesregierung vom 31. August 1988

Auf Vorschlag der für Vertriebenen- und Flüchtlingsfragen zuständigen Minister und Senatoren hatten die Regierungschefs der Länder am **28. Februar 1985** die Bundesregierung gebeten, in Zusammenarbeit mit den Ländern das bestehende Eingliederungskonzept für Aussiedler und Zuwanderer mit Hilfe einer Bestandsaufnahme und einer Bedarfsanalyse mit Verbesserungsvorschlägen zu überprüfen. Dabei sollten die zwischenzeitlich eingetretenen sozialen und wirtschaftlichen Veränderungen in den Herkunftsländern und in der Bundesrepbublik Deutschland berücksichtigt werden.

**Das Bundeskabinett** hat die daraufhin vom Bundesminister des Innern vorgelegte Bestandsaufnahme der Eingliederungshilfen von Bund und Ländern für Aussiedler und für Zuwanderer aus der DDR und aus Berlin (Ost) – mit einer Analyse des Bedarfs – in seiner Sitzung am 8. Juni 1988 zur Kenntnis genommen. Anschließend wurde eine interministerielle Arbeitsgruppe unter der Federführung des Bundesministers des Innern eingesetzt, die bis Ende August 1988 ein mit den Ländern und mit den Verbänden abgestimmtes Sonderprogramm für Aussiedler vorlegen sollte.

Das Sonderprogramm ist am 31. August 1988 vom Bundeskabinett beschlossen worden. Seine Schwerpunkte sind Verbesserungen in den Bereichen

– Aufnahme und Registrierung der Aussiedler,

– Versorgung mit Wohnraum,

– Sprachförderung,

– schulische und berufliche Eingliederung und

– individuelle Beratung und Betreuung durch die Vertriebenen- und Wohlfahrtsverbände.

Es sah eine Erhöhung der für das Jahr 1989 vorgesehenen Haushaltsansätze um 366,6 Mio DM auf insgesamt 1.745,2 Mio DM vor.

Bundeskanzler Dr. Helmut Kohl hat bei der Vorstellung des Programms am 31. August 1988 vor der Bundespressekonferenz u. a. erklärt (Bulletin des Presse- und Informationsamts der Bundesregierung, S. 961 f):

„Eine erfolgreiche Eingliederung der Aussiedler in unser wirtschaftliches und gesellschaftliches Leben kann nur gelingen, wenn alle bereit sind, unsere deutschen Landsleute als gleichberechtigte Bürger zu akzeptieren und ihnen mit Verständnis und Hilfsbereitschaft zu begegnen.

**Die Aussiedler sind deutsche, die bis heute besonders schwer unter den Folgen des Zweiten Weltkrieges leiden. Es wäre beschämend, wenn diesen Menschen, die sich – allen Widrigkeiten zum Trotz – immer wieder zu ihrer deutschen Herkunft und Kultur bekannt haben, bei uns Gleichgültigkeit oder gar Ablehnung entgegenschlüge.**

Mein Wunsch ist, daß wir diese Landsleute mit offenen Armen empfangen. Niemand von uns sollte vergessen, daß es den meisten von uns gut geht, während diese Landsleute in der Regel aus Bedrückung und Not zu uns kommen. Wir sollten dabei nicht nur über Solidarität reden, sondern sie auch wirklich praktizieren.

**Wir sollten das Menschenmögliche dafür tun, daß diese Menschen hier eine neue Heimat finden.**

**Unsere neuen Mitbürger aus den Aussiedlungsgebieten sind ein Gewinn für unser Land und unsere Gesellschaft,** und das nicht nur unter demographischen Gesichtspunkten. Es muß für uns selbstverständlich sein, den Aussiedlern eine neue Heimat zu geben und gerade den vielen jungen Menschen unter ihnen eine gesicherte Zukunft in Freiheit zu bieten.

Ein besonderes Problem ist, daß viele Aussiedler – besonders aus der jüngeren Generation – über keine oder nur geringe Deutschkenntnisse verfügen. Das ist nicht ihr Verschulden. **Man sich sich bewußt sein, daß es den meisten Aussiedlern verwehrt war, unsere Sprache zu erlernen.**

Deshalb ist der Bedarf an intensiven Sprachkursen gestiegen; denn die Sprachförderung ist eine der wichtigsten Voraussetzungen für die berufliche und gesellschaftliche

Eingliederung. Dies bedingt eine erheblich höhere Mittelvergabe durch die Bundesanstalt für Arbeit, aber auch eine bessere Organisation der Kurse, wenn man zum Beispiel an Mütter mit Kindern denkt, die zusätzlicher Betreuung – etwa durch Kindergärten – bedürfen.

Der Bund hat bereits mit Anstieg der Aussiedlerzahlen die Mittel für Eingliederungsnahmen erheblich erhöht und eine Reihe personeller und organisatorischer Vorkehrungen getroffen."

Eine ausführliche Darstellung der Eingliederungsmaßnahmen für Aussiedler und Übersiedler war in der Vorauflage unter 2 abgedruckt. Diese Übersicht des Bundesministers des Innern ist zuletzt nach dem Stand vom 1. Januar 1990 vorgelegt worden. Sie ist derzeit weitgehend überholt und wird deshalb nicht wiedergegeben.

## 2.3 Das Eingliederungsanpassungsgesetz vom 22. Dezember 1989

Am 1. Januar 1990 ist das Gesetz zur Anpassung von Eingliederungsleistungen für Aussiedler und Übersiedler (Eingliederungsanpassungsgesetz-EinglAnpG) vom 22. Dezember 1989 (BGBl. I S. 2398) in Kraft getreten. An Gesetzgebungsmaterialien liegen u. a. der Gesetzentwurf der Bundesregierung mit der Stellungnahme des Bundesrats und der Gegenäußerung der Bundesregierung (BT-Drucksache 11/5110) und der Bericht des (federführenden) Innenausschusses vom 14. November 1989 (BT-Drucksache 11/5677) vor.

Es handelt sich um ein Artikelgesetz, das im wesentlichen Änderungen in nachstehenden Gesetzen enthält:
– Arbeitsförderungsgesetz (Artikel 1),
– Bundesvertriebenengesetz (Artikel 4),
– Kriegsgefangenenentschädigungsgesetz (Artikel 5),
– Häftlingshilfegesetz (Artikel 6),
– Zweites Wohnungsbaugesetz (Artikel 7),
– Wohngeldgesetz (Artikel 9),
– Einkommensteuergesetz (Artikel 10).

Die Sicherstellung des Lebensunterhalts in Fällen der Arbeitslosigkeit, der Teilnahme an Maßnahmen der beruflichen Fortbildung und Umschulung sowie der Teilnahme an einem Lehrgang der deutschen Sprache wurde durch die Einführung eines Eingliederungsgeldes vereinfacht, vgl. hierzu unter 7.2.

Anläßlich der Verabschiedung des Gesetzentwurfs durch die Bundesregierung am 6. Juni 1989 erklärte Bundesinnenminister Dr. Wolfgang Schäuble u. a.:

„Mit Hilfe des neuen Gesetzes wird die Eingliederung der Aussiedler und Übersiedler weiterhin gesichert. Gleichzeitig wird Irritationen in der einheimischen Bevölkerung über tatsächliche oder vermeintliche Bevorzugungen der Aussiedler und Übersiedler entgegengetreten. Das liegt vor allem im Interesse der Aus- und Übersiedler selbst."

Nach dem Aussiedleraufnahmegesetz vom 28. Juni 1990 (BGBl. I S. 1247) können Deutsche die Rechtsstellung eines Aussiedlers nach dem Bundesvertriebenengesetz grundsätzlich nur noch dann erlangen, wenn sie von ihrem Heimatort aus ein schriftliches Verfahren bei dem Bundesverwaltungsamt durchgeführt haben und im Besitz eines Aufnahmebescheides sind. Zur Neugestaltung des Aufnahmeverfahrens im einzelnen vgl. unter 4.4.

## 2.4 Gesetzesänderungen im Zusammenhang mit der Herstellung der deutschen Einheit

Durch Gesetz vom 26. Juni 1990 (BGBl. I S. 1142) ist das Gesetz über die Aufnahme von Deutschen in das Bundesgebiet i.d.F. vom 23. Oktober 1981 (BGBl. I S. 1883), bisher abgedruckt unter 3.5, aufgehoben worden. Personen, die nach dem 30. Juni 1990 aus dem Gebiet der (ehemaligen) DDR unter Einschluß von Berlin (Ost) in das Gebiet der (ursprünglichen) Bundesrepublik Deutschland verlegten, konnten ein Aufnahmeverfahren nicht mehr durchlaufen.

Durch das Gesetz zu dem Vertrag vom 18. Mai 1990 über die Schaffung einer Währungs-, Wirtschafts- und Sozialunion zwischen der Bundesrepublik Deutschland und der Deutschen Demokratischen Republik vom 25. Juni 1990 (BGBl. II S. 518) wurden besondere Eingliederungsleistungen für Übersiedler beseitigt. Auch Leistungen für Aussiedler wurden modifiziert. Die Darstellung der Änderungen im einzelnen findet sich jeweils in den betroffenen Abschnitten.

Durch das Gesetz zu dem Vertrag vom 31. August 1990 zwischen der Bundesrepublik Deutschland und der Deutschen Demokratischen Republik über die Herstellung der Einheit Deutschlands – Einigungsvertragsgesetz – und der Vereinbarung vom 18. September 1990 (BGBl. II S. 885) werden die rechtlichen Voraussetzungen dafür festgelegt, daß auch die beigetretenen Bundesländer Aussiedler aufnehmen. Diese Regelungen sind allerdings bis zum 31. Dezember 1991 befristet, vgl. hierzu unter 4.1. Daraus ergibt sich, daß bis zu diesem Zeitpunkt neue Vorschriften zur Aufnahme und zur Eingliederung von Aussiedlern geschaffen werden sollen.

## 3. AUFNAHME IN DER BUNDESREPUBLIK DEUTSCHLAND

vgl. Wegweiser für Aussiedler Nr. 1,2
vgl. Wegweiser für Übersiedler Nr. 1,2

### 3.1 Aufnahme in den Erstaufnahmeeinrichtungen

**Aussiedler** werden grundsätzlich zunächst **aufgenommen**

- im Grenzdurchgangslager (GDL) Friedland bei Göttingen, Heimkehrerstraße 18, 3403 Friedland (Telefon 0 55 04/8 03-0)
- im Grenzdurchgangslager Osnabrück/Bramsche, Caprivistraße, 4500 Osnabrück (Tel. 05 41/40 44 70)
- im Grenzdurchgangslager Osnabrück/Bramsche, Im Rehagen 43, 4550 Bramsche-Hespe (Tel. 0 54 61/8 84-0)
- bei der Malteser Aussiedlerbetreuung Hamm, Alter Uentroper Weg 2, 4700 Hamm 1 (Tel. 0 23 81/8 98-0)
- in der Durchgangsstelle für Aussiedler, Beuthener Straße 37-39, 8500 Nürnberg (Tel. 09 11/40 99-0)
- im Durchgangswohnheim für Aussiedler und Zuwanderer des Landes Berlin (DAZ) Berlin-Marienfelde, Marienfelder Allee 66, 1000 Berlin 46 (Tel. 0 30/72 10 91)
- bei der Zentralen Aufnahmestelle für Aussiedler Baden-Württemberg, Haigerlocher Straße 127, 7246 Empfingen (Tel. 0 74 85/18 21 03)
- bei der Zentralen Aufnahmestelle für Aussiedler Baden-Württemberg, Leopoldplatz 9, 7550 Rastatt (Tel. 0 72 22/38 80)
- bei der FZH-Verwaltungsgesellschaft, Osterwisch 2, 2308 Schönberg (Tel. 0 43 44/94-1).

**Das Grenzdurchgangslager Friedland** ist eine Einrichtung des Landes Niedersachsen und bietet Unterkunft für bis zu 2.300 Personen. Die Durchgangsstelle für Aussiedler in

Nürnberg wird vom Freistaat Bayern unterhalten und verfügt z. Z. über 1.170 Plätze.

In Friedland sind neben der Lagerleitung tätig

- das Bundesverwaltungsamt/der Beauftragte der Bundesregierung für die Verteilung der Aussiedler
- Länderbeauftragte für die Verteilung der Aussiedler
- eine Beratungsstelle der Bundesanstalt für Arbeit
- der Suchdienst des Deutschen Roten Kreuzes
- die karitativen Verbände (Deutsches Rotes Kreuz, Caritas, Diakonisches Werk, Arbeiterwohlfahrt)
- der katholische und der evangelische Lagerdienst
- der Verein Friedlandhilfe e. V.

Die Aussiedler durchlaufen nach ihrem Eintreffen in der Bundesrepublik Deutschland zunächst eine der vorstehend genannten Erstaufnahmeeinrichtungen. Die ältesten dieser Einrichtungen sind das Grenzdurchgangslager Friedland (seit September 1945) und die Durchgangsstelle für Aussiedler in Nürnberg (seit 1961). Das gilt auch für Aussiedler, die nach dem 30. Juni 1990 das Herkunftsgebiet („Vertreibungsgebiet" im Sinne der §§ 1 und 2 BVFG) mit einem Aufnahmebescheid (vgl. hierzu unter 4.4.) verlassen haben. Personen, die das Herkunftsgebiet vor dem 1. Juli 1990 verlassen haben, erhalten nach wie vor nach Durchlaufen des bisher für alle Aussiedler vorgesehenen Registrierverfahrens einen sog. Registrierschein.

Dieses Dokument ist als vorläufige Rerechtigungsbescheinigung die Grundlage für weitere Maßnahmen, insbesondere für das Melde- und Ausweiswesen (Ausstellung von Personalausweis und Reisepaß, Ausstellung des Vertriebenenausweises), das Staatsangehörigkeits- und Namensrecht (vgl. hierzu die Richtlinien des Bundesministers des Innern für die Prüfung der Staatsangehörigkeit und Namensführung im Grenzdurchgangslager Friedland vom 29. Juli 1976, abgedruckt unter 5.4), die Unterbringung in einem Durchgangswohnheim, die Zahlung der Überbrückungshilfe, die Leistungen nach dem Arbeitsförderungsgesetz (u. a. Eingliederungsgeld, Sprachförderung) und die Einbeziehung in die Krankenversicherung. Zum vorläufigen Nachweis vgl. auch Einleitung Nr. 7.9.

Auch künftig ist der Registrierschein für Personen vorgesehen, die ein Recht auf Aufnahme in Ableitung von originär nach § 1 Abs. 2 Satz 3 BVFG berechtigten Personen haben: für die nichtdeutschen Ehegatten gemäß § 1 Abs. 3 BVFG und für diejenigen Personengruppen, die nach § 94 Abs. 2 BVFG als Angehörige Aufnahme finden und für die auch bisher ein Registrierverfahren vorgesehen war.

Für Personen, die mit einem Aufnahmebescheid einreisen (vgl. unter 4.4), wird ein Registriervermerk zu dem Bescheid gefertigt, in dem das Datum der Einreise und andere Formalitäten festgehalten werden. Für diesen Personenkreis gilt, daß in der Erstaufnahmeeinrichtung zunächst eine Identitätsprüfung und eine Überprüfung der im schriftlichen Aufnahmeverfahren festgehaltenen Angaben stattfinden, bevor die Verteilungsentscheidung ergeht. Aufnahmebescheid und Registriervermerk haben die gleichen Berechtigungen zum Inhalt wie der Registrierschein.

Seit dem 1. Februar 1988 ist zur Entlastung des Grenzdurchgangslagers Friedland eine Nebenstelle des Beauftragten der Bundesregierung für die Verteilung der Aussiedler bei der Landesstelle für Aussiedler und Zuwanderer des Landes Nordrhein-Westfalen in Unna-Massen eingerichtet worden.

Der organisatorische Ablauf in der **Durchgangsstelle Nürnberg** entspricht dem Ablauf im GDL Friedland.

**Der Verein Friedlandhilfe e.V.** sammelt Sach-und Geldspenden **(Postgirokonto Hannover 1515-306,** BLZ 250 100 30). Die Friedlandhilfe stellt den in den Aufnahmeeinrichtungen tätigen karitativen Verbänden Geldmittel zur Verfügung, die derzeit für jeden betreuten Aussiedler 50 DM betragen. Die Verbände beschaffen hiervon unter Hinzunahme von Eigenmitteln Bekleidungsstücke und Hygieneartikel. Außerdem werden Sachspenden verteilt.

In den Aufnahmeeinrichtungen steht für Aussiedler u. a. folgendes **Informationsmaterial** bereit:

– Wegweiser für Aussiedler (deutsch, russisch, polnisch), herausgegeben vom Bundesminister des Innern,

– Merkblatt über Fragen der Staatsangehörigkeit und der Namensführung, herausgegeben vom Bundesminister des Innern, abgedruckt unter 5.5,

– Starthilfen des Arbeitsamtes für Aussiedler (deutsch, rumänisch, polnisch), herausgeben von der Bundesanstalt für Arbeit.

– Merkblatt für Arbeitslose, herausgegeben von der Bundesanstalt für Arbeit

**Für Übersiedler sind folgende Informationsmaterialien erstellt worden:**

– Wegweiser für Flüchtlinge und Übersiedler aus der DDR, herausgegeben vom Bundesminister des Innern,

– Kompaß für den ehemaligen politischen Häftling, herausgegeben von der Stiftung für ehemalige politische Häftlinge,

– Merkblatt für Arbeitslose, herausgegeben von der Bundesanstalt für Arbeit,

– Faltblatt „Akademikerprogramm für Übersiedler aus der DDR", herausgegeben von der Otto Benecke Stiftung.

Aussiedler, die die Erstaufnahmeeinrichtungen nach Abschluß des Verteilungsverfahrens verlassen, werden in das jeweilige Aufnahmeland **weitergeleitet.** Hierfür wird in der Regel eine Fahrkarte der Deutschen Bundesbahn ausgehändigt. Sofern sie mit ihrem eigenen PKW weiterreisen, erhalten sie einen Barbetrag bis zur Höhe der Bundesbahnfahrtkosten für den Kauf von Treibstoff. Ggf. werden auch Omnibusse eingesetzt (etwa für die Fahrt von Friedland nach Unna-Massen).

Wird ein Aussiedler im Aufnahmeland zunächst in einem Durchgangswohnheim untergebracht, so werden die Kosten für die Weiterleitung an den endgültigen Wohnort von dem jeweiligen Aufnahmeland getragen.

Die **Frachtkosten für Umzugsgut** vom Herkunftsort bis zum Grenzdurchgangslager werden als Rückführungskosten erstattet (vgl. unter 3.4).

### 3.2 Verteilung

Rechtsgrundlage für die **Verteilung der Aussiedler** auf die Bundesländer ist die gesetzesvertretende, auf Art. 119 GG beruhende Verordnung über die Bereitstellung von Durchgangslagern und über die Verteilung der in das Bundesgebiet aufgenommenen deutschen Vertriebenen auf die Länder des Bundesgebietes (Verteilungsverordnung) vom 28. März 1952 (BGBl. I S. 236), abgedruckt unter 3.1.

Die **Zuweisung an die Bundesländer** erfolgt aufgrund einer zwischen der bisherigen Ländern geschlossenen Vereinbarung nach folgendem Schlüssel:

| Land | Sollanteil v.H. |
|---|---|
| Schleswig-Holstein | 1,8 |
| Hamburg | 3,1 |

| | |
|---|---|
| Niedersachsen | 8,2 |
| Bremen | 1,2 |
| Nordrhein-Westfalen | 31,7 |
| Hessen | 8,5 |
| Rheinland-Pfalz | 4,9 |
| Baden-Württemberg | 16,9 |
| Bayern | 13,2 |
| Saarland | 2,5 |
| Berlin (West | 8,0 |

Die Verteilungsverordnung vom 28. März 1952 (BGBl. I S. 236) gilt nach dem Einigungsvertrag (BGBl. II S. 885, 920) auch in den neuen Bundesländern. Bis zur Festlegung eines Verteilungsschlüssels durch den Bundesrat wird diesen Ländern schrittweise ein Anteil bis zu 20 vom Hundert der Aussiedler zugewiesen, der im Verhältnis der Bevölkerungszahl dieser Länder aufzuteilen ist. Dabei müssen Leistungskraft und Lebensverhältnisse in den beigetretenen Ländern berücksichtigt werden.

Einzelheiten des Verteilungsverfahrens regeln die **Grundsätze für die Aufnahme** in der von der Arbeitsgemeinschaft der Landesflüchtlingsverwaltungen im Einvernehmen mit dem Bundesminister des Innern beschlossenen Fassung vom 19. Dezember 1986, abgedruckt unter 3.2. Diese Grundsätze lösen die „Richtlinien für die Verteilung der Zuwanderer aus der sowjetisch besetzten Zone Deutschlands und dem sowjetisch besetzten Sektor von Berlin, der Aussiedler und der Vertriebenen aus dem freien Ausland (Verteilungsrichtlinien)" vom 10. März 1961 und die Übernahmevereinbarung vom 31. Mai 1972 ab.

Bei der **Verteilung** werden folgende Kriterien berücksichtigt:

Im Rahmen der vorgenannten Schlüsselzahlen sollen die aufnehmenden Bundesländer gleichmäßig belastet werden. Die Verteilungsentscheidung wird von dem Beauftragten der Bundesregierung im Registrierverfahren unter angemessener Berücksichtigung des Ersteinweisungswunsches, der familiären und persönlichen Bindungen, der Versorgung mit Wohnraum und der beruflichen Eingliederungsmöglichkeiten getroffen. Dabei werden die betroffenen Länder gehört.

Die Dienststelle des **Beauftragten der Bundesregierung für die Verteilung** der Aussiedler ist seit dem 1. Januar 1988 in das Bundesverwaltungsamt, Barbarastraße 1, 5000 Köln 60, Tel. 02 21/77 80-0 eingegliedert.

### 3.3 Überbrückungshilfe

Aussiedler erhalten zur Bestreitung der ersten dringenden Ausgaben von der Bundesregierung eine **Überbrückungshilfe.** Sie beträgt 200,– DM und wird seit dem 1. Januar 1987 auch Minderjährigen in dieser Höhe gewährt. Die Überbrückungshilfe wird in der Regel bei Verlassen der Aufnahmestellen ausgezahlt, um die ersten Tage bis zum Einsetzen anderer Leistungen zu überbrücken.

Grundlage für diese Leistung sind die **Richtlinien des Bundesministers des Innern für die Zahlung einer einmaligen Überbrückungshilfe der Bundesregierung** vom 29. November 1985 (GMBl. S. 1986, S. 8), geändert durch die Richtlinie vom 17. Dezember 1986 (GMBl. 1987, S. 20), abgedruckt unter 3.3. Sie haben die Richtlinien des Bundesministers des Innern für die Zahlung einer einmaligen Unterstützung der Bundesregierung (Begrüßungsgabe) vom 15. August 1974, geändert am 10. Mai 1976, abgelöst.

Die **Überbrückungshilfe** erhalten u. a. auch zum Familienverband des Aussiedlers gehörende nichtdeutsche Angehörige, die gemeinsam mit Anspruchsberechtigten auf Dauer in das Bundesgebiet einreisen. Voraussetzung hierfür ist, daß für sie eine Übernahmeerklärung das Bundesverwaltungsamts vorliegt und daß die Nichtgewährung der Leistung eine unbillige Härte darstellen würde (Nr. 5, Buchst. a aaO). Die Auszahlung, die auf dem Registrierschein (für Aussiedler) vermerkt wird, erfolgt durch den Leiter des Grenzdurchgangslagers oder durch den Leiter des Aufnahmeverfahrens (Nr. 6 aaO). Wird der Vertriebenenausweis ausgestellt, ohne daß bei Beantragung ein Registrierschein vorlag, zahlt die den Ausweis ausstellende Behörde die Überbrückungshilfe bei Aushändigung des Ausweises aus.

### 3.4 Rückführungskosten

Nach § 15 Abs. 1 des Ersten Gesetzes zur Überleitung von Lasten und Deckungsmitteln auf den Bund (Erstes Überleitungsgesetz) i.d.F. vom 28. April 1955 (BGBl. I S. 193) – abgedruckt unter 17.2 – trägt der Bund u. a. die **Kosten der Rückführung** von Deutschen aus den Aussiedlungsgebieten. Auf dieser Grundlage erhalten Aussiedler eine Erstattung ihrer Umzugskosten. Eine vergleichbare Regelung für Übersiedler aus der DDR und aus Berlin (Ost) bestand nicht, vgl. hierzu unten.

Die Erstattung der Rückführungskosten ist geregelt in der **Richtlinie des Bundesministers des Innern vom 4. Januar 1986 über die Verrechnungsfähigkeit der Kosten der Rückführung** gem. § 15 des Ersten Gesetzes zur Überleitung von Lasten und Deckungsmitteln auf den Bund (Erstes Überleitungsgesetz) i.d.F. der Bekanntmachung vom 28. April 1955 (BGBl. I S. 193), zuletzt geändert durch Gesetz vom 8. Juni 1977 (BGBl. I S. 801) (GMBl. 1986, S. 87), abgedruckt unter 3.4

Hiernach haben die im Bundesgebiet eintreffenden Aussiedler einen Anspruch auf Erstattung der Auslagen, die in Verbindung mit der Aussiedlung außerhalb des Geltungsbereichs des Bundesvertriebenengesetzes entstanden sind (§ 1 Abs. 1 aaO). Der Antrag muß innerhalb von zwei Jahren nach Eintreffen im Bundesgebiet gestellt werden. Verzögert sich die Ausstellung des Vertriebenenausweises, so gilt die Frist auch als gewahrt, wenn der Antrag innerhalb eines Jahres nach dessen Aushändigung eingereicht wird (§ 1 Abs. 3 aaO).

Hierzu zählen:

– Fahrkosten (§ 3 aaO)

– Gebühren für Paß und Ausreisegenehmigung (§ 4 aaO)

– Gebühren für die Entlassung aus der Staatsangehörigkeit des Herkunftslandes (§ 5 aaO)

– Güterbeförderungs- und sonstige Nebenkosten (§ 6 aaO).

Erstattet werden die **Fahrkosten** grundsätzlich nur für die Fahrt auf der kürzesten Strecke mit der Eisenbahn in der niedrigsten Wagenklasse vom bisherigen Wohnort bis zum nächsten Grenzdurchgangslager (§ 3 Abs. 1 aaO). Flugkosten werden nur dann erstattet, wenn die kürzeste Entfernung mindestens 2000 km beträgt (§ 3 Abs. 3 aaO).

Gebühren für die **Entlassung aus der Staatsangehörigkeit** des Herkunftslandes werden nur dann erstattet, wenn sie vor dem Eintreffen im Bundesgebiet entstanden sind (§ 5 Abs. 1 aaO). Gebühren für eine danach beantragte Entlassung werden nur dann erstattet, wenn die Entlassung aus der Staatsangehörigkeit des Herkunftslandes die Zusammenführung mit zurückgelassenen Familienangehörigen (Ehegatte, Kinder, Eltern, Geschwister) ermöglicht werden soll. Gleiches gilt für die Zusammenführung einer Haushaltsgemeinschaft mit weiteren Verwandten, die durch die Ausreise des Berechtigten getrennt worden ist (§ 5 Abs. 2 aaO).

Voraussetzung für die Erstattung der notwendigen Auslagen für die **Beförderung von Umzugsgut** ist, daß eine deutsche Übernahmegenehmigung (jetzt: ein Aufnahmebescheid) und eine Aussiedlungsgenehmigung der Behörden des Herkunftsstaates vorlag (§ 6 Abs. 1 aaO). Dabei sind grundsätzlich die Auslagen für die Beförderung des Umzugsguts vom bisherigen Wohnort bis zum nächsten Grenzdurchgangslager im Bundesgebiet verrechnungsfähig (§ 6 Abs. 3 aaO).

Die Abgeltung der **Nebenkosten** und sonstigen Gebühren wird mit einem Betrag von 30,– DM pauschaliert, ohne daß es eines Nachweises der tatsächlichen Auslagen bedarf (§ 6 Abs. 5 aaO).

Die vorgenannte Richtlinie ist mit Wirkung vom 1. Januar 1986 an die Stelle der Richtlinien des Bundesministers des Innern über die Verrechnungsfähigkeit der Kosten der Rückführung gemäß § 15 des Ersten Überleitungsgesetzes vom 1. Juli 1960 in der Fassung vom 1. Oktober 1973 getreten.

Verläßt ein Aussiedler das Herkunftsgebiet über ein Drittland, so kann er bei Vorliegen der Voraussetzungen bei einer Auslandsvertretung der Bundesrepublik Deutschland (Botschaft, Konsulat) Hilfen für die Begleichung der Fahr- und Transportkosten in Anspruch nehmen. Diese sind aber gemäß § 5 Abs. 5 des Konsulargesetzes vom 11. September 1974 (BGBl. I S. 2317) zurückzuzahlen. Sie können allerdings im Einzelfall im Wege einer Härtefallregelung bis zur Höhe der Rückführungskosten, die für den direkten Weg vom Wohnsitz in das Bundesgebiet entstanden wären, erstattet werden.

Die **Umzugskosten für Übersiedler aus der ehemaligen DDR unter Einschluß von Berlin (Ost)** wurden – anders als bei den Aussiedlern – nicht erstattet. Das ist darauf zurückzuführen, daß § 15 Abs. 1 des Ersten Überleitungsgesetzes (s.o.) eine Rechtspflicht des Bundes insoweit nicht vorsieht. Dieser Rechtszustand im Bereich der Kostenübernahmeverpflichtung ist nach dem Gesetzesstand vom 1. Oktober 1969 durch den am 28. Juli 1969 neugefaßten Artikel 120 GG festgeschrieben. Es bestand die Möglichkeit, daß Übersiedler das **zinsverbilligte Einrichtungsdarlehen** aufgrund der Richtlinien vom 20. September 1976 – abgedruckt unter 6.3 – für die Bezahlung von Umzugskostenrechnungen verwenden. Hierzu hatte der Bundesminister des Innern mit Rundschreiben vom 12. März 1984 – abgedruckt unter 6.11 – sein Einverständnis erklärt.

### 3.5 Aufnahme von Deutschen aus der DDR und aus Berlin (Ost)

Nach § 1 Abs. 1 des **Gesetzes über die Aufnahme von Deutschen in das Bundesgebiet (Aufnahmegesetz)** vom 22. August 1950 (BGBl. S. 367), zuletzt geändert durch Gesetz vom 18. Februar 1986 (BGBl. I S. 265), benötigten deutsche Staatsangehörige und deutsche Volkszugehörige, die ihren Wohnsitz oder ständigen Aufenthalt in der DDR oder in Berlin (Ost) hatten oder gehabt hatten, für den ständigen Aufenthalt im Bundesgebiet einer besonderen Erlaubnis.

Eine eingehende Darstellung des Aufnahmeverfahrens für Übersiedler findet sich bei WOLFGANG FRITZ, Zum Aufnahmegesetz – Beseitigung der Not und was jetzt?, RiA 1988, 85 ff.

Einzelheiten des Aufnahmeverfahrens waren in der **Verordnung zur Durchführung des Gesetzes über die Aufnahme von Deutschen in das Bundesgebiet** vom 11. Juni 1951 (BGBl. I S. 381), zuletzt geändert durch Gesetz vom 18. Februar 1986 (BGBl. I S. 265), geregelt.

Das Aufnahmegesetz und die Verordnung zur Durchführung des Aufnahmegesetzes sind durch Artikel 1 § 1 des Gesetzes zur Aufhebung des Aufnahmegesetzes vom 26. Juni 1990 (BGBl. I S. 1142) aufgehoben worden. Nach § 2 aaO konnten Personen, die vor dem 1. Juli 1990 ihren ständigen Aufenthalt im Bundesgebiet genommen haben, einen Antrag nach § 1 Abs. 1 des Aufnahmegesetzes in Verbindung mit § 8 der Verordnung zur Durchführung des Aufnahmegesetzes noch innerhalb einer Frist von drei Monaten seit dem Inkrafttreten des Gesetzes (bis zum 30. September 1990) stellen. Das Verfahren hierfür richtete sich nach den bisher geltenden Vorschriften. Dies galt auch für Verfahren, die bei Inkrafttreten des Gesetzes noch nicht abgeschlossen waren.

Übersiedler aus der DDR und aus Berlin (Ost) wurden von den Grundsätzen für die Aufnahme (vgl. oben 3.2) und von den Richtlinien über die Zahlung einer einmaligen Überbrückungshilfe (vgl. oben 3.3) erfaßt, nicht jedoch von der Richtlinie über die Verrechnungsfähigkeit der Kosten der Rückführung (vgl. oben 3.4).

### 3.6 Festlegung eines vorläufigen Wohnortes für Aussiedler und Übersiedler

Am 15. Juli 1989 ist das Gesetz über die Festlegung eines vorläufigen Wohnortes für Aussiedler und Übersiedler vom 6. Juli 1989 (BGBl. I S. 1378), abgedruckt unter 3.5, in Kraft getreten.

Durch das Gesetz wird die Möglichkeit geschaffen, daß Aussiedlern und Übersiedlern nach ihrer Erstaufnahme ein vorläufiger Wohnort zugewiesen wird, wenn sie nicht über ausreichenden Wohnraum verfügen und daher bei ihrer Unterbringung auf öffentliche Hilfe angewiesen sind.

In diesem Fall ist der Aufgenommene dazu verpflichtet, auf die Dauer von höchstens zwei Jahren diesen Wohnsitz zu nehmen, bis für ihn an einem anderen Ort nicht nur vorübergehend ausreichender Wohnraum oder ein Arbeits-, Ausbildungs- oder Studienplatz zur Verfügung steht. Eine andere als die Zuzugsgemeinde ist nicht zur Betreuung des Betroffenen und vor allem nicht zur öffentlichen Hilfe bei der Unterbringung (Wohnraumbeschaffung) verpflichtet.

Weitergehende Sanktionen sind nicht vorgesehen. Die Landesregierungen werden ermächtigt, durch Verordnung u. a. einen Schlüssel für die Zuweisung von Aussiedlern und Übersiedlern innerhalb des Landes festzulegen.

Das Gesetz, durch das das Grundrecht auf Freizügigkeit nach Artikel 11 Abs. 1 des Grundgesetzes eingeschränkt wird, tritt als Zeitgesetz mit Ablauf des 14. Juli 1992 außer Kraft.

### 3.7 Beratung und Betreuung durch Verbände und kirchliche Institutionen

Bund und Länder gewähren zentralen Organisationen und Verbänden Zuwendungen zur Finanzierung von **Eingliederungsmaßnahmen** für Aussiedler.

Aus dem Haushalt des Bundesministers des Innern werden **Aufbauwochen, Familienfreizeiten** (1 bis 3 Wochen) und Wochenendseminare finanziert, die sich mit staatsbürgerlichen Fragen, Schule und Erziehung, Berufs- und Arbeitswelt, Rechts- und Wirtschaftsfragen, Gesundheitsvorsorge, Kirche und Religion, Urlaubsgestaltung und Freizeitmaßnahmen sowie mit Bildung und Kultur befassen. Träger dieser Eingliederungsmaßnahmen, die auch eine Einzelberatung und -betreuung einschließen, sind die bundesweit tätigen Verbände und Institutionen der Freien Wohlfahrtspflege und der Kirchen (Deutscher Caritasverband, Diakonisches Werk der EKD, Deutsches Rotes Kreuz, Arbeiterwohlfahrt, Deutscher Paritätischer Wohlfahrtsverband, Evangelische Frauenarbeit in Deutschland, Evangelische Kirche – Aussiedlerarbeit beim Kirchenamt, Katholischer Flüchtlingsrat in Deutschland, Ackermann-Gemeinde) und die zentralen Organisationen der Vertriebenen und Flüchtlinge sowie der ehemaligen politischen Häftlinge (Bund der Vertriebenen, Bauernverband der Vertriebenen, Deutsche Jugend in Europa, Bund der Mitteldeutschen, Zentralverband Mittel- und Ostdeutscher, Stiftung für ehemalige politische Häftlinge, Gemeinschaft ehemaliger politischer Häftlinge – Vereinigung der Opfer des Stalinismus [VOS]).

Aus dem Haushalt des Bundesministers für Jugend, Familie, Frauen und Gesundheit erhalten die Spitzenverbände der Freien Wohlfahrtspflege sowie Vertriebenenverbände Zuschüsse zu den Personal- und Sachkosten der von ihnen angebotenen Dienste im Rahmen ihrer **Beratungs- und Betreuungstätigkeit,** die in den Aufnahmeeinrichtungen, in den Übergangswohnheimen und am endgültigen Wohnsitz erfolgt.

Mit Mitteln aus dem Haushalt des Bundesministers für Jugend, Familie, Frauen und Gesundheit wird auch die Eingliederungsarbeit der in der **Bundesarbeitsgemeinschaft Jugendaufbauwerk** (Haager Weg 44, 5300 Bonn 1, Telefon 0228/285036) zusammengeschlossenen Trägergruppen der Jugendsozialarbeit unterstützt, die im Bundesgebiet ein Netz von 141 Beratungs- und Betreuungsdiensten unterhalten. Gewährt werden u. a. Zuschüsse zu den Sach- und Personalkosten, zu Sprachhilfekursen, Einführungsseminaren und Eingliederungsfreizeiten.

Einen guten Überblick über die Eingliederungsarbeit der Verbände vermittelt die Dokumentation „Protokoll der fünften Fachtagung ‚Zehn Jahre Eingliederungsarbeit mit Aussiedlern und DDR-Zuwanderern' vom 2. bis 4. Juni 1986 in der „Evangelischen Akademie Loccum" (herausgegeben von WOLFANG LANQUILLON im Auftrag des Diakonischen Werkes der EKD, Stuttgart, 324 Seiten).

## 4. RECHTSSTELLUNG

vgl. Wegweiser für Aussiedler Nr. 6, 31
vgl. Wegweiser für Übersiedler 9, 10, 31

### 4.1 Bundesvertriebenengesetz

Das **Gesetz über die Angelegenheiten der Vertriebenen und Flüchtlinge (Bundesvertriebenengesetz)** vom 19. Mai 1953 in der Fassung der Bekanntmachung vom 3. September 1971 (BGBl. I S. 1565, ber. 1807), zuletzt geändert durch Gesetz vom 23. September 1990 (BGBl. II S. 885, 918) – abgedruckt unter 4.1 – regelt u. a.

- den Status der von dem Gesetz erfaßten Personen (§§ 1 bis 8, vgl. hierzu Einleitung 4.2 bis 4.7)
- die Voraussetzungen für die Inanspruchnahme von Rechten und Vergünstigungen (§§ 9 bis 13)
- die Ausstellung und Einziehung von Ausweisen (§§ 15 bis 20)
- die Errichtung von Behörden und Beiräten (§ 21 bis 26)
- die Eingliederung der Vertriebenen und Flüchtlinge durch ein geregeltes Aufnahmeverfahren (§§ 26 ff, siehe unter 4.4)
- die Eingliederung in die Landwirtschaft (§§ 35 bis 68, vgl. hierzu Einleitung Nr. 14)
- Zulassung zur Berufs- und Gewerbeausübung (§§ 69, 71, zur Eintragung in die Handwerksrolle vgl. Einleitung Nr. 10)
- Förderung selbständig Erwerbstätiger (§§ 72 bis 76, vgl. hierzu Einleitung Nr. 11)
- Förderung unselbständig Erwerbstätiger (§§ 77 bis 79, vgl. hierzu Einleitung Nr. 7 und 8)
- Wohnraumversorgung (§ 80, vgl. hierzu Einleitung Nr. 6)
- Nichtanwendung beschränkender Vorschriften (§ 81)
- Schuldenregelung für Vertriebene und Sowjetzonenflüchtlinge (§§ 82 bis 89)
- sozialrechtliche Angelegenheiten (§§ 90, 90a, 90b, 91, vgl. hierzu Einleitung Nr. 2, 7, 8, 15, 17)
- Anerkennung von Prüfungen und Befähigungsnachweisen (§ 92, vgl. hierzu Einleitung Nr. 10) und Ersatz von Urkunden (§ 93)
- Familienzusammenführung (§ 94)
- unentgeltliche Beratung (§ 95)

- Pflege des Kulturguts der Vertriebenen und Flüchtlinge und Förderung der wissenschaftlichen Forschung (§ 96)
- Statistik (§ 97)
- Strafbestimmungen (§§ 98, 99)
- Übergangs- und Schlußbestimmungen (§§ 100 bis 107, nur zum Teil abgedruckt).

Das Bundesvertriebenengesetz enthält zum Teil nur Programmsätze oder Rahmenbestimmungen (z. B. § 72 ff, §§ 77 ff, § 80, § 90). Ein wesentlicher Teil der Eingliederungshilfen ist daher außerhalb des BVFG geregelt worden. Weitere Eingliederungshilfen sind ohne unmittelbare Beziehung zum BVFG entstanden.

Eine Reihe von Vorschriften ist insbesondere durch Zeitablauf gegenstandslos geworden (z. B. §§ 50 ff über die Berücksichtigung der Vermögens- und der Hypothekengewinnabgabe bei der Eingliederung in die Landwirtschaft) oder ohne praktische Bedeutung (z. B. §§ 57 ff über die zwangsweise Inanspruchnahme von Land, §§ 82 ff über die Schuldenregelung).

Nach Kapitel II (Geschäftsbereich des Bundesministers des Innern), Sachgebiet D (Kriegsfolgenrecht), Abschnitt III, Nr. 1 des Einigungsvertrages (BGBl. II S. 885, 919) gilt das Bundesvertriebenengesetz auch in den Ländern Brandenburg, Mecklenburg-Vorpommern, Sachsen, Sachsen-Anhalt und Thüringen sowie in dem bisherigen Berlin (Ost).

Dabei sind u. a. folgende Maßgaben zu berücksichtigen:

- das BVFG findet ausschließlich auf Personen nach § 1 Abs. 2 Nr. 3 und Abs. 3 BVFG Anwendung, die nach dem Wirksamwerden des Beitritts und vor dem 1. Januar 1992 dort ihren ständigen Aufenthalt genommen haben.
- erbrachte Leistungen für solche Personen im bisherigen Bundesgebiet sind anzurechnen.

Durch Artikel 38 des Gesetzes zur Strukturreform im Gesundheitswesen vom 20. Dezemer 1988 (BGBl. I S. 2477) ist § 70 des Bundesvertriebenengesetzes **(Zulassung zur Kassenpraxis)** gestrichen worden. Die Vorschrift war aufgrund der Weiterentwicklung des Kassenarztrechts gegenstandslos geworden.

Gleichzeitig wurde durch dasselbe Gesetz mit § 90b BVFG eine neue Vorschrift eingefügt. Hier wurde eine Regelung über **Leistungen bei Krankheit** für Aussiedler und Übersiedler getroffen, die die bisherige Regelung in Artikel 8 Nr. 2 des Gesetzes über die Verwaltung der Mittel der Träger der Krankenversicherung vom 15. Dezember 1979 (BGBl. I S. 2241) ersetzt, die durch Art. 13 des Gesundheits-Reformgesetzes vom 20. Dezember 1988 (BGBl. I S. 2477) aufgehoben worden ist. Eine Übergangsregelung enthält Art. 13 des Gesundheits-Reformgesetzes, vgl. unten unter 17.

Aussiedler erhalten folgende Leistungen:

- Leistungen zur Förderung der Gesundheit und zur Verhütung von Krankheiten (§§ 20 bis 24 SGB V),
- Leistungen zur Früherkennung von Krankheiten (§§ 25, 26 SGB V)
- Leistungen bei Krankheit (§§ 27 bis 52 SGB V),
- Sterbegeld (§ 90b Abs. 1 Satz 2 BVFG in Verbindung mit § 59 SGB V),
- Fahrkosten (§ 60 SGB V),
- Leistungen bei Schwangerschaft und Mutterschaft (§§ 195 bis 200b RVO),
- sonstige Hilfen (§§ 200e bis 200g RVO).

Voraussetzung für die Leistungsgewährung ist, daß der Berechtigte im Zeitpunkt der Aufnahme im Bundesgebiet erkrankt ist oder innerhalb von drei Monaten nach diesem Zeitpunkt erkrankt. Die Leistungen bei Krankheit sind auf die ersten 78 Monate nach der Aufenthaltnahme im Bundesgebiet begrenzt.

Durch eine Neufassung des § 90 b Abs. 4 BVFG durch das Eingliederungsanpassungsgesetz vom 22. Dezember 1989 (BGBl. I S. 2398) ist eine Regelung getroffen worden, wonach sich die Höhe von **Krankengeld** und **Mutterschaftsgeld** für Aussiedler und Übersiedler nach § 62 a Abs. 3 AFG bemißt. Bisher konnten die Leistungen im Falle von Krankheit und Mutterschaft über dem Arbeitslosengeld liegen.

Aussiedler, die bei ihrem Eintreffen im Bundesgebiet arbeitsunfähig erkrankt sind oder innerhalb von drei Monaten nach ihrer Einreise erkranken und aus diesem Grunde eine abhängige Erwerbstätigkeit nicht aufnehmen können, befinden sich in derselben Lage wie andere Aussiedler, die die Aufnahme einer Erwerbstätigkeit anstreben, aber zunächst aus anderen Gründen (etwa fehlende Vermittelbarkeit aufgrund der allgemeinen Arbeitsmarktsituation) noch ohne Arbeit sind.

Gleiches gilt für Frauen, die die Voraussetzungen für den Bezug von Mutterschaftsgeld erfüllen. Die Betroffenen sollen als Bezieher von Krankengeld und Mutterschaftsgeld keine höheren Leistungen erhalten als andere Aussiedler, die gleichfalls ohne Arbeit sind.

Die vorgenannten Regelungen galten zunächst auch für Übersiedler.

In § 90 b BVFG wurden durch Art. 27 Nr. 2 des Gesetzes vom 25. Juni 1990 (BGBl. II S. 518) die Vorschriften gestrichen, die sich auf die Krankenversicherung der Übersiedler bezogen.

Durch Kapitel II, Sachgebiet D, Abschnitt II, Nr. 1 Buchstabe a des Einigungsvertrages (BGBl. II S. 885, 919) werden nunmehr als Berechtigte nach § 90 b BVFG die Vertriebenen im Sinne des § 1 BVFG aus den in § 1 Abs. 2 Nr. 3 BVFG genannten Gebieten bezeichnet.

Durch das Gesetz über die neunzehnte Anpassung der Leistungen nach dem Bundesversorgungsgesetz sowie zur Änderung weiterer sozialrechtlicher Vorschriften (KOV-Anpassungsgsetz) vom 26. Juni 1990 (BGBl. I S. 1211) wurde § 90 b BVFG durch einen neuen Absatz 5 a (Notwendigkeit eines Berechtigungsscheins) und einen neuen Halbsatz in Absatz 7 Satz 2 (Erstattungsregelung für Krankenkassen) ergänzt.

Ein durch Art. 27 Nr. 3 des Gesetzes vom 25. Juni 1990 (BGBl. II S. 518) neu eingefügter § 90 c BVFG bestimmte, daß Übersiedler (Deutsche im Sinne des Artikels 116 GG aus dem Gebiet der DDR einschließlich Berlin [Ost]), die in der Sozialversicherung der DDR krankenversichert waren, längstens für einen Monat nach ihrem Ausscheiden aus der Krankenversicherung der DDR Leistungen der gesetzlichen Krankenversicherung (im Bundesgebiet) erhalten. Bei der Berechnung des Krankengeldes wurde das regelmäßige Arbeitsentgelt und Arbeitseinkommen zugrunde gelegt, das der Übersiedler in der DDR einschließlich Berlin (Ost) erzielt hatte.

§ 90 c BVFG ist durch Kapitel II, Sachgebiet D, Abschnitt II, Nr. 1 Buchstabe b des Einigungsvertrages (BGBl. II S. 885, 919) aufgehoben worden.

Bisher konnten auch weitere Verwandte des nichtdeutschen Ehegatten eines deutschen Aussiedlers im Rahmen der **Familienzusammenführung** nachgeholt werden. Dies war eine Regelung zugunsten von sog. Geltungsvertriebenen (Ehegatten und Abkömmlinge), die nach Art. 116 Abs. 1 GG und § 1 Abs. 3 BVFG die Eigenschaft eines Deutschen und eines Aussiedlers erwerben, weil sie das Vertreibungsschicksal mit dem deutschen Aussiedler geteilt haben.

Nach der Neufassung des § 94 BVFG durch das Eingliederungsanpassungsgesetz vom 22. Dezember 1989 (BGBl. I S. 2398) richtet sich der Nachzug von Angehörigen dieses Personenkreises, in der Regel also der Angehörigen des bis zur Aufnahme im Bundesgebiet nichtdeutschen Ehegatten des Aussiedlers, nicht mehr nach § 94 BVFG, sondern nach den allgemeinen ausländerrechtlichen Regeln. Eine Härteregelung ermöglicht positive Entscheidungen in besonders gelagerten Fällen.

Nach § 20 des Flüchtlingshilfegesetzes (FlüHG), abgedruckt unter 4.6, ist eine Reihe von Vorschriften des Bundesvertriebenengesetzes auf Übersiedler aus der DDR und aus Berlin (Ost), die nicht Flüchtlinge im Sinne des § 3 BVFG sind, entsprechend anwendbar. Der Anwendungsbereich von Art. 20 FlüHG ist jedoch erheblich eingeschränkt worden (vgl. unter 4.6).

Eine kritische Auseinandersetzung mit der gegenwärtigen Handhabung der Bestimmungen des § 1 Abs. 2 Nr. 3 BVFG („Vertreibungsdruck", s. unter 4.2) und des § 6 BVFG (s. unter 4.4) findet sich bei VON BARGEN, Rechtsprechung als Hochseilakt – Plädoyer für eine Reform des Vertriebenenrechts in Festschrift für Wolfgang Zeidler (1987), S. 503 ff.

### 4.2 Vertreibungsdruck (§ 1 Abs. 2 Nr. 3 BVFG)

Die Anerkennung als Aussiedler kann im Einzelfall im Rahmen einer Prüfung nach § 1 Abs. 2 Nr. 3 BVFG daran scheitern, daß die Ausreise auf vertreibungsfremde Gründe zurückzuführen ist. Das Bundesvertriebenengesetz will nur diejenigen Deutschen aus den Aussiedlungsgebieten begünstigen, die ein Vertreibungsschicksal erlitten haben, das durch eine **ursächliche Verknüpfung von Vertreibung und Wohnsitzverlust** gekennzeichnet ist.

Diese ursächliche Verknüpfung ist bei Vertriebenen i.S. des § 1 Abs. 1 BVFG unmittelbar gegeben. Bei Aussiedlern wird die unmittelbare Vertreibung ersetzt durch die Wohnsitzaufgabe aufgrund des **Vertreibungsdrucks,** der nach der Rechtsprechung des Bundesverwaltungsgerichts in der fortdauernden Bedrückung der deutschen Staatsangehörigen und deutschen Volkszugehörigen, insbesondere durch Vereinsamung als Folge der allgemeinen Vertreibungsmaßnahmen und der seitherigen Aussiedlung besteht (vgl. BVerwGE 52, 167 [176 ff]).

Die Minister und Senatoren für Arbeit und Soziales der Länder hatten sich im Juni 1986 auf **Richtlinien zur einheitlichen Anwendung des § 1 Abs. 2 Nr. 3 des Bundesvertriebenengesetzes (sog. „Vertreibungsdruck")** geeinigt, die von den Ländern im Erlaßwege umgesetzt wurden. Abgedruckt war unter 4.2 der Runderlaß des Ministers für Arbeit, Gesundheit und Soziales des Landes Nordrhein-Westfalen vom 14. August 1986 (MBl. S. 1291).

In den Richtlinien wurde darauf verwiesen, daß die Deutschen in den meisten Aussiedlungsgebieten weitestgehend unter Bedingungen leben, die ihnen die Wahrnehmung grundlegender Menschenrechte als Deutsche nicht gestatten. Sie sind als Volksgruppe nicht anerkannt und können ihre kulturelle Identität nicht wahren (Nr. 2 aaO).

Folgende Tatsachen wurden als nicht geeignet bezeichnet, die bestehende **Vermutung des Vertreibungsdrucks** zu widerlegen: fehlende Ausreisebemühungen in der Vergangenheit, Zugehörigkeit zu einer spätgeborenen Generation, Reisen in das Bundesgebiet oder in das westliche Ausland, Eheschließung mit einer außerhalb des Aussiedlungsgebietes wohnenden Person und das Erreichen einer gehobenen beruflichen Position im Aussiedlungsgebiet (Nr. 4 aaO).

Dagegen kam eine Prüfung, ob die allgemeine Bedrückung der Deutschen Grund für die Ausreise war, dann in Betracht, wenn eindeutige Anhaltspunkte für einen nicht fortdauernden Vertreibungsdruck sprachen. Hierzu gehörte:

– die bewußte Abwendung vom deutschen Volkstum,

– eine herausgehobene politische Stellung,

- eine herausgehobene berufliche Stellung, die im allgemeinen nicht ohne eine besondere Bindung an das politische Regime im Herkunftsland erreicht werden kann,
- das Verhalten gegenüber Deutschen in Aussiedlungsgebieten,
- kriminelle Delikte,
- das Stellen eines Asylantrags, wenn sich aus ihm ergibt, daß der Betroffene nicht mehr in dem Bewußtsein ausgereist ist, Deutscher zu sein (Nr. 5 aaO).

Eine Neuregelung in diesem Bereich trifft der Erlaß des Bundesministers des Innern vom 18. April 1990 „Registrierverfahren für Aussiedler", der nunmehr unter 4.2 abgedruckt ist. Grund für diese Regelung ist, daß einige Bundesländer bei der Beurteilung der Frage, ob ein Vertreibungsdruck gegeben ist, von den vorgenannten Richtlinien abwichen und die Länder in der Frage der deutschen Staatsangehörigkeit von Angehörigen der Abteilung 3 der Deutschen Volksliste eine andere Auffassung vertraten als der Bund.

Als Voraussetzung für die Registrierung von Aussiedlern ist zunächst zu prüfen, ob ein Kriegsfolgeschicksal vorliegt, ob die Aussreise also aufgrund eines bestehenden Vertreibungsdrucks erfolgte.

Nach den Richtlinien (Nr. 1.1 aaO) ist eine widerlegbare Vermutung im Sinne der bisherigen Richtlinien für Antragsteller aus der UdSSR und aus Rumänien anzunehmen.

Bestehen Zweifel, so ist eine einzelfallbezogene Prüfung erforderlich (Nr. 1.2 aaO). Nach einem Urteil des Bundesverwaltungsgerichts vom 21. Juni 1988 – BVerwG 9 C 282.86 – ist der Vertreibungsdruck z. B. zu verneinen, wenn Kinder auch im engsten Familienkreis nicht mehr im Sinne einer Überlieferung deutschen Volkstums erzogen worden sind mit der Folge, daß ihnen nicht einmal ein Minimum deutschen Volkstumsbewußtseins vermittelt worden ist (Nr. 1.2.1 aaO).

Das Kriegsfolgeschicksal ist zu verneinen, wenn

- im engsten Familienkreis nicht mehr deutsch gesprochen wurde und
- eine völlige Anpassung an die Verhältnisse im Herkunftsland offenbar ist und
- Belastungen, die sich aus der Eigenschaft als Deutscher ergeben, nicht mehr erkennbar sind (Nr. 1.3 aaO).

Bei den Angehörigen der Abteilung 3 der Deutschen Volksliste und bei Personen, die von ihnen abstammen, kann ein Vertreibungsdruck nicht mehr vermutet werden (Nr. 1.4 aaO). Die Voraussetzungen dafür, daß dennoch im Einzelfall ein Kriegsfolgeschicksal gegeben ist, sind in Nr. 1.4 aaO im einzelnen aufgeführt.

Auch bei Antragstellern aus Jugoslawien, Ungarn und der CSFR wird ein Kriegsfolgeschicksal nicht mehr vermutet (Nr. 1.5 aaO).

Auch Angehörige der zweiten spätgeborenen Generation können bei Vorliegen der übrigen Voraussetzungen Aussiedler sein (vgl. im einzelnen Nr. 1.6 aaO).

### 4.3 Anerkennung als „Sowjetzonenflüchtling" (§§ 3, 4 BVFG)

Durch das Gesetz vom 28. Juni 1990 wurde (BGBl. I S. 1247) der Kreis der „Sowjetzonenflüchtlinge" nach § 3 des Bundesvertriebenengesetzes (BVFG) auf Personen beschränkt, die die DDR oder Berlin (Ost) bis zum 30. Juni 1990 verlassen haben (Art. 2 aaO). Damit wurde die Konsequenz daraus gezogen, daß mit Herstellung demokratischer und rechtsstaatlicher Verhältnisse in der DDR die Voraussetzungen nach § 3 BVFG nicht mehr erfüllt werden konnten. § 4 BVFG, der eine Regelung zugunsten von Personen getroffen hatte, die „Sowjetzonenflüchtlingen" gleichgestellt waren, ist ersatzlos aufgehoben worden (Art. 1 Nr. 3 aaO).

Einzelheiten der **Durchführung der §§ 3 und 4 des Bundesvertriebenengesetzes** regeln die **Richtlinien des Ministers für Arbeit, Gesundheit und Soziales des Landes**

**Nordrhein-Westfalen** vom 10. Mai 1982 (MBl. S. S. 942). Diese Richtlinien sind vom Bundesminister des Innern und den Obersten Landesflüchtlingsverwaltungen gemeinsam erarbeitet und von den Ländern gleichlautend in Kraft gesetzt worden.

Voraussetzung für eine Anerkennung als „Sowjetzonenflüchtling" nach § 3 BVFG war das Verlassen des bisherigen Wohnsitzes in der Absicht, sich durch den Aufenthaltswechsel aus dem Bereich einer drohenden Gefahr oder sonstiger Bedrängnisse zu begeben, die eine besondere Zwangslage zur Folge hatten. Eine **besondere Zwangslage,** die das Gesetz nicht definiert, war nur dann anzunehmen, wenn die zu ertragenden Beschwernisse und Gefahren über das Maß dessen hinausgingen, was die Bevölkerung in der (ehemaligen) DDR und in Berlin (Ost) aufgrund der dort herrschenden Verhältnisse allgemein hinnehmen mußte. Eine besondere Zwangslage war z. B. einem schweren Gewissenskonflikt gegeben, ebenso bei der Zerstörung oder entscheidenden Beeinträchtigung der Existenzgrundlage. Der Tatbestand der „Flucht" konnte auch dann erfüllt sein, wenn die Behörden in der früheren DDR die Ausreise gestattet oder den Betroffenen abgeschoben hatten.

### 4.4 Aufnahmeverfahren, deutsche Volkszugehörigkeit (§ 6 BVFG)

Eine grundlegende Änderung im Recht der Aufnahme von Aussiedlern aus den Staaten Ost- und Südosteuropas liegt darin, daß aufgrund des Gesetzes zur Regelung des Aufnahmeverfahrens vom 28. Juni 1990 (BGBl. I S. 1247) grundsätzlich ein Aufnahmebescheid erforderlich ist, um die Rechtsstellung als Aussiedler im Sinne von § 1 Abs. 2 Nr. 3 BVFG erwerben zu können. Das Aussiedleraufnahmegesetz enthält ausschließlich formale Regelungen. Es hat keine Änderungen bei den Voraussetzungen für die Anerkennung der Aussiedlereigenschaft gebracht. Der Aufnahmebescheid wird erteilt, nachdem das nunmehr in den §§ 26 ff BVFG geregelte Aufnahmeverfahren vor dem Verlassen der Aussiedlungsgebiete durchlaufen worden ist.

Der Aufnahmebescheid wird Personen mit Wohnsitz in den in § 1 Abs. 2 Nr. 3 BVFG umschriebenen Aussiedlungsgebieten erteilt, die nach Verlassen dieser Gebiete die Voraussetzungen als Aussiedler erfüllen (§ 27 Abs. 1 BVFG). Personen, die etwa als Touristen eingereist sind und sich ohne Aufnahmebescheid bereits im Bundesgebiet aufhalten, kann ein Aufnahmebescheid nur dann erteilt werden, wenn seine Versagung eine besondere Härte bedeuten würde (§ 27 Abs. 2 BVFG).

Mit dieser Regelung wird den veränderten politischen Verhältnissen in den Herkunftsländern Rechnung getragen, die es als regelmäßig zumutbar erscheinen lassen, daß die Betroffenen das erforderliche Verwaltungsverfahren von der Heimat aus betreiben.

Auf diese Weise soll vor allem auch verhindert werden, daß Personen, die die Voraussetzungen für eine Anerkennung als Aussiedler nicht erfüllen, ihre Brücken in der Heimat abbrechen, mit falschen Erwartungen in das Bundesgebiet einreisen, mit ihrem Bemühen um den Aussiedlerstatus scheitern und anschließend wieder zurückkehren müssen.

Das Aufnahmeverfahren wird vom Bundesverwaltungsamt in Köln durchgeführt, das auch den Aufnahmebescheid erteilt (§ 28 Abs. 1 BVFG). Voraussetzung für die Erteilung des Bescheides ist die Zustimmung des aufnehmenden Landes, die allerdings nur dann versagt werden darf, wenn es die Aussiedlereigenschaft (Deutschen- und Vertriebenengemeinschaft) nicht für gegeben ansieht (§ 28 Abs. 2 BVFG).

Die Deutscheneigenschaft ist gegeben, wenn das Vorliegen der deutschen Staatsangehörigkeit oder der deutschen Volkszugehörigkeit festgestellt wird.

Die deutsche Staatsangehörigkeit (vgl. unter 5.1) ist in der Praxis verhältnismäßig zuverlässig festzustellen. Sie ergibt sich

- aus dem Nachweis des Wohnsitzes des Aussiedlers bei Kriegsende, wenn dieser in den Gebieten des Deutschen Reiches nach dem Stande vom 31. Dezember 1937 jenseits von Oder und Neiße gelegen war, oder
- aus dem Nachweis der Einzeleinbürgerung oder
- aus dem Nachweis der Zugehörigkeit des Aussiedlers, seines Vaters oder Großvaters zur ehemaligen deutschen Wehrmacht (möglich durch Unterlagen der Wehrmachtsauskunftstelle [WASt] in Berlin).

Schwierigkeiten entstehen hingegen häufig bei Einbürgerungen aufgrund einer Eintragung in die Abteilung 3 der Deutschen Volksliste nach der Verordnung über die Deutsche Volksliste und die deutsche Staatsangehörigkeit in den eingegliederten Ostgebieten vom 4. März 1941 i.d.F. vom 31. Januar 1942 (abgedruckt bei WEIDELENER-HEMBERGER, Deutsches Staatsangehörigkeitsrecht, S. 129 ff).

Personen, die mit dem Aufnahmebescheid des Bundesverwaltungsamts in einer der Erstaufnahmeeinrichtungen eintreffen, werden vom Bundesverwaltungsamt/Beauftragter für die Verteilung der Aussiedler auf ihre Identität und daraufhin überprüft, ob die im schriftlichen Verfahren festgestellten Voraussetzungen (z. B. Sprachkenntnisse) auch nach der persönlichen Anhörung des Antragstellers als erfüllt anzusehen sind. Im Regelfall werden die Aussiedler anschließend dem Land zugewiesen, das im schriftlichen Aufnahmeverfahren seine Zustimmung erteilt hat.

Durch einen neu eingefügten § 105 c BVFG (Art. 1 Nr. 6 des Gesetzes vom 28. Juni 1990 (BGBl. I S. 1247) ist übergangsweise bestimmt, daß Personen bei Vorliegen der übrigen Voraussetzungen Aussiedler sind, wenn ihnen das Bundesverwaltungsamt vor dem 1. Juli 1990 eine Übernahmegenehmigung erteilt hatte.

§ 1 Abs. 2 Nr. 3 BVFG ist um einen Hinweis auf das ab 1. Juli 1990 verbindliche Aufnahmeverfahren ergänzt worden (Art. 1 Nr. 1 aaO).

Für mehr als die Hälfte der Aussiedler, nämlich u. a. für die aus Rumänien und für die meisten aus der Sowjetunion, kommt es auf die Feststellung der deutschen Volkszugehörigkeit an. Nach § 6 BVFG ist **deutscher Volkszugehöriger,** wer sich in seiner Heimat zum deutschen Volkstum bekannt hat (subjektives Erfordernis), sofern dieses Bekenntnis durch bestimmte Merkmale (Abstammung, Sprache, Erziehung, Kultur) bestätigt wird (objektives Erfordernis). Diese Umschreibung ist zugleich die Legaldefinition für den Begriff „deutsche Volkszugehörigkeit" in Artikel 116 Abs. 1 GG.

Einzelheiten der Durchführung sind in **Richtlinien zur Anwendung des § 6 des Bundesvertriebenengesetzes** geregelt, die von dem Bundesminister des Innern gemeinsam mit den Obersten Landesflüchtlingsverwaltungen erarbeitet und von den Ländern gleichlautend in Kraft gesetzt worden sind. Abgedruckt ist unter 4.4 der Runderlaß des Ministers für Arbeit, Gesundheit und Soziales des Landes Nordrhein-Westfalen vom 20. Februar 1980 (MBl. S. 1782, auch Mtbl BAA 1980, S. 380).

§ 6 BVFG dient dazu, den Kreis der Volksdeutschen zu umschreiben. Ein **Bekenntnis zum deutschen Volkstum** ist anzunehmen, wenn der Antragsteller durch sein Verhalten das Bewußtsein und den Willen, dem deutschen Volkstum und keinem anderen anzugehören, für Dritte als Teil der Allgemeinheit wahrnehmbar verbindlich kundgetan hat (BVerwGE 26, 344). Dies kann durch eine ausdrückliche Erklärung (z. B. bei amtlichen Volkszählungen, der Einschulung von Kindern, der Anmeldung von Personenstandsveränderungen, der Erfassung zum Wehrdienst, der Bewerbung zur Anstellung im öffentlichen Dienst, der Ausstellung von Pässen und Personalausweisen) oder aber auch durch schlüssiges Verhalten erfolgt sein. Die Eheschließung mit einem deutschen oder mit einem nichtdeutschen Partner läßt im allgemeinen keinen Schluß auf ein bestimmtes Bekenntnis zu. Ein Indiz für das Bekenntnis zum deutschen Volkstum ist der Gebrauch der deutschen Sprache als Umgangssprache in der Öffentlichkeit.

Die in § 6 genannten Bestätigungsmerkmale sind beispielhaft und brauchen nicht insgesamt vorzuliegen. Der Sachverhalt ist von Amts wegen zu ermitteln, wobei alle erreichbaren Beweismittel heranzuziehen sind. Für die Beweisführung genügt die Glaubhaftmachung.

### 4.5 Beendigung der Inanspruchnahme von Rechten und Vergünstigungen (§ 13 BVFG)

Die unter 4.5 abgedruckten **Richtlinien** des früheren Bundesministers für Vertriebene, Flüchtlinge und Kriegsgeschädigte **betreffend die Durchführung des § 13 des Bundesvertriebenengesetzes** vom 20. Juli 1954 (GMBl. S. 418) regeln die Beendigung der Inanspruchnahme von Rechten und Vergünstigungen für Vertriebene und Flüchtlinge, die in das wirtschaftliche und soziale Leben in einem nach ihren früheren wirtschaftlichen und sozialen Verhältnissen zumutbaren Rahmen eingegliedert sind.

Mit der **Betreuungsbeendigung** entfällt z. B. die Möglichkeit, Steuervergünstigungen nach §§ 7e und 10a des Einkommensteuergesetzes – abgedruckt unter 13.1 – in Anspruch zu nehmen. Ferner entfallen z. B. Erleichterungen bei der Zulassung zur Berufs- und Gewerbeausübung (§§ 69 ff BVFG – abgedruckt unter 4.1), die Förderung selbständiger Existenzen durch Kredite, Zinsverbilligungen, Bürgschaften und Teilhaberschaften (§ 72 BVFG), die bevorzugte Vergabe von Aufträgen durch die öffentliche Hand (§ 74 BVFG) und die Bevorzugung bei der Vermietung, Verpachtung und Übereignung durch die öffentliche Hand (§ 76 BVFG). Dagegen hat die Betreuungsbeendigung keinen Einfluß auf die Anerkennung von Zeugnissen und Befähigungsnachweisen nach § 92 BVFG.

Über die Beendigung der Betreuung entscheiden die zentralen Dienststellen der Länder (Landesflüchtlingsverwaltungen) oder die von ihnen bestimmten Behörden. Antragberechtigt sind die zur Gewährung von Rechten und Vergünstigungen zuständigen Stellen.

### 4.6 Flüchtlingshilfegesetz

Das **Flüchtlingshilfegesetz** i.d.F. vom 15. Mai 1971 (BGBl. I S. 681) – abgedruckt unter 4.6 – enthält Regelungen zugunsten von Übersiedlern aus der DDR und aus Berlin (Ost), die nicht „Sowjetzonenflüchtlinge" im Sinne des § 3 BVFG sind, vgl. hierzu oben unter 4.3.

Vorgesehen sind die Gewährung einer Einrichtungshilfe (§§ 3 ff aaO), die Gewährung einer laufenden Beihilfe (§§ 10 ff aaO) und die Gewährung von Eingliederungsdarlehen als Aufbaudarlehen für die gewerbliche Wirtschaft, für die freien Berufe und für die Landwirtschaft sowie für den Wohnungsbau (§§ 17 ff aaO).

Durch das Gesetz vom 26. Juni 1990 (BGBl. I S. 1142) ist zugleich auch der Kreis der Berechtigten nach dem Flüchtlingshilfegesetz i.d.F. vom 15. Mai 1971 (BGBl. I S. 681), das für Übersiedler aus der ehemaligen DDR unter Einschluß von Berlin (Ost) gilt, eingeschränkt worden. Voraussetzung für eine Inanspruchnahme von Leistungen nach diesem Gesetz ist nunmehr nach § 1 Abs. 1 Flüchtlingshilfegesetz (FlüHG) grundsätzlich, daß der Antragsteller bis zum 30. Juni 1990 seinen Aufenthalt im Bundesgebiet genommen hat.

Während bisher nach § 20 Abs. 2 FlüHG die §§ 71 (Eintragung in die Handwerksrolle), 72 (Förderung selbständiger Erwerbstätiger durch Kredite, Zinsverbilligungen, Bürgschaften und Teilhaberschaften), 92 (Anerkennung von Prüfungen) und 93 (Ersatz von Urkunden) des Bundesvertriebenengesetzes auf Berechtigte nach dem FlüHG sinngemäß anzuwenden waren, gilt dies künftig nur noch für die §§ 71 und 92 BVFG. Bei der Eintragung in die Handwerksrolle und der Anerkennung von Prüfungen und Befähigungsnachweisen kommt es allerdings nicht darauf an, ob der Übersiedler vor dem 1. Juli 1990 eingereist ist und ob er das Aufnahmeverfahren durchlaufen hat.

Außerdem ist aufgrund der Neufassung des § 20 Abs. 2 FlüHG die Vorschrift des § 97 BVFG (Statistik des Bundes und der Länder auf dem Gebiet des Vertriebenen- und Flüchtlingswesens) auf Übersiedler nicht mehr anzuwenden.

### 4.7 Ehelicher Güterstand

Das **Gesetz über den ehelichen Güterstand von Vertriebenen und Flüchtlingen** vom 4. August 1969 (BGBl. I S. 1067) ist unter 4.7 abgedruckt.

Nach § 1 aaO gilt für Ehegatten, die Vertriebene oder Sowjetzonenflüchtlinge (§§ 1, 3, 4 BVFG) sind, ihren gewöhnlichen Aufenthalt im Geltungsbereich dieses Gesetzes haben und im gesetzlichen Güterstand eines außerhalb des Geltungsbereichs dieses Gesetzes maßgebenden Rechts leben, vom Inkrafttreten dieses Gesetzes an das eheliche Güterrecht des Bürgerlichen Gesetzbuchs (Zugewinngemeinschaft, §§ 1363 ff BGB). Das gleiche gilt für Ehegatten, die aus der DDR oder aus Berlin (Ost) zugezogen waren, sofern sie im Zeitpunkt des Zuzugs deutsche Staatsangehörige waren oder – ohne die deutsche Staatsangehörigkeit zu besitzen – als Deutsche im Sinne des Artikels 116 Abs. 1 GG – abgedruckt unter 5.1 – Aufnahme gefunden haben.

Haben beide Ehegatten ihren gewöhnlichen Aufenthalt im Geltungsbereich des Gesetzes erst nach Inkrafttreten des Gesetzes (1. Oktober 1969, vgl. aber § 7 aaO) begründet, so gilt für sie das Güterrecht des Bürgerlichen Gesetzbuches erst vom Anfang des nach Eintritt dieser Voraussetzung folgenden vierten Monats an.

Bis zu diesem Zeitpunkt kann der Aussiedler gegenüber dem örtlichen zuständigen Amtsgericht die Erklärung abgeben, daß für die Ehe der bisherige gesetzliche Güterstand fortgelten solle.

### 5. STAATSANGEHÖRIGKEIT, NAMENSRECHT

vgl. Wegweiser für Aussiedler Nr. 7, 39

#### 5.1 Deutsche Staatsangehörigkeit, deutsche Volkszugehörigkeit

**Deutscher** im Sinne des Grundgesetzes für die Bundesrepublik Deutschland ist nach **Artikel 116 Abs. 1 GG** – abgedruckt unter 5.1 – wer

– die deutsche Staatsangehörigkeit besitzt oder

– wer als Vertriebener deutscher Volkszugehörigkeit oder als dessen Ehegatte oder Abkömmling in dem Gebiet des Deutschen Reiches nach dem Stande vom 31. Dezember 1937 Aufnahme gefunden hat.

Der Erwerb der deutschen Staatsangehörigkeit richtet sich nach dem **Reichs- und Staatsangehörigkeitsgesetz** vom 22. Juli 1913 (RGBl. S. 583), zuletzt geändert durch Gesetz vom 25. Juli 1986 (BGBl. I S. 1142), auszugsweise abgedruckt unter 5.2.

Besondere Regelungen über

– die Staatsangehörigkeit deutscher Volkszugehöriger, denen die deutsche Staatsangehörigkeit in den Jahren 1938 bis 1945 durch Sammeleinbürgerung verliehen worden ist,

– die Staatsangehörigkeit der Personen, die aufgrund des Artikels 116 Abs. 1 GG Deutsche sind, ohne die deutsche Staatsangehörigkeit zu besitzen und

– die Staatsangehörigkeit sonstiger Personengruppen

trifft das **Gesetz zur Regelung der Staatsangehörigkeit** vom 22. Februar 1955 (BGBl. I S. 65), geändert durch Gesetz vom 29. Juni 1977 (BGBl. I S. 1101), abgedruckt unter 5.3.

Die in § 1 Abs. 1 aaO genannten Verträge und Verordnungen, aufgrund deren deutsche Volkszugehörige die deutsche Staatsangehörigkeit erworben haben, sind wiedergegeben bei WEIDELENER-HEMBERGER, Deutsches Staatsangehörigkeitsrecht.

Die Zugehörigkeit zum Personenkreis der Deutschen, die als deutsche Volkszugehörige nicht die deutsche Staatsangehörigkeit besitzen, richtet sich nach Art. 116 Abs. 1 GG und ggf. nach § 6 BVFG, vgl. hierzu Einleitung 4.4 und die Richtlinien zur Anwendung des § 6 des Bundesvertriebenengesetzes, abgedruckt unter 4.4.

Das Verfahren für die Feststellung des Status als Deutscher ist in den **Richtlinien** des Bundesministers des Innern **für die Prüfung der Staatsangehörigkeit und Namensführung der Aussiedler** im Grenzdurchgangslager Friedland vom 29. Juli 1976, geändert durch Erlaß vom 6. August 1990 – abgedruckt unter 5.4 – geregelt. Die Richtlinien gelten trotz der eng gefaßten Überschrift auch für die Verfahren in anderen Grenzdurchgangslagern. Die Richtlinien erhalten im Ersten Abschnitt Bestimmungen über die Eintragung als deutscher Staatsangehöriger oder als Deutscher (ohne deutsche Staatsangehörigkeit im Sinne des Art. 116 Abs. 1 GG) in den Registrierschein (vgl. dazu Einleitung Nr. 3.1).

Die Richtlinien berücksichtigen den Rechtszustand bis zum Gesetz zur Änderung des Reichs- und Staatsangehörigkeitsgesetzes vom 20. Dezember 1974 (BGBl. I S. 3714). Die danach eingetretenen Änderungen staatsangehörigkeitsrechtlicher Vorschriften sind bei der Anwendung der Richtlinien zu beachten. Das gilt z. B. für folgende wichtige Neuregelungen:

– Die Einführung der „Annahme als Kind" als Erwerbsgrund für die deutsche Staatsangehörigkeit (§ 6 RuStAG i.d.F. des Art. 9 Nr. 2 des Adoptionsgesetzes vom 2. 7. 1976 – BGBl. I S. 1749 – wirksam seit dem 1. 1. 1977) und die Gewährung eines Erklärungsrechts für die Überleitungsfälle (Art. 12 § 4 AdoptG).

Nach § 6 RuStAG erwirbt das von einem deutschen Elternteil wirksam angenommene minderjährige ausländische Kind die deutsche Staatsangehörigkeit; als minderjährig ist ein Kind anzusehen, das zum Zeitpunkt des Annahmeantrages das 18. Lebensjahr noch nicht vollendet hat (Art. 6 § 5 IPR-Gesetz vom 25. 7. 1986 – BGBl. I S. 1142).

Die in der Zeit vom 1. Januar 1959 bis zum 31. Dezember 1976 geborenen und angenommenen Kinder deutscher Aussiedler können auch nach Ablauf der allgemeinen Erklärungsfrist (31. 12. 1979) die Erwerbserklärungen noch innerhalb von sechs Monaten nachholen.

– Die Anwendung der Staatenlosen-Schutzklausel auch auf die Rechtsstellung als Deutscher ohne deutsche Staatsangehörigkeit (Art. 1 Nr. 2 und Art. 3 [= § 7 a des 1. StaRegG] des Gesetzes zur Verminderung der Staatenlosigkeit vom 29. 6. 1977 – BGBl. I S. 1101).

– Hierdurch ist sichergestellt, daß Deutsche ohne deutsche Staatsangehörigkeit auch bei (endgültiger) Rückkehr in den Heimatstaat oder einen anderen Staat im Vertreibungsgebiet ihre Rechtsstellung als Deutsche durch Abwanderung bei einer Aufenthaltsverlegung seit dem 30. Juni 1977 nicht mehr verlieren (§ 7 des 1. StARegG), wenn sie dadurch staatlos würden (§ 7 a des 1. StARegG).

Insoweit trifft Nummer 14 der Richtlinien nicht mehr uneingeschränkt zu, sondern gilt nur noch, wenn der Betroffene neben der Rechtsstellung als Deutscher ohne deutsche Staatsangehörigkeit noch eine andere (ausländische) Staatsangehörigkeit innehat.

Die in den Grenzdurchgangslagern eintreffenden Aussiedler erhalten ein **Merkblatt über Fragen der Staatsangehörigkeit und der Namensführung** – abgedruckt unter 5.5. Dieses Merkblatt erläutert u. a. den Begriff der Staatsangehörigkeit und unterrichtet über die Möglichkeit, den Erwerb der Eigenschaft als Deutscher auszuschließen.

Personen, die nicht Deutsche sind und die es auch durch die Aufnahme im Bundesgebiet nicht werden wollen, können den Erwerb der Eigenschaft als Deutscher ohne deutsche Staatsangehörigkeit durch eine Erklärung verhindern, die sie bei der Registrierung abgeben. Wer erklärt, daß er nicht Aufnahme nach Artikel 116 Abs. 1 des Grundgesetzes finden will, bleibt Ausländer. Diese Erklärung kann nur anläßlich der Registrierung im Grenzdurchgangslager abgegeben werden. Sie ist nicht widerruflich.

### 5.2 Namensrecht

Im Zweiten Abschnitt der vorgenannten Richtlinien sind Fragen der Namensführung behandelt.

Der Bundesminister des Innern hat mit Erlaß vom 6. August 1990 den Zweiten Abschnitt neu gefaßt.

Die Neufassung trägt stärker als bisher dem Grundsatz Rechnung, daß die Namensführung einer Person dem Recht des Staats unterliegt, dem sie angehört. Dieser Grundsatz ist im deutschen Internationalen Privatrecht durch die am 1. September 1986 in Kraft getretene Neufassung des Art. 10 des Einführungsgesetzes zum Bürgerlichen Gesetzbuch (EGBGB) festgeschrieben worden (vgl. hierzu Art. 1 Nr. 7 des Gesetzes zur Neuregelung des Internationalen Privatrechts vom 25. Juli 1986 [BGBl. I S. 1142]).

**Namen** deutscher Aussiedler mit deutscher Staatsangehörigkeit, die von Organen eines fremden Staates verändert (z. B. slawisiert oder romanisiert) worden sind, sind in ihrer ursprünglichen deutschen Form in den Registrierschein einzutragen, der Grundlage für die spätere Ausstellung der Ausweispapiere (Personalausweis, Reisepaß, Vertriebenenausweis) ist.

Ein Aussiedler, der erst mit der Aufnahme die Rechtsstellung als Deutscher erlangt hat (deutscher Volkszugehöriger), führt daher grundsätzlich den Namen weiter, der nach seinem früheren Personalstatut maßgebend war. Eine Namensänderung ist möglich (vgl. Nr. 20 der Richtlinien).

Ist der Name eines Aussiedlers von einer ausländischen Stelle geändert oder ist seine Schreibweise verändert worden und besaß der Aussiedler im Zeitpunkt der Namensänderung die deutsche Staatsangehörigkeit, so ist diese Namensänderung im deutschen Rechtsbereich nicht wirksam.

### 6. WOHNUNGSBAU, WOHNGELD, EINRICHTUNGSDARLEHEN

vgl. Wegweiser für Aussiedler Nr. 9, 10, 27
vgl. Wegweiser für Übersiedler Nr. 12, 13, 14

### 6.1 Wohnraumversorgung

§ 80 BVFG erklärt die **Wohnraumversorgung** der Berechtigten nach dem BVFG für eine vordringliche Aufgabe. Diese Bestimmung ist ein Programmsatz, der einer Ausfüllung durch Einzelregelungen bedarf.

Nach **§ 18 des Zweiten Wohnungsbaugesetzes** i.d.F. vom 14. August 1990 (BGBl. I S. 1730), geändert durch Gesetz vom 23. September 1990 (BGBl. II S. 885, 1126) beteiligt sich der Bund an der Finanzierung des sozialen Wohnungsbaus der Länder. Der Bundesminister für Raumordnung, Bauwesen und Städtebau verteilt die Bundesmittel aufgrund einer mit den Ländern abgeschlossenen Verwaltungsvereinbarung.

Bis 1980 hatte sich der Bund am **Aussiedlerwohnungsbau** der Länder mit Finanzhilfen gemäß Art. 104 a Abs. 4 GG beteiligt. Für jede zu berücksichtigende Person wurden 1.556 DM als Darlehen und 2.666 DM als Zuschuß zur Verfügung gestellt. Insgesamt hat der

Bund für die Förderung des Wohnungsbaus für Aussiedler und Übersiedler in den Jahren 1953 bis 1980 – neben den allgemeinen Wohnungsbaumitteln – rd. 8,5 Mrd DM aufgewandt.

In den Haushaltsjahren 1981 bis 1984 wurden von dem Verpflichtungsrahmen für den öffentlich geförderten sozialen Wohnungsbau insgesamt 500 Mio DM jeweils nach dem Anteil der im Vorjahr von den Ländern aufgenommenen Aussiedler und Übersiedler verteilt. Diese Mittel waren jedoch nicht für die Unterbringung von Aussiedlern und Übersiedlern zweckgebunden.

Seit dem Haushaltsjahr 1985 wurden die Finanzhilfen des Bundes gemäß Art. 104 a Abs. 4 GG den Ländern nur noch für die Förderung von Eigentumsmaßnahmen zur Verfügung gestellt. Die Förderung des sozialen Mietwohnungsbaus lag damit in der originären Zuständigkeit der Länder.

Mit dem Sonderprogramm zur Eingliederung der Aussiedler, das vom Bundeskabinett am 31. August 1988 verabschiedet wurde (vgl. hierzu Einleitung Nr. 2.2), hat sich der Bund bereit erklärt, die Schaffung von Mietwohnraum für Aussiedler durch die Länder im Rahmen des Art. 104 a GG zu unterstützen.

Im Jahr 1989 hat die Bundesregierung zur Förderung zusätzlichen Wohnraums für Aussiedler zusätzlich 750 Mio DM zur Verfügung gestellt. Ab 1990 wurde der Wohnungsbau für Aussiedler in den allgemeinen sozialen Wohnungsbau integriert. Gleichzeitig wurden die Finanzhilfen des Bundes hierfür auf bis zu 2 Mrd DM erhöht. Auch für die Jahre 1991 bis 1993 sind hierfür 2 Mrd DM vorgesehen.

Ein Beitrag zur Wohnraumversorgung der Aussiedler wird über die Errichtung landwirtschaftlicher Nebenerwerbsstellen für die aus der Landwirtschaft stammenden Aussiedler geleistet (vgl. hierzu Einleitung Nr. 14).

Die Schaffung von Wohnungseigentum wurde ferner durch Grunderwerbsteuerbefreiungen in landesrechtlichen Regelungen erleichtet (z. B. nordrhein-westfälisches Gesetz über Grunderwerbsteuerbefreiung für Vertriebene, Sowjetzonenflüchtlinge, Verfolgte und politische Häftlinge vom 21. Mai 1970 [GVNW S. 395], aufgehoben durch § 25 Abs. 8 Nr. 12 des Grunderwerbsteuergesetzes vom 17. Dezember 1982 [BGBl. I S. 1777]).

Nach § 25 Abs. 1 des Zweiten Wohnungsbaugesetzes i.d.F. vom 14. August 1990 (BGBl. I S. 1730), zuletzt geändert durch Gesetz vom 23. September 1990 (BGBl. II S. 885, 1126) – abgedruckt unter 6.1 – betrug die Jahreseinkommensgrenze für Wohnungssuchende, die Anspruch auf Sozialwohnungen haben, 21 600 DM zuzüglich 10 200 DM für den zweiten und weitere 6 300 DM für jeden weiteren zur Familie gehörenden Angehörigen. Für Aussiedler und Übersiedler erhöhte sich die Einkommensgrenze bis zum Ablauf des 5. Kalenderjahres nach der Einreise in das Bundesgebiet um weitere 6 300 DM (§ 25 Abs. 1 Satz 5 aaO).

Diese Vergünstigung ist hinsichtlich der Berechtigung zum Bezug einer Sozialwohnung durch das Eingliederungsanpassungsgesetz vom 22. Dezember 1989 (BGBl. I S. 2398) ersatzlos gestrichen worden.

Dagegen bleibt der bisherige zusätzliche Freibetrag von 6 300 DM für den Bereich der Bildung von Einzeleigentum erhalten. Das gilt für die Förderung des Baus und des Erwerbs von Familienheimen und eigengenutzten Eigentumswohnungen.

Durch das Gesetz über Finanzhilfen des Bundes gemäß Artikel 104 a Abs. 4 GG für Investitionen zur vorläufigen Unterbringung von Aussiedlern und Übersiedlern vom 5. Juli 1990 (BGBl. I S. 1347) gewährt der Bund im Jahre 1990 den Ländern und Gemeinden (Gemeindeverbände) Finanzhilfen zur vorläufigen Unterbringung von Aussiedlern und Übersiedlern in einer Gesamthöhe von 500 Mio DM.

Nach § 26 Abs. 2 Nr. 2 des Zweiten Wohnungsbaugesetzes soll der öffentliche Wohnungsbau u. a. für Vertriebene (Aussiedler), Flüchtlinge und Übersiedler vorrangig gefördert werden.

Nach § 2 des Gesetzes zur Sicherung der Zweckbestimmung von Sozialwohnungen (Wohnungsbindungsgesetz) i.d.F. vom 22. Juli 1982 (BGBl. I S. 972), zuletzt geändert durch Gesetz vom 17. Mai 1990 (BGBl. I S. 934) hat die zuständige Stelle den öffentlich geförderten Wohnungsbau zu erfassen. Damit werden auch die Voraussetzungen dafür geschaffen, daß Aussiedlern nach Ausstellung eines Wohnberechtigungsscheins (§ 5 aaO) eine Sozialwohnung angeboten werden kann. Dise Bescheinigung ist zu erteilen, wenn das Gesamteinkommen des Antragstellers die vorgenannten Grenzen des § 25 Abs. 1 des Zweiten Wohnungsbaugesetzes nicht überschreitet.

Ferner kommt die Gewährung von Aufbaudarlehen für den Wohnungsbau nach § 254 Abs. 2 bis 4 des Lastenausgleichsgesetzes für die Errichtung eines Eigenheims oder einer Eigentumswohnung (auch Erwerb eines Baugrundstücks) in Betracht. Antragsberechtigt sind Begünstigte nach dem BVFG innerhalb von zehn Jahren nach dem Eintreffen im Bundesgebiet. Einzelheiten regeln die Weisung des Präsidenten des Bundesausgleichsamts über Aufbaudarlehen für den Wohnungsbau (AW-Weisung) i.d.F. vom 17. März 1858 (Mtbl. BAA S. 96), die Durchführungsbestimmungen des Präsidenten des BAA i.d.F. vom 5. Juni 1974 (Mtbl. BAA S. 170) sowie die Durchführungsbestimmungen zum Flüchtlingshilfegesetz (DB-Flüchtlingshilfe) vom 19. November 1965 (Mtbl. BAA S. 409) mit Änderungen. Vgl. auch das Merkblatt des Bundesausgleichsamts, abgedruckt unter 12.1.


## 6.2 Wohngeld

Das **Wohngeldgesetz** i.d.F. vom 28. Februar 1990 (BGBl. I S. 310), zuletzt geändert durch Gesetz vom 23. September 1990 (BGBl. II S. 885, 1127) sah in seiner bis zum 31. Dezember 1989 geltenden Fassung in § 16 bei der Ermittlung des Jahreseinkommens, das für die Berechtigung zum Bezug von Wohngeld maßgebend ist, für Vertriebene und Flüchtlinge im Sinne der §§ 1 bis 4 BVFG einen besonderen Freibetrag von 2 400 DM vor (§ 16 Abs. 2 Nr. 1 aaO). Eine entsprechende Regelung trafen § 16 Abs. 2 Nr. 2 aaO für Zuwanderer (Übersiedler) und § 16 Abs. 2 Nr. 3 aaO für Heimkehrer im Sinne des Heimkehrergesetzes.

Diese Vergünstigung galt für den Zeitraum von vier Jahren nach Stellung des ersten Wohngeldantrages, längstens jedoch bis zum Ablauf von zehn Jahren nach Zuzug in das Bundesgebiet. Die Gewährung von Wohngeld ist im übrigen abhängig von der Zahl der zum Haushalt rechnenden Familienmitglieder und der Höhe der Miete (bei Eigenheimen, Nebenerwerbsstellen, Eigentumswohnungen usw.: der Belastung) im Rahmen der zu berücksichtigenden Höchstbeträge (§ 8 WoGG).

Für Aussiedler und Übersiedler ist der besondere Freibetrag bei der Ermittlung der Wohngeldberechtigung durch das Eingliederungsanpassungsgesetz vom 22. Dezember 1989 (BGBl. I S. 2398) ersatzlos gestrichen.

Eine Übergangsregelung in § 16 Abs. 4 aaO sieht vor, daß § 16 Abs. 2 aaO in der bisherigen Fassung weiterhin anzuwenden ist, wenn der Antrag auf Gewährung von Wohngeld vor dem 1. Januar 1990 gestellt worden ist. Wird nach dem 31. Dezember 1989, aber vor Ablauf von vier Jahren seit Stellung des ersten Antrages Wohngeld nicht mehr gewährt, so ist § 16 Abs. 2 aaO bei der Bewilligung in der Folgezeit nicht mehr anzuwenden.

Nach § 17 aaO sind bei der Feststellung des Jahreseinkommens gestaffelte pauschale Abzüge vorgesehen, durch die u. a. die Zahlung von Beiträgen zur gesetzlichen Krankenversicherung, zur gesetzlichen Rentenversicherung und die Entrichtung von Steuern berücksichtigt werden.

Eine detaillierte Information zum Wohngeldgesetz enthält die Broschüre „Wohngeld" des Presse- und Informationsamts der Bundesregierung, Welckerstraße 11, 5300 Bonn 1.

### 6.3 Einrichtungsdarlehen

Nach den **Richtlinien** des Bundesministers des Innern **für die Gewährung von zinsverbilligten Einrichtungsdarlehen** an Aussiedler und Übersiedler vom 20. September 1976 – abgedruckt unter 6.3 – haben Aussiedler und Übersiedler die Möglichkeit, aus Anlaß des erstmaligen Bezugs einer ausreichenden Wohnung ein besonders zinsgünstiges Darlehen in Anspruch zu nehmen. Die Richtlinien sind am 18. Juni 1990 mit Wirkung vom 1. Juli 1990 neu gefaßt worden (Bundesanzeiger vom 27. Juni 1990).

Dieses **Einrichtungsdarlehen** kann bis zu folgender Höhe gewährt werden:

3.000 DM für Alleinstehende
4.000 DM als Sockelbetrag für Mehrpersonenhaushalte
1.000 DM zusätzlich für die zweite und für jede weitere zur Haushaltsgemeinschaft
      gehörende Person.

Der Höchstbetrag des Einrichtungsdarlehens ist 10.000 DM.

Die Darlehenssummen betragen demnach:

  3.000 DM für einen Alleinstehenden
  5.000 DM für ein Ehepaar ohne Kinder
  6.000 DM für ein Ehepaar mit einem Kind
  7.000 DM für ein Ehepaar mit zwei Kindern usw.
10.000 DM für ein Ehepaar mit fünf und mehr Kindern.

Zu beachten ist in diesem Zusammenhang insbesondere das Rundschreiben des Bundesministers des Innern vom 25. August 1987, abgedruckt unter 6.13.

Deutsche aus der früheren DDR unter Einschluß von Berlin (Ost) können das Einrichtungsdarlehen jetzt nur noch dann in Anspruch nehmen (Nr. 2.1.2 aaO), wenn sie

– ihren ständigen Aufenthalt im Bundesgebiet vor dem 1. Juli 1990 genommen haben,

– einen Aufnahmeschein nach § 1 des (inzwischen aufgehobenen) Aufnahmegesetzes besitzen und

– vor dem 1. Juli 1990 einen Berechtigungsschein nach Nr. 5.1 aaO erhalten haben.

Gleiches gilt für Übersiedler, die vor dem 1. Juli 1990 einen Antrag auf Ausstellung des Berechtigungsscheins gestellt hatten und zum Zeitpunkt der Antragstellung die Anspruchsvoraussetzungen erfüllten.

Der Bund verbilligt das Einrichtungsdarlehen derzeit (September 1990) durch eine Zinssubvention in Höhe von 4 v.H. Der Zinssatz für den Darlehensnehmer liegt derzeit bei 5,5 v.H.

Die Einrichtungsdarlehen können bei allen Banken, Sparkassen und Raiffeisenkassen in Anspruch genommen werden. Voraussetzung hierfür ist die Vorlage eines Berechtigungsscheins, der in Bayern, Hamburg und im Saarland beim Ausgleichsamt, in den übrigen Ländern vom Flüchtlingsamt (Vertriebenenamt) ausgestellt wird.

Das Darlehen steht Aussiedlern und Übersiedlern zu, die seit dem 1. Januar 1974 im Bundesgebiet eingetroffen sind und noch notdürftig (z. B. in einem Lager, einem Übergangswohnheim oder bei Verwandten) untergebracht sind. Der Antrag auf Ausstellung eines Berechtigungsscheins ist innerhalb von sechs Monaten nach Bezug einer ausreichenden Wohnung zu stellen.

Das Darlehen ist nach zwei tilgungsfreien Jahren im Verlauf von längstens weiteren acht Jahren zu tilgen.

Aufwendungen für die Beschaffung von Möbeln und Hausrat, die aus Mitteln des Einrichtungsdarlehens erbracht worden sind, können als außergewöhnliche Belastungen nach § 33 des Einkommensteuergesetzes i.d.F. vom 27. Februar 1987 (BGBl. I S. 657) anerkannt werden (vgl. BFH NJW 1988, 3287).

Der Bundesminister des Innern hat in einer Reihe von **Rundschreiben** Erläuterungen zur Durchführung der Richtlinien für die Gewährung von zinsverbilligten Einrichtungsdarlehen gegeben. Es handelt sich dabei u.a. um

- das Rundschreiben vom 24. September 1976, auszugsweise abgedruckt unter 6.4
- das Rundschreiben vom 1. Juni 1977, auszugsweise abgedruckt unter 6.5
- das Rundschreiben vom 3. Oktober 1978, abgedruckt unter 6.6
- das Rundschreiben vom 25. Oktober 1978, abgedruckt unter 6.7
- das Rundschreiben vom 25. November 1978, abgedruckt unter 6.8
- das Rundschreiben vom 6. Dezember 1978, abgedruckt unter 6.9
- das Rundschreiben vom 19. Juli 1979, abgedruckt unter 6.10
- das Rundschreiben vom 12. März 1984, abgedruckt unter 6.11
- das Rundschreiben vom 26. März 1984, abgedruckt unter 6.12
- das Rundschreiben vom 25. August 1987, abgedruckt unter 6.13.

In dem Rundschreiben vom 1. Juni 1977 – abgedruckt unter 6.5 – ist Teil I, Abschnitt A Ziffer 3 der Durchführungsbestimmungen zur Hausratsentschädigung (HRDB) vom 24. Januar 1955 (MtblBAA S. 29) in der Fassung vom 5. Oktober 1967 (MtblBAA S. 330) zitiert. Nach dieser Vorschrift ist als Hausrat die Gesamtheit aller beweglichen Sachen (Hausratsgegenstände), die in einer Wohnung einschließlich der Nebenräume zur persönlichen (privaten) Lebensführung im Gebrauch sind oder zu diesem Gebrauch bestimmt sind.

Durch die Rundschreiben werden insbesondere für folgende Fallgestaltungen Regelungen getroffen:

a) Unter erstmaligem Bezug einer Wohnung ist nicht zwingend zu verstehen, daß der Berechtigte nach dem Verlassen der Not- und Durchgangsunterkunft (Aufnahmelager, Übergangswohnheim) erstmals eine Wohnung bezieht. Entscheidend ist vielmehr, daß es sich um den erstmaligen Bezug einer ausreichenden Wohnung handelt. Hiermit ist eine Wohnung gemeint, die im Zeitpunkt der Antragstellung dem Bedarf des Antragstellers und seiner Angehörigen nach dessen eigener Auffassung entspricht. Der Berechtigungsschein darf lediglich dann nicht erteilt werden, wenn aus den Angaben des Antragstellers ersichtlich ist, daß (erneut) eine Notunterkunft (z.B. eine Wohnung in einem Übergangswohnheim) bezogen werden soll (Rundschreiben vom 1. Juni 1977 zu Nr. 1.1, abgedruckt unter 6.5).

b) Der Bezug einer ausreichenden Wohnung ist in der Regel durch die Vorlage eines Mietvertrages nachzuweisen (aaO, Ziffer 1 zu Nr. 2).

c) Bezieht der Aussiedler lediglich ein möbliertes Zimmer, ohne damit auch einen eigenen Haushalt zu begründen, so kann er das Darlehen nicht in Anspruch nehmen (aaO).

d) Die Richtlinien sehen keine Einkommensgrenzen oder Altersgrenzen vor. Die Kreditinstitute sind jedoch gehalten, das Einrichtungsdarlehen nicht zu gewähren, wenn die Rückzahlung und die Zinszahlung nicht möglich sind. Dieser Fall dürfte insbesondere dann vorliegen, wenn sich der Antragsteller in hohem Alter befindet und keine Sicherheiten gegeben werden können (z.B. Bürgschaft durch die erwachsenen Kinder des Antragstellers) oder wenn der Antragsteller dauernd erwerbsunfähig ist (aaO, Ziffer 1 zu Nr. 5.6).

e) Ausnahmen von den Fristerfordernissen nach Ziffer 2.6 (Eintreffen im Bundesgebiet seit dem 1. Januar 1974), 2.4 der Richtlinien (Antragstellung innerhalb von sechs Monaten nach Bezug einer ausreichenden Wohnung) können grundsätzlich nicht zugelassen werden, vgl. aber oben unter a). Zur Fristwahrung nach Ziffer 2.4 der Richtlinien reicht es aus, daß der Antragsteller seine Absicht, das Einrichtungsdarlehen in Anspruch nehmen zu wollen, deutlich zu erkennen gegeben („manifestiert") hat. Das kann auch bei einer unzuständigen Behörde, bei einer Beratungs- und Betreuungsstelle oder bei einem Kreditinstitut und auch durch Einholen von Informationen geschehen sein (aaO, Ziffer 2). Wer mehr als die Hälfte seines gesamten Hausrats verloren hat, kann außerdem Hausratentschädigung nach dem Lastenausgleichsgesetz erhalten (vgl. hierzu das Merkblatt des Bundesausgleichsamts [BAA], abgedruckt unter 12.1, und das Rundschreiben des Präsidenten des BAA vom 29. November 1971, abgedruckt unter 12.2).

f) Aussiedler, die ohne Inanspruchnahme öffentlich subventionierter Notunterkünfte sofort eine ausreichende Wohnung beziehen, sind von der Inanspruchnahme des Darlehens nicht ausgeschlossen (Rundschreiben vom 3. Oktober 1978, abgedruckt unter 6.6).

g) Zur Verlängerung der Gültigkeit des Berechtigungsscheins, vgl. Rundschreiben vom 25. Oktober 1978, abgedruckt unter 6.7, zur Berechtigung von Evakuierten, vgl. Rundschreiben vom 25. November 1978, abgedruckt unter 6.8.

h) **Übersiedler aus der DDR und aus Berlin (Ost)** konnten das Einrichtungsdarlehen auch zur Begleichung von **Rechnungen für den Transport von Möbeln** und anderen Hausratsgegenständen verwenden, vgl. Rundschreiben vom 12. März 1984, abgedruckt unter 6.11. In diesen Fällen konnte der Berechtigungsschein auch ausgestellt werden, bevor der erstmalige Bezug einer ausreichenden Wohnung nachgewiesen wurde, vgl. Rundschreiben vom 26. März 1984, abgedruckt unter 6.12.

i) Treffen Mitglieder einer Haushaltsgemeinschaft nacheinander ein, so erhält das zuerst gekommene Mitglied den Ledigenbetrag von 3.000,– DM. Die nachträglich eintreffenden Mitglieder der Haushaltsgemeinschaft erhalten den Sockelbetrag für den Zweitantragsteller und 1.000,– DM für jede weitere zur Haushaltsgemeinschaft gehörende Person mit Ausnahme des Erstantragstellers. Dies führt im Ergebnis dazu, daß für einen Zweipersonenhaushalt in derartigen Fällen ein Einrichtungsdarlehen in Höhe von 7.000,– DM gewährt wird, vgl. Rundschreiben vom 25. August 1987, abgedruckt unter 6.13.

## 7. LEISTUNGEN NACH DEM AREITSFÖRDERUNGSGESETZ

vgl. Wegweiser für Aussiedler Nr. 12, 38
vgl. Wegweiser für Übersiedler Nr. 16, 39

### 7.1 Allgemeines

§§ 77 ff BVFG enthalten Vorschriften zur Förderung unselbständiger Erwerbstätiger. Diese Bestimmungen sind heute ohne praktische Bedeutung. Demgegenüber regelt das Arbeitsförderungsgesetz vom 25. Juni 1969 (BGBl. I S. 582), zuletzt geändert durch Gesetz vom 23. September 1990 (BGBl. II S. 885, 1033) – auszugsweise abgedruckt unter 7.1 – u. a. folgende Bereiche:

– die Förderung der beruflichen Ausbildung (§§ 33 ff, 40 f, vgl. 7.3)

– die Förderung der beruflichen Fortbildung und Umschulung (§§ 33 ff, 41 ff, vgl. 7.4)

– die Förderung der Arbeitsaufnahme (§§ 53 f, vgl. 7.5)

– die Gewährung von Eingliederungsgeld bei Arbeitslosigkeit und während der Teilnahme an Lehrgängen der deutschen Sprache sowie der beruflichen Fortbildung und Umschulung und beruflichen Rehabilitation (§§ 62 a ff, vgl. 7.6 und 8)..

– die Gewährung von Arbeitslosengeld (§§ 100 ff, vgl. 7.7)

– die Gewährung von Arbeitslosenhilfe (§§ 134 ff, vgl. 7.8)

Der Bereich der Leistungen an Übersiedler ist durch Art. 26 des Gesetzes zu dem Vertrag vom 18. Mai 1990 über die Schaffung einer Währungs-, Wirtschafts- und Sozialunion zwischen der Bundesrepublik Deutschland und der Deutschen Demokratischen Republik vom 25. Juni 1990 (BGBl. II S. 518) tiefgreifend verändert worden. Hervorzuheben ist, daß Personen aus der DDR oder aus Berlin (Ost), die nach dem 29. Juni 1990 und damit nach Beseitigung des Aufnahmeverfahrens ihren ständigen Wohnsitz im Bundesgebiet nahmen, besondere Eingliederungsleistungen nach dem Arbeitsförderungsgesetz nicht mehr erhalten.

Übersiedler sind in das allgemeine Leistungssystem des Arbeitsförderungsgesetzes einbezogen worden. Das bedeutet, daß Beschäftigungszeiten der Betroffenen als Arbeitnehmer von mindestens 18 Wochenstunden in der (früheren) DDR unter Einschluß von Berlin (Ost) und gemäß § 249 c Abs. 8 Nr. 1 AFG auch Zeiten, die nach dem AFG-DDR vom 22. Juni (GBl. I S. 403) die Beitragspflicht begründet haben, so behandelt werden wie Zeiten einer die Beitragspflicht begründenden Beschäftigung im Bereich des AFG.

Dabei richtet sich die Höhe von Lohnersatzleistungen (Arbeitslosengeld, Arbeitslosenhilfe, Unterhaltsgeld) grundsätzlich nach dem in der (ehemaligen) DDR erzielten Bruttoarbeitsentgelt. Das führt dazu, daß ein arbeitsloser Übersiedler, der in der DDR ein Bruttoarbeitsentgelt von 1.200 DM erzielt hatte, in der Leistungsgruppe C (Lohnsteuerklasse III) Arbeitslosengeld in Höhe von monatlich 676 DM erhält.

Für die Gewährung von Arbeitslosengeld und Arbeitslosenhilfe an Arbeitslose aus den Ländern Brandenburg, Mecklenburg-Vorpommern, Sachsen, Sachsen-Anhalt, Thüringen sowie aus Berlin (Ost) ist der Runderlaß des Präsidenten der Bundesanstalt für Arbeit vom 8. Oktober 1990, betr. das Einigungsvertragsgesetz zu beachten (Dienstblatt-Runderlaß 122/90).

### 7.2 Die Gewährung von Eingliederungsgeld

§§ 62 a ff AFG i.d.F. des Eingliederungsanpassungsgesetzes vom 22. Dezember 1989 (BGBl. I S. 2398) sehen die Gewährung eines Eingliederungsgeldes vor. Dieses wird Aussiedlern bei Arbeitslosigkeit und während der Teilnahme an Maßnahmen der beruflichen Fortbildung und Umschulung sowie der beruflichen Rehabilitation gewährt. Es ersetzt für Aussiedler, die nach dem 31. Dezember 1989, und Übersiedler, die in der Zeit vom 1. Januar bis zum 30. Juni 1990 in das Bundesgebiet gekommen sind bzw. in die Maßnahme eingetreten sind, das bisher gewährte Arbeitslosengeld und das Unterhaltsgeld. Eingliederungsgeld anstelle von Unterhaltsgeld erhalten auch Aussiedler während der Teilnahme an Lehrgängen der deutschen Sprache.

### Voraussetzungen und Umfang

Eingliederungsgeld wird grundsätzlich für die Dauer von zwölf Monaten gewährt (§ 62 a Abs. 2 AFG), wobei sich die Dauer des Anspruchs nicht um Tage mindert, für die Eingliederungsgeld während der Dauer der Teilnahme an einer Maßnahme der beruflichen Weiterbildung, der Rehabilitation oder der Sprachförderung gewährt wird. Der Leistungsbezug setzt voraus, daß die Betroffenen der Arbeitsvermittlung zur Verfügung stehen und (ggf.) bereit sind, an einem ganztägigen Lehrgang der deutschen Sprache oder an einer Maßnahme der beruflichen Bildung oder Rehabilitation teilzunehmen, die für die berufliche Eingliederung notwendig sind (§ 62 a Abs. 1, § 62 b Abs. 1 AFG).

Während das Arbeitslosengeld für Aussiedler bisher individuell nach ihrer beruflichen Qualifikation bemessen wurde, wird das Eingliederungsgeld – wie auch bisher schon das Unterhaltsgeld während der Sprachförderung – pauschal ermittelt.

Es bemißt sich nach einem Arbeitsentgelt von 70 v.H. der Bezugsgröße in der Sozialversicherung (1991: 3.360 DM, 70 v.H. hiervon = 2.352 DM im Monat). Es beträgt 63 v.H. dieses Arbeitsentgelts, das um die gesetzlichen Abzüge vermindert ist, die bei Arbeitnehmern gewöhnlich anfallen, also Lohnsteuer sowie Beiträge zur Rentenversicherung, zur Krankenversicherung und zur Bundesanstalt für Arbeit (§ 62a Abs. 3 AFG). Damit beläuft es sich in den alten Bundesländern im allgemeinen auf rd. 1.000 DM monatlich für jeden Berechtigten.

Im einzelnen ergibt sich dabei folgende Staffel (1991):

Steuerklasse I oder IV                                   1.021,80 DM
(Alleinstehender ohne Kind oder Verheirateter, dessen Ehegatte ein etwa gleich hohes Arbeitsentgelt erzielt)

Steuerklasse II                                          1.092,00 DM
(Alleinerziehender)

Steuerklasse III                                        1.110,20 DM
(Verheirateter Arbeitnehmer, dessen Ehegatte kein oder ein erheblich geringeres Arbeitsentgelt erzielt)

Steuerklasse V                                         852,80 DM
(Verheirateter Arbeitnehmer, dessen Ehegatte ein erheblich höheres Arbeitsentgelt erzielt).

Im Beitrittsgebiet betragen die Sätze 530,40 DM (Steuerklasse I oder IV), 561,60 DM (Steuerklasse II oder III) und 439,40 DM (Steuerklasse V).

Ist nur ein Ehegatte anspruchsberechtigt oder ist der Antragsteller Alleinerziehender und wird sonstiges Einkommen aus Erwerbstätigkeit nicht bezogen, so erhöht sich das Eingliederungsgeld um 130,– DM im Monat (30,– DM in der Woche).

Durch die vorstehenden Pauschalierungen werden für die Bundesanstalt für Arbeit erhebliche Vereinfachungen in den Verwaltungsabläufen erreicht. Die bei Aussiedlern wegen der häufig fehlenden Sprachkenntnisse und der einer westlichen Industriegesellschaft nicht entsprechenden beruflichen Qualifikationen sehr schwierige Einstufung bei der Bemessung des Arbeitslosengeldes entfällt.

In § 107 Satz 1 AFG sind durch das Eingliederungsanpassungsgesetz die Nummern 3 und 4 gestrichen worden, nach denen Beschäftigungszeiten von Aussiedlern in den Herkunftsländern wie Zeiten einer beitragspflichtigen Beschäftigung nach dem AFG behandelt wurden. Damit entfällt zunächst der Anspruch auf Arbeitslosengeld, solange keine Anwartschaft nach § 104 AFG durch Beitragsleistungen im Bundesgebiet erfüllt ist (vgl. hierzu unter 7.7). Dies gilt entsprechend für Übersiedler, die in der Zeit vom 1. Januar bis 29. Juni 1990 in das alte Bundesgebiet eingereist sind.

Gleiches gilt für den Anspruch auf Unterhaltsgeld während der Teilnahme an Maßnahmen der beruflichen Fortbildung und Umschulung nach §§ 41 ff AFG, vgl. § 46 Abs. 7 AFG, der auch die Verweisung auf die geänderte Vorschrift des § 107 Satz 1 AFG umfaßt.

Unberührt bleiben dagegen Ansprüche auf Ausbildungsbeihilfeleistungen nach § 40a AFG und auf Arbeitslosenhilfe nach § 134 AFG, da in beide Vorschriften Bestimmungen eingefügt wurden, die den bisherigen Regelungen in § 107 Satz 1 Nrn. 3 und 4 AFG entsprechen. Gleichfalls unberührt bleiben Leistungen zur Berufsausbildung nach § 40 AFG. Eingliederungsgeld wird auch während der Teilnahme an Maßnahmen der beruflichen Fortbildung und Umschulung oder der beruflichen Rehabilitation gezahlt (§ 62b Abs. 1 AFG).

Die Dauer des Anspruchs auf Eingliederungsgeld (12 Monate) verlängert sich um die Zeiten der Teilnahme an Deutsch-Sprachlehrgängen (10 Monate) und an beruflichen Bildungsmaßnahmen sowie an Maßnahmen der beruflichen Rehabilitation.

Ist der Aussiedler oder Übersiedler danach arbeitslos, so hat er Anspruch auf Arbeitslosenhilfe, deren Höhe wie bisher individuell – also unter Berücksichtigung seiner beruflichen Qualifikation – ermittelt wird.

Einzelheiten der Durchführung der §§ 62a ff AFG regeln die Anordnung Aussiedler und Übersiedler des Präsidenten der Bundesanstalt für Arbeit i.d.F. vom 16. März 1990 (ANBA S. 614), abgedruckt unter 7.6, und der Runderlaß des Präsidenten der Bundesanstalt für Arbeit betr. Gewährung von Leistungen an Aussiedler und Zuwanderer vom 22. Dezember 1989 (Dienstblatt der Bundesanstalt für Arbeit 150/89), abgedruckt unter 7.7.

Der Bezug von Eingliederungsgeld während der Arbeitslosigkeit setzt voraus, daß der Aussiedler oder Übersiedler als Arbeitsloser der Arbeitsvermittlung zur Verfügung steht und innerhalb eines Jahres vor dem Tag, an dem die sonstigen Voraussetzungen für den Anspruch auf Eingliederungsgeld erfüllt sind (Vorfrist), in seiner Heimat mindestens 150 Kalendertage lang als Arbeitnehmer beschäftigt war. Aussiedler müssen ggf. bereit sein, an einem Lehrgang der deutschen Sprache mit ganztägigem Unterricht teilzunehmen (§ 62a Abs. 1 AFG).

Die gleichen Voraussetzungen hinsichtlich einer vorangegangenen Erwerbstätigkeit gelten grundsätzlich auch für die Teilnahme an einem Lehrgang der deutschen Sprache mit Gewährung von Eingliederungsgeld.

Für Empfänger der einmaligen Überbrückungshilfe der Bundesregierung nach den Richtlinien vom 29. November 1985 (GMBl. 1986, S. 8) – das sind außer Aussiedlern u. a. zum Familienverband von Aussiedlern gehörende nichtdeutsche Familienangehörige, die gemeinsam mit Anspruchsberechtigten im Sinne der Richtlinie einreisen, sofern für sie eine Übernahmeerklärung des Bundesverwaltungsamtes vorliegt – reichte es aus, daß sie im Herkunftsland im letzten Jahr vor der Ausreise 70 Kalendertage erwerbstätig gewesen waren. Sie mußten beabsichtigen, im Anschluß an den Lehrgang eine nicht der Berufsausbildung dienende Erwerbstätigkeit aufzunehmen (§ 62c Abs. 2 AFG a.F.). Diese Regelung ist durch Art. 26 des Gesetzes vom 25. Juni 1990 (BGBl. II S. 518) auf diejenigen Aussiedler beschränkt worden, die Rechte und Vergünstigungen nach dem Bundesvertriebenengesetz in Anspruch nehmen können. Der Deutsch-Sprachlehrgang wird längstens zehn Monate gefördert.

Aussiedler, die keine Ansprüche nach § 62c AFG und auch nicht nach den Garantiefondsrichtlinien haben, können – ohne den Bezug von Eingliederungsgeld – an kostenlosen Lehrgängen der deutschen Sprache teilnehmen (§ 62d Abs. 1 AFG).

Das Eingliederungsgeld wird in den ersten beiden Monaten nach dem Eintreffen im Bundesgebiet auch dann gezahlt, wenn der Aussiedler oder Übersiedler wegen der mit der Einreise verbundenen organisatorischen Probleme noch nicht bereit ist, jede zumutbare Beschäftigung anzunehmen oder an einer beruflichen Bildungsmaßnahme teilzunehmen (§ 62a Abs. 4 AFG). Damit ist den Betroffenen die Möglichkeit gegeben, ihre häuslichen und familiären Verhältnisse zu ordnen und die notwendigen Behördengänge zu erledigen.

Personen aus der DDR erhalten kein Eingliederungsgeld nach §§ 62a ff AFG, es sei denn, sie sind vor dem 1. Juli 1990 im Bundesgebiet eingetroffen. Eine hierauf bezogene Übergangsregelung ist in § 241 I AFG enthalten, der durch Art. 26 Nr. 11 des Gesetzes vom 25. Juni 1990 (BGBl. II S. 518) eingefügt worden ist.

In § 62a AFG sind Übersiedler als Leistungsberechtigte nicht mehr genannt.

Durch einen neu eingefügten Satz 3 in § 62a Abs. 1 AFG wird klargestellt, daß Aussiedler, die nach der Aufnahme im Bundesgebiet wieder in die Aussiedlungsgebiete zurückkehren, mit einer dortigen Beschäftigung nicht erneut einen Anspruch auf Eingliederungsgeld erwerben.

Nach § 62c Abs. 2 Satz 2 AFG in der Fassung von Art. 26 Nr. 6aaO können Aussiedler Sprachförderung auch dann in Anspruch nehmen, wenn sie die Voraussetzung einer 70tägigen Erwerbstätigkeit innerhalb der Rahmenfrist wegen der besonderen Verhältnisse im Herkunftsland nicht erfüllen, z. B. weil sie etwa längere Zeit beurlaubt waren, um Kinder betreuen zu können.

Durch § 241b AFG, der durch Art. 26 Nr. 10 des Gesetzes vom 25. Juni 1990 (BGBl. II S. 518) eingefügt worden war, wurden Beschäftigungen, die ein Deutscher im Sinne des Artikels 116 GG im Gebiet der DDR und in Berlin (Ost) ausgeübt hatte, einer beitragspflichtigen Beschäftigung im Geltungsbereich des AFG gleichgestellt. Damit wurde als „Ausgleich" für die Streichung des Anspruchs auf Eingliederungsgeld gesichert, daß Übersiedler unter den gleichen Voraussetzungen wie Deutsche in den alten Bundesländern Anspruch auf Leistungen zur Förderung der beruflichen Bildung und auf Arbeitslosengeld hatten. Dabei richtete sich die Höhe des Arbeitslosengeldes im Bundesgebiet nach dem Arbeitsentgelt für die vorangegangene Beschäftigung in der DDR und in Berlin (Ost).

§ 241b AFG ist nunmehr durch den Einigungsvertrag – Kapitel VIII (Geschäftsbereich des Bundesministers für Arbeit und Sozialordnung), Sachgebiet E (Arbeitsmarktpolitik, Arbeitsförderung, Arbeitslosenversicherung), Abschnitt II, Nr. 1 Buchstabe d (BGBl. II S. 885, 1033) – aufgehoben worden.

Die Übergangsregelung des § 241 l AFG, die durch Art. 26 Nr. 11 des Gesetzes vom 25. Juni 1990 (BGBl. II S. 518) eingefügt worden war, trifft u. a. folgende Bestimmungen: Auf Ansprüche auf Eingliederungsgeld, die vor dem 30. Juni 1990 entstanden sind, ist § 62a AFG in seiner bis dahin geltenden Fassung anzuwenden. Auch §§ 62b bis d AFG sind in der vor dem 30. Juni 1990 geltenden Fassung anzuwenden, wenn der Teilnehmer vor dem 30. Juni 1990 in die Maßnahme eingetreten ist und Leistungen beantragt hat.

Eingehende Übergangsregelungen erhalten nunmehr die §§ 249b bis e AFG, die durch den Einigungsvertrag (BGBl. II S. 885, 1033) eingefügt worden sind. Von Bedeutung ist insbesondere die Gleichstellung von Beschäftigungszeiten, die Übersiedler im Gebiet der ehemaligen DDR unter Einschluß von Berlin (Ost) zurückgelegt haben.

In den neuen Bundesländern und in Berlin (Ost) ist der Runderlaß des Präsidenten der Bundesanstalt für Arbeit vom 4. Dezember 1990, betr. Eingliederung der Aussiedler; Einigungsvertrag und Bezugsgrößen (Dienstblatt-Runderlaß 154/90) zu beachten.

Während in den Ländern des bisherigen Bundesgebiets die Bezugsgröße für das Jahr 1991 auf 3.360 DM monatlich festgesetzt ist, beträgt sie in dem Beitrittsgebiet monatlich 1.540 DM. Verlegt ein Aussiedler seinen Wohnsitz aus dem für ihn festgelegten Aufnahmeland (Bundesland) in ein Bundesland, in dem eine andere Bezugsgröße gilt, bleibt bei der Bemessung des Eingliederungsgeldes die für das (ursprüngliche) Aufnahmeland (Bundesland) geltende Bezugsgröße maßgebend (Nr. 3aaO).

### Teileingliederungsgeld

§ 62c Abs. 3 AFG schafft die Möglichkeit, ein **Teileingliederungsgeld** zu gewähren. Danach erhalten Aussiedler, die an einem Lehrgang der deutschen Sprache mit Teilzeitunterricht (mindestens zwölf Unterrichtsstunden wöchentlich) teilnehmen und daneben eine Teilzeitbeschäftigung (mindestens 12 und höchstens 24 Stunden wöchentlich) ausüben, Leistungen nach § 62c Abs. 1 AFG (Eingliederungsgeld, Kosten der Teilnahme an einem Sprachkurs) mit der Maßgabe, daß sich für die Dauer des Sprachlehrgangs das Eingliederungsgeld nach der Hälfte des Arbeitsentgelts nach § 62a Abs. 3 Satz 1 AFG bemißt. Die Förderung wird in diesem Falle für längstens 18 Monate gewährt.

Durch diese Regelung, die erst während der parlamentarischen Beratungen eingefügt wurde, soll ein Beitrag zu einem effektiveren Erlernen der deutschen Sprache geleistet werden. Aussiedlern, die bereits über einen gewissen Grundstock an Sprachkenntnissen verfügen, wird auf diese Weise die Möglichkeit gegeben, neben einer Teilzeitbeschäftigung Deutschkenntisse in Teilzeitsprachkursen zu erwerben.

### 7.3 Förderung der beruflichen Ausbildung

Aussiedler können Leistungen nach § 40 AFG zur **Förderung der beruflichen Ausbildung** erhalten. Soweit dem Auszubildenden die erforderlichen Mittel nicht zur Verfügung stehen, gewährt die Bundesanstalt für Arbeit Berufsausbildungsbeihilfen für eine berufliche Ausbildung in Betrieben oder überbetrieblichen Ausbildungsstätten sowie für die Teilnahme an berufsvorbereitenden Bildungsmaßnahmen, die nicht den Schulgesetzen der Länder unterliegen.

Einzelheiten regelt die **Anordnung des Verwaltungsrats der Bundesanstalt für Arbeit über die individuelle Förderung der beruflichen Ausbildung (A Ausbildung)** i.d.F. der 29. Änderungsanordnung vom 6. Juli 1990 (ANBA S. 1144), abgedruckt unter 7.2.

Die Höhe der Beihilfe richtet sich nach dem Bedarf für den Lebensunterhalt, dem Bedarf für die Ausbildung oder für die Teilnahme an einer berufsvorbereitenden Maßnahme und für sonstige Kosten. Die Lehrgangsgebühren werden ebenfalls von der Arbeitsverwaltung getragen.

Der Bedarf für den Lebensunterhalt wird unterschiedlich unter Berücksichtigung von Alter, Familienstand und Unterbringung des Auszubildenden ermittelt, z. B. beträgt der Bedarf für einen verheirateten oder unverheirateten Auszubildenden, der das 21. Lebensjahr vollendet hat und bei seinen Eltern wohnt, derzeit monatlich 710,– DM (§ 12 Abs. 1 aaO).

Einkommen des Auszubildenden ist auf den Bedarf grundsätzlich in voller Höhe anzurechnen. Das Einkommen von Eltern und Ehegatten wird nur bei Überschreiten bestimmter Höchstgrenzen herausgezogen (§§ 15 ff aaO). Durch das Eingliederungsanpassungsgesetz vom 22. Dezember 1989 (BGBl. I S. 2398) war § 40 a Abs. 1 AFG um einen Satz 3 ergänzt worden, in dem Zeiten einer Beschäftigung von Aussiedlern und Übersiedlern in den Herkunftsgebieten den Zeiten einer die Beitragspflicht nach dem AFG begründenden Tätigkeit gleichgestellt wurden. Dies war eine Folge der Streichung des § 107 Satz 1 Nr. 3 und 4 AFG, der zuvor eine entsprechende Regelung getroffen hatte.

Aufgrund einer Neufassung des § 40 a Abs. 1 Satz 3 AFG durch Art. 26 Nr. 1 des Gesetzes vom 25. Juni 1990 (BGBl. II S. 518) beschränkt sich diese Regelung künftig auf Aussiedler.

Die Anordnung über die individuelle Förderung der beruflichen Ausbildung (A Ausbildung) vom 1. Juli 1990 (GBl.-DDR I S. 1083) gilt nach dem Einigungsvertrag als Anordnung der Bundesanstalt für Arbeit fort. Nach § 12 aaO beläuft sich der Bedarf für den Lebensunterhalt eines Auszubildenden, der verheiratet ist oder das 21. Lebensjahr vollendet hat, auf 455 DM.

### 7.4 Förderung der beruflichen Fortbildung und Umschulung

Nach § 41 Abs. 1 AFG fördert die Bundesanstalt für Arbeit die Teilnahme an Maßnahmen, die das Ziel haben, berufliche Kenntnisse und Fertigkeiten festzustellen, zu erhalten, zu erweitern oder der technischen Entwicklung anzupassen oder einen beruflichen Aufstieg zu ermöglichen, und eine abgeschlossene Berufsausbildung oder eine angemessene Berufserfahrung voraussetzen **(berufliche Fortbildung).**

Antragsteller mit abgeschlossener Berufsausbildung werden nach dreijähriger beruflicher Tätigkeit gefördert, Antragsteller ohne abgeschlossene Berufsausbildung nach sechsjähriger beruflicher Tätigkeit (§ 42 Abs. 1 AFG). Eine berufliche Tätigkeit ist nicht erforderlich, wenn der Antragsteller mit abgeschlossener Berufsausbildung arbeitslos ist;

für arbeitslose Antragsteller ohne abgeschlossene Berufsausbildung reduziert sich die Zeit auf drei Jahre.

Einzelheiten regelt die **Anordnung des Verwaltungsrats der Bundesanstalt für Arbeit über die individuelle Förderung der beruflichen Fortbildung und Umschulung (A Fortbildung und Umschulung)** i.d.F. der 18. Änderungsanordnung vom 9. März 1990 (ANBA S. 606).

Aussiedler die nach dem 31. Dezember 1989 und Übersiedler, die in der Zeit vom 1. Januar bis 30. Juni 1990 im Bundesgebiet eingetroffen sind, haben während der Teilnahme an Maßnahmen der beruflichen Fortbildung und Umschulung lediglich einen Anspruch auf Eingliederungsgeld, vgl. oben unter 7.2.

Nach § 8 Abs. 1 aaO werden Personen, die nicht Deutsche im Sinne des Artikels 116 des Grundgesetzes sind, nur gefördert, wenn sie in den letzten drei Jahren vor dem Eintritt in die Maßnahme mindestens zwei Jahre im Geltungsbereich des Arbeitsförderungsgesetzes tätig waren. Nach § 8 Abs. 2 Nr. 1 aaO soll die Einschränkung des Abs. 1 nicht für Aussiedler im Sinne des § 1 Abs. 2 Nr. 3 und Abs. 3 des Bundesvertriebenengesetzes gelten. Diese Vorschrift ist zumindest mißverständlich, da sie den Eindruck erweckt, Aussiedler seien keine Deutschen im Sinne des Art. 116 GG. Die Aussiedlereigenschaft nach § 1 Abs. 2 Nr. 3 BVFG setzt die deutsche Staatsangehörigkeit oder die deutsche Volkszugehörigkeit voraus. Damit ist jeder von § 1 Abs. 2 Nr. 3 BVFG erfaßte Aussiedler auch Deutscher im Sinne des Art. 116 GG. Nach § 1 Abs. 3 BVFG gilt als Vertriebener (Aussiedler), wer ohne selbst deutscher Staatsangehöriger oder deutscher Volkszugehöriger zu sein, als Ehegatte eines Vertriebenen (Aussiedlers) den ständigen Aufenthalt in den sog. Vertreibungsgebieten verloren hat. Auch diese Aussiedler fallen unter Art. 116 GG, der als Deutsche im Sinne des Grundgesetzes auch Personen bezeichnet, die als Ehegatten oder Abkömmlinge eines Vertriebenen (Aussiedlers) deutscher Volkszugehörigkeit in dem Gebiet des Deutschen Reiches nach dem Stand vom 31. Dezember 1937 Aufnahme gefunden haben. § 8 Abs. 2 Nr. 1 der A Fortbildung und Umschulung hat danach nur geringe Bedeutung, z. B. für den Personenkreis, der durch Erklärung im Grenzdurchgangslager den Erwerb der Deutscheneigenschaft nach Art. 116 GG ausschlägt (vgl. Einleitung Nr. 5.1).

Teilnehmer an Maßnahmen der beruflichen Fortbildung mit ganztägigem Unterricht wird als Ersatz für den entstehenden Lohnausfall ein Unterhaltsgeld als Zuschußleistung gewährt, das 65 v.H. des erzielbaren Nettoarbeitsentgelts beträgt. Der Unterhaltsgeldsatz erhöht sich auf 73 v.H. für Personen, die die Voraussetzungen des § 111 Abs. 1 AFG erfüllen (Vorhandensein mindestens eines Kindes, für das die Voraussetzungen des § 32 Abs. 1, 4 und 5 des Einkommensteuergesetzes vorliegen. Ausbildung usw., dauernde Erwerbsunfähigkeit). Gleiches gilt, wenn der Ehegatte des Teilnehmers, mit dem er in häuslicher Gemeinschaft lebt, eine Erwerbstätigkeit nicht ausüben kann, weil er der Pflege bedarf (§ 44 Abs. 2 AFB).

Voraussetzung ist, daß die Bildungsmaßnahme notwendig ist, um einen arbeitslosen Antragsteller einzugliedern, daß durch die Maßnahme drohende Arbeitslosigkeit verhindert oder der Erwerb einer beruflichen Qualifikation gesichert werden kann (§44 Abs. 2 AFG).

Fehlt es an diesen Voraussetzungen und kann von dem Teilnehmer die Teilnahme an einer gleichwertigen Bildungsmaßnahme mit berufsbegleitendem Unterricht nicht erwartet werden, so beträgt das Unterhaltsgeld nur 58 v.H. des erzielbaren Nettoareitsentgelts. Es wird in diesem Falle als Darlehen gewährt (§ 44 Abs. 2 a AFG).

Einzelheiten der Leistungsgewährung regelt derzeit die Verordnung über die Leistungssätze des Unterhaltsgeldes, des Arbeitslosengeldes, der Arbeitslosenhilfe, des Kurzarbeitergeldes und des Schlechtwettergeldes für das Jahr 1991 (AFG-Leistungsverordnung 1991) vom 6. Dezember 1990 (BGBl. I S. 2647).

Unter den genannten Voraussetzungen fördert die Bundesanstalt für Arbeit die Teilnahme von Arbeitssuchenden an Maßnahmen der beruflichen **Umschulung** (Maßnahmen, die das Ziel haben, den Übergang in eine andere geeignete berufliche Tätigkeit zu ermöglichen, § 47 Abs. 1 Satz 1 AFG). Hier gelten hinsichtlich des berechtigten Personenkreises und des Leistungsumfangs die Vorschriften über die berufliche Fortbildung entsprechend.

Im Beitrittsgebiet gilt die Anordnung über die individuelle Förderung der beruflichen Fortbildung und Umschulung (A Fortbildung und Umschulung) vom 1. Juli 1990 (GBl.-DDR I S. 1090) nach dem Einigungsvertrag als Anordnung der Bundesanstalt für Arbeit fort.

### 7.5 Förderung der Arbeitsaufnahme

§§ 53, 54 AFG regeln die Förderung der Arbeitsaufnahme durch Gewährung von Leistungen an Arbeitssuchende und an Arbeitgeber. Einzelheiten der Durchführung richten sich nach der **Anordnung des Verwaltungsrats der Bundesanstalt für Arbeit zur Förderung der Arbeitsaufnahme (FdA-Anordnung)** i.d.F. vom 19. Mai 1989 (ANBA S. 997).

Nach § 21 aaO soll die Eingliederungshilfe an Arbeitgeber 40 v.H. des tariflichen bzw. ortsüblichen Entgelts grundsätzlich nicht übersteigen; die Förderung kann bis zu 50 v.H. des förderungsfähigen Arbeitsentgelts betragen, wenn in der Person des Arbeitnehmers besonders schwerwiegende vermittlungshemmende Wettbewerbseinschränkungen vorliegen.

### 7.6 Sprachförderung

Durch das 8. Gesetz zur Änderung des Arbeitsförderungsgesetzes vom 14. Dezember 1987 (BGBl. I S. 2602) waren die **Sprachförderungsverordnung** vom 27. Juli 1976 (BGBl. I S. 1949), mehrfach geändert, und die **Sprachförderungsvereinbarung** zwischen der Bundesregierung und der Bundesanstalt für Arbeit vom 22. Juli 1976 **aufgehoben** worden. Die in diesen Regelungen bisher vorgesehenen Maßnahmen sind mit Wirkung vom 1. Januar 1987 in die §§ 62 a ff des Arbeitsförderungsgesetzes überführt worden. Aussiedler, die nach dem 31. Dezember 1989 im Bundesgebiet eingetroffen sind, erhalten während der Teilnahme an einem Lehrgang der deutschen Sprache u. a. Eingliederungsgeld, vgl. dazu oben unter 7.2, Näheres zur Sprachförderung unter 8.

### 7.7 Gewährung von Arbeitslosengeld

Aussiedler haben einen Anspruch auf **Arbeitslosengeld,** wenn sie arbeitslos sind, der Arbeitsvermittlung zur Verfügung stehen, die Anwartschaftszeit erfüllen, sich beim Arbeitsamt arbeitslos gemeldet und Arbeitslosengeld beantragt haben (§ 100 Abs. 1 AFG). Die Anwartschaftszeit hat erfüllt, wer in der Rahmenfrist von drei Jahren 360 Kalendertage in einer die Beitragspflicht zur Bundesanstalt für Arbeit begründenden Beschäftigung gestanden hat (§ 104 Abs. 1, Abs. 3 AFG).

Den Zeiten einer solchen Beschäftigung stehen gleich Zeiten, in denen ein Berechtigter im Sinne des § 1 Abs. 1 des Häftlingshilfegesetzes in Gewahrsam gehalten worden ist oder ein Deutscher im Sinne des Artikels 116 GG im Gebiet der (früheren) DDR einschließlich Berlin (Ost) oder ein Vertriebener in den in § 1 Abs. 2 Nr. 3 BVFG genannten Gebieten wegens einer Volkszugehörigkeit, seiner Aussiedlungs- oder Übersiedlungsabsicht oder wegen einer vergleichbaren nach freiheitlich-demokratischer Auffassung von ihm nicht zu vertretenden Grunde gehindert war, als Arbeitnehmer tätig zu sein (§ 90 a BVFG i.d.F. von Art. 27 des Gesetzes vom 25. Juni 1990, BGBl. II S. 518, 531).

Aussiedler erhalten nach ihrem Eintreffen im Bundesgebiet im Falle der Arbeitslosigkeit grundsätzlich kein Arbeitslosengeld, sondern Eingliederungsgeld nach §§ 62 a ff AFG. Zu dieser Regelung, die zum 1. Januar 1990 durch das Eingliederungsanpassungsgesetz vom 22. Dezember 1989 (BGBl. I S. 2398) eingeführt worden ist, vgl. oben unter 7.2.

Aussiedler, die nach einer Beschäftigung im Bundesgebiet die Anwartschaftszeit sowie die übrigen Voraussetzungen von § 100 Abs. 1 AFG erfüllen, haben – wie alle anderen Bürger – einen Anspruch auf Arbeitslosengeld.

Das Arbeitslosengeld beträgt 63 v.H. des erzielbaren Nettoarbeitsentgelts; es erhöht sich auf 68 v.H. für Arbeitslose, die mindestens ein Kind im Sinne des § 32 Abs. 1, 4 und 5 des Einkommensteuergesetzes haben (Kind in Ausbildung, dauernd erwerbsunfähiges Kind) sowie für Arbeitslose, deren Ehegatte mindestens ein Kind im Sinne der vorstehenden Bestimmungen hat, wenn beide Ehegatten unbeschränkt einkommensteuerpflichtig sind und nicht dauernd getrennt leben (vgl. § 111 Abs. 1 AFG). Einzelheiten regelt zur Zeit die AFG-Leistungsverordnung 1991 vom 6. Dezember 1990 (BGBl. I S. 2647).

Die Höhe des Arbeitslosengeldes richtet sich nach dem tariflichen Arbeitsentgelt für die Beschäftigung, für die der Empfänger der Leistung nach seinem Lebensalter und seiner Leistungsfähigkeit unter Berücksichtigung seines Berufs und seiner Ausbildung nach Lage und Entwicklung des Arbeitsmarkts in Betracht kommt.

### 7.8 Gewährung von Arbeitslosenhilfe

Aussiedler haben Anspruch auf **Arbeitslosenhilfe,** wenn sie arbeitslos sind, der Arbeitsvermittlung zur Verfügung stehen, sich beim Arbeitsamt arbeitslos gemeldet und Arbeitslosenhilfe beantragt haben, und

– wegen Nichterfüllung der Anwartschaftszeit nach § 104 AFG keinen Anspruch auf Arbeitslosengeld haben,

– bedürftig sind und

– mindestens 150 Kalendertage bzw. 240 Kalendertage in einer Beschäftigung gestanden haben, die zur Erfüllung der Anwartschaftszeit dienen kann. An die Stelle einer Beschäftigung kann auch die Zurücklegung einer Zeit treten, die zur Erfüllung der Anwartschaftszeit dienen kann (§ 137 Abs. 1 AFG).

Eine zusätzliche Vergünstigung für Aussiedler enthält § 134 Abs. 3 a AFG (Gleichstellung von Beschäftigungszeiten außerhalb des Geltungsbereichs des AFG unter bestimmten Voraussetzungen).

§ 4 Nr. 1 der **Arbeitslosenhilfeverordnung** vom 7. August 1974 (BGBl. I S. 1929) hatte u. a. Berechtigte nach §§ 1 bis 3 BVFG (also auch Aussiedler) für den Bezug von Arbeitslosenhilfe von dem Erfordernis einer vorherigen entlohnten Beschäftigung ausgenommen. Diese Vorschrift ist durch Art. 16 des Arbeitsförderungskonsolidierungsgesetzes vom 22. Dezember 1981 (BGBl. I S. 14797) ersatzlos gestrichen.

Die frühere Rechtslage ist aber zum Teil wieder hergestellt worden durch die Einfügung des § 90 a BVFG durch das Sechste Gesetz zur Änderung des BVFG vom 2. Dezember 1985 (BGBl. I S. 2138). Nunmehr ist vorgesehen, daß ebenso wie beim Bezug von Arbeitslosengeld (siehe oben unter 7.6) für den Bezug von Arbeitslosenhilfe als Beschäftigungszeiten angerechnet werden.

– Zeiten eines politischen Gewahrsams im Sinne des § 1 Abs. 1 des Häftlingshilfegesetzes,

– Zeiten, in denen ein Aussiedler oder Übersiedler aus politischen Gründen an der Ausübung einer Beschäftigung gehindert war (§ 90 a Abs. 1 BVFG).

Nach § 90a Abs. 2 BVFG steht für Aussiedler für den Anspruch auf Arbeitslosenhilfe die Tätigkeit als Selbständiger oder mithelfender Familienangehöriger ebenfalls einer die Beitragspflicht begründenden Tätigkeit gleich.

Die bisher in § 90a Abs. 2 BVFG enthaltene Regelung, wonach eine Tätigkeit von Übersiedlern als Selbständige oder als mithelfende Familienangehörige einen Anspruch auf Arbeitslosenhilfe begründete, ist durch Art. 27 Nr. 1 Buchstabe b des Gesetzes vom 25. Juni 1990 (BGBl. II S. 518, 531) aufgehoben worden.

Die Arbeitslosenhilfe beträgt 56 v.H. des erzielbaren Nettoarbeitsentgelts. Der Satz erhöht sich auf 58 v.H. für den Personenkreis, für den das Arbeitslosengeld 68 v.H. beträgt (§ 136 Abs. 1 AFG, vgl. unter 7.7).

Die Arbeitslosenhilfeverordnung vom 7. August 1974 (BGBl. I S. 1929), zuletzt geändert durch Verordnung vom 10. Oktober 1990 (BGBl. I S. 2171), die weitere Voraussetzungen für den Bezug von Arbeitslosenhilfe regelt (Berücksichtigung von Vermögen, Bestreiten des Lebensunterhalts auf andere Weise, Berücksichtigung von Einkommen), ist unter 7.4 abgedruckt.

Durch das Eingliederungsanpassungsgesetz ist der Bezug von Arbeitslosenhilfe nicht berührt worden.

Durch das Eingliederungsanpassungsgesetz vom 22. Dezember 1989 (BGBl. I S. 2398) war § 134 AFG um einen neuen Absatz 3b ergänzt worden, in dem u.a. Aussiedler und Übersiedler ausdrücklich als Berechtigte genannt wurden. Dies war eine Folge der Streichung des § 107 Satz 1 Nrn. 3 und 4 AFG gewesen.

Aufgrund der Neufassung von § 134 Abs. 3b AFG beschränkt sich diese Regelung nunmehr auf Aussiedler. Für die Zeit vor der Herstellung der staatlichen Einheit war die Gleichstellung der Beschäftigungszeiten der Übersiedler durch Art. 26 Nr. 10 des Gesetzes vom 25. Juni 1990 (BGBl. II S. 518) geregelt gewesen.

### 7.9 Vorläufiger Nachweis der Berechtigung zum Leistungsbezug

Der Runderlaß des Präsidenten der Bundesanstalt für Arbeit, betr. Eingliederung von Aussiedlern, vom 2. August 1988 (Dienstblatt 105/88) – abgedruckt unter 7.5 – trifft Regelungen zum vorläufigen Nachweis der Eigenschaft als Aussiedler, die Voraussetzung für den Bezug von Leistungen ist. Stellungnahmen der Vertriebenen-/Ausgleichsämter für die Gewährung von Leistungen werden als vorläufiger Nachweis der Vertriebeneneigenschaft anerkannt, wenn Aussiedler aus Kapazitätsgründen nicht am Registrierverfahren teilnehmen konnten.

Gemäß Runderlaß 150/89 des Präsidenten der Bundesanstalt für Arbeit – abgedruckt unter 7.7 – sind Leistungen nach § 62c AFG nicht unter Vorbehalt zu gewähren. Für Aussiedler, die nach dem 30. Juni 1990 in eine Maßnahme eingetreten sind, ist eine Förderung nunmehr nur noch unter Vorbehalt möglich, wenn die Vertriebeneneigenschaft nur vorläufig anerkannt ist.

### 8. SPRACHFÖRDERUNG

vgl. Wegweiser für Aussiedler Nr. 38

### 8.1 Allgemeines

In dem vom Bundesminister des Innern herausgegebenen Wegweiser für Aussiedler, der jeden eintreffenden Aussiedler bereits im Grenzdurchgangslager über die ihm zustehenden Eingliederungshilfen unterrichtet, heißt es in Ziffer 38 u.a.:

„Denken Sie bitte daran, daß Ihnen das Leben in Deutschland erleichtert wird, wenn Sie die deutsche Sprache gut beherrschen. Am Anfang ist Deutschlernen wichtiger als Geldverdienen. Nutzen Sie deshalb die Ihnen gebotenen Möglichkeiten der Sprachförderung, z. B. auch die Kombination von Teilzeitarbeit und Sprachförderung (mit der Möglichkeit des Bezuges des sog. Teileingliederungsgeldes, § 62 c Abs. 3 Arbeitsförderungsgesetz)."

Da insbesondere eine berufliche und gesellschaftliche Eingliederung der Aussiedler ohne ausreichende deutsche Sprachkenntnisse nicht denkbar ist, waren **Sprachförderungsmaßnahmen** mit unterschiedlicher Zielsetzung und mit unterschiedlichem Umfang u. a. vorgesehen nach

– der Sprachförderungsverordnung vom 27. Juli 1976 (BGBl. I S. 1949),

– der Sprachförderungsvereinbarung vom 22. Juli 1976 und

– den Garantiefondsrichtlinien des BMJFFG vom 17. Dezember 1981 (GMBl. 1982, S. 65 ff).

Durch das 8. Gesetz zur Änderung des Arbeitsförderungsgesetzes vom 14. Dezember 1987 (BGBl. I S. 2602) sind Sprachförderungsverordnung und Sprachförderungsvereinbarung aufgehoben worden.

Die Sprachförderungsverordnung war für Aussiedler bestimmt, die nach Beendigung der Sprachförderung in ein Arbeitsverhältnis vermittelt werden wollten. Sie ist durch §§ 62 a, 62 c AFG ersetzt worden.

Die Sprachförderungsvereinbarung galt für nicht erwerbstätige Personen (im wesentlichen Rentner und Hausfrauen), die eine Erwerbstätigkeit nicht anstreben oder für sie nicht in Betracht kommen. An ihre Stelle war § 62 c AFG (jetzt: § 62 d AFG) getreten.

Die Garantiefondsrichtlinien richten sich an junge Aussiedler bis zum Alter von 35 Jahren, die noch in der Ausbildung stehen oder eine weiterführende Ausbildung anstreben. Dieser Personenkreis wird auch von den neuen Garantiefondsrichtlinien erfaßt (vgl. hierzu die Einleitung unter 9.2).

Die Dauer der Sprachförderung nach der Sprachförderungsverordnung hatte ursprünglich bis zu 12 Monaten betragen. Durch Artikel 10 des Gesetzes vom 15. Dezember 1981 (BGBl. I S. 1390) war die Höchstdauer der Sprachförderung mit Rücksicht auf die angespannte Haushaltslage auf acht Monate gekürzt worden. Nach der seit dem 1. Januar 1988 geltenden Regelung in § 62 c Abs. 1 Satz 3 AFG liegt die Höchstdauer nunmehr bei zehn Monaten.

**Einzelheiten der Sprachförderung** sind geregelt in

– der Anordnung des Verwaltungsrats der Bundesanstalt für Arbeit über die Sprachförderung von Aussiedlern, Asylberechtigten und Kontingentflüchtlingen und die Förderung der beruflichen Eingliederung von Aussiedlern und Übersiedlern (A Aussiedler und Übersiedler) vom 16. März 1988 i.d.F. vom 9. März 1990 (ANBA S. 614) abgedruckt unter 7.6.,

– dem Runderlaß des Präsidenten der Bundesanstalt für Arbeit, betr. Gewährung von Leistungen an Aussiedler und Übersiedler vom 22. Dezember 1989 (Dienstblatt der Bundesanstalt für Arbeit 150/89), abgedruckt unter 7.7,

– dem Runderlaß des Präsidenten der Bundesanstalt für Arbeit „Eingliederung der Aussiedler; Förderung der Teilnahme an Deutsch-Lehrgängen für Aussiedler" vom 14. November 1988 (ANBA S. 1705), abgedruckt unter 8.1 und

– dem Runderlaß des Präsidenten der Bundesanstalt für Arbeit „Sicherung der Qualität der Deutsch-Sprachlehrgänge und der beruflichen Bildungsmaßnahmen für Aussiedler" vom 20. Oktober 1989 (ANBA S. 1419), abgedruckt unter 8.2.

## 8.2 Sprachförderung als Vorbereitung auf eine Erwerbstätigkeit

Bevor im Rahmen des Eingliederungsprogramms der Bundesregierung vom 12. Mai 1976 (vgl. hierzu Einleitung Nr. 2.1) die Sprachförderungsverordnung vom 27. Juli 1976 aufgrund der Ermächtigung des § 3 Abs. 5 des Arbeitsförderungsgesetzes erlassen wurde, hatte die Bundesanstalt bereits Lehrgänge gefördert, in denen Aussiedlern außer berufsspezifischen Kenntnissen auch Kenntnisse der deutschen Sprache vermittelt wurden. Diese Förderung konnte allerdings nur von Aussiedlern in Anspruch genommen werden, die die allgemeinen Förderungsvoraussetzungen des § 42 AFG (abgeschlossene Berufsausbildung und mindestens dreijährige berufliche Tätigkeit oder sechsjährige berufliche Tätigkeit bzw. für arbeitslose Aussiedler abgeschlossene Berufsausbildung oder dreijährige berufliche Tätigkeit) erfüllen.

Durch die Verordnung über die Förderung der Teilnahme von Aussiedlern an Deutschlehrgängen vom 27. Juli 1976 (BGBl. I S. 1949) war der Bundesanstalt für Arbeit die Aufgabe übertragen worden, u. a. Aussiedlern und Empfängern der Begrüßungsgabe der Bundesregierung nach den Richtlinien des Bundesministers des Innern für die Zahlung einer einmaligen Unterstützung der Bundesregierung (Begrüßungsgabe) vom 15. August 1974 Sprachförderung zu gewähren. Die Verordnung ist zum 31. Dezember 1987 aufgehoben worden. Die Sprachförderung ist jetzt in §§ 62 a ff AFG geregelt.

Während der Teilnahme an einem Lehrgang der deutschen Sprache erhalten Aussiedler ein Eingliederungsgeld. Zur Höhe und zur Dauer des Leistungsbezugs vgl. unter 7.2.

Nach § 62 c Abs. 1 Satz 2 in Verbindung mit § 45 AFG trägt die Bundesanstalt für Arbeit die notwendigen Kosten, die durch Fortbildungsmaßnahmen unmittelbar entstehen. Hierzu gehören insbesondere die Lehrgangskosten, Kosten für Lernmittel, Fahrkosten und Kosten der Kranken- und Unfallversicherung. Hinzu kommen Kosten der Unterkunft und Mehrkosten der Verpflegung, wenn die Teilnahme an dem Sprachkurs eine auswärtige Unterbringung erfordert. Darüber hinaus können unter bestimmten Voraussetzungen Kinderbetreuungskosten bis zu 60 DM monatlich übernommen werden.

Nach § 2 der **Anordnung über die Sprachförderung von Aussiedlern, Asylberechtigten und Kontingentflüchtlingen und die Förderung der beruflichen Eingliederung von Aussiedlern und Übersiedlern des Verwaltungsrats der Bundesanstalt für Arbeit** i.d.F. vom 9. März 1990 (ANBA S. 614), abgedruckt unter 7.6 – werden grundsätzlich nur Personen gefördert, deren Einreise in das Bundesgebiet nicht länger als fünf Jahre zurückliegt.

Nach § 62 c Abs. 2 Satz 2 AFG können Leistungen auch an Personen gewährt werden, die wegen der besonderen Verhältnisse im Herkunftsland die Voraussetzungen des § 62 c Abs. 2 Satz 1 AFG nicht erfüllen können. Voraussetzung ist allerdings, daß die Nichtgewährung eine unbillige Härte darstellen würde.

Die Nichtgewährung von Leistungen kann z. B. dann eine unbillige Härte darstellen, wenn Personen im Herkunftsland wegen der bestehenden niedrigeren Altersgrenzen oder wegen der Inanspruchnahme von Urlaubszeiten zur Erziehung von Kindern keine Erwerbstätigkeit ausübten.

Nicht auf die Härteklausel des § 62 c AFG sind Aussiedler angewiesen, die mit Rücksicht auf ihren Ausreisewunsch ihre Arbeitsstelle verloren haben und dadurch das Erfordernis einer vorangegangenen Erwerbstätigkeit nicht erfüllen. Für sie gilt § 90 a Abs. 1 BVFG, der eine begünstigende Regelung für die Fälle trifft, in denen ein Anspruch nach dem Arbeitsförderungsgesetz davon abhängt, daß der Antragsteller in einer die Beitragspflicht begründenden Beschäftigung gestanden hat.

## 8.3 Sprachförderung für Nichterwerbstätige

Nach der **Vereinbarung** zwischen der Bundesregierung und der Bundesanstalt für Arbeit über die Förderung von Deutsch-Lehrgängen für Aussiedler, Asylberechtigte und Kontingentflüchtlinge (Sprachförderungsvereinbarung) vom 22. Juli 1976 hatte die Bundesanstalt für Arbeit die Förderung von Deutsch-Lehrgängen u. a. für Aussiedler übernommen, die weder Ansprüche nach der Sprachförderungsverordnung noch nach den Garantiefondsrichtlinien hatten.

Die Sprachförderungsvereinbarung war mit Wirkung vom 1. Januar 1988 durch § 62 c des Arbeitsförderungsgesetz abgelöst worden. Diese Fälle werden nunmehr von § 62 d AFG i.d.F. des Gesetzes vom 25. Juni 1990 (BGBl. II, S. 518, 1033) geregelt. Nach dieser Vorschrift übernimmt die Bundesanstalt für Arbeit die Förderung von Deutsch-Lehrgängen für Aussiedler, die Rechte und Vergünstigungen nach dem BVFG in Anspruch nehmen können und weder Ansprüche nach § 62 c AFG noch nach den Garantiefondsrichtlinien für den Schul- und Berufsausbildungsbereich (abgedruckt unter 9.2) oder den Garantiefondsrichtlinien für den Hochschulbereich (abgedruckt unter 9.3) haben.

Erfaßt werden durch diese Regelungen erwachsene Personen, die nicht die Absicht haben, eine Erwerbstätigkeit auszuüben, also in erster Linie nicht erwerbstätige Hausfrauen und Rentner.

Die Berechtigten nach § 62 d AFG erhalten **kein Eingliederungsgeld.** Dieses kommt als Lohnersatz nicht für Personen in Betracht, die nicht im Erwerbsleben stehen. Die Bundesanstalt für Arbeit erstattet jedoch den Trägern von Deutsch-Lehrgängen für Aussiedler die notwendigen Kosten, die durch die Durchführung der Lehrgänge und die Abgabe von Lernmitteln an die Teilnehmer unmittelbar entstehen. Auch die notwendigen unmittelbar entstehenden Fahrkosten werden von der Bundesanstalt für Arbeit getragen.

Nach § 2 der Anordnung des Verwaltungsrats der Bundesanstalt für Arbeit (A Aussiedler und Übersiedler) vom 16. März 1988 i. d. F. vom 9. März 1990 (ANBA S. 614) – abgedruckt unter 7.6 – erfolgt die Förderung grundsätzlich nur innerhalb von fünf Jahren nach der Einreise in das Bundesgebiet. Die Sprachförderungsmaßnahmen sollen mindestens 300, höchstens 800 Unterrichtsstunden umfassen und innerhalb von 18 Monaten abgeschlossen sein (§ 3 Abs. 2 aaO).

### 8.4 Sonstige Sprachförderungsmaßnahmen

Sprachförderung ist ferner vorgesehen nach den Garantiefondsrichtlinien des BMJFFG für den Schul- und Berufsausbildungsbereich (abgedruckt unter 9.2), den Garantiefondsrichtlinien des BMJFFG für den Hochschulbereich (abgedruckt unter 9.3) sowie nach den Richtlinien des Bundesministers für Bildung und Wissenschaft über Zuwendungen zur Förderung der Eingliederung von Aussiedlern mit abgeschlossenem Hochschulstudium (Akademikerprogramm), abgedruckt unter 9.5.

## 9. EINGLIEDERUNG IN SCHULE UND BERUF

vgl. Wegweiser für Aussiedler Nr. 32, 33, 34, 35
vgl. Wegweiser für Übersiedler Nr. 36, 37, 38, 40

### 9.1 Empfehlung der KMK zur Eingliederung in Schule und Berufsausbildung

Die Ständige Konferenz der Kultusminister der Länder hat am 17. November 1977 eine Zweite Neufassung der Empfehlung zur **Eingliederung von deutschen Aussiedlern in Schule und Berufsausbildung** vom 3. Dezember 1971 (Erste Neufassung vom 31. Januar 1975) beschlossen. Die Neufassung ist unter 9.1 abgedruckt.

Die Empfehlung betrifft insbesondere folgende Schwerpunkte:

- individuelle Beratung über Schul- und Ausbildungsgänge
- Förderungsmaßnahmen zum Erwerb und zur Vertiefung deutscher Sprachkenntnisse
- Bewertung und Anerkennung der bisher erworbenen Bildungsnachweise
- Eröffnung von Möglichkeiten, begonnene Bildungsgänge zum Abschluß zu bringen.

Von den in dem Beschluß enthaltenen Empfehlungen sind besonders hervorzuheben:

Im Sekundarbereich (also ab Klasse 5) kann anstelle einer der verbindlichen Pflichtfremdsprachen die Sprache des Herkunftslandes oder Russisch gewählt oder anerkannt werden. Für Schüler, die unmittelbar in die Sekundarstufe II (also ab Klasse 11) eintreten, können sowohl die Sprache des Herkunftslandes als auch Russisch an die Stelle der verbindlichen Pflichtfremdsprache treten (Nr. 2.1.2 der Empfehlung).

Schüler der Jahrgangsstufe 1 bis 9 in Grundschulen und weiterführenden allgemeinbildenden Schulen werden entweder durch Förderunterricht in der Schule oder durch Unterricht in besonderen Fördereinrichtungen (Förderklassen/Förderschulen) auf die Eingliederung in die ihrem Alter oder ihrer Leistung entsprechende Klasse der Grundschule oder der weiterführenden Schule vorbereitet. Dabei soll der Aufenthalt in den Fördereinrichtungen, falls nicht organisatorische Gründe entgegenstehen, ein Jahr nicht überschreiten. In besonders gelagerten Fällen kann die Verweildauer auf höchstens zwei Jahre verlängert werden (Nr. 2.2 der Empfehlung).

Geregelt sind der Besuch von berufsbildenden Schulen (Nr. 2.3 der Empfehlung) und von Sonderschulen (Nr. 3 der Empfehlung).

Ferner befaßt sich die Empfehlung eingehend mit

- Bildungsabschlüssen und ihren Berechtigungen (Abschlußzeugnis der Hauptschule, mittlerer Bildungsabschluß, Studienqualifikation) – Nr. 5 der Empfehlung –
- Erwerb der Studienqualifikation – Nr. 6 der Empfehlung –.

Der Nachweis eines mindestens eineinhalbjährigen Hochschulstudiums oder eines mindestens zweijährigen entsprechenden Abend- oder Fernstudiums vermittelt die Hochschulreife (Nr. 5.3.4 der Empfehlung).

Wer ein Hochschulzugangszeugnis besitzt, das nach den Bewertungsvorschlägen der Zentralstelle für ausländisches Bildungswesen eine fachgebundene Studienbefähigung verleiht, erwirbt die allgemeine Hochschulreife

- durch den selbständigen Besuch eines mindestens einjährigen Sonderlehrgangs

und

- durch das Bestehen einer Abschlußprüfung (Nr. 6.1.1 der Empfehlung).

Wer ein Hochschulzeugnis besitzt, das nach den Bewertungsvorschlägen der Zentralstelle für ausländisches Bildungswesen die Befähigung zum Studium aller Fachrichtungen verleiht, erwirbt die allgemeine Hochschulreife

- durch Besuch eines mindestens einjährigen Sonderlehrgangs

und

- durch das Bestehen der Abschlußprüfung.

In den leistungsmäßig begründeten Fällen kann auf den Besuch des einjährigen Sonderlehrgangs ganz oder teilweise verzichtet werden. Hier braucht der Aussiedler lediglich eine Bestätigungsprüfung abzulegen (Nr. 6.1.2 der Empfehlung).

Aussiedler ohne Hochschulzugangszeugnis des Herkunftslandes, die jedoch im Herkunftsland die Berechtigung zum Eintritt in die letzte Jahrgangsklasse einer zur Studienbefähigung führenden Schule erlangt haben, erwerben die allgemeine Hochschulreife

– durch den vollständigen Besuch eines mindestens einjährigen Sonderlehrgangs

und

– durch das Bestehen einer erweiteren Abschlußprüfung (Nr. 6.2 der Empfehlung, die Nr. 6.3 der Empfehlung unberührt läßt).

Für Aussiedler aus der Sowjetunion, die im Herkunftsland den Abschluß der vollen Mittelschule (10./11. Klasse) oder einer zur Studienberechtigung führenden Fachmittelschule erhalten haben und nicht die Voraussetzungen gemäß Nr. 5.3.4 (Nachweis eines mindestens eineinhalbjährigen Hochschulstudiums oder eines mindestens zweijährigen entsprechenden Abend- oder Fernstudiums) erfüllen, gilt in Abweichung von den Nummern 5.3.2 (ein Abschlußzeugnis, das im Herkunftsland zum Studium an einer Hochschule befähigt, eröffnet in der Bundesrepublik Deutschland den Zugang zu Berufen, die das Abitur- oder Reifezeugnis, aber kein Hochschulstudium voraussetzen), 5.3.3 (das Hochschulzugangszeugnis des Herkunftslandes wird als Zeugnis anerkannt, das zum Studium an Fachhochschulen in der Bundesrepublik Deutschland berechtigt), 6.1 (siehe oben) und 6.2 (siehe oben) folgendes:

Der Erwerb der allgemeinen Hochschulreife setzt

– den Besuch eines zweijährigen Sonderlehrgangs

und

– das Bestehen einer erweiterten Abschlußprüfung

voraus (Nr. 6.3.1 der Empfehlung).

In leistungsmäßig begründeten Fällen kann die erweiterte Abschlußprüfung ohne vollständigen Besuch eines zweijährigen Sonderlehrgangs – jedoch frühestens nach einem Jahr (z.B. durch vorzeitiges Aufrücken innerhalb des Sonderlehrgangs) – abgelegt werden (Nr. 6.3.2 der Empfehlung).

Mit der Versetzung bzw. mit dem Vorrücken in das zweite Jahr des Sonderlehrgangs wird die Befähigung zum Studium an einer Fachhochschule festgestellt. Darüber hinaus eröffnet sie den Zugang zu Berufen, die das Abitur- oder Reifezeugnis, jedoch kein Hochschulstudium voraussetzen (Nr. 6.3.3 der Empfehlung, vgl. hierzu Nr. 5.3.2 der Empfehlung).

Nr. 6.5 der Empfehlung stellt einen Katalog der Unterrichtsfächer für den Sonderlehrgang nach Ziffer 6.1 der Empfehlung zusammen und regelt die Abschlußprüfung sowie die Bestätigungsprüfung.

Nr. 6.6 der Empfehlung trifft entsprechende Regelungen für den Sonderlehrgang gemäß Nr. 6.2 der Empfehlung (Katalog der Unterrichtsfächer, Ablegung der erweiterten Abschlußprüfung).

Nr. 6.7 der Empfehlung trifft entsprechende Regelungen für den Sonderlehrgang gemäß Nr. 6.3 (Katalog der Unterrichtsfächer, Ablegung der erweiterten Abschlußprüfung).

## 9.2  Garantiefondsrichtlinien

Die Allgemeinen Verwaltungsvorschriften des Bundesministers für Jugend, Familie, Frauen und Gesundheit über Beihilfen zur Eingliederung junger Aussiedler, junger Zuwanderer aus der DDR und Berlin (Ost) sowie junger ausländischer Flüchtlinge (sog. Garantiefonds) i.d.F. vom 17. Dezember 1981 (GMBl. 1982, S. 65), mit nachfolgenden Änderungen sind mit Wirkung vom 1. August 1988 abgelöst worden durch **zwei getrennte Richtlinien,** die einerseits den Schul- und Berufsbildungsbereich, andererseits den Hochschulbereich betreffen. Es handelt sich um

– Richtlinien des BMJFFG für die Vergabe von Beihilfen zur schulischen, beruflichen und gesellschaftlichen Eingliederung junger Aussiedler, junger Zuwanderer aus der DDR und Berlin (Ost) sowie junger ausländischer Flüchtlinge – sog. **Garantiefonds – Schul-**

**und Berufsbildungsbereich** (RL-GF-SB) vom 1. März 1988 (GMBl. S. 243), abgedruckt unter 9.2, und

– Richtlinien des BMJFFG für

– die Gewährung von Zuwendungen an die Otto Benecke Stiftung e. V.

– die Vergabe von Stipendien durch die Otto Benecke Stiftung an junge Aussiedler, junge Zuwanderer aus der DDR und Berlin (Ost) sowie junge ausländische Flüchtlinge zur Vorbereitung und Durchführung eines Hochschulstudiums – **sog. Garantiefonds – Hochschulbereich** – (RL-GF-H) vom 1. März 1988 (GMBl. S. 256), abgedruckt unter 9.3.

Abgedruckt unter 9.4 sind die Nebenbestimmungen für Zuwendungen zur Projektförderung aus dem Garantiefonds zu Nr. 16 der vorgenannten Richtlinien zum Hochschulbereich.

Für beide Richtlinien gilt gemeinsam:

Sie haben den Zweck, die alsbaldige und berufliche und gesellschaftliche Eingliederung u. a. von Aussiedlern und Übersiedlern zu ermöglichen. Daneben werden, auch sonstige deutsche Staatsangehörige oder deutsche Volkszugehörige, die erstmals nach dem 8. Mai 1945, aber vor dem 1. April 1952 ihren ständigen Wohnsitz in den Aussiedlungsgebieten genommen hatten, und deren Abkömmlinge (Gruppe der sog. Nichtvertriebenen) gefördert.

Aussiedler haben zum Nachweis ihrer Antragsberechtigung den Vertriebenenausweis oder ersatzweise den Registrierschein eines Grenzdurchgangslagers (einer Erstaufnahmeeinrichtung) vorzulegen. Ggf. reicht auch eine Bestätigung, aus der zu ersehen ist, daß die Anerkennung als Aussiedler mit hoher Wahrscheinlichkeit zu erwarten ist (Nr. 3.1 Buchst. a) RL-GF-SB, Nr. 3.1 Buchst. a) RL-GF-H). Die vorgenannten sonstigen deutschen Staatsangehörigen oder Volkszugehörigen legen einen Nachweis über den Erhalt der einmaligen Überbrückungshilfe (vgl. Einleitung Nr. 3.2) vor (Nr. 3.1 Buchst. b) RL-GF-SB, Nr. 3.1 Buchst. b) RL-GF-H). Zuwanderer (Übersiedler) weisen ihre Berechtigung durch den Flüchtlingsausweis C (vgl. § 15 Abs. 2 Nr. 3 BVFG) oder den Aufnahmeschein nach § 1 des Aufnahmegesetzes nach. Da der Tatbestand der Übersiedlung seit dem 1. Juli 1990 nicht mehr erfüllt werden kann, wird der Text beider Richtlinien insoweit in Kürze geändert werden.

Wird im Falle der Nr. 3.1 Buchstabe a) RL-GF-SB/RL-GF-H die Erteilung des Vertriebenenausweises unanfechtbar abgelehnt, so wird die Förderung nach den Richtlinien eingestellt. Vor der Ablehnung gewährte Leistungen werden nicht zurückgefordert (Nr. 3.2 RL-GF-SB, Nr. 3.2 RL-GF-H).

Anträge auf erstmalige Gewährung einer Leistung sind grundsätzlich innerhalb von 24 Monaten nach der Einreise in das Bundesgebiet zu stellen (Nr. 4.2 RL-GF-SB, Nr. 4.2 RL-GF-H).

Geeignet ist ein Antragsteller, wenn seine Leistungen erwarten lassen, daß er das angestrebte Ausbildungsziel erreicht (Nr. 5.2 RL-GF-SB, Nr. 5.2 RL-GF-H).

Die Beihilfen (RL-GF-SB) und Stipendien (RL-GF-H) sind nachrangig gegenüber Ausbildungshilfen oder entsprechenden Leistungen nach anderen Vorschriften (Nr. 6.1.1. RL-GF-SB, Nr. 6.1.1 RL-GF-H).

Bis zum Einsetzen anderer Leistungen können Beihilfen oder Stipendien nach den Richtlinien im Vorschußwege gewährt werden. (**Vorschußfunktion** des Garantiefonds; Nr. 6.2 RL-GF-SB, Nr. 6.2 RL-GF-H).

Erreichen andere Leistungen nicht die Höhe der Leistungen nach dem Garantiefonds, so wird der Differenzbetrag als Aufstockung gezahlt (**Aufstockungsfunktion** des Garantiefonds, Nr. 6.3 RL-GF-SB, Nr. 6.3 RL-GF-H).

Beihilfen und Stipendien werden als Zuschuß geleistet, soweit es sich nicht um eine Leistung im Wege des Vorschusses handelt **(Zuschußfunktion** des Garantiefonds, Nr. 6.4 RL-GF-SB, Nr. 6.4 RL-GF-H).

Die Förderung endet nach 36 Monaten, in Ausnahmefällen nach 48 Monaten (Nr. 8.1 RL-GF-SB, Nr. 8.1, 8.1.1 RL-GF-H). Mit Rücksicht auf den Eingliederungscharakter der Förderung sind Beihilfe oder Stipendium spätestens 60 Monate nach der Einreise einzustellen. Diese Frist kann um Zeiten verlängert werden, in denen eine Eingliederung wegen eines Verfahrens zur Feststellung der Vertriebeneneigenschaft nicht stattfinden konnte oder eine Verlängerung der Eingliederungsmaßnahme über 36 Monate hinaus zugelassen ist (Nr. 8.2. RL-GF-SB, Nr. 8.2 RL-GF-H).

Die Höhe von Beihilfe und Stipendium richtet sich nach den Ausbildungskosten, den Kosten des Lebensunterhalts und eines etwaigen Sonderbedarfs (Nr. 9.1 RL-GF-SB, Nr. 9.1 RL-GF-H).

Zu den **Ausbildungskosten** zählen

– Unterrichtsgelder und Prüfungsgebühren

– Kosten für notwendige Lernmittel

– notwendige Fahrkosten einschießlich der Kosten für Familienheimfahrten (Nr. 10.1 RL-GF-SB, Nr. 10.1 RL-GF-H).

Bei den Beihilfen nach den Richtlinien für den Schul- und Berufsbildungsbereich treten die Kosten für die Arbeitsausrüstung und für Arbeitsmaterialien hinzu (Nr. 10.1 RL-GF-SB).

**Kosten des Lebensunterhalts** sind Kosten für die Unterbringung und die Verpflegung sowie für notwendige persönliche Bedürfnisse (Nr. 11.1 RL-GF-SB, Nr. 11.1 RL-GF-H).

Zum **Sonderbedarf** zählen

– Kosten der Übersetzung, der Beglaubigung und Anerkennung von Vorbildungsnachweisen,

– Kosten der Beschaffung von Ersatzurkunden,

– Beiträge zur Krankenversicherung,

– von der Krankenversicherung nicht gedeckte Kosten für unaufschiebbare ärztliche und zahnärztliche Behandlung,

– zusätzlicher Krankenbedarf (Nr. 12.1 RL-GF-SB, Nr. 12.1 RL-GF-H).

Einkommen und Vermögen des Leistungsempfängers sind anzurechnen (Nr. 13 RL-GF-SB, Nr. 13 RL-GF-H). Grundsätzlich sind auch Einkommen und Vermögen von Ehegatten und Eltern des Auszubildenden oder Stipendiaten anzurechnen. Dies gilt allerdings nicht in den ersten 36 Förderungsmonaten (Nr. 14.1, 14.2 RL-GF-SB, Nr. 14.1, 14.2 RL-GF-H).

Nach den **Richtlinien für den Schul- und Berufsbildungsbereich** werden die Beihilfen gewährt für

– die Teilnahme an einer Berufsausbildung,

– den Besuch von allgemeinbildenden, berufsbildenden Schulen und schulischen Lehrgängen,

– die Teilnahme an von den zuständigen Stellen zugelassenen Fortbildungsmaßnahmen (unter engbegrenzten Voraussetzungen),

– die Teilnahme an Umschulungsmaßnahmen (unter engbegrenzten Voraussetzungen),

– die Teilnahme an Kursen überörtlicher Bedeutung zum Erlernen der deutschen Sprache, die für die Aufnahme einer Ausbildung oder Berufstätigkeit notwendig und geeignet sind (Nr. 7.1 RL-GF-SB).

Zuständig für die Bewilligung von Beihilfen sind grundsätzlich die kreisfreien Städte und die Landkreise (Nr. 16.1.1 RL-GF-SB).

Nach den **Richtlinien für den Hochschulbereich** werden durch Stipendien gefördert

– Kurse zur Eingliederung in das Studium an einer Hochschule unter Einschluß von Sprachkursen,

– das Studium an einer Hochschule und die dazugehörenden notwendigen Praktika,

– Kurse überörtlicher Bedeutung zum Erlernen der deutschen Sprache sowie Maßnahmen, die für die Aufnahme einer Berufstätigkeit nach einer im Herkunftsland abgeschlossenen akademischen Ausbildung notwendig und geeignet sind (Nr. 7.1 RL-GF-H).

Die Aufnahme in die Förderung nach den Richtlinien für den Hochschulbereich ist schriftlich bei den Beratungsstellen oder bei der Geschäftsstelle der **Otto Benecke Stiftung,** Bonner Talweg 57, 5300 Bonn 1, (Telefon: 02 28/10 90) zu beantragen.

Der Bund gewährt nach Maßgabe der Richtlinien zum Garantiefonds-Hochschulbereich Zuwendungen als Zuschüsse an die Otto Benecke Stiftung. Diese wiederum vergibt die Stipendien, auf die ein Rechtsanspruch nicht besteht (Nr. 1 RL-GF-H).

Die Gewährung der Zuwendungen (Stipendien) richtet sich nach den **Nebenbestimmungen für Zuwendungen zur Projektförderung aus dem Garantiefonds** (NBest-P-GF), abgedruckt unter 9.4. Nach Nr. 1.5 aaO erfolgt die Weitergabe von Zuwendungsmitteln an den Stipendiaten auf der Grundlage eines zwischen ihm und der Otto Benecke Stiftung abzuschließenden privatrechtlichen Vertrages (vgl. auch Nr. 1 Abs. 3 der RL-GF-H).

Der Bundesminister für Jugend, Familie, Frauen und Gesundheit hat durch zwei Erlasse vom 24. und 26. Oktober 1988 den Anwendungsbereich des Garantiefonds – Schul- und Berufsbildungsbereich – erweitert. Der Erlaß vom 26. Oktober 1988 gilt auch für den Garantiefonds – Hochschulbereich.

Diese Erlasse, die weiterhin gelten, sind nachstehend wiedergegeben.

### a. Erlaß des BMJFFG vom 24. Oktober 1988 – 216-2055-5

Im Hinblick auf die besondere Situation des wachsenden Zustroms junger Aussiedler ohne deutsche Sprachkenntnisse und die Bedeutung der Sprachkenntnisse für die Entwicklung der jungen Menschen wird im Einvernehmen mit dem Bundesminister der Finanzen ab sofort der Garantiefonds für die Förderung der deutschen Sprache junger grund- und hauptschulpflichtiger Aussiedler für folgende Fälle zugelassen:

a) Die Schaffung einer Fördereinrichtung (Förderschule, Förderklasse, Fördergruppe) am Ort durch den Schulträger ist wegen der geringen Zahl der zu fördernden Kinder nicht gerechtfertigt. Diese Kinder sind auf Einzelförderung angewiesen.

b) Schulpflichtige Kinder, die sich in Übergangsheimen aufhalten, erhalten oftmals während dieses zeitlich begrenzten Aufenthalts weder Schul- noch Sprachförderung. Sie sollen in Zukunft in Maßnahmen zur Verbesserung der Kenntnisse der deutschen Sprache einbezogen werden.

c) In Einzelfällen reicht die Sprachförderung in einer schulischen Fördereinrichtung (Nr. 9.2 Abs. 2 der Richtlinien zum Garantiefonds – RL-GF-SB –) nicht aus. Eine Ergänzung durch Maßnahmen, die nicht mehr in die Erfüllung der allgemeinen Schulpflicht fallen, erscheint angezeigt. Den Kindern wird vom Schulträger empfohlen, zusätzliche Sprachkenntnisse in einer betreuenden Einrichtung eines freien Trägers zu erwerben.

Die Regelung erfolgt unter Berücksichtigung der in Nr. 7.1 Buchst. b der RL-GF-SB dargelegten grundsätzlichen Förderungsmöglichkeit von Maßnahmen zur Verbesserung der

Kenntnisse der deutschen Sprache im Rahmen der schulischen Eingliederung und unter Anwendung der Ausnahmebestimmung des Garantiefonds zunächst für die Dauer von zwei Jahren. Die Förderung zu a) bis c) genannten Personenkreise richtet sich nach Nr. 9.2 Abs. 2 der RL-GF-SB. Die Förderung zu c) schließt die Kosten zur sozialpädagogischen Stützung des Sprachunterrichts ein; von einer Einzelstunde darf höchstens die Hälfte für die sozialpädagogische Betreuung verwendet werden.

Die anzuerkennenden Kosten der Einzelstunde richten sich nach den Sätzen, die in den Regelungen der Länder für die Vergütung von Mehrarbeit und von nebenamtlichem Unterricht der Lehrer festgelegt sind.

Der schulbezogene Inhalt der zusätzlichen Sprachförderung wird im Einzelfall von der Schule festgelegt. Die Verpflichtungen der Länder und Schulträger zur Förderung der schulischen Eingliederung in Erfüllung der allgemeinen Schulpflicht wird nicht berührt.

**b. Erlaß des Bundesministers für Jugend, Familie, Frauen und Gesundheit vom 26. Oktober 1988 – 216-2055-5**

Betr.: Richtlinien des Bundesministers für Jugend, Familie, Frauen und Gesundheit für die Vergabe von Beihilfen zur schulischen, beruflichen und gesellschaftlichen Eingliederung junger Aussiedler, junger Zuwanderer aus der DDR und Berlin (Ost) sowie junger ausländischer Flüchtlinge – sog. Garantiefonds – Schul- und Berufsbildungsbereich – (RL-GF-SB) vom 1. 3. 1988

hier: Nr. 3.1 Buchst. a

Anlg.: – 1 –

Die von der Bundesanstalt für Arbeit als vorläufiger Nachweis der Vertriebenen-(Aussiedler-)Eigenschaft zugelassene „Stellungnahme für die Gewährung von Leistungen"[1] wird im Rahmen des sog. Garantiefonds ab sofort ebenfalls als vorläufiger Nachweis i.S. der Nr. 3.1 Buchst. a der o. g. Richtlinien anerkannt.

Die „Stellungnahme" wird – wie im o. g. Runderlaß der Bundesanstalt für Arbeit vorgesehen – mit der Entscheidung über den Antrag auf Ausstellung des Vertriebenenausweises spätestens nach Ablauf eines Jahres vom Tage der Ausstellung an ungültig.

Bewilligungsbescheide bitte ich mit dem nachstehenden Zusatz zu versehen:

Die Bewilligung erfolgt vorläufig unter dem Vorbehalt der rückwirkenden Aufhebung des Bewilligungsbescheides und der Rückforderung für den Fall, daß eine Anerkennung als Vertriebener (Aussiedler) **nicht** erfolgt.

**9.3 Akademikerprogramm**

Aussiedler können ferner aufgrund der Richtlinien des Bundesministers für Bildung und Wissenschaft über Zuwendungen an die Otto Benecke Stiftung zur Förderung der Eingliederung von Aussiedlern mit abgeschlossenem Hochschulstudium **(Akademikerprogramm)** – abgedruckt unter 9.5 – gefördert werden.

Das Akademikerprogramm richtet sich an Personen, die das 30. Lebensjahr bereits vollendet, das 50. Lebensjahr aber noch nicht vollendet haben. Ausnahmen hiervon kann der Bundesminister für Bildung und Wissenschaft im Einzelfall zulassen.

Voraussetzung für eine Förderung ist, daß der Antragsteller vor seiner Aufnahme im Bundesgebiet ein Hochschulstudium oder eine gleichwertige Ausbildung abgeschlossen hat, sein im Herkunftsland berufsqualifizierender Abschluß hier jedoch

---

[1] vgl. hierzu den Runderlaß des Präsidenten der Bundesanstalt für Arbeit vom 2. August 1988 – 105/88 –, abgedruckt unter 7.7.

- nicht anerkannt wird,
- nur teilweise anerkannt wird oder
- zwar voll anerkannt wird, aber nur mit Hilfe eines Ergänzungsstudiums oder eines Ergänzungskurses verwertbar ist,

und die Förderung für eine angemessene berufliche Eingliederung notwendig ist (Nr. 3 aaO).

Beihilfen, auf die ein Rechtsanspruch nicht besteht (vgl. Nr. 5.1 aaO), werden gewährt

- zur Teilnahme an Kursen zum Erlernen der deutschen Sprache,
- zum Studium an Hochschulen im Bundesgebiet und
- zur Teilnahme an besonderen, geeigneten Kursen und Maßnahmen, die zur beruflichen Eingliederung notwendig sind (Nr. 4 aaO).

Die Förderung besteht in einer Beihilfe, die aufgrund eines Vertrages gezahlt wird, den der Antragsteller mit der Otto Benecke Stiftung, Bonner Talweg 57, 5300 Bonn 1 (Telefon: 02 28/10 90) schließt (Nr. 7 aaO). Die Beihilfe setzt sich nach Nr. 8 aaO zusammen aus

- den Ausbildungskosten (Sprachkurskosten, Kosten von Eingliederungskursen, Kosten für notwendige Lernmittel, notwendige Fahrtkosten),
- Kosten des Lebensunterhalts für den Geförderten,
- Kosten des Sonderbedarfs (Krankenversicherung, Kosten für die Übersetzung, die Beglaubigung und Anerkennung von Vorbildungsnachweisen, andere Kosten, die mit der Aufnahme der Ausbildung im Zusammenhang stehen).

Das Akademikerprogramm ist am 1. Oktober 1985 in Kraft getreten und gilt derzeit in der Fassung vom 1. Juli 1990. In der Neufassung sind Übersiedler aus der DDR und aus Berlin (Ost) nicht mehr als Bezugsberechtigte genannt. Eine Übergangsregelung für Personen, die vor dem 1. Juli 1990 in das (bisherige) Bundesgebiet gekommen sind, enthält Ziffer 11 aaO. Eine vergleichbare Regelung hatten die Richtlinien des (früheren) Bundesministers für Jugend, Familie und Gesundheit zur Förderung der beruflichen Eingliederung über 35jähriger spätausgesiedelter oder aus der DDR und Berlin (Ost) zugewanderter Studienbewerber vom 22. Juni 1978 (GMBl. S. 375) enthalten.

## 9.4 Hochschulzugangsberechtigung

Die Berechnung der Gesamt- und Durchschnittsnoten der Hochschulzugangsberechtigung von Aussiedlern ist in dem Beschluß (Vereinbarung) der Kultusministerkonferenz vom 9. September 1985 (GMBl. 1986, S. 351) geregelt, der unter 9.6 abgedruckt ist.

Die Errechnung der Durchschnittsnote für Zeugnisse über die Hochschulzugangsberechtigung für Studienbewerber aus der DDR und aus Berlin (Ost) richtet sich nach dem Beschluß (Vereinbarung) der Kultusministerkonferenz vom 8. Juli 1987 (GMBl. S. 445), abgedruckt unter 9.7.

Die Anerkennung von Reifezeugnissen aus der DDR richtet sich nach dem Beschluß der Kultusministerkonferenz vom 15. Januar 1970 i.d.F. vom 23. Februar 1979 (GMBl. S. 451) – abgedruckt unter 9.8 –, die Anerkennung von DDR-Zeugnissen, die den Abschlußzeugnissen der Realschule vergleichbar sind, nach dem Beschluß der Kultusministerkonferenz vom 4. Januar 1972 (GMBl. S. 112).

## 9.5 Bundesausbildungsförderungsgesetz

Aussiedler haben bei Erfüllung der sonstigen Voraussetzungen wie alle übrigen Deutschen die Möglichkeit, Leistungen nach dem **Bundesausbildungsförderungsgesetz** i.d.F. vom 6. Juni 1983 (BGBl. I S. 645, 1680), zuletzt geändert durch Gesetz vom 23. September 1990 (BGBl. II S. 885, 1132) für eine der Neigung, Eignung und Leistung entsprechende Ausbildung in Anspruch zu nehmen, wenn ihnen die für den Lebensunterhalt und die Ausbildung erforderlichen Mittel nicht anderweitig zur Verfügung stehen. Die Höhe der Förderung, die durch Zuschüsse oder Darlehen erfolgt, richtet sich nach dem Bedarf sowie nach dem Einkommen und dem Vermögen des Auszubildenden, seines Ehegatten und seiner Eltern.

Die Altersgrenze für die Aufnahme eines förderungsfähigen Studiums liegt grundsätzlich bei der Vollendung des 30. Lebensjahres. Nach § 10 Abs. 3 BAföG können bei Vorliegen besonderer Gründe Ausnahmen zugelassen werden. Der Bundesminister für Bildung und Wissenschaft hat die zuständigen obersten Landesbehörden durch Rundschreiben über die Auslegung der BAföG-Regelungen bei der Förderung von Aussiedlern unterrichtet.

### 9.6 Graduiertenförderung

Die Graduiertenförderung erfolgte früher durch den Bund auf der Grundlage des Gesetzes über die Förderung des wissenschaftlichen Nachwuchses an den Hochschulen (Graduiertenförderungsgesetz) i.d.F. vom 22. Januar 1976 (BGBl. I S. 2072). Dieses Gesetz ist durch Art. 29 des Haushaltsbegleitgesetzes 1984 vom 22. Dezember 1983 (BGBl. I S. 1532) aufgehoben worden. Eine Graduiertenförderung ist heute in Regelungen der Länder vorgesehen.

### 9.7 Wissenschaftlerprogramm

Nach den Richtlinien des Bundesministers für Bildung und Wissenschaft für die Förderung der Eingliederung von Wissenschaftlern aus der DDR, Berlin (Ost) und den Aussiedlungsgebieten nach § 1 Abs. 2 Nr. 3 BVFG vom 1. Oktober 1983, die hier nicht abgedruckt sind, wird die **berufliche Eingliederung in das Hochschulleben** erleichtert.

Um Nachteile auszugleichen, die Wissenschaftler in ihrer wissenschaftlichen Laufbahn im Zusammenhang mit ihrer Übersiedlung oder Aussiedlung erlitten haben, kann eine Angestelltenstelle bis zur Dauer von zwei Jahren (höchstens nach der Vergütungsgruppe II a des Bundesangestelltentarifvertrages [BAT]) finanziert werden. Hierzu ist u. a. erforderlich, daß eine Universität oder eine sonstige wissenschaftliche Institution mit Zustimmung der zuständigen obersten Landesbehörde bereit ist, den Wissenschaftler einzustellen. Sie muß sich darüber hinaus verpflichten, den Wissenschaftler nach Beendigung der Förderung entweder weiterzubeschäftigen oder aber sich nachhaltig um seine weitere Eingliederung zu bemühen.

### 10. ANERKENNUNG VON PRÜFUNGEN UND BEFÄHIGUNGSNACHWEISEN

vgl. Wegweiser für Aussiedler Nr. 11
vgl. Wegweiser für Übersiedler Nr. 15

### 10.1 Allgemeines

Nach § 92 Abs. 2 und Abs. 3 BVG sind u. a. **Prüfungen und Befähigungsnachweise** von Berechtigten nach dem BVFG aus der Zeit nach dem 8. Mai 1945 anzuerkennen, wenn sie den entsprechenden Prüfungen und Befähigungsnachweisen im Geltungsbereich des Gesetzes gleichwertig sind. Dies gilt nach § 20 Abs. 2 des Flüchtlingshilfegesetzes auch für Übersiedler aus der DDR, die nicht die Voraussetzungen der §§ 3, 4 BVFG erfüllen. Die Beendigung der Betreuungsberechtigung nach § 13 BVFG hat keinen Einfluß auf die Anerkennung nach § 92 BVFG.

Für die Anerkennung von Schul- und Hochschulzeugnissen sind die Kultusminister der Länder, für die Anerkennung sonstiger Prüfungen und Befähigungsnachweise sind die Stellen zuständig, die im Bundesgebiet vergleichbare Prüfungen abnehmen oder vergleichbare Befähigungsnachweise ausstellen. In Berlin liegt die Anerkennung von Aus- und Fortbildungsprüfungen sowie von handwerklichen Meisterprüfungen beim Senator für Schulwesen, Berufsausbildung und Sport.

Gutachten über die **Gleichwertigkeit** von Schul- und Hochschulabschlüssen erstellen auf Anforderung einer für die Anerkennung zuständigen Stelle die Zentralstelle für ausländisches Bildungswesen beim Sekretariat der Ständigen Konferenz der Kultusminister, Nassestraße 8, 5300 Bonn 1, (Telefon 02 28/50 10) (für Aussiedler) und das Pädagogische Zentrum – Referat Gutachterstelle für deutsches Schul- und Studienwesen Berlin, Uhlandstraße 96, 1000 Berlin 31, (Telefon 0 30/86 87-1) (für Übersiedler).

Gutachten über die Gleichwertigkeit von juristischen Prüfungen können bei dem Institut für Ostrecht in München, Theresienstraße 40, 8000 München 2 (Telefon 0 89/28 50 45) angefordert werden.

Der Bundesminister für Wirtschaft und das Bundesinstitut für Berufsausbildung, Fehrbelliner Platz 3, 1000 Berlin 31, (Telefon 0 30/86 83-1) haben Untersuchungen über die berufliche Bildung in der UdSSR, in Polen, Rumänien, der CSFR, Ungarn, Jugoslawien und der DDR veröffentlicht, aus denen die Kriterien für die Anerkennung der Gleichwertigkeit zu entnehmen sind. Sie sind über das Bundesinstitut zu beziehen.

Die Anerkennung setzt einen Antrag voraus, dem Urkunden mit Übersetzungen beizufügen sind. Zur Aufklärung des Sachverhalts kommt auch ein Gespräch mit dem Antragsteller in Betracht, dem ggf. Gelegenheit zu geben ist, sich hierauf vorzubereiten. Eine nochmalige Prüfung im Rahmen des Anerkennungsverfahrens ist nicht zulässig. Dagegen können Fortbildungsmaßnahmen zur Vorbereitung auf das Gespräch oder eine Anpassung an die hiesigen Berufsanforderungen im Rahmen eines nach § 54 AFG durch Einarbeitungszuschüsse geförderten Arbeitsverhältnisses hilfreich sein.

Bei der Auslegung des unbestimmten Rechtsbegriffs „Gleichwertigkeit" müssen Gesetzeszweck, Wortsinn und der zu würdigende Lebenssachverhalt berücksichtigt werden. Grundlegende Kriterien hierfür erhalten die nachfolgend dargestellten Grundsätze des Bundesministers für Wirtschaft.

## 10.2 Grundsätze des Bundesministers für Wirtschaft vom 20. November 1976

Der Bundesminister für Wirtschaft hat am 26. November 1976 Grundsätze zur rechtlichen Handhabung der §§ 92 und 71 des Bundesvertriebenengesetzes sowie des § 7 Abs. 7 der Handwerksordnung im Bereich der gewerblichen Wirtschaft – abgedruckt unter 10.1 – erlassen. Ziel dieser Grundsätze ist die großzügige und möglichst reibungslose berufliche und gesellschaftliche Eingliederung der Aussiedler und „Sowjetzonenflüchtlinge" (vgl. hierzu § 3 BVFG, abgedruckt unter 4.1). Die Grundsätze befassen sich eingehend mit dem Begriff der Gleichwertigkeit, die wichtigste Voraussetzung für die Anerkennung von außerhalb des Bundesgebiets abgelegten Prüfungen und von dort erworbenen Befähigungsnachweisen ist.

§ 92 Abs. 2 des Bundesvertriebenengesetzes bezweckt die Integration durch eine wirtschaftliche und gesellschaftliche Eingliederung **bei Wahrung des Besitzstandes unter besonderer Berücksichtigung des Sozialstaatsgedankens**. Prüfungen und Befähigungsnachweise müssen von gleichem Wert sein; dagegen können Gleichartigkeit oder gar Gleichheit nicht verlangt werden. Bei der Ermittlung der Gleichwertigkeit der ausländischen Prüfung ist zu berücksichtigen, daß Unterschiede, die sich aus dem jeweiligen Staats-, Wirtschafts- und Bildungssystem ergeben, kein grundsätzliches Hindernis für eine Anerkennung bilden. Der Eingliederungsgedanke fordert eine Großzügigkeit bei der Einzelfallentscheidung unter voller Ausschöpfung aller Beurteilungs- und Ermessensspielräume. Entscheidungen sollten deshalb im Zweifelsfalle immer zugunsten des Antragstellers erfolgen. Die Grundsätze wenden sich in erster Linie an die für die Anerkennung von Aussiedlerzeugnissen und ihre Eintragung in die Handwerksrolle zuständigen Stellen.

### 10.3 Anerkennung akademischer und staatlicher Grade

Die Ständige Konferenz der Kultusminister der Länder hat am 14. September 1979 einen Beschluß zur Erteilung von Genehmigungen zur Führung ausländischer **akademischer Grade** sowie zur Führung entsprechender ausländischer Bezeichnungen gefaßt, der durch Beschluß vom 13. Mai 1985 geändert worden ist (GMBl. S. 498). Der Beschluß ist unter 10.2 abgedruckt.

Inhaber eines ausländischen akademischen Grades, dessen zugrundeliegender Abschluß dem an einer Hochschule im Geltungsbereich des Grundgesetzes materiell gleichwertig ist und für die es einen gleichartigen Grad gibt, erhalten auf Antrag die Genehmigung, ihren ausländischen akademischen Grad in Form des entsprechenden deutschen akademischen Grades zu führen (Abschnitt II Nr. 1 aaO). Entsprechendes gilt für Inhaber eines staatlichen Grades, dessen zugrundelegender Abschluß dem an einer Hochschule im Geltungsbereich des Grundgesetzes gleichwertig ist und für den es einen gleichartigen akademischen Grad gibt (Abschnitt II Nr. 3 aaO). In beiden Fällen soll die Genehmigung grundsätzlich mit der Auflage verbunden werden, den akademischen Grad mit einem auf das Herkunftsland oder die verleihende Institution hinweisenden Zusatz zu führen. Diese Auflage unterbleibt für Berechtigte nach § 92 BVFG und deren Abkömmlinge im Hinblick auf den Eingliederungszweck des Bundesvertriebenengesetzes (Abschnitt II Nr. 5 aaO). Gibt es für einen ausländischen akademischen oder staatlichen Grad keinen gleichartigen akademischen Grad oder fehlt es an der Gleichwertigkeit, wird die Genehmigung zur Führung des ausländischen Grades erteilt (Abschnitt II Nrn. 2 und 4, Abschnitt III aaO).

### 10.4 Nachträgliche Graduierung

Außerdem hat die Ständige Konferenz der Kultusminister der Länder am 25. Juni 1982 einen „Beschluß zur **nachträglichen Graduierung** von Berechtigten nach dem Bundesvertriebenengesetz" – abgedruckt unter 10.3 – gefaßt. Nach diesem Beschluß erhalten Berechtigte im Sinne des § 92 BVFG, die vor ihrer Aussiedlung oder Übersiedlung einen berufsqualifizierenden Abschluß erworben haben, der dem Abschluß an einer Ingenieurschule oder Höheren Fachschule materiell gleichwertig ist, auf Antrag das Recht, eine staatliche Graduierungsbezeichnung zu führen, die für einen Abschluß im Geltungsbereich des Grundgesetzes vorgesehen ist (Nr. 1 aaO). Den Bundesländern bleibt es allerdings unbenommen, ihre Entscheidung mit der Auflage zu versehen, daß die staatliche Graduierungsbezeichnung mit einem auf das Herkunftsland hinweisenden Zusatz geführt wird, wenn dies zur Kennzeichnung wesentlicher Unterschiede in der Ausbildung notwendig erscheint (Beispiel: Ing. [grad.]/Pl für das Herkunftsland Polen).

### 10.5 Anerkennung von Führerscheinen

Der Bundesminister für Verkehr hat am 10. Mai 1977 ein Rundschreiben an die für die Straßenverkehrs-Zulassungsordnung/Fahrerlaubniswesen zuständigen Minister und Senatoren der Länder zur Frage der Erteilung der **Fahrerlaubnisse** an Personen gerichtet, die einen Anspruch nach § 92 BVFG haben. Das Rundschreiben ist unter 10.4 abgedruckt. Hiernach kann von der Gleichwertigkeit insbesondere der in Polen, Rumänien, Ungarn und in der Sowjetunion abgelegten Fahrerlaubnisprüfungen ausgegangen werden. Damit besteht für Aussiedler grundsätzlich ein Rechtsanspruch auf Erteilung eines deutschen Führerscheins. Nur bei offensichtlicher oder gar eindeutig nachgewiesener Ungeeignetheit zum Führen eines Kraftfahrzeuges darf der deutsche Führerschein nicht ausgehändigt werden.

## 11. HILFEN ZUR GRÜNDUNG SELBSTÄNDIGER EXISTENZEN

vgl. Wegweiser für Aussiedler Nr. 40
vgl. Wegweiser für Übersiedler Nr. 43

Der vom Bundesminister des Innern herausgegebene Wegweiser für Aussiedler enthält unter Nr. 40 einen vom Bundesminister für Wirtschaft erarbeiteten „Wegweiser für den Aufbau einer selbständigen wirtschaftlichen Existenz in der gewerblichen Wirtschaft", der unter 11.1 wiedergegeben ist.

Behandelt werden die Bereiche: Chancen und Risiken einer selbständigen wirtschaftlichen Existenz, Beratung über die Gründung einer selbständigen wirtschaftlichen Existenz, öffentliche Finanzierungshilfen und Anerkennung von Zeugnissen/Eintragung in die Handwerksrolle. Eine entsprechende Darstellung findet sich in dem Wegweiser für Flüchtlinge und Übersiedler aus der DDR unter Nr. 43.

Berechtigte nach dem Bundesvertriebenengesetz werden bei der Vergabe von Aufträgen durch die öffentliche Hand bevorzugt. Ihre Angebote dürfen je nach Auftragssumme höher liegen als die Angebote von nicht begünstigten Mitbewerbern (z. B. bei einer Auftragssumme bis 5.000,– DM um 5 v.H., bei einer Auftragssumme über 500.000,– DM um 0,5 v.H.).

Diese Begünstigung ist durch das Eingliederungsanpassungsgesetz vom 22. Dezember 1989 (BGBl. I S. 2398) auf einen Zeitraum von 10 Jahren nach dem Verlassen des Herkunftsgebiets beschränkt worden. Dabei wird davon ausgegangen, daß nach Ablauf dieses Zeitraums die Eingliederung in das wirtschaftliche und soziale Leben in der Bundesrepublik Deutschland abgeschlossen ist (§ 74 Abs. 1 BVFG). Die Zehnjahresfrist wurde während der Ausschußberatungen eingefügt. Der Regierungsentwurf hatte demgegenüber noch eine Frist von 15 Jahren vorgesehen.

Gleichzeitig wurde die bisher in § 74 Abs. 3 BVFG vorgesehene Sonderregelung bei der Vergabe von Aufträgen an Optiker, Orthopäden und Bandagisten durch die Träger der sozialen Krankenversicherung ersatzlos aufgehoben. Diese Vorschrift war entbehrlich geworden, weil derartige Aufträge heute in der Regel nicht mehr von den Trägern der gesetzlichen Krankenversicherung, sondern von den Versicherten selbst erteilt werden.

Die **Richtlinien** des Bundesministers für Wirtschaft **für die Berücksichtigung bevorzugter Bewerber** bei der Vergabe öffentlicher Aufträge vom 11. August 1975, zuletzt geändert durch Richtlinie vom 26. März 1990, sind unter 11.2 abgedruckt. Nach § 6 Nr. 1 der Richtlinien sind bei beschränkten Ausschreibungen und freihändigen Vergaben die von der Regelung erfaßten Personen, zu denen u. a. Vertriebene und „Sowjetzonenflüchtlinge" gehören, zur Abgabe von Angeboten aufzufordern. Ist das Angebot eines bevorzugten Bewerbers ebenso wirtschaftlich oder annehmbar wie das Angebot des anderen Bewerbers, so soll dem Berechtigten der Zuschlag erteilt werden. Dies gilt innerhalb festgesetzter Grenzen (vgl. hierzu § 6 Nr. 4 aaO) auch bei einer geringfügigen Überschreitung des wirtschaftlichsten und annehmbarsten Angebots.

Die **Deutsche Ausgleichsbank** (früher: Lastenausgleichsbank) ist eine bundesunmittelbare rechtsfähige Anstalt des öffentlichen Rechts mit Sitz in Bonn (Anschrift: Wielandstraße 4, 5300 Bonn 2). Das Gesetz über die Deutsche Ausgleichsbank i.d.F. vom 23. September 1986 (BGBl. I S. 1544), geändert durch Gesetz vom 16. Dezember 1986 (BGBl. I S.

2478) ist unter 11.3 abgedruckt. Die Bank hat u. a. die Aufgabe, Maßnahmen zur wirtschaftlichen Eingliederung und Förderung der durch den Zweiten Weltkrieg und seine Folgen betroffenen Personen zu finanzieren (§ 4 Abs. 1 Nr. 4 aaO).

Eine Übersicht über die Existenzgründungsprogramme der Deutschen Ausgleichsbank
ist unter 11.4 wiedergegeben. Die jeweils gültigen Konditionen können bei der Bank er-
fragt werden.

Die **Richtlinie** des Bundesministers für Wirtschaft für ERP-Darlehen **zur Förderung der
Existenzgründung** (ERP-Existenzgründungsprogramm) – abgedruckt unter 11.5 – sieht
erleichterte Bedingungen für Aussiedler und Übersiedler vor.

Die **Allgemeinen Bedingungen für die Vergabe von ERP-Mitteln** (ERP-Vergabebedingungen) des Bundesministers für Wirtschaft sind unter 11.6 abgedruckt.

Das Merkblatt der Deutschen Ausgleichsbank für Aus- und Übersiedler zum **ERP-Existenzgründungsprogramm** ist unter 11.7 wiedergegeben.

Nach dem **Ergänzungsprogramm I** der Deutschen Ausgleichsbank für kleinere und mittlere gewerbliche Unternehmen und wirtschaftsnahe freie Berufe – abgedruckt unter 11.8
– werden Investitionen im Bereich von kleineren und mittleren Unternehmen der gewerblichen Wirtschaft gefördert.

Das **Ergänzungsprogramm II** der Deutschen Ausgleichsbank – abgedruckt unter 11.9 –
ist ausschließlich für Aussiedler und Übersiedler bestimmt, die in den letzten 15 Jahren
vor der Antragstellung in die Bundesrepublik Deutschland gekommen sind und als Übersiedler die DDR vor dem 1. Januar 1990 verließen. Nach diesem Programm finanziert die
Deutsche Ausgleichsbank Investitionen und in angemessenem Umfang auch Betriebsmittel zur Gründung einer selbständigen Existenz im Bereich der gewerblichen Wirtschaft
und der wirtschaftsnahen freien Berufe. Die Darlehen können – ggf. zusammen mit einem
ERP-Darlehen – bis zu 100 v.H. der Investitionskosten erreichen. Die Darlehenshöhe beträgt bis zu 200.000 DM, die Laufzeit in der Regel bis zu zwölf Jahren, davon bis zu zwei
tilgungsfreien Jahren. Auf Antrag kann die Deutsche Ausgleichsbank der Hausbank eine
Haftungsentlastung bis zu 80 v.H. erteilen.

In Betracht kommen ferner die Gewährung von **Aufbaudarlehen** für die gewerbliche Wirtschaft und die freien Berufe auf der Grundlage der §§ 254 Abs. 1, 301 b des Lastenausgleichsgesetzes (vgl. hierzu Abschnitt 12) und die Gewährung von Darlehen an Übersiedler aus der DDR und aus Berlin (Ost), die nicht „Sowjetzonenflüchtlinge" sind, nach § 18
des Flüchtlingshilfegesetzes (abgedruckt unter 4.6).

## 12. LASTENAUSGLEICH

vgl. Wegweiser für Aussiedler Nr. 18, 41
vgl. Wegweiser für Übersiedler Nr. 21, 44

Das **Lastenausgleichsgesetz** (LAG) i.d.F. der Bekanntmachung vom 1. Oktober 1969
(BGBl. I S. 1909), zuletzt geändert durch Gesetz vom 18. Dezember 1987 (BGBl. I S. 2747)
ist aus Raumgründen nicht abgedruckt. Der Lastenausgleich ist geschaffen worden, um
u. a. Vertriebenen und Flüchtlingen einen gewissen Ausgleich für die durch den Zweiten
Weltkrieg und seine Folgen entstandenen Vermögensverluste zu gewähren und ihnen bei
ihrer Eingliederung zu helfen.

Das Bundesverwaltungsgericht hatte mit Urteil vom 2. August 1984 – 3 C 40.83 – entschieden, daß Schäden von Aussiedlern, die nach 1968 in das Bundesgebiet gekommen
sind, praktisch nicht mehr als Vertreibungsschäden nach § 12 LAG geltend gemacht werden können. Dies wurde damit begründet, daß die entstandenen Schäden im Regelfall
nicht auf Maßnahmen beruhen, die gegen Deutsche gerichtet sind.

Durch das **31. Gesetz zur Änderung des Lastenausgleichsgesetzes** vom 26. Januar 1987 (BGBl. I S. 474) ist jedoch durch § 12 Abs. 6 a LAG eine Regelung getroffen worden, nach der Schäden, die einem Aussiedler im Zusammenhang mit der Aussiedlung bis zum 1. Januar 1992 entstanden sind, als Vertreibungsschäden anerkannt werden. Damit wird die bisherige Verwaltungspraxis, die vom Bundesverwaltungsgericht nicht gebilligt wurde, wieder auf eine eindeutige Rechtsgrundlage gestellt.

Durch Artikel 2 des Gesetzes vom 28. Juli 1990 (BGBl. I S. 1247) wird klargestellt, daß Aussiedler, die nach dem 30. Juni 1990 ihren Wohnsitz im Bundesgebiet genommen haben, nur dann berechtigt sind, wenn sie das in §§ 26 ff BVFG umschriebene Aufnahmeverfahren durchlaufen haben.

Übersiedler, die nach dem 30. Juni 1990 ihren ständigen Wohnsitz im Bundesgebiet genommen haben, haben keinen Anspruch auf Leistungen nach dem Lastenausgleichsgesetz, da sie die Voraussetzungen hierfür nicht mehr erfüllen können.

§ 234 Abs. 4 und § 334 a des Lastenausgleichsgesetzes sind durch Kapitel II, Sachgebiet D, Abschnitt II, Nr. 4 des Einigungsvertrages (BGBl. II, S. 885, 919) aufgehoben worden. Nach Abschnitt III, Nr. 4 aaO ist § 230 Abs. 2 Nr. 1 des Lastenausgleichsgesetzes auf dem Gebiet der ehemaligen DDR unter Einschluß von Berlin (Ost) nur auf Personen anzuwenden, die ihren ständigen Aufenthalt dort nach dem Wirksamwerden des Beitritts und vor dem 1. Januar 1992 genommen haben. § 6 Abs. 4, §§ 305, 306, 308 bis 311 sowie § 313 Abs. 1 Satz 3, § 314 Abs. 1 Satz 2 und § 316 Abs. 1 Satz 1 LAG sind in dem genannten Gebiet nicht anzuwenden.

Der Wegweiser für Aussiedler des Bundesministers des Innern enthält unter Nr. 41 ein **Merkblatt des Bundesausgleichsamts** zum Lastenausgleich für Aussiedler, das unter 12.1 wiedergegeben wird. Ein entsprechendes Merkblatt findet sich unter Nr. 44 im Wegweiser für Flüchtlinge und Übersiedler aus der DDR.

Eine Erleichterung der Feststellung, ob im Einzelfall mehr als 50 v.H. des Hausrats verloren gegangen sind, ist durch das Rundschreiben des Präsidenten des Bundesausgleichsamts vom 29. November 1971 (MtblBAA S. 376) vorgesehen, das unter 12.2 abgedruckt ist.

## 13. STEUERLICHE VERGÜNSTIGUNGEN

vgl. Wegweiser für Aussiedler Nr. 28
vgl. Wegweiser für Übersiedler Nr. 30

Nach **§ 7 e des Einkommensteuergesetzes** (EStG) i.d.F. vom 7. September 1990 (BGBl. I S. 1898), geändert durch Gesetz vom 23. September 1990 (BGBl. II S. 885, 974) – abgedruckt unter 13.1 – können u. a. Berechtigte nach dem Bundesvertriebengesetz für Fabrikgebäude, Lagerhäuser und landwirtschaftliche Betriebsgebäude im Wirtschaftsjahr der Herstellung und in dem darauffolgenden Jahr Sonderabschreibungen bis zu 10 v.H. der Herstellungskosten vornehmen. Diese Vergünstigung, die in der Vergangenheit nur noch selten in Anspruch genommen wurde, ist aufgrund einer Neufassung des § 7 e Abs. 3 Satz 2 EStG durch das Eingliederungsanpassungsgesetz vom 22. Dezember 1989 (BGBl. I S. 2398) nunmehr auf Steuerpflichtige beschränkt, die ihren Wohnsitz oder gewöhnlichen Aufenthalt im Bundesgebiet vor dem 1. Januar 1990 begründet haben.

Nach **§ 10 a EStG** kann der vorgenannte Personenkreis, der seine frühere Erwerbsgrundlage verloren hat, unter bestimmten Voraussetzungen auf Antrag bis 50 v.H. der Summe der nicht entnommenen Gewinne, höchstens aber 20 000 DM als Sonderausgaben vom Gesamtbetrag der Einkünfte abziehen. Diese Steuervergünstigung kann nur für den Veranlagungszeitraum, in dem der Steuerpflichtige im Geltungsbereich des Gesetzes erstmals Einkünfte aus Land- und Forstwirtschaft erzielt hat, sowie für die folgenden sieben Veranlagungszeiträume in Anspruch genommen werden (Abs. 4 Satz 1 aaO). Nach Ablauf von 20 Veranlagungszeiträumen seit der erstmaligen Begründung eines Wohnsitzes oder gewöhnlichen Aufenthalts im Geltungsbereich des Gesetzes ist die Inanspruchnahme der Steuervergünstigungen nicht mehr zulässig (Abs. 4 Satz 2 aaO). Diese Vergünstigung, die in den letzten Jahren nur noch in geringem Maße in Anspruch genommen wurde, wird durch das Eingliederungsanpassungsgesetz ebenfalls auf Steuerpflichtige beschränkt, die ihren Wohnsitz oder gewöhnlichen Aufenthalt im Bundesgebiet vor dem 1. Januar 1990 begründet haben. Sie kann im übrigen letztmals für den Veranlagungszeitraum 1992 geltend gemacht werden.

Nach § 52 Abs. 22 EStG gilt **§ 33 a Abs. 1 des Einkommensteuergesetzes 1953** i.d.F. vom 15. September 1953 (BGBl. I S. 1355) – abgedruckt unter 13.2 – weiterhin. Nach dieser Vorschrift erhalten u. a. Vertriebene (und damit auch Aussiedler), Heimatvertriebene und diesen gleichgestellte Personen (§§ 1 bis 3 des Bundesvertriebenengesetzes, abgedruckt unter 4.1), die höchstens eine Entschädigung von 50 v.H. ihres Kriegsschadens erhalten haben, auf Antrag einen Freibetrag, der vom Einkommen abgezogen wird (sogenannter Flüchtlingsfreibetrag). Der Freibetrag wird in dem Jahr gewährt, in dem die Voraussetzungen für die Gewährung eines Freibetrages erstmals vorliegen, und außerdem in den beiden darauffolgenden Jahren. Die Vergünstigung des § 52 Abs. 22 EStG ist nach dem Eingliederungsanpassungsgesetz letztmals auf Steuerpflichtige anzuwenden, die ihren Wohnsitz oder gewöhnlichen Aufenthalt im Bundesgebiet vor dem 1. Januar 1990 begründet haben. Grund für die Neuregelung ist u. a., daß die bisherige Vergünstigung insbesondere für Aussiedler dadurch bedeutungslos geworden ist, daß die Steuervergünstigung nach § 33 EStG wesentlich umfangreicher ist. Hiernach kann z. B. ein Ehepaar mit zwei Kindern Aufwendungen bis zu 40.000 DM geltend machen.

Außerdem sind unter 13.3 die **Abschnitte 179, 184, 189 und 193 der Einkommensteuerrichtlinien 1987,** geändert durch Artikel 1 der Einkommensteuer-Änderungsrichtlinien 1990 (EStÄR 1990) sowie der **Abschnitt 151 der Lohnsteuerrichtlinien 1990 (LStR) vom 3. Oktober 1989 (BStBl. Sondernummer 3/1989)** abgedruckt.

Abschnitt 179 EStR regelt die steuerliche Berücksichtigung von Kindern, die als Deutsche im Sinne des Art. 116 GG oder als deutsche Volkszugehörige in den Aussiedlungsgebieten nach § 1 Abs. 2 Nr. 3 BVFG (Ausnahmen: Jugoslawien, China) leben.

Abschnitt 184 EStR trifft eine Regelung für die steuerliche Berücksichtigung von Ehegatten, wenn diese in den vorstehend genannten Gebieten leben und die Ausreise in das Bundesgebiet aus politischen Gründen verweigert wird.

Die Abschnitte 189 und 193 EStR sowie Abschnitt 151 LStR regeln Einzelheiten der Durchführung des § 33 EStG (Aufwendungen für die Wiederbeschaffung von Hausrat und Kleidung als außergewöhnliche Belastung) und des § 33 a EStG 1953 (Freibeträge für besondere Fälle).

## 14. EINGLIEDERUNG IN DIE LANDWIRTSCHAFT

vgl. Wegweiser für Aussiedler Nr. 27

Die Eingliederung von Aussiedlern und Übersiedlern, **die aus der Landwirtschaft stammen,** richtet sich nach §§ 35 ff BVFG – abgedruckt unter 4.1 –, ferner nach dem Lastenausgleichsgesetz i.d.F. der Bekanntmachung vom 1. Oktober 1969 (BGBl. I S. 1909), zuletzt geändert durch Gesetz vom 23. September 1989 (BGBl. II S. 885, 919) und nach dem Flüchtlingshilfegesetz i.d.F. vom 15. Mai 1971 (BGBl. I S. 681), zuletzt geändert durch Gesetz vom 23. September 1990 (BGBl. II S. 885, 919), abgedruckt unter 4.6.

Aussiedler und Übersiedler (vgl. hierzu § 20 Abs. 1 FlüHG), die aus der Landwirtschaft stammen (vgl. hierzu das Rundschreiben des Bundesministers für Ernährung, Landwirtschaft und Forsten vom 6. November 1978 – abgedruckt unter 14.3 –), können gefördert werden durch Hilfen

– bei der Neuerrichtung und bei dem Kauf landwirtschaftlicher Nebenerwerbsstellen,

– bei der Neuerrichtung, dem Kauf und der Pacht landwirtschaftlicher Vollerwerbsstellen im Rahmen der Förderungshöchstbeträge für Nebenerwerbsstellen.

Hierzu stellt der Bund im Rahmen eines jährlich nach § 46 Abs. 1 BVFG aufzustellenden **Siedlungsprogramms,** das von den Ländern durchgeführt wird, Mittel zur Verfügung. In den Jahren 1983 bis 1986 wurden aus dem Zweckvermögen bei der Deutschen Siedlungs- und Landesrentenbank (DSL-Bank) sowie aus einem Sonderprogramm dieser Bank rd. 475 Mio DM bereitgestellt. Der Anteil der Länder betrug fast 213 Mio DM. Hinzu kamen 82,3 Mio DM für die Gewährung von Aufbaudarlehen aus dem Lastenausgleichsfonds.

Die Finanzierung erfolgt nunmehr bundesseitig ausschließlich über ein von der DSL-Bank als Sondervermögen des Bundes treuhänderisch verwaltetes Zweckvermögen. Dieses wird aus Bundeshaushaltsmitteln gebildet, die gemäß § 46 Abs. 1 BVFG und § 4 Abs. 1 des Gesetzes zur Förderung der landwirtschaftlichen Siedlung vom 15. Mai 1953 (BGBl. I S. 224), zuletzt geändert durch Gesetz vom 25. Februar 1983 (BGBl. I S. 199) zur Verfügung gestellt werden. Seit 1983 werden neue Bewilligungen im Rahmen des jeweiligen Siedlungsprogramms ausschließlich aus dem Mehraufkommen aufgrund des Gesetzes vom 25. Februar 1983 ausgesprochen. Das Zweckvermögen setzt sich u. a. aus den Forderungen und Rückflüssen zusammen, die aus Mitteln des Zweckvermögens gewährt worden sind.

Die Gewährung von Darlehen und Beihilfen aus Bundeshaushaltsmitteln für die ländliche Siedlung nach dem Bundesvertriebenengesetz erfolgt nach den Finanzierungsrichtlinien des Bundesministers für Ernährung, Landwirtschaft und Forsten, abgedruckt unter 14.1. In einer Entschließung des Deutschen Bundestages von 26. Juni 1969 (Protokolle – 5. Wahlperiode – S. 13553/4 und 13597) wurde davon ausgegangen, daß die Landzulage einer Nebenerwerbsstelle i.d.R. geringer als 1.000 qm ist. In Anlehnung an diese Entschließung und unter Berücksichtigung der Entscheidung des BVerwG in E 28, 80 werden in der Praxis folgende **Anforderungen an eine Nebenerwerbsstelle** gestellt: Es werden nur Objekte gefördert, die nach Belegenheit, Größe und baulicher Beschaffenheit eine landwirtschaftliche oder gärtnerische Nutzung ermöglichen. Erforderlichenfalls muß eine von dem Wohngrundstück getrennte Eigentums- oder Pachtfläche genutzt werden. Die Nebenerwerbsstelle soll 600 qm nicht unterschreiten und muß mindestens die in dem jeweiligen Bundesland vorgeschriebene Größe für Kleinsiedlungen aufweisen. Wohngrundstück und hiervon getrennt liegende Nutzfläche dürfen jeweils nicht kleiner als 400 qm sein. In sozialen Härtefällen können durch die nach Landesrecht zuständigen Stellen Ausnahmen zugelassen werden. Zur Unterbringung der für die ordnungsgemäße Bewirtschaftung der Stelle erforderlichen Geräte sowie der Vorräte und Erntegüter ist ein geeigneter Raum vorzusehen. Die Möglichkeit, einen solchen Raum kurzfristig verfügbar zu machen, reicht aus.

Die **Prioritätenregelung** gemäß § 46 Abs. 4 und § 67 BVFG i.d.F. vom 9. September 1968 (MinBl. BML S. 479), 1961, zuletzt geändert durch Rundschreiben des BML vom 20. Dezember 1983 – 523 – 6160 – abgedruckt unter 14.2 – legt drei Kategorien von Berechtigten für die Förderung bei der Eingliederung auf Nebenerwerbsstellen fest, die nacheinander zu berücksichtigen sind.

Den berechtigten Personenkreis umschreibt das Rundschreiben des Bundesministers für Ernährung, Landwirtschaft und Forsten zur **Auslegung des Begriffs „aus der Land-**

**wirtschaft stammen"** in § 35 BVFG vom 6. November 1978, geändert durch Rundschreiben des BML vom 20. Dezember 1983 – 523 – 6160, abgedruckt unter 14.3.

In den Grenzdurchgangslagern (Erstaufnahmeeinrichtungen) wird für eine Förderung in Betracht kommenden Personen ein Fragebogen zur Erfassung der aus der Landwirtschaft stammenden Aussiedler überreicht, der unter 14.4 abgedruckt ist.

§ 28 des Gesetzes über eine Altershilfe für Landwirte i.d.F. vom 14. September 1965 (BGBl. I S. 1448), zuletzt geändert durch Gesetz vom 21. Juli 1988 (BGBl. I S. 1053) sieht für Berechtigte nach §§ 1 bis 4 BVFG die Nachentrichtung von Beiträgen vor.

Ein Teil der aus der Landwirtschaft stammenden Aussiedler, vor allem aus dem polnischen Bereich, hat keine Ansprüche nach dem **Fremdrentenrecht** (vgl. Einleitung Nr. 15), da sie in der Heimat selbständig tätig gewesen sind. Beschäftigungszeiten ihrer mithelfenden Familienangehörigen können bei der Rentenversicherung berücksichtigt werden, wenn sie im polnischen Rentensystem angerechnet werden. Personen, die insoweit keine Ansprüche haben und auf Leistungen nach dem Lastenausgleichsrecht (Kriegsschadenrente) angewiesen sind, kann in Einzelfällen durch Leistungen der Konrad-Adenauer-Stiftung für Flüchtlinge und Vertriebene geholfen werden. Hierzu werden der Stiftung Mittel von der Ostpreußischen Landgesellschaft, der Pommerschen Landgesellschaft und der Oberschlesischen Landgesellschaft zur Verfügung gestellt.

Die Anschrift des Bauernverbandes der Vertriebenen ist Godesberger Allee 142–148, 5300 Bonn 2, (Telefon 02 28/81 98-2 15).

### 15. RENTEN- UND UNFALLVERSICHERUNG

vgl. Wegweiser für Aussiedler Nr. 14, 15, 16
vgl. Wegweiser für Übersiedler Nr. 18, 19

Nach § 90 BVFG sind Vertriebene (Aussiedler) und Flüchtlinge u. a. in der **Sozialversicherung** den Berechtigten im Bundesgebiet gleichgestellt.

Regelungen zur **Renten- und Unfallversicherung** enthalten das Fremdrentengesetz vom 25. Februar 1960 (BGBl. I S. 93), zuletzt geändert durch Gesetz vom 18. Dezember 1989 (BGBl. I S. 2261) – abgedruckt unter 15.1 –, das Abkommen zwischen der Bundesrepublik Deutschland und der Republik Polen über Renten- und Unfallversicherung vom 9. Oktober 1975 (BGBl. 1976 II S. 396) und das Gesetz zur Regelung der Rechtsverhältnisse der unter Art. 131 des Grundgesetzes fallenden Personen (G 131) i.d.F. der Bekanntmachung vom 13. Oktober 1965 (BGBl. I S. 1685), mehrfach geändert.

Aussiedler werden in der gesetzlichen **Rentenversicherung** grundsätzlich so behandelt, als ob sie ihr gesamtes Arbeitsleben in der Bundesrepublik Deutschland zurückgelegt hätten.

Aussiedler erhalten demnach aufgrund des Fremdrentengesetzes individuelle Rentenleistungen nach dem hier geltenden Rentenrecht. Für Aussiedler aus der Republik Polen findet vorrangig das deutsch-polnische Abkommen über Renten- und Unfallversicherung Anwendung.

Bei der Gewährung von Renten wegen Berufs- oder Erwerbsunfähigkeit werden Rentenbezugszeiten im Herkunftsgebiet wie Rentenbezugszeiten im Bundesgebiet behandelt. Für die Versicherung und die Anrechnung von Versicherungszeiten wegen Kindererziehung bzw. für einen Anspruch auf Leistung für Kindererziehung wird die Erziehung bzw. die Geburt von Kindern im Herkunftsgebiet der Erziehung bzw. der Geburt im Bundesgebiet gleichgestellt.

Eine Rente aus der gesetzlichen Rentenversicherung kommt allerdings nur dann in Betracht, wenn nach den hier geltenden Vorschriften der Versicherungsfall der Berufs- oder

Erwerbsunfähigkeit eingetreten ist oder wenn ein Anspruch auf Altersruhegeld besteht.

Aussiedler und Zuwanderer, die im Herkunftsgebiet eine Rente bezogen haben, nach den hier geltenden Vorschriften jedoch die Voraussetzungen für einen Rentenbezug nicht erfüllen, erhalten danach im Bundesgebiet keine Rente.

Grundsätzlich werden auch die außerhalb der Bundesgebiets eingetretenen **Arbeitsunfälle** anerkannt, wenn im Zeitpunkt des Unfalls eine Versicherung bestanden hat. Für Aussiedler (außer aus der Republik Polen) und für Übersiedler werden die Leistungen nach den im Bundesgebiet geltenden gesetzliche Bestimmungen, für Aussiedler aus dem polnischen Bereich nach dem deutsch-polnischen Abkommen über Renten- und Unfallversicherung erbracht.

Artikel 15 und 16 des Gesetzes zur Reform der gesetzlichen Rentenversicherung vom 18. Dezember 1989 (BGBl. I S. 2261) enthalten Regelungen für den Bereich des Fremdrentenrechts. Hier wird weiterhin von dem Prinzip ausgegangen, daß Aussiedler und Übersiedler rentenrechtlich so gestellt werden, als ob sie vor ihrer Aufnahme im Bundesgebiet hier einer Erwerbstätigkeit nachgegangen seien und dabei den Verdienst eines hier tätigen Versicherten erzielt hätten.

Durch einige Detailregelungen wird allerdings sichergestellt, daß künftig Besser- aber auch Schlechterstellungen im Vergleich zu einheimischen Versicherten vermieden werden.

Um eine gerechtere Einordnung zu ermöglichen, werden acht Leistungsgruppen für Arbeiter und Angestellte nach 24 Wirtschaftsbereichen aufgefächert. Jeder Wirtschaftsbereich erhält für jede Leistungsgruppe einen spezifischen Männer- und einen Frauenwert, so daß sich künftig 384 Abstufungsmöglichkeiten (bisher: 41) ergeben.

Der Begriff der Beitragszeit wird strenger gefaßt. Grundsätzlich werden nur noch solche Zeiten angerechnet, die auch nach hiesigem Rentenrecht Beitragszeiten wären. Damit entfällt etwa die Anrechnung von Entwicklungshelferzeiten eines Aussiedlers außerhalb des Herkunftsgebietes oder von Zeiten der Versicherung als Fachschüler oder Student in der früheren DDR unter Einschluß von Berlin (Ost).

Beiträge, die im Herkunftsland erstattet wurden, werden nicht mehr angerechnet.

Wegen der Einzelheiten vgl. ILGENFRITZ, Bundesarbeitsblatt 1989, 33 ff.

Art. 23 und 24 des Gesetzes vom 25. Juni 1990 (BGBl. II S. 518) – abgedruckt unter 15.2 – treffen eingehende Regelungen zur gesetzlichen Rentenversicherung und zur gesetzlichen Unfallversicherung.

Die Neuregelungen haben im Bereich des Fremdrentenrechts auch unmittelbare Auswirkungen auf die Rechtsstellung der Übersiedler.

Ziel des bisherigen Fremdrentenrechts war es gewesen, Aussiedler und Übersiedler im Bereich der gesetzlichen Renten- und Unfallversicherung so zu stellen, als ob sie ihr Arbeitsleben im Bundesgebiet zurückgelegt hätten. Die Aufrechterhaltung dieser Grundposition ist mit Rücksicht auf die in der letzten Zeit eingetretenen politischen, rechtlichen und tatsächlichen Veränderungen in den Herkunftsgebieten nicht mehr unverändert aufrecht zu erhalten. Das gilt insbesondere mit Blick auf die Vereinigung der beiden deutschen Staaten und die Verschmelzung der beiderseitigen Rentensysteme.

Aus diesem Grunde findet auf Übersiedler, die ihren gewöhnlichen Aufenthalt nach dem 18. Mai 1990 im Bundesgebiet genommen haben, das Fremdrentenrecht keine Anwendung mehr. Sie erhalten vielmehr von dem bisherigen Rentenversicherungsträger dieselbe Rente wie bisher (Art. 23 § 1 aaO).

Demgegenüber bleiben rentenrechtliche Konsequenzen für Aussiedler einem weiteren Gesetzgebungsverfahren vorbehalten.

Arbeitsunfälle, die sich nach dem 18. Mai 1990 im Zuständigkeitsbereich eines Trägers im Gebiet der DDR ereignet haben, werden von der Anwendung des Fremdrentenrechts ausgeschlossen (Art. 24, § 1 aaO). Nach Kapitel VIII. Sachgebiet II (Gesetzliche Rentenversicherung) Abschnitt I, Nr. 17 des Einigungsvertrages (BGBl. II S. 885, 1057) gilt das Fremdrentengesetz nicht in dem Gebiet der ehemaligen DDR unter Einschluß von Berlin (Ost).

## 16. RECHT DER HEIMKEHRER, HÄFTLINGE UND KRIEGSGEFANGENEN

vgl. Wegweiser für Aussiedler Nr. 24, 25, 26
vgl. Wegweiser für Übersiedler Nr. 27, 28, 29

Deutsche, die kriegsgefangen, interniert oder verschleppt waren, erhalten für die Zeit ihrer Gefangenschaft (frühestens ab 1. Januar 1947) Leistungen nach dem Gesetz über die Entschädigung ehemaliger deutscher Kriegsgefangener **(Kriegsgefangenenentschädigungsgesetz)** i.d.F. vom 4. Februar 1987 (BGBl. I S. 506), abgedruckt unter 16.1.

Voraussetzung hierfür ist, daß sie innerhalb von sechs Monaten nach ihrer Aussiedlung ihren vollständigen Aufenthalt im Bundesgebiet begründet haben.

Die Vererbbarkeit von Ansprüchen nach dem Kriegsgefangenenentschädigungsgesetz ist durch das Eingliederungsanpassungsgesetz vom 22. Dezember 1989 (BGBl. I S. 2398) auf Ehegatten und Kinder der ehemaligen Kriegsgefangenen beschränkt worden. Bisher erstreckte sich die Vererbbarkeit auch auf Eltern und ggf. auf Stiefkinder und Stiefeltern, wenn Ehegatten, Kinder und Eltern nicht vorhanden waren.

Die heute im wesentlichen berechtigten Rußlanddeutschen haben überwiegend eigene Entschädigungsansprüche. Aus diesem Grund hat es der Gesetzgeber als unter den heutigen Verhältnissen vertretbar angesehen, die Erbberechtigung auf Ehegatten und Kinder zu beschränken.

Für ehemalige politische Häftlinge sind besondere Leistungen vorgesehen in dem Gesetz über Hilfsmaßnahmen für Personen, die aus politischen Gründen außerhalb der Bundesrepublik Deutschland in Gewahrsam genommen wurden **(Häftlingshilfegesetz)** i.d.F. vom 4. Februar 1987 (BGBl. I S. 512), abgedruckt unter 16.2.

Hierzu gehören:

– Beschädigten- und Hinterbliebenenversorgung nach Maßgabe des Bundesversorgungsgesetzes i.d.F. vom 22. Januar 1982 (BGBl. I S. 21), zuletzt geändert, durch vom 23. September 1990 (DGBl. II S. 885, 1067), für die Folgen einer gesundheitlichen Schädigung durch die Haft,

– Unterhaltsbeihilfe für Angehörige,

– Anspruch auf die für Heimkehrer vorgesehenen Vergünstigungen,

– Eingliederungshilfen nach den §§ 9 a bis 9 c des Häftlingshilfegesetzes,

– Leistungen der Stiftung für ehemalige politische Häftlinge.

Die Vererbbarkeit von Ansprüchen nach dem Häftlingshilfegesetz wird durch das Eingliederungsanpassungsgesetz auf Ehegatten und Kinder beschränkt.

Nach dem Häftlingshilfegesetz werden Eingliederungshilfen gewährt, deren Höhe sich nach der Dauer der politischen Haft richtet. Dabei werden auch Zeiten eines sog. Anschlußgewahrsams berücksichtigt. Dies sind Zeiten, in denen ein Betroffener nach Beendigung der Haft gezwungen war, weiterhin im Herkunftsland zu bleiben.

Leistungen für diesen sog. Anschlußgewahrsam werden künftig wie folgt beschränkt:

– die anrechenbare Zeit für einen Anschlußgewahrsam wird auf höchstens 10 Jahre begrenzt,

- Zeiten nach Inkrafttreten des Eingliederungsanpassungsgesetzes können nicht mehr als Zeiten des Anschlußgewahrsams berücksichtigt werden,
- die Vererbbarkeit von Ansprüchen, die auf Zeiten des Anschlußgewahrsams beruhen, wird aufgehoben.

Das **Gesetz über Hilfsmaßnahmen für Heimkehrer** vom 19. Juni 1950 (BGBl. I S. 221), zuletzt geändert durch Gesetz vom 23. September 1990 (BGBl. II S. 885, 1038) – nicht abgedruckt – begünstigt Aussiedler (insbesondere aus der UdSSR) und Zuwanderer, die wegen ihrer Internierung oder Verschleppung die Heimkehrereigenschaft besitzen. Von den Maßnahmen nach diesem Gesetz hat neben dem Entlassungsgeld in Höhe von 200,– DM und einer nur subsidiär gewährten Übergangshilfe in Höhe von 300,– DM nur der Anspruch auf Krankenhilfe (einschließlich) Zahnersatz eine praktische Bedeutung.

Die **Richtlinien der Heimkehrerstiftung** für die Gewährung von Leistungen aus Stiftungsmitteln sind unter 16.3 abgedruckt. In Betracht kommen

- die Gewährung von Darlehen zum Aufbau oder zur Sicherung der wirtschaftlichen Existenz,
- die Gewährung von Darlehen zur Schaffung von Wohnraum,
- die Gewährung von Darlehen für sonstige förderungswürdige Vorhaben,
- die Zahlung einmaliger Unterstützungen,
- Leistungen zur Minderung von Nachteilen in der gesetzlichen Rentenversicherung.

Das **Merkblatt der Heimkehrerstiftung** zu Leistungen zur Minderung von Nachteilen in der Rentenversicherung ist unter 16.4, das Merkblatt der Heimkehrerstiftung für die Gewährung von Unterstützungen aus Mitteln der Heimkehrerstiftung unter 16.5 wiedergegeben.

Die **Richtlinien der Stiftung für ehemalige politische Häftlinge** für die Gewährung von Leistungen aus Stiftungsmitteln ist unter 16.6 abgedruckt. Die Anschrift der Heimkehrerstiftung ist: Konstantinstr. 56, 5300 Bonn 2 (Telefon: 02 28/35 30 45). Die Anschrift der Stiftung für ehemalige politische Häftlinge ist: Wurzerstr. 106, 5300 Bonn 2 (Telefon: 02 28/35 11 38).

## 17. ANHANG

vgl. Wegweiser für Aussiedler 8, 13, 16
vgl. Wegweiser für Übersiedler 11, 17, 20

Artikel 119 bis 120 a des Grundgesetzes – abgedruckt unter 17.1 – enthalten Regelungen über die Ermächtigung der Bundesregierung zum Erlaß von Verordnungen und zur Erteilung von Einzelweisungen (weitgehend gegenstandslos), die Tragung der Kriegsfolgelasten und die Durchführung des Lastenausgleichs.

Das Erste Gesetz zur **Überleitung von Lasten und Deckungsmitteln auf den Bund** (Erstes Überleitungsgesetz) in der Fassung vom 28. April 1955 (BGBl. I S. 193), zuletzt geändert durch Gesetz vom 8. Juni 1977 (BGBl. I S. 801) – abgedruckt unter 17.2 –, regelt u. a. die Verteilung der Tragung von Aufwendungen für die Rückführung von Deutschen und für die Grenzdurchgangslager.

Von Bedeutung für Aussiedler ist die Bestimmung des § 41 des Wehrpflichtgesetzes i.d.F. vom 13. Juni 1986 (BGBl. I S. 879), wonach die **Wehrpflicht** erst zwei Jahre nach der Begründung des ständigen Aufenthalts im Geltungsbereich des Gesetzes beginnt. § 41 WPflG ist unter 17.3 abgedruckt.

Nach Artikel 8 Nr. 2 des Gesetzes über die Verwaltung der Mittel der Träger der **Krankenversicherung** vom 15. Dezember 1979 (BGBl. I S. 2241) hatten Aussiedler und Übersiedler aus der DDR und aus Berlin (Ost), die krank im Bundesgebiet eintreffen oder innerhalb von drei Monaten nach ihrem Eintreffen erkranken, Anspruch auf Leistungen nach § 23 des Heimkehrergesetzes vom 19. Juni 1950 (BGBl. I S. 221), zuletzt geändert durch Gesetz vom 20. Dezember 1988 (BGBl. I S. 2477). Hierzu gehört u. a. der Anspruch auf Krankengeld. Diese Vorschrift ist durch Art. 13 des Gesundheitsreformgesetzes vom 20. Dezember 1988 (BGBl. I S. 2477) aufgehoben worden. Art. 13 aaO enthält zugleich eine Übergangsregelung. Im übrigen sind nunmehr Leistungen im Krankheitsfalle nach § 90 b des Bundesvertriebenengesetzes vorgesehen, vgl. oben unter 4.1.

Die Gewährung von Leistungen wegen erlittener Impfschäden an Aussiedler regelt § 51 des **Bundesseuchengesetz** i.d.F. vom 18. Dezember 1979 (BGBl. I S. 2261), abgedruckt unter 17.4.

Durch das Achte Gesetz zur Änderung des **Bundeskindergeldgesetzes** (BKGG) vom 14. November 1978 (BGBl. I S. 1757) war die bis dahin geltende Vorschrift des § 2 Abs. 5 Satz 2 Nr. 1 BKGG (Regelung zugunsten der Kinder von Aussiedlern und Zuwanderern (Übersiedlern) die noch in den Herkunftsgebieten wohnen) ersatzlos gestrichen worden. Nach einem Erlaß des Bundesministers für Arbeit und Sozialordnung vom 13. September 1979 und einem Gemeinsamen Erlaß des Bundesministers für Jugend, Familie und Gesundheit und des Bundesministers des Innern vom 19. September 1979 (GMBl. S. 517) war trotz der Streichung Kindergeld für Kinder gezahlt worden, die sich noch in den Herkunftsgebieten (Ausnahmen: China und Jugoslawien) aufhielten. Voraussetzung hierfür war, daß die Eltern Aussiedler oder Zuwanderer (Übersiedler) waren und regelmäßig mindestens den Kindergeldbetrag für den Unterhalt ihrer Kinder aufwandten. Die genannten Rundschreiben sind inzwischen gegenstandlos, weil die in ihnen enthaltenen Regelungen durch Artikel 1 des Gesetzes vom 27. Juni 1985 (BGBl. I S. 1251) in § 2 Abs. 5 des Bundeskindergeldgesetzes, das jetzt in der Fassung der Bekanntmachung vom 30. Januar 1990 (BGBl. I S. 149), zuletzt geändert durch Gesetz vom 23. September 1990 (BGBl. II S. 885, 1093), gilt – abgedruckt unter 17.5 –, aufgenommen wurde.

### 18. ANSCHRIFTEN DER FÜR DIE EINGLIEDERUNG ZUSTÄNDIGEN OBERSTEN LANDESBEHÖRDEN

Ein Verzeichnis der für die Eingliederung der Aussiedler zuständigen obersten Landesbehörden ist unter 18 abgedruckt. Hinsichtlich der neuen Bundesländer handelt es sich um vorläufige Angaben. In Mecklenburg-Vorpommern sind Zuständigkeiten sowohl des Innenministers als auch des Ministers für Arbeit, Gesundheit und Soziales vorgesehen.

# 1. GRUNDLAGEN DER AUSSIEDLUNG

## 1.1  Internationale Verträge und Deklarationen
## 1.1.1  Allgemeine Erklärung der Menschenrechte vom 10. Dezember 1948 – Auszug –

**Präambel**

Da die Anerkennung der allen Mitgliedern der menschlichen Familie innewohnenden Würde und ihrer gleichen und unveräußerlichen Rechte die Grundlage der Freiheit, der Gerechtigkeit und des Friedens in der Welt bildet,

...

proklamiert die Generalversammlung

diese Allgemeine Erklärung der Menschenrechte als das von allen Völkern und Nationen zu erreichende gemeinsame Ideal, damit jeder einzelne und alle Organe der Gesellschaft sich diese Erklärung stets gegenwärtig halten und sich bemühen, durch Unterricht und Erziehung die Achtung dieser Rechte und Freiheiten zu fördern und durch fortschreitende Maßnahmen im nationalen und internationalen Bereiche ihre allgemeine und tatsächliche Anerkennung und Verwirklichung bei der Bevölkerung sowohl der Mitgliedstaaten wie der ihrer Oberhoheit unterstehenden Gebiete zu gewährleisten.

...

**Artikel 13**

(1) Jedermann hat das Recht, sich innerhalb eines Staates frei zu bewegen und seinen Wohnsitz frei zu wählen.

(2) Jedermann hat das Recht, jedes Land einschließlich seines eigenen zu verlassen und in sein Land zurückzukehren.

...

## 1.1.2 Internationales Übereinkommen zur Beseitigung jeder Form von Rassendiskriminierung vom 7. März 1966 (BGBl. 1969 II S. 961) – Auszug –

...

**Artikel 5**

Im Einklang mit den in Artikel 2 niedergelegten grundsätzlichen Verpflichtungen werden die Vertragsstaaten die Rassendiskriminierung in jeder Form verbieten und beseitigen und das Recht jedes einzelnen, ohne Unterschied der Rasse, der Hautfarbe, des nationalen Ursprungs oder des Volkstums, auf Gleichheit vor dem Gesetz gewährleisten; dies gilt insbesondere für folgende Rechte:

a) das Recht auf Gleichbehandlung vor den Gerichten und allen sonstigen Organen der Rechtspflege,

b) das Recht auf Sicherheit der Person und auf staatlichen Schutz gegen Gewalttätigkeit oder Körperverletzung, gleichviel ob sie von Staatsbediensteten oder von irgendeiner Person, Gruppe oder Einrichtung verübt werden,

c) die politischen Rechte, insbesondere das aktive und passive Wahlrecht auf der Grundlage allgemeiner und gleicher Wahlen, das Recht auf Beteiligung an der Regierung und an der Führung der öffentlichen Angelegenheiten auf jeder Ebene sowie das Recht auf gleichberechtigten Zugang zum öffentlichen Dienst,

d) sonstige Bürgerrechte, insbesondere

I) das Recht auf Bewegungsfreiheit und freie Wahl des Aufenthaltsortes innerhalb der Staatsgrenzen,

II) das Recht, jedes Land einschließlich des eigenen zu verlassen und in das eigene Land zurückzukehren,

III) das Recht auf Staatsangehörigkeit,

IV) das Recht auf Ehe und auf freie Wahl des Ehegatten,

V) das Recht, allein oder in Verbindung mit anderen Vermögen als Eigentum zu besitzen,

VI) das Recht zu erben,

VII) das Recht auf Gedanken-, Gewissens- und Religionsfreiheit,

VIII) das Recht auf Meinungsfreiheit und freie Meinungsäußerung,

IX) das Recht, sich friedlich zu versammeln und friedliche Vereinigungen zu bilden,

e) wirtschaftliche, soziale und kulturelle Rechte, insbesondere

I) das Recht auf Arbeit, auf die freie Wahl des Arbeitsplatzes, auf gerechte und befriedigende Arbeitsbedingungen, auf Schutz gegen Arbeitslosigkeit, auf gleiches Entgelt für gleiche Arbeit, auf gerechte und befriedigende Entlohnung,

II) das Recht, Gewerkschaften zu bilden und ihnen beizutreten,

III) das Recht auf Wohnung,

IV) das Recht auf öffentliche Gesundheitsfürsorge, ärztliche Betreuung, soziale Sicherheit und soziale Dienstleistungen,

V) das Recht auf Erziehung und Ausbildung,

VI) das Recht auf eine gleichberechtigte Teilnahme an kulturellen Tätigkeiten,

f) das Recht auf Zugang zu jedem Ort oder Dienst, der für die Benutzung durch die Öffentlichkeit vorgesehen ist, wie Verkehrsmittel, Hotels, Gaststätten, Cafés, Theater und Parks.

...

## 1.1.3 Internationaler Pakt über bürgerliche und politische Rechte vom 19. Dezember 1966 (BGBl 1973 II S. 1 569) – Auszug –

...

### Artikel 12

(1) Jedermann, der sich rechtmäßig im Hoheitsgebiet eines Staates aufhält, hat das Recht, sich dort frei zu bewegen und seinen Wohnsitz frei zu wählen.

(2) Jedermann steht es frei, jedes Land einschließlich seines eigenen zu verlassen.

(3) Die oben erwähnten Rechte dürfen nur eingeschränkt werden, wenn dies gesetzlich vorgesehen und zum Schutz der nationalen Sicherheit, der öffentlichen Ordnung (ordre public), der Volksgesundheit, der öffentlichen Sittlichkeit oder der Rechte und Freiheiten anderer notwendig ist und die Einschränkungen mit den übrigen in diesem Pakt anerkannten Rechten vereinbar sind.

(4) Niemand darf willkürlich das Recht entzogen werden, in sein eigenes Land einzureisen.

(3) Die Freiheit, seine Religion oder Weltanschauung zu bekunden, darf nur den gesetzlich vorgesehenen Einschränkungen unterworfen werden, die zum Schutz der öffentlichen Sicherheit, Ordnung, Gesundheit, Sittlichkeit oder der Grundrechte und -freiheiten anderer erforderlich sind.

(4) Die Vertragsstaaten verpflichten sich, die Freiheit der Eltern und gegebenenfalls des Vormunds oder Pflegers zu achten, die religiöse und sittliche Erziehung ihrer Kinder in Übereinstimmung mit ihren eigenen Überzeugungen sicherzustellen.

...

## 1.1.4 Schlußakte der Konferenz über Sicherheit und Zusammenarbeit in Europa (Helsinki 1975)[1] – Auszug –
### Zusammenarbeit in humanitären und anderen Bereichen

Die Teilnehmerstaaten,

[1]Bulletin des Presse- und Informationsamtes der Bundesregierung 1975, S. 965 ff

Von dem Wunsche geleitet,

zur Stärkung des Friedens und der Verständigung zwischen den Völkern und zur geistigen Bereicherung der menschlichen Persönlichkeit ohne Unterschied von Rasse, Geschlecht, Sprache oder Religion beizutragen,

Im Bewußtsein,

daß eine Steigerung des Austausches auf dem Gebiet der Kultur und Bildung, eine größere Verbreitung von Information, Kontakte zwischen den Menschen und die Lösung humanitärer Probleme zur Erreichung dieser Ziele beitragen werden,

Daher entschlossen,

unabhängig von ihren politischen, wirtschaftlichen und sozialen Systemen untereinander zusammenzuarbeiten, um in den oben genannten Bereichen bessere Bedingungen zu schaffen, bestehende Formen der Zusammenarbeit zu entwickeln und zu stärken sowie neue, diesen Zielen gemäße Mittel und Wege auszuarbeiten,

In der Überzeugung,

daß diese Zusammenarbeit unter voller Achtung der die Beziehungen zwischen den Teilnehmerstaaten leitenden Prinzipien durchgeführt werden sollte, wie sie in dem einschlägigen Dokument aufgeführt sind,

Haben folgendes angenommen:

## 1. Menschliche Kontakte

Die Teilnehmerstaaten,

In der Erwägung,

daß die Entwicklung von Kontakten ein wichtiges Element bei der Stärkung freundschaftlicher Beziehungen und des Vertrauens zwischen den Völkern ist,

In Bekräftigung

der Bedeutung, die sie bei ihren gegenwärtigen Bemühungen, die Bedingungen in diesem Bereich zu verbessern, humanitären Erwägungen beimessen,

In dem Wunsch,

in diesem Geist weitere Bemühungen im Zuge der Entspannung zu entwickeln, um weitergehenden Fortschritt auf diesem Gebiet zu erzielen,

Und im Bewußtsein,

daß die diesbezüglichen Fragen von den betreffenden Staaten unter gegenseitig annehmbaren Bedingungen geregelt werden müssen,

Setzen sich zum Ziel,

freiere Bewegung und Kontakte auf individueller und kollektiver, sei es auf privater oder offizieller Grundlage zwischen Personen, Institutionen und Organisationen der Teilnehmerstaaten zu erleichtern und zur Lösung der humanitären Probleme beizutragen, die sich in diesem Zusammenhang ergeben,

Erklären ihre Bereitschaft,

zu diesem Zweck Maßnahmen zu ergreifen, die sie für geeignet halten, und falls notwendig, untereinander Abkommen zu schließen oder Vereinbarungen zu treffen, und

Drücken ihre Absicht aus,

nunmehr zur Durchführung des folgenden zu schreiten:

a)  Kontakte und regelmäßige Begegnungen auf der Grundlage familiärer Bindungen

Um die weitere Entwicklung von Kontakten auf der Grundlage familiärer Bindungen zu fördern, werden die Teilnehmerstaaten Gesuche auf Reisen wohlwollend prüfen mit dem Ziel, Personen zu erlauben, in ihr Territorium zeitweilig und, wenn gewünscht, regelmäßig einzureisen oder aus ihm auszureisen, um Mitglieder ihrer Familien zu besuchen.

Gesuche auf zeitweilige Besuchsreisen zum Zweck von Begegnungen mit Mitgliedern ihrer Familien werden ohne Unterschied hinsichtlich des Herkunfts- oder Bestimmungslandes behandelt werden; bestehende Bestimmungen hinsichtlich Reisedokumente und Visa werden in diesem Geiste angewendet werden. Die Ausstellung und Ausgabe solcher Dokumente und Visa werden innerhalb vernünftiger Fristen erfolgen; Dringlichkeitsfälle – wie ernste Erkrankung oder Todesfall – werden mit Vorrang behandelt werden. Sie werden die Schritte unternehmen, welche notwendig sein können, um zu gewährleisten, daß die Gebühren für amtliche Reisedokumente und Visa annehmbar sind.

Sie bestätigen, daß die Einreichung eines Gesuchs betreffend Kontakte auf der Grundlage familiärer Bindungen zu keiner Veränderung der Rechte und Pflichten des Gesuchstellers oder seiner Familienmitglieder führen wird.

b)  Familienzusammenführung

Die Teilnehmerstaaten werden in positivem und humanitärem Geist Gesuche von Personen behandeln, die mit Angehörigen ihrer Familie zusammengeführt werden möchten, unter besonderer Beachtung von Gesuchen dringenden Charakters – wie solchen, die von kranken oder alten Personen eingereicht werden.

Sie werden Gesuche in diesem Bereich so zügig wie möglich behandeln.

Sie werden, wo notwendig, die im Zusammenhang mit diesen Gesuchen erhobenen Gebühren verringern, um sicherzustellen, daß sie gemäßigt sind.

Gesuche betreffend Familienzusammenführung, denen nicht stattgegeben wird, können auf entsprechender Ebene erneut eingereicht werden; sie werden von den Behörden des Aufenthaltslandes beziehungsweise des Aufnahmelandes in angemessen kurzen Zeitabständen von neuem geprüft; unter diesen Umständen werden Gebühren nur im Falle der Genehmigung des Gesuchs erhoben.

Personen, deren Gesuchen betreffend Familienzusammenführung stattgegeben wurde, können ihr Haushaltsgut und ihre persönliche Habe mitführen oder versenden; zu diesem Zwecke werden die Teilnehmerstaaten alle in den bestehenden Vorschriften enthaltenen Möglichkeiten nutzen.

Solange Angehörige derselben Familien nicht zusammengeführt sind, können Begegnungen und Kontakte zwischen ihnen entsprechend den Modalitäten für Kontakte auf der Grundlage familiärer Bindungen stattfinden.

Die Teilnehmerstaaten werden die Bemühungen der Gesellschaften des Roten Kreuzes und des Roten Halbmondes unterstützen, die sich mit den Problemen der Familienzusammenführung befassen.

Sie bestätigen, daß die Einreichung eines Gesuchs betreffend Familienzusammenführung zu keiner Veränderung der Rechte und Pflichten des Gesuchstellers oder seiner Familienmitglieder führen wird.

Der aufnehmende Teilnehmerstaat wird angemessene Sorge tragen hinsichtlich der Arbeitsbeschaffung für Personen aus anderen Teilnehmerstaaten, die in diesem Staat im Rahmen der Familienzusammenführung mit dessen Bürgern ständigen Wohnsitz nehmen, und darauf achten, daß ihnen die gleichen Möglichkeiten der Bildung, medizinischen Betreuung und sozialen Sicherheit wie den eigenen Bürgern gewährt werden.

c)  Eheschließung zwischen Bürgern verschiedener Staaten

Die Teilnehmerstaaten werden wohlwollend und auf der Grundlage humanitärer Erwägungen Gesuche auf Bewilligung der Aus- oder Einreise von Personen prüfen, die beschlossen haben, einen Bürger aus einem anderen Teilnehmerstaat zu heiraten.

Die Bearbeitung und Ausgabe der Dokumente, die zu den oben genannten Zwecken und für die Eheschließung erforderlich sind, wird in Übereinstimmung mit den Bestimmungen erfolgen, die für die Familienzusammenführung angenommen wurden.

Bei der Behandlung von Gesuchen bereits verheirateter Ehegatten aus verschiedenen Teilnehmerstaaten, es ihnen und den minderjährigen Kindern aus ihrer Ehe zu ermöglichen, ihren Wohnsitz in einen Staat zu verlegen, in dem einer von ihnen normalerweise ansässig ist, werden die Teilnehmerstaaten ebenfalls die Bestimmungen anwenden, die für die Familienzusammenführung angenommen wurden.

## 1.2  Aussiedlung aus der Union der Sozialistischen Sowjetrepubliken

### Repatriierungserklärung vom 8. April 1958

Der Text der sowjetischen mündlichen Erklärung zur Repatriierungsfrage und der Text der deutschen Gegenerklärung, abgegeben am 8. April 1958 in Moskau, lauten wie folgt:

**1. Text der sowjetischen Erklärung**

Im Verlaufe der Verhandlungen zwischen den Regierungsdelegationen der Union der Sozialistischen Sowjetrepubliken und der Bundesrepublik Deutschland über Fragen der Entwicklung der Beziehungen zwischen den beiden Ländern wurden auch die Fragen erörtert, die einerseits mit der Ausreise von zur Zeit im Bundesrepublik befindlichen sowjetischen Staatsangehörigen und andererseits mit der Ausreise deutscher Staatsangehöriger aus der Sowjetunion in die Bundesrepublik im Einzelfall zusammenhängen. Die hinsichtlich dieser Fragen getroffene Vereinbarung findet ihren Ausdruck in dem von den Delegationen vereinbarten, für die Veröffentlichung bestimmten gemeinsamen Kommuniqué über die Ergebnisse der Verhandlungen.

Außerdem ist die sowjetische Delegation ermächtigt, mündlich zu erläutern, daß die sowjetische Seite die praktischen Fragen prüfen und positiv entscheiden wird, die sich im Zusammenhang mit Anträgen deutscher Staatsangehöriger, die die deutsche Staatsangehörigkeit am 21. Juni 1941 besessen haben, soweit sich solche heute noch auf dem Gebiet der Sowjetunion befinden, auf Ausreise mit ihren Ehegatten und Kindern aus der Sowjetunion in die Bundesrepublik im Einzelfall ergeben. Bei diesen Personen kommt es lediglich auf den Besitz der deutschen Staatsangehörigkeit am 21. Juni 1941 an. Diese Vereinbarung erstreckt sich jedoch nicht auf Personen nichtdeutscher Volkszugehörigkeit, die nach 1918 in das Memelgebiet zugewandert sind.

Das oben Gesagte gilt nicht für auf Grund der Abkommen von 1939 bis 1941 nach Deutschland ausgereiste Personen, die Staatsangehörige der Sowjetunion sind. Die sowjetische Seite wird bei der Prüfung der Anträge dieser Personen wie folgt verfahren:

Die sowjetische Seite ist bereit, Anträge dieser Personen auf Ausreise in die Bundesrepublik im individuellen Verfahren und gemäß der sowjetischen Gesetzgebung wohlwollend zu prüfen. Dies gilt für Personen, die ihre Familie oder nahe Angehörige in der Bundesrepublik haben oder aber für Personen, deren Familien aus Deutschen bestehen. Bei Mischehen wird die Frage der Ausreise solcher Personen von der sowjetischen Seite je nach den konkreten Umständen unter Berücksichtigung der Interessen der Familie wie auch der einzelnen Familienmitglieder entschieden. Die getroffene Vereinbarung erstreckt sich nicht auf Personen, gegen die auf dem Gebiet der Sowjetunion ein Untersuchungsverfahren läuft oder die dort auf Grund eines Gerichtsurteils eine Strafe verbüßen.

Die sowjetische Seite geht davon aus, daß die mit der getroffenen Vereinbarung zusammenhängenden Maßnahmen bis Ende 1959 durchgeführt sein werden.

Die sowjetische Delegation nimmt die im Verlaufe der Verhandlungen von der Delegation der Bundesrepublik Deutschland abgegebene Erklärung zur Kenntnis, daß auch seitens der Bundesrepublik Deutschland der Bereitschaft Ausdruck gegeben wird, die praktischen Fragen, die sich im Zusammenhang mit Anträgen sowjetischer Staatsangehöriger auf Ausreise aus der Bundesrepublik in die Sowjetunion ergeben, zu prüfen und positiv zu entscheiden und daß sich diese Vereinbarung auf alle sowjetischen Staatsangehörigen, die sich infolge des Krieges auf dem Gebiet der Bundesrepublik befinden, ebenso wie auf deren Ehegatten und Kinder erstreckt.

Beide Seiten haben im Verlaufe der Verhandlungen erklärt, daß sie sich zum Prinzip der Zusammenführung von infolge des letzten Krieges getrennter Familien bekennen, wobei sie übereingekommen sind, daß jede der beiden Seiten auf der Grundlage ihrer Gesetzgebung verfahren wird.

Beide Seiten haben sich damit einverstanden erklärt, daß die Zusammenarbeit der Rotkreuz-Gesellschaften der beiden Staaten fortgesetzt wird.

## 2. Text der deutschen Gegenerklärung

Ich habe Ihre heutige mündliche Erklärung, die folgenden Wortlaut hat, zur Kenntnis genommen (Text der sowjetischen Erklärung siehe vorstehend). Meinerseits habe ich folgende Erklärung abzugeben:

Ich nehme Bezug auf das heutige gemeinsame Kommuniqué. Außerdem bin ich ermächtigt, mündlich zu erläutern, daß auch seitens der Bundesrepublik Deutschland die Bereitschaft besteht, die praktischen Fragen, die sich im Zusammenhang mit Anträgen sowjetischer Staatsangehöriger auf Ausreise aus der Bundesrepublik in die Sowjetunion ergeben, zu prüfen und positiv zu entscheiden, und daß sich diese Vereinbarung auf alle sowjetischen Staatsangehörigen, die sich infolge des Krieges auf dem Gebiet der Bundesrepublik befinden, ebenso wie auf deren Ehegatten und Kinder erstreckt.

Beide Seiten haben im Verlaufe der Verhandlungen erklärt, daß sie sich zum Prinzip der Zusammenführung von infolge des letzten Krieges getrennten Familien bekennen, wobei sie übereingekommen sind, daß jede der beiden Seiten auf der Grundlage ihrer Gesetzgebung verfahren wird.

Beide Seiten haben sich damit einverstanden erklärt, daß die Zusammenarbeit der Rotkreuz-Gesellschaften der beiden Staaten fortgesetzt wird.

# 1.3 Aussiedlung aus Polen

## 1.3.1 Information der Regierung der Volksrepublik Polen (Dezember 1970)[1]

Die Regierung der Volksrepublik Polen hat die Bundesregierung mit nachstehender Information über Maßnahmen zur Lösung humanitärer Probleme unterrichtet:

1. Im Jahre 1955 hat die polnische Regierung dem Polnischen Roten Kreuz empfohlen, eine Vereinbarung mit dem Roten Kreuz der BRD[2] über die Familienzusammenführung abzuschließen, auf Grund derer bis 1959 aus Polen etwa eine Viertelmillion Menschen ausgereist ist. In den Jahren von 1960 bis 1969 sind im normalen Verfahren zusätzlich etwa 150000 Menschen aus Polen ausgereist. Bei der Aktion der Familienzusammenführung hat sich die polnische Regierung vor allem von humanitären Gründen leiten lassen. Sie war und ist jedoch nicht damit einverstanden, daß ihre positive Haltung in der Frage der Familienzusammenführung für eine Emigration zu Erwerbszwecken von Personen polnischer Nationalität ausgenutzt wird.

2. In Polen ist bis heute aus verschiedenen Gründen (z. B. enge Bindung an den Geburtsort) eine gewisse Zahl von Personen mit unbestreitbarer deutscher Volkszugehörigkeit und von Personen aus gemischten Familien zurückgeblieben, bei denen im Laufe der vergangenen Jahre das Gefühl dieser Zugehörigkeit dominiert hat. Die polnische Regierung steht weiterhin auf dem Standpunkt, daß Personen, die auf Grund ihrer unbestreitbaren deutschen Volkszugehörigkeit in einen der beiden deutschen Staaten auszureisen wünschen, dies unter Beachtung der in Polen geltenden Gesetze und Rechtsvorschriften tun können.

Ferner werden die Lage von gemischten Familien und getrennten Familien sowie solche Fälle polnischer Staatsangehöriger berücksichtigt werden, die entweder infolge ihrer veränderten Familienverhältnisse oder infolge der Änderung ihrer früher getroffenen Entscheidung den Wunsch äußern werden, sich mit ihren in der BRD oder in der DDR lebenden nahen Verwandten zu vereinigen.

3. Die zuständigen polnischen Behörden verfügen nicht einmal annähernd über solche Zahlen von Anträgen auf Ausreise in die BRD, wie sie in der BRD angegeben werden. Nach den bisherigen Untersuchungen der polnischen Behörden können die Kriterien, die zu einer eventuellen Ausreise aus Polen in die BRD oder die DDR berechtigen, einige Zehntausende Personen betreffen. Die polnische Regierung wird daher entsprechende Anordnungen erlassen, zwecks sorgfältiger Untersuchung, ob die Anträge, die eingereicht worden sind, begründet sind und zwecks Prüfung derselben in möglichst kurzer Zeit.

Die polnische Regierung wird das Polnische Rote Kreuz ermächtigen, vom Roten Kreuz der BRD Listen über die Personen entgegenzunehmen, deren Anträge sich im Besitz des DRK befinden, um diese Listen mit den entsprechenden Zusammenstellungen, die sich bei den zuständigen polnischen Behörden befinden, zu vergleichen und sorgfältig zu prüfen.

4. Die Zusammenarbeit des Polnischen Roten Kreuzes mit dem Roten Kreuz der BRD wird in jeder erforderlichen Weise erleichtert werden. Das Polnische Rote Kreuz wird ermächtigt werden, Erläuterungen des DRK zu den Listen entgegenzunehmen, und das DRK über das Ergebnis der Prüfung übermittelter Anträge durch die polnischen Behörden unterrichten. Das Polnische Rote Kreuz wird darüber hinaus ermächtigt sein, ge-

---

[1] Bulletin des Presse- und Informationsamtes der Bundesregierung 1976, S. 204
[2] gemeint ist hier und im folgenden: Bundesrepublik Deutschland.

meinsam mit dem Roten Kreuz der BRD alle praktischen Fragen zu erwägen, die sich aus dieser Aktion etwa ergeben könnten.

5. Was den Personenverkehr anbelangt, und zwar im Zusammenhang mit Besuchen von Familienangehörigen, so werden die zuständigen polnischen Behörden nach Inkrafttreten des Vertrages über die Grundlagen der Normalisierung der Beziehungen zwischen den beiden Staaten die gleichen Grundsätze anwenden, die gegenüber anderen Staaten Westeuropas üblich sind.

## 1.3.2  Ausreise-Protokoll (9. Oktober 1975)[1]

Der Bundesminister des Auswärtigen der Bundesrepublik Deutschland, Hans-Dietrich Genscher, und der Minister für Auswärtige Angelegenheiten der Volksrepublik Polen, Stefan Olszowski, sind am 1. August 1975 in Helsinki zusammengetroffen und haben einen Bericht über die Ergebnisse der Gespräche entgegengenommen, die zwischen dem Staatssekretär des Auswärtigen Amts, Walter Gehlhoff, und dem Botschafter der Volksrepublik Polen, Waclaw Piatkowski, über humanitäre Fragen geführt worden sind. Sie nahmen von diesem Bericht zustimmend Kenntnis.

Minister Olszowski stellte fest, daß in den Jahren 1971 bis 1975 auf der Grundlage der „Information der Regierung der Volksrepublik Polen" von 1970 etwa 65 000 Personen die Ausreisegenehmigung für den ständigen Aufenthalt in der Bundesrepublik Deutschland und der Deutschen Demokratischen Republik erhalten haben.

Minister Olszowski erklärte die Bereitschaft der Regierung der Volksrepublik Polen, unter Berücksichtigung aller Aspekte dieser Angelegenheit und im Bestreben nach ihrer umfassenden Lösung sich an den Staatsrat der Volksrepublik Polen zu wenden, um das Einverständnis zur Ausreise einer weiteren Personengruppe auf der Grundlage der „Information" und in Übereinstimmung mit den in ihr genannten Kriterien und Verfahren zu erlangen.

In diesem Zusammenhang stellte die polnische Seite fest, daß sie auf Grund der Untersuchungen der zuständigen polnischen Behörden in der Lage ist zu erklären, daß etwa 120 000 bis 125 000 Personen im Laufe der nächsten vier Jahre die Genehmigung ihres Antrages zur Ausreise erhalten werden. Dies bezieht sich auch auf die Prüfung und Bearbeitung von bereits eingereichten Ausreiseanträgen von Personen, deren nächste Familienangehörige (Ehegatten sowie Verwandte in gerader Linie) in der Bundesrepublik Deutschland aus unterschiedlichen Gründen nicht zu ihren Familien in Polen zurückgekehrt sind.

Die Ausreisegenehmigungen werden in dem vorgenannten Zeitraum möglichst gleichmäßig erteilt werden.

Es wird keine zeitliche Einschränkung für die Antragstellung durch Personen vorgesehen, die die in der „Information" genannten Kriterien erfüllen.

Minister Genscher erklärte seinerseits, daß nach den geltenden Gesetzen der Bundesrepublik Deutschland grundsätzlich jedermann ausreisen kann, der dies wünscht. Dies gelte auch für jedermann, der auf Grund eines von den polnischen Behörden genehmigten Ausreiseantrages in die Bundesrepublik Deutschland gelangt ist und später wieder in die Volksrepublik Polen zurückzukehren wünscht.

|                gez.                |                gez.            |
|          Hans-Dietrich Genscher   |          Stefan Olszowski      |

---

[1] Bulletin des Presse- und Informationsamtes der Bundesregierung 1975, S. 1199.

### 1.3.3  Schreiben des Bundesministers des Auswärtigen, Hans-Dietrich Genscher, an den Außenminister der Volksrepublik Polen, Stefan Olszowski, vom 9. März 1976

Sehr geehrter Herr Minister,

für die Unterrichtung über Ihre Erklärung gegenüber der polnischen Presseagentur vom 9. März 1976 zur Diskussion über die am 9. Oktober 1975 in Warschau unterzeichneten Vereinbarungen von Helsinki zwischen der Bundesrepublik Deutschland und der Volksrepublik Polen danke ich Ihnen sehr.

Ihre Erklärung stellt noch einmal das in Helsinki erzielte und bei meinem Besuch anläßlich der Unterzeichnung der Vereinbarungen in Warschau am 9. Oktober 1975 bestätigte Einverständnis darüber klar, daß alle sich aus den am 9. Oktober 1975 unterzeichneten Vereinbarungen ergebenden Verpflichtungen gleichermaßen verbindlich sind.

Die Bundesregierung legt der erneuten Bekräftigung großen Wert bei, daß im Laufe von vier Jahren etwa 120 000 bis 125 000 Personen die Genehmigung ihres Antrages zur Ausreise auf der Grundlage der „Information" und in Übereinstimmung mit den in ihr genannten Kriterien und Verfahren erhalten werden und daß darüber hinaus keine zeitliche Einschränkung für die Einrichtung und möglichst zügige Bearbeitung der Anträge von Personen vorgesehen wird, die die in der „Information" genannten Kriterien erfüllen, was bedeutet, daß auch in diesen Fällen die Ausreisegenehmigungen nach den genannten Verfahren erteilt werden.

Mit Befriedigung hat die Bundesregierung davon Kenntnis genommen, daß die Rot-Kreuz-Gesellschaften beider Seiten eine engere Zusammenarbeit auf der Basis der getroffenen Vereinbarungen in Aussicht genommen haben.

Ich bin zuversichtlich, daß die Zusammenarbeit zwischen der Botschaft der Bundesrepublik Deutschland in Warschau und dem polnischen Außenministerium sowie zwischen der Botschaft der Volksrepublik Polen in Bonn und dem Auswärtigen Amt der Bundesrepublik Deutschland bei der Durchführung aller getroffenen Vereinbarungen, darunter auch des Ausreiseprotokolls, sich weiter gut entwickeln wird.

Sie haben im einzelnen zu der politischen Bedeutung der Vereinbarungen Stellung genommen. Die Bundesregierung hat sich während des Ratifizierungsverfahrens im Deutschen Bundestag im gleichen Sinne geäußert. Sie ist der Überzeugung, daß die Verwirklichung der Vereinbarungen einen bedeutenden Beitrag für die Weiterentwicklung der gegenseitigen Beziehungen sowie für die Intensivierung des Prozesses der Entspannung und der Zusammenarbeit in Europa darstellt.

Mit dem Ausdruck
meiner ausgezeichnetsten Hochachtung
gez. Genscher

## 1.3.4  Schreiben des Außenministers der Volksrepublik Polen an den Bundesminister des Auswärtigen vom 15. März 1976

Warszawa, den 15. März 1976

Seiner Exzellenz
Herrn Hans-Dietrich Genscher
Bundesminister des Auswärtigen
Bonn

Sehr geehrter Herr Bundesminister!

Ich danke Ihnen höflich für Ihren Brief vom 9. März 1976. Ich benutze diese Gelegenheit, meine Zufriedenheit über die Zustimmung des Bundesrats zu dem Abkommen zwischen der Volksrepublik Polen und der Bundesrepublik Deutschland über Renten- und Unfallversicherung auszudrücken, das am 9. Oktober 1975 in Warschau unterzeichnet worden ist.

Ich habe die Ehre, Ihnen ebenfalls mitzuteilen, daß der Staatsrat der Volksrepublik Polen auf der Sitzung vom 15. März 1976 die im Protokoll enthaltenen Feststellungen der polnischen Seite akzeptiert und entsprechend dem Antrag der Regierung der Volksrepublik Polen sein Einverständnis zur Erteilung der Ausreisegenehmigung für etwa 120 000 bis 125 000 Personen im Laufe der nächsten vier Jahre gegeben hat.

Mit Genugtuung stelle ich fest, daß meinem Verständnis nach die in Ihrem Brief enthaltenen Feststellungen dem Inhalt der Erklärung entsprechen, die ich der Polnischen Presseagentur am 9. März 1976 gegeben habe, und in diesem Sinne kann ich die in Ihrem oben erwähnten Brief enthaltenen Ansichten teilen.

Mit dem Ausdruck
meiner ausgezeichnetsten Hochachtung
gez. Olszowski

## 3.  AUFNAHME DER AUSSIEDLER UND ZUWANDERER IN DER BUNDESREPUBLIK DEUTSCHLAND

## 3.1  Verordnung über die Bereitstellung von Durchgangslagern und über die Verteilung der in das Bundesgebiet aufgenommenen deutschen Vertriebenen auf die Länder des Bundesgebietes (Verteilungsverordnung), vom 28. März 1952 (BGBl. I, S. 236)

Auf Grund des Artikels 119 des Grundgesetzes für die Bundesrepublik Deutschland verordnet die Bundesregierung mit Zustimmung des Bundesrates:

### § 1

**Bereitstellung von Durchgangslagern**

(1) Die Länder sind verpflichtet, die Vertriebenen, die entweder im Zuge der Aussiedlung von Personen deutscher Staatsangehörigkeit oder deutscher Volks-

zugehörigkeit oder auf Grund einer ordnungsmäßigen Einreiseerlaubnis und einer Aufenthaltserlaubnis, die nicht nur zum vorübergehenden Aufenthalt berechtigt, im Bundesgebiet eintreffen, vorläufig in Durchgangslagern unterzubringen.

(2) Die Bundesregierung bestimmt die Durchgangslager, in welchen die eintreffenden Personen vorläufig unterzubringen sind.

## § 2
**Verteilung**

(1) Ein Beauftragter der Bundesregierung verteilt die in den Durchgangslagern vorläufig untergebrachten Personen, wenn sie keine Zusage für die Unterbringung in einem Lande besitzen und für die Begründung eines ersten Wohnsitzes auf öffentliche Hilfe angewiesen sind, auf die Länder.

(2) Der Bundesminister für Vertriebene[1] beruft und entläßt den Beauftragten der Bundesregierung.

(3) Die Länder bestimmen Vertreter, die vor der Verteilung in den Durchgangslagern zu hören sind.

(4) Die Verteilung erfolgt, soweit sie sich nicht nach § 3 regelt, nach einem vom Bundesrat festgesetzten Schlüssel.[2]

(5) Die Länder sind verpflichtet, die auf Grund der Verteilung zugewiesenen Personen unverzüglich aufzunehmen.

## § 3
**Familienzusammenführung**

(1) Verwandte auf- und absteigender Linie sowie Ehegatten und unmündige Geschwister sind nach ihrer Wahl entweder dem Land zuzuweisen, in dem ihre Angehörigen wohnen, oder in die Verteilung nach dem Schlüssel einzubeziehen.

(2) Verwandte auf- und absteigender Linie, die eine selbständige Familie begründet hatten und vor der Aussiedlung des ersten Familienteiles einen selbständigen Haushalt geführt haben, können nur dann die Einweisung in das Land, in dem ihre Angehörigen wohnen, wählen, wenn der Ernährer der zuzuweisenden Familie fehlt oder die Gemeindebehörde des betreffenden Landes bestätigt, daß eine Unterbringung im Wohnraum möglich ist.

## § 4
**Rücksicht auf Verwandtschaft und Beruf**

(1) Bei den übrigen Personen soll bei der Zuweisung auf verwandtschaftliche Beziehungen Rücksicht genommen werden, insbesondere wenn eine Unterbringung in gemeinsamem Wohnraum oder eine Beschäftigung im Betrieb eines Verwandten möglich ist.

(2) Der Beruf des Aufgenommenen und die Möglichkeit einer entsprechenden Berufsausübung sollen bei der Zuweisung berücksichtigt werden.

---

[1] jetzt: Bundesminister des Innern
[2] vgl. Einleitung Nr. 3

**§ 5**

**Rücksicht auf überbelegte Länder**

Die mit Vertriebenen überbelegten Länder werden bei der Festsetzung des Schlüssels gemäß § 2 Abs. 4 ausgenommen.

**§ 6**

**Anwendung der Verordnung im Lande Berlin**

Diese Verordnung gilt auch im Lande Berlin, sobald es die Anwendung dieser Verordnung beschlossen hat.

**§ 7**

**Schlußbestimmungen**

(1) Diese Verordnung tritt am Tage nach ihrer Verkündung in Kraft.

(2) Gleichzeitig tritt die Verordnung über die Bereitstellung von Lagern und über die Verteilung der in das Bundesgebiet aufgenommenen Deutschen aus den unter fremder Verwaltung stehenden deutschen Gebietsteilen, aus Polen und der Tschechoslowakei auf die Länder des Bundesgebietes vom 8. Feburar 1951 (Bundesanzeiger Nr. 29 vom 10. Februar 1951) außer Kraft.

(3) Wo in gesetzlichen Bestimmungen die im Absatz 2 bezeichnete Verordnung genannt ist, tritt an ihre Stelle diese Verordnung.

## 3.2 Grundsätze für die Aufnahme in der von der Arbeitsgemeinschaft der Landesflüchtlingsverwaltungen im Einvernehmen mit dem Bundesminister des Innern beschlossenen Fassung vom 19. Dezember 1986

I. Für das Verfahren bei der Aufnahme von Zuwanderern aus der DDR und Berlin (Ost) und von Aussiedlern werden vom Bund und den Landesflüchtlingsverwaltungen jeweils in ihrer Zuständigkeit folgende Grundsätze angewendet:

1. Bei der Festlegung des zunächst aufnehmenden Landes (Aufnahmeland) für Zuwanderer aus der DDR und Berlin (Ost) und für Aussiedler ist für eine gleichmäßige Belastung der Länder im Rahmen der hierzu vom Bundesrat festgesetzten Schlüsselzahlen Sorge zu tragen.

2. Der Beauftragte der Bundesregierung legt das Aufnahmeland für Antragsteller im Aufnahmeverfahren für Zuwanderer und im Registrierverfahren für Aussiedler, soweit mehrere Länder betroffen sind erforderlichenfalls in einer Aufnahmesitzung, unter angemessener Berücksichtigung des Ersteinweisungswunsches, der familiären und persönlichen Bindungen, der wohnungsmäßigen Unterbringung sowie der beruflichen Eingliederungsmöglichkeiten des Antragstellers nach Anhören des Ländervertreters fest. Eine von der Äußerung des Ländervertreters abweichende Festlegung ist schriftlich zu begründen.

Für das Anhören werden die Antragsunterlagen, aus denen das vorgesehene Aufnahmeland zu ersehen ist, dem Ländervertreter auf Verlangen zugeleitet.

Ein persönliches Gespräch eines Ländervertreters mit dem Antragsteller ist dann vorzusehen, wenn dies aus Gründen der Aufnahme erforderlich ist oder der Antragsteller oder der Ländervertreter es wegen der Beratung über Unterbringungs-, Arbeits- oder Betreuungsmöglichkeiten wünscht.

3. Sofern ein Antragsteller

a) pflegebedürftig ist,

b) als Alleinstehender unter 24 Jahren einer besonderen Betreuung bedarf,

c) voraussichtlich auf längere Zeit oder dauernd auf Leistungen nach Abschnitt 2 des Bundessozialhilfegesetzes (Hilfe zum Lebensunterhalt) oder der Kriegsopferfürsorge angewiesen sein wird,

legt der Beauftragte der Bundesregierung im Benehmen mit dem Ländervertreter entsprechend dem Quotenstand dieser Fälle unter Berücksichtigung von Nr. 2 das Aufnahmeland fest.

4. Die Zahlen der von den Ländern aufgenommenen Zuwanderer und Aussiedler sind monatlich vom Beauftragten der Bundesregierung festzustellen. Sie sind den Ländern unverzüglich mitzuteilen.

5. Wechselt ein aufgenommener Zuwanderer oder Aussiedler das Aufnahmeland innerhalb von zwei Jahren nach Aufenthaltnahme im Bundesgebiet, teilt die für den neuen Wohnort zuständige Dienststelle (Vertriebenen-, Flüchtlings- oder Ausgleichsamt) dies dem Beauftragten der Bundesregierung zur Berichtigung der Aufnahmezahlen mit. Einer Mitwirkung des Betroffenen bedarf es dabei nicht.

Der Beauftragte der Bundesregierung beteiligt bei der Berichtigung der Aufnahmezahlen die hiervon betroffenen Ländervertreter. Die Umbuchungen führen die Aufnahmestellen durch, die den Registrierschein/Aufnahmeschein ausgestellt haben.

II. In ihrer jeweiligen Zuständigkeit heben der Bund die Verteilungsrichtlinien in der vom Bundesminister für Vertriebene, Flüchtlinge und Kriegsgeschädigte mit Schreiben vom 10. März 1961 mitgeteilten Fassung und die Länder die Übernahmevereinbarung vom 31. Mai 1972 hiermit auf.

## 3.3  Richtlinie des Bundesministers des Innern für die Zahlung einer einmaligen Überbrückungshilfe der Bundesregierung vom 29. November 1985 (GMBl 1986, S. 8), geändert durch Richtlinie vom 17. Dezember 1986 (GMBl. 1987, S. 20)

### 1. Anspruchsberechtigte

Eine Überbrückungshilfe der Bundesregierung erhalten

a) Aussiedler im Sinne von § 1 Abs. 2 Nr. 3 und Abs. 3 des Bundesvertriebenengesetzes,

b) sonstige deutsche Staatsangehörige und deutsche Volkszugehörige, die vor dem 1. April 1952 ihren gewöhnlichen Aufenthalt in den in § 1 Abs. 2 Nr. 3 des Bundesvertriebenengesetzes genannten Gebieten gehabt haben,

c) Abkömmlinge von unter a) und b) genannten Personen,

d) Deutsche aus der DDR und aus Berlin (Ost), denen der Aufnahmeschein nach dem Notaufnahmegesetz erteilt ist,

wenn sie die in § 1 Abs. 2 Nr. 3 und § 3 des Bundesvertriebenengesetzes genannten Gebiete nach dem 31. März 1952 erstmals verlassen und innerhalb von sechs Monaten ihren gewöhnlichen Aufenthalt im Geltungsbereich des Bundesvertriebenengesetzes genommen haben. Für die Frist nach Satz 1 gilt § 10 Abs. 2 Satz 2 des Bundesvertriebenengesetzes sinngemäß.

## 2. Überbrückungshilfe

Die Überbrückungshilfe beträgt 200,– Deutsche Mark.

## 3. Zweckbestimmung

Die Überbrückungshilfe ist eine freiwillige Leistung der Bundesregierung zur Bestreitung der ersten dringenden Ausgaben. Sie wird nur einmal gezahlt.

## 4. Ausschluß

Überbrückungshilfe wird nur gewährt, wenn sie innerhalb von sechs Monaten nach Eintreffen im Geltungsbereich des Bundesvertriebenengesetzes beantragt worden ist.

Für den Ausschluß der Leistungen gelten die §§ 11 und 12 des Bundesvertriebenengesetzes.

## 5. Härtefälle

Die Überbrückungshilfe erhalten auch

a) zum Familienverband von Aussiedlern gehörende nichtdeutsche Angehörige, die gemeinsam mit Anspruchsberechtigten im Sinne der Richtlinie auf Dauer einreisen, sofern für sie eine Übernahmeerklärung des Bundesverwaltungsamtes vorliegt,

b) ehemalige politische Häftlinge im Sinne des § 1 Abs. 1 Nr. 1 Häftlingshilfegesetz, die unmittelbar aus dem Gewahrsam in den Aufnahmestellen eintreffen und auf die die Bestimmungen des Notaufnahmegesetzes keine Anwendung finden, sofern dies nicht durch Ausschließungsgründe nach § 1 Abs. 2 des Notaufnahmegesetzes bedingt ist,

c) Vertriebene gemäß § 1 Abs. 1 des Bundesvertriebenengesetzes, die nach ihrer Vertreibung aus von ihnen nicht zu vertretenden Gründen im Geltungsbereich des Bundesvertriebenengesetzes nicht eingegliedert werden konnten und nunmehr ihren ständigen Aufenthalt im Geltungsbereich des Bundesvertriebenengesetzes begründen,

wenn die Nichtgewährung eine unbillige Härte bedeuten würde.

## 6. Verfahren

Die Entscheidung über die Gewährung der Überbrückungshilfe einschließlich der Härtefälle obliegt dem Beauftragten der Bundesregierung für die Verteilung im Grenzdurchgangslager Friedland und dem Leiter des Bundesnotaufnahmeverfahrens.

Die Überbrückungshilfe wird von dem Leiter des Grenzdurchgangslagers oder von dem Leiter des Bundesnotaufnahmeverfahrens ausgezahlt.

Die Auszahlung ist auf dem Registrierschein oder auf dem Aufnahmeschein zu vermerken.

## 7. Inkrafttreten

Diese Richtlinie tritt für Berechtigte, die nach dem 31. Dezember 1985 im Geltungsbereich des Bundesvertriebenengesetzes eintreffen, an die Stelle der Richtlinien des Bundesministers des Innern für die Zahlung einer einmaligen Unterstützung der Bundesregierung (Begrüßungsgabe) vom 15. August 1974, zuletzt geändert am 10. Mai 1976.

### 3.4 Richtlinie des Bundesministers des Innern über die Verrechnungsfähigkeit der Kosten der Rückführung gemäß § 15 des Ersten Gesetzes zur Überleitung von Lasten und Deckungsmitteln auf den Bund (Erstes Überleitungsgesetz) in der Fassung der Bekanntmachung vom 28. April 1955 (BGBl. I S. 193 ff.), zuletzt geändert durch Gesetz vom 8. Juni 1977 (BGBl. I S. 801 ff.), Bekanntmachung des BMI vom 4. Februar 1986 – VtK I 4 – 933 720/31 – (GMBl. S. 87)

**§ 1**

**Anspruchsberechtigung**

(1) Rückführungskosten werden zum Ersatz von Auslagen, die außerhalb des Geltungsbereichs des Bundesvertriebenengesetzes entstehen, auf Antrag erstattet

1. Aussiedlern (§ 1 Abs. 2 Nr. 3 und Abs. 3 des Bundesvertriebenengesetzes)

2. Personen, die nicht zu den Berechtigten nach Nummer 1 gehören, weil sie ihren Wohnsitz erst nach dem 8. Mai 1945, jedoch vor dem 1. April 1952, in die in § 1 Abs. 2 Nr. 3 des Bundesvertriebenengesetzes genannten Gebiete verlegt haben, und

3. Abkömmlingen von Aussiedlern und von in Nr. 2 genannten Personen.

(2) Nicht anspruchsberechtigt sind Personen, die nach den §§ 10 bis 12 des Bundesvertriebenengesetzes von der Inanspruchnahme von Rechten und Vergünstigungen ausgeschlossen sind.

(3) Der Antrag muß innerhalb von zwei Jahren nach Eintreffen des Berechtigten im Geltungsbereich des Bundesvertriebenengesetzes gestellt werden; die Frist gilt auch als gewahrt, wenn der Antrag innerhalb eines Jahres nach Aushändigung des Vertriebenenausweises gestellt wird.

**§ 2**

**Art und Umfang der Rückführungskosten**

(1) Die Erstattung der Rückführungskosten umfaßt:

1. Fahrkosten (§ 3),

2. Gebühren für Paß und Ausreisegenehmigung (§ 4),

3. Gebühren für die Entlassung aus der Staatsangehörigkeit des Herkunftslandes (§ 5),

4. Güterbeförderungs- und sonstige Nebenkosten (§ 6).

(2) Rückführungskosten können an einen Berechtigten nur einmal gezahlt werden.

(3) Nicht nachgewiesene Kosten sind glaubhaft zu machen.

(4) Bei der Erstattung der Rückführungskosten sind aus Bundesmitteln gezahlte Vorschüsse und Darlehen auf die zu zahlenden Rückführungskosten anzurechnen.

(5) Über Härtefälle entscheidet der Bundesminister des Innern.

**§ 3**

**Fahrkosten**

(1) Erstattet werden die Fahrkosten grundsätzlich nur für die Fahrt auf der kürzesten Strecke mit der Eisenbahn in der niedrigsten Wagenklasse vom bisherigen Wohnort bis zum nächsten Grenzdurchgangslager im Geltungsbereich des Bundesvertriebenengesetzes oder, wenn ein Grenzdurchgangslager nicht unmittelbar berührt wird, bis zum Grenzbahnhof.

(2) Die Kosten eines Schlaf- oder Liegewagenplatzes oder der höheren Wagenklasse sind verrechnungsfähig, wenn die Strecke mindestens 1 500 Eisenbahnkilometer beträgt.

(3) Die Flugkosten für die kürzeste Strecke in der niedrigsten Klasse werden erstattet, wenn diese mindestens 2 000 Kilometer beträgt.

(4) Die Kosten eines Fluges oder eines Transports mit Krankenwagen werden dem Berechtigten erstattet, wenn durch ärztliches Zeugnis nachgewiesen wird, daß er aus gesundheitlichen Gründen auf diese Art der Beförderung angewiesen war. Einer notwendigen Begleitperson werden die Kosten der Hin- und Rückreise erstattet.

(5) Bei Benutzung anderer als der in den Absätzen 1 und 3 genannten Beförderungsmittel sind die tatsächlich entstandenen Kosten bis zu dem sich aus Absatz 1 ergebenden Betrag erstattungsfähig.

## § 4
### Erstattung der Kosten für Paß und Ausreisegenehmigung

(1) Erstattet werden die amtlichen Gebühren für die Beantragung und Ausstellung des Passes, der für die Ausreise benutzt worden ist.

(2) Erstattet werden die Gebühren für den Antrag und die Genehmigung der Ausreise.

## § 5
### Gebühren für die Entlassung aus der Staatsangehörigkeit des Herkunftslandes

(1) Gebühren für die Entlassung aus der Staatsangehörigkeit des Herkunftslandes, die vor dem Eintreffen im Geltungsbereich des Bundesvertriebenengesetzes entstanden sind, werden erstattet.

(2) Gebühren für die Entlassung aus der Staatsangehörigkeit, die nach dem Eintreffen der Berechtigten im Geltungsbereich des Bundesvertriebenengesetzes beantragt worden ist, werden erstattet, sofern mit der Entlassung aus der Staatsangehörigkeit die Zusammenführung mit zurückgelassenen Angehörigen der Familie (Ehegatte, Kinder, Eltern, Geschwister) ermöglicht oder eine durch die Ausreise des Berechtigten getrennte Haushaltsgemeinschaft mit weiteren Verwandten wiederhergestellt werden soll. Diese Gebühr ist nur für denjenigen Berechtigten verrechnungsfähig, der nach seiner Einreise die notwendigen Schritte für die Zusammenführung mit den zurückgelassenen Angehörigen tatsächlich in die Wege geleitet hat.

## § 6
### Güterbeförderungs- und sonstige Nebenkosten

(1) Die notwendigen Auslagen für die Beförderung des Umzugsguts werden den Anspruchsberechtigten erstattet, soweit für sie eine deutsche Übernahmegenehmigung und eine Aussiedlungsgenehmigung der Behörden des Herkunftsstaates erteilt worden ist.

(2) Als Umzugsgut ist der für die Lebensverhältnisse des Aussiedlers übliche Hausrat anzusehen. Zum Umzugsgut gehören auch die vom Aussiedler zur Ausübung seines Berufs üblicherweise erforderlichen Gegenstände. Neuanschaffungen zum Zwecke des Vermögenstransfers gehören nicht zum Umzugsgut.

(3) Verrechnungsfähig sind die Auslagen für die Beförderung des Umzugsguts vom bisherigen Wohnort bis zum nächsten Grenzdurchgangslager im Bundesgebiet oder, wenn ein Grenzdurchgangslager nicht aufgesucht wird, bis zum Ort des Grenzübertritts in das Bundesgebiet.

(4) Erstattungsfähig sind nur die Auslagen für die kostengünstige Versandart des Umzugsguts.

(5) Zur Abgeltung von Nebenkosten und sonstigen Gebühren wird für jeden Anspruchsberechtigten nach Absatz 1 eine Pauschalzahlung von dreißig Deutsche Mark geleistet.

## § 7

### Umrechnungskurse

(1) Bei der Erstattung der Kosten, die in ausländischer Währung entstehen, ist der in dem betreffenden Land am Tage des Grenzübertritts in den Geltungsbereich des Bundesvertriebenengesetzes gültige Devisenkurs für die Deutsche Mark zugrunde zu legen. Bei Ländern mit differenziertem Kurssystem ist der Kurs anzuwenden, über den Zahlungen im Reiseverkehr abgerechnet werden.

(2) In Fällen, in denen der Deutschen Bundesbank der Devisenkurs der Währung des Herkunftslandes am Tage des Grenzübertritts in den Geltungsbereich des Bundesvertriebenengesetzes noch nicht vorliegt, ist für die Abrechnung der ihr zuletzt bekanntgewordene Kurs zugrunde zu legen.

## § 8

### Übergangsregelung

Berechtigten, die vor dem Inkrafttreten dieser Richtlinie in den Geltungsbereich des Bundesvertriebenengesetzes einreisen, werden die Rückführungskosten nach den Richtlinien des Bundesministers des Innern über die Verrechnungsfähigkeit der Kosten der Rückführung gemäß § 15 des Ersten Überleitungsgesetzes vom 1. Juli 1960 in der Fassung vom 1. Oktober 1973 erstattet.

## § 9

### Inkrafttreten

Diese Richtlinie tritt am 1. Januar 1986 in Kraft.

## 3.5 Gesetz über die Festlegung eines vorläufigen Wohnortes für Aussiedler und Übersiedler vom 6. Juli 1989 (BGBl. I S. 1378)

### § 1

### Zweckbestimmung

Das Gesetz dient dem Ziel, im Interesse der Schaffung einer ausreichenden Lebensgrundlage den Aussiedlern nach § 1 Abs. 2 Nr. 3 des Bundesvertriebenengesetzes einschließlich der in § 1 Abs. 3 des Bundesvertriebenengesetzes genannten Personen und den Übersiedlern aus der DDR und Berlin (Ost) in der ersten Zeit nach ihrer Aufnahme im Geltungsbereich des Gesetzes zunächst die notwendige Fürsorge einschließlich vorläufiger Unterkunft zu gewährleisten und zugleich einer Überlastung von Gemeinden innerhalb der Länder durch eine angemessene Verteilung entgegenzuwirken.

### § 2

### Zuweisung eines vorläufigen Wohnortes

(1) Aussiedler und Übersiedler können nach der Aufnahme im Geltungsbereich des Gesetzes in einen vorläufigen Wohnort zugewiesen werden, wenn sie nicht über ausreichen-

den Wohnraum verfügen und daher bei der Unterbringung auf öffentliche Hilfe angewiesen sind. Das Grundrecht der Freizügigkeit (Artikel 11 Abs. 1 des Grundgesetzes) wird insoweit eingeschränkt.

(2) Bei der Entscheidung über die Zuweisung sollen Wünsche des Aufgenommenen, enge verwandschaftliche Beziehungen sowie die Möglichkeit seiner beruflichen Eingliederung berücksichtigt werden.

(3) Eine andere Gemeinde im Geltungsbereich des Gesetzes als die des zugewiesenen Ortes ist – außer in den Fällen des Absatzes 4 – nicht verpflichtet, den Aufgenommenen als Aussiedler oder Übersiedler zu betreuen.

(4) Die Zuweisung wird gegenstandslos, wenn der Aufgenommene nachweist, daß ihm an einem anderen Ort entweder nicht nur vorübergehend ausreichender Wohnraum oder ein Arbeits-, Ausbildungs- oder Studienplatz zur Verfügung steht, in jedem Falle spätestens nach zwei Jahren.

## § 3
### Entscheidung über die Zuweisung

(1) Die nach Landesrecht zuständige oder, mangels einer entsprechenden Regelung, die von der Landesregierung bestimmte Stelle trifft die Entscheidung über die Zuweisung nach Beratung des Aussiedlers oder Übersiedlers.

(2) Widerspruch und Klage gegen die Zuweisungsentscheidung haben keine aufschiebende Wirkung.

## § 4
### Ermächtigung für den Erlaß von Verordnungen

Die Landesregierungen werden ermächtigt, durch Rechtsverordnung
1. einen Schlüssel für die Zuweisung von Aussiedlern und Übersiedlern innerhalb des Landes festzulegen,
2. die Anforderungen an den ausreichenden Wohnraum im Sinne des § 2 Abs. 1 und 4 und die Form seines Nachweises zu umschreiben,
3. die Form des Nachweises eines Arbeits-, Ausbildungs- oder Studienplatzes im Sinne des § 2 Abs. 4 zu bestimmen,
4. die Verpflichtung zur Aufnahme der Aussiedler und Übersiedler durch die zum vorläufigen Wohnort bestimmte Gemeinde und das Aufnahmeverfahren zu regeln.
Sie können die Ermächtigung durch Rechtsverordnung auf andere Stellen übertragen.

## § 5
### Ausschluß der Anwendung

Auf Aussiedler und Übersiedler, die vor Inkrafttreten dieses Gesetzes in den Geltungsbereich des Gesetzes eingereist sind, um einen ständigen Aufenthalt zu begründen, findet dieses Gesetz keine Anwendung.

## § 6
### Berlin-Klausel

Dieses Gesetz gilt nach Maßgabe des § 13 Abs. 1 des Dritten Überleitungsgesetzes auch im Land Berlin.

**§ 7**

**Inkrafttreten und zeitliche Begrenzung des Gesetzes[1]**

Dieses Gesetz tritt am Tage nach der Verkündung in Kraft. Es tritt drei Jahre danach außer Kraft.

# 4. RECHTSSTELLUNG DER AUSSIEDLER UND ZUWANDERER

## 4.1 Gesetz über die Angelegenheiten der Vertriebenen und Flüchtlinge (Bundesvertriebenengesetz – BVFG –) vom 19. Mai 1953 in der Fassung der Bekanntmachung vom 3. September 1971 (BGBl. I S. 1565, ber. S. 1807), zuletzt geändert durch Gesetz vom 23. September 1990 (BGBl. II S. 885, 918)

**Erster Abschnitt**

**Allgemeine Bestimmungen**

Erster Titel

Begriffsbestimmungen

**§ 1**

**Vertriebener**

(1) Vertriebener ist, wer als deutscher Staatsangehöriger oder deutscher Volkszugehöriger seinen Wohnsitz in den zur Zeit unter fremder Verwaltung stehenden deutschen Ostgebieten oder in den Gebieten außerhalb der Grenzen des Deutschen Reiches nach dem Gebietsstande vom 31. Dezember 1937 hatte und diesen im Zusammenhang mit den Ereignissen des zweiten Weltkrieges infolge Vertreibung, insbesondere durch Ausweisung oder Flucht, verloren hat. Bei mehrfachem Wohnsitz muß derjenige Wohnsitz verlorengegangen sein, der für die persönlichen Lebensverhältnisse des Betroffenen bestimmend war. Als bestimmender Wohnsitz im Sinne des Satzes 2 ist insbesondere der Wohnsitz anzusehen, an welchem die Familienangehörigen gewohnt haben.

(2) Vertriebener ist auch, wer als deutscher Staatsangehöriger oder deutscher Volkszugehöriger

1. nach dem 30. Januar 1933 die in Absatz 1 genannten Gebiete verlassen und seinen Wohnsitz außerhalb des Deutschen Reiches genommen hat, weil aus Gründen politischer Gegnerschaft gegen den Nationalsozialismus oder aus Gründen der Rasse, des Glaubens oder der Weltanschauung nationalsozialistische Gewaltmaßnahmen gegen ihn verübt worden sind oder ihm drohten,

2. auf Grund der während des zweiten Weltkrieges geschlossenen zwischenstaatlichen Verträge aus außerdeutschen Gebieten oder während des gleichen Zeitraumes auf Grund von Maßnahmen deutscher Dienststellen aus den von der deutschen Wehrmacht besetzten Gebieten umgesiedelt worden ist (Umsiedler),

[1] Das Gesetz tritt am 14. Juli 1992 außer Kraft

3. nach Abschluß der allgemeinen Vertreibungsmaßnahmen vor dem 1. Juli 1990 oder danach in Wege der Aufnahme, die zur Zeit unter fremder Verwaltung stehenden deutschen Ostgebiete, Danzig, Estland, Lettland, Litauen, die Sowjetunion, Polen, die Tschechoslowakei, Ungarn, Rumänien, Bulgarien, Jugoslawien, Albanien oder China verlassen hat oder verläßt, es sei denn, daß er, ohne aus diesen Gebieten vertrieben und bis zum 31. März 1952 dorthin zurückgekehrt zu sein, nach dem 8. Mai 1945 einen Wohnsitz in diesen Gebieten begründet hat (Aussiedler).

4. ohne einen Wohnsitz gehabt zu haben, sein Gewerbe oder seinen Beruf ständig in den in Absatz 1 genannten Gebieten ausgeübt hat und diese Tätigkeit infolge Vertreibung aufgeben mußte,

5. seinen Wohnsitz in den in Absatz 1 genannten Gebieten gemäß § 10 des Bürgerlichen Gesetzbuchs durch Eheschließung verloren, aber seinen ständigen Aufenthalt dort beibehalten hatte und diesen infolge Vertreibung aufgeben mußte,

6. in den in Absatz 1 genannten Gebieten als Kind einer unter Nummer 5 fallenden Ehefrau gemäß § 11 des Bürgerlichen Gesetzbuchs keinen Wohnsitz, aber einen ständigen Aufenthalt hatte und diesen infolge Vertreibung aufgeben mußte.

(3) Als Vertriebener gilt auch, wer, ohne selbst deutscher Staatsangehöriger oder deutscher Volkszugehöriger zu sein, als Ehegatte eines Vertriebenen seinen Wohnsitz oder in den Fällen des Absatzes 2 Nr. 5 als Ehegatte eines deutschen Staatsangehörigen oder deutschen Volkszugehörigen den ständigen Aufenthalt in den in Absatz 1 genannten Gebieten verloren hat.

(4) Wer infolge von Kriegseinwirkungen Aufenthalt in den in Absatz 1 genannten Gebieten genommen hat, ist jedoch nur dann Vertriebener, wenn es aus den Umständen hervorgeht, daß er sich auch nach dem Kriege in diesen Gebieten ständig niederlassen wollte oder wenn er diese Gebiete nach dem 31. Dezember 1989 verlassen hat.

## § 2
### Heimatvertriebener

(1) Heimatvertriebener ist ein Vertriebener, der am 31. Dezember 1937 oder bereits einmal vorher seinen Wohnsitz in dem Gebiet desjenigen Staates hatte, aus dem er vertrieben worden ist (Vertreibungsgebiet); die Gesamtheit der in § 1 Abs. 1 genannten Gebiete, die am 1. Januar 1914 zum Deutschen Reich oder zur Österreichisch-Ungarischen Monarchie oder zu einem späteren Zeitpunkt zu Polen, zu Estland, zu Lettland oder zu Litauen gehört haben, gilt als einheitliches Vertreibungsgebiet.

(2) Als Heimatvertriebener gilt auch ein vertriebener Ehegatte oder Abkömmling, wenn der andere Ehegatte oder bei Abkömmlingen ein Elternteil am 31. Dezember 1937 oder bereits einmal vorher seinen Wohnsitz im Vertreibungsgebiet (Absatz 1) gehabt hat.

## § 3
### Sowjetzonenflüchtling

(1) Sowjetzonenflüchtling ist ein deutscher Staatsangehöriger oder deutscher Volkszugehöriger, der seinen Wohnsitz in der sowjetischen Besatzungszone oder im sowjetisch besetzten Sektor von Berlin hat oder gehabt hat und von dort vor dem 1. Juli 1990 geflüchtet ist, um sich einer von ihm nicht zu vertretenden und durch die politischen Verhältnisse bedingten besonderen Zwangslage zu entziehen. Eine besondere Zwangslage ist vor al-

lem dann gegeben, wenn eine unmittelbare Gefahr für Leib und Leben oder die persönliche Freiheit vorgelegen hat. Eine besondere Zwangslage ist auch bei einem schweren Gewissenskonflikt gegeben. Wirtschaftliche Gründe sind als besondere Zwangslage anzuerkennen, wenn die Existenzgrundlage zerstört oder entscheidend beeinträchtigt worden ist oder wenn die Zerstörung oder entscheidende Beeinträchtigung nahe bevorstand.

(2) Von der Anerkennung als Sowjetzonenflüchting ist ausgeschlossen,

1. wer dem in der sowjetischen Besatzungszone und im sowjetisch besetzten Sektor von Berlin herrschenden System erheblich Vorschub geleistet hat,

2. wer während der Herrschaft des Nationalsozialismus oder in der sowjetischen Besatzungszone oder im sowjetisch besetzten Sektor von Berlin durch sein Verhalten gegen die Grundsätze der Menschlichkeit oder Rechtsstaatlichkeit verstoßen hat,

2. wer die freiheitliche demokratische Grundordnung der Bundesrepublik Deutschland einschließlich des Landes Berlin bekämpft hat.

(3) § 1 Abs. 1 Satz 2 und 3, Abs. 2 Nr. 4 bis 6, Abs. 3 und 4 ist sinngemäß anzuwenden.

## § 4

(gestrichen)

## § 5

### Verwendung des Wortes „Vertreibung"

Soweit in diesem Gesetz das Wort „Vertreibung" verwendet wird, sind hierunter auch die Tatbestände der §§ 3 und 4 zu verstehen.

## § 6

### Volkszugehörigkeit

Deutscher Volkszugehöriger im Sinne dieses Gesetzes ist, wer sich in seiner Heimat zum deutschen Volkstum bekannt hat, sofern dieses Bekenntnis durch bestimmte Merkmale wie Abstammung, Sprache, Erziehung, Kultur bestätigt wird.

## § 7

### Nach der Vertreibung geborene oder legitimierte Kinder

Kinder, die nach der Vertreibung geboren sind, erwerben die Eigenschaft als Vertriebener oder Sowjetzonenflüchtling des Elternteiles, dem im Zeitpunkt der Geburt oder der Legitimation das Recht der Personensorge zustand oder zusteht. Steht beiden Elternteilen das Recht der Personensorge zu, so erwirbt das Kind die Eigenschaft als Vertriebener oder Sowjetzonenflüchtling desjenigen Elternteiles, dem im Zeitpunkt der Geburt oder der Legitimation das Recht der gesetzlichen Vertretung zustand oder zusteht.

## § 8

### Heirat und Annahme als Kind

Durch Heirat oder Annahme als Kind nach der Vertreibung wird die Eigenschaft als Vertriebener oder Sowjetzonenflüchtling weder erworben noch verloren.

Zweiter Titel

Voraussetzungen für die Inanspruchnahme von Rechten und Vergünstigungen

## § 9
### Ständiger Aufenthalt

(1) Rechte und Vergünstigungen als Vertriebener oder Sowjetzonenflüchtling kann vorbehaltlich der §§ 10 bis 13 nur in Anspruch nehmen, wer im Geltungsbereich des Gesetzes seinen ständigen Aufenthalt hat.

(2) Die Beschränkung des Absatzes 1 gilt nicht für einen Vertriebenen oder Sowjetzonenflüchtling, der als Angehöriger des öffentlichen Dienstes seinen ständigen Aufenthalt im Ausland genommen hat.

## § 10
### Stichtag für Vertriebene

(1) Rechte und Vergünstigungen als Vertriebener kann nur in Anspruch nehmen, wer bis zum 31. Dezember 1952 im Geltungsbereich des Gesetzes seinen ständigen Aufenthalt genommen hat.

(2) Ohne Rücksicht auf den in Absatz 1 genannten Stichtag kann ein Vertriebener Rechte und Vergünstigungen in Anspruch nehmen, wenn er im Geltungsbereich des Gesetzes seinen ständigen Aufenthalt genommen hat

1. als nach dem 31. Dezember 1952 geborenes Kind eines zur Inanspruchnahme von Rechten und Vergünstigungen berechtigten Vertriebenen,

2. spätestens sechs Monate nach dem Zeitpunkt, in dem er die zur Zeit unter fremder Verwaltung stehenden deutschen Ostgebiete oder das Gebiet desjenigen Staates, aus dem er vertrieben oder ausgesiedelt worden ist, verlassen hat,

3. als Heimkehrer nach den Vorschriften des Heimkehrergesetzes vom 19. Juni 1950 (Bundesgesetzblatt S. 221) in seiner jeweils geltenden Fassung,

4. im Wege der Familienzusammenführung gemäß § 94 Abs. 2, vorausgesetzt, daß er mit einem Angehörigen zusammengeführt wird, der schon am 31. Dezember 1952 im Geltungsbereich des Gesetzes seinen ständigen Aufenthalt hatte oder der selbst Rechte und Vergünstigungen als Vertriebener oder Sowjetzonenflüchtling in Anspruch nehmen kann,

5. als Sowjetzonenflüchtling gemäß § 3,

6. nach Zuzug aus dem Ausland bis zum 31. Dezember 1964, wenn die hierfür im Geltungsbereich des Gesetzes bestehenden Vorschriften beachtet worden sind, oder

7. nach Zuzug aus der sowjetischen Besatzungszone Deutschlands oder aus dem sowjetisch besetzten Sektor von Berlin bis zum 31. Dezember 1964.

Bei der Frist nach Nummer 2 werden solche Zeiten nicht mitgerechnet, in denen ein Vertriebener nach Verlassen eines der in § 1 Abs. 2 Nr. 3 bezeichneten Gebiete, aus dem er vertrieben oder ausgesiedelt worden ist, in einem anderen der dort bezeichneten Gebiete sich aufgehalten hat, ferner nicht solche Zeiten, in denen er oder ein mit ihm vertriebener oder ausgesiedelter Familienangehöriger aus Gründen, die er nicht zu vertreten hat, an der Weiterreise in den Geltungsbereich des Gesetzes gehindert worden ist.

## § 11

**Ausschluß von der Inanspruchnahme von Rechten und Vergünstigungen**

Rechte und Vergünstigungen als Vertriebener oder Sowjetzonenflüchtling kann nicht in Anspruch nehmen, wer

1. nach dem 31. Dezember 1937 erstmalig Wohnsitz in einem in das Deutsche Reich eingegliederten, von der deutschen Wehrmacht besetzten oder in den deutschen Einflußbereich einbezogenen Gebiet genommen und dort die durch die nationalsozialistische Gewaltherrschaft geschaffene Lage ausgenutzt hat,

2. während der Herrschaft des Nationalsozialismus oder im Vertreibungsgebiet oder in der sowjetischen Besatzungszone Deutschlands oder im sowjetisch besetzten Sektor von Berlin durch sein Verhalten gegen die Grundsätze der Menschlichkeit oder Rechtsstaatlichkeit verstoßen hat,

3. dem in der sowjetischen Besatzungszone Deutschlands und im sowjetisch besetzten Sektor von Berlin und in den in § 1 Abs. 2 Nr. 3 genannten Gebieten herrschenden System erheblich Vorschub geleistet hat oder leistet,

4. die freiheitliche demokratische Grundordnung der Bundesrepublik Deutschland einschließlich des Landes Berlin bekämpft hat oder bekämpft oder

5. offensichtlich ohne wichtige Gründe aus dem Geltungsbereich des Gesetzes in die in § 1 Abs. 2 Nr. 3 genannten Gebiete oder in die sowjetische Besatzungszone Deutschlands oder in den sowjetisch besetzten Sektor von Berlin verzogen und von dort zurückgekehrt ist.

Bei der Anwendung der Nummer 5 bleibt § 1 Abs. 2 Nr. 3 unberührt.

## § 12

**Ausschluß bei Erwerb einer fremden Staatsangehörigkeit**

(1) Rechte und Vergünstigungen als Vertriebener oder Sowjetzonenflüchtling kann nicht in Anspruch nehmen, wer nach der Vertreibung eine fremde Staatsangehörigkeit erworben hat oder erwirbt und seine Rechtsstellung als Deutscher im Sinne des Artikels 116 des Grundgesetzes verliert. Dies gilt nicht im Falle des § 1 Abs. 2 Nr. 1, es sei denn, daß die fremde Staatsangehörigkeit nach Inkrafttreten dieses Gesetzes erworben wird.

(2) Erwirbt ein Vertriebener oder Sowjetzonenflüchtling, der nach der Vertreibung eine fremde Staatsangehörigkeit erworben hat, die deutsche Staatsangehörigkeit, so kann er von diesem Zeitpunkt ab Rechte und Vergünstigungen als Vertriebener oder Sowjetzonenflüchtling in Anspruch nehmen, sofern die sonstigen Voraussetzungen dieses Titels gegeben sind.

## § 13

**Beendigung der Inanspruchnahme von Rechten und Vergünstigungen**

(1) Rechte und Vergünstigungen als Vertriebener oder Sowjetzonenflüchtling nach diesem Gesetz kann nicht mehr in Anspruch nehmen, wer in das wirtschaftliche und soziale Leben in einem nach seinen früheren wirtschaftlichen und sozialen Verhältnissen zumutbaren Maße eingegliedert ist. Unberührt bleiben die Vorschriften des Ersten Abschnittes sowie des § 70 Abs. 1 bis 4 und der §§ 71, 81 bis 90 und 92 bis 97 dieses Gesetzes. Unberührt bleiben ferner die Vergünstigungen nach § 91, soweit es sich um die Rückzahlung von Leistungen der Sozial-

hilfe handelt, die vor der Erteilung des Ausschließungsvermerks empfangen wurden. Unberührt bleiben auch steuerrechtliche Vergünstigungen, die sich auf die Zeit vor der Erteilung des Ausschließungsvermerks beziehen, soweit nicht in anderen Vorschriften eine günstigere Regelung getroffen ist.

(2) Dasselbe gilt, wenn ein Vertriebener oder Sowjetzonenflüchtling in die in § 1 Abs. 1 und § 3 genannten Gebiete nicht zurückkehrt, obwohl ihm die Rückkehr dorthin möglich und zumutbar ist.

(3) Über die Beendigung der Inanspruchnahme von Rechten und Vergünstigungen gemäß den Absätzen 1 und 2 entscheiden die nach Landesrecht bestimmten Behörden. Der Vertriebene oder Sowjetzonenflüchtling ist verpflichtet, diesen Dienststellen auf Verlangen die erforderlichen Auskünfte zu erteilen und Unterlagen vorzulegen. Die für die Gewährung von Rechten und Vergünstigungen zuständigen Stellen sind berechtigt, deren Beendigung zu beantragen.

Dritter Titel
Erweiterung des Personenkreises

## § 14
**Ermächtigung**

Die Bundesregierung wird ermächtigt, durch Rechtsverordnung mit Zustimmung des Bundesrates weitere Personengruppen, die von Vertreibungs- oder vertreibungsähnlichen Maßnahmen betroffen sind oder werden, den Vertriebenen oder Sowjetzonenflüchtlingen gleichzustellen sowie Voraussetzungen und Umfang der ihnen zu gewährenden Rechte und Vergünstigungen zu bestimmen.

Vierter Titel
Ausweise

## § 15
**Zweck und Arten der Ausweise**

(1) Vertriebene und Sowjetzonenflüchtlinge erhalten zum Nachweis ihrer Vertriebenen- oder Flüchtlingseigenschaft (§§ 1 bis 4) Ausweise, deren Muster der Bundesminister des Innern bestimmt.

(2) Es erhalten

1. Heimatvertriebene den Ausweis A,

2. Vertriebene, die nicht Heimatvertriebene sind, den Ausweis B,

3. Sowjetzonenflüchtlinge (§§ 3 und 4), die nicht gleichzeitig Vertriebene sind, den Ausweis C.

(3) Liegen bei einem Vertriebenen die Voraussetzungen des § 3 vor, so ist auf Antrag der Ausweis A oder B durch einen entsprechenden Vermerk zu kennzeichnen.

(4) Die Ausweise derjenigen Vertriebenen und Sowjetzonenflüchtlinge, die nach den §§ 9 bis 12 zur Inanspruchnahme von Rechten und Vergünstigungen nicht berechtigt sind, werden besonders gekennzeichnet.

(5) Die Entscheidung über die Ausstellung des Ausweises ist für alle Behörden und Stellen verbindlich, die für die Gewährung von Rechten oder Vergünstigungen als Vertriebener oder Sowjetzonenflüchtling nach diesem oder einem anderen Gesetz zuständig sind. Hält eine Behörde oder Stelle die Entscheidung der zuständigen Behörde über die Ausstellung des Ausweises nicht für gerechtfertigt, so kann sie nur ihre Änderung oder Aufhebung durch die Ausstellungsbehörde beantragen. Wenn diese dem Antrag nicht entsprechen will, so entscheidet darüber die gemäß § 21 errichtete zentrale Dienststelle oder die von dieser bestimmte Behörde des Landes, in welchem der Ausweis ausgestellt worden ist.

## § 16

### Zuständigkeit und Verfahren

(1) Den Ausweis stellen auf Antrag die nach Landesrecht bestimmten Stellen aus. In den Fällen, in welchen ein Vertriebener oder Sowjetzonenflüchtling seinen gewöhnlichen Aufenthalt im Ausland hat, bestimmt die Regierung des Landes, in welchem die Bundesregierung ihren Sitz hat, die zuständige Behörde. Solange sich ein Vertriebener oder Sowjetzonenflüchtling in einem Gast- oder Durchgangslager befindet, bestimmt die Regierung des Landes, in welchem das Lager gelegen ist, die zuständige Behörde.

(2) Der Antrag ist auf einem Vordruck zu stellen, dessen Fassung der Bundesminister des Innern im Benehmen mit den zentralen Dienststellen der Länder (§ 21) bestimmt.

(3) Hält die Behörde mit Rücksicht auf die Bedeutung einer Aussage eine eidliche Vernehmung für geboten, so ist das Amtsgericht, in dessen Bezirk die zu vernehmende Person ihren Wohnsitz oder Aufenthaltsort hat, um die eidliche Vernehmung zu ersuchen. Auf das Vernehmungsersuchen sind die Vorschriften des Gerichtsverfassungsgesetzes und der Zivilprozeßordnung sinngemäß anzuwenden.

## § 17

### Ablehnender Bescheid

Wird die Ausstellung des Ausweises oder die Eintragung eines Vermerks gemäß § 15 Abs. 3 abgelehnt, der Ausweis gemäß § 15 Abs. 4 oder § 19 besonders gekennzeichnet oder gemäß § 18 eingezogen oder für ungültig erklärt, so ist die Entscheidung schriftlich zu erlassen.

## § 18

### Einziehung und Ungültigkeitserklärung

Der Ausweis ist einzuziehen oder für ungültig zu erklären, wenn die Voraussetzungen für seine Ausstellung nicht vorgelegen haben. Hierüber entscheidet die Ausstellungsbehörde.

## § 19

### Vermerk über die Beendigung der Inanspruchnahme von Rechten und Vergünstigungen

Die Beendigung der Inanspruchnahme von Rechten und Vergünstigungen ist im Ausweis zu vermerken. Der Ausweis bleibt im Besitz des Inhabers.

## § 20

(aufgehoben)

**Zweiter Abschnitt**

**Behörden und Beiräte**

Erster Titel

Behörden

## § 21

**Landesflüchtlingsverwaltungen**

Die Länder sind verpflichtet, zur Durchführung dieses Gesetzes zentrale Dienststellen zu unterhalten. Diese sind, soweit sie nicht selbst zuständig sind, bei den Maßnahmen zur Durchführung dieses Gesetzes zu beteiligen.

Zweiter Titel

Beiräte

## § 22

**Bildung und Aufgaben**

(1) Bei dem Bundesminister des Innern und bei den zentralen Dienststellen der Länder sind Beiräte für Vertriebenen- und Flüchtlingsfragen zu bilden.

(2) Die Beiräte haben die Aufgabe, die Bundesregierung und die Landesregierungen sachverständig in Vertriebenen- und Flüchtlingsfragen zu beraten. Sie sollen zu allgemeinen Regelungen und Maßnahmen gehört werden.

## § 23

**Zusammensetzung des Beirates bei dem Bundesminister des Innern**

(1) Der Beirat für Vertriebenen- und Flüchtlingsfragen bei dem Bundesminister des Innern setzt sich zusammen aus

je einem Vertreter der bei den zentralen Dienststellen der Länder gebildeten Beiräte für Vertriebenen- und Flüchtlingsfragen (§ 22),

sechzehn Vertretern der auf Bundesebene tätigen Organisationen der Vertriebenen und Flüchtlinge, je einem Vertreter der Evangelischen und der Katholischen Kirche,

je einem Vertreter der kommunalen Spitzenverbände,

je einem Vertreter der anerkannten Spitzenverbände der freien Wohlfahrtspflege sowie des Deutschen Vereins für öffentliche und private Fürsorge,

zwei Vertretern der Spitzenorganisationen der Arbeitgeber und zwei Vertretern der Spitzenorganisationen der Arbeitnehmer.

(2) Für jedes Mitglied des Beirates kann ein Stellvertreter berufen werden.

(3) Den Vorsitz im Beirat führt der Bundesminister des Innern.

## § 24

**Berufung und Amtsdauer**

Die Mitglieder des Beirates für Vertriebenen- und Flüchtlingsfragen bei dem Bundesminister des Innern und ihre Stellvertreter beruft dieser auf Vorschlag der in § 23 genannten Organisationen auf die Dauer von vier Jahren. Scheidet ein Mitglied des Beirates vor Ablauf der Amtsdauer aus oder verliert ein Mitglied seine Eigenschaft als Vertreter einer der in § 23 genannten Organisationen, so beruft der Bundesminister des Innern auf Vorschlag dieser Organisation einen Ersatzmann für den Rest der Amtsdauer.

## § 25
### Zusammensetzung der Beiräte bei den zentralen Dienststellen der Länder

Die Zusammensetzung der Beiräte für Vertriebenen- und Flüchtlingsfragen bei den zentralen Dienststellen der Länder und die Berufung und Amtsdauer ihrer Mitglieder regeln die Länder.

## Dritter Abschnitt
### Aufnahme und Eingliederung
#### Erster Teil
### Aufnahme
## § 26
### Aufnahmebescheid

Personen, die die in § 1 Abs. 2 Nr. 3 genannten Gebiete als Aussiedler verlassen wollen, um im Geltungsbereich dieses Gesetzes ihren ständigen Aufenthalt zu nehmen, wird nach Maßgabe der folgenden Vorschriften ein Aufnahmebescheid erteilt.

## § 27
### Anspruch

(1) Der Aufnahmebescheid wird auf Antrag Personen mit Wohnsitz in den Aussiedlungsgebieten des § 1 Abs. 2 Nr. 3 erteilt, die nach Verlassen dieser Gebiete die Voraussetzungen als Aussiedler erfüllen.

(2) Abweichend von Absatz 1 kann Personen, die sich ohne Aufnahmebescheid im Geltungsbereich des Gesetzes aufhalten, ein Aufnahmebescheid erteilt werden, wenn die Versagung eine besondere Härte bedeuten würde und die sonstigen Voraussetzungen vorliegen.

## § 28
### Verfahren

(1) Das Bundesverwaltungsamt führt das Aufnahmeverfahren durch und erteilt den Aufnahmebescheid.

(2) Der Aufnahmebescheid darf erst nach Zustimmung des aufnehmenden Landes erteilt werden. Das Land kann die Zustimmung verweigern, wenn die Voraussetzungen des § 27 Abs. 1 nicht erfüllt sind.

(3) Das Bundesverwaltungsamt bestimmt für das Aufnahmeverfahren das aufnehmende Land in entsprechender Anwendung der Verteilungsverordnung in der im Bundesgesetzblatt Teil III, Gliederungsnummer 240-3, veröffentlichten bereinigten Fassung. Die im Aufnahmebescheid begünstigte Person wird dem Land zugewiesen, das die Zustimmung nach § 28 Abs. 2 erteilt hat, soweit nicht eine abweichende Verteilung nach den Vorschriften der Verteilungsverordnung notwendig ist.

## § 29
### Datenschutz

(1) Das Bundesverwaltungsamt und die im Aufnahmeverfahren mitwirkenden Behörden dürfen, soweit es zur Feststellung der Voraussetzungen nach § 27 erforderlich ist,

1. bei ihnen vorhandene personenbezogene Daten nutzen, die über die Vertriebeneneigenschaft Aufschluß geben, auch wenn sie für andere Zwecke erhoben oder gespeichert worden sind,

2. personenbezogene Daten beim Betroffenen erheben.

Unter den gleichen Voraussetzungen dürfen sie ohne Mitwirkung des Betroffenen bei anderen öffentlichen und nichtöffentlichen Stellen auch außerhalb des Geltungsbereichs dieses Gesetzes personenbezogene Daten erheben, soweit die nach Satz 1 erhobenen Daten eine Entscheidung über den Antrag des Betroffenen nicht ermöglichen. Öffentliche Stellen sind zu diesem Zwecke zu Auskünften verpflichtet. Die Nutzung und Übermittlung nach Satz 1 Nr. 1 und nach den Sätzen 2 und 3 unterbleiben, wenn besondere gesetzliche Verwendungsregelungen oder überwiegende schutzwürdige Interessen des Betroffenen oder Dritter entgegenstehen.

(2) Die im Aufnahmeverfahren gesammelten Daten dürfen, soweit gesetzlich nichts anderes bestimmt ist, nur für Zwecke dieses Verfahrens, für Verfahren nach der Verteilungsverordnung einschließlich der vorläufigen Unterbringung durch die Länder, für Verfahren nach den §§ 15 bis 19 und zur Feststellung der Rechtsstellung als Deutscher nach Artikel 116 Abs. 1 des Grundgesetzes sowie für lastenausgleichsrechtliche Verfahren genutzt und übermittelt werden.

## §§ 30 – 34

(aufgehoben)

Zweiter Titel

Landwirtschaft

## § 35

**Grundsatz**

Vertriebene und Sowjetzonenflüchtlinge, die aus der Landwirtschaft stammen oder nach der Vertreibung überwiegend in der Landwirtschaft tätig waren, sollen nach Maßgabe dieses Titels dadurch in die Landwirtschaft eingegliedert werden, daß sie entweder als Siedler im Sinne der Siedlungs- und Bodenreformgesetzgebung oder sonst als Eigentümer oder Pächter land- oder forstwirtschaftlicher Grundstücke oder in einem anderen zweckdienlichen Nutzungsverhältnis angesetzt werden.

## § 36

**Voraussetzungen für die Eingliederung**

Für die Eingliederung nach § 35 müssen die folgenden Voraussetzungen vorliegen:

1. Der Erwerber oder Pächter muß die zur ordnungsmäßigen Bewirtschaftung der Stelle erforderlichen Eignung besitzen.

2. Die Umstände müssen erwarten lassen, daß durch die Veräußerung oder Verpachtung für den Erwerber oder Pächter eine neue gesicherte Lebensgrundlage geschaffen oder eine bereits geschaffene, aber noch gefährdete Lebensgrundlage gesichert wird. Diese Voraussetzungen können auch erfüllt sein, wenn die Veräußerung oder Verpachtung zur Begründung einer landwirtschaftlichen Nebenerwerbsstelle dient.

3. Der Erwerber oder Pächter darf nicht mit dem Veräußerer oder Verpächter in gerader Linie verwandt sein. Das gilt nicht, wenn der Veräußerer oder Verpächter nach dem Flüchtlingssiedlungsgesetz vom 10. August 1949 (Gesetzblatt der Verwaltung des Vereinigten Wirtschaftsgebietes S. 231) oder nach den Vorschriften dieses Titels in die Landwirtschaft eingegliedert ist.

4. Der Pächter darf nicht der Ehegatte des Verpächters sein.

## § 37

### Mitwirkung der Siedlungsbehörde

(1) Voraussetzung für die Gewährung von Darlehen und Beihilfen nach den §§ 41 bis 45 und für die Gewährung von Vergünstigungen auf dem Gebiete des Steuer- und Abgabenrechts nach den §§ 47 bis 56 ist die Mitwirkung der Siedlungsbehörde bei der Eingliederung (§ 35). Sie kann auch dadurch mitwirken, daß sie einem bereits abgeschlossenen Vertrage zustimmt. Im Falle des § 44 erfolgt die Mitwirkung der Siedlungsbehörde durch Erteilung einer Bescheinigung darüber, daß die Voraussetzungen des § 44 vorliegen.

(2) Die Siedlungsbehörde hat mitzuwirken, wenn die Voraussetzungen für die Gewährung von Darlehen und Beihilfen oder von Vergünstigungen auf dem Gebiete des Steuer- und Abgabenrechts (§§ 35 und 36) vorliegen. Sie hat ihre Mitwirkung zu versagen, wenn diese Voraussetzungen nicht erfüllt sind.

(3) Sie kann die Mitwirkung versagen, wenn der Erwerber oder Pächter mit dem Veräußerer oder Verpächter bis zum dritten Grade der Seitenlinie verwandt oder als Verwandter der Seitenlinie gesetzlicher Erbe oder bis zum zweiten Grade verschwägert ist und die Veräußerung oder Verpachtung auch ohne die Vergünstigungen auf dem Gebiete des Steuer- und Abgabenrechts erfolgen würde oder der Erwerber oder Pächter durch die Veräußerung oder Verpachtung auch ohne diese Vergünstigungen eine gesicherte Lebensgrundlage in der Land- oder Forstwirtschaft bereits hat oder erhält. Hierdurch wird die Gewährung von Darlehen und Beihilfen und die hierfür erforderliche Mitwirkung der Siedlungsbehörde nicht ausgeschlossen.

(4) Die zuständigen Behörden haben ohne weitere Nachprüfung die Vergünstigungen auf dem Gebiete des Steuer- und Abgabenrechts nach den §§ 47 bis 56 zu gewähren, wenn die Siedlungsbehörde bescheinigt, daß die Voraussetzungen für die Gewährung dieser Vergünstigungen vorliegen. Diese Bescheinigung ist für die zuständigen Behörden bindend.

(5) Die Darlehen und Beihilfen (Absatz 1) können mit Zustimmung der Siedlungsbehörde auch in den Fällen gewährt werden, in denen Vertriebene oder Sowjetzonenflüchtlinge bereits vor Inkrafttreten dieses Gesetzes in einer dem § 42 entsprechenden Weise ohne Mitwirkung der Siedlungsbehörde zur Ansetzung gelangt sind.

## § 38

### Beteiligung an der Neusiedlung

Bei der Vergabe von Neusiedlerstellen ist das neu anfallende Siedlungsland im Bundesgebiet ländermäßig nach Fläche und Güte mindestens zur Hälfte dem in § 35 genannten Personenkreis zuzuteilen. Bei der weiteren Vergabe sind gleichrangig die einheimischen Siedlungsbewerber entsprechend der Zahl der vorliegenden Anträge zu berücksichtigen.

## § 39
### Auslaufende und wüste Höfe

(1) Für die Ansetzung nach § 35 kommen vor allem auch auslaufende Höfe, deren unwirtschaftliche Zerschlagung verhindert werden soll, sowie wüste Höfe, die sich für eine Wiederinbetriebnahme eignen, in Betracht.

(2) Auslaufende Höfe sind landwirtschaftliche Betriebe, deren Eigentümer diese nicht mehr selbst bewirtschaften oder bewirtschaften können und keine Erben haben, die den Betrieb selbst bewirtschaften können oder wollen. Wüste Höfe sind früher selbständige landwirtschaftliche Betriebe, deren Betriebsgebäude ganz oder teilweise noch vorhanden sind, deren Land aber veräußert oder verpachtet oder anderweitig zur Nutzung abgegeben worden ist.

## § 40
### Moor-, Ödland und Rodungsflächen

(1) Für die Ansetzung nach § 35 kommen ferner Moor-, Ödland und Rodungsflächen in Betracht.

(2) Für die Anwendung des § 3 des Reichssiedlungsgesetzes vom 11. August 1919 (Reichsgesetzblatt I, S. 1429) stehen dem Moor- und Ödland gleich

1. landwirtschaftlich nutzbare Ländereien, die nicht planmäßig bewirtschaftet werden,

2. nicht sachgemäß bewirtschaftete Holzbodenflächen (Rodungsflächen), soweit sie zur Besiedlung geeignet sind. Die Enteignung von Rodungsflächen ist nur nach Anhören der obersten Landesforstbehörde zulässig.

## § 41
### Darlehen und Beihilfen bei Neusiedlung

Können für die Ansetzung von Vertriebenen oder Sowjetzonenflüchtlingen als Neusiedler Mittel nicht rechtzeitig oder nur in unzureichendem Maße eingesetzt werden, so können zugunsten des einzelnen Vertriebenen oder Sowjetzonenflüchtlings zusätzlich zu den von den Ländern bereitzustellenden Finanzierungshilfen zinslose Darlehen und Beihilfen, insbesondere zur Land- und Inventarbeschaffung und für notwendige bauliche Aufwendungen, gewährt werden.

## § 42
### Darlehen und Beihilfen bei Übernahme bestehender landwirtschaftlicher Betriebe

Wird ein land- oder forstwirtschaftlicher Betrieb (Betrieb) oder ein Teil eines solchen Betriebes (Betriebsteil) oder ein Grundstück im Sinne des Bewertungsgesetzes, dessen Veräußerung oder Verpachtung der Bildung eines land- oder forstwirtschaftlichen Betriebes des Erwerbers oder Pächters dient oder das zur Grundlage einer landwirtschaftlichen Nebenerwerbsstelle wird (Grundstück), unter Mitwirkung der Siedlungsbehörde (§ 37) an einen zu dem in § 35 genannten Personenkreis gehörigen Vertriebenen oder Sowjetzonenflüchtling veräußert oder auf mindestens zwölf Jahre verpachtet, so können zur Finanzierung der hierfür erforderlichen Aufwendungen, insbesondere zur Zahlung des Erwerbspreises, zur Anschaffung des Inventars, für notwendige bauliche Aufwendungen und für die Beschaffung von Ersatzwohnungen, zinslose Darlehen gewährt werden. Es können in besonderen Fällen an Stelle oder neben Darlehen auch Beihilfen gewährt werden.

### § 43
### Beihilfen bei Ansetzung auf Moor-, Ödland oder Rodungsflächen

Sofern die Ansetzung von Vertriebenen oder Sowjetzonenflüchtlingen auf kultivierbarem Moor- oder Ödland oder auf Rodungsflächen (§ 40) gewährleistet ist, können außer den in den §§ 41 und 42 genannten Darlehen und Beihilfen dem Siedlungsbewerber oder dem Siedlungsunternehmen auf Antrag des Landes Beihilfen bis zu 2500 Deutsche Mark je Hektar der zu kultivierenden oder zu rodenden Fläche gewährt werden.

### § 44
### Einheirat und Erwerb von Todes wegen

(1) Der Veräußerung eines Betriebes, Betriebsteils oder Grundstücks an einen Vertriebenen oder Sowjetzonenflüchtling (§ 42) steht unter der Voraussetzung, daß dadurch für diesen Vertriebenen oder Sowjetzonenflüchtling eine selbständige Existenz in der Land- oder Forstwirtschaft geschaffen wird, gleich
1. die Entstehung des Gesamthandeigentums an einem Betrieb, Betriebsteil oder Grundstück durch die Vereinbarung der Gütergemeinschaft (§§ 1415ff. des Bürgerlichen Gesetzbuchs) zugunsten eines Ehegatten, der Vertriebener oder Sowjetzonenflüchtling ist,
2. die Übertragung des Miteigentums an einem Betrieb, Betriebsteil oder Grundstück an einen Vertriebenen oder Sowjetzonenflüchtling,
3. der Erwerb eines Betriebes, Betriebsteils oder Grundstücks von Todes wegen durch einen Vertriebenen oder Sowjetzonenflüchtling, der mit dem Erblasser nicht in gerader Linie oder bis zum dritten Grade der Seitenlinie verwandt oder bis zum zweiten Grade verschwägert ist.

(2) In den Fällen des Absatzes 1 ist die Gewährung von Darlehen oder Beihilfen nur zulässig, wenn dies zur Sicherung einer selbständigen Existenz notwendig ist.

### § 45
### Pachtverlängerung und Begründung eines sonstigen Nutzungsverhältnisses

Der Verpachtung eines Betriebes, Betriebsteils oder Grundstücks auf mindestens zwölf Jahre (§ 42) steht gleich
1. die Verlängerung eines mit einem Vertriebenen oder Sowjetzonenflüchtling auf weniger als zwölf Jahre abgeschlossenen Pachtvertrages um mindestens sechs Jahre auf insgesamt mindestens zwölf Jahre,
2. die Begründung eines anderen zweckdienlichen Nutzungsverhältnisses auf mindestens zwölf Jahre.

### § 46
### Bereitstellung der Mittel

(1) Die für die Zwecke dieses Titels erforderlichen Mittel einschließlich von Mitteln für die Vorbereitung, Durchführung und Sicherung der Eingliederung stellt

der Bund zur Verfügung. Er stellt insbesondere zur Durchführung eines von der Bundesregierung jährlich aufzustellenden Siedlungsprogramms zusätzlich zu den von den Ländern aufzubringenden finanziellen Leistungen, soweit die haushaltsmäßige Deckung beschafft werden kann, Mittel bereit

1. für die Neusiedlung,
2. zur Förderung der in den §§ 42, 44 und 45 festgelegten Zwecke,
3. für die Ansetzung auf Moor- und Ödland und Rodungsflächen für die Beihilfen nach § 43.

Mittel für Zwecke dieses Titels werden nach dem 31. Dezember 1976 nur bereitgestellt zur Bewilligung von Anträgen, die bis zu diesem Tage gestellt, aber noch nicht bewilligt sind, und für Anträge, die innerhalb von zehn Jahren nach dem erstmaligen Eintreffen des Berechtigten im Geltungsbereich dieses Gesetzes gestellt werden. In Härtefällen können abweichend von Satz 3 für die Sicherung der Eingliederung (Nachfinanzierung) 1981 noch bis zu 50 Millionen Deutsche Mark, 1982 bis zu 40 Millionen Deutsche Mark und 1983 bis zu 30 Millionen Deutsche Mark bereitgestellt werden.

(2) Die Mittel, die auf Grund des Absatzes 1 bereitgestellt worden sind oder werden, fließen dem Zweckvermögen bei der Deutschen Siedlungs- und Landesrentenbank zu.

(2 a) Die Zins- und Tilgungssätze von Darlehen, für die der Bund nach Absatz 1 Mittel zur Förderung der Eingliederung von Vertriebenen und Flüchtlingen auf landwirtschaftlichen Nebenerwerbsstellen bereitgestellt hat, werden, soweit es sich nicht um noch nicht unterverteilte Zwischenkredite handelt, abweichend von den vertraglichen Vereinbarungen mit den Darlehensnehmern, erhöht; das gleiche gilt für landwirtschaftliche Vollerwerbsstellen, die sich zu landwirtschaftlichen Nebenerwerbsstellen entwickelt haben. Die Deutsche Siedlungs- und Landesrentenbank erhebt danach jeweils zuzüglich ersparter Zinsen vom Darlehensursprungsbetrag

a) einen Zins von 4 vom Hundert und eine Tilgung von 3,5 vom Hundert, soweit die Darlehen vor dem 1. Januar 1965 bewilligt worden sind,

b) einen Zins von 2,25 vom Hundert und eine Tilgung von 3,25 vom Hundert, soweit die Darlehen nach dem 31. Dezember 1964 und vor dem 1. Januar 1971 bewilligt worden sind und

c) einen Zins von 1,75 vom Hundert und eine Tilgung von 2,25 vom Hundert, soweit die Darlehen nach dem 31. Dezember 1970 und vor dem 1. Januar 1973 bewilligt worden sind.

Die sich aus Satz 2 Buchstaben a bis c sowie nach Absatz 2 b ergebende jährliche Mehrbelastung ist für die einzelne Siedlerstelle auf 1 200 Deutsche Mark zu begrenzen. Bei vorzeitiger Rückzahlung der in Satz 2 genannten Darlehen innerhalb von sechs Monaten nach Inkrafttreten dieses Gesetzes wird ein Schuldnachlaß in Höhe von 6 vom Hundert (Buchstabe a), 13 vom Hundert (Buchstabe b) und 15 vom Hundert (Buchstabe c) der valutierenden Darlehensschuld gewährt. Die durch die Erhöhung aufkommenden Mittel fließen dem Zweckvermögen bei der Deutschen Siedlungs- und Landesrentenbank zu und sind ausschließlich für die Eingliederung der aus der Landwirtschaft stammenden Vertriebenen und Flüchtlinge, insbesondere zur Förderung des Erwerbes landwirtschaftlicher Nebenerwerbsstellen, zu verwenden.

(2 b) Absatz 2 a gilt sinngemäß für die von den Ländern bereitgestellten Darlehen mit der Maßgabe, daß die Mittel von den Ländern erhoben und von ihnen entsprechend verwendet werden.

(3) Daneben werden zur verstärkten Förderung der in diesem Titel festgelegten Zwecke aus dem Ausgleichsfonds (§ 5 des Lastenausgleichsgesetzes vom 14. August 1952 – Bundesgesetzbl. I, S. 446) für die Jahre 1953 bis 1957, unbeschadet der nach dem Lastenausgleichsgesetz zu gewährenden Eingliederungsdarlehen, den Ländern jährlich 100 Millionen Deutsche Mark aus den im Wege der Vorfinanzierung bereitgestellten Mitteln darlehnsweise zur Verfügung gestellt. Die Länder haben als erste Darlehnsnehmer dem Ausgleichsfonds gegenüber die Darlehen derart zu tilgen, daß die Tilgung bis zum 31. März 1979 abgeschlossen ist.

(4) Die Richtlinien über die Verteilung und Verwendung der hiernach bereitgestellten Mittel sowie über die Kontrolle ihrer Verwendung erläßt der Bundesminister für Ernährung, Landwirtschaft und Forsten im Einvernehmen mit den Bundesministern der Finanzen und des Innern und, soweit es sich um Lastenausgleichsmittel handelt, im Benehmen mit dem Präsidenten des Bundesausgleichsamtes. Dabei kann die Verteilung mit der Bedingung verbunden werden, daß die Länder, soweit es zur Erfüllung der in § 35 festgelegten Zwecke erforderlich ist, Landesmittel zur Verfügung stellen.

(5) Eingliederungsdarlehen nach dem Lastenausgleichsgesetz, die für Vertriebene oder Sowjetzonenflüchtlinge zur Schaffung oder Sicherung von Existenzen in der Landwirtschaft gewährt werden, dürfen nur im Einvernehmen mit der Siedlungsbehörde bewilligt werden.

(6) Bei Gewährung von Wohnraumhilfe nach den §§ 298 ff. des Lastenausgleichsgesetzes ist der Wohnanteil von nach diesem Titel geförderten Vorhaben angemessen zu berücksichtigen.

(7) Beansprucht der bisherige Eigentümer eine ortsübliche und angemessene Versorgung mit Wohnung und Unterhalt (z. B. Altenteil) und übernimmt das Land die Bürgschaft hierfür, so stellt der Bund das Land insoweit frei, als es aus der Bürgschaft in Anspruch genommen wird. Entsprechende Verpflichtungen können bis zur Höhe von insgesamt 5 Millionen Deutsche Mark übernommen werden.

## § 47
### Vergünstigungen für den Landabgeber auf dem Gebiete des Steuer- und Abgabenrechts

(1) In den Fällen der §§ 42 bis 45 und bei Anwendung des Absatzes 2 werden auf dem Gebiete des Steuer- und Abgabenrechts Vergünstigungen nach den §§ 48 bis 56 insoweit gewährt, als der Einheitswert des veräußerten oder verpachteten Betriebes, Betriebsteils oder Grundstücks (§ 42) oder bei Zukauf oder Zupachtung der Einheitswert des von dem Erwerber oder Pächter unter Einschluß der zugekauften oder zugepachteten Fläche insgesamt bewirtschafteten Betriebes 80 000 Deutsche Mark nicht übersteigt. Diese Wertgrenze gilt nicht für die Veräußerung von Betrieben, Betriebsteilen oder Grundstücken im Rahmen eines ordentlichen Siedlungsverfahrens und für den Fall des Absatzes 3.

(2) Bei dem Erwerb des Gesamthandeigentums nach § 44 Abs. 1 Nr. 1 werden die Vergünstigungen auf dem Gebiete des Steuer- und Abgabenrechts für den ganzen zu dem Gesamthandeigentum gehörenden Betrieb, Betriebsteil oder für das ganze zum Gesamthandeigentum gehörige Grundstück gewährt. Bei Erwerb des Miteigentums nach § 44 Abs. 1 Nr. 2 werden die Vergünstigungen auf dem Gebiete des Steuer- und Abgabenrechts gewährt

1. für den ganzen Betrieb, an dem das Miteigentum zugunsten des Vertriebenen oder Sowjetzonenflüchtlings begründet wird, wenn das Miteigentum mindestens zur Hälfte dem Vertriebenen oder Sowjetzonenflüchtling übertragen wird,

2. nur für den übertragenen Miteigentumsanteil, wenn das Miteigentum mit weniger als zur Hälfte an den Vertriebenen oder Sowjetzonenflüchtling übertragen wird.

(3) Der Veräußerung an einen Vertriebenen oder Sowjetzonenflüchtling steht die zum Zwecke der Ansetzung von Vertriebenen oder Sowjetzonenflüchtlingen vorgenommene Veräußerung an ein gemeinnütziges Siedlungsunternehmen im Sinne der Siedlungs- und Bodenreformgesetzgebung gleich, wenn die Siedlungsbehörde bescheinigt, daß der erworbene Betrieb, Betriebsteil oder das Grundstück mindestens zur Hälfte seiner Fläche der Ansiedlung von Vertriebenen oder Sowjetzonenflüchtlingen dient.

(4) Die Vergünstigungen nach Maßgabe der §§ 48 bis 56 werden nicht gewährt für die Veräußerung von Betrieben, Betriebsteilen oder Grundstücken, die als vollständige oder teilweise Erfüllung des Landabgabesolls im Rahmen der Bodenreformgesetzgebung behandelt wird.

## § 48
### Vergünstigungen bei der Einkommensteuer

Wird ein Betrieb, Betriebsteil oder Grundstück nach Maßgabe des § 42 veräußert oder verpachtet, so rechnen die während der Bewirtschaftung durch den Erwerber oder Pächter, seine Familienangehörigen oder Erben fälligen Einkünfte aus der Verpachtung oder aus einer bei der Veräußerung vorbehaltenen Versorgung mit Wohnung und Unterhalt (z. B. Altenteil) nicht zum einkommensteuerpflichtigen Einkommen, soweit diese Einkünfte jährlich 2000 Deutsche Mark nicht übersteigen.

## § 49
### Vergünstigungen bei der Erbschaftsteuer

Das Erbschaftsteuergesetz in der Fassung der Bekanntmachung vom 30. Juni 1951 (Bundesgesetzbl. I, S. 764) wird wie folgt geändert:

1. § 18 Abs. 1 Nr. 11 a erhält folgende Fassung:

„11 a. ein Erwerb

a) von Vermögen, das aus Erlösen stammt, die der Erblasser (Schenker) für eine nach dem 21. Juni 1948 durchgeführte Veräußerung eines auslaufenden Hofes oder eines wüsten Hofes an einen Vertriebenen oder Sowjetzonenflüchtling erworben hat,

b) eines auslaufenden Hofes oder eines wüsten Hofes, wenn er von dem Erben (Beschenkten) innerhalb von zwölf Monaten nach erlangter Kenntnis von dem Anfall oder während der Dauer eines Pachtverhältnisses gemäß Buchstabe c an einen Vertriebenen oder Sowjetzonenflüchtling veräußert wird,

c) eines auslaufenden Hofes oder eines wüsten Hofes, der von dem Erblasser (Schenker) auf die Dauer von mindestens zwölf Jahren an einen Vertriebenen oder Sowjetzonenflüchtling verpachtet worden ist, zur Hälfte des auf dieses Vermögen entfallenden Steuerbetrages; der restliche Steuerbetrag wird bis zur Beendigung des Pachtverhältnisses gestundet. Das gleiche gilt, wenn die Verpachtung durch den Erben (Beschenkten) innerhalb von zwölf Monaten nach erlangter Kenntnis von dem Anfall erfolgt. Diese Steuervergünstigungen entfallen rückwirkend, wenn das Pachtverhältnis vor Ablauf von zwölf Jahren nach der Übergabe erlischt."

2. § 18 Abs. 2 erhält folgende Fassung:

„(2) Steuerbegünstigt gemäß Nummer 11a ist nur eine Veräußerung oder Verpachtung eines auslaufenden Hofes oder eines wüsten Hofes an einen Vertriebenen oder Sowjetzonenflüchtling gemäß den §§ 42, 44 und 45 in Verbindung mit § 39 Abs. 2 des Gesetzes über die Angelegenheiten der Vertriebenen und Flüchtlinge (Bundesvertriebenengesetz) vom 19. Mai 1953 (Bundesgesetzbl. I, S. 201). Der Veräußerung an einen Vertriebenen oder Sowjetzonenflüchtling steht gleich die Veräußerung an ein gemeinnütziges Siedlungsunternehmen im Sinne der Siedlungs- und Bodenreformgesetzgebung gemäß § 47 Abs. 3 des Bundesvertriebenengesetzes."

## § 50[1]
### Befreiung von der Vermögensabgabe bei der Veräußerung

(1) Wird ein Betrieb, Betriebsteil oder Grundstück nach Maßgabe des § 42 veräußert, so gelten die nach dem Zeitpunkt der Übergabe zur Bewirtschaftung an einen Vertriebenen oder Sowjetzonenflüchtling fällig werdenden Vierteljahresbeträge der nach dem Lastenausgleichsgesetz zu erhebenden Vermögensabgabe des Veräußerers in der sich aus den Absätzen 2 bis 4 ergebenden Höhe vorbehaltlich der §§ 51 und 52 als durch die Veräußerung abgegolten. Satz 1 gilt in den Fällen des § 44 Abs. 1 mit der Maßgabe, daß an die Stelle des Zeitpunktes der Übergabe zur Bewirtschaftung der Zeitpunkt tritt, an dem die genannten Rechtsverhältnisse oder Tatbestände zugunsten des Vertriebenen oder Sowjetzonenflüchtlings begründet werden oder entstehen.

(2) Als abgegolten gilt von dem gesamten von dem Veräußerer zu leistenden Vierteljahresbetrag ein Betrag von 0,55 vom Hundert des für den 21. Juni 1948 geltenden Einheitswertes (Einheitswertanteiles) des veräußerten Betriebes, Betriebsteils oder Grundstücks. Vom Einheitswert (Einheitswertanteil) sind die mit dem veräußerten Betrieb, Betriebsteil oder Grundstück nach dem Stande vom 21. Juni 1948 in wirtschaftlichem Zusammenhang stehenden Verbindlichkeiten in ihrer Höhe vom 21. Juni 1948 abzusetzen. Bei Grundstücken im Sinne des Bewertungsgesetzes, die nach dem Stande vom 21. Juni 1948 als unbebaute Grundstücke bewertet worden sind, gilt statt des Satzes 0,55 vom Hundert der Satz von 0,85 vom Hundert.

(3) Handelt es sich bei dem veräußerten Betriebsteil um die in § 40 aufgeführten Flächen, so erhöht sich der Betrag nach Absatz 2 um 7,50 Deutsche Mark je Hektar der veräußerten Fläche.

(4) Übersteigt der nach den Absätzen 2 und 3 errechnete Betrag den vom Veräußerer insgesamt zu leistenden Vierteljahresbetrag an Vermögensabgabe, so tritt dieser an die Stelle des errechneten Betrages.

---

[1] Die §§ 50 – 56 sind inzwischen gegenstandslos geworden, da die Vermögensabgabe nach §§ 16 ff LAG seit dem 1. April 1979 nicht mehr erhoben wird (§ 34 Abs. 1 LAG) und die Hypothekengewinnabgabe nach §§ 91 ff LAG seit dem 1. Januar 1980 entfallen ist (§ 199 c LAG)

**§ 51[1)**
**Fortfall der Befreiung von der Vermögensabgabe bei Rückerwerb durch den Veräußerer**

(1) Fällt ein Betrieb, Betriebsteil oder Grundstück, dessen Veräußerung nach § 50 zur Abgeltung der darauf entfallenden Vierteljahresbeträge an Vermögensabgabe geführt hat, innerhalb von zwölf Jahren seit der Veräußerung an den Veräußerer, seine Erben oder an einen seiner Erben zurück, so gilt die Abgeltung als nicht erfolgt. Die vom Zeitpunkt der Veräußerung bis zum Zeitpunkt des Rückfalls fällig gewordenen Vierteljahresbeträge sind innerhalb eines Zeitraumes von zwölf Monaten nachzuentrichten. Beruht der Rückfall auf dem Tode des Erwerbers, so werden die nachzuentrichtenden Vierteljahresbeträge erlassen. Satz 3 gilt im Fall des § 44 Abs. 1 Nr. 1 entsprechend, wenn die Ehe geschieden, aufgehoben oder für nichtig erklärt worden ist; im Falle der Auflösung der Ehe durch Tod gilt Satz 3 mit der Maßgabe, daß die Vierteljahresbeträge erlassen werden, die innerhalb von zwölf Jahren nach der Entstehung des in § 44 Abs. 1 Nr. 1 genannten Rechtsverhältnisses fällig werden.

(2) Absatz 1 Satz 1 und 2 gilt entsprechend im Falle der Rückveräußerung oder der Verpachtung an den Veräußerer oder dessen Erben.

**§ 52[1)**
**Fortfall der Befreiung von der Vermögensabgabe bei Veräußerung durch den Erwerber**

(1) Wird ein Betrieb, Betriebsteil oder Grundstück, dessen Veräußerung nach § 50 zur Abgeltung der darauf entfallenden Vierteljahresbeträge an Vermögensabgabe geführt hat, innerhalb von sechs Jahren seit der Veräußerung durch den Erwerber oder seine Erben (Ersterwerber) an andere als die in § 51 genannten Personen veräußert, so gilt die Abgeltung als nicht erfolgt. In diesem Falle gilt die Verpflichtung zur Entrichtung dieser Vierteljahresbeträge als auf den Ersterwerber übergegangen. Die während der Dauer des Eigentums des Ersterwerbers fällig gewordenen Vierteljahresbeträge werden erlassen.

(2) Absatz 1 ist für den Fall der Verpachtung durch den Ersterwerber entsprechend anzuwenden.

(3) Die Absätze 1 und 2 gelten nicht, wenn der Betrieb, Betriebsteil oder das Grundstück nach Maßgabe des § 42 veräußert oder verpachtet wird.

**§ 53[1)**
**Befreiung von der Vermögensabgabe bei der Verpachtung**

(1) Wird ein Betrieb, Betriebsteil oder Grundstück nach Maßgabe des § 42 verpachtet, so werden die nach dem Zeitpunkt der Übergabe zur Bewirtschaftung an den Pächter während der Bewirtschaftung durch diesen, seine Familienangehörigen oder Erben fälligen, auf den verpachteten Betrieb, Betriebsteil oder das verpachtete Grundstück entfallenden Vierteljahresbeträge an Vermögensabgabe erlassen. § 50 Abs. 2 ist entsprechend anzuwenden.

(2) Absatz 1 gilt im Falle des § 45 Nr. 1 mit der Maßgabe, daß an die Stelle des Zeitpunktes der Übergabe zur Bewirtschaftung der Zeitpunkt des Abschlusses des Verlängerungsvertrages tritt.

---

[1) s. Anmerkung zu § 50

(3) Ist ein Betrieb, Betriebsteil oder Grundstück vor Inkrafttreten dieses Gesetzes an einen Vertriebenen verpachtet worden und sind auf Grund des § 66 der (Ersten) Durchführungsverordnung zum Ersten Teil des Soforthilfegesetzes vom 8. August 1949 (Gesetzblatt der Verwaltung des Vereinigten Wirtschaftsgebietes S. 214) oder des § 6 der Zweiten Durchführungsverordnung zum Ersten Teil des Soforthilfegesetzes vom 29. Dezember 1950 (Bundesgesetzbl. 1951 I, S. 51) die auf den Betrieb, Betriebsteil oder das Grundstück entfallenden Leistungen an Soforthilfeabgaben unerhoben geblieben, so gelten die unerhoben gebliebenen Beträge für die Berechnung der Vermögensabgabe als entrichtet, jedoch höchstens bis zur Höhe der Abgabeschuld (§ 31 des Lastenausgleichsgesetzes). Die ab 1. April 1952 während der Dauer der Bewirtschaftung durch den Vertriebenen, seine Familienangehörigen oder seine Erben fällig werdenden Vierteljahresbeträge an Vermögensabgabe werden nach Maßgabe des § 50 Abs. 2 erlassen.

## § 54[1)]
**Befreiung von der Hypothekengewinnabgabe bei der Veräußerung**

Ruht auf einem nach Maßgabe des § 42 veräußerten Betrieb, Betriebsteil oder Grundstück eine Hypothekengewinnabgabe als öffentliche Last, so werden auf Antrag des Erwerbers oder seiner Erben die nach dem Zeitpunkt der Übergabe zur Bewirtschaftung an den Erwerber während der Bewirtschaftung durch diesen, seine Familienangehörigen oder seine Erben fällig werdenden Leistungen an Hypothekengewinnabgabe bis zur Höhe von jährlich 2,2 vom Hundert der Abgabeschuld an Hypothekengewinnabgabe nach dem Stande vom 21. Juni 1948 erlassen. Bei unbebauten Grundstücken im Sinne des Bewertungsgesetzes gilt statt des Satzes 2,2 vom Hundert der Satz 3,4 vom Hundert. Satz 1 und Satz 2 gelten in den Fällen des § 44 Abs. 1 mit der Maßgabe, daß an die Stelle des Zeitpunktes der Übergabe zur Bewirtschaftung der Zeitpunkt tritt, an dem die genannten Rechtsverhältnisse oder Tatbestände zugunsten des Vertriebenen oder Sowjetzonenflüchtlings begründet werden oder entstehen; § 51 Abs. 1 Satz 4 ist entsprechend anzuwenden. Wird ein Betrieb, Betriebsteil oder Grundstück, dessen Veräußerung zum Erlaß der Hypothekengewinnabgabe nach Satz 1 geführt hat, nach Maßgabe des § 42 weiterveräußert oder verpachtet, so gelten die Sätze 1 und 2.

## § 55[1)]
**Befreiung von der Vermögens- und Hypothekengewinnabgabe bei Veräußerung vor dem Inkrafttreten dieses Gesetzes**

(1) Ist ein Betrieb, Betriebsteil oder Grundstück vor dem Inkrafttreten dieses Gesetzes an einen Vertriebenen veräußert worden und sind auf Grund des § 66 der (Ersten) Durchführungsverordnung zum Ersten Teil des Soforthilfegesetzes oder des § 6 der Zweiten Durchführungsverordnung zum Ersten Teil des Soforthilfegesetzes die auf den Betrieb, Betriebsteil oder das Grundstück entfallenden Leistungen an Soforthilfeabgabe unerhoben geblieben, so gelten die unerhoben gebliebenen Beträge für die Berechnung der Vermögensabgabe als entrichtet, jedoch höchstens bis zur Höhe der Abgabeschuld (§ 31 des Lastenausgleichsgesetzes). Die ab 1. April 1952 fällig werdenden Vierteljahresbeträge an Vermögensabgabe gelten nach Maßgabe des § 50 Abs. 2 als abgegolten. Die Vor-

---

[1)] s. Anmerkung zu § 50

schriften der §§ 51 und 52 sind vom Inkrafttreten dieses Gesetzes ab entsprechend anzuwenden.

(2) Ruht auf einem unter Absatz 1 fallenden Betrieb, Betriebsteil oder Grundstück eine Hypothekengewinnabgabe als öffentliche Last, so werden auf Antrag des Erwerbers oder seiner Erben die nach Inkrafttreten dieses Gesetzes während der Dauer der Bewirtschaftung durch den Erwerber, seine Familienangehörigen oder seine Erben fällig werdenden Leistungen an Hypothekengewinnabgabe bis zur Höhe von jährlich 2,2 vom Hundert der Abgabeschuld an Hypothekengewinnabgabe nach dem Stande vom 21. Juni 1948 erlassen. Bei unbebauten Grundstücken im Sinne des Bewertungsgesetzes gilt statt des Satzes 2,2 vom Hundert der Satz 3,4 vom Hundert; § 54 Satz 4 gilt entsprechend.

(3) Die Absätze 1 und 2 gelten in den in § 44 genannten Fällen des Erwerbs des Miteigentums, des Gesamthandeigentums und des Erwerbs von Todes wegen entsprechend.

## § 56[1])
**Befreiung von der Vermögens- und Hypothekengewinnabgabe bei der Veräußerung von Grundstücken in Berlin (West)**

(1) Für einen Betrieb, Betriebsteil oder ein Grundstück in Berlin (West) treten in § 50 Abs. 2 an die Stelle von 0,55 vom Hundert des Einheitswertes oder Einheitswertanteils 0,5 vom Hundert und an die Stelle von 0,85 vom Hundert des Einheitswerts oder Einheitswertanteils 0,75 vom Hundert dieser Werte, jedoch für die Zeit bis zum 31. März 1957 nur ein Drittel dieser Vomhundertsätze. An die Stelle des 21. Juni 1948 tritt jeweils der 1. April 1949, soweit es sich nicht um Wirtschaftsgüter eines gewerblichen Betriebes handelt, dessen DM-Eröffnungsbilanz auf den 21. Juni 1948 erstellt ist.

(2) In den §§ 54 und 55 Abs. 2 treten bei Betrieben, Betriebsteilen oder Grundstücken in Berlin (West) an die Stelle von 2,2 vom Hundert der Abgabeschuld 2 vom Hundert und an die Stelle von 3,4 vom Hundert 3 vom Hundert der Abgabeschuld. In diesen Fällen ist der Stand der Abgabeschuld vom 25. Juni 1948 maßgebend.

## § 57
**Aufhebung von Mietverhältnissen**

(1) Wird ein Betrieb, Betriebsteil oder ein Grundstück mit Gebäuden nach Maßgabe des § 42 veräußert oder verpachtet und sind in diesen Gebäuden Räume zu Wohnzwecken vermietet, so kann der Vermieter die Aufhebung des Mietverhältnisses verlangen, wenn und soweit die Räume für Zwecke des Betriebes benötigt werden.

(2) In den Fällen des Absatzes 1 gelten die Vorschriften des § 4 Abs. 2 bis 6 des Mieterschutzgesetzes entsprechend.

---

[1]) s. Anmerkung zu § 50

## § 58

**Aufhebung eines Pacht- oder sonstigen Nutzungsverhältnisses bei freiwilliger Landabgabe**

(1) Ein Pacht- oder sonstiges Nutzungsverhältnis über Grundstücke, die der Eigentümer einem Vertriebenen oder Sowjetzonenflüchtling zu Eigentum überträgt oder zur Ausstattung eines wüsten Hofes pachtweise zur Verfügung stellt, kann die Siedlungsbehörde durch schriftliche Verfügung an den Nutzungsberechtigten unter Einhaltung einer angemessenen Frist ganz oder teilweise aufheben.

(2) Die Aufhebung des Nutzungsverhältnisses ist nur zulässig, wenn dadurch die Wirtschaftlichkeit des Betriebes, dem die Grundstücke bisher dienten, nicht nachhaltig beeinträchtigt wird oder die Aufhebung aus einem anderen Grunde nicht eine unbillige Härte bedeutet.

## § 59

**Rechtsbehelfe und Rechtsmittel**

Gegen die nach § 58 erlassene Verfügung der Siedlungsbehörde können die Beteiligten zwei Wochen nach Zustellung an den bisherigen Nutzungsberechtigten gerichtliche Entscheidung beantragen. In der gerichtlichen Entscheidung kann die Verfügung der Siedlungsbehörde bestätigt, geändert oder aufgehoben werden. Zuständig für die Entscheidung sind bis zum Erlaß einer bundesgesetzlichen Regelung des gerichtlichen Verfahrens in Landwirtschaftssachen die in den Ländern für Pachtschutzsachen zuständigen Gerichte nach den für sie geltenden Verfahrensvorschriften.

## § 60

**Besitzeinweisung**

Die Verfügung oder die gerichtliche Entscheidung schließt die Besitzeinweisung ein. Die Besitzeinweisung gilt als erfolgt zwei Wochen nach Eintritt der Rechtskraft der Verfügung oder der gerichtlichen Entscheidung oder, wenn in der Verfügung oder der gerichtlichen Entscheidung ein späterer Zeitpunkt festgesetzt ist, mit diesem Zeitpunkt, frühestens jedoch mit der rechtskräftigen Aufhebung des Nutzungsverhältnisses.

## § 61

**Entschädigung des bisherigen Nutzungsberechtigten**

(1) Wer infolge einer nach den §§ 58 und 59 ergangenen Verfügung oder gerichtlichen Entscheidung die Nutzung verliert, kann Geldentschädigung für Verwendungen in sinngemäßer Anwendung der Vorschriften der §§ 994 bis 996, 998 und 999 des Bürgerlichen Gesetzbuchs verlangen.

(2) Für andere Vermögensnachteile, die durch eine nach den §§ 58 und 59 ergangene Verfügung oder gerichtliche Entscheidung entstehen, kann der Betroffene eine Entschädigung verlangen, soweit eine solche unter gerechter Abwägung der Interessen der Allgemeinheit und des Betroffenen geboten erscheint.

(3) Zur Leistung der Entschädigung ist ausschließlich das Land verpflichtet. Der Bund erstattet dem Land die geleistete Entschädigung, wenn entweder unter Mitwirkung der Siedlungsbehörde eine Einigung über die Entschädigung erzielt oder eine Entschädigung rechtskräftig festgesetzt ist.

## § 62
### Inanspruchnahme von Gebäuden und Land

(1) Für den in § 35 bezeichneten Zweck können für den Betrieb der Land- oder Forstwirtschaft eingerichtete Gebäude, die ganz oder überwiegend anderweitig genutzt oder nicht genutzt werden, nach Maßgabe des § 63 bis zu achtzehn Jahren zur Nutzung in Anspruch genommen werden, falls entsprechendes Land bis zur Größe einer selbständigen Ackernahrung zur Verfügung gestellt werden kann.

(2) Land, das sich im Eigentum des Bundes oder der Länder befindet, soll nach Maßgabe des § 63 bis zur gleichen Dauer zu dem in § 35 bezeichneten Zweck für die Ausstattung eines wüsten Hofes, einer sonstigen Hofstelle oder eines landwirtschaftlichen Kleinbetriebes bis zur Größe einer selbständigen Ackernahrung zur Nutzung in Anspruch genommen werden, anderes Land, sofern es anhaltend so schlecht bewirtschaftet wird, daß die gesetzlich vorgeschriebenen Maßnahmen zur Sicherung der Landbewirtschaftung angeordnet werden können.

(3) Die Inanspruchnahme ist nur zulässig, wenn die Wirtschaftlichkeit des Betriebes, dem die Gebäude oder das Land dienen, nicht nachhaltig beeinträchtigt wird oder wenn die Inanspruchnahme aus einem anderen Grund für den Eigentümer oder sonstigen Nutzungsberechtigten nicht eine unbillige Härte bedeutet.

## § 63
### Verfahren

(1) Die Siedlungsbehörde kann nach Anhörung der Beteiligten verlangen, daß der Verfügungsberechtigte mit einer der in § 35 bezeichneten Personen nach Maßgabe des § 42 ein Rechtsverhältnis vereinbart, das diese zur Nutzung einer der nach § 62 der Inanspruchnahme unterliegenden Sache berechtigt. Die Siedlungsbehörde hat dem Verfügungsberechtigten eine angemessene Frist für eine Vereinbarung des Nutzungsverhältnisses zu setzen. Die Frist beginnt mit der Zustellung an den Verfügungsberechtigten.

(2) Kommt die Vereinbarung innerhalb der Frist nicht zustande, so kann die Siedlungsbehörde die Person, mit der das Nutzungsverhältnis zu begründen ist, mit deren Einverständnis bestimmen und die im Rahmen des Ortsüblichen angemessenen Vertragsbedingungen festsetzen. Die festgesetzten Bedingungen gelten als zwischen den Beteiligten vereinbart; § 60 ist anzuwenden.

(3) Gegen eine nach Absatz 1 oder Absatz 2 erlassene Verfügung der Siedlungsbehörde können die Beteiligten binnen zwei Wochen nach Zustellung gerichtliche Entscheidung beantragen. § 59 Satz 2 und 3, die §§ 60 und 61 sind anzuwenden.

(4) Besteht über dieselbe Sache bereits ein Miet- oder Nutzungsverhältnis, so gelten die §§ 57 bis 61 entsprechend, § 57 jedoch mit der Maßgabe, daß an die Stelle des Vermieters die Siedlungsbehörde tritt.

## § 64
### Entsprechende Anwendung von Vorschriften des Reichssiedlungsgesetzes

Für Geschäfte und Verhandlungen, die der Durchführung der Vorschriften dieses Titels dienen, gilt § 29 des Reichssiedlungsgesetzes entsprechend.

## § 65

**Ausschluß des Vorkaufsrechts der Siedlungsunternehmen**

In den Fällen des § 42 ist die Ausübung des Vorkaufrechts nach § 4 des Reichssiedlungsgesetzes ausgeschlossen.

## § 66

**Änderung des Reichssiedlungsgesetzes**

(1) § 3 Abs. 1 Satz 2 des Reichssiedlungsgesetzes wird aufgehoben.

(2) Bei einer Enteignung nach § 3 Abs. 1 des Reichssiedlungsgesetzes ist das
Siedlungsunternehmen verpflichtet, das enteignete Land innerhalb einer von der
Siedlungsbehörde zu bestimmenden Frist zu kultivieren. Wird das enteignete
Land nicht innerhalb dieser Frist kultiviert, so hat der Enteignete oder sein Rechtsnachfolger nach Ablauf eines Jahres nach Beendigung der Frist (Satz 1) binnen
eines weiteren Jahres einen Anspruch auf Rückübereignung gegen Erstattung
der Entschädigung.

(3) Betriebe, die Land zur Kultivierung abgeben, erhalten auf Antrag nach Durchführung der Kultivierung im Wege der Anliegersiedlung (§ 1 des Reichssiedlungsgesetzes) Land in der ihrer Abgabe entsprechenden Größe, höchstens jedoch
eine Fläche, die zur Hebung des Betriebes bis zur Größe einer selbständigen
Ackernahrung erforderlich ist.

## § 67

**Finanzierungsrichtlinien**

Die Richtlinien für die Gewährung von Darlehen und Beihilfen, für die Verwendung des Zweckvermögens (§ 46 Abs. 2), für die Freistellung der Länder (§ 46
Abs. 7) und für die Regelung der Entschädigung (§ 61 Abs. 3) erläßt der Bundesminister für Ernährung, Landwirtschaft und Forsten im Einvernehmen mit dem
Bundesminister für Wirtschaft und Finanzen und dem Bundesminister des Innern.

## § 68

**Verwaltungsanordnungen der Länder**

(1) Bei der Durchführung dieses Titels beteiligen die zuständigen Landesbehörden nach Maßgabe der nach Absatz 2 zu treffenden Bestimmungen die berufsständische Vertretung der Landwirtschaft, die Organisation der Vertriebenen und
Flüchtlinge und die Selbsthilfeeinrichtungen.

(2) Die Landesregierungen bestimmen, welche Stellen die Aufgaben der Siedlungsbehörde wahrzunehmen haben und in welchem Umfange die Siedlungsbehörde unter Beteiligung der Flüchtlingsbehörde in den Verfahren nach den
Vorschriften dieses Titels mitzuwirken hat; sie bestimmen ferner, in welcher
Weise die berufsständische Vertretung der Landwirtschaft, die Organisationen
der Vertriebenen und Flüchtlinge und die Selbsthilfeeinrichtungen zu beteiligen
sind.

Dritter Titel

Zulassung zur Berufs- und Gewerbeausübung

## § 69
### Allgemeine Vorschriften

(1) Ist für die Ausübung eines Berufes oder Gewerbes eine Zulassung oder Erlaubnis erforderlich, deren Erteilung von der Feststellung eines Bedürfnisses oder ähnlicher Voraussetzungen abhängt, so sind Vertriebene und Sowjetzonenflüchtlinge, die vor der Vertreibung in einem solchen oder ähnlichen Beruf oder Gewerbe tätig waren, bevorzugt zu berücksichtigen, sofern die persönlichen Voraussetzungen für die Zulassung oder die Erteilung der Erlaubnis gegeben sind.

(2) Die bevorzugte Berücksichtigung gilt bei der Zulassung oder Erlaubnis für mehrere Berufe oder Gewerbezweige für jede früher ausgeübte Tätigkeit, bei mehreren gleichartigen Zulassungen oder Genehmigungen für einen angemessenen Teil derselben.

(3) Die Absätze 1 und 2 finden auch Anwendung auf Personen, bei denen eine Vereidigung in Verbindung mit einer Bedürfnisprüfung die Voraussetzung für die Berufsausübung bildet.

(4) Vorschriften, in denen für die Zulassung zu einem Gewerbezweig Höchstzahlen festgesetzt werden, die unter der Zahl der bisherigen Zulassungen liegen, finden auf Vertriebene und Sowjetzonenflüchtlinge, die vor der Vertreibung in diesem Gewerbezweig tätig waren, keine Anwendung, sofern die persönlichen Voraussetzungen für die Zulassung gegeben sind.

(5) Diese Bestimmungen finden keine Anwendung, wenn und solange der Anteil der Vertriebenen und Sowjetzonenflüchtlinge in dem Beruf oder Gewerbe dem Verhältnis entspricht, in dem die Zahl der Vertriebenen und Sowjetzonenflüchtlinge zur Gesamtzahl der Bevölkerung des Landes steht.

## § 70
(gestrichen)

## § 71
### Eintragung in die Handwerksrolle

Vertriebene und Sowjetzonenflüchtlinge, die glaubhaft machen, daß sie vor der Vertreibung ein Handwerk als stehendes Gewerbe selbständig betrieben oder die Befugnis zur Anleitung von Lehrlingen besessen haben, sind auf Antrag bei der für den Ort ihres ständigen Aufenthaltes zuständigen Handwerkskammer in die Handwerksrolle einzutragen. Für die Glaubhaftmachung ist § 93 entsprechend anzuwenden.

Vierter Titel

Förderung selbständiger Erwerbstätiger

## § 72
**Kredite, Zinsverbilligungen, Bürgschaften und Teilhaberschaften**

(1) Die Begründung und Festigung selbständiger Erwerbstätigkeit der Vertriebenen und Sowjetzonenflüchtlinge in der Landwirtschaft, im Gewerbe und in freien Berufen ist durch Gewährung von Krediten aus öffentlichen Mitteln zu günstigen Zins-, Tilgungs- und Sicherungsbedingungen, durch Zinsverbilligungen und Bürgschaftsübernahmen zu fördern.

(2) Zur Festigung selbständiger Erwerbstätigkeit soll auch die Umwandlung hochverzinslicher und kurzfristiger Kredite in langfristige zu günstigen Zins- und Tilgungsbedingungen ermöglicht werden.

(3) Die Absätze 1 und 2 gelten entsprechend für Unternehmen, an denen Vertriebene oder Sowjetzonenflüchtlinge mit mindestens der Hälfte des Kapitals beteiligt sind, sofern diese Beteiligung und eine Mitwirkung an der Geschäftsführung für mindestens sechs Jahre sichergestellt sind. Beteiligungen der öffentlichen Hand, die der Konsolidierung solcher Betriebe dienen, bleiben bei der Ermittlung der Beteiligung der Vertriebenen oder Sowjetzonenflüchtlinge außer Ansatz, wenn diesen das Recht eingeräumt ist, die Beteiligungen der öffentlichen Hand abzulösen.

(4) Die Vergünstigungen des Absatzes 1 können auch Unternehmen gewährt werden, die Vertriebenen und Sowjetzonenflüchtlingen den Aufbau einer selbständigen Existenz dadurch ermöglichen, daß sie ihnen eine Beteiligung von mindestens 35 vom Hundert an ihrem Kapital und Gewinn auf die Dauer von mindestens sechs Jahren sowie eine Beteiligung an der Geschäftsführung einräumen (Teilhaberschaft).

## § 73
**Steuerliche Vergünstigungen und Beihilfen**

(1) Zum Zwecke der Begründung und Festigung selbständiger Erwerbstätigkeit der Vertriebenen und Sowjetzonenflüchtlinge werden steuerliche Vergünstigungen nach Maßgabe des Einkommensteuergesetzes in seiner jeweils geltenden Fassung gewährt.

(2) Im Hinblick auf die Nichtgewährung der steuerlichen Vergünstigungen gemäß Absatz 1 im Veranlagungszeitraum 1951 werden aus Mitteln des Bundeshaushalts 1952 7 Millionen Deutsche Mark an Vertriebene und Sowjetzonenflüchtlinge als Beihilfen nach Richtlinien gewährt, die der Bundesminister für Vertriebene im Einvernehmen mit dem Bundesminister der Finanzen und dem Bundesminister für Wirtschaft erläßt.

## § 74
**Vergabe von Aufträgen durch die öffentliche Hand**

(1) Bei der Vergabe von Aufträgen durch die öffentliche Hand sind Vertriebene und Sowjetzonenflüchtlinge in den ersten 10 Jahren nach Verlassen der Herkunftsgebiete unbeschadet von Regelungen für notleidende Gebiete bevorzugt zu berücksichtigen. Entsprechendes gilt für Unternehmen, an denen Vertriebene oder Sowjetzonenflüchtlinge mit

mindestens der Hälfte des Kapitals beteiligt sind, sofern diese Beteiligung und eine Mitwirkung an der Geschäftsführung für mindestens sechs Jahre sichergestellt sind. Der Bundesminister für Wirtschaft erläßt im Einvernehmen mit dem Bundesminister des Innern hierzu allgemeine Richtlinien.

(2) Finanzierungshilfen der öffentlichen Hand sollen unter der Auflage gegeben werden, daß die Empfänger dieser Hilfen sich verpflichten, bei der Vergabe von Aufträgen entsprechend Absatz 1 zu verfahren.

## § 75
### Kontingente

(1) Bei Maßnahmen, die die Erzeugung oder die Zu- und Verteilung von Gütern, Leistungen und Zahlungsmitteln für gewerbliche Zwecke kontingentieren oder in anderer Weise beschränken, haben die zuständigen Behörden und Organisationen der Wirtschaft die Betriebe der Vertriebenen und Sowjetzonenflüchtlinge unter Berücksichtigung ihrer besonderen Lage angemessen zu beteiligen. Entsprechendes gilt für Unternehmen, an denen Vertriebene oder Sowjetzonenflüchtlinge mit mindestens der Hälfte des Kapitals beteiligt sind, sofern diese Beteiligung und eine Mitwirkung an der Geschäftsführung für mindestens sechs Jahre sichergestellt sind.

(2) Sofern bei der Festsetzung von Kontingenten ein in der Vergangenheit liegender Zeitraum oder Zeitpunkt zugrunde gelegt wird, ist bei den in Absatz 1 genannten Betrieben auf Antrag in der Regel ein anderer entsprechender Zeitraum oder Zeitpunkt zugrunde zu legen, welcher der Anordnung der Kontingentierungsmaßnahme vorausgeht und den besonderen Verhältnissen dieser Betriebe Rechnung trägt. Von diesem Recht können Antragsteller längstens bis zum 31. Dezember 1960 Gebrauch machen.

(3) Die Absätze 1 und 2 gelten entsprechend, wenn Vertriebene oder Sowjetzonenflüchtlinge, ohne Inhaber eines Betriebes zu sein, Werk- oder ähnliche Verträge mit bestehenden Betrieben abschließen, sofern sie vor der Vertreibung einen gleichartigen Betrieb als Eigentümer oder Pächter oder in einem sonstigen Nutzungsrechtsverhältnis geführt haben. Zur berufsgleichen Eingliederung sind solche Verträge zuzulassen und zu fördern.

## § 76
### Vermietung, Verpachtung und Übereignung durch die öffentliche Hand

Soweit die öffentliche Hand Grund und Boden, Räumlichkeiten oder Betriebe zum Zwecke einer bestimmten gewerblichen Nutzung verpachtet, vermietet oder übereignet, sollen Vertriebene und Sowjetzonenflüchtlinge, die vor der Vertreibung ein gleichartiges Gewerbe ausgeübt haben, bevorzugt berücksichtigt werden, bis das Verhältnis erreicht ist, in dem die Zahl der Vertriebenen und Sowjetzonenflüchtlinge zur Gesamtzahl der Bevölkerung im Bereich der vergebenden Körperschaft oder Stelle steht.

Fünfter Titel

Förderung unselbständiger Erwerbstätiger

## § 77

**Arbeiter und Angestellte**

(1) Die Bundesanstalt für Arbeit hat dahin zu wirken, daß der Anteil der beschäftigten Arbeitnehmer, die Vertriebene oder Sowjetzonenflüchtlinge sind, an der Gesamtzahl der beschäftigten Arbeitnehmer innerhalb der Landesarbeitsamtsbezirke dem Verhältnis entspricht, in dem die Zahl der Arbeitnehmer, die Vertriebene oder Sowjetzonenflüchtlinge sind, zur Gesamtzahl der Arbeitnehmer – getrennt nach Arbeitern und Angestellten – in diesen Bezirken steht. Außerdem hat die Bundesanstalt dahin zu wirken, daß dieser Personenkreis aus berufsfremder Beschäftigung in die erlernten oder überwiegend ausgeübten Berufe vermittelt wird.

(2) Solange das Verhältnis gemäß Absatz 1 nicht erreicht ist, sind arbeitslose Vertriebene und Sowjetzonenflüchtlinge, die nach dem 1. Januar 1949 weniger als zwei Jahre in Beschäftigung gestanden haben, von der Bundesanstalt für Arbeit vor anderen Bewerbern mit gleicher persönlicher und fachlicher Eignung und gleichen sozialen Verhältnissen unter Berücksichtigung der Wirtschaftslage bevorzugt in Arbeit zu vermitteln. Diese Bestimmung findet jedoch auf die Vermittlung der Wiedereinstellung von Arbeitskräften keine Anwendung, die wegen vorübergehender Betriebseinschränkung oder -stillegung entlassen worden sind, sofern die Entlassung nicht länger als sechs Monate zurückliegt. Der Verwaltungsrat der Bundesanstalt erläßt über die bevorzugte Vermittlung von arbeitslosen Vertriebenen und Sowjetzonenflüchtlingen Richtlinien. Diese bedürfen der Zustimmung des Bundesministers für Arbeit und Sozialordnung.

(3) In die Beschäftigungszeiten nach Absatz 2 werden Zeiten der Notstandsarbeit, geringfügiger Beschäftigung, einer Beschäftigung, die diesen Personen nach ihrer beruflichen Vorbildung, ihrem Alter oder Gesundheitszustand als Dauerbeschäftigung nicht zugemutet werden kann, sowie Beschäftigungszeiten vor einer Umsiedlung nach bundes- oder landesrechtlichen Vorschriften nicht eingerechnet.

(4) Die Verpflichtung zur Beschäftigung und bevorzugten Arbeitsvermittlung anderer Personengruppen nach Maßgabe bestehender Gesetze wird hierdurch nicht berührt.

## § 78

**Lehrstellen und Ausbildungsstellen sonstiger Art**

(1) Die Bundesanstalt für Arbeit hat unter Beteiligung der zuständigen Organisationen der Wirtschaft dahin zu wirken, daß bei der Besetzung von Lehrstellen und Ausbildungsstellen sonstiger Art Vertriebene und Sowjetzonenflüchtlinge unter Berücksichtigung der Berufsnachwuchslage in den Landesarbeitsamtsbezirken sowie der Eignung der Lehrstellenbewerber angemessen beteiligt werden.

(2) Sofern für die Schaffung zusätzlicher Lehrstellen und Ausbildungsstellen sonstiger Art einschließlich der Einrichtung von Lehrwerkstätten und Lehrlings-

wohnheimen öffentliche Mittel zur Verfügung gestellt werden, sind diese bevorzugt für die Unterbringung von Vertriebenen und Sowjetzonenflüchtlingen zu verwenden, bis bei der Besetzung von Lehrstellen und Ausbildungsstellen sonstiger Art das Verhältnis erreicht ist, in dem die Zahl der Vertriebenen und Sowjetzonenflüchtlinge zur Gesamtzahl der Bevölkerung im Bereich der Körperschaft steht, welche die Mittel zur Verfügung stellt.

## § 79
**Dauerarbeitsplätze**

(1) Zur Schaffung von zusätzlichen Dauerarbeitsplätzen für Vertriebene und Sowjetzonenflüchtlinge sollen aus öffentlichen Mitteln Kredite zu günstigen Zins-, Tilgungs- und Sicherungsbedingungen sowie Zinsverbilligungen gewährt und Bürgschaften übernommen werden. Diese Vergünstigungen sollen Betrieben bevorzugt gewährt werden,

1. deren Inhaber Vertriebene oder Sowjetzonenflüchtlinge sind oder

2. an denen Vertriebene oder Sowjetzonenflüchtlinge mit mindestens der Hälfte des Kapitals beteiligt sind, sofern diese Beteiligung und eine Mitwirkung an der Geschäftsführung für mindestens sechs Jahre sichergestellt sind, oder

3. die sich verpflichten, in dem geförderten Betrieb mindestens 70 vom Hundert Vertriebene oder Sowjetzonenflüchtlinge für die Laufzeit der Vergünstigung zu beschäftigen.

(2) In besonderen Fällen können die Vergünstigungen des Absatzes 1 auch gewährt werden

1. für die Restfinanzierung – jedoch nicht für die nachstellige Finanzierung – von Wohnungsbauten, sofern diese die Schaffung zusätzlicher Dauerarbeitsplätze ermöglicht, oder

2. zur Erhaltung gefährdeter Dauerarbeitsplätze.

Sechster Titel
Sonstige Vorschriften

## § 80
**Wohnraumversorgung**

(1) Die Versorgung der Vertriebenen und Sowjetzonenflüchtlinge mit Wohnraum ist eine vordringliche Aufgabe der Wohnraumbewirtschaftung und des öffentlich geförderten Wohnungsbaues.

(2) Vertriebenen und Sowjetzonenflüchtlingen ist ein angemessener Teil des vorhandenen und des neu zu schaffenden Wohnraumes zuzuteilen. Dabei sind die noch in Lagern und anderen Notunterkünften Untergebrachten besonders zu berücksichtigen.

(3) Im Rahmen der Wohnungsbauprogramme für den öffentlich geförderten sozialen Wohnungsbau (§§ 29 ff. des Zweiten Wohnungsbaugesetzes vom 27. Juni 1956 – Bundesgesetzbl. I, S. 523) ist in möglichst weitem Umfange zugunsten der Vertriebenen und Sowjetzonenflüchtlinge auch die Begründung von Eigentum an Wohnungen (Eigenheimen, Kleinsiedlungen, Wohnungseigentum oder Dauerwohnrecht) zu fördern.

(4) Die Bundesregierung wird ermächtigt, durch Rechtsverordnung mit Zustimmung des Bundesrates Vorschriften über die angemessene Berücksichtigung der Vertriebenen und Sowjetzonenflüchtlinge bei der Zuteilung des Wohnraumes zu erlassen, der im Rahmen des mit öffentlichen Mitteln geförderten sozialen Wohnungsbaues neu geschaffen wird.

## § 81
### Nichtanwendung beschränkender Vorschriften

(1) Vorschriften, nach denen die Ausübung eines Rechts oder die Erlangung einer Berufsstellung von einer besonderen Beziehung zu einem Lande oder einer Gemeinde (z. B. Geburt, Wohnsitzdauer, Ausbildung) abhängig gemacht ist, finden auf Vertriebene und Sowjetzonenflüchtlinge keine Anwendung, wenn sie dort im Zeitpunkt des Inkrafttretens dieses Gesetzes ihren ständigen Aufenthalt haben oder nach diesem Zeitpunkt dorthin behördlich zugewiesen oder umgesiedelt werden.

(2) Durch Absatz 1 werden die besonderen Rechte auf Grund einer Mitgliedschaft bei bestehenden Realgemeinden oder ähnlichen Nutzungsgemeinschaften nicht berührt.

## Vierter Abschnitt
### Einzelne Rechtsverhältnisse

### Erster Titel
Schuldenregelung für Vertriebene und Sowjetzonenflüchtlinge

## § 82
### Grundsatz

Vertriebene können wegen der Verbindlichkeiten, die vor der Vertreibung begründet worden sind, nicht in Anspruch genommen werden, soweit sich aus den folgenden Vorschriften nichts Abweichendes ergibt. Dies gilt auch für Vertriebene, die nach der Bestimmung des § 10 Rechte und Vergünstigungen nicht in Anspruch nehmen können.

## § 83
### Vertragshilfeverfahren auf Antrag des Gläubigers

(1) Auf Antrag des Gläubigers kann das Gericht zur Vermeidung unbilliger Härten die unter die Regelung des § 82 fallenden Verbindlichkeiten im Wege der richterlichen Vertragshilfe nach den Vorschriften des Vertragshilfegesetzes vom 26. März 1952 (Bundesgesetzbl. I, S. 198) abweichend regeln.

(2) Bei Abwägung der Interessen und der Lage beider Teile gemäß § 1 Abs. 1 des Vertragshilfegesetzes sind die Vermögens- und Erwerbsverhältnisse des Schuldners am 21. Juni 1948 oder, wenn er erst zu einem späteren Zeitpunkt seinen ständigen Aufenthalt im Geltungsbereich des Gesetzes genommen hat, die Vermögens- und Erwerbsverhältnisse zu diesem Zeitpunkt zugrunde zu legen.

(3) Das Gericht kann jedoch auch nach dem in Absatz 2 genannten Zeitpunkt erlangtes Vermögen des Schuldners berücksichtigen, wenn und soweit dies aus besonderen Gründen zur Vermeidung einer unbilligen Härte gegenüber dem Gläubiger erforderlich erscheint. Haben sich die Vermögens- und Erwerbsverhältnisse des Schuldners nach dem in Absatz 2 genannten Zeitpunkt verschlechtert, so ist dies zu berücksichtigen, wenn und soweit dies aus besonderen Gründen zur Vermeidung einer unbilligen Härte gegenüber dem Schuldner erforderlich erscheint.

(4) Wird über einen Anspruch im Sinne des § 82 ein Rechtsstreit anhängig, so kann das Prozeßgericht Vertragshilfe nach den Vorschriften der Absätze 1 bis 3 auch gewähren, wenn nur der Gläubiger es beantragt.

## § 84
### Antragsfrist

(1) Der Antrag des Gläubigers nach § 83 Abs. 1 oder 4 kann nur bis zum 31. Dezember 1953 gestellt werden; hat der Schuldner jedoch erst nach dem 31. Dezember 1952 seinen ständigen Aufenthalt im Geltungsbereich des Gesetzes genommen, so kann der Antrag innerhalb eines Jahres, seitdem der Schuldner seinen ständigen Aufenthalt im Geltungsbereich des Gesetzes genommen hat, gestellt werden. Das Gericht kann einen Antrag des Gläubigers nach diesem Zeitpunkt durch besonderen Beschluß zulassen, wenn der Gläubiger glaubhaft macht, daß er ohne sein Verschulden den Antrag nicht rechtzeitig gestellt hat und ihn nach Wegfall des Hindernisses unverzüglich nachgeholt hat. Gegen die Entscheidung des Gerichts über die Zulassung findet die sofortige Beschwerde statt. Das Beschwerdegericht entscheidet endgültig.

(2) Hat der Gläubiger den Anspruch gegen den Schuldner mit der Begründung gerichtlich geltend gemacht, daß die Voraussetzungen des § 82 nicht gegeben seien, so gilt ein binnen sechs Monaten nach Rechtskraft der gerichtlichen Entscheidung oder nach Klagerücknahme gestellter Antrag gemäß § 83 Abs. 1 oder 4 als rechtzeitig gestellt.

## § 85
### Juristische Personen und Handelsgesellschaften

Die Vorschriften der §§ 82 bis 84 gelten entsprechend für Verbindlichkeiten von juristischen Personen und Handelsgesellschaften, die ihren Sitz vor dem 8. Mai 1945 in den in § 1 Abs. 1 bezeichneten Gebieten hatten, sofern sich der Sitz, der Ort der Niederlassung oder die Geschäftsleitung im Geltungsbereich dieses Gesetzes befindet.

## § 86
### Frühere gerichtliche Entscheidungen und Vergleiche

(1) Die Vorschriften der §§ 82 bis 85 gelten auch, wenn vor der Vertreibung der Anspruch ganz oder teilweise durch rechtskräftiges Urteil festgestellt oder über ihn ein Vergleich abgeschlossen worden ist. Die Unzulässigkeit der Zwangsvollstreckung kann der Schuldner im Wege der Erinnerung nach § 766 der Zivilprozeßordnung geltend machen.

(2) Ist der Anspruch nach der Vertreibung ganz oder teilweise durch rechtskräftiges Urteil festgestellt oder über ihn ein Vergleich abgeschlossen worden, so sind in einem nach allgemeinen Vorschriften eingeleiteten Vertragshilfeverfahren die Vorschriften des § 83 Abs. 2 und 3 entsprechend anzuwenden, sofern der Schuldner den Antrag auf Gewährung von Vertragshilfe bis zu dem in § 84 Abs. 1 Satz 1 bezeichneten Zeitpunkt stellt. § 84 Abs. 1 Satz 2 bis 4 gilt sinngemäß. Das Vertragshilfeverfahren ist auch zulässig, wenn der Anspruch nach dem 20. Juni 1948, jedoch vor der Vertreibung begründet und nach der Vertreibung durch rechtskräftiges Urteil eines außerhalb des Geltungsbereiches des Gesetzes gelegenen Gerichts festgestellt worden ist.

(3) Vor Inkrafttreten dieses Gesetzes ergangene rechtskräftige Entscheidungen, durch die Vertragshilfe gewährt worden ist, bleiben vorbehaltlich der Bestimmung des § 17 des Vertragshilfegesetzes unberührt.

## § 87
### Ausnahmen

(1) Die Vorschriften der §§ 82 bis 86 gelten nicht für

1. Verbindlichkeiten, die mit Vermögenswerten des Vertriebenen im Geltungsbereich des Gesetzes in wirtschaftlichem Zusammenhang stehen,

2. gesetzliche Unterhaltsverpflichtungen,

3. Löhne und Gehälter,

4. die in § 6 Abs. 1 Nr. 2 des Vertragshilfegesetzes bezeichneten Verbindlichkeiten,

5. Verbindlichkeiten von Kreditinstituten, die ihren Sitz vor dem 8. Mai 1945 in den in § 1 Abs. 1 bezeichneten Gebieten hatten und der Aufsicht des Reichsaufsichtsamtes für das Kreditwesen unmittelbar oder mittelbar unterstanden, gegenüber

a) Gläubigern, in deren Person bei Geltendmachung des Anspruchs die Wohnsitzvoraussetzungen der §§ 1, 5 und 6 des Umstellungsergänzungsgesetzes vom 21. September 1953 (Bundesgesetzbl. I, S. 1439), zuletzt geändert durch das Vierte Umstellungsergänzungsgesetz vom 23. Dezember 1964 (Bundesgesetzbl. I, S. 1083), gegeben ist,

b) dem Ausgleichsfonds (§ 5 des Lastenausgleichsgesetzes).

(2) Die Vorschrift des § 6 Abs. 2 des Vertragshilfegesetzes gilt entsprechend.

## § 88
### Regelung für Sowjetzonenflüchtlinge

(1) Sowjetzonenflüchtlinge, die vor der Flucht oder in den Fällen des § 4 im Zeitpunkt der Besetzung den überwiegenden Teil ihres Vermögens in der sowjetisch besetzten Zone oder im sowjetisch besetzten Sektor von Berlin hatten und diesen Teil ihres Vermögens durch Enteignungsmaßnahmen oder diesen wirtschaftlich gleichstehende Maßnahmen verloren haben oder darüber nicht verfügen können, können wegen der Verbindlichkeiten, die vor der Flucht oder in den Fällen des § 4 vor der Besetzung begründet worden sind, nicht in Anspruch genommen werden, soweit sich aus Absatz 2 nichts Abweichendes ergibt.

(2) § 83 Abs. 1 und 4, die §§ 84, 86 Abs. 1, Abs. 2 Satz 3, Abs. 3 und § 87 sind entsprechend anzuwenden.

## § 89
### Erledigung anhängiger Verfahren

(1) Erledigt sich ein anhängiger Rechtsstreit durch die Anwendung der §§ 82 bis 88, so trägt jede Partei ihre außergerichtlichen Kosten und die Hälfte der gerichtlichen Auslagen; das Gericht kann jedoch die außergerichtlichen Kosten und die gerichtlichen Auslagen anders verteilen, wenn dies aus besonderen Gründen der Billigkeit entspricht. Die Gerichtsgebühren werden nicht erhoben.

(2) Erledigt sich ein anhängiges Vertragshilfeverfahren durch die Anwendung der §§ 82 bis 88, so werden die gerichtlichen Gebühren und Auslagen nicht erhoben.

Zweiter Titel
Sozialrechtliche Angelegenheiten

## § 90
### Sozialversicherung

(1) Vertriebene und Sowjetzonenflüchtlinge werden in der Sozialversicherung und Arbeitslosenversicherung den Berechtigten im Geltungsbereich des Gesetzes gleichgestellt.

(2) Vertriebene und Sowjetzonenflüchtlinge können Ansprüche und Anwartschaften, die sie bei nicht mehr vorhandenen oder nicht erreichbaren Trägern der deutschen Sozialversicherung oder bei nichtdeutschen Trägern der Sozialversicherung erworben haben, unter Zugrundelegung der bundesrechtlichen Vorschriften über Sozialversicherung bei Trägern der Sozialversicherung im Geltungsbereich des Gesetzes geltend machen.

(3) Das Nähere regelt ein Bundesgesetz.

## § 90 a
### Arbeitsförderung

(1) Soweit ein Anspruch nach dem Arbeitsförderungsgesetz davon abhängt, daß der Antragsteller in einer Beschäftigung gestanden hat, werden auch Zeiten berücksichtigt, in denen

1. ein Berechtigter im Sinne des § 1 Abs. 1 Nr. 1 des Häftlingshilfegesetzes in Gewahrsam gehalten worden ist, oder

2. a) ein Deutscher im Sinne des Artikels 116 des Grundgesetzes im Gebiet der Deutschen Demokratischen Republik einschließlich Berlin (Ost)

b) ein Vertriebener im Sinne des § 1 in den in § 1 Abs. 2 Nr. 3 genannten Gebieten,

wegen seiner Volkszugehörigkeit, seiner Aussiedlungs- oder Übersiedlungsabsicht oder wegen eines vergleichbaren nach freiheitlich-demokratischer Auffassung von ihm nicht zu vertretenden Grundes gehindert worden ist, als Arbeitnehmer tätig zu sein.

(2) Für den Anspruch auf Arbeitslosenhilfe steht die Tätigkeit als Selbständiger oder mithelfender Familienangehöriger, die eine in Absatz 1 Nr. 2 Buchstabe b genannte Person in dem dort genannten Gebiet hauptberuflich ausgeübt hat, einer die Beitragspflicht nach dem Arbeitsförderungsgesetz begründenden Beschäftigung gleich.

(4) Für Personen, die vor dem 31. Dezember 1989 ihren ständigen Aufenthalt im Geltungsbereich dieses Gesetzes genommen haben, ist Absatz 1 in der bis zu diesem Tag geltenden Fassung anzuwenden.

(5) Absatz 2 ist bis zum 31. Dezember 1990 in der bis zum 29. Juni 1990 geltenden Fassung weiterhin anzuwenden, wenn die Voraussetzungen des Anspruchs auf Arbeitslosenhilfe für einen Zeitraum im Juni 1990 bestanden haben.

## § 90 b
**Leistungen bei Krankheit**

(1) Wer als Vertriebener im Sinne des § 1 aus den in § 1 Abs. 2 Nr. 3 genannten Gebieten innerhalb von zwei Monaten nach dem Verlassen dieser Gebiete im Geltungsbereich dieses Gesetzes seinen ständigen Aufenthalt genommen hat, erhält einmalig Leistungen wie ein Versicherter der gesetzlichen Krankenversicherung mit Ausnahme der Leistungen nach den §§ 53 bis 57 des Fünften Buches Sozialgesetzbuch, wenn der Leistungsgrund am Tag der Aufenthaltsnahme gegeben ist oder innerhalb von drei Monaten danach eintritt. Stirbt ein Berechtigter, während er Leistungen nach Satz 1 erhält, hat derjenige, der die Bestattungskosten trägt, Anspruch auf einen Zuschuß zu den Bestattungskosten (Sterbegeld) nach § 59 des Fünften Buches Sozialgesetzbuch.

(2) Die Leistungen bei Krankheit (§§ 27 bis 52 des Fünften Buches Sozialgesetzbuch) und die im Zusammenhang mit diesen Leistungen notwendigen Fahrkosten (§ 60 des Fünften Buches Sozialgesetzbuch) werden längstens für die ersten 78 Wochen von dem Tag der Aufenthaltsnahme im Geltungsbereich dieses Gesetzes an gewährt, die anderen Leistungen bis zum Ablauf der Frist von drei Monaten nach Absatz 1 Satz 1. Leistungen zur Entbindung einschließlich Mutterschaftsgeld oder Entbildungsgeld werden gewährt, wenn die Entbindung in der Frist von drei Monaten nach Absatz 1 Satz 1 liegt.

(3) Krankengeld (§§ 44 bis 51 des Fünften Buches Sozialgesetzbuch) und Mutterschaftsgeld (§ 200 der Reichsversicherungsordnung) erhalten Berechtigte nur, wenn sie bis zum Verlassen der in Absatz 1 genannten Gebiete
1. in einem Arbeitsverhältnis gestanden haben,
2. in Gewahrsam gehalten wurden und Berechtigte im Sinne des § 1 Abs. 1 Nr. 1 des Häftlingshilfegesetzes sind,
3. eine Tätigkeit als Selbständiger oder mithelfender Familienangehöriger hauptberuflich ausgeübt haben,
4. eine gesetzliche Wehrpflicht erfüllt haben oder
5. wegen ihrer Volkszugehörigkeit, ihrer Aussiedlungs- oder Übersiedlungsabsicht oder wegen eines vergleichbaren nach freiheitlich-demokratischer Auffassung von ihnen nicht zu vertretenden Grundes gehindert waren, eine Beschäftigung nach Nummer 1 oder eine Tätigkeit nach Nummer 3 auszuüben.

Auf eine Leistung nach Absatz 1 besteht kein Anspruch, wenn die Berechtigten hierauf einen Anspruch nach anderen gesetzlichen Vorschriften haben, ausgenommen einen Anspruch auf Grund einer Krankenversicherung nach § 155 des Arbeitsförderungsgesetzes, wenn der Verwaltungsakt über die Gewährung von Arbeitslosengeld oder Arbeitslosenhilfe mit Wirkung für die Vergangenheit ganz widerrufen wurde, weil die Berechtigten der Arbeitsvermittlung wegen Arbeitsunfähigkeit nicht zur Verfügung standen.

(4) Krankengeld oder Mutterschaftsgeld erhält der Berechtigte in Höhe des Eingliederungsgeldes nach § 62 a Abs. 3 des Arbeitsförderungsgesetzes.

(5) Die Leistungen gewährt die für den Wohnort der Berechtigten zuständige Allgemeine Ortskrankenkasse. Haben die Berechtigten früher einer anderen Krankenkasse angehört, so haben sie das Recht, die Leistungen bei dieser zu beantragen.

(5a) Berechtigte, die eine Leistung nach den Absätzen 1 bis 4 in Anspruch nehmen, haben dem Leistungserbringer vor Inanspruchnahme der Leistung einen Berechtigungsschein der nach Absatz 5 zuständigen Krankenkasse auszuhändigen. In dringenden Fällen kann der Berechtigungsschein nachgereicht werden.

(6) Der Aufwand, der den Krankenkassen entsteht, wird ihnen aus Mitteln des Bundes erstattet. Als Ersatz für Verwaltungskosten erhalten die Krankenkassen 8 vom Hundert ihres Aufwands für die nach den Absätzen 1 bis 5 gewährten Leistungen.

(7) Bei Gewährung der Leistungen gelten die §§ 61 und 62 des Fünften Buches Sozialgesetzbuch über die vollständige und teilweise Befreiung von der Zuzahlung und anderen Kosten entsprechend. Ferner sind hierbei und bei der Erstattung des Aufwands und der Verwaltungskosten an die Krankenkassen das Erste und Zehnte Buch Sozialgesetzbuch entsprechend anzuwenden, § 110 des Zehnten Buches Sozialgesetzbuch jedoch mit der Maßgabe, daß die Krankenkasse Erstattungen nach Absatz 6 auch unterhalb des in § 110 Satz 2 des Zehnten Buches Sozialgesetzbuch genannten Betrages verlangen kann, wenn dieser Betrag durch Zusammenrechnung der Erstattungsansprüche in mehreren Einzelfällen erreicht wird.

(7a) Bei der Gewährung von Leistungen sind die Vorschriften anzuwenden, die in dem Land gelten, das nach § 2 der Verteilungsverordnung in der im Bundesgesetzblatt Teil III, Gliederungsnummer 240–3, veröffentlichten, bereinigten Fassung für den Aussiedler als Aufnahmeland festgelegt ist oder festgelegt wird.

(8) Für Rechtsstreitigkeiten auf Grund der Vorschriften der Absätze 1 bis 7a ist der Rechtsweg zu den Gerichten der Sozialgerichtsbarkeit gegeben.

## § 90c

– aufgehoben –

## § 91

**Ersatz von Kosten der Sozialhilfe**

(1) – aufgehoben –

(2) – aufgehoben –

(3) Ein nach bürgerlichem Recht unterhaltspflichtiger Vertriebener oder Sowjetzonenflüchtling ist, soweit es sich um eine Person handelt, auf die sich die Vorschrift des § 1603 Abs. 1 des Bürgerlichen Gesetzbuchs bezieht, nach den §§ 90 und 91 des Bundessozialhilfegesetzes während der ersten zehn Jahre nach der erstmaligen Begründung eines gewöhnlichen Aufenthalts im Geltungsbereich dieses Gesetzes in der Regel nicht in Anspruch zu nehmen. Dasselbe gilt für die Inanspruchnahme nach § 82 des Gesetzes für Jugendwohlfahrt.

Dritter Titel

Prüfungen und Urkunden

## § 92

**Anerkennung von Prüfungen**

(1) Prüfungen oder Befähigungsnachweise, die Vertriebene und Sowjetzonenflüchtlinge bis zum 8. Mai 1945 im Gebiet des Deutschen Reiches nach dem Gebietsstande vom 31. Dezember 1937 abgelegt oder erworben haben, sind im Geltungsbereich des Gesetzes anzuerkennen.

(2) Prüfungen oder Befähigungsnachweise, die Vertriebene und Sowjetzonenflüchtlinge bis zum 8. Mai 1945 in Gebieten außerhalb des Deutschen Reiches nach dem Gebietsstande vom 31. Dezember 1937 abgelegt oder erworben haben,

sind anzuerkennen, wenn sie den entsprechenden Prüfungen oder Befähigungsnachweisen im Geltungsbereich des Gesetzes gleichwertig sind.

(3) Auf Prüfungen oder Befähigungsnachweise, die Vertriebene und Sowjetzonenflüchtlinge nach dem 8. Mai 1945 in Gebieten außerhalb des Geltungsbereichs des Gesetzes abgelegt oder erworben haben, ist Absatz 2 entsprechend anzuwenden. Die Vorschriften über die Anerkennung von Prüfungen oder Befähigungsnachweisen im öffentlichen Dienst bleiben unberührt.

## § 93
**Ersatz von Urkunden**

(1) Haben Vertriebene oder Sowjetzonenflüchtlinge die zur Ausübung ihres Berufes notwendigen oder für den Nachweis ihrer Befähigung zweckdienlichen Urkunden (Prüfungs- oder Befähigungsnachweise) und die zur Ausstellung von Ersatzurkunden erforderlichen Unterlagen verloren, so ist ihnen auf Antrag durch die für die Ausstellung entsprechender Urkunden zuständigen Behörden und Stellen eine Bescheinigung auszustellen, wonach der Antragsteller die Ablegung der Prüfung oder den Erwerb des Befähigungsnachweises glaubhaft nachgewiesen hat.

(2) Voraussetzung für die Ausstellung der Bescheinigung gemäß Absatz 1 ist die glaubhafte Bestätigung

1. durch schriftliche, an Eides Statt abzugebende Erklärung einer Person, die auf Grund ihrer früheren dienstlichen Stellung im Bezirk des Antragstellers von der Ablegung der Prüfung oder dem Erwerb des Befähigungsnachweises Kenntnis hat, oder

2. durch schriftliche, an Eides Statt abzugebende Erklärungen von zwei Personen, die von der Ablegung der Prüfung oder dem Erwerb des Befähigungsnachweises eigene Kenntnis haben.

(3) Die Bescheinigung gemäß Absatz 1 hat im Rechtsverkehr dieselbe Wirkung wie die Urkunde über die abgelegte Prüfung oder den erworbenen Befähigungsnachweis.

(4) Die Absätze 1 bis 3 sind für den Nachweis rechtserheblicher Tatsachen im Sinne des Gesetzes zur Regelung der Rechtsverhältnisse der unter Artikel 131 des Grundgesetzes fallenden Personen vom 11. Mai 1951 (Bundesgesetzbl. I, S. 307) entsprechend anzuwenden.

(5) Zuständig für die Entgegennahme von Erklärungen an Eides Statt gemäß Absatz 2 sind die für die Ausstellung der Bescheinigungen gemäß Absatz 1 zuständigen und die von den Ländern hierzu bestimmten Behörden und Stellen.

Vierter Titel

Sonstige Vorschriften

## § 94
### Familienzusammenführung

(1) Sofern die Einreise in den oder der Aufenthalt in dem Geltungsbereich des Gesetzes von einer Erlaubnis abhängen, darf diese nicht verweigert werden, wenn sie ein in § 1 Abs. 1 oder 2 genannter Vertriebener für seine in Absatz 2 genannten Angehörigen zum Zweck der Familienzusammenführung beantragt.

(2) Als Familienzusammenführung im Sinne des Absatzes 1 gilt die Zusammenführung

1. von Ehegatten,
2. von minderjährigen Kindern zu den Eltern,
3. von Eltern zu Kindern,
4. von volljährigen, in Ausbildung stehenden oder hilfsbedürftigen Kindern zu den Eltern oder volljährigen Kindern zu hilfsbedürftigen Eltern,
5. von Geschwistern zueinander, wenn ein Teil hilfsbedürftig ist,
6. von hilfsbedürftigen Großeltern zu Enkelkindern oder von minderjährigen Enkelkindern zu den Großeltern, falls die Eltern nicht mehr leben oder sich der Kinder nicht annehmen können.

(3) Sonstigen Angehörigen kann die Einreise in den oder der Aufenthalt in dem Geltungsbereich des Gesetzes gestattet werden, wenn die Versagung der Familienzusammenführung eine unzumutbare Härte bedeuten würde.

(4) Personen, die im Wege der Familienzusammenführung ihren ständigen Aufenthalt im Geltungsbereich des Gesetzes genommen haben, können ihrerseits ein Recht auf Nachzug von Familienangehörigen aus dieser Vorschrift nur dann herleiten, wenn sie selbst Rechte und Vergünstigungen als Vertriebene im Sinne von § 1 Abs. 1 oder 2 in Anspruch nehmen können.

## § 95
### Unentgeltliche Beratung

(1) Organisationen der Vertriebenen und Flüchtlinge, deren Zweck nicht auf einen wirtschaftlichen Geschäftsbetrieb gerichtet ist, dürfen Vertriebene und Sowjetzonenflüchtlinge im Rahmen ihres Aufgabengebietes in Rechts-, Steuer- und Wirtschaftsfragen unentgeltlich beraten. Sie bedürfen hierzu keiner besonderen Erlaubnis.

(2) Diese Tätigkeit kann ihnen im Falle mißbräuchlicher Ausübung untersagt werden. Das Nähere bestimmt die Bundesregierung durch Rechtsverordnung mit Zustimmung des Bundesrates.

### Fünfter Abschnitt

### Kultur, Forschung und Statistik

## § 96
### Pflege des Kulturgutes der Vertriebenen und Flüchtlinge und Förderung der wissenschaftlichen Forschung

Bund und Länder haben entsprechend ihrer durch das Grundgesetz gegebenen Zuständigkeit das Kulturgut der Vertreibungsgebiete in dem Bewußtsein der Vertriebenen und Flüchtlinge, des gesamten deutschen Volkes und des Auslandes zu erhalten, Archive, Museen und Bibliotheken zu sichern, zu ergänzen und auszuwerten, sowie Einrichtungen des Kunstschaffens und der Ausbildung sicherzustellen und zu fördern. Sie haben Wissenschaft und Forschung bei der Erfüllung der Aufgaben, die sich aus der Vertreibung und der Eingliederung der Vertriebenen und Flüchtlinge ergeben, sowie die Weiterentwicklung der Kulturleistungen der Vertriebenen und Flüchtlinge zu fördern. Die Bundesregierung berichtet jährlich dem Bundestag über das von ihr Veranlaßte.

### § 97
**Statistik**

(1) Bund und Länder haben die auf dem Gebiete des Vertriebenen- und Flüchtlingswesens erforderlichen statistischen Arbeiten durchzuführen. Insbesondere haben sie die Statistik so auszugestalten, daß die statistischen Unterlagen für die Durchführung der zum Zwecke der Eingliederung der Vertriebenen und Sowjetzonenflüchtlinge erlassenen Vorschriften zur Verfügung gestellt werden können.

(2) Der Stand der wirtschaftlichen und sozialen Eingliederung der Vertriebenen und Sowjetzonenflüchtlinge im Vergleich zu deren Lage vor der Vertreibung ist durch eine Statistik festzustellen, die im Zusammenhang mit der Beantragung von Ausweisen durchzuführen ist. Die Antragsteller haben die Antragsvordrucke (§ 16) in doppelter Ausfertigung auszufüllen. Die für die statistische Auswertung bestimmten Doppelstücke werden durch die Statistischen Ämter nach den für die Statistik geltenden Vorschriften weiter bearbeitet. Die Kosten hierfür tragen Bund und Länder nach den bei ihnen anfallenden Arbeiten.

### Sechster Abschnitt

**Strafbestimmungen**

### § 98
**Erschleichung von Vergünstigungen**

Mit Freiheitsstrafe bis zu fünf Jahren oder mit Geldstrafe wird bestraft, wer unrichtige oder unvollständige Angaben tatsächlicher Art macht oder benutzt, um für sich oder einen anderen Rechte oder Vergünstigungen, die Vertriebenen oder Sowjetzonenflüchtlingen vorbehalten sind, zu erschleichen.

### § 99
**Pflichtverletzung von Verwaltungsangehörigen**

Mit Freiheitsstrafe bis zu fünf Jahren oder mit Geldstrafe wird bestraft, wer als Verwaltungsangehöriger bei der Durchführung dieses Gesetzes Ausweise oder Bescheinigungen für Personen ausstellt, von denen er weiß, daß sie kein Recht auf Erteilung des Ausweises oder der Bescheinigung haben.

### Siebenter Abschnitt

**Übergangs- und Schlußbestimmungen**

**(§§ 100 bis 105 sind nicht abgedruckt.)**

## § 105 a
**Übergangsvorschrift zu § 90 a**

(1) Zeiten nach § 90 a Abs. 1 Nr. 1, die vor der Entstehung eines Anspruchs auf Arbeitslosengeld nach § 9 des Häftlingshilfegesetzes in Verbindung mit Abschnitt V des Heimkehrergesetzes liegen, werden für einen Anspruch auf Arbeitslosengeld nach dem Arbeitsförderungsgesetz nicht berücksichtigt.

(2) § 90 a Abs. 1 Nr. 2 gilt auch für Ansprüche auf Arbeitslosengeld nach dem Arbeitsförderungsgesetz, die am 31. Dezember 1985 noch nicht erschöpft sind.

## § 105 b
**Übergangsvorschrift zu § 90 b**

§ 90 b in der bis zum 29. Juni 1990 geltenden Fassung ist auf Ansprüche, die vor dem 30. Juni 1990 entstanden sind, weiter anzuwenden.

## § 105 c
**Übergangsvorschrift zu § 1 Abs. 2 Nr. 3**

(1) Personen, die vor dem 1. Juli 1990 eine Übernahmegenehmigung des Bundesverwaltungsamtes erhalten haben, sind bei Vorliegen der sonstigen Voraussetzungen des § 1 Abs. 2 Nr. 3 auch dann Aussiedler, wenn ihnen kein Aufnahmebescheid nach § 26 erteilt wurde.

(2) § 28 Abs. 3 gilt entsprechend.

## § 106
**Verwaltungsvorschriften**

Die zur Durchführung dieses Gesetzes erforderlichen allgemeinen Verwaltungsvorschriften erläßt die Bundesregierung mit Zustimmung des Bundesrates.

## § 107
**Berlin-Klausel**

Dieses Gesetz gilt nach Maßgabe des § 12 Abs. 1 und des § 13 Abs. 1 des Dritten Überleitungsgesetzes vom 4. Januar 1952 (Bundesgesetzbl. I, S. 1) auch im Land Berlin. Rechtsverordnungen, die auf Grund der in diesem Gesetz enthaltenen Ermächtigungen erlassen werden, gelten im Land Berlin nach § 14 des Dritten Überleitungsgesetzes.

## 4.2  Erlaß des Bundesministers des Innern „Registrierverfahren für Aussiedler" vom 18. April 1990 – VtK I 6/VtK I 5 – 902 213/18 –

Bei einer nicht unbedeutenden Zahl deutscher Staatsangehöriger und deutscher Volkszugehöriger wirken die durch Verschleppung, Vertreibung und Änderung der Verhältnisse nach Kriegsende bedingten Belastungen der Deutschen in den Aussiedlungsgebieten heute noch fort (Kriegsfolgeschicksal). Viele von ihnen bemühen sich seit Jahren oder Jahrzehnten um die Ausreise. Es muß auch künftig die Aufnahme in die Bundesrepublik Deutschland möglich bleiben, wenn die rechtlichen Voraussetzungen gegeben sind.

Die bisherige Verwaltungspraxis bei der Registrierung der Aussiedler beruhte auf grundsätzlich gleichen Auslegungskriterien von Bund und Ländern bei der Feststellung der Aussiedlereigenschaft und der deutschen Staatsangehörigkeit. Dies ist nicht mehr gewährleistet, nachdem

– einige Länder in der Frage des Vertreibungsdrucks von den bisherigen Richtlinien zum Vertreibungsdruck – wenn auch mit unterschiedlicher Akzentuierung – abweichen,

– die Länder in der Frage der deutschen Staatsangehörigkeit bei Angehörigen der Abteilung 3 der Deutschen Volksliste anderer Auffassung sind als der Bund.

Seitdem mehren sich Fälle, in denen trotz Erteilung des Registrierscheins die Ausstellung des Vertriebenenausweises abgelehnt wird.

Im Interesse der Betroffenen darf jedoch auch künftig in der Verwaltungspraxis nicht nach unterschiedlichen Rechtsauffassungen entschieden werden.

Das Bundesverwaltungsamt/Beauftragter der Bundesregierung für die Verteilung der Aussiedler kann aber mit Rücksicht auf

– die Bindungswirkung nach § 15 Abs. 5 Bundesvertriebenengesetz (BVFG),

– die Funktion des Registrierscheins als vorläufiger Nachweis der Vertriebeneneigenschaft mit im Einzelfall unter Umständen weitreichenden Leistungsfolgen

den Registrierschein nicht ausstellen, wenn zweifelhaft ist, ob ein Vertriebenenausweis erteilt wird. Bei unterschiedlicher Rechtsauffassung führt die Bindungswirkung nach § 15 Abs. 5 BVFG dazu, daß der Registrierschein nach der abweichenden Entscheidung der Vertriebenenbehörde einzuziehen ist.

Für die Neugestaltung der Aufnahme hat die Bundesregierung am 28. März 1990 den Entwurf eines „Gesetzes zur Regelung des Aufnahmeverfahrens für Aussiedler (Aussiedleraufnahmegesetz – AAG –)" beschlossen. Dieser Gesetzentwurf sieht vor, daß Aussiedler ihren Vertriebenenstatus nur dann erlangen können, wenn sie im Rahmen des vorgeschriebenen, vom Herkunftsgebiet zu betreibenden Verfahren den Aufnahmebescheid erhalten haben. Die Auffassung der Länder soll in diesem Verfahren bereits vor der Erteilung des Aufnahmebescheides berücksichtigt werden.

Bund und Länder streben an, die auseinandergehende Verwaltungspraxis durch eine vorläufige Neuregelung des Registrierverfahrens schon jetzt wieder zusammenzuführen.

Ich bitte daher, ab 23. April 1990 wie folgt zu verfahren:

Als Voraussetzung für die Registrierung von Aussiedlern ist zuerst das Kriegsfolgeschicksal (Vertreibungsdruck) zu prüfen.

1. Durch die Veränderungen der politischen Verhältnisse in den Herkunftsländern sind die Richtlinien zu § 1 Abs. 2 Nr. 3 BVFG teilweise überholt. Die politische Entwicklung in den Herkunftsländern und die Nachteile für die ethnischen Gruppen sind unterschiedlich. Die bloße Übernahme neuer, von den Richtlinien abweichender Ländererlasse ist nicht zweckmäßig, weil diese Erlasse sich inhaltlich unterscheiden und jeweils mit den anderen Ländern nicht abgestimmt sind.

Bis zu einer Neufassung der Richtlinien nach Abstimmung zwischen den Ländern und mit dem Bund ist im Registrierverfahren bei der Prüfung des Kriegsfolgeschicksals/Vertreibungsdrucks nach den in den Nummern 1.1 bis 1.6 dargestellten Grundsätzen zu verfahren. Ziel ist das Ergebnis, das den abweichenden Lösungsansätzen der bisher vorliegenden Ländererlasse zumindest teilweise Rechnung trägt.

1.1 Eine widerlegbare Vermutung im Sinne der bisherigen Richtlinien und der Rechtsprechung des Bundesverwaltungsgerichts ist für die Antragsteller aus der UdSSR und Rumänien anzunehmen.

Diese widerlegbare Vermutung gilt auch für Personen, die die deutsche Staatsangehörigkeit unabhängig von der Volkslisten-Verordnung aufgrund des Reichs- und Staatsangehörigkeitsgesetzes vom 22. Juli 1913 erworben haben (Reichsdeutsche), die Angehörigen der Abteilungen 1 und 2 der Deutschen Volksliste sowie für die jeweiligen Abkömmlinge. Diese Gruppen wurden in den Nachkriegsjahren unterschiedslos als Deutsche verfolgt und hatten auch später unter Benachteiligungen zu leiden. Dies rechtfertigt es, bei ihnen – ebenso wie bei den deutschen Staatsangehörigen und den deutschen Volkszugehörigen aus Rumänien und der UdSSR – das Kriegsfolgeschicksal noch widerlegbar zu vermuten.

1.2 Anhaltspunkte, die die Vermutung des Kriegsfolgeschicksals in Frage stellen, machen eine einzelfallbezogene Prüfung erforderlich. Hierbei ist u. a. die neuere Rechtsprechung des Bundesverwaltungsgerichts zum Vertreibungsdruck zu berücksichtigen.

1.2.1 Urteil des Bundesverwaltungsgerichts vom 21. Juni 1988 – BVerwG 9 C 282.86 – übersandt mit Rundschreiben BMI vom 29. 9. 1988 – VtK I 6 – 902 154/1 –:

Vertreibungsdruck kann nicht mehr angenommen werden, wenn Kinder auch im engsten Familienkreis bewußt nicht mehr im Sinne einer Überlieferung deutschen Volkstums erzogen worden sind mit der Folge, daß ihnen nicht einmal ein Minimum deutschen Volkstumsbewußtseins vermittelt worden ist.

1.2.2 Urteil des Bundesverwaltungsgerichts vom 31. Januar 1989 – BVerwG 9 C 78.87 – übersandt mit Rundschreiben BMI vom 28. 4. 1989 – VtK I 6 – 902 000 V/44 –:

Eine starke sprachliche Assimilierung stellt einen Anlaß dar, Nachforschungen darüber anzustellen, ob sich der Antragsteller möglicherweise unter Abwendung vom deutschen Volkstum völlig den neuen Verhältnissen angepaßt hat. In diesem Fall ist die gesetzliche Vermutung für das Fortbestehen des Vertreibungsdrucks widerlegt, nicht aber schon allein durch die Nichtbeherrschung der deutschen Sprache.

Beide Urteile erlauben eine sachgerechte, der Zielsetzung des BVFG gerecht werdende Prüfung des Kriegsfolgeschicksals. Dabei wird allerdings zu berücksichtigen sein, ob, in welchen Gebieten und zu welchen Zeiten die Benutzung der deutschen Sprache und die Pflege deutscher Kulturtraditionen mit Gefahren verbunden und ob diese so schwerwiegend waren, daß der Verzicht auf die Benutzung der deutschen Sprache auch im engsten Familienkreis außer Betracht bleiben muß.

1.3 In den Fällen der Nummer 1.2 ist das Kriegsfolgeschicksal zu verneinen, wenn

– im engsten Familienkreis nicht mehr deutsch gesprochen wurde, **und**

– eine völlige Anpassung an die Verhältnisse im Herkunftsgebiet offenbar ist, **und**

– Belastungen, die sich aus der Eigenschaft als Deutscher ergeben, nicht mehr erkennbar sind.

Bei den Reichsdeutschen und Angehörigen der Abteilungen 1 und 2 der Deutschen Volksliste ist dabei insoweit zu berücksichtigen, daß die Benutzung der deutschen Sprache im gesamten polnischen Bereich zeitweilig mit Strafe bedroht war.

1.4  Bei den Angehörigen der Abteilung 3 der Deutschen Volksliste und von ihnen abstammenden Personen kann wegen des im allgemeinen andersartigen Nachkriegsschicksal der Vertreibungsdruck nicht mehr vermutet werden.

Sie müssen deswegen glaubhaft machen, daß dennoch im Einzelfall ein Kriegsfolgeschicksal vorliegt. Es kann angenommen werden bei

– Benutzung der deutschen Sprache in der Familie als Muttersprache **oder**

– Benachteiligung als Deutscher in Schule oder Beruf **oder**

– wiederholten erfolglosen Ausreisebemühungen in der Vergangenheit **oder**

- schwerwiegender Benachteiligung wegen der Benutzung der deutschen Sprache in der Öffentlichkeit **oder**
- sonstigen Verfolgungen oder Benachteiligungen als deutsche Staatsangehörige oder deutsche Volkszugehörige.

Es genügt im allgemeinen, wenn eines der genannten Kriterien vorliegt und die schulische oder berufliche Entwicklung beeinflußt oder sich bis zur Aussiedlung ausgewirkt hat. Der Antragsteller trägt hierfür die Beweislast. Für die Glaubhaftmachung gelten die in den Richtlinien vorgesehenen Erleichterungen.

1.5 Für Antragsteller aus den anderen Herkunftsgebieten (z. B. Jugoslawien, Tschechoslowakei, Ungarn) gelten die Grundsätze nach Nummer 1.4, weil das Kriegsfolgeschicksal nicht mehr unterstellt werden kann.

**1.6 Angehörige der zweiten spätgeborenen Generation**

Bei Angehörigen der zweiten spätgeborenen Generation handelt es sich um Personen, deren Eltern nach dem 8. Mai 1945 geboren sind. Das Bundesverwaltungsgericht hat in der Entscheidung vom 10. November 1976 – BVerwGE 51, 298/305 – Zweifel daran geäußert, ob der fortdauernde Bekenntniszusammenhang in einer Familie sich noch auf die zweite nach Kriegsende geborene Generation erstrecken kann. Diese Auffassung des Bundesverwaltungsgerichts ist mehrfach innerhalb der Arbeitsgemeinschaft der Landesflüchtlingsverwaltungen erörtert worden.

Bund und Länder waren sich bislang einig, keinen formalen Generationsschnitt zu machen. Maßgebend dafür war die Erwägung, daß Kinder, denen die Eltern die deutsche Sprache und deutsche Kulturtraditionen vermittelt haben, von den durch Vertreibung, Verschleppung und politische Verhältnisse bestimmten Belastungen der deutschen Volksgruppe ebenso betroffen sind wie ihre Eltern. Verzichten die Eltern darauf, ihren Kindern deutsches Volkstum weiter zu vermitteln und gehen sie völlig in den Verhältnissen des Herkunftslandes auf, dann liegt nach der Rechtsprechung des Bundesverwaltungsgerichts Vertreibungsdruck nicht mehr vor. Dies müssen dann allerdings die Eltern, die die Abwendung vom deutschen Volkstum für ihre Kinder vollzogen haben, ebenso gegen sich gelten lassen wie die davon betroffenen Kinder.

Angehörige der zweiten spätgeborenen Generation können deshalb auch Aussiedler sein, wenn die sonstigen Voraussetzungen vorliegen.

Durch diese Lösung wird die Familieneinheit gewahrt. Es kann nicht dazu kommen, daß bei gemeinsam ausreisenden Familien die Eltern anerkannt und die Kinder wegen des schematischen Abstellens auf die Generationenfolge abgelehnt werden müssen. Darüber hinaus werden Zweifelsfälle vermieden, wie sie zum Beispiel entstehen können, wenn ein Elternteil vor und der andere nach dem 8. Mai 1945 geboren ist. Schließlich kann es auch nicht dazu kommen, daß Gleichaltrige mit möglicherweise gleichem Schicksal unterschiedlich behandelt werden müssen, weil der maßgebliche Elternteil in diesem Fall zum Beispiel am 1. Mai und in einem anderen Fall am 1. Juni 1945 geboren wurde.

1.7 Da als Aussiedler im Sinne des BVFG nur Personen mit Kriegsfolgeschicksal registriert werden können, ist die Registrierung abzulehnen, wenn diese Voraussetzung nicht vorliegt.

2. Wenn ein Kriegsfolgeschicksal vorliegt, sind die weiteren Voraussetzungen für die Aussiedlereigenschaft zu prüfen. Ergibt sich dabei, daß die deutsche Staatsangehörigkeit aus der Eintragung in die Deutsche Volksliste hergeleitet wird, sind im Registrierschein die Gründe anzugeben, die zu der Entscheidung geführt haben, die deutsche Volkszugehörigkeit als gegeben anzusehen. Nach Möglichkeit ist auch die Abteilung der Deutschen Volksliste aufzuführen.

3. Liegt kein Kriegsfolgeschicksal vor, ist die Ablehnung gegebenenfalls durch Hinweise zu ergänzen:

3.1 Bei Reichsdeutschen oder Antragstellern, die die deutsche Staatsangehörigkeit im Wege der Abstammung von einem Reichsdeutschen erworben haben, bleibt es dem Antragsteller unbenommen, die deutsche Staatsangehörigkeit feststellen zu lassen.

Entsprechendes gilt bei Angehörigen der Abteilungen 1 und 2 der Deutschen Volksliste. Bei ihnen kann bereits die bloße Eintragung in die Deutsche Volksliste als Bekenntnis im Sinne des § 6 BVFG angesehen werden. Objektive Merkmale zur Bestätigung dieses Bekenntnisses liegen regelmäßig vor, da in die Abteilungen 1 und 2 der Deutschen Volksliste nur Personen eingetragen wurden, die deutsche Volkszugehörige – auch im Rechtssinne des § 6 BVFG – waren. Das gilt auch für Personen, die die deutsche Staatsangehörigkeit vom vorgenannten Personenkreis ableiten.

3.2 Bei Angehörigen der Abteilung 3 der Deutschen Volksliste und bei Personen, die die deutsche Staatsangehörigkeit von diesen ableiten, kommt ein Hinweis auf ein mögliches staatsangehörigkeitsrechtliches Feststellungsverfahren in den Ländern nur in Betracht, wenn mit hinreichender Sicherheit anzunehmen ist, daß die deutsche Staatsangehörigkeit festgestellt werden kann.

Dabei ist auf die folgende Rechtsauffassung der Länder Rücksicht zu nehmen:

Der in die Deutsche Volksliste Eingetragene muß zum maßgebenden Zeitpunkt, nämlich bei Beginn der allgemeinen gegen die Deutschen gerichteten Vertreibungs- und Verfolgungsmaßnahmen – Ende 1944/Anfang 1945 –, deutscher Volkszugehöriger gewesen sein (Auffassung aller Länder).

Bei der Beurteilung sind die Richtlinien zu § 6 BVFG heranzuziehen. Insoweit verweise ich besonders auf die Verfahrensregelungen der Nummer 4.2 dieser Richtlinien, wonach der Beweisnot der Antragsteller angemessen Rechnung zu tragen ist. Der Antragsteller hat die Beweislast.

Mit Rücksicht auf das seinerzeitige Verfahren der Aufnahme in die Deutsche Volksliste kann die Eintragung in die Abteilung 3 für sich allein nicht als Bekenntnis zum deutschen Volkstum gewertet werden. Ein Bekenntnis kann nur dann angenommen werden, wenn bestimmte objektive Merkmale die Eintragung in die Deutsche Volksliste als Erklärungsverhalten schlüssig erscheinen lassen.

Die deutsche Volkszugehörigkeit ist demnach dann anzunehmen, wenn neben der Eintragung in die Deutsche Volksliste über die bloße Abstammung von einem deutschen Volkszugehörigen hinaus wenigstens ein weiteres objektives Merkmal vorliegt. Dies kann zum Beispiel die Verwendung der deutschen Sprache als Muttersprache bei dem ursprünglich Eingetragenen sein. In Betracht kommen außerdem die Zugehörigkeit zu Vereinen mit überwiegend deutschen Mitgliedern, der Besuch einer deutschen Schule oder ähnliche Umstände.

Die Zugehörigkeit zur Deutschen Wehrmacht ist in diesem Zusammenhang ein Indiz für die Tatsache der Eintragung in die Deutsche Volksliste; sie kann aber nicht als Bekenntnis oder bestätigendes Merkmal im Sinne von § 6 BVFG in Betracht kommen.

3.3 Wenn sich aus der bisherigen Prüfung keine Anhaltspunkte für die Annahme ergeben haben, daß der Antragsteller nach den in den Ländern maßgebenden Rechtsgrundsätzen mit der Feststellung der deutschen Staatsangehörigkeit rechnen kann, ist dies im Ablehnungsbescheid zu vermerken.

4. Das Verfahren soll so weit wie möglich zu Anerkennungen oder Ablehnungen führen. Aussetzungen sind auf Ausnahmefälle zu beschränken. Verfahren sind nur dann auszusetzen, wenn der Antragsteller nach seinem schlüssigen und glaubhaften Vortrag noch

Beweismittel beibringen kann, die erwarten lassen, daß er im Vertriebenenausweisverfahren anerkannt wird.

5. In geeigneten Fällen sind die Betroffenen auf die Möglichkeit hinzuweisen, die Übernahme im schriftlichen Verfahren von ihrem Herkunftsgebiet aus zu betreiben.

Bei allen Entscheidungen ist die Zielsetzung des Bundesvertriebenengesetzes zu berücksichtigen, deutsche Staatsangehörige und deutsche Volkszugehörige zu erfassen, die sich als Folge von Vertreibung, Verschleppung und Verfolgung der deutschen Volksgruppen bei Kriegsende und aufgrund der Nachkriegsverhältnisse in ihrer Eigenschaft als Angehörige der deutschen Volksgruppen bedrängt fühlen und deswegen ihre Heimat verlassen wollen. Zweck der Rechtsprechung des Bundesverwaltungsgerichts zum Vertreibungsdruck ist es, diesen Personenkreis abzugrenzen von anderen deutschen Staatsangehörigen oder deutschen Volkszugehörigen, die unabhängig von diesen Gründen, also ohne einen irgendwie gearteten Zusammenhang mit den Bedrängnissen der deutschen Volksgruppe, ihre Heimat verlassen. Die Prüfung des Kriegsfolgeschicksals ist deswegen in dem hier vorgegebenen Rahmen erforderlich.

## 4.3 Richtlinien zur Anwendung der §§ 3 und 4 des Bundesvertriebenengesetzes (BVFG), Runderlaß des Ministers für Arbeit, Gesundheit und Soziales Nordrhein-Westfalen vom 10. Mai 1982 – IV C 1 – 9010.1.17 (MBl. S. 942)

Inhalt

1    Allgemeines
1.1 Deutsche Staatsangehörigkeit
1.2 Deutsche Volkszugehörigkeit
1.3 Wohnsitz
1.4 Flucht

2    Besondere Zwangslage
2.1 Allgemeines
2.2 Subjektive Zwangslage
2.3 Unmittelbare Gefahr für Leib und Leben oder die persönliche Freiheit
2.4 Schwerer Gewissenskonflikt
2.5 Zerstörung oder entscheidende Beeinträchtigung der Existenzgrundlage
2.6 Familienangehörige

3    Vertretenmüssen

4    Anwendung des § 1 Abs. 3

5    Gleichgestellte (§ 4)

6    Ausschlußgründe

7    Verfahren

Bemerkungen:

Die in diesen Richtlinien verwendete Bezeichnung „DDR" bedeutet zugleich immer: „und/oder Berlin (Ost)", die Bezeichnung „Bundesrepublik Deutschland" bedeutet zugleich immer: „und/oder Land Berlin".

Die zitierten Paragraphen ohne Angabe des Gesetzes sind die des Bundesvertriebenengesetzes.

## 1 Allgemeines

Flüchtling im Sinne des § 3 Abs. 1 ist, wer

deutscher Staatsangehöriger oder deutscher Volkszugehöriger ist,

in der DDR seinen Wohnsitz hat oder gehabt hat und

die DDR verlassen hat, um sich einer besonderen Zwangslage zu entziehen, die politisch bedingt war und von ihm nicht zu vertreten ist,

wenn er

nicht dem in der DDR herrschenden System erheblich Vorschub geleistet hat und

nicht gegen die Grundsätze der Menschlichkeit oder Rechtsstaatlichkeit verstoßen hat, und zwar während der Herrschaft des Nationalsozialismus oder in der DDR, und

nicht die freiheitliche demokratische Grundordnung der Bundesrepublik Deutschland bekämpft hat.

### 1.1 Deutsche Staatszugehörigkeit

Die deutsche Staatszugehörigkeit bestimmt sich unbeschadet der Regelungen des Staatsangehörigkeitsrechts in der DDR nach dem Reichs- und Staatsangehörigkeitsgesetz vom 22. Juli 1913 – RuStaG – (RGBl. S. 583), zuletzt geändert durch Gesetz vom 29. Juni 1977 (BGBl. S. 1101).

### 1.2 Deutsche Volkszugehörigkeit

Die deutsche Volkszugehörigkeit bestimmt sich nach § 6 (vgl. Richtlinien zur Anwendung des § 6 BVFG, mein RdErl. vom 20. 2. 1980 – SMBl. NW. 2411 –)[1].

### 1.3 Wohnsitz

Für die Feststellung des Wohnsitzes gelten die Vorschriften der §§ 7 ff. BGB. § 1 Abs. 1 Satz 2 und 3, Abs. 2 Nr. 4 bis 6, Abs. 3 und 4 BVFG ist sinngemäß anzuwenden.

– BVerwG vom 22. Oktober 1958 – 5 C 571.56 – Buchholz 412.3 § 3 Nr. 8 –

Anders als in § 1 ist eine Wohnsitzbegründung in der DDR vor dem 9. Mai 1945 nicht erforderlich; maßgebend ist vielmehr der Zeitpunkt des Verlassens der DDR.

– BVerwG vom 22. Oktober 1958 – 5 C 321.56 – Buchholz 412.3 § 3 Nr. 7 –

### 1.4 Flucht

1.4.1 Flucht bedeutet im allgemeinen Sprachgebrauch die Vornahme eines Ortswechsels in der Absicht und zu dem Zweck, sich aus dem räumlichen Bereich einer Gefährdung zu entfernen. Die Nichtbilligung eines solchen Ortswechsels durch Personen oder Institutionen gehört nicht zur Begriffsbestimmung der Flucht (das erhellt aus dem

---

[1] abgedruckt unter 5.2

Beispiel einer Flucht aus einem brennenden Haus oder vor Naturkatastrophen u. ä. m.). Dementsprechend besagen die Worte „geflüchtet ist" nicht, daß die DDR gegen den Willen der dortigen Behörden oder jedenfalls heimlich verlassen worden sein muß. Es genügt, daß der DDR-Bewohner in der Absicht und zu dem Zweck gehandelt hat, sich durch den Aufenthaltswechsel aus dem räumlichen Bereich einer ihm drohenden Gefahr oder sonstiger Bedrängnisse zu entfernen.

– BVerwG vom 16. Dezember 1959 – 8C 178.59 – Buchholz 412.3 § 3 Nr. 14 –

– BVerwG vom 17. September 1964 – 8C 286.63 n.v. –

1.4.2 Auf die Art und Weise des Verlassens der DDR kommt es nicht an. Maßgebend sind vielmehr die Gründe für das Verlassen der DDR. In diesem Sinne kann auch

– eine von den Behörden der DDR genehmigte Ausreise

– eine Abschiebung durch Behörden der DDR

den Tatbestand der Flucht im Sinne des § 3 Abs. 1 erfüllen.

– BVerwG vom 16. Dezember 1959 – 8C 178.59 – Buchholz 412.3 § 3 Nr. 14 –

– BVerwG vom 9. Juli 1964 – 8C 36.62 – Buchholz 412.3 § 3 Nr. 36 –

1.4.3 Zwischen Flucht und besonderer Zwangslage muß ein ursächlicher Zusammenhang bestehen. Dies ist der Fall, wenn die besondere Zwangslage zum Verlassen der DDR geführt hat. Der ursächliche Zusammenhang besteht aber auch dann, wenn die Entscheidung, die DDR zu verlassen (Recht auf Freizügigkeit), zu einer besonderen Zwangslage geführt hat. Nicht zu berücksichtigen ist eine Zwangslage, die erst beim Verlassen der DDR entsteht.

– BVerwG vom 16. Dezember 1959 – 8C 178.59 – Buchholz 412.3 § 3 Nr. 14 –

1.4.4 Der Tatbestand einer Flucht ist auch dann erfüllt, wenn der Betroffene (z. B. während eines Besuchs außerhalb der DDR) von einer ihm in der DDR drohenden Zwangslage erfährt und sich deswegen entschließt nicht zurückzukehren (indirekte Flucht). Mithin besteht der erforderliche Ursachenzusammenhang dann, wenn der Betroffene ohne die inzwischen eingetretenen Umstände zur Rückkehr entschlossen gewesen wäre.

– BVerwG vom 22. Oktober 1958 – 5C 571.56 – Buchholz 412.3 § 3 Nr. 8 –

– BVerwG vom 12. Oktober 1967 – 8C 117.65 – Buchholz 412.3 § 3 Nr. 48 –

## 2  Besondere Zwangslage

### 2.1  Allgemeines

2.1.1 Der Begriff „besondere Zwangslage" ist im Gesetz nicht näher bestimmt. Der Gesetzgeber hat aber durch die in § 3 Abs. 1 Satz 2 bis 4 genannten Beispiele diesen Begriff erklärt und wichtige Hinweise für seine Auslegung und Anwendung gegeben.

Danach liegt eine besondere Zwangslage nur dann vor, wenn die im Einzelfall zu ertragenden Beschwernisse und Gefahren über das Maß dessen hinausgehen, was die Bevölkerung der DDR auf Grund der dort herrschenden politischen Verhältnisse allgemein erdulden muß.

– BVerwG vom 24. September 1954 – 4C 031.54 – BVerwGE 1, 195 –

– BVerwG vom 14. Mai 1959 – 8C 20.59 – Buchholz 412.3 § 3 Nr. 12 –

2.1.2 Eine besondere Zwangslage ist dann politisch bedingt, wenn sie auf kommunistische Herrschaftsformen zurückzuführen ist, die mit den im Geltungsbereich des Grundgesetzes bestehenden rechtsstaatlichen Grundsätzen unvereinbar sind. Dabei ist zu beachten, daß von den Machthabern in der DDR nicht selten andere, unpolitische Gründe für eine Verfolgung vorgeschoben werden, um den eigentlichen Grund zu verschleiern.

– BVerwG vom 10. Mai 1961 – 8C 190.60 – BVerwGE 12, 236 –

– BVerwG vom 25. Juli 1958 – 5C 462.56 – Buchholz 412.3 § 4 Nr. 1 –

2.1.3 Ehemalige politische Häftlinge, die ihren Gewahrsam nicht zu vertreten haben, befinden sich grundsätzlich in einer besonderen Zwangslage, wenn zwischen dem Gewahrsam und dem Verlassen der DDR ein zeitlicher und sachlicher Zusammenhang besteht. Es ist zu berücksichtigen, daß sie vom Staatssicherheitsdienst, von der Volkspolizei und in ihren Betrieben und Wohnbezirken besonders überwacht werden. Zumeist stehen sie noch stark unter den Nachwirkungen des Gewahrsams und warten zunächst den Ablauf der Bewährungsfrist ab, bevor sie flüchten.

## 2.2 Subjektive Zwangslage

2.2.1 Für die Annahme einer besonderen Zwangslage ist es in der Regel erforderlich, daß die Gefährdung eines der in § 3 Abs. 1 genannten Rechtsgüter tatsächlich eingetreten war (sogenannte objektive Zwangslage). Ausnahmsweise kann es genügen, wenn der Betroffene – möglicherweise irrtümlich – angenommen hat, daß eines seiner durch § 3 Abs. 1 geschützten Rechtsgüter gefährdet war (sogenannte subjektive Zwangslage).

– BVerwG vom 24. September 1954 – 4C 031.54 – BVerwGE 1, 195 –

2.2.2 Bei einer subjektiven Gefährdung ist eine Anerkennung als Flüchtling im Sinne des § 3 Abs. 1 jedoch nur dann möglich, wenn sich die Lage für den Betroffenen objektiv bereits in bestimmter Weise verschärft und auf ihn in irgendwie bedrohlicher Weise zugespitzt hatte, so daß die Befürchtung, eines der durch § 3 Abs. 1 geschützten Rechtsgüter sei gefährdet, berechtigt war. Die Gefahr darf also nicht nur in der Vorstellung des Betroffenen bestanden haben; es müssen dafür auch konkrete Anhaltspunkte erkennbar sein.

– BVerwG vom 24. September 1954 – 4C 031.54 – BVerwGE 1, 195 –

– BVerwG vom 12. Oktober 1960 – 8C 175.59 – Buchholz 412.3 § 3 Nr. 19 –

2.2.3 Die Frage, ob Besorgnisse des Betroffenen berechtigt waren, ist danach zu beantworten, ob auch ein anderer besonnener Bewohner der DDR in der gleichen Lage wie der Betroffene bei verständiger Würdigung aller Umstände sich ebenfalls zur Flucht entschlossen hätte. Hierbei sind die besonderen Verhältnisse des Betroffenen zu berücksichtigen (z. B. hohes Alter, frühere schwerwiegende Erlebnisse mit den DDR-Machthabern, angegriffene Gesundheit und dadurch bedingte subjektive Überschätzung einer Gefahrenlage).

– BVerwG vom 10. Dezember 1958 – 5C 508.57 – Buchholz 412.3 § 3 Nr. 9 –

– BVerwG vom 16. Juni 1960 – 8C 167.59 – Buchholz 412.3 § 3 Nr. 16 –

2.2.4 Für die Anerkennung einer besonderen Zwangslage genügt auch die begründete Befürchtung des Betroffenen, seine Existenzgrundlage werde in naher Zukunft vernichtet oder entscheidend beeinträchtigt werden, sofern die Befürchtung auf Tatsachen (konkrete Anhaltspunkte) fußt, die bei normalem Ablauf der Ursachenkette regelmäßig eine solche Folge nach sich ziehen. Die entscheidende Beeinträchtigung der Existenzgrundlage braucht zwar noch nicht eingesetzt zu haben; es wird jedoch zu fordern sein, daß sie sich immerhin aus objektiv feststellbaren Tatsachen abzuzeichnen begonnen hat.

## 2.3 Unmittelbare Gefahr für Leib und Leben oder die persönliche Freiheit

Der Begriff „unmittelbar" ist nicht nur im Sinne von „gegenwärtig" aufzufassen. Unmittelbar ist eine Gefahr bereits dann, wenn sie sich jederzeit ohne weiteres Zutun des Betroffenen verwirklichen kann und wenn den Umständen nach auch damit zu rechnen ist, daß sie sich alsbald verwirklichen wird.

– BVerwG vom 16. Dezember 1959 – 8C 178.59 – Buchholz 412.3 § 3 Nr. 14 –

– BVerwG vom 26. September 1967 – 8C 47.64 – Buchholz 412.3 § 3 Nr. 46 –

## 2.4 Schwerer Gewissenskonflikt

2.4.1 Unter Gewissen ist eine grundsätzliche, in der gesamten sittlichen Haltung des Menschen verwurzelte Gesinnung hinsichtlich der Gebotenheit, Erlaubtheit oder Nichterlaubtheit eines bestimmten Tuns oder Unterlassens zu verstehen. Es beruht auf der sittlichen, ethischen oder religiösen Überzeugung von Recht und Unrecht und verpflichtet zu einem entsprechenden Tun oder Unterlassen.

Schwer ist ein Gewissenskonflikt im Sinne des § 3 Abs. 1 dann, wenn er erheblich über die Gewissensbelastungen hinausgeht, denen fast alle Bewohner der DDR ausgesetzt sind, die sich dem dort herrschenden System nicht verschrieben haben.

2.4.2 Der schwere Gewissenskonflikt als Beispiel einer besonderen Zwangslage bedeutet: der Betroffene muß nach gewissenhafter Überprüfung seiner Lage zu dem Ergebnis gekommen sein, daß ihm nur die Wahl zwischen dem Verlassen der DDR und der Notwendigkeit, gegen sein Gewissen zu handeln, verblieb, wenn er sich beim Handeln nach seinem Gewissen nicht unzumutbaren Nachteilen aussetzen wollte (Ausweglosigkeit).

– BVerwG vom 9. Juli 1969 – 8C 94.66 – Buchholz 412.3 § 3 Nr. 52 –

2.4.3 Als Nachweis für die behauptete gewissensmäßige Einstellung kann das frühere Verhalten des Betroffenen aufschlußreich sein; denn auf einen schwerwiegenden Gewissenskonflikt kann sich nur derjenige berufen, dessen bisherige Haltung dies nach seinem religiösen oder weltanschaulichen Bekenntnis als glaubhaft erscheinen läßt. So wird beispielsweise bei einem Mitglied der SED, das einen schweren Gewissenskonflikt wegen von ihm geforderter parteipolitischer Aktivität behauptet, stets der Widerspruch zu klären sein, der zwischen seiner Behauptung und seinem gewissensgemäßen Verhalten bei Bewerbung um die Mitgliedschaft besteht. Entscheidend ist, ob die Gewissensbelastung für den Betroffenen voraussehbar war.

– BVerwG vom 9. Juli 1969 – 8C 53.66 – Buchholz 412.3 § 3 Nr. 53 –

2.4.4 Das Verlangen zur Teilnahme an der Jugendweihe kann bei den Erziehungsberechtigten einen schweren Gewissenkonflikt auslösen, wenn diese nach ihrem religiösen oder weltanschaulichen Bekenntnis die Teilnahme als mit ihrem Gewissen für nicht vereinbar erkennen und eine Weigerung zu unzumutbaren Nachteilen geführt hat oder – durch konkrete Anhaltspunkte belegt – geführt haben würde (z. B. Behinderung der schulischen Zukunft des Kindes).

2.4.5 Der Dienst bei der Volkspolizei oder bei der Nationalen Volksarmee kann bei dem Betroffenen einen schweren Gewissenskonflikt auslösen, wenn er den Dienst nach seinem religiösen oder weltanschaulichen Bekenntnis als mit seinem Gewissen für nicht vereinbar erkennt und eine Weigerung zu unzumutbaren Nachteilen führen würde. Für eine Fahnenflucht aus den vorstehend genannten Motiven gilt Entsprechendes.

2.4.6 Die bevorstehende oder vollzogene Verpflichtung zu Spitzeldiensten kann bei dem Betroffenen einen schweren Gewissenskonflikt auslösen, wenn er sie nach seinem religiösen oder weltanschaulichen Bekenntnis als mit seinem Gewissen für nicht vereinbar erkennt und eine Weigerung zu unzumutbaren Nachteilen führen würde. Dies ist zweifelhaft bei Personen, die dem in der DDR herrschenden Regime aktiv gedient haben.

**2.5 Zerstörung oder entscheidende Beeinträchtigung der Existenzgrundlage**

2.5.1 Eine Zerstörung der Existenzgrundlage kann u. a. vorliegen

bei selbständig Tätigen,

wenn die bisherige Tätigkeit (z. B. als Arzt, Rechtsanwalt, Künstler, Landwirt, Handel- oder Gewerbetreibender u. ä. m.),

bei nichtselbständig Tätigen,

wenn die bisherige Tätigkeit (z. B. als Ingenieur, Lehrer, Tischler, Schlosser u. ä. m.) untersagt oder durch sonstige Maßnahmen unmöglich gemacht worden ist.

2.5.2 Eine entscheidende Beeinträchtigung der Existenzgrundlage liegt vor, wenn sich der wesentliche Inhalt oder die Merkmale der Tätigkeit erheblich zuungunsten des Betroffenen ändern. Von einer entscheidenden Beeinträchtigung der Existenzgrundlage kann u. a. ausgegangen werden,

bei selbständig Tätigen,
wenn die selbständige Tätigkeit zu einer nichtselbständigen Tätigkeit wird (z. B.: selbständiger Landwirt wird gezwungen, seinen Hof in eine LPG einzubringen, und leitet ihn dann als angestellter Verwalter; selbständiger Handel- und Gewerbetreibender wird gezwungen, eine staatliche Beteiligung anzunehmen, und verliert seine kaufmännische Dispositionsfreiheit), oder die selbständige Tätigkeit unzumutbar erschwert wird (z. B. durch Abziehen von Arbeitskräften, einschneidende Verringerung der Materialzuteilung oder der Aufträge, durch Kürzung der Handelsspanne u. ä. m.),

bei nichtselbständig Tätigen,

wenn die nichtselbständige Tätigkeit qualitativ oder im Hinblick auf die soziale Stellung oder die Vergütung zum erheblichen Nachteil des Betroffenen verändert wird (z. B. Prokurist eines Unternehmens wird nur noch in untergeordneter Bürotätigkeit eingesetzt; technischer Leiter eines Betriebes wird nur noch in seinem erlernten Beruf als Schlosser verwendet).

– BVerwG vom 29. April 1970 – 8C 154.67 – Buchholz 412.3 § 3 Nr. 56 –

2.5.3 Wird jemandem die von ihm gewünschte Ausbildung verwehrt, so kann dadurch eine besondere Zwangslage entstehen, falls es sich um eine gegen den Betroffenen gerichtete Einzelmaßnahme handelt. Sie kann eine unzumutbare Einschränkung des Rechts auf freie Entfaltung der Persönlichkeit bedeuten, die sich einschneidend auf den gesamten Lebensweg des Betroffenen auswirkt und über jene Beschränkungen hinausgeht, die die Bewohner der DDR allgemein erdulden müssen.

– BVerwG vom 25. April 1962 – 8C 93.60 – NJW 1962, S. 1785 –

– BVerwG vom 25. April 1962 – 8C 41.60 – JR 1963, S. 154 –

– BVerwG vom 28. März 1963 – 8C 146.60 – ZLA 1963, S. 334 –

– BVerwG vom 12. September 1963 – 8C 26.62 – Buchholz 412.3 § 3 Nr. 29 –

2.5.4 Hingegen sind bloße Zukunftsvorstellungen keine Anspruchsgrundlage. Führen die politischen Verhältnisse in der DDR zu keiner anderen Beeinträchtigung als der Vereitelung beruflicher oder wirtschaftlicher Zukunftsvorstellungen, so haben sie auch keine so schwerwiegende Beeinträchtigung der Persönlichkeitswürde zur Folge, daß die Betroffenen unter unzumutbaren Bedingungen in ihrer Heimat leben müßten.

– BVerwG vom 29. Juni 1967 – 8C 74.65 – Buchholz 412.3 § 3 Nr. 47 –

2.5.5 § 3 Abs. 1 Satz 4 erfaßt auch nicht solche Fälle, in denen der Betroffene die DDR verlassen hat, weil in dem angestrebten oder ausgeübten Beruf bestimmte Entwicklungs- oder Aufstiegsmöglichkeiten fehlen. Hier handelt es sich um eine Folge der in der DDR herrschenden politischen, gesellschaftlichen und wirtschaftlichen Verhältnisse, die sich auf alle Bewohner der DDR mehr oder weniger stark auswirken, also um eine allgemeine Zwangslage.

2.5.6 Zwischen der Zerstörung oder Beeinträchtigung der Existenzgrundlage und der Flucht muß ein Ursachenzusammenhang bestehen. Dieser ist in der Regel nur dann gegeben, wenn ein zeitlicher Zusammenhang besteht. Ausnahmsweise kann eine Zerstörung oder erhebliche Beeinträchtigung der Existenzgrundlage auch dann eine besondere Zwangslage darstellen, wenn der Betroffene nicht sofort im Anschluß daran, sondern erst zu einem späteren Zeitpunkt geflüchtet ist und seine Verhältnisse in bezug auf Qualifizierung der Tätigkeit, soziale Stellung oder Vergütung sich seither nicht wesentlich gebessert haben.

Das kann z. B. für einen selbständigen Unternehmer zutreffen, dessen Altersversorgung aus der Rendite des Betriebsvermögens mit der Enteignung des Betriebes zerstört worden ist, wenn eine im fortgeschrittenen Alter begonnene Angestelltentätigkeit nicht mehr zu einer gleichwertigen Altersversorgung führen konnte.

2.5.7  Eine entscheidende Beeinträchtigung der Existenzgrundlage ist auch dann gegeben, wenn der Betroffene sich in seiner beruflichen Stellung nur unter der Voraussetzung zu halten vermag, daß er sich unzumutbaren Bedingungen unterwirft.

– BVerwG vom 1. Dezember 1966 – 8C 27.65 – Buchholz 412.3 § 3 Nr. 45 –

## 2.6  Familienangehörige

2.6.1  Bei Ehegatten und minderjährigen Kindern von Flüchtlingen im Sinne des § 3 Abs. 1 ist in Berachtung des Artikels 6 GG (Schutz der Ehe und der Familie), ohne daß es weiterer eigener Fluchtgründe bedarf, das Vorliegen einer besonderen Zwangslage zu unterstellen, es sei denn, daß sie die DDR aus zu vertretenden Gründen verlassen haben oder Ausschlußgründen im Sinne des § 3 Abs. 2 vorliegen.

– BVerwG vom 2. April 1958 – 5C 455.56/5C 136.57 – Buchholz 412.3 § 3 Nr. 4 –

– BVerwG vom 25. Februar 1959 – 5C 125.57 – Buchholz 412.3 § 3 Nr. 11 –

– BVerwG vom 31. Oktober 1963 – 8C 43.62 – Buchholz 412.3 § 3 Nr. 30 –

2.6.2  Auch bei anderen nahen Angehörigen (volljährige Abkömmlinge, Eltern, Großeltern und Geschwister) eines Flüchtlings im Sinne des § 3 Abs. 1 kann das Vorliegen einer besonderen Zwangslage unterstellt werden, wenn sie in Haushaltsgemeinschaft mit diesem gelebt haben oder von diesem abhängig waren (Pflegebedürftigkeit, Hilfsbedürftigkeit) und im Geltungsbereich des Gesetzes wiederum in Haushaltsgemeinschaft mit diesem leben.

## 3  Vertretenmüssen

3.1  Der Begriff des „Vertretenmüssens" im Sinne des § 3 Abs. 1 bedeutet Einstehenmüssen für die Folgen eines Verhaltens. Er ist nicht identisch mit dem zivilrechtlichen Verschulden oder der strafrechtlichen Schuld.

– BVerwG vom 9. Dezember 1955 – 4C 067.55 – BVerwGE 3, 40 –

– BVerwG vom 10. Mai 1961 – 8C 190.60 – BVerwGE 12, 236 –

3.2  Eine besondere Zwangslage ist in der Regel zu vertreten, wenn der Betroffene diese selbst herbeigeführt hat durch ein Verhalten, dessen Unterlassen ihm nach den Umständen des Falles und unter Berücksichtigung der Lage der gesamten Bevölkerung der DDR hätte zugemutet werden können.

Der Begriff des Vertretenmüssens dient als Maßstab dafür, ob die politisch bedingte besondere Zwangslage dem DDR-System oder dem Betroffenen zuzurechnen ist. Er ist daran ausgerichtet, bis zu welchem Grade dem Betroffenen zugemutet werden kann, sich dem System der DDR anzupassen. Bei dieser Prüfung sind nicht die im Geltungsbereich des Grundgesetzes geltenden Rechtsanschauungen auf die DDR zu übertragen. Auszugehen ist vielmehr von den dort herrschenden Verhältnissen. Mit diesen Verhältnissen müssen die Betroffenen leben. Es ist dem einzelnen zuzumuten, wirtschaftslenkende Vorschriften und Vorschriften, die die Ordnung des Alltags betreffen, einzuhalten.

Anders liegt es im Bereich der Meinungsbildung und Meinungsäußerung. Er ist aus der Sicht freiheitlich-demokratischer Ordnung das Feld, auf dem bessere Lebensbedingungen erstritten werden. Den Prozeß der freien Meinungsbildung und Meinungsäußerung in Gang zu setzen oder zu halten, um dadurch eine Humanisierung des Systems zu erreichen, ist das erklärte Anliegen des Gesetzgebers. Grundvoraussetzung ist dafür die Freiheit der Information und der Meinungsäußerung. Deshalb ist es in diesem Bereich dem Betroffenen grundsätzlich nicht zuzumuten, die Beschränkungen einzuhalten, die das System der Information und dem freien Wort setzt.

Letzteres gilt allerdings nicht ohne Einschränkung, denn es ist auch in diesem Bereich zu beachten, daß der Betroffene in der DDR lebt und deren Ordnung unterliegt. Der Betroffene hat es daher zu vertreten, wenn er sich etwa herausfordernd, aufreizend, leichtsinnig oder besonders unüberlegt verhalten hat.

Im Unterschied zum Grundrecht der freien Meinungsäußerung ist bei Wahrnehmung des Rechts auf Freizügigkeit eine Differenzierung nach mehr oder weniger provokativem Verhalten nicht gerechtfertigt; in solchen Fällen wird eine durch die politischen Verhältnisse bedingte besondere Zwangslage grundsätzlich nicht zu vertreten sein.

– BVerwG vom 24. September 1954 – 4C 031.54 – BVerwGE 1, 195 –

– BVerwG vom 12. März 1958 – 5C 154.57 – BVerwGE 6, 271 –

– BVerwG vom 28. Januar 1965 – 8 C 293.63 – BVerwGE 20,211 –

– BVerwG vom 20. August 1975 – 8C 89.75 – BVerwGE 49,107 –

– BVerwG vom 12. April 1978 – 8C 55.77 – BVerwGE 55, 314 –

3.3  Die Frage, ob ein Fluchthelfer die wegen Fluchthilfe für ihn entstandene besondere Zwanglage zu vertreten hat, ist danach zu beurteilen, ob er überwiegend im Interesse des Flüchtlings oder im eigenen persönlichen Interesse gehandelt hat.

3.3.1  Zu vertreten ist das eigene persönliche Interesse. Es liegt regelmäßig vor, wenn die Fluchthilfe gewerbsmäßig betrieben wird. Dabei macht es keinen Unterschied, ob es sich um einen Unternehmer auf dem Gebiet der Fluchthilfe oder um dessen Erfüllungsgehilfen handelt. Die Gewerbsmäßigkeit besteht in dem Handeln mit der Absicht, sich durch wiederholte Begehung eine nicht bloß vorübergehende, wenn auch nicht dauernde Einnahmequelle zu verschaffen.

3.3.2  Die gelegentliche Fluchthilfe ist in gleicher Weise zu vertreten wie die gewerbsmäßige Fluchthilfe, wenn sie überwiegend zum eigenen Vorteil betrieben wird. Dabei ist auf die Umstände des Einzelfalles (Dauer, Häufigkeit und Intensität der geleisteten Fluchthilfe sowie das Verhältnis von vereinbarter Vergütung und erbrachter Leistung bei Berücksichtigung des mit der Fluchthilfe übernommenen eigenen Risikos) abzustellen.

– BVerwG vom 12. April 1978 – 8C 55.77 – BVerwGE 55, 314 –

3.4  Im übrigen ist es nicht zumutbar, eine Handlung zu unterlassen, die eine besondere Zwangslage auslöst

– beim Überwinden einer unverschuldeten notstandsähnlichen Lage (z. B. Beschaffung lebensnotwendiger Medikamente),

– bei der Abwehr eines aus politischen Gründen drohenden oder bereits zugefügten Unrechts (z. B. Beiseiteschaffen von Vermögenswerten und Geschäftsunterlagen, um sie dem Zugriff der DDR-Behörden bei einer drohenden rechtsstaatswidrigen Enteignung zu entziehen).

3.5 Bei Ausübung von Berufen, die in der DDR im allgemeinen von politischen Bindungen abhängig sind, hat der Betroffene die besondere Zwangslage zu vertreten, wenn er sich besonders aktiv für das in der DDR herrschende System eingesetzt und vorwiegend deswegen eine exponierte Stellung erreicht hat.

– BVerwG vom 6. Juni 1958 – 5C 424.56 – BVerwGE 6, 357 –

– BVerwG vom 24. Mai 1960 – 8C 21.59 – Buchholz 412.3 § 3 Nr. 15 –

3.6 Bei Mitgliedschaft in der SED oder einer der Massenorganisationen der DDR hat der Betroffene die besondere Zwangslage zu vertreten, wenn diese auf die Mitgliedschaft zurückzuführen ist und nach den Umständen des Einzelfalles für ihn voraussehbar sein mußte.

– BVerwG vom 28. Juni 1962 – 8C 139.60 – Buchholz 412.3 § 3 Nr. 24 –

– BVerwG vom 28. Januar 1965 – 8C 293.63 – BVerwGE 20.211 –

– BVerwG vom 28. Januar 1965 – 8C 259.63 – Buchholz 412.3 § 3 Nr. 39 –

3.7 Ehemalige insbesondere berufsmäßige Angehörige der Volkspolizei oder der Nationalen Volksarmee, die einen schweren Gewissenskonflikt geltend machen, haben die besondere Zwangslage in der Regel zu vertreten, wenn sie nach den Umständen des Einzelfalles bei ihrer Verpflichtung voraussehen mußten, daß die an sie gestellten Anforderungen zu Gewissensbelastungen führen würden. Das gleiche gilt für Personen, die sich während ihrer Zugehörigkeit zu diesen Verbänden aktiv für das in der DDR herrschende System eingesetzt haben.

3.8 Wer sich zu Spitzeldiensten für Behörden oder andere Stellen der DDR verpflichtet hat, hat eine daraus entstandene Zwangslage zu vertreten, es sei denn, der Betroffene hätte bei einer Weigerung mit unzumutbaren Folgen rechnen müssen. Angesichts der bei Spitzeltätigkeit erfahrungsgemäß schwerwiegenden Folgen für Dritte kann eine derartige Nötigungslage nur bei Gefahr für Leib und Leben oder die persönliche Freiheit angenommen werden. Auch in diesem Falle darf die Spitzeltätigkeit nicht über das hinausgegangen sein, was durch die Nötigungslage bedingt war.

– BVerwG vom 12. Oktober 1967 – 8C 117.65 – Buchholz 412.3 § 3 Nr. 48 –

3.9 Die aus nachrichtendienstlicher Tätigkeit für westliche Stellen entstandene besondere Zwangslage ist zu vertreten, wenn diese Tätigkeit gewerbsmäßig betrieben (vgl. Nr. 3.3.1 Satz 4) oder überwiegend zum eigenen Vorteil (vgl. Nr. 3.3.2 Satz 2) betrieben worden ist.

Nicht zu vertreten ist die besondere Zwangslage, wenn die nachrichtendienstliche Tätigkeit überwiegend aus ideellen Motiven betrieben worden ist.

3.10 Eine auf einem Verstoß gegen wirtschaftslenkende Vorschriften beruhende besondere Zwangslage hat der Betroffene zu vertreten. Das gilt nicht, wenn ihm die Befolgung der Vorschriften nach den Umständen des Einzelfalles nicht zugemutet werden konnte (z. B. drohende Enteignung des Betriebsvermögens).

- BVerwG vom 15. Mai 1959 - 8C 20.59 - Buchholz 412.3 § 3 Nr. 12 -

- BVerwG vom 22. Februar 1961 - 8C 287.59 - Buchholz 412.3 § 3 Nr. 22 -

3.11 Ist der Betroffene in eine besondere Zwangslage geraten, deren Gründe er nur zum Teil zu vertreten hat, so ist seine Anerkennung ausgeschlossen, wenn die nicht zu vertretenden Gründe hinweggedacht werden können, ohne daß sich am Entstehen der besonderen Zwangslage etwas ändern würde.

### 4 Anwendung des § 1 Abs. 3

Bei sinngemäßer Anwendung des § 1 Abs. 3 auf den nichtdeutschen Ehegatten eines Flüchtlings im Sinne des § 3 Abs. 1 muß im Zeitpunkt des Verlassens der DDR durch den nichtdeutschen Ehegatten die Ehe bestanden haben und die besondere Zwangslage eingetreten sein. Die Voraussetzungen der Anerkennung des nichtdeutschen Ehegatten sind jedoch erst erfüllt, wenn der deutsche Ehegatte die DDR verlassen hat.

### 5 Gleichgestellte (§ 4)

5.1 Bezüglich der deutschen Staatsangehörigkeit, der deutschen Volkszugehörigkeit und der Auslegung des Wohnsitzbegriffs sind die Nrn. 1.1 bis 1.3 anzuwenden.

5.2 Der Wohnsitz muß durch Flucht (Verlassen des Wohnsitzortes oder Nichtrückkehr) zu einer Zeit aufgegeben worden sein, als der Wohnsitz bereits zur SBZ/DDR gehörte. Bei einer Nichtrückkehr ist somit Voraussetzung, daß die Nichtrückkehrlage erst nach der Besetzung des Wohnsitzortes eingetreten ist.

5.3 Unter Zeitpunkt der Besetzung ist der Zeitpunkt zu verstehen, in dem der Wohnsitzort des Betroffenen von sowjetischen Truppen (ggf. nach Übergabe von Gebietsteilen Mitteldeutschlands durch die amerikanischen oder englischen Streitkräfte) besetzt worden war.

- BVerwG vom 14. Januar 1959 - 5C 69.57 - Buchholz 412.3 § 4 Nr. 3 -

5.4 Aus welchen Gründen (z. B. Evakuierung, Kriegsgefangenschaft, Flucht vor den herannahenden sowjetischen Truppen) sich der Betroffene im Zeitpunkt der Besetzung nicht an seinem Wohnsitzort aufhielt, ist unerheblich.

5.5 Für die Frage, ob der Betroffene bei seiner Rückkehr in die SBZ/DDR dort einer besonderen Zwangslage im Sinne des § 4 Abs. 1 ausgesetzt gewesen wäre, ist der Zeitpunkt maßgeblich, zu dem ihm die Rückkehr in die SBZ/DDR tatsächlich erstmals möglich war (z. B. bei Kriegsgefangenen der Tag der Entlassung).

5.6 Der Grund für eine Nichtrückkehr muß in einer offensichtlichen (d. h objektiv auch für Dritte erkennbaren) Gefahr für Leib und Leben oder die persönliche Freiheit bestanden haben. Es ist im Wege der Auslegung nicht möglich, auch andere Tatbestände einer besonderen Zwangslage im Sinne des § 3 Abs. 1 zu berücksichtigen.

Subjektive Vorstellungen des Betroffenen über das Vorliegen einer besonderen Zwangslage können bei Anwendung des § 4 nicht berücksichtigt werden.

- BVerwG vom 9. Dezember 1955 - 4C 067.55 - BVerwGE 3, 40 -

5.7 Eine Gefährdung kann schon dann objektiv erkennbar sein, wenn der Nichtrückkehrer einer Personengruppe angehört, die nach allgemeiner Erfahrung in der SBZ/

DDR als kollektiv gefährdet anzusehen ist. Offensichtlich kollektiv gefährdete Personengruppen sind in dem als Anlage[1] angefügten sogenannten Gefährdungskatalog aufgeführt.

– BVerwG vom 9. Dezember 1955 – 4C 067.55 – BVerwGE 3, 40 –

5.7.1 Offensichtlich kollektiv gefährdet sind auch Träger höherer Ämter oder Funktionen im NS-System. Diese haben die aus ihren Ämtern und Funktionen erwachsene Gefährdung jedoch grundsätzlich zu vertreten, es sei denn, ein Betroffener hätte der NS-Gewaltherrschaft ernstlich Widerstand geleistet.

– BVerwG vom 23. März 1960 – 8C 19.59 – Buchholz 412.3 § 3 Nr. 5 –

– BVerwG vom 30. September 1968 – 8C 31.66 – ZLA 1969, S. 59 –

– BVerwG vom 10. Januar 1979 – 8C 29.78 – BVerwGE 57, 222 –

5.8 Zwischen der Aufgabe des Willens, in die SBZ/DDR zurückzukehren, und der besonderen Zwangslage im Sinne des § 4 Abs. 1 muß ein ursächlicher Zusammenhang bestanden haben. Dieser ist nicht gegeben, wenn der Betroffene – unabhängig von der für ihn bestehenden Zwangslage – sich bereits aus anderen Gründen entschlossen hatte, nicht in die SBZ/DDR zurückzukehren.

5.9 Eine automatische Anerkennung von Familienangehörigen nach § 4 Abs. 1, analog zu § 3 Abs. 1, ist nicht möglich. Nichtrückkehrer können nur dann als Flüchtlinge anerkannt werden, wenn sie die gesetzlichen Voraussetzungen – offensichtliche Gefahr für Leib und Leben oder die persönliche Freiheit – in eigener Person erfüllen. Die Gefährdung eines anderen Rechtsgutes genügt nicht.

Die Ehe ist ein insoweit vergleichbares Rechtsgut. War sie für den Ehegatten eines nach § 4 Abs. 1 Gefährdeten das allein maßgebende Motiv für den Entschluß, nicht mehr in die SBZ/DDR zurückzukehren, d. h. wäre er bei Nichtgefährdung der ehelichen Lebensgemeinschaft in die SBZ/DDR zurückgekehrt, so ist er ebenfalls als Nichtrückkehrer anzuerkennen. Wäre er jedoch aus anderen Gründen ohnehin nicht in die SBZ/DDR zurückgekehrt, so kann er nicht nach § 4 Abs. 1 in Verbindung mit § 1 Abs. 3 anerkannt werden. Das wird in der Regel der Fall sein, weil bei Kriegsende die Furcht vor den Verhältnissen in der SBZ einer Rückkehr ohnehin im allgemeinen entgegenstand.

– BVerwG vom 10. Januar 1979 – 8C 29.78 – BVerwGE 57, 222 –

## 6 Ausschlußgründe

6.1 Bei in § 3 Abs. 2 aufgeführten Tatbeständen, die eine Anerkennung als Flüchtling im Sinne des § 3 Abs. 1 ausschließen, gibt es in der Regel keine Gründe der Entschuldigung (z. B. tätige Reue, späterer Gesinnungswandel). Ausnahmen sind denkbar, wenn der Betroffene die Handlungen im jugendlichen Alter (bis zum 18. Lebensjahr) begangen hat. Die Ausschließungsgründe wirken nur gegenüber dem Betroffenen, nicht aber gegenüber seinen Familienangehörigen, die die Voraussetzung des § 3 Abs. 1 in eigener Person erfüllen.

– BVerwG vom 1. Dezember 1966 – 8C 27.65 – Buchholz 412.3 § 3 Nr. 45 –

---

[1] nicht abgedruckt

6.2 Ein erhebliches Vorschubleisten setzt die Entfaltung von persönlicher Initiative und von Tätigkeiten voraus, die dazu bestimmt und geeignet waren, den Herrschaftsanspruch der SED und des von ihr getragenen Regierungssystems zu festigen oder den Widerstand gegen dieses System zu unterdrücken.

− BVerwG vom 11. März 1965 − 8C 396.63 − Buchholz 412.3 § 3 Nr. 40 −

6.2.1 Das setzt nicht in jedem Falle voraus, daß der Betroffene an führender Stelle im Machtapparat des in der DDR herrschenden Systems gestanden hat. Entscheidend ist vielmehr der Wirkungsgrad seines Einsatzes für das System.

6.2.2 Den Tatbestand eines erheblichen Vorschubleistens erfüllt noch nicht, wer lediglich in Ausübung eines herkömmlichen Berufs, der seine Lebens- oder Existenzgrundlage darstellt, das in der DDR herrschende System auf irgendeine Weise mit unterstützt hat.

− BVerwG vom 1. Dezember 1966 − 8C 27.65 − Buchholz 412.3 § 3 Nr. 45 −

6.2.3 Ausgeführte Spitzeltätigkeiten für Behörden oder andere Stellen der DDR stellen ein erhebliches Vorschubleisten dar. Eine kurzzeitige Spitzeltätigkeit ist dann nicht als erhebliches Vorschubleisten anzusehen, wenn der Betroffene nur allgemeine, nichtssagende Stimmungsberichte oder unschädliche Verhaltensberichte geliefert hat, um die eingegangene Spitzelverpflichtung zum Schein zu erfüllen.

6.3 Ein Verstoß gegen die Grundsätze der Menschlichkeit oder Rechtsstaatlichkeit setzt die Kenntnis und Billigung der Tatumstände voraus, durch welche der Betroffene gegen anerkannte Grundsätze der Menschlichkeit oder der Rechtsstaatlichkeit verstößt.

6.3.1 Ein Verstoß gegen die Grundsätze der Menschlichkeit oder Rechtsstaatlichkeit ist nicht in jedem etwa sittlich oder moralisch nicht zu billigenden oder anstößigen Verhalten zu sehen. Es muß sich vielmehr um erhebliche Zuwiderhandlungen gegen die Gemeinschaftsordnung oder rechtsstaatliche Grundsätze handeln.

−BVerwG vom 16. Januar 1964 − 8C 60.62 − Buchholz 412.3 § 3 Nr. 32 −

6.3.2 Danach verstößt gegen die Grundsätze der Menschlichkeit oder Rechtsstaatlichkeit, wer sich als Denunziant oder Spitzel betätigt, einen Menschen seiner Gesinnung wegen in strafrechtlich zu ahndender Weise verfolgt oder an seiner Verfolgung mitwirkt oder einen anderen an der Ausübung seiner politischen Rechte gewaltsam oder aus moralisch verwerflicher Gesinnung hindert.

− BVerwG vom 23. September 1957 − 5C 488.56 − Buchholz 412.3 § 3 Nr. 1 −

6.3.3 Ein Verstoß gegen die Grundsätze der Menschlichkeit oder Rechtsstaatlichkeit ist nicht schon darin zu erblicken, daß ein Bewohner der DDR sich unter dem Druck einer Haft schriftlich zum Spitzeldienst verpflichtet. Ein gegen die Grundsätze der Menschlichkeit oder Rechtsstaatlichkeit verstoßenes Verhalten ist jedoch dann gegeben, wenn der Betroffene zur Erfüllung des Spitzelauftrages Arbeitskollegen oder andere Personen denunziert und dadurch ihre Verfolgung veranlaßt hat.

6.3.4 Verstöße gegen die Grundsätze der Menschlichkeit oder Rechtsstaatlichkeit schließen den Betroffenen auch dann von der Anerkennung als Flüchtling im Sinne des

§ 3 Abs. 1 aus, wenn er sie nicht im Gebiete der heutigen DDR, sondern in anderen Teilen der Welt begangen hat.

6.4   Der Tatbestand des § 3 Abs. 2 Nr. 3 setzt eine Tätigkeit voraus, die dazu geeignet und auch dazu bestimmt war, die im Grundgesetz normierte freiheitlich-demokratische Grundordnung zu gefährden (z. B. Verletzung der Vorschriften der §§ 81 bis 92 StGB).

## 7 Verfahren

7.1  Der Sachverhalt ist von Amts wegen zu ermitteln.

7.1.1  Die im Bundesnotaufnahmeverfahren nach § 1 Abs. 2 des Notaufnahmegesetzes zur besonderen Zwangslage getroffenen Feststellungen sollen in der Regel für die Feststellung der Flüchtlingseigenschaft im Sinne des § 3 Abs. 1 übernommen werden, wenn sich nicht im Einzelfalle aus den vorliegenden Unterlagen und den Angaben des Antragstellers konkrete Zweifel an der Richtigkeit dieser Feststellungen ergeben.

7.1.2  Können die Feststellungen nicht übernommen werden, ist eine weitere Sachaufklärung durchzuführen, die ein Aufklärungsdefizit vermeidet, das entweder zu Lasten des Antragstellers geht oder durch Subsumtionsirrtum zu einer dem Antragsteller günstigen Fehlentscheidung führt, die später ein Verfahren gemäß § 15 Abs. 5 und § 18 auslösen kann.

7.1.3  Bei den Ermittlungen sind alle erreichbaren Beweismittel heranzuziehen und für den Einzelfall bedeutsamen Umstände zu berücksichtigen. Die Ausstellungsbehörde hat darüber hinaus verständnisvoll der Tatsache Rechnung zu tragen, daß es sich bei den Flüchtlingen häufig um Personen handelt, die erst kurze Zeit im Bundesgebiet leben, mit den hiesigen Lebensumständen nur wenig vertraut sind und notwendigen Verwaltungsvorgängen hilflos gegenüberstehen.

7.2  Dem Beweisnotstand der Antragsteller ist unter Berücksichtigung des § 16 Abs. 3 BVFG und des § 26 des Verwaltungsverfahrensgesetzes für das Land Nordrhein-Westfalen (VwVfG. NW.) vom 21. Dezember 1976 (GV. NW. S. 438) Rechnung zu tragen.

Für die Beweisführung genügt die Glaubhaftmachung im Sinne einer überwiegenden Wahrscheinlichkeit für die Richtigkeit der behaupteten Tatsachen. Es müssen gewisse Tatbestandteile wenigstens auf dem Wege zu einem Beweis hin liegen und durch die allgemeinen Erfahrungen ergänzt und bestätigt werden, so daß mehr für als gegen das Vorliegen der behaupteten Tatsachen spricht. Die bloße Möglichkeit des Vorliegens der zu beweisenden Tatsachen reicht als Glaubhaftmachung nicht aus; jedoch können noch gewisse Zweifel bestehen bleiben.

7.2.1  Der unverschuldete Beweisnotstand, in dem sich viele Flüchtlinge befinden, zwingt dazu, in großem Umfang auch Tatsachen festzustellen, die nur von dem Antragsteller vorgetragen sind. Der Antragsteller muß glaubwürdig sein. Hierbei ist der persönliche Eindruck, den er hinterläßt, nicht außer acht zu lassen. Die vorgetragenen einzelnen Tatsachen müssen glaubhaft sein; sie dürfen nicht im Widerspruch zu Denkgesetzen oder Erfahrungsgrundsätzen stehen. Bei der Prüfung dieser Angaben ist ein Maßstab anzulegen, der weder Kritik noch Wohlwollen vermissen läßt. Bei lückenhaftem oder unsachgerechtem Vortrag ist – ggf. unter Verdeutlichung der Anspruchsvoraussetzungen – auf sachgerechte Ergänzung hinzuwirken. Das gilt auch für Zeugenaussagen. Hierbei sind auch die Umstände der Flucht (z. B. Flucht unter Lebensgefahr) angemessen zu würdigen.

7.2.2 Die Entscheidung des Generalstaatsanwalts über die Unzulässigkeit der Strafvollstreckung aus einem DDR-Urteil stellt nur fest, ob das Urteil als solches den rechtsstaatlichen Erfordernissen entspricht; sie besagt jedoch nichts darüber, ob ein Antragsteller nach seiner Entlassung aus der Strafhaft die SBZ/DDR aus Gründen des § 3 Abs. 1 verlassen hat. Hierüber haben die Verwaltungsbehörden in eigener Zuständigkeit zu befinden.

7.2.3 Bei Anträgen von Personen, die wegen der Gefahr der Aufdeckung gegen das DDR-System geleisteter Widerstandsarbeit die DDR verlassen mußten, sind Bestätigungen für behauptete nachrichtendienstliche oder sonstige Widerstandstätigkeiten erforderlichenfalls auf dem Dienstwege bei der Zentralen Dienststelle gemäß § 21 einzuholen.

7.3 Kann der Sachverhalt trotzdem nach § 16 Abs. 3 nicht hinreichend aufgeklärt werden, geht der Mangel der Nichtaufklärbarkeit zu Lasten des Antragstellers.

– BVerwG vom 28. Januar 1965 – 8C 293.63 – BVerwGE 20.211 –

# 4.4 Richtlinien zur Anwendung des § 6 des Bundesvertriebenengesetzes (BVFG), Runderlaß des Ministers für Arbeit, Gesundheit und Soziales Nordrhein-Westfalen vom 20. Februar 1980 – IV C 1 – 9010.1.1 (MBl. S. 1782)

### 1. Allgemeines

Nach § 6 BVFG ist deutscher Volkszugehöriger, wer sich in seiner Heimat zum deutschen Volkstum bekannt hat, sofern dieses Bekenntnis durch bestimmte Merkmale wie Abstammung, Sprache, Erziehung, Kultur bestätigt wird.

1.1 Das deutsche Volkstum ist in diesem Sinne als nationalgeprägte Kulturgemeinschaft zu verstehen, d. h. als Gemeinschaft, bei der zu sprachlicher und kultureller Übereinstimmung auch das Bewußtsein nationaler Verbundenheit hinzutreten muß. Dieses Bewußtsein von der Zugehörigkeit zu einer politischen, insbesondere nationalsozialistischen Organisation abhängig zu machen, stellt selbstverständlich wie bisher eine unzulässige Eingrenzung dar.

1.2 Die deutsche Volkszugehörigkeit im Sinne des § 6 BVFG ist kein ethnologischer, sondern ein Rechtsbegriff. Sie ist nicht identisch mit dem ethnologischen Begriff des Deutschstämmigen. Sie ist keine Tatsache, sondern eine Rechtsfolge, die sich ausschließlich aus den in § 6 BVFG aufgeführten beiden Begriffen, nämlich des Bekenntnisses (subjektives Erfordernis) und der sogenannten Bestätigungsmerkmale (objektive Merkmale) herleitet. Zwischen diesen beiden Begriffen ist zu unterscheiden. Denn das Bekenntnis und die sogenannten Bestätigungsmerkmale stellen zwei selbständige, nebeneinanderstehende und voneinander unabhängige Rechtsvoraussetzungen für die Rechtsfolge der deutschen Volkszugehörigkeit dar.

1.3 Demnach erfüllt die Voraussetzungen des § 6 BVFG, wer

a) sich in seiner Heimat — subjektiv — zum deutschen Volkstum bekannt hat und wenn

b) objektive Merkmale dieses Bekenntnis bestätigen.

1.4 Der Gesetzgeber hat im Entschädigungs- und Vertriebenenrecht unterschieden zwischen

a) Personen, die dem deutschen Sprach- und Kulturkreis zuzuordnen sind und im Rahmen wiedergutmachungsrechtlicher Vorschriften (z. B. § 150 Abs. 1 BEG\*) Entschädigungen für Schäden erhalten, die durch **nationalsozialistische** Verfolgungsmaßnahmen eingetreten sind, auch wenn sie ein Bekenntnis zum deutschen Volkstum nicht abgelegt haben, und

b) Personen, die im Rahmen vertriebenenrechtlicher Vorschriften Rechte und Vergünstigungen wegen der durch **fremde Staaten** durchgeführten Vertreibungs- und Verfolgungsmaßnahmen nur erhalten, wenn sie sich über den Gebrauch der deutschen Sprache und die Verbindung zum deutschen Kulturkreis hinaus auch zum deutschen Volkstum bekannt haben.

## 2. Bekenntnis

2.1 Das Bekenntnis zum deutschen Volkstum ist nach § 6 BVFG als Rechtsbegriff Voraussetzung für die Annahme der deutschen Volkszugehörigkeit. Es liegt vor, wenn die festgestellten Tatsachen ergeben, daß der Antragsteller durch sein Verhalten das Bewußtsein und den Willen, dem deutschen Volkstum und keinem anderen anzugehören, für D r i t t e als Teil der Allgemeinheit wahrnehmbar verbindlich kundgetan hat.

Das Bekenntnis muß aus Tatsachen subsumiert werden, die durch die entscheidende Stelle festzustellen sind. Die Aussage, jemand habe sich zum deutschen Volkstum bekannt, ist zwar noch keine Bekundung einer solchen Tatsache, verpflichtet aber die entscheidende Behörde, nach tatsächlichen Anhaltspunkten zu forschen.

Der Begriff des Bekenntnisses zum deutschen Volkstum ist in wertungsfreiem Sinne zu verstehen. Er soll nicht dazu dienen, Verdienste um das Deutschtum oder Treue zu diesem zu belohnen, sondern hat allein den Zweck, eine tatbestandsmäßige Abgrenzung des Personenkreises zu ermöglichen.

2.2 Das Bekenntnis kann abgegeben worden sein
a) durch ausdrückliche Erklärung
b) durch schlüssiges Verhalten.

2.2.1 Als ausdrückliche Erklärung kommen in erster Linie die Erklärungen in Betracht, die der Betreffende in seiner Heimat bei der amtlichen Aufforderung, seine Volkszugehörigkeit zu bezeichnen, abgegeben hat.

---

\*) § 150 Abs. 1 BEG: Der Verfolgte aus den Vetreibungsgebieten, der dem deutschen Sprach- und Kulturkreis angehört hat, hat Anspruch auf Entschädigung für Schaden an Körper und Gesundheit, für Schaden an Freiheit, für Schaden durch Zahlung von Sonderabgaben und für Schaden im beruflichen Fortkommen.

Hierzu zählen beispielsweise:

Erklärungen bei
- amtlichen Volkszählungen,
- der Ausstellung von Pässen und Personalausweisen,
- der Einschulung von Kindern (rumänische Abiturzeugnisse z. B. enthalten die Eintragungen der Volkszugehörigkeit),
- der Anmeldung von Personenstandsveränderungen,
- der Erfassung zum Wehrdienst (rumänische und sowjetische Militärpässe z. B. enthalten die Eintragung der Volkszugehörigkeit),
- der Bewerbung zur Anstellung im öffentlichen Dienst.

2.2.2 Ein Bekenntnis durch schlüssiges Verhalten kann sowohl durch bestimmte Einzelhandlungen als auch durch das Gesamtverhalten zum Ausdruck gebracht werden. Ein durch Gesamtverhalten bekundetes Bekenntnis liegt vor, wenn sich der Betreffende selbst als zum deutschen Volkstum gehörend angesehen, sich so in dieser Einstellung nach außen erkennbar verhalten hat und dementsprechend von seiner Umwelt als deutscher Volkszugehöriger betrachtet worden ist. Ist jedoch ein Bekenntnissachverhalt gegebenenfalls von der Umgebung nicht richtig gewürdigt worden, darf dies nicht zu Lasten des Antragsstellers gehen.

Soll demnach ein Bekenntnis zum deutschen Volkstum aus dem Gesamtverhalten abgeleitet werden, muß dieses im einzelnen ermittelt und gewürdigt werden. Das Ergebnis muß unter Berücksichtigung der politischen, ethnologischen und geographischen Verhältnisse den Schluß auf ein Bekenntnis zulassen.

Ein im vorstehend dargelegten Sinne abgelegtes Bekenntnis zu einem anderen Volkstum schließt ein Bekenntnis zum deutschen Volkstum aus.

Die Eheschließung ist grundsätzlich bekenntnisneutral. Weder kann die Ehe mit einem deutschen Volkszugehörigen als Bekenntnis zum deutschen Volkstum, noch kann die Ehe mit einem nichtdeutschen Volkszugehörigen als Bekenntnis zu einem anderen Volkstum gewertet werden. Im Einzelfalle kann aus besonderen Gegebenheiten eine andere Beurteilung notwendig werden.

2.3 Da − wie unter Nr. 1 ausgeführt − Bekenntnis und Bestätigungsmerkmale zwei selbständige, nebeneinanderstehende und voneinander unabhängige Rechtsvoraussetzungen sind, können die Bestätigungsmerkmale das Bekenntnis nicht ersetzen. Demnach stellen der Gebrauch der deutschen Sprache und die Verbindung zum deutschen Kulturkreis sowie eine deutschfreundliche Einstellung für sich allein kein Bekenntnis zum deutschen Volkstum dar.

2.3.1 Bei Personen aus dem Deutschen Reich in den Grenzen vom 31. 12. 1937, Danzig und dem Sudetenland, die die deutsche Staatsangehörigkeit nicht besaßen, aber die Bestätigungsmerkmale des § 6 BVFG erfüllen, spricht die Vermutung für ein Bekenntnis zum deutschen Volkstum, wenn sie sich entsprechend der vom deutschen Volkstum geprägten Umgebung verhalten haben. Das erforderliche Bekenntnis liegt dann in ihrem Gesamtverhalten, das sich aus ihrem Aufgehen im deutschen Volkstum ergibt. Von diesen Personen ist ein Bekenntnis durch ausdrückliche Erklärung nicht zu verlangen. Es genügt, daß ihr Gesamtverhalten keine demonstrative Hinwendung zu einem anderen Volkstum erkennen läßt.

2.3.2 Der Gebrauch der deutschen Sprache als Umgangssprache in aller Öffentlichkeit und die Verbindung zur deutschen Kultur deuten auf ein Bekenntnis zum deutschen Volkstum hin.

2.3.3 Bei Personen, die aus Gebieten kommen, in denen es neben einer deutschen Volksgruppe noch andere Volksgruppen gab, die auch die deutsche Sprache gebrauchten und sich auch der deutschen Kultur verbunden fühlten, ist ein Bekenntnis zum Deutschtum anzunehmen

a) bei ausdrücklicher Erklärung (vgl. 2.2.1) oder
b) durch schlüssiges Verhalten (vgl. 2.2.2), wenn der Gebrauch der deutschen Sprache und die Verbindung zur deutschen Kultur über den insoweit bekenntnis- und volkstumsneutralen Lebensgewohnheiten der anderen Volksgruppen lagen.

Dem Besuch deutscher kultureller Veranstaltungen, der Einschulung der Kinder in deutsche Schulen, der Teilnahme an einem Kreis, der sich der Pflege der deutschen Sprache und Literatur widmete, der Mitwirkung in einer deutschen Theatergruppe, schriftstellerische Tätigkeit in deutscher Sprache und ähnlichen Aktivitäten ist Bekenntnischaraker beizumessen, wenn die Voraussetzungen des Buchstaben b) vorliegen.

**2.4 Zeitpunkt des Bekenntnisses**

Ein Bekenntnis setzt die Fähigkeit voraus, eine volkstumsmäßige Entscheidung zu treffen (Bekenntnisfähigkeit). Die hierzu erforderliche Einsichtsfähigkeit kann bei einem Alter von 16 Jahren an, spätestens mit Eintritt der Volljährigkeit, angenommen werden.

2.4.1 Der maßgebende Zeitpunkt für ein Bekenntnis liegt unmittelbar vor Beginn der gegen die deutsche Bevölkerung gerichteten Verfolgungs- und Vertreibungsmaßnahmen. Das ergibt sich aus dem Zweck des Bundesvertriebenengesetzes, der nur auf die Begünstigung von Personen gerichtet ist, deren Vertreibung im Zusammenhang mit den Ereignissen des zweiten Weltkrieges steht (§ 1 Abs. 1 BVFG). Dieser Zusammenhang ergibt sich bei Aussiedlern (§ 1 Abs. 2 Nr. 3 BVFG), die als Nachzügler der allgemeinen Vertreibung anzusehen sind, aus dem durch die allgemeinen Vertreibungsmaßnahmen entstandenen und in der Vereinsamung der Betreffenden fortwirkenden Vertreibungsdruck.

Die Festlegung des maßgebenden Zeitpunkts für ein Bekenntnis auf die Zeit unmittelbar vor Beginn der allgemeinen Verfolgungs- und Vertreibungsmaßnahmen bedeutet jedoch nicht, daß der Bekenntnissachverhalt immer für diesen Zeitpunkt nachzuweisen ist. Es genügt, daß ein früher abgegebenes Bekenntnis bis zum maßgebenden Zeitpunkt aufrechterhalten worden ist. Davon ist im allgemeinen auszugehen, wenn sich aus dem Verhalten des Betreffenden keine Anhaltspunkte für eine Abwendung vom deutschen Volkstum ableiten lassen. Eine solche Abwendung liegt nicht vor, wenn sich der Betreffende von der nationalsozialistischen Umgebung distanziert hat.

Unerheblich ist ein Bekenntnis zum deutschen Volkstum oder die Verleugnung des deutschen Volkstums n a c h dem maßgebenden Zeitpunkt. Das Verhalten des Betreffenden nach dem maßgebenden Zeitpunkt kann aber Indizwirkung für das bekenntnisrelevante Verhalten bis zum maßgebenden Zeitpunkt haben. So rechtfertigt z. B. ein nach dem maßgebenden Zeitpunkt abgelegtes Bekenntnis den Schluß, daß ein für die Zeit bis zum maßgebenden Zeitpunkt behaupteter, schlüssig vorgetragener Bekenntnissachverhalt (ggf. in bezug auf die Eltern) tatsächlich vorgelegen hat.

Umgekehrt rechtfertigt aber ein für die Zeit nach dem maßgebenden Zeitpunkt festgestelltes bekenntnisneutrales Verhalten oder eine für diese Zeit festgestellte Verleugnung des deutschen Volkstums nicht den Schluß, daß für die Zeit bis zum maßgebenden Zeitpunkt ein behaupteter, schlüssig vorgetragener Bekenntnissachverhalt tatsächlich nicht vorgelegen hat. Infolge des nach dem maßgebenden Zeitpunkt fortwirkenden Vertreibungsdrucks war es den deutschen Volkszugehörigen nicht mehr zuzumuten, ein Bekenntnis zum deutschen Volkstum abzulegen.

2.4.2 Bei Personen, die im maßgebenden Zeitpunkt noch nicht bekenntnisfähig waren (Frühgeborene) oder später geboren sind (Spätgeborene), kommt es auf das Bekenntnis der Eltern oder des das Volkstum des Kindes prägenden Elternteils zum maßgebenden Zeitpunkt an. Waren auch diese damals noch nicht bekenntnisfähig, ist auf das Bekenntnis von deren Eltern oder prägendem Elternteil zum maßgebenden Zeitpunkt abzustellen.

### 2.4.2.1 Frühgeborene:

Bei der Prüfung der Frage, welcher Elternteil das Volkstum des Kindes geprägt hat, ist der Einfluß der Eltern von der Geburt des Kindes bis zum maßgebenden Zeitpunkt zu würdigen. Läßt sich ein dominierender Einfluß eines Elternteils nicht feststellen, wird die Prägung durch den deutschen Elternteil vermutet.

Dies gilt auch für Kinder, die von nichtdeutschen Eltern abstammen, aber z. B. als Stief- oder Pflegekinder in einer deutschen oder teilweise deutschen Familie aufgewachsen sind.

Kinder, die von deutschen Eltern bzw. einem deutschen Elternteil abstammen, aber in einer nichtdeutschen Familie aufgewachsen sind, können das Bekenntnis zum deutschen Volkstum von den leiblichen Eltern bzw. dem leiblichen Elternteil ableiten, wenn zu diesen bzw. diesem Kontakt aufrechterhalten wurde. Gleiches gilt, wenn Kinder gegen den Willen der deutschen Eltern bzw. des deutschen Elternteils durch besondere Umstände der Erziehung der leiblichen Eltern bzw. des leiblichen Elternteils entzogen worden und in einer nichtdeutschen Umgebung aufgewachsen sind. Als besondere Umstände in diesem Sinne sind sowohl staatliche und mit freiheitlich-demokratischer Auffassung nicht zu vereinbarende Zwangsmaßnahmen (z. B. die Unterbringung eines Kindes wegen der deutschen Volkszugehörigkeit der Eltern bzw. des Elternteils in einem Kinderheim) als auch Trennungen anzusehen, die durch die Kriegs- und Nachriegswirren verursacht worden sind.

Für Waisen gilt Entsprechendes.

### 2.4.2.2 Spätgeborene:

Bei der Prüfung der Frage, welcher Elternteil das Volkstum des Kindes geprägt hat, ist der Einfluß der Eltern von der Geburt des Kindes bis zu dessen eigener Bekenntnisfähigkeit bzw. bis zur Aussiedlung zu würdigen.

Läßt sich ein dominierender Einfluß eines Elternteils nicht feststellen, wird die Prägung durch den deutschen Elternteil vermutet.

Dies gilt auch für Kinder, die von nichtdeutschen Eltern abstammen, aber z. B. als Stief- oder Pflegekinder in einer deutschen oder teilweise deutschen Familie aufgewachsen sind.

Kinder, die von deutschen Eltern bzw. einem deutschen Elternteil abstammen, aber in einer nichtdeutschen Familie aufgewachsen sind, können das Bekenntnis zum deutschen Volkstum von den leiblichen Eltern bzw. dem leiblichen Elternteil ableiten, wenn zu diesen bzw. diesem Kontakt bis zur eigenen Bekenntnisfähigkeit bzw. bis zur Aussiedlung aufrechterhalten wurde. Gleiches gilt, wenn Kinder gegen den Willen der deutschen Eltern bzw. des deutschen Elternteils durch besondere Umstände der Erziehung der leiblichen Eltern bzw. des leiblichen Elternteils entzogen worden und in einer nichtdeutschen Umgebung aufgewachsen sind. Als besondere Umstände in diesem Sinne sind sowohl staatliche und mit freiheitlich-demokratischer Auffassung nicht zu vereinbarende Zwangsmaßnahmen (z. B. die Unterbringung eines Kindes wegen der deutschen Volkszugehörigkeit der Eltern bzw. des Elternteils in einem Kinderheim) als auch Trennungen anzusehen, die durch die Nachkriegswirren verursacht worden sind. Für Waisen gilt Entsprechendes.

### 2.5 Bekenntnis bei jüdischen Antragstellern

Der Begriff der deutschen Volkszugehörigkeit im Sinne des § 6 BVFG unterscheidet sich grundlegend von nationalsozialistischen Volkstumsgedanken. Die Begriffe Volkstum und Bekenntnis folgen vielmehr Abgrenzungsdefinitionen, die sich lange vor der Herrschaft des Nationalsozialismus herausgebildet hatten.

Bei jüdischen Antragstellern ist den besonderen Verhältnissen vor und während des zweiten Weltkrieges Rechnung zu tragen. Die vielfältigen bis in die ost- und südosteuropäischen Staaten reichenden Bestrebungen nationalsozialistischer Politik, Juden aus dem deutschen Volkstum auszuschließen, dürfen sich heute nicht in einer Benachteiligung einzelner Antragsteller auswirken. Um dem gerecht zu werden, ist folgendes zu beachten:

2.5.1 Die Zugehörigkeit zu einer Glaubensgemeinschaft ist volkstumsneutral. Deshalb können allein aus der Zugehörigkeit zum mosaischen Glauben keine Schlüsse gegen ein Bekenntnis zum deutschen Volkstum gezogen werden.

2.5.2 Jüdischen Antragstellern war nach dem 30. Januar 1933 ein Bekenntnis zum deutschen Volkstum nicht mehr zuzumuten. Bei ihnen genügt es daher, wenn sie ein Bekenntnis vor diesem Zeitpunkt abgegeben haben.

2.5.2.1. Ist das Bekenntnis zu einem früheren Zeitpunkt abgegeben worden, so ist regelmäßig von dessen Aufrechterhaltung bis 1933 auszugehen, sofern sich nicht aus den Umständen ergibt, daß sich der Betreffende vom deutschen Volkstum abgewandt hat.

2.5.2.2 Das Bekenntnis eines jüdischen Antragstellers zum deutschen Volkstum nach dem 30. Januar 1933 bis zum allgemein maßgebenden Zeitpunkt (vgl. 2.4.1) ist ihm zuzurechnen.

2.5.3 Wer sich bei einer Volkszählung vor dem 30. Januar 1933 zum jüdischen Volkstum erklärt hat, ist im allgemeinen nicht deutscher Volkszugehöriger. Liegen später die Voraussetzungen der Nr. 2.3.3 vor, so kann ein Bekenntnis zum deutschen Volkstum angenommen werden.

2.5.4 Hat ein jüdischer Antragsteller an Umsiedlungsaktionen unmittelbar vor und während des zweiten Weltkrieges nicht teilgenommen, bleibt dies ohne Einfluß auf die Beurteilung der deutschen Volkszugehörigkeit.

2.5.5 Aus dem Umstand, daß ein jüdischer Antragsteller nach Kriegsende von den gegen deutsche Volkszugehörige gerichteten Verfolgungsmaßnahmen nicht betroffen war, kann nicht gefolgert werden, er habe sich bis 1933 nicht zum deutschen Volkstum bekannt.

2.5.6 Die bloße Zugehörigkeit zur zionistischen Bewegung schließt die deutsche Volkszugehörigkeit im Sinne des § 6 BVFG nicht aus.

2.5.7 Allein in der Ausreise aus den Aussiedlungsgebieten nach Israel kann kein Indiz gegen die deutsche Volkszugehörigkeit gesehen werden.

## 3. Bestätigungsmerkmale

Als objektive Merkmale, die das Bekenntnis zum deutschen Volkstum bestätigen müssen, nennt § 6 BVFG (deutsche) Abstammung, Sprache, Erziehung, Kultur. Hierbei handelt es sich um eine beispielhafte Aufzählung. Diese Merkmale brauchen nicht insgesamt vorzuliegen. Es können außerdem auch andere objektive Merkmale zur Bestätigung eines Bekenntnisses dienen; sie müssen jedoch von ähnlichem Gewicht sein wie die in § 6 BVFG aufgeführten Merkmale.

Das Merkmal der Sprache bestimmt sich durch die Beherrschung der deutschen Sprache und ihren Gebrauch in der Heimat.

Das Merkmal der Erziehung liegt vor, wenn durch das Elternhaus, durch deutsche Schulen (auch Kindergärten) oder andere Erzieher deutsches Brauchtum, deutsche Literatur u. a. m. vermittelt worden ist.

Das Merkmal der Kultur bedeutet eine von den vorgenannten geistigen Gütern geprägte Lebensgestaltung.

Das Merkmal der Abstammung ist nicht gleichzusetzen mit Abstammung von deutschen Volkszugehörigen im Rechtssinne des § 6 BVFG. Sie hängt nicht von dem subjektiven Merkmal des Bekenntnisses durch die vorhergehende Generation ab, sondern von deren ethnischen Merkmalen wie Sprache, Name, Vorfahre, Herkunft, Geschichte, Kultur. Die Abstammung von nur einem deutschen Elternteil in ethnischem Sinne genügt.

## 4. Verfahren

4.1 Der Sachverhalt ist von Amts wegen zu ermitteln.

4.1.1 Die im Verteilungsverfahren vom Beauftragten der Bundesregierung für die Verteilung im Grenzdurchgangslager Friedland und in der Durchgangsstelle für Aussiedler in Nürnberg auf Grund deren Ermittlungen getroffene Beurteilung der Volkszugehörigkeit eines Antragstellers soll in der Regel für die Beurteilung der deutschen Volkszugehörigkeit im Ausstellungsverfahren übernommen werden, wenn sich nicht im Einzelfalle aus den vorliegenden Unterlagen und den Angaben des Antragstellers konkrete Zweifel an der Richtigkeit der Beurteilung durch den Beauftragten der Bundesregierung ergeben. Eine rechtliche Bindung an die Beurteilung der deutschen Volkszugehörigkeit durch den Beauftragten der Bundesregierung besteht nicht.

4.1.2  Kann die Beurteilung des Beauftragten der Bundesregierung nach Nr. 4.1.1 nicht übernommen werden, ist eine sorgfältige Sachaufklärung durchzuführen, die ein Aufklärungsdefizit vermeidet, das entweder zu Lasten des Antragstellers geht oder durch Subsumtionsirrtum zu einer dem Antragsteller günstigen Fehlentscheidung führt, die später ein Verfahren gemäß § 15 Abs. 5 und § 18 BVFG auslösen kann.

4.1.3  Bei den Ermittlungen sind alle erreichbaren Beweismittel heranzuziehen und für den Einzelfall bedeutsamen Umstände zu berücksichtigen. Die Ausstellungsbehörde hat darüber hinaus verständnisvoll der Tatsache Rechnung zu tragen, daß es sich bei den Aussiedlern regelmäßig um Personen handelt, die erst kurze Zeit im Bundesgebiet leben, mit den hiesigen Lebensumständen nur wenig vertraut sind, zum Teil die deutsche Sprache nicht ausreichend beherrschen und notwendigen Verwaltungsvorgängen häufig hilflos gegenüberstehen.

4.1.4  Lassen sich die für die Entscheidung nach § 6 BVFG maßgeblichen Tatsachen auf andere Weise nicht feststellen, sind Auskünfte der Heimatortskartei und/oder Heimatauskunftsstelle einzuholen. Dabei sind die Auskunftsersuchen zu beschränken auf:

1. Angaben über die Volkszählungsergebnisse in dem betreffenden Wohnort des Aussiedlungsgebietes,

2. Anschriften von ehemaligen Bewohnern des betreffenden Wohnorts des Aussiedlungsgebietes, die möglicherweise als Zeugen in Frage kommen,

3. Erkenntnisse über im Einzelfalle interessierende Fakten, über Schulen, Vereine oder sonstige Institutionen.

Die in Frage kommenden Zeugen sind durch die Ausweisbehörde zu befragen oder im Wege der Amtshilfe befragen zu lassen; dabei ist die regelmäßig wichtigste Frage nach dem Bekenntnis zum Deutschtum dahin zu erläutern, daß bestimmte Tatsachen anzugeben sind. Diese sind durch die Behörde gegebenenfalls konkret zu erfragen.

Enthält eine Auskunft der Heimatortskartei oder Heimatauskunftsstelle eine Beurteilung der Volkszugehörigkeit eines Antragstellers, so bindet diese die Ausweisbehörde nicht. Die rechtliche Würdigung obliegt allein der über die Ausweisausstellung entscheidenden Behörde.

4.1.5  Allgemeine statistische Unterlagen über die Volkszählungsergebnisse in bestimmten Gebieten sind gegebenenfalls (vgl. Nr. 4.1.4) bei der Beweiserhebung und -würdigung heranzuziehen. Dadurch vermittelte Erkenntnisse über das mehrheitliche Bekenntnisverhalten bestimmter Gruppen stellen jedoch für den Einzelfall keinen Beweis gegen die Annahme eines Bekenntnisses zum Deutschtum dar.

4.2  Dem Beweisnotstand der Antragsteller ist unter Berücksichtigung des § 16 Abs. 3 BVFG und des § 26 VwVfG NW Rechnung zu tragen.

Für die Beweisführung genügt die Glaubhaftmachung im Sinne einer überwiegenden Wahrscheinlichkeit für die Richtigkeit der behaupteten Tatsachen. Es müssen gewisse Tatbestandsteile wenigstens auf dem Wege zu einem Beweis hin liegen und durch die allgemeinen Erfahrungen ergänzt und bestätigt werden, so daß mehr für als gegen das

Vorliegen der behaupteten Tatsache spricht. Die bloße Möglichkeit des Vorliegens der zu beweisenden Tatsachen reicht als Glaubhaftmachung nicht aus; jedoch können noch gewisse Zweifel bestehen bleiben.

4.2.1 Der unverschuldete Beweisnotstand, in dem sich viele Vertriebene und Flüchtlinge befinden, zwingt dazu, in großem Umfang auch Tatsachen festzustellen, die nur von dem Antragsteller vorgetragen sind. Der Antragsteller muß glaubwürdig sein. Hierbei ist der persönliche Eindruck, den er hinterläßt, nicht außer acht zu lassen. Die vorgetragenen einzelnen Tatsachen müssen glaubhaft sein; sie dürfen nicht in Widerspruch zu Denkgesetzen oder Erfahrungsgrundsätzen stehen. Bei der Prüfung dieser Angaben ist ein Maßstab anzulegen, der weder Kritik noch Wohlwollen vermissen läßt. Bei lückenhaftem oder unsachgerechtem Vortrag ist − gegebenenfalls unter Verdeutlichung der Anspruchsvoraussetzungen − auf sachgerechte Ergänzung hinzuwirken. Das gilt auch für Zeugenaussagen.

4.3 Kann der Sachverhalt trotzdem nach § 16 Abs. 3 BVFG nicht hinreichend aufgeklärt werden, geht der Mangel der Nichtaufklärbarkeit zu Lasten des Antragstellers.

## 4.5 Richtlinien betreffend Durchführung des § 13 des Gesetzes über die Angelegenheiten der Vertriebenen und Flüchtlinge (Bundesvertriebenengesetz − BVFG −) vom 19. Mai 1953 − BGBl I S. 201 − vom 20. Juli 1954 (GMBl. S. 418)

I.

**Zweck der Richtlinien**

Das BVFG geht von dem Grundsatz aus, daß der einmal erworbene Status als Vertriebener oder Flüchtling nicht verlorengeht, solange der Betroffene in das Vertreibungsgebiet bzw. in die SBZ nicht zurückgekehrt ist. Gemäß § 7 BVFG wird der Status sogar an Kinder und Kindeskinder weitergegeben. Bei Vorliegen bestimmter weiterer Voraussetzungen (vgl. §§ 9 und 10 BVFG) gewährt das Gesetz eine Reihe von Rechten und Vergünstigungen, die den Vertriebenen und Flüchtlingen den Neuaufbau einer Existenz erleichtern sollen. Bei dieser weitgehenden Statusregelung war es erforderlich, eine Möglichkeit im Gesetz vorzusehen, das Recht zur Inanspruchnahme von Rechten und Vergünstigungen (Betreuungsberechtigung) zur Beendigung zu bringen. Da es sich um für einen bestimmten Personenkreis vorgesehene *besondere* Rechte und Vergünstigungen handelt, ist deren Gewährung nur so lange gerechtfertigt, wie sich die Vertreibung bzw. Flucht auf die wirtschaftliche und soziale Lage dieses Personenkreises auswirkt. § 13 bestimmt daher im Abs. 1, daß Rechte und Vergünstigungen als Vertriebener oder Sowjetzonenflüchtling nach diesem Gesetz nicht mehr in Anspruch nehmen kann, *wer in das wirtschaftliche und soziale Leben in einem nach seinen früheren wirtschaftlichen Verhältnissen zumutbaren Maße eingegliedert ist.* Gemäß Abs. 2 gilt das gleiche, wenn ein Vertriebener oder Sowjetzonenflüchtling in das Vertreibungsgebiet bzw. in die sowjetische Besatzungszone nicht zurückkehrt, obwohl ihm die Rückkehr dorthin möglich und zumutbar ist.

In der nächsten Zeit dürfte vorerst nur die Möglichkeit der Beendigung der Betreuungsberechtigung gemäß Abs. 1 für die Verwaltung praktisch von Bedeutung werden. Obwohl noch bei weitem nicht der gesamte in Frage kommende Personenkreis mit den nach dem BVFG vorgesehenen Ausweisen ausgestattet ist, drängen in einzelnen Fällen Behörden und Stellen, die für die Gewährung von Rechten und Vergünstigungen an Vertriebene und Flüchtlinge zuständig sind, auf Entscheidung über die Beendigung der Betreuungsberechtigung. § 13 enthält im Abs. 1 eine Grundsatzbestimmung, die der Konkretisierung bedarf, um für die zuständigen Verwaltungsbehörden praktikabel zu sein. In den nachstehenden Ausführungen werden daher Hinweise für die Anwendung des § 13 BVFG gegeben, nach denen bis zum evtl. Erlaß von Verwaltungsvorschriften verfahren werden kann. Sie verfolgen insbesondere auch den Zweck, eine möglichst gleichmäßige Anwendung beim Vollzug des § 13 in allen Ländern sicherzustellen.

Es darf noch vorausgeschickt werden, daß der Wegfall der Betreuungsberechtigung nicht unmittelbar kraft Gesetzes eintritt. Gemäß Abs. 3 des § 13 bedarf es vielmehr über die Beendigung der Betreuungsberechtigung einer besonderen Entscheidung der zuständigen Behörde. Hieraus ergibt sich, daß diese Entscheidung konstitutive Bedeutung hat. Solange eine solche Entscheidung nicht ergangen ist, können andere Behörden – insbesondere die für die Inanspruchnahme von Rechten und Vergünstigungen zuständigen Stellen – nicht etwa inzidenter die Beendigung der Betreuungsberechtigung feststellen und zur Grundlage ihrer Entscheidung machen.

**II.**

**Wirkungen der Betreuungsbeendigung**

Die Beendigung der Betreuung gemäß § 13 BVFG hat zunächst zur Folge, daß Rechte und Vergünstigungen nach dem BVFG nicht mehr in Anspruch genommen werden können. Wie sich aus dem Wortlaut des Gesetzes ergibt („kann n i c h t m e h r in Anspruch nehmen"), wirkt diese Entscheidung nicht auf einen früheren Zeitpunkt zurück, sondern nur für die Zukunft.

Die Formulierung des Gesetzes, daß Rechte und Vergünstigungen „nach diesem Gesetz" nicht mehr in Anspruch genommen werden können, schließt jedoch nicht aus, daß sich die verfügte Betreuungsbeendigung auch auf die künftige Gewährung von Vergünstigungen nach anderen Gesetzen auswirkt. Hierfür ist Voraussetzung, daß in diesen Vorschriften die Gewährung von Vergünstigungen nicht lediglich an die Vertriebenen- oder Flüchtlingseigenschaft (Status), sondern auch an die Betreuungsvoraussetzungen nach dem BVFG geknüpft ist. So wird in den §§ 7a, 7e und 10a des Einkommensteuergesetzes in der Fassung des Einkommensteueränderungs- und Ergänzungsgesetzes vom 19. 5. 1953 (Bundesgesetzbl. I, S. 222) als tatbestandsmäßige Voraussetzung für die Inanspruchnahme der dort genannten Steuervergünstigungen jeweils formuliert, daß die betreffenden Steuerpflichtigen auf Grund des BVFG zur Inanspruchnahme von Rechten und Vergünstigungen berechtigt sein müssen. Dies hat zur Folge, daß die genannten Steuervergünstigungen nicht mehr in Anspruch genommen werden können, wenn die Beendigung der Betreuungsberechtigung gemäß § 13 BVFG verfügt ist. Dagegen hat die Betreuungsbeendigung auf die Gewährung des Freibetrages gemäß § 33a des Einkommensteuergesetzes keinen Einfluß, da dieser Freibetrag Vertriebenen pp. ohne Rücksicht auf das Vorliegen der Betreuungsvoraussetzungen nach dem BVFG gewährt wird.

Wirkt die Betreuungsbeendigung gemäß § 13 BVFG einerseits über das BVFG hinaus, so kann sie sich andererseits trotz der allgemeinen Fassung nicht auf alle im BVFG selbst vorgesehenen Vergünstigungen erstrecken. Als Beispiel seien hier die Bestimmungen der §§ 70 Abs. 1–4, 92, 93 und 94 angeführt. Die Vorschriften des § 70 Abs. 1 und Abs. 3 fingieren zu Gunsten bestimmter Vertriebener und Flüchtlinge bei Vorliegen der Betreuungsberechtigung zu einem bestimmten Zeitpunkt (Inkrafttreten des BVFG bzw. Aufenthaltnahme des Umgesiedelten im neuen Zulassungsbezirk) eine Rechtslage (subjektiv öffentliches Recht), die durch § 13 BVFG nicht mehr berührt werden kann. Der Altkassenarzt, der gemäß § 70 Abs. 1 weiterhin als zur Kassenpraxis zugelassen gilt, kann dieses Recht nur auf Grund der geltenden Zulassungsordnungen verlieren. § 92 BVFG statuiert die Anerkennung gewisser Prüfungen im Geltungsbereich des Gesetzes. Diese Bestimmung enthält eine fortdauernde Anweisung an die zuständigen Behörden. Ob Prüfungen anzuerkennen sind oder nicht, kann nicht von dem wirtschaftlichen und sozialen Status dessen abhängig gemacht werden, der die Prüfung bestanden hat. § 13 kann daher gegenüber der Bestimmung des § 92 nicht zum Zuge kommen. § 93 ist Ausfluß eines allgemeinen rechtsstaatlichen Grundsatzes über den Ersatz von verlorenen Urkunden. Dessen Geltung kann ebenfalls nicht vom Stand der wirtschaftlichen und sozialen Eingliederung des Betroffenen abhängig sein.

Schließlich dürfte die Betreuungsbeendigung gem. § 13 auch auf die Anwendung des § 94 BVFG (Familienzusammenführung) keinen Einfluß haben, da einmal die Vorschrift über die Begünstigung der Familienzusammenführung nicht der wirtschaftlichen und sozialen Eingliederung dessen dient, zu dem die Familienzusammenführung stattfindet, und andererseits diese Bestimmung sich in erster Linie zu Gunsten des zuziehenden Teils auswirkt. Dem steht nicht im Wege, daß nach der Formulierung des § 94 Abs. 1 von einem Antrag des im Geltungsbereich des Grundgesetzes oder in Berlin (West) aufhältlichen Vertriebenen oder Sowjetzonenflüchtlings gesprochen wird.

Aus dem konstitutiven Charakter der Entscheidung und ihrer auf die Zukunft beschränkten Wirksamkeit ergibt sich, daß die Beendigung der Betreuung auf Rechte und Vergünstigungen, die bereits in Anspruch genommen wurden, ohne Einfluß ist. Die vor der Vertreibung begründeten Verbindlichkeiten eines Vertriebenen, z. B. die dadurch zu Naturalobligationen geworden sind, daß eine Anrufung des Vertragshilferichters durch den Gläubiger gem. §§ 83, 84 BVFG nicht stattgefunden hat, ändern ihre rechtliche Natur auch dann nicht, wenn der Schuldner aus der Betreuung ausscheidet.

Es wird davon auszugehen sein, daß eine Verschlechterung der wirtschaftlichen und sozialen Lage nach unanfechtbar gewordener Betreuungsbeendigung als nicht mehr mit der Vertreibung in Kausalzusammenhang stehend anzusehen ist. Ein Wiederaufleben der Betreuungsberechtigung dürfte daher in diesem Falle nicht in Betracht kommen. Auch besonders aus diesem Grunde wird im Einzelfall sorgfältig zu prüfen sein, ob die Voraussetzungen für die Betreuungsbeendigung gegeben sind.

## III.

**Voraussetzungen der Betreuungsbeendigung gemäß § 13 Abs. 1**
Gemäß § 13 Abs. 1 ist Voraussetzung für die Beendigung der Betreuungsberechtigung, daß der Vertriebene oder Flüchtling in das wirtschaftliche und soziale Leben *eingegliedert* ist und daß diese Eingliederung im Hinblick auf die *früheren wirtschaftlichen und sozialen Verhältnisse als zumutbar* anzusehen ist.

Hiernach ist von der *gegenwärtigen* wirtschaftlichen und sozialen Lage des Vertriebenen oder Flüchtlings auszugehen und diese in *zweifacher* Hinsicht zu werten: einmal dahingehend, ob der Vertriebene oder Flüchtling über eine nach den heutigen allgemeinen wirtschaftlichen und sozialen Verhältnissen *gesicherte Existenz* verfügt (Eingliederung in das wirtschaftliche und soziale Leben), zum anderen dahingehend, ob diese Existenz im Vergleich zu seinen *früheren wirtschaftlichen und sozialen Verhältnissen zumutbar* ist.

1. *Gegenwärtige Existenz* (Eingliederung in das wirtschaftliche und soziale Leben)

Die gegenwärtige wirtschaftliche und soziale Lage ergibt sich im wesentlichen aus der Stellung des Vertriebenen oder Flüchtlings im Berufs- bzw. Erwerbsleben und seinem Einkommen hieraus sowie aus seiner Vermögenslage. Die Nutzungen, die der Vertriebene oder Flüchtling aus vorhandenem bzw. erworbenem Vermögen, und die Einkünfte, die er aus seiner beruflichen Tätigkeit bezieht, sind die materielle Grundlage seines sozialen Status. Sie ermöglichen ihm eine mehr oder minder angemessene Lebens- und Haushaltsführung. Die wirtschaftlichen Verhältnisse des Vertriebenen oder Flüchtlings stehen daher zu seinem sozialen Status in einer Funktionsbeziehung. Sie sind seine Existenzgrundlage.

Für die Feststellung seiner gegenwärtigen wirtschaftlichen und sozialen Lage kommt es nicht darauf an, ob der Vertriebene oder Flüchtling wieder seinen früheren Beruf ausübt oder diesen gewechselt hat. Insbesondere kann auch ein früherer Angestellter, Beamter oder Arbeiter jetzt eine selbständige Tätigkeit ausüben. Im allgemeinen wird aber davon ausgegangen werden können, daß die frühere Art der Erwerbstätigkeit wieder angestrebt wird. Ob aus objektiven Gründen eine Eingliederung im früheren Beruf nur beschränkt oder überhaupt nicht möglich ist (z. B. Unvermehrbarkeit des Bodens bei der Eingliederung der Landwirte), ist für die Anwendung des § 13 Abs. 1 ohne Bedeutung. Solange z. B. ein vertriebener Landwirt nicht wieder als Landwirt angesetzt werden kann, obwohl er dies anstrebt und in einem anderen Beruf eine zumutbare Eingliederung nicht erreicht wurde, kann er nicht von der Betreuung ausgeschlossen werden. Falls er endgültig einen anderen Beruf ergriffen hat, kommt es darauf an, ob der in dem neuen Beruf erreichte Eingliederungsstand zumutbar ist.

Mit welchen Mitteln der Vertriebene oder Flüchtling seine jetzige Existenz aufgebaut hat, ist ebenfalls unerheblich. Durch die Aussteuerung nach § 13 soll zwar die private Initiative der Vertriebenen und Flüchtlinge nicht bestraft werden. Andererseits erscheint es aber nicht angängig, etwa nur gewährte staatliche Hilfen zum Existenzaufbau zu berücksichtigen. Der Vertriebene muß private Mittel, woher sie ihm auch zuwachsen (z. B. Erbschaft, Lotteriegewinn) grundsätzlich für die Schaffung einer Existenz einsetzen.

Wer es in unverantwortbarer Weise unterlassen hat, ausreichend vorhandene eigene Mittel zu Schaffung einer ausreichenden Existenz einzusetzen, wird sich als „in zumutbarem Maße eingegliedert" behandeln lassen müssen. Das gleiche dürfte für einen Vertriebenen oder Flüchtling gelten, der, aus welchem Grunde auch immer, über finanzielle Mittel in einem Maße verfügt, die über seinen Eingliederungsbedarf im Sinne des § 13 Abs. 1 hinausgehen. Wer bereits einmal eine gesicherte und „zumutbare" Existenz erreicht hatte, deren Verlust er durch sein Verhalten zu vertreten hat (etwa offensichtliche Mißwirtschaft oder strafbare Handlungen), wird sich gegenüber einer Anwendung des § 13 Abs. 1 nicht auf seine derzeitige unzulängliche wirtschaftliche und soziale Lage berufen können. In einem solchen Falle wäre der Kausalzusammenhang zwischen Vertreibung und Existenzverlust unterbrochen.

Es dürfte auch nicht etwa Voraussetzung für die Anwendung des § 13 Abs. 1 sein, daß im Einzelfalle die nach dem LAG zustehenden Entschädigungen ausgezahlt worden sind, wie auch umgekehrt die Zahlung der Lastenausgleichsentschädigung allein die Anwendung des § 13 Abs. 1 nicht rechtfertigen kann, wenn diese Mittel trotz wirtschaftlich sinnvoller Verwendung zu einer angemessenen Existenz (zumutbares Maß der Eingliederung) nicht geführt haben.

Um von einer Eingliederung in das wirtschaftliche und soziale Leben sprechen zu können, muß die von dem Vertriebenen oder Flüchtling errichtete Existenz gewissen Anforderungen genügen. Es wird daher vor Anwendung des § 13 Abs. 1 im Einzelfalle sorgfältig zu prüfen sein, ob der derzeitige Stand der Eingliederung nicht mehr oder weniger nur ein Provisorium darstellt.

In beruflicher Hinsicht muß der Vertriebene oder Flüchtling seinen Betrieb, seine Stellung oder seinen Arbeitsplatz längere Zeit innegehabt haben.

Bei selbständig Erwerbstätigen wird darauf zu achten sein, daß das Verhältnis zwischen Eigen- und Fremdkapital normalisiert ist. Es kann auch von Bedeutung sein, ob er wieder über eigenen Grundbesitz oder eigenen Betriebsraum verfügt. Auch die Empfindlichkeit gegenüber künftigen Konjunkturrückschlägen ist zu berücksichtigen, wenn sie darauf beruht, daß das Unternehmen die erforderliche Krisenfestigkeit noch nicht erreichen konnte.

Bei Arbeitnehmern (Angestellten und Arbeitern) wird von einer Eingliederung nur dann gesprochen werden können, wenn die Fortdauer des Arbeitsverhältnisses – auch nach der Lage des Betriebes – gesichert erscheint. Sogenanntes Aushilfspersonal kann nicht als eingegliedert angesehen werden, jedenfalls nicht, soweit es sich um Arbeitnehmer handelt, die vor der Vertreibung in einem Dauerarbeitsverhältnis gestanden haben.

Die vorstehenden Gesichtspunkte müssen insbesondere bei älteren Angestellten beachtet werden, da diese beim Verlust des Arbeitsplatzes nur schwer wieder unterzubringen sind. Die Folge einer verfrühten Aussteuerung wäre in solchen Fällen der Verlust der Möglichkeit einer bevorzugten Vermittlung (§ 77 BVFG).

Zu geordneten sozialen Verhältnissen gehört grundsätzlich auch das Vorhandensein einer angemessenen mit Mobiliar und sonstigem Hausrat ausgestatteten Familienwohnung, die sich in zumutbarer Entfernung vom Arbeitsplatz befinden muß.

Solange durch den mit der Aussteuerung verbundenen Fortfall von Vergünstigungen (z. B. Kredite, Steuervergünstigungen, bevorzugte Berücksichtigung bei öffentlichen Aufträgen, Freistellung von der Erstattung von Fürsorgekosten u. a.) die bereits erreichte Eingliederung wieder gefährdet werden würde, ist von der Aussteuerung abzusehen.

Als in das wirtschaftliche und soziale Leben eingegliedert wird – vorbehaltlich der Frage der Zumutbarkeit des Eingliederungsstandes – ein Vertriebener oder Flüchtling daher nur anzusehen sein, wenn folgende Fragen bejaht werden können:

a) Verfügt der Vertriebene oder Flüchtling bereits über eine auskömmliche Existenz, d. h. erzielt er durch Verwendung seiner Arbeitskraft oder seines Vermögens Einkünfte in einer Höhe, daß ein ausreichender Unterhalt für sich und seine Familienangehörigen gewährleistet ist?

b) Verfügt er gegebenenfalls über ausreichende Mittel zur Führung seiner beruflichen Existenz (z. B. erforderliche Werkzeuge, Instrumentarium, Betriebsmittel, insbesondere auch Mittel für die notwendigen laufenden Ergänzungsbeschaffungen)?

c) Halten sich die gegebenenfalls vorhandene Verschuldung und die damit verbundenen Absicherungs- und Tilgungsverpflichtungen, soweit sie mit der wirtschaftlichen Existenz zusammenhängen, in dem für eine derartige Existenz üblichen Rahmen?

d) Kann die erreichte Existenz nach allgemeiner wirtschaftlicher Betrachtungsweise als gesichert angesehen werden? (Zur Sicherheit der Existenz gehört auch eine ausreichende Wettbewerbsfähigkeit.)

e) Verfügt der Vertriebene oder Flüchtling über eine angemessene Wohnung mit Mobiliar und sonstigem Hausrat in zumutbarer Entfernung vom Arbeitsplatz, die auch die Unterbringung der Familie ermöglicht?

Liegt eine der vorstehend aufgeführten Voraussetzungen nicht vor, so kann nicht gesagt werden, daß der Vertriebene oder Flüchtling bereits über eine nach den heutigen allgemeinen wirtschaftlichen und sozialen Verhältnissen gesicherte Existenz verfügt. Er ist noch nicht eingegliedert. Die weitere Frage, ob er im Hinblick auf seine früheren wirtschaftlichen und sozialen Verhältnisse in *zumutbarem Maße* eingegliedert ist, kann und braucht dann nicht geprüft zu werden.

*2. Zumutbarkeit des Eingliederungsstandes im Hinblick auf die früheren wirtschaftlichen und sozialen Verhältnisse*

Die Anwendung des § 13 Abs. 1 verlangt einen Vergleich der jetzigen mit den früheren wirtschaftlichen und sozialen Verhältnissen des Vertriebenen oder Flüchtlings, da hiervon die Beantwortung der Frage der Zumutbarkeit des derzeitigen Eingliederungsstandes abhängt.

Unter „früheren" wirtschaftlichen und sozialen Verhältnissen sind *grundsätzlich* die Verhältnisse *vor der Vertreibung* zu verstehen. Bei *Vertriebenen* kommt die Situation vor Beginn der allgemeinen Vertreibungsvorgänge in Frage, in deren Verlauf der Einzelne seinen Wohnsitz im Vertreibungsgebiet verloren hat. *Umsiedler* (§ 1 Abs. 2 Nr. 2) werden nach ihren Verhältnissen vor der Umsiedlung zu beurteilen sein. Bei *Aussiedlern* (§ 1 Abs. 2 Nr. 3) wird nicht die wirtschaftliche und soziale Lage im Zeitpunkt der Aussiedlung, sondern in dem Zeitpunkt zugrunde zu legen sein, in dem die Masse ihrer Landsleute vertrieben wurden.

Bei *Saarverdrängten* werden die Verhältnisse unmittelbar vor der Ausweisung aus dem Saargebiet zum Vergleich heranzuziehen sein. Für Personen, die in das Saargebiet nicht zurückkehren konnten, kann von den Verhältnissen vor dem 8. Mai 1945 ausgegangen werden.

Mit Rücksicht darauf, daß bei den *Sowjetzonenflüchtlingen* und den ihnen *gleichgestellten Personen* (§ 4 BVFG) die Fluchtgründe vielfach mit ihrer wirtschaftlichen und sozialen Stellung vor der Besetzung zusammenhängen (z. B. Großgrundbesitzer), wird man auch bei diesem Personenkreis in der Regel von der wirtschaftlichen und sozialen Lage am 8. Mai 1945 ausgehen können. Wenn jedoch zwischen den Fluchtgründen und der wirtschaftlichen und sozialen Stellung vor dem Zusammenbruch keinerlei Zusammenhang erkennbar ist (z. B. Flucht wegen Gewissenszwang), dürfte die Lage unmittelbar vor der Flucht maßgebend sein. Verbesserungen der wirtschaftlichen und sozialen Verhältnisse gegenüber der Lage am 8. 5. 1945 werden bei Sowjetzonenflüchtlingen dann zu berücksichtigen sein, wenn sie nicht auf einer Nutznießung der politischen Verhältnisse in der sowjetischen Besatzungszone beruhen.

Bei der Prüfung der Frage, ob der bisher erreichte Eingliederungsstand im Hinblick auf die früheren wirtschaftlichen und sozialen Verhältnisse zumutbar ist, dürfte davon auszugehen sein, daß die jetzige wirtschaftliche und soziale Lage nicht in vollem Umfange den früheren Verhältnissen entsprechen muß. Insbesondere dürften die früheren wirtschaftlichen Verhältnisse nur in Betracht gezogen werden können, soweit sie die materielle Grundlage für den Lebenszuschnitt abgaben. Von besonderer Bedeutung ist die Feststellung des früheren Existenztyps (Arzt, Landwirt, Facharbeiter, Einzelhändler pp.) und die ungefähre Höhe des nachhaltig erzielten Einkommens. Im einzelnen dürfte folgendes zu beachten sein:

a) Das *frühere Einkommen* muß nicht wieder in voller Höhe erreicht sein. Es muß aber der Teil des früheren Einkommens erreicht werden, der nachhaltig zur Bestreitung des Lebensunterhalts verbraucht wurde, d. h. es muß der frühere Lebensstandard in etwa wieder erreicht sein. Es wird hierbei aber nur der Lebenszuschnitt zu berücksichtigen sein, der im allgemeinen dem betreffenden Existenz-Typus entspricht. Ungewöhnliche Verhältnisse, insbesondere dem allgemeinen Durchschnitt gegenüber wesentlich überhöhte Lebenshaltungsaufwendungen werden nicht zu berücksichtigen sein.

Das *frühere Vermögen* ist zu berücksichtigen, wenn und soweit es die wirtschaftliche und soziale Stellung des Vertriebenen oder Flüchtlings bestimmt hat.

c) Von Bedeutung ist ferner, ob der Vertriebene oder Flüchtling eine seiner früheren entsprechende bzw. annähernd entsprechende *soziale Stellung* wieder erreicht hat. Früher selbständig tätig gewesene Vertriebene oder Flüchtlinge werden im allgemeinen ihre frühere soziale Stellung nicht erreicht haben, wenn sie sich in abhängiger Stellung befinden. Dieser Gesichtspunkt kann jedoch keine Rolle in den Fällen spielen, in denen die Wiederherstellung einer selbständigen Existenz im Hinblick auf die erreichte abhängige Stellung offensichtlich nicht mehr angestrebt wird.

d) Der *frühere Beruf* – insbesondere wenn für seine Ausübung eine besondere Ausbildung erforderlich war – wird insofern für die Frage der Zumutbarkeit von Bedeutung sein können, als im allgemeinen Vertriebene und Flüchtlinge eine Verwendung im gleichen Beruf anstreben werden. Für die Beendigung der Betreuung ist jedoch nicht erforderlich, daß die Eingliederung in den gleichen Beruf erfolgt ist. Dies insbesondere dann nicht, wenn ein freiwilliger Berufswechsel vorliegt, der auch aus einer ursprünglich provisorischen Betätigung in einem anderen Beruf seinen früheren Lebensstandard voll erreicht hat, wird im allgemeinen aus der Betreuung ausgeschlossen werden können. Wer sich darauf beruft, daß er gegen seinen Willen und nach seiner Ansicht nur vorübergehend einen anderen Beruf ergriffen hat, wird nur dann nicht aus der Betreuung auszuschließen sein, wenn das Bundesvertriebenengesetz zweckentsprechende Hilfen (Rechte und

Vergünstigungen) für die Rückkehr in den alten Beruf vorsieht (vgl. §§ 35, 72 BVFG; Gegensatz: frühere Beamte).

e) Voraussetzung für die Annahme eines zumutbaren Eingliederungsstandes dürfte weiterhin sein, daß der Vertriebene oder Flüchtling auf Grund seiner jetzigen wirtschaftlichen und sozialen Verhältnisse in der Lage ist, in angemessenem Umfange *Vorsorge für das Alter* zu treffen.

f) Ebenso wird zu prüfen sein, ob eine den früheren Verhältnissen entsprechende *Ausbildung der Kinder* nach der gegenwärtigen wirtschaftlichen Lage gewährleistet ist. Falls diese Frage zu bejahen ist, wird zugleich mit der Beendigung der Betreuung des Unterhalt gewährenden Elternteils auch die der Kinder zu verfügen sein, obwohl sie noch keine eigene wirtschaftliche Existenz aufzuweisen haben.

g) Schließlich wird zu berücksichtigen sein, daß viele Vertriebene und Flüchtlinge zur Zeit der Vertreibung oder Flucht sich hinsichtlich ihrer wirtschaftlichen und insbesondere sozialen Stellung erst in der *Entwicklung* befunden haben. Eine entsprechende *Entwicklungschance* muß den betreffenden Personen auch im Hinblick auf die Betreuungsbeendigung gemäß § 13 Abs. 1 BVFG gewahrt bleiben.

So haben insbesondere im Zeitpunkt der Vertreibung oder Flucht *jugendliche Personen* noch über keine selbständige Stellung im wirtschaftlichen und sozialen Leben verfügt. Sie werden von der Betreuung erst ausgeschlossen werden können, wenn sie eine bestimmte Berufsausbildung, zu der sie sich entschlossen haben, durchlaufen und eine entsprechende *wirtschaftliche Existenz* erworben haben. Hier wird allerdings zu beachten sein, daß die beruflichen Wünsche dieser Personen sich mit der persönlichen Begabung und den früheren wirtschaftlichen und sozialen Verhältnissen ihrer Familie in Übereinstimmung befinden.

Auch in anderen Fällen wird zu beachten sein, daß sich die Beurteilung der früheren wirtschaftlichen und sozialen Verhältnisse nicht mit dem Status, der vor der Flucht erreicht war, erschöpfen darf. So wird beispielsweise bei Handwerkern von Bedeutung sein, daß diese sich nach angemessener Zeit als Arbeitnehmer vielfach selbständig zu machen pflegten. Auch hatten Landarbeiter und zweite Bauernsöhne weitgehend die Chance, in der Heimat als landwirtschaftliche Siedler angesetzt zu werden. Bei der Beurteilung des derzeit erreichten Eingliederungsstandes hinsichtlich der Anwendbarkeit des § 13 Abs. 1 wird derartigen Möglichkeiten Rechnung zu tragen sein.

Zur Beurteilung des Einzelfalles sind sämtliche unter a) bis g) aufgeführten Gesichtspunkte heranzuziehen.

**IV.**

**Voraussetzungen der Betreuungsbeendigung gemäß Abs. 2**

Gemäß der Vorschrift des Abs. 2 ist die Beendigung der Betreuung auch auszusprechen, wenn ein Vertriebener oder Sowjetzonenflüchtling in das Gebiet, aus dem er vertrieben wurde, bzw. in die SBZ, aus der er geflüchtet ist, nicht zurückkehrt, obwohl die Rückkehr *möglich* und *zumutbar* ist.

Dieser Regelung liegt der Gedanke zugrunde, daß von Eingliederungsmaßnahmen (Gewährung von Rechten und Vergünstigungen) später abgesehen werden soll, wenn die Gründe, die zur Vertreibung oder Flucht geführt haben, wegfallen. Dies dürfte eine wesentliche Änderung der politischen Beziehungen der Bundesrepublik zu den übrigen Staaten bzw. der politischen Verhältnisse in der SBZ voraussetzen.

Vertriebene oder Flüchtlinge, die im Falle der Eröffnung der Rückkehrmöglichkeit in ihre Heimat bzw. in ihr früheres Wohnsitzgebiet zurückkehren, scheiden ohnehin infolge Verlust des Vertriebenenstatus aus der Betreuung nach dem Bundesvertriebenengesetz aus. Entscheidungen nach § 13 Abs. 2 kommen insoweit nicht in Frage. Auch soweit die Betreuungsbeendigung gemäß Abs. 1 ausgesprochen wurde, ist für eine Entscheidung gemäß Abs. 2 kein Raum mehr.

In die Ausweisungsländer des Potsdamer Abkommens ist eine Rückkehr für die Vertriebenen z. Z. nicht möglich. Das gleiche dürfte für die Deutschen aus Südosteuropa dann zu gelten haben, wenn ihnen die Staatsangehörigkeit ihres früheren Heimatstaates aberkannt ist. Dagegen besteht für West- und Überseevertriebene, sofern es sich um deutsche Staatsangehörige handelt, in zunehmendem Maß die Möglichkeit, wieder in ihre früheren Gastländer zurückzukehren. Auch Sowjetzonenflüchtlinge können zum Zwecke der Rückkehr unbehindert in die sowjetische Besatzungszone einreisen.

§ 13 Abs. 2 setzt aber nicht nur die *Möglichkeit,* sondern auch die *Zumutbarkeit* der Rückkehr voraus. Bis auf weiteres wird man grundsätzlich eine Rückkehr in die Länder des Ostblocks nicht für zumutbar ansehen können, selbst wenn dort die Diskriminierung deutscher Volkszugehöriger in politischer und kultureller Beziehung ein Ende gefunden haben sollte. Auch eine Rückkehr in die sowjetische Besatzungszone wird einem Sowjetzonenflüchtling so lange nicht zugemutet werden können, bis rechtliche und politische Garantien für einen ungehinderten Wiederaufbau der dort verlorenen Existenz vorhanden sind und ihm hierfür entsprechende Hilfen gewährt werden. Eine Rückkehr an den früheren Wohnsitz im westlichen Ausland bzw. in Übersee wird man nur dann für zumutbar erklären können, wenn – z. B. durch Rückgabe des enteigneten Vermögens – für den zurückkehrenden Auslandsdeutschen auch eine Existenzmöglichkeit gegeben ist.

Es wird jedoch nicht nur auf die Verhältnisse im Vertreibungsgebiet, sondern auch auf die persönlichen Umstände im Einzelfall ankommen, um zu entscheiden, ob eine Rückkehr als zumutbar angesehen werden kann. Fortgeschrittenes Alter, Krankheit oder Gebrechlichkeit müssen bei der Beurteilung der Zumutbarkeit gleichfalls in Rechnung gestellt werden. Auch wird eine Rückkehr nicht zumutbar sein, wenn der Vertriebene oder Flüchtling im Bundesgebiet nachhaltig mit dem Aufbau einer Existenz – unter Umständen mit Unterstützung der öffentlichen Hand – begonnen hat.

# 4.6 Flüchtlingshilfegesetz (FlüHG)
## in der Fassung vom 15. Mai 1971 (BGBl. I S. 681), zuletzt geändert durch Gesetz vom 26. Juni 1990 (BGBl. I S. 1142)

### Abschnitt I. Allgemeine Bestimmungen
### § 1 Personenkreis

(1) Leistungen nach Maßgabe der folgenden Vorschriften erhalten auf Antrag deutsche Staatsangehörige und deutsche Volkszugehörige, die ihren Wohnsitz

oder ständigen Aufenthalt in der sowjetischen Besatzungszone Deutschlands oder im sowjetisch besetzten Sektor von Berlin (Schadensgebiet) gehabt haben, wenn sie im Zuge der Besetzung oder nach der Besetzung des Schadensgebiets und vor dem 1. Juli 1990 in den Geltungsbereich des Gesetzes zugezogen sind und sich ständig im Geltungsbereich des Gesetzes aufhalten. Weitere Voraussetzung ist, daß sie entsprechende Leistungen nicht nach anderen Vorschriften erhalten können. Bei Antragstellern, die nach dem 26. August 1950 zugezogen sind, ist ferner erforderlich, daß sie im Wege der Notaufnahme oder eines vergleichbaren Verfahrens aufgenommen wurden.

(2) § 1 Abs. 1 Satz 2 und 3 und Abs. 3 sowie § 6 des Bundesvertriebenengesetzes und § 230a des Lastenausgleichsgesetzes sind entsprechend anzuwenden.

### § 2 Ausschließungsgründe

Liegen Voraussetzungen im Sinne des § 301 Abs. 2 Satz 2 oder des § 359 Abs. 1 oder 3 des Lastenausgleichsgesetzes vor, werden Leistungen nach diesem Gesetz nicht gewährt; auf Schäden und Verluste an Wirtschaftsgütern, die nach der Besetzung des Schadensgebiets unter Ausnutzung der dort bestehenden Verhältnisse erworben worden sind, ist § 359 Abs. 3 Nr. 3 des Lastenausgleichsgesetzes entsprechend anzuwenden.

### Abschnitt II. Einrichtungshilfe

### § 3 Voraussetzungen

Berechtigte nach Abschnitt I erhalten Beihilfe zur Beschaffung von Möbeln und sonstigem Hausrat (Einrichtungshilfe), wenn

1. sie im Schadensgebiet einen eigenen Haushalt mit eigenem Hausrat geführt haben und den Hausrat zurücklassen mußten oder ihn durch Schäden im Sinne des § 3 des Beweissicherungs- und Feststellungsgesetzes verloren haben und

2. ihre Einkünfte die in § 7 genannte Höhe nicht übersteigen.

§ 8 Abs. 2 und § 16 Abs. 4 des Feststellungsgesetzes gelten entsprechend. Die Auszahlung der Beihilfe erfolgt nach Maßgabe der jährlich verfügbaren Mittel.

### § 4 Antragsberechtigung

Für Personen, die zu einer Haushaltsgemeinschaft gehören, kann nur ein Antrag gestellt werden; antragsberechtigt ist der Haushaltsvorstand oder sein Ehegatte.

### § 5 Leistung an Kinder

Einrichtungshilfe kann nach dem Tod eines Antragsberechtigten (§ 4), sofern ein antragsberechtigter Ehegatte nicht vorhanden ist, auch Kindern (§ 6 Abs. 2 Nr. 1) gewährt werden, die mit dem Verstorbenen im Schadensgebiet in gemeinsamem Haushalt gelebt und den zurückgelassenen Hausrat mitbenutzt haben; die Aufteilung der Einrichtungshilfe bestimmt sich hierbei nach den Erbanteilen.

### § 6 Familienangehörige

(1) Zur Haushaltsgemeinschaft im Sinne dieses Abschnitts gehören der nicht dauernd getrennt lebende Ehegatte und diejenigen Familienangehörigen des Antragstellers und seines Ehegatten, die in Wohn- und Wirtschaftsgemeinschaft mit dem Antragsteller leben.

(2) Familienangehörige im Sinne dieses Abschnitts sind

1. Kinder, Stiefkinder und Pflegekinder,
2. Abkömmlinge der unter Nummer 1 genannten Personen,
3. Eltern, Großeltern, weitere Voreltern und Stiefeltern und
4. voll- und halbbürtige Geschwister sowie deren Kinder.

Pflegekinder im Sinne der Nummer 1 sind Kinder, die in den Haushalt von Personen aufgenommen sind, mit denen sie ein familienähnliches, auf längere Dauer berechnetes Band verknüpft, wenn diese zu dem Unterhalt der Kinder nicht unerheblich beitragen.

(3) Die Ehegatten von Familienangehörigen sind wie Familienangehörige zu berücksichtigen, wenn sie zur Haushaltsgemeinschaft gehören.

### § 7 Einkommensgrenze

Einrichtungshilfe wird nur gewährt, wenn die Einkünfte des Berechtigten und seiner Familienangehörigen (§ 6) im Durchschnitt der letzten 24 Monate vor der Antragstellung, jedoch längstens im Monatsdurchschnitt seit Eintreffen des Antragstellers im Geltungsbereich des Gesetzes, 750 Deutsche Mark zuzüglich 180 Deutsche Mark für den Ehegatten und je 90 Deutsche Mark für seine sonstigen Familienangehörigen nicht übersteigen. Der 1. Januar 1971 gilt als Tag der Antragstellung, wenn über Anträge, die vor diesem Zeitpunkt gestellt worden sind, noch nicht entschieden ist. Von der Einkommensgrenze kann zur Vermeidung besonderer Härten, insbesondere bei außergewöhnlichen Belastungen oder nachhaltigem Rückgang der Einkünfte, in angemessenen Grenzen abgewichen werden. Einkünfte im Sinne des Satzes 1 sind diejenigen Einkünfte, die entsprechend bei der Gewährung von Beihilfen zur Beschaffung von Hausrat nach § 301 des Lastenausgleichsgesetzes und der hierzu erlassenen Rechtsverordnung angesetzt werden.

### § 8 Höhe der Einrichtungshilfe

(1) Die Einrichtungshilfe beträgt 1200 Deutsche Mark. Hierzu werden nach dem Familienstand des Berechtigten am 1. April 1952, bei späterer Aufenthaltnahme im Geltungsbereich des Gesetzes nach dem Familienstand in diesem Zeitpunkt, die folgenden Zuschläge gewährt:

1. für den von dem Berechtigten nicht dauernd getrennt lebenden Ehegatten, vorausgesetzt, daß dieser sich ständig im Geltungsbereich des Gesetzes aufhält, 　　　　　　　　　　　　　　　　　　　　　　　　　　　　**200 DM;**

2. für jeden weiteren zum Haushalt gehörenden und vom Berechtigten wirtschaftlich abhängigen Familienangehörigen, sofern dieser nicht selbst antragsberechtigt ist, 　　　　　　　　　　　　　　　　　　　　　**150 DM;**

3. für das dritte und jedes weitere nach Nummer 2 berechtigte Kind bis zur Vollendung des 18. Lebensjahres weitere je 　　　　　　　　　　　　**150 DM.**

Die Zuschläge werden auch für Familienangehörige gewährt, die nach dem nach Satz 1 angegebenen Stichtag unter den Voraussetzungen des § 1 im Geltungsbereich des Gesetzes Aufenthalt nehmen und in den Haushalt des Berechtigten aufgenommen werden.

(2) Zuschläge nach Absatz 1 werden nicht für Familienangehörige gewährt, bei denen Ausschließungsgründe nach § 2 vorliegen.

(3) Haben sich Ehegatten in dem Zeitraum zwischen ihrer Aufenthaltnahme im Geltungsbereich des Gesetzes und der Entscheidung dauernd getrennt oder wurden sie in diesem Zeitraum geschieden, so kann jeder Ehegatte die Hälfte der Einrichtungshilfe (Absatz 1 Satz 1) beanspruchen, es sei denn, daß einer der Ehegatten nachweist, daß er allein Eigentümer des zurückgelassenen Hausrats war.

(4) Hat zunächst nur einer der Ehegatten seinen ständigen Aufenthalt im Geltungsbereich des Gesetzes genommen, so erhält er die Hälfte der Einrichtungshilfe.

## § 9  Erstattung und Anrechnung früherer Zahlungen

(1) Auf die Einrichtungshilfe nach diesem Gesetz werden entsprechende Leistungen nach diesen oder anderen Vorschriften angerechnet, sofern es sich nicht um Darlehen handelt.

(2) Wer Einrichtungshilfe erhält, ist verpflichtet, diese der zuständigen Behörde zu erstatten, wenn und soweit ihm zu einem späteren Zeitpunkt entsprechende Leistungen nach anderen Vorschriften gewährt werden und es sich nicht um Darlehen handelt.

(3) Für die Gewährung und die Anrechnung von Zuschlägen gelten die Absätze 1 und 2 entsprechend.

## Abschnitt III.  Laufende Beihilfe (Beihilfe zum Lebensunterhalt, besondere laufende Beihilfe)

### § 10  Allgemeine Bestimmungen

(1) Berechtigte nach Abschnitt I, die in vorgeschrittenem Lebensalter stehen oder infolge von Krankheit oder Gebrechen dauernd erwerbsunfähig sind, erhalten unter folgenden Voraussetzungen laufende Beihilfe:

1. Der Berechtigte und sein entsprechend § 266 Abs. 2 des Lastenausgleichsgesetzes zu berücksichtigender Ehegatte müssen im Schadensgebiet ihre Existenzgrundlage durch Schäden im Sinne des § 3 des Beweissicherungs- und Feststellungsgesetzes oder durch Verlassen des Schadensgebiets verloren haben;

2. die Existenzgrundlage muß im Zeitpunkt des Schadenseintritts überwiegend beruht haben

a) auf der Ausübung einer selbständigen Erwerbstätigkeit oder

b) auf Ansprüchen und anderen Gegenwerten aus der Übertragung, sonstigen Verwertung oder Verpachtung des einer solchen Tätigkeit dienenden Vermögens oder

c) auf einer Altersversorgung, die aus den Erträgen einer solchen Tätigkeit begründet worden war;

3. dem Berechtigten und seinem entsprechend § 266 Abs. 2 des Lastenausgleichsgesetzes zu berücksichtigenden Ehegatten muß im Schadensgebiet ein Vermögensschaden entstanden sein; Hausratschaden gilt nicht als Vermögensschaden im Sinne dieser Vorschrift. Einem solchen Vermögensschaden steht es gleich, wenn ein Schaden durch Verlust der beruflichen oder sonstigen Existenzgrundlage mit Durchschnittsjahreseinkünften aus selbständiger Erwerbstätigkeit von mindestens 2000 Reichsmark entstanden ist; diese Voraussetzung gilt auch dann als erfüllt, wenn neben der selbständigen Erwerbstätigkeit eine andere bezahlte

Tätigkeit nicht oder nur in geringem Umfang ausgeübt und der Lebensunterhalt nicht oder nur unwesentlich aus anderen Einkünften mitbestritten wurde;

4. dem Berechtigten muß nach seinen Einkommens- und Vermögensverhältnissen die Bestreitung des Lebensunterhalts nicht möglich oder nicht zumutbar sein; dabei sind auch fällige Ansprüche auf Leistungen in Geld oder Geldeswert zu berücksichtigen, wenn und soweit ihre Verwirklichung möglich ist.

(2) Berechtigte, die ihre berufliche oder sonstige Existenzgrundlage und in Verbindung damit aufschiebend bedingte privatrechtliche Versorgungsansprüche verloren haben, erhalten laufende Beihilfe unter den Voraussetzungen des Absatzes 1, auch wenn die in den Nummern 2 und 3 genannten Erfordernisse nicht erfüllt sind, sofern

1. die Bedingung für den Versorgungsanspruch im Erreichen einer Altersgrenze oder im Eintritt der Erwerbsunfähigkeit bestand und

2. ein Anspruch auf Versorgung nach dem Gesetz zur Regelung der Rechtsverhältnisse der unter Artikel 131 des Grundgesetzes fallenden Personen nicht besteht.

(3) Berechtigte, die im Schadensgebiet mit einem Familienangehörigen in Haushaltsgemeinschaft gelebt haben und von ihm wirtschaftlich abhängig waren, erhalten Beihilfe zum Lebensunterhalt unter den Voraussetzungen des Absatzes 1, auch wenn die in den Nummern 2 und 3 genannten Erfordernisse nicht erfüllt sind, sofern der Angehörige einen Existenz- und Vermögensverlust im Sinne des Absatzes 1 erlitten hat und außerstande ist, für den Berechtigten zu sorgen.

(4) Inwieweit Vermögensschäden ihrer Art und Höhe nach zu berücksichtigen und wie die Schäden zu berechnen sind, von welchen Einkünften auszugehen ist, wie die Einkünfte zu berechnen und welche Einkommensrichtsätze für die einzelnen Berufsgruppen anzunehmen sind, bestimmen die Rechtsverordnungen zu § 301 Abs. 4 des Lastenausgleichsgesetzes.

(5) Für den Fall des Zusammentreffens von Leistungsvoraussetzungen nach diesem Gesetz, dem Lastenausgleichsgesetz und dem Reparationsschädengesetz findet § 261 Abs. 4 des Lastenausgleichsgesetzes Anwendung.

**§ 11 Lebensalter und Erwerbsunfähigkeit; Antragsfrist**

(1) Wegen vorgeschrittenen Lebensalters wird laufende Beihilfe nur gewährt, wenn der Berechtigte bei Antragstellung das 65. (eine Frau das 60.) Lebensjahr vollendet hat. Weitere Voraussetzung ist, daß der Berechtigte vor dem 1. Januar 1907 (eine Frau vor dem 1. Januar 1912) geboren ist.

(2) Wegen dauernder Erwerbsunfähigkeit wird laufende Beihilfe nur gewährt, wenn die in § 265 Abs. 1, 2, 3 und 5 des Lastenausgleichsgesetzes genannten Voraussetzungen erfüllt sind. Die Erwerbsunfähigkeit muß spätestens am 31. Dezember 1971 vorgelegen haben.

(3) Ist der Geschädigte nach dem 31. Dezember 1906 (eine Frau nach dem 31. Dezember 1911) geboren oder nach dem 31. Dezember 1971 erwerbsunfähig im Sinne des § 265 Abs. 1 des Lastenausgleichsgesetzes geworden, wird Beihilfe zum Lebensunterhalt nach § 10 Abs. 1 und 3 gewährt, wenn eine Existenzgrundlage im Sinne dieser Vorschriften nach Vollendung des 16. Lebensjahres bis zum Verlust dieser Existenzgrundlage insgesamt mindestens 10 Jahre bestand. Beim Verlust einer Existenzgrundlage im Sinne des § 10 Abs. 1 Nr. 1 und 2 werden auch Zeiten des Bestehens einer Existenzgrundlage im Sinne des § 10 Abs. 3 und

beim Verlust einer Existenzgrundlage im Sinne des § 10 Abs. 3 auch Zeiten des Bestehens einer Existenzgrundlage im Sinne des § 10 Abs. 1 Nr. 1 und 2 berücksichtigt. Besondere laufende Beihilfe wird unter den Voraussetzungen des Satzes 1 nur neben laufender oder ruhender Beihilfe zum Lebensunterhalt gewährt.

(4) Für die Frist, in der der Antrag auf laufende Beihilfe gestellt werden kann, gelten § 264 Abs. 2 und § 265 Abs. 4 des Lastenausgleichsgesetzes entsprechend mit der Maßgabe, daß die Antragsfrist nicht vor dem 31. Dezember 1972 endet.

### § 12 Einkommenshöchstbetrag und Höhe der laufenden Beihilfe

Für den Einkommenshöchstbetrag und die Höhe der Beihilfe zum Lebensunterhalt sind die §§ 267 bis 270a, 275 und 277a des Lastenausgleichsgesetzes, für die besondere laufende Beihilfe ist § 301a Abs. 3 des Lastenausgleichsgesetzes entsprechend anzuwenden. Bei der Anwendung des § 269a Abs. 2 des Lastenausgleichsgesetzes ist an Stelle des Endgrundbetrags der Hauptentschädigung von dem Grundbetrag auszugehen, der aus dem Vermögensschaden im Sinne des § 10 Abs. 1 Nr. 3 Satz 1 in entsprechender Anwendung der Rechtsverordnung nach § 301a Abs. 3 des Lastenausgleichsgesetzes errechnet wird.

### § 13 Gewährung von laufender Beihilfe

(1) Berechtigten, die auf Grund dieses Gesetzes laufende Beihilfe beantragen können, wird bei Antragstellung innerhalb eines Jahres nach dem Inkrafttreten des Gesetzes laufende Beihilfe mit Wirkung vom Ersten des Monats ab gewährt, der auf das Inkrafttreten folgt, frühestens jedoch von dem Ersten des Monats ab, in dem die Voraussetzungen für die Gewährung der Beihilfe eingetreten sind. In den übrigen Fällen gilt § 287 Abs. 1 Satz 2, 3 und 4 des Lastenausgleichsgesetzes entsprechend.

(2) Die laufende Beihilfe ruht, solange die Voraussetzungen für ihre Gewährung in der Person des Berechtigten nicht vorliegen. Sie ruht auch, solange sich der Berechtigte nicht ständig im Geltungsbereich des Gesetzes aufhält. § 287 Abs. 3 des Lastenausgleichsgesetzes gilt entsprechend.

### § 14 Laufende Beihilfe nach Tod des Berechtigten

Nach dem Tode des nach § 10 Berechtigten wird laufende Beihilfe entsprechend den Grundsätzen des § 261 Abs. 2 des Lastenausgleichsgesetzes gewährt. Beihilfe zum Lebensunterhalt wird entsprechend § 272 Abs. 2 und 3, besondere laufende Beihilfe entsprechend § 285 Abs. 2 und 3 des Lastenausgleichsgesetzes weitergewährt.

### § 15 Zusätzliche Leistungen zur Beihilfe zum Lebensunterhalt

Zur Beihilfe zum Lebensunterhalt werden Leistungen in entsprechender Anwendung der §§ 276, 276a und 277 des Lastenausgleichsgesetzes gewährt.

### § 16 Wirkung von Veränderungen, Meldepflicht, Erstattungspflicht, Verhältnis zu Aufbaudarlehen und zur Sozialhilfe

Die §§ 288 bis 292 des Lastenausgleichsgesetzes gelten entsprechend.

### Abschnitt IV. Eingliederungsdarlehen

### § 17 Allgemeine Vorschriften

(1) Nach Maßgabe der verfügbaren Mittel können Berechtigten nach Abschnitt I Darlehen zur Eingliederung gewährt werden.

(2) Die Gewährung der Darlehen ist an Bedingungen und Auflagen zu knüpfen, welche die Verwendung für Zwecke der Eingliederung sicherstellen.

(3) Die Höhe der Darlehen bestimmt sich nach dem Umfang der zur Durchführung des beantragten Vorhabens erforderlichen Mittel. Das Vorhaben soll dem Umfang der erlittenen Schädigung angemessen sein.

(4) Für den Höchstbetrag gilt § 255 Abs. 2 des Lastenausgleichsgesetzes entsprechend.

### § 18 Aufbaudarlehen für die gewerbliche Wirtschaft, die freien Berufe und die Landwirtschaft

(1) Aufbaudarlehen zur Begründung oder Festigung einer selbständigen Existenz in der gewerblichen Wirtschaft, in freien Berufen und in der Landwirtschaft können Berechtigte erhalten, wenn sie ein Vorhaben nachweisen, durch das sie in den Stand gesetzt werden, an Stelle der im Schadensgebiet unter den Voraussetzungen des § 10 Abs. 1 Nr. 1 verlorenen Lebensgrundlage eine neue gesicherte Lebensgrundlage zu schaffen oder eine bereits wieder geschaffene, aber noch gefährdete Lebensgrundlage zu sichern, sofern sie die erforderlichen persönlichen und fachlichen Voraussetzungen erfüllen.

(2) Das Aufbaudarlehen ist mit 3 vom Hundert jährlich zu verzinsen. Es ist nach drei Freijahren in zehn gleichen Jahresraten zu tilgen; das erste Freijahr beginnt mit dem auf die Auszahlung folgenden Halbjahresersten. Für einzelne Arten von Vorhaben kann bestimmt werden, daß die Zins- und Tilgungsbedingungen abweichend festgesetzt werden.

### § 19 Aufbaudarlehen für den Wohnungsbau

(1) Für den Bau eines Familienheimes oder einer sonstigen Wohnung, insbesondere am Ort eines gesicherten Arbeitsplatzes, kann ein Aufbaudarlehen gewährt werden, wenn der Berechtigte nachweist, daß

1. er sich ausreichende Wohnmöglichkeit überhaupt noch nicht oder noch nicht an seinem gegenwärtigen oder zukünftigen Arbeitsort beschaffen konnte oder

2. die bisherige Wohnung im Falle des Freiwerdens mit Einwilligung des Verfügungsberechtigten einem noch nicht ausreichend untergebrachten Berechtigten im Sinne der Nummer 1 zur Verfügung stehen wird.

Voraussetzung ist ferner, daß die Wohnung nach Größe und Ausstattung den Voraussetzungen des sozialen Wohnungsbaues nach dem jeweils anzuwendenden Wohnungsbaugesetz entspricht. Ein Darlehen kann Personen nicht gewährt werden, für deren Unterbringung Sonderwohnungsbaumittel des Bundes zugunsten von Flüchtlingen, Aussiedlern und gleichgestellten Personen den Ländern zur Verfügung gestellt worden sind oder werden. Dies gilt nicht in den Fällen des Satzes 1 Nr. 2.

(2) Die Darlehen gelten nicht als öffentliche Mittel im Sinne des § 6 Abs. 1 des Zweiten Wohnungsbaugesetzes in der Fassung der Bekanntmachung vom 1. August 1961 (Bundesgesetzbl. I, S. 1121) und des § 4 Abs. 1 des Wohnungsbaugesetzes für das Saarland in der Fassung der Bekanntmachung vom 26. September 1961 (Amtsblatt des Saarlandes, S. 591).

(3) Hinsichtlich Höhe, Tilgung und Verzinsung der Darlehen gelten die Bedingungen der Aufbaudarlehen für den Wohnungsbau nach § 254 Abs. 3 des Lastenausgleichsgesetzes entsprechend.

**Abschnitt V.** Anwendung anderer Gesetze

**§ 20 Anwendung des Bundesvertriebenengesetzes**

(1) Unbeschadet des § 18 sind bei Berechtigten nach Abschnitt I, die aus der Landwirtschaft stammen und die für eine Landbewirtschaftung erforderlichen persönlichen und fachlichen Voraussetzungen erfüllen, die Bestimmungen des Titels Landwirtschaft des Bundesvertriebenengesetzes entsprechend anzuwenden.

(2) Die §§ 71 und 92 des Bundesvertriebenengesetzes sind auf Berechtigte nach Abschnitt I sinngemäß anzuwenden. Hierbei bleiben der in § 1 Abs. 1 Satz 1 bezeichnete Zeitpunkt sowie § 1 Abs. 1 Satz 3 außer Betracht.

(3) Für Personen nach § 1 Abs. 1 Satz 1, Abs. 2, bei denen nicht ein Ausschließungsgrund nach § 2 vorliegt, gilt, soweit auf sie die §§ 82 bis 89 des Bundesvertriebenengesetzes nicht anwendbar sind, § 88 des Bundesvertriebenengesetzes sinngemäß. Erledigt sich hierdurch ein anhängiger Rechtsstreit oder ein anhängiges Vertragshilfeverfahren, so gilt auch § 89 des Bundesvertriebenengesetzes sinngemäß. Ist der Schuldner vor dem Inkrafttreten dieses Gesetzes zugezogen, so laufen die in § 84 des Bundesvertriebenengesetzes bestimmten Fristen erst vom Inkrafttreten dieses Gesetzes ab.

**§ 20 a Anwendung des Lastenausgleichsgesetzes**

Die §§ 350 a, 350 b und 360 des Lastenausgleichsgesetzes sind entsprechend anzuwenden.

**Abschnitt VI.** Sonstige Bestimmungen

**§ 21 Aufbringung der Mittel**

(1) Der Bund trägt die Aufwendungen für die Leistungen nach den Abschnitten II bis IV; die Länder erstatten dem Bund 20 vom Hundert der Aufwendungen für die Leistungen nach den Abschnitten II und IV. Die Aufwendungen für die Leistungen nach § 20 Abs. 1 tragen die Länder; der Bund erstattet den Ländern 80 vom Hundert dieser Aufwendungen.

(2) Über den 31. Dezember 1965 hinaus werden Mittel zur Durchführung der Abschnitte II bis IV dieses Gesetzes nur bereitgestellt, soweit über den 31. Dezember 1965 hinaus Mittel für die Gewährung entsprechender Leistungen für einen vergleichbaren Personenkreis aus dem Härtefonds des Lastenausgleichs (§§ 301, 301 a des Lastenausgleichsgesetzes) bereitgestellt werden.

**§ 22 Durchführung des Gesetzes**

Für die Durchführung des Gesetzes mit Ausnahme des § 20 gelten die Vorschriften des Vierten bis Sechsten Abschnitts des Beweissicherungs- und Feststellungsgesetzes. Für die Durchführung des § 20 bestimmen die Landesregierungen die Organisation und das Verfahren.

**§ 23 Ermächtigung**

Zur Milderung von Härten kann die Bundesregierung mit Zustimmung des Bundesrates durch Rechtsverordnung bestimmen, daß in diesem Gesetz vorgesehene Leistungen und Vergünstigungen ganz oder teilweise auch zugunsten von Personen gewährt werden, die im Schadensgebiet in einer infolge der sowjetischen Besetzung durchschnittenen Gemeinde oder in einer an eine solche oder an den

Geltungsbereich des Gesetzes unmittelbar angrenzenden Gemeinde Schäden im Sinne der §§ 3, 10 oder 18 erlitten haben und im Zeitpunkt des Schadenseintritts ihren Wohnsitz oder ständigen Aufenthalt im Geltungsbereich des Gesetzes in der durchschnittenen Gemeinde oder einer Gemeinde hatten, die an die ganz oder teilweise im Schadensgebiet liegende Gemeinde unmittelbar angrenzt, in der der Schaden eingetreten ist. Hierbei können weitere Aufenthaltsvoraussetzungen entsprechend der vergleichbaren Regelung in der zu § 301 des Lastenausgleichsgesetzes ergangenen Rechtsverordnung festgelegt werden. Die sonstigen Voraussetzungen des Gesetzes müssen erfüllt sein.

**§ 24 Berlin-Klausel**

Dieses Gesetz gilt nach Maßgabe des § 13 Abs. 1 des Dritten Überleitungsgesetzes vom 4. Januar 1952 (Bundesgesetzbl. I, S. 1) auch im Land Berlin. Rechtsverordnungen, die auf Grund dieses Gesetzes erlassen werden, gelten im Land Berlin nach § 14 des Dritten Überleitungsgesetzes.

**§ 25 Inkrafttreten**

Dieses Gesetz tritt am Tage nach der Verkündung in Kraft.

# 4.7 Gesetz über den ehelichen Güterstand von Vertriebenen und Flüchtlingen vom 4. August 1969 (BGBl. I S. 1067)

Der Bundestag hat das folgende Gesetz beschlossen:

**§ 1**

(1) Für Ehegatten, die Vertriebene oder Sowjetzonenflüchtlinge sind (§§ 1, 3 und 4 des Bundesvertriebenengesetzes), beide ihren gewöhnlichen Aufenthalt im Geltungsbereich dieses Gesetzes haben und im gesetzlichen Güterstand eines außerhalb des Geltungsbereichs dieses Gesetzes maßgebenden Rechts leben, gilt vom Inkrafttreten dieses Gesetzes an das eheliche Güterrecht des Bürgerlichen Gesetzbuchs. Das gleiche gilt für Ehegatten, die aus der sowjetischen Besatzungszone Deutschlands oder dem sowjetisch besetzten Sektor von Berlin zugezogen sind, sofern sie im Zeitpunkt des Zuzugs deutsche Staatsangehörige waren oder, ohne die deutsche Staatsangehörigkeit zu besitzen, als Deutsche im Sinne des Artikels 116 Abs. 1 des Grundgesetzes Aufnahme gefunden haben.

(2) Die Vorschriften des Absatzes 1 gelten nicht, wenn im Zeitpunkt des Inkrafttretens der bisherige Güterstand im Güterrechtsregister eines Amtsgerichts im Geltungsbereich dieses Gesetzes eingetragen ist.

(3) Für die Berechnung des Zugewinns gilt, wenn die in Absatz 1 genannten Voraussetzungen für die Überleitung des gesetzlichen Güterstandes in das Güterrecht des Bürgerlichen Gesetzbuchs bereits damals vorlagen, als Anfangsvermögen das Vermögen, das einem Ehegatten am 1. Juli 1958 gehörte. Liegen die Voraussetzungen erst seit einem späteren Zeitpunkt vor, so gilt als Anfangsvermögen das Vermögen, das einem Ehegatten in diesem Zeitpunkt gehörte. Soweit es in den §§ 1374, 1376 des Bürgerlichen Gesetzbuchs auf den Zeitpunkt des Eintritts des Güterstandes ankommt, sind diese Vorschriften sinngemäß anzuwenden.

### § 2

(1) Jeder Ehegatte kann, sofern nicht vorher ein Ehevertrag geschlossen worden oder die Ehe aufgelöst ist, bis zum 31. Dezember 1970 dem Amtsgericht gegenüber erklären, daß für die Ehe der bisherige gesetzliche Güterstand fortgelten solle. § 1411 des Bürgerlichen Gesetzbuchs gilt entsprechend.

(2) Wird die Erklärung vor dem für die Überleitung in das Güterrecht des Bürgerlichen Gesetzbuchs vorgesehenen Zeitpunkt abgegeben, so findet die Überleitung nicht statt.

(3) Wird die Erklärung nach dem Zeitpunkt der Überleitung des Güterstandes abgegeben, so gilt die Überleitung als nicht erfolgt. Aus der Wiederherstellung des ursprünglichen Güterstandes können die Ehegatten untereinander und gegenüber einem Dritten Einwendungen gegen ein Rechtsgeschäft, das nach der Überleitung zwischen den Ehegatten oder zwischen einem von ihnen und dem Dritten vorgenommen worden ist, nicht herleiten.

### § 3

Tritt von den in § 1 Abs. 1 genannten Voraussetzungen für die Überleitung des Güterstandes die Voraussetzung, daß beide Ehegatten ihren gewöhnlichen Aufenthalt im Geltungsbereich dieses Gesetzes haben, erst nach dem Inkrafttreten des Gesetzes ein, so gilt für sie das Güterrecht des Bürgerlichen Gesetzbuchs vom Anfang des nach Eintritt dieser Voraussetzung folgenden vierten Monats an. § 1 Abs. 2, 3 Satz 2, 3 ist entsprechend anzuwenden. Die Vorschriften des § 2 gelten mit der Maßgabe, daß die Erklärung binnen Jahresfrist nach dem Zeitpunkt der Überleitung abgegeben werden kann.

### § 4

(1) Für die Entgegennahme der in den §§ 2, 3 vorgesehenen Erklärung ist jedes Amtsgericht zuständig. Die Erklärung muß notariell beurkundet werden.

(2) Haben die Ehegatten die Erklärung nicht gemeinsam abgegeben, so hat das Amtsgericht sie dem anderen Ehegatten nach den für Zustellungen von Amts wegen geltenden Vorschriften der Zivilprozeßordnung bekanntzumachen. Für die Zustellung werden Auslagen nach § 137 Nr. 2 der Kostenordnung nicht erhoben.

(3) Wird mit der Erklärung ein Antrag auf Eintragung in das Güterrechtsregister verbunden, so hat das Amtsgericht den Antrag mit der Erklärung an das Registergericht weiterzuleiten.

(4) Der auf Grund der Erklärung fortgeltende gesetzliche Güterstand ist, wenn einer der Ehegatten dies beantragt, in das Güterrechtsregister einzutragen. Wird der Antrag nur von einem der Ehegatten gestellt, so soll das Registergericht vor der Eintragung den anderen Ehegatten hören. Besteht nach Lage des Falles begründeter Anlaß zu Zweifeln an der Richtigkeit der Angaben über den bestehenden Güterstand, so hat das Registergericht die erforderlichen Ermittlungen vorzunehmen.

### § 5

Für die Beurkundung der Erklärung nach § 2 Abs. 1, für die Aufnahme der Anmeldung zum Güterrechtsregister und für die Eintragung in das Güterrechtsregister beträgt der Geschäftswert 3000 Deutsche Mark.

**§ 6**

Dieses Gesetz gilt nach Maßgabe des § 13 des Dritten Überleitungsgesetzes vom 4. Januar 1952 (Bundesgesetzbl. I, S. 1) auch im Land Berlin.

**§ 7**

Dieses Gesetz tritt am 1. Oktober 1969 in Kraft; die §§ 2, 4 und 5 treten jedoch am Tage nach der Verkündung in Kraft.


## 5. STAATSANGEHÖRIGKEIT, NAMENSRECHT

### 5.1 Artikel 116 des Grundgesetzes für die Bundesrepublik Deutschland vom 23. Mai 1949 (BGBl. S. 1)

**Art. 116**

(1) Deutscher im Sinne dieses Grundgesetzes ist vorbehaltlich anderweitiger gesetzlicher Regelung, wer die deutsche Staatsangehörigkeit besitzt oder als Flüchtling oder Vertriebener deutscher Volkszugehörigkeit oder als dessen Ehegatte oder Abkömmling in dem Gebiete des Deutschen Reiches nach dem Stande vom 31. Dezember 1937 Aufnahme gefunden hat.

(2) Frühere deutsche Staatsangehörige, denen zwischen dem 30. Januar 1933 und dem 8. Mai 1945 die Staatsangehörigkeit aus politischen, rassischen oder religiösen Gründen entzogen worden ist, und ihre Abkömmlinge sind auf Antrag wieder einzubürgern. Sie gelten als nicht ausgebürgert, sofern sie nach dem 8. Mai 1945 ihren Wohnsitz in Deutschland genommen haben und nicht einen entgegengesetzten Willen zum Ausdruck gebracht haben.


### 5.2 Reichs- und Staatsangehörigkeitsgesetz vom 22. Juli 1913 (RGBl. S. 583), zuletzt geändert durch Gesetz vom 25. Juli 1986 (BGBl. I S. 1142) –Auszug –

...

**§ 3**

Die Staatsangehörigkeit ... wird erworben
1. durch Geburt (§ 4),
2. durch Legitimation (§ 5),
3. durch Annahme als Kind (§ 6),
4. (aufgehoben)
5. für einen Ausländer durch Einbürgerung (§§ 8 bis 16).

**§ 4**

(1) Durch die Geburt erwirbt die Staatsangehörigkeit
1. das eheliche Kind, wenn ein Elternteil Deutscher ist,
2. das nichteheliche Kind, wenn seine Mutter Deutsche ist.

(2) Ein Kind, das in dem Gebiet eines *Bundesstaats* aufgefunden wird (Findelkind), gilt bis zum Beweise des Gegenteils als Kind eines Angehörigen *dieses Bundesstaats*.

## § 5

Eine nach den deutschen Gesetzen wirksame Legitimation durch einen Deutschen begründet für das Kind die Staatsangehörigkeit des Vaters.

## § 6

Mit der nach den deutschen Gesetzen wirksamen Annahme als Kind durch einen Deutschen erwirbt das Kind, das im Zeitpunkt des Annahmeantrags das achtzehnte Lebensjahr noch nicht vollendet hat, die Staatsangehörigkeit. Der Erwerb der Staatsangehörigkeit erstreckt sich auf die Abkömmlinge des Kindes.
...

## § 17

Die Staatsangehörigkeit geht verloren
1. durch Entlassung (§§ 18 bis 24),
2. durch den Erwerb einer ausländischen Staatsangehörigkeit (§ 25),
3. durch Verzicht (§ 26),
4. durch Annahme als Kind durch einen Ausländer (§ 27).

## § 18

Ein Deutscher wird auf seinen Antrag aus der Staatsangehörigkeit entlassen, wenn er den Erwerb einer ausländischen Staatsangehörigkeit beantragt und ihm die zuständige Stelle die Verleihung zugesichert hat.

## § 19

(1) Die Entlassung einer Person, die unter elterlicher Sorge oder unter Vormundschaft steht, kann nur von dem gesetzlichen Vertreter und nur mit Genehmigung des deutschen Vormundschaftsgerichts beantragt werden. Gegen die Entscheidung des Vormundschaftsgerichts steht auch der Staatsanwaltschaft die Beschwerde zu; gegen den Beschluß des Beschwerdegerichts ist die weitere Beschwerde unbeschränkt zulässig.

(2) Die Genehmigung des Vormundschaftsgerichts ist nicht erforderlich, wenn der Vater oder die Mutter die Entlassung für sich und zugleich kraft elterlicher Sorge für ein Kind beantragt und dem Antragsteller die Sorge für die Person dieses Kindes zusteht. Erstreckt sich der Wirkungskreis eines der Mutter bestellten Beistandes auf die Sorge für die Person des Kindes, so bedarf die Mutter zu dem Antrag auf Entlassung des Kindes der Genehmigung des Beistandes.
...

## § 25

(1) Ein Deutscher, der im Inland weder seinen Wohnsitz noch seinen dauernden Aufenthalt hat, verliert seine Staatsangehörigkeit mit dem Erwerb einer ausländischen Staatsangehörigkeit, wenn dieser Erwerb auf seinen Antrag oder auf den Antrag... des gesetzlichen Vertreters erfolgt, ... der Vertretene jedoch nur, wenn die Voraussetzungen vorliegen, unter denen nach § 19 die Entlassung beantragt werden könnte.

(2) Die Staatsangehörigkeit verliert nicht, wer vor dem Erwerb der ausländischen Staatsangehörigkeit auf seinen Antrag die schriftliche Genehmigung der zuständigen Behörde *seines Heimatstaats* zur Beibehaltung seiner Staatsangehörigkeit erhalten hat. Vor der Erteilung der Genehmigung ist der deutsche Konsul zu hören.

(3) *Unter Zustimmung des Bundesrats* kann von dem *Reichskanzler* angeordnet werden, daß Personen, welche die Staatsangehörigkeit in einem bestimmten ausländischen Staate erwerben wollen, die in Absatz 2 vorgesehene Genehmigung nicht erteilt werden darf.

**§ 26**

(1) Ein Deutscher kann auf seine Staatsangehörigkeit verzichten, wenn er mehrere Staatsangehörigkeiten besitzt. Der Verzicht ist schriftlich zu erklären.

(2) Die Verzichtserklärung bedarf der Genehmigung der nach § 23 für die Ausfertigung der Entlassungsurkunde zuständigen Behörde. Die Genehmigung ist zu versagen, wenn eine Entlassung nach § 22 Abs. 1 nicht erteilt werden dürfte; dies gilt jedoch nicht, wenn der Verzichtende

1. seit mindestens zehn Jahren seinen dauernden Aufenthalt im Ausland hat oder
2. als Wehrpflichtiger im Sinne des § 22 Abs. 1 Nr. 2 in einem der Staaten, deren Staatsangehörigkeit er besitzt, Wehrdienst geleistet hat.

(3) Der Verlust der Staatsangehörigkeit tritt ein mit der Aushändigung der von der Genehmigungsbehörde ausgefertigten Verzichtsurkunde.

(4) Für Minderjährige gilt § 19 entsprechend.

...

## 5.3 Gesetz zur Regelung von Fragen der Staatsangehörigkeit vom 22. Februar 1955 (BGBl. I S. 65), geändert durch Gesetz vom 29. Juni 1977 (BGBl. I S. 1101)

**Erster Abschnitt**

**Staatsangehörigkeitsverhältnisse deutscher Volkszugehöriger, denen die deutsche Staatsangehörigkeit in den Jahren 1938 bis 1945 durch Sammeleinbürgerung verliehen worden ist**

**§ 1**

(1) Die deutschen Volkszugehörigen, denen die deutsche Staatsangehörigkeit auf Grund folgender Bestimmungen verliehen worden ist:

a) Vertrag zwischen dem Deutschen Reich und der Tschechoslowakischen Republik über Staatsangehörigkeits- und Optionsfragen vom 20. November 1938 (RGBl. II S. 895),

b) Vertrag zwischen dem Deutschen Reich und der Republik Litauen über die Staatsangehörigkeit der Memelländer vom 8. Juli 1939 (RGBl. II S. 999),

c) Verordnung über den Erwerb der deutschen Staatsangehörigkeit durch frühere tschechoslowakische Staatsangehörige deutscher Volkszugehörigkeit vom 20. April 1939 (RGBl. I S. 815) in Verbindung mit der Verordnung zur Regelung von Staatsangehörigkeitsfragen gegenüber dem Protektorat Böhmen und Mähren vom 6. Juni 1941 (RGBl. I S. 308),

d) Verordnung über die Deutsche Volksliste und die deutsche Staatsangehörigkeit in den eingegliederten Ostgebieten vom 4. März 1941 (RGBl. I S. 118) in der Fassung der Zweiten Verordnung über die Deutsche Volksliste und die deutsche Staatsangehörigkeit in den eingegliederten Ostgebieten vom 31. Januar 1942 (RGBl. I S. 51),

e) Verordnung über den Erwerb der Staatsangehörigkeit in Gebieten der Untersteiermark, Kärntens und Krains vom 14. Oktober 1941 (RGBl. I S. 648),

f) Verordnung über die Verleihung der deutschen Staatsangehörigkeit an die in die Deutsche Volksliste der Ukraine eingetragenen Personen vom 19. Mai 1943 (RGBl. I S. 321),

sind nach Maßgabe der genannten Bestimmungen deutsche Staatsangehörige geworden, es sei denn, daß sie die deutsche Staatsangehörigkeit durch ausdrückliche Erklärung ausgeschlagen haben oder noch ausschlagen.

(2) Dasselbe gilt für die Ehefrau und die Kinder eines Ausschlagungsberechtigten, soweit
sie nach deutschem Recht ihre Staatsangehörigkeit vom ihm ableiten, unabhängig davon, ob er von seinem Ausschlagungsrecht Gebrauch macht. Ehefrauen, die im Zeitpunkt
der Eheschließung die deutsche Staatsangehörigkeit besaßen, haben diese behalten.

### § 2

Hat ein Ausschlagungsberechtigter einen Tatbestand erfüllt, an den sich der Verlust der
deutschen Staatsangehörigkeit knüpfte, und macht er von seinem Ausschlagungsrecht
keinen Gebrauch, so hat er die deutsche Staatsangehörigkeit nur bis zum Eintritt des Ver-
lusttatbestandes besessen.

### § 3

Die Ausschlagung hat die Wirkung, daß der Ausschlagende die deutsche Staatsangehörigkeit nach Maßgabe des § 1 nicht erworben hat.

### § 4

Hat ein Ausschlagungsberechtigter vor der Ausschlagung einen Tatbestand erfüllt, der
den Erwerb der deutschen Staatsangehörigkeit zur Folge hatte, so bewirkt die Ausschlagung, daß er im Zeitpunkt der Erfüllung des Erwerbstatbestandes deutscher Staatsangehöriger geworden ist.

### § 5

(1) Nach dem Inkrafttreten dieses Gesetzes kann die Ausschlagung nur noch bis zum Ablauf eines Jahres erklärt werden.

(2) Jeder Ausschlagungsberechtigte ist befugt, vor Ablauf der Ausschlagungsfrist auf
das Ausschlagungsrecht zu verzichten.

**Zweiter Abschnitt**
**Staatsangehörigkeitsverhältnisse der Personen, die auf Grund des Artikels 116 Abs.
1 des Grundgesetzes Deutsche sind, ohne die deutsche Staatsangehörigkeit zu besitzen**

### § 6

(1) Wer auf Grund des Artikels 116 Abs. 1 des Grundgesetzes Deutscher ist, ohne die
deutsche Staatsangehörigkeit zu besitzen, muß auf seinen Antrag eingebürgert werden,
es sei denn, daß Tatsachen die Annahme rechtfertigen, daß er die innere oder äußere Sicherheit der Bundesrepublik oder eines deutschen Landes gefährdet.

(2) Mit der Unanfechtbarkeit des die Einbürgerung ablehnenden Bescheides verliert der
Antragsteller die Rechtsstellung eines Deutschen.

### § 7

(1) Hat ein Deutscher, der die deutsche Staatsangehörigkeit nicht besitzt, das Gebiet des
Deutschen Reiches nach dem Stande vom 31. Dezember 1937 (Deutschland) freiwillig
wieder verlassen und seinen dauernden Aufenthalt in dem fremden Staat genommen,
aus dessen Gebiet er vertrieben worden ist, oder in einem anderen der in § 1 Abs. 2 Nr. 3
des Bundesvertriebenengesetzes vom 19. Mai 1953 (BGBl. I S. 201) genannten Staaten,

so verliert er die Rechtsstellung eines Deutschen im Sinne des Grundgesetzes im Zeitpunkt des Inkrafttretens dieses Gesetzes.

(2) Wird der dauernde Aufenthalt erst nach Inkrafttreten dieses Gesetzes nach Maßgabe des Absatzes 1 verlegt, so tritt der Verlust der Rechtsstellung eines Deutschen im Sinne des Grundgesetzes im Zeitpunkt der Aufenthaltsverlegung ein.

### § 7 a

Der Verlust der Rechtsstellung eines Deutschen tritt nach § 6 Abs. 2 oder § 7 Abs. 2 nicht ein, wenn der Betroffene dadurch staatenlos wird.

**Dritter Abschnitt**
**Staatsangehörigkeitsverhältnisse weiterer Personengruppen**

### § 8

(1) Ein deutscher Volkszugehöriger, der nicht Deutscher im Sinne des Grundgesetzes ist, aber in Deutschland seinen dauernden Aufenthalt hat, und dem die Rückkehr in seine Heimat nicht zugemutet werden kann, hat einen Anspruch auf Einbürgerung nach Maßgabe des § 6. Wird er eingebürgert, so hat auch sein Ehegatte einen Einbürgerungsanspruch.

(2) Wird der dauernde Aufenthalt in Deutschland nach dem Inkrafttreten dieses Gesetzes aufgegeben, so erlischt der Anspruch auf Einbürgerung im Zeitpunkt der Aufgabe des Aufenthalts.

### § 9

(1) Ein deutscher Volkszugehöriger, der nicht Deutscher im Sinne des Grundgesetzes ist, kann die Einbürgerung vom Ausland her beantragen, wenn er die Rechtsstellung eines Vertriebenen nach § 1 des Bundesvertriebenengesetzes hat oder als Aussiedler im Sinne des § 1 Abs. 2 Nr. 3 desselben Gesetzes im Geltungsbereich dieses Gesetzes Aufnahme finden soll. § 13 des Reichs- und Staatsangehörigkeitsgesetzes vom 22. Juli 1913 (RGBl. S. 583) gilt entsprechend. Wird die Einbürgerung beantragt, so kann in bestehender Ehe der Ehegatte, der nicht deutscher Volkszugehöriger ist, ebenfalls vom Ausland her einen Einbürgerungsantrag stellen.

(2) Einem Einbürgerungsantrag muß stattgegeben werden, wenn der Antragsteller die Voraussetzungen des Absatzes 1 erfüllt, im zweiten Weltkrieg Angehöriger der deutschen Wehrmacht oder eines ihr angeschlossenen oder gleichgestellten Verbandes war, nach seiner Vertreibung keine neue Staatsangehörigkeit erworben hat und nicht aus einem Staate stammt, der die durch Sammeleinbürgerung in den Jahren 1938 bis 1945 Eingebürgerten als seine Staatsangehörigen in Anspruch nimmt. Gleiches gilt für Einbürgerungsanträge der Ehefrauen, Witwen und der im Zeitpunkt der Antragstellung noch minderjährigen Kinder solcher Personen.

### § 10

Der Dienst in der deutschen Wehrmacht, der Waffen-SS, der deutschen Polizei, der Organisation Todt und dem Reichsarbeitsdienst hat für sich allein den Erwerb der deutschen Staatsangehörigkeit nicht zur Folge gehabt; deutsche Staatsangehörige sind nur diejenigen geworden, für die ein Feststellungsbescheid der zuständigen Stellen vor Inkrafttreten dieses Gesetzes ergangen und zugestellt worden ist.

### § 11

Wer aus rassischen Gründen von einer der in § 1 Abs. 1 genannten Sammeleinbürgerungen ausgeschlossen worden ist, hat einen Anspruch auf Einbürgerung, wenn er in Deutschland seinen dauernden Aufenthalt hat, es sei denn, daß er in der Zwischenzeit eine andere Staatsangehörigkeit erworben hat.

### § 12

(1) Der Anspruch auf Einbürgerung steht auch dem früheren deutschen Staatsangehörigen zu, der im Zusammenhang mit Verfolgungsmaßnahmen aus politischen, rassischen oder religiösen Gründen in der Zeit vom 30. Januar 1933 bis zum 8. Mai 1945 vor Inkrafttreten dieses Gesetzes eine fremde Staatsangehörigkeit erworben hat, auch wenn er seinen dauernden Aufenthalt im Ausland beibehält.

(2) Der Anspruch auf Einbürgerung steht den Abkömmlingen der in Absatz 1 genannten Personen bis zum 31. Dezember 1970 zu.

### § 13

Ein Einbürgerungsanspruch nach § 9 Abs. 2, § 11 und § 12 besteht nicht, wenn Tatsachen vorliegen, welche die Annahme rechtfertigen, daß der Antragsteller die innere oder äußere Sicherheit der Bundesrepublik oder eines deutschen Landes gefährden wird.

**Vierter Abschnitt**
**Verfahrenvorschriften**

**a) Gemeinsame Vorschriften**

### § 14

Wer das 18. Lebensjahr vollendet hat, steht bei Ausübung des Ausschlagungsrechts (§ 5 Abs. 1), bei Abgabe der Verzichtserklärung (§ 5 Abs. 2) und bei Geltendmachung des Einbürgerungsanspruchs (§§ 6, 8, 9 Abs. 2, §§ 11 und 12) einem Volljährigen gleich.

### § 15

(1) Wer das 18. Lebensjahr noch nicht vollendet hat oder wer zwar über 18 Jahre alt, jedoch geschäftsunfähig oder aus anderen Gründen als wegen Minderjährigkeit in der Geschäftsfähigkeit beschränkt ist, wird durch seinen gesetzlichen Vertreter in persönlichen Angelegenheiten vertreten.

(2) Der Vormund eines nichtehelichen Kindes bedarf der Zustimmung der Mutter des Kindes, wenn dieser die Sorge für die Person des Kindes zusteht. Das gilt auch, wenn der Vormund von dem Recht auf Ausschlagung und dem Anspruch auf Einbürgerung nicht Gebrauch machen will. Kommt eine Einigung zwischen Vormund und Mutter nicht zustande, so ist der Vormund verpflichtet, eine Entscheidung des Vormundschaftsgerichts herbeizuführen.

### § 16

Die Erklärung eines Ehegatten bedarf nicht der Zustimmung des anderen Ehegatten.

### § 17

(1) Zuständig zur Entgegennahme der Ausschlagungserklärungen, die nach dem Inkrafttreten dieses Gesetzes abgegeben werden (§ 5 Abs. 1), und der Verzichtserklärungen (§ 5

Abs. 2) sowie zur Einbürgerung (§§ 6, 8, 9, 11 und 12) ist die Einbürgerungsbehörde, in deren Bereich der Erklärende oder der Antragsteller seinen dauernden Aufenthalt hat.

(2) Hat der Erklärende oder Antragsteller seinen dauernden Aufenthalt außerhalb Deutschlands, so ist die Einbürgerungsbehörde zuständig, in deren Bereich er zuletzt seinen dauernden Aufenthalt gehabt hat. Hatte er niemals dauernden Aufenthalt in Deutschland, so ist die Einbürgerungsbehörde zuständig, in deren Bereich sein Vater oder seine Mutter dauernden Aufenthalt haben oder zuletzt gehabt haben.

(3) Ergibt sich aus Absatz 1 oder Absatz 2 die Zuständigkeit einer Behörde außerhalb des Geltungsbereichs dieses Gesetzes oder fehlt es an einer zuständigen Behörde, so ist das Bundesverwaltungsamt zuständig.

(4) Für einen unter elterlicher Sorge stehenden Minderjährigen (§ 15 Abs. 1) ist die Einbürgerungsbehörde des vertretungsberechtigten Elternteils zuständig.

(5) Eine Verbindung von Verfahren, die bei verschiedenen Behörden anhängig sind, ist im gegenseitigen Einvernehmen der beteiligten Behörden zulässig.

## b) Ausschlagung

### § 18

(1) Die Ausschlagungserklärung muß, wenn sie nach dem Inkrafttreten dieses Gesetzes abgegeben wird, zu Protokoll einer Behörde oder in öffentlich beglaubigter Form abgegeben werden.

(2) Hat der Ausschlagungsberechtigte seinen dauernden Aufenthalt außerhalb des Geltungsbereichs dieses Gesetzes, so kann die Ausschlagungserklärung zu Protokoll einer diplomatischen oder konsularischen Vertretung oder einer sonstigen Verbindungsstelle der Bundesrepublik Deutschland abgegeben oder von einer dieser Dienststellen beglaubigt werden.

(3) Steht dem Ausschlagungsberechtigten keine der in Absatz 1 oder Absatz 2 genannten Möglichkeiten zur Verfügung, so genügt einfache Schriftform unter der Voraussetzung, daß in anderer Weise nachgewiesen wird, daß die Unterschrift von dem Träger des unterzeichneten Namens herrührt.

### § 19

(1) Wer ohne sein Verschulden außerstande war, die Ausschlagungsfrist einzuhalten, kann die Ausschlagungserklärung noch bis zum Ablauf von sechs Monaten nach Fortfall des Hindernisses abgeben.

(2) Als unverschuldetes Hindernis gilt auch der Umstand, daß der Ausschlagungsberechtigte seinen dauernden Aufenthalt in der sowjetisch besetzten Zone Deutschlands, dem sowjetisch besetzten Sektor von Berlin oder in einem der fremd verwalteten deutschen Gebiete hat.

### § 20

Die Ausschlagungsfrist ist auch gewahrt, wenn die Ausschlagungserklärung innerhalb der Frist bei einer örtlich oder sachlich unzuständigen Behörde im Geltungsbereich dieses Gesetzes oder bei einer diplomatischen oder konsularischen Vertretung oder einer sonstigen Verbindungsstelle der Bundesrepublik Deutschland eingegangen ist.

### § 21

Ist ein Ausschlagungsberechtigter vor Ablauf der Ausschlagungsfrist verstorben, ohne daß er von dem Ausschlagungsrecht Gebrauch gemacht oder darauf verzichtet hat, so ist jeder Verwandte auf- und absteigender Linie sowie der überlebende Ehegatte bei Glaubhaftmachung eines rechtlichen Interesses bis zum Ablauf der Ausschlagungsfrist befugt, eine Ermächtigung des zuständigen Nachlaßgerichtes zu beantragen, für den Verstorbenen das Ausschlagungsrecht auszuüben oder darauf zu verzichten. Das Gericht muß vor Entscheidung über den Antrag allen Antragsberechtigten Gelegenheit zur Äußerung geben, soweit nicht zwingende Gründe entgegenstehen. Auf das Verfahren finden die Vorschriften des Gesetzes über die Angelegenheiten der freiwilligen Gerichtsbarkeit vom 17. Mai 1898 (RGBl. S. 189) Anwendung.

### § 22

Wer von seinem Ausschlagungsrecht Gebrauch gemacht hat, erhält eine Urkunde des Inhalts, daß er die deutsche Staatsangehörigkeit durch die in § 1 Abs. 1 bezeichnete Verleihung oder durch Ableitung von einer so verliehenen deutschen Staatsangehörigkeit nicht erworben hat. Nur durch diese Ausschlagungsurkunde kann der Nachweis des Nichterwerbs der deutschen Staatsangehörigkeit erbracht werden.

### § 23

(1) Die Ausschlagungserklärung und die Verzichtserklärung können wegen Irrtums über den Inhalt der Erklärung sowie wegen Zwangs oder Drohung angefochten werden.

(2) Die Anfechtung erfolgt durch Erklärung gegenüber der nach § 17 zuständigen Behörde. Die Anfechtungserklärung ist zu Protokoll der Behörde oder in öffentlich beglaubigter Form abzugeben.

(3) Die Anfechtungsfrist beträgt einen Monat und beginnt mit der Kenntnis des Irrtums oder mit der Beendigung der Zwangslage, frühestens jedoch mit dem Inkrafttreten dieses Gesetzes. Sie endet spätestens sechs Monate nach Zustellung der Ausschlagungsurkunde.

### c) Einbürgerung

### § 24

(1) Waren bei einer Einbürgerung (§§ 6, 8, 9, 11 und 12) durch das Verschulden des Antragstellers Tatsachen nicht bekannt, die der Einbürgerung entgegengestanden hätten, so ist die Einbürgerung unwirksam, sofern nicht die Einbürgerungsbehörde die Voraussetzungen für eine Einbürgerung gemäß §§ 8 oder 13 des Reichs- und Staatsangehörigkeitsgesetzes für gegeben erachtet.

(2) Die Unwirksamkeit ist durch förmliche Entscheidung auszusprechen. Die Entscheidung kann nur bis zum Ablauf von 5 Jahren nach erfolgter Einbürgerung ergehen; sie bedarf der Zustellung an den Betroffenen. Ist dessen Aufenthalt nicht bekannt oder kann eine Zustellung, die außerhalb des Geltungsbereichs dieses Gesetzes erfolgen müßte, nicht vorgenommen werden, so tritt an die Stelle der Zustellung die Veröffentlichung im Bundesanzeiger.

### Fünfter Abschnitt
### Übergangs- und Schlußbestimmungen

### § 25

Das Heimatrecht der Vertriebenen und die sich aus ihm künftig ergebenden Regelungen ihrer Staatsangehörigkeit werden durch die auf Grund dieses Gesetzes abgegebenen Erklärungen nicht berührt.

**§ 26**

Die auf diesem Gesetz beruhenden Verfahren sind gebührenfrei.

**§ 27**

§ 17 gilt, soweit er die örtliche Zuständigkeit regelt, auch für die Staatsangehörigkeitsangelegenheiten des Reichs- und Staatsangehörigkeitsgesetzes.

**§ 28**

Die deutsche Staatsangehörigkeit »auf Widerruf« steht der deutschen Staatsangehörigkeit gleich, soweit nicht bis zum 8. Mai 1945 von dem Widerrufsrecht Gebrauch gemacht worden ist.

**§ 29**

Dieses Gesetz gilt nach Maßgabe des § 13 des Dritten Überleitungsgesetzes vom 4. Januar 1952 (BGBl. I S. 1) auch im Land Berlin.

**§ 30**

Dieses Gesetz tritt am Tage nach seiner Verkündung in Kraft.

## 5.4  Richtlinien des Bundesministers des Innern für die Prüfung der Staatsangehörigkeit und Namensführung der Aussiedler im Grenzdurchgangslager Friedland vom 29. Juli 1976, geändert durch Erlaß vom 6. August 1990

**Erster Abschnitt**

**Staatsangehörigkeit**

1. Voraussetzung für die Betreuung der Aussiedler ist nach den einschlägigen Regelungen über Leistungsgewährungen vielfach die Feststellung, daß der (die) Begünstigte Deutsche(r) im Sinne des Art. 116 Abs. 1 des Grundgesetzes ist.

Zur Vereinfachung und zur Beschleunigung dieser Verfahren sollen im Interesse der Aussiedler die staatsangehörigkeitsrechtlichen Verhältnisse schon im Rahmen der Registrierung im Grenzdurchgangslager und der Verteilung auf die Länder vorgeprüft werden.

Deutscher im Sinne des Grundgesetzes ist, wer

1.1  deutscher Staatsangehöriger ist oder

1.2.1  als Vertriebener deutscher Volkszugehörigkeit oder

1.2.2  als Ehegatte oder Abkömmling eines Vertriebenen deutscher Staatsangehörigkeit oder deutscher Volkszugehörigkeit

Aufnahme in Deutschland gefunden hat.

2. Die zur Feststellung der Staatsangehörigkeit (Rechtsstellung als Deutscher im Sinne des Grundgesetzes *oder* als Ausländer) erforderlichen Angaben sollen durch Befragung der Aussiedler ermittelt und festgehalten werden.

3. Als Ergebnis der Prüfung ist auf dem Registrierschein (zu Nr. 7) einzutragen bei

3.1 deutschen Staatsangehörigen                                              – deutsch,

3.2 Deutschen ohne deutsche Staatsangehörigkeit i. S. des Art. 116 I GG
                                                                                                        – Deutscher.

Die Eintragung ist zu erläutern.

*Eintragung als deutscher Staatsangehöriger*

4. Die Feststellung, daß der Aussiedler als deutscher Staatsangehöriger angesehen werden kann, soll im Rahmen der Vorprüfung getroffen werden, wenn

4.1 der Erwerb der deutschen Staatsangehörigkeit anzunehmen und

4.2 kein Grund erkennbar ist, der sie nach dem Erwerb wieder zum Erlöschen gebracht hätte.

Dabei ist zu beachten, daß nach der Schutzvorschrift des § 25 Abs. 1 des Reichs- und Staatsangehörigkeitsgesetzes der Erwerb einer ausländischen Staatsangehörigkeit als Verlustgrund für die deutsche Staatsangehörigkeit ausgeschaltet ist, wenn im Zeitpunkt des Staatsangehörigkeitswechsels Wohnsitz oder dauernder Aufenthalt im Inland bestanden hat. Zum Inland im Sinne dieser Bestimmung haben bis zum Inkrafttreten des Warschauer Vertrages vom 7. 12. 1970 (BGBl. 1972 II, S. 361) am 3. 6. 1972 (BGBl. 1972 II, S. 651) die polnisch verwalteten Gebietsteile des Deutschen Reiches gehört, so daß auch der freiwillige (Antrags-)-Erwerb einer ausländischen Staatsangehörigkeit innerhalb dieser Gebiete bis zu diesem Zeitpunkt die deutsche Staatsangehörigkeit nicht hat untergehen lassen.

5. Der Besitz der deutschen Staatsangehörigkeit ist

5.1 *nachgewiesen,* wenn eine deutsche Staatsangehörigkeitsurkunde (Staatsangehörigkeitsausweis/Heimatschein) vorliegt, deren Gültigkeitsdauer noch nicht abgelaufen ist;

5.2 *glaubhaft gemacht,* wenn andere Staatsangehörigkeitsurkunden oder deutsche Personalpapiere (Kennkarten, Personalausweise, Reisepässe, Wehrpässe, Arbeitsbücher oder ähnliche Unterlagen) vorgelegt werden, in denen die deutsche Staatsangehörigkeit eingetragen ist oder die nur deutschen Staatsangehörigen erteilt wurden.

Bei Aussiedlern, die aus Gebietsteilen des Deutschen Reiches stammen oder von einer Sammeleinbürgerung erfaßt gewesen sind, die ihnen die unbeschränkte Staatsangehörigkeit vermittelte – z. B. bei Aufnahme in die Abteilungen 1 oder 2 der Deutschen Volksliste –, genügt zur Glaubhaftmachung der deutschen Staatsangehörigkeit im allgemeinen die Vorlage des ihnen erteilten polnischen Reiseausweises (Dokument Podrózy) mit der Eintragung, daß der Inhaber nicht polnischer Staatsangehöriger ist.

6. Bei der Prüfung des für den Besitz der deutschen Staatsangehörigkeit maßgebenden Erwerbsgrundes ist von folgenden Anhaltspunkten auszugehen:

6.1 *Erwerb durch Geburt oder Legitimation* bei allen Personen,

6.1.1 die zur deutschen Bevölkerung im Gebiete des Deutschen Reiches (Stand: 31. 12. 1937) gehört haben und

6.1.1.1 vor dem 9. Mai 1945 im Gebiet des Deutschen Reiches geboren wurden oder

6.1.1.2 zwar nach dem 8. Mai 1945 geboren sind, aber von einem Elternteil abstammen, der vor dem 9. Mai 1945 im Gebiet des Deutschen Reiches geboren wurde;

6.1.2 bei denen aus anderen Gründen (z. B. Sammeleinbürgerung) anzunehmen ist, daß der für die Abteilung der deutschen Staatsangehörigkeit maßgebende Elternteil im Zeitpunkt der Geburt des Kindes deutscher Staatsangehöriger war.

Ausgenommen hiervon sind jedoch Kinder aus gemischtnationalen Ehen, wenn nur die Mutter im Zeitpunkt der Geburt deutsche Staatsangehörige war und das Kind vor dem 1. 1. 1975 geboren ist. Die zwischen dem 31. 3. 1953 und 1. 1. 1975 geborenen Kinder können wählen, ob sie ihr Erklärungsrecht nach Art. 3 RuStA-ÄndG 1974 ausüben oder ihren Einbürgerungsanspruch nach § 6 des 1. StARegG geltend machen wollen.

Ausgenommen von der Behandlung als deutsche Staatsangehörige sind stets Personen, von denen bekannt ist, daß sie nicht deutsche Staatsangehörige gewesen sein können.

6.2 *Erwerb durch Eheschließung* bei Ehefrauen, wenn die Ehe vor dem 1. 4. 1953 geschlossen wurde und der Ehemann im Zeitpunkt der Eheschließung deutscher Staatsangehöriger war.

6.3 *Erwerb durch Einzeleinbürgerung,* insbesondere bei Umsiedlern, die auf Grund einer Vereinbarung des Deutschen Reiches mit dem früheren Heimatstaat oder im Zuge einer deutschen Maßnahme zur Rückführung Deutscher während des Zweiten Weltkrieges nach Deutschland (Altreichsgebiet einschließlich der damals eingegliederten Gebiete) gelangt sind und eine Einbürgerungsurkunde erhalten haben.

6.4 *Erwerb durch Sammeleinbürgerung* bei

6.4.1 Memelländern, die als Reichsangehörige oder Optionsberechtigte nach der Memelkonvention 1924 und dem deutsch-litauischen Optionsvertrag 1925 oder auf Grund Ableitung ihrer Staatsangehörigkeit von einer solchen Person am 22. 3. 1939 litauische Staatsangehörige gewesen sind und vor dem 8. 7. 1939 ihren Wohnsitz nicht nach Litauen (ohne Memelgebiet) verlegt hatten.

6.4.2 Sudetendeutschen, wenn sie oder der für die Ableitung der Staatsangehörigkeit maßgebende (Vor-)Elternteil am 10. 10. 1938 tschechoslowakische(r) Staatsangehörige(r) und in einer Gemeinde des Sudetenlandes wohnhaft – heimatberechtigt – gewesen sind – ist.

6.4.3 Volksdeutschen aus dem sog. „Protektorat Böhmen und Mähren", wenn sie oder der für die Ableitung der Staatsangehörigkeit maßgebende (Vor-)Elternteil am 10. 10. 1938 in einer Gemeinde des „Protektorats" (ehemalige Länder Böhmen und Mähren/Schlesien) heimatberechtigt gewesen sind – ist – und am 16. 3. 1939 den Wohnsitz nicht in einem der ehemaligen Länder Slowakei oder Karpatho-Ukraine hatte(n).

6.4.4 Danzigern, wenn sie am 1. 9. 1939 Danziger Staatsangehörige gewesen sind und eine den Erwerb der deutschen Staatsangehörigkeit ausschließende Feststellung nicht erfolgt ist.

6.4.5 Volksdeutschen aus den eingegliederten (polnischen) Ostgebieten, wenn sie am 26. 10. 1939 polnische Staatsangehörige oder Staatenlose mit zuletzt polnischer Staatsangehörigkeit bzw. Wohnsitz in den eingegliederten Ostgebieten gewesen sind

– die Voraussetzungen für die Aufnahme in die Abteilungen 1 oder 2 der Deutschen Volksliste erfüllt haben (unbeschränkte Staatsangehörigkeit),

– in die Abteilung 3 der Deutschen Volksliste eingetragen worden sind (Staatsangehörigkeit auf Widerruf),

– in die Abteilung 4 der Deutschen Volksliste eingetragen und einzeln eingebürgert worden sind (Staatsangehörigkeit auf Widerruf).

6.4.6 Volksdeutschen aus der Untersteiermark, Kärnten und Krain, wenn sie am 14. 4. 1941 jugoslawische Staatsangehörige oder Staatenlose mit Wohnsitz – Heimatrecht – in einer Gemeinde in der Untersteiermark, Kärntens oder Krains gewesen sind und deutsche Volkszugehörige waren.

6.4.7 Volksdeutschen aus der Ukraine, wenn sie am 21. 6. 1941 als Staatsangehörige der UdSSR oder Staatenlose im Gebiet des „Reichskommissariats Ukraine" ansässig gewesen sind und

– die Voraussetzungen für die Aufnahme in die Abteilungen 1 oder 2 der Deutschen Volksliste erfüllt haben (unbeschränkte Staatsangehörigkeit),

– in die Abteilung 3 der Deutschen Volksliste eingetragen worden sind (Staatsangehörigkeit auf Widerruf).

Die Voraussetzungen der Ansässigkeit haben auch zwangsweise Verschleppte erfüllt.

Die durch Sammeleinbürgerung erworbene Staatsangehörigkeit auf Widerruf steht der deutschen Staatsangehörigkeit gleich (§ 28 des 1. StARegG).

*Eintragung als Deutscher (ohne deutsche Staatsangehörigkeit i. S. des Art. 116 I GG)*

7. Als Deutscher (ohne deutsche Staatsangehörigkeit im Sinne des Art. 116 Abs. 1 des Grundgesetzes) einzutragen ist eine Person, die – ohne deutscher Staatsangehöriger zu sein –

7.1 im Zusammenhang mit den Ereignissen des Zweiten Weltkrieges in der Zeit der Kriegshandlungen bis zum Abschluß der allgemeinen Vertreibungsmaßnahmen

– als Vertriebener deutscher Volkszugehörigkeit (§ 1 Abs. 1 und 2 BVFG) oder

– Ehegatte (§ 1 Abs. 3 BVFG) oder Abkömmling eines Vertriebenen deutscher Volkszugehörigkeit

Aufnahme im Gebiet des Deutschen Reiches (Stand: 31. 12. 1937) gefunden hat oder

7.2 nach Abschluß der allgemeinen Vertreibungsmaßnahmen

– als Aussiedler (§ 1 Abs. 2 Nr. 3, Abs. 3 BVFG)

Aufnahme in der Bundesrepublik Deutschland einschließlich des Landes Berlin oder im Gebiet der heutigen DDR und von Berlin (Ost) gefunden hat oder (noch) findet.

8. Mit der Aufnahme als Aussiedler gemäß Nr. 7.2 werden mithin zu Deutschen ohne deutsche Staatsangehörigkeit im Sinne des Art. 116 Abs. 1 des Grundgesetzes nur noch diejenigen Vertriebenen,

8.1 die selbst deutsche Volkszugehörige im Sinne des § 6 BVFG und Vertriebene im Sinne des § 1 Abs. 2 Nr. 3 BVFG sind;

8.2 oder die

8.2.1 mit einem Aussiedler deutscher Volkszugehörigkeit oder deutscher Staatsangehörigkeit verheiratet sind und als Vertriebene gelten (§ 1 Abs. 3 BVFG) oder

8.2.2 von einem Aussiedler deutscher Volkszugehörigkeit oder deutscher Staatsangehörigkeit abstammen.

Auf das Geschlecht des deutschen Ehegatten oder Elternteils kommt es nicht an.

9. Wenn die Registrierung im Grenzdurchgangslager und die Verteilung auf die Länder unmittelbar im Anschluß an die Aussiedlung erfolgt, gilt die Entscheidung über die Verteilung auf die Länder als Aufnahme im Sinne des Art. 116 Abs. 1 des Grundgesetzes.

Die Erklärung eines Aussiedlers, nicht als Deutscher behandelt werden zu wollen, ist im Registrierschein zu vermerken.

10. Alle Personen, die mit der Aufnahme Deutsche ohne deutsche Staatsangehörigkeit werden, sind darauf hinzuweisen, daß ihnen ein Recht auf Erwerb der deutschen Staatsangehörigkeit (Einbürgerungsanspruch) zusteht (§ 6 des 1. StARegG).

*Behandlung von Aussiedlern, die Mehrstaater sind.*
*Ausscheiden aus der bisherigen Staatsangehörigkeit.*

11. Über den Verlust der bisherigen Staatsangehörigkeit durch Aussiedler entscheidet allein das Staatsangehörigkeitsrecht des bisherigen Heimatstaates. Soweit danach die Aussiedlung selbst keinen Verlustgrund dargestellt hat, ist das Ausscheiden aus der bisherigen Staatsangehörigkeit nur dann erfolgt oder zu erwarten, wenn ein Antrag auf Entlassung aus der bisherigen oder auf Verzicht auf die bisherige Staatsangehörigkeit genehmigt worden ist oder genehmigt wird.

12. Allen Aussiedlern, die trotz ihrer deutschen Staatsangehörigkeit oder des Erwerbs der Rechtsstellung als Deutscher ohne deutsche Staatsangehörigkeit annehmen müssen, daß ihre bisherige Staatsangehörigkeit bestehen geblieben ist, soll zur Vermeidung von Interessenkonflikten − insbesondere wegen der möglichen Inanspruchnahme zu Pflichtleistungen wie der Ableistung des Wehrdienstes − empfohlen werden, sich aus den Bindungen zu lösen, die sich für sie aus der fremden Staatsangehörigkeit ergeben. Dies können die Betroffenen mit dem Hinweis auf ihre Eigenschaft als Deutsche im Sinne des Grundgesetzes und der Einholung der Genehmigung zum Ausscheiden aus der anderen Staatsangehörigkeit (Entlassungsantrag oder Verzichtserklärung) tun.

13. Der Fortbestand einer ausländischen Staatsangehörigkeit neben der deutschen Staatsangehörigkeit oder der Rechtsstellung als Deutscher ohne deutsche Staatsangehörigkeit ist nach § 27 des Ausländergesetzes anzeigepflichtig.

*Verlust der Rechtsstellung als Deutscher ohne deutsche Staatsangehörigkeit bei Rückkehr in das Vertreibungsgebiet.*

14. Die endgültige Rückkehr in den bisherigen Heimatstaat bringt die Rechtsstellung als Deutscher ohne deutsche Staatsangehörigkeit in jedem Fall im Zeitpunkt der Aufenthaltsverlegung zum Erlöschen, und zwar auch dann, wenn die bisherige Staatsangehörigkeit tatsächlich untergegangen ist (§ 7 des 1. StARegG). Der Verlust der Rechtsstellung als Deutscher ohne deutsche Staatsangehörigkeit tritt darüber hinaus auch für diejenigen Deutschen ein, die nach ihrer Aufnahme den deutschen Herrschaftsbereich freiwillig wieder verlassen haben oder verlassen und ihren dauernden Aufenthalt in einem anderen Staat des Vertreibungsgebietes genommen haben oder nehmen. Als Vertreibungsgebiet für Aussiedler kommen in Betracht die Herrschaftsbereiche der UdSSR (einschließlich der baltischen Staaten Estland, Lettland und Litauen sowie des nördlichen Gebietsteils von Ostpreußen), Polens (einschließlich des Gebietes von Danzig und der Ostgebiete des Deutschen Reiches), der Tschechoslowakei, Ungarns, Rumäniens, Bulgariens, Jugoslawiens, Albaniens und Chinas (§ 1 Abs. 2 Nr. 3 BVFG). Bei erneutem Eintreffen solcher Personen in der Bundesrepublik Deutschland soll deshalb in der Regel eine Registrierung als Deutscher nicht erfolgen.

*Fremdvölkische Familienangehörige*

15. Als Deutsche i. S. des Artikels 116 Abs. 1 des Grundgesetzes können fremdvölkische Familienangehörige deutscher Aussiedler nur eingetragen werden, wenn sie Ehegatten oder Abkömmlinge deutscher Aussiedler sind.

Andere fremdvölkische Familienangehörige der Aussiedler – z. B. Personen, mit denen der deutsche Aussiedler lediglich verschwägert ist und die selbst nicht deutsche Staatsangehörige sind und auch nicht durch Aufnahme Deutsche ohne deutsche Staatsangehörigkeit werden können – bleiben Ausländer. Sie werden nicht registriert.

**Zweiter Abschnitt**

**Namensführung**

**16. Allgemeines**

Nach dem deutschen Internationalen Privatrecht unterliegt der Name einer Person dem Recht des Staates, dem sie angehört. Durch Statutenwechsel ändert sich der Name nicht.

Ein Aussiedler, der erst mit der Aufnahme die Rechtsstellung als Deutscher erlangt hat, führt daher grundsätzlich den nach seinem früheren Personalstatut maßgebenden Namen weiter.

Der Name ergibt sich regelmäßig aus den vorgelegten Personenstandsurkunden. Besitzt der Aussiedler keine Personenstandsurkunden, so können als Nachweis für die Namensführung auch kirchliche oder andere beweiskräftige Unterlagen dienen.

Auf Besonderheiten bei der Beurteilung der Namensführung wird in den Nummern 17 bis 19 hingewiesen.

## 17. Familienname

17.1 Ist der Name eines Aussiedlers von einer ausländischen Stelle in einen anderen Namen geändert oder ist seine Schreibweise verändert (z. B. slawisiert) worden und besaß der Aussiedler zum Zeitpunkt der Namensänderung die deutsche Staatsangehörigkeit, so ist die Namensänderung im deutschen Rechtsbereich nicht wirksam. Dies gilt auch dann, wenn der Aussiedler neben der deutschen auch die Staatsangehörigkeit des Staates besaß, nach dessen Recht der Name geändert worden ist. In diesen Fällen ist der Name in der ursprünglichen deutschen Form einzutragen, wenn sie nachgewiesen werden kann (z. B. durch ältere Personenstandsurkunden).

Auf die in ausländischen Unterlagen angegebene abweichende Namensführung ist im Registrierschein nachrichtlich hinzuweisen.

Ist der nach deutschem Recht nicht wirksam geänderte Name des Aussiedlers durch Eheschließung mit einem ausländischen Staatsangehörigen zu dessen Ehe- oder Familiennamen geworden, so führt der Ehegatte des Aussiedlers den Ehe- oder Familiennamen weiter. Sind beide Ehegatten nach der Aufnahme Deutsche, so besteht die Möglichkeit, analog § 13 a EheG innerhalb eines Jahres nach Aufnahme einen gemeinsamen Ehenamen nach § 1355 Abs. 2 Satz 1 BGB zu bestimmen.

17.2 Nach dem Übereinkommen vom 13. September 1973 über die Angabe von Familiennamen und Vornamen in den Personenstandsbüchern (BGBl. 1976 II S. 1473) sind Namen, die in anderen als lateinischen Schriftzeichen wiedergegeben sind, grundsätzlich nach den von den Internationalen Normenorganisation (ISO) empfohlenen Normen (für slawische kyrillische Buchstaben ISO-Norm R 9) zu transliterieren.

Haben jedoch der Aussiedler oder seine Vorfahren den Namen in einer deutschen Form geführt und läßt sich die Schreibweise in lateinischer Schrift durch Urkunden oder sonstige Unterlagen nachweisen, so ist die deutsche Namensform maßgebend. Für die Anwendung des vorbezeichneten Übereinkommens ist in diesen Fällen kein Raum.

## 18. Zwischennamen und nach dem Geschlecht abgewandelte Familiennamen

18.1 Ein Zwischenname (z. B. Vatersname) ist für den deutschen Rechtsbereich nicht wirksam erworben worden, wenn der Aussiedler zum Zeitpunkt des Erwerbs die deutsche Staatsangehörigkeit besaß. War er hingegen deutscher Volkszugehöriger mit ausschließlich ausländischer Staatsangehörigkeit, so ist der Zwischenname Bestandteil seines Namens und kann nur durch eine Namensänderung (siehe Nummer 20) beseitigt werden.

18.2 Die Grundsätze für Zwischennamen gelten auch für nach dem Geschlecht abgewandelte Familiennamen. Sind beide Ehegatten nach der Aufnahme Deutsche, so besteht die Möglichkeit , analog § 13 a Abs. 2 EheG innerhalb eines Jahres nach Aufnahme einen gemeinsamen Ehenamen nach § 1355 Abs. 2 Satz 1 BGB zu bestimmen und damit die geschlechtsbedingte Abwandlung abzulegen.

## 19. Vornamen

Die Ausführungen zu den Nummern 16 und 17 gelten entsprechend.

Sind die Vornamen eines Aussiedlers, der bei ihrem Erwerb die deutsche Staatsangehörigkeit besaß, gegen den Willen seiner Sorgeberechtigten nicht in der deutschen Form in das ausländische Geburtsregister eingetragen worden, so ist für den deutschen Rechtsbereich die deutsche Namensform maßgebend, wenn der Wille der Sorgeberechtigten nachgewiesen werden kann (z. B. durch den Taufschein).

**20. Namensänderung**

Der nach den Nummern 16 bis 19 zu führende Name eines Deutschen kann nach den Vorschriften des Gesetzes über die Änderung von Familiennamen und Vornamen geändert werden, wenn ein wichtiger Grund die Namensänderung rechtfertigt (§ 3 NamÄndG). Zuständig für die Entgegennahme des Antrags und die Entscheidung über die Namensänderung sind die von den Ländern bestimmten Behörden.

## 5.5 Merkblatt des Bundesministers des Innern über Fragen der Staatsangehörigkeit und der Namensführung

**Staatsangehörigkeit**

Für Ihre Eingliederung in das Leben in der Bundesrepublik Deutschland ist es besonders wichtig, daß Sie möglichst bald Gewißheit über Ihre Staatsangehörigkeit erhalten und erfahren, ob Sie

– *Deutscher* im Sinne des Grundgesetzes für die Bundesrepublik Deutschland sind,

d.h. die *deutsche Staatsangehörigkeit besitzen* oder mit der Aufnahme im Bundesgebiet einschließlich des Landes Berlin *Deutscher ohne deutsche Staatsangehörigkeit geworden sind;*

– Mehrstaater sind,

d.h. neben der deutschen noch eine ausländische Staatsangehörigkeit besitzen;

– Ausländer sind,

d.h. (ausschließlich) eine ausländische Staatsangehörigkeit besitzen oder staatenlos sind.

Bestimmte Rechte und Vergünstigungen stehen nur Deutschen zu, beispielsweise

– der Anspruch auf Ausstellung deutscher Personalpapiere mit der Eintragung der Eigenschaft als Deutscher („Staatsangehörigkeit: Deutsch" oder „Deutscher"),

– die Gewährung bestimmter sozialer Leistungen,

– die Ausübung bestimmter Berufe und des Wahlrechts,

– der Anspruch auf konsularischen Schutz durch Vertretungen der Bundesrepublik Deutschland im Ausland.

Deshalb werden Ihre staatsangehörigkeitsrechtlichen Verhältnisse schon bei Ihrer Ankunft im Grenzdurchgangslager vorgeprüft. Das Ergebnis dieser Prüfung wird in Ihrem Registrierschein vermerkt.

*Wer ist Deutscher*

Wer Deutscher ist, bestimmt Artikel 116 Abs. 1 des Grundgesetzes für die Bundesrepublik Deutschland. Danach sind Deutsche:

– 1. die deutschen Staatsangehörigen

und

– 2. die deutschen Volkszugehörigen (mit oder ohne fremde(r) Staatsangehörigkeit) sowie die Ehegatten und Abkömmlinge von deutschen Staatsangehörigen oder deutschen Volkszugehörigen, die in der Bundesrepublik Deutschland einschließlich des Landes Berlin als Aussiedler aufgenommen werden.

Danach werden also auch die Familienangehörigen (Ehegatten und Abkömmlinge), die vor der Einreise noch nicht Deutsche waren, aber mit ihrem deutschen Ehegatten oder Elternteil in das Bundesgebiet einschließlich des Landes Berlin als Aussiedler kommen, *durch die Aufnahme* kraft Gesetzes *Deutsche*, und zwar *Deutsche ohne deutsche Staatsangehörigkeit.*

Für die vorläufige Feststellung Ihrer Eigenschaft als Deutscher aus Anlaß der Registrierung genügt es, wenn die für den Besitz der deutschen Staatsangehörigkeit oder der deutschen Volkszugehörigkeit maßgebenden persönlichen Merkmale glaubhaft gemacht werden. Sie können dabei mitwirken, indem Sie die erforderlichen Unterlagen vorlegen oder die notwendigen Auskünfte geben.

*Hinweis für Kinder deutscher Mütter:*
Die in der Zeit vom 1. April 1953 bis zum 31. Dezember 1974 (einschließlich) als Kinder deutscher Mütter und ausländischer Väter geborenen Aussiedler, die entweder als eheliche Kinder vom Erwerb der deutschen Staatsangehörigkeit durch Geburt ausgeschlossen waren oder als nichteheliche Kinder ihre durch Geburt erworbene deutsche Staatsangehörigkeit durch Legitimation (z. B. infolge nachträglicher Eheschließung ihrer Eltern) verloren haben, können auch durch einfache Erklärung, deutsche Staatsangehörige werden zu wollen, unmittelbar die deutsche Staatsangehörigkeit erwerben. Die Erklärung ist jedoch an eine Ausschlußfrist gebunden und muß innerhalb von sechs Monaten nach der Aussiedlung (Verlassen des Vertreibungsgebietes) abgegeben werden.

Wer sein Erklärungsrecht nicht rechtzeitig ausübt, dem bleibt dennoch, wenn er durch Aufnahme in Deutschland Deutscher im Sinne des Art. 116 Abs. 1 des Grundgesetzes geworden ist, sein Anspruch auf Einbürgerung erhalten.

Über Einzelheiten geben Ihnen die Bearbeiter weitere Aufklärung.

### Wie läßt sich der Erwerb der Eigenschaft als Deutscher ausschließen?

Personen die *nicht* Deutsche sind und es auch durch Aufnahme nicht werden wollen, können den Erwerb der Eigenschaft als Deutsche ohne deutsche Staatsangehörigkeit *durch eine Erklärung* verhindern, die sie bei der Registrierung abgeben. Den Erklärungsvordruck hält das Grenzdurchgangslager bereit. Wer diese Erklärung abgibt, bleibt Ausländer. Er unterliegt den für Ausländer allgemein geltenden Vorschriften für den Aufenthalt, die Berufsausübung und für alle sonstigen Bereiche, in denen für Ausländer rechtliche Beschränkungen oder besondere Pflichten vorgesehen sind; er benötigt in jedem Falle eine Aufenthaltserlaubnis.

### Zusätzliche Hinweise für Deutsche, die neben der deutschen noch eine ausländische Staatsangehörigkeit besitzen (Mehrstaater)

Die Übersiedlung in die Bundesrepublik Deutschland muß für Sie nicht zwangsläufig den Verlust der ausländischen Staatsangehörigkeit herbeigeführt haben, die Sie vor der Ausreise innehatten. Darüber, ob Sie diese Staatsangehörigkeit behalten oder verloren haben, entscheidet vielmehr allein das Recht des betroffenen ausländischen Staates. Es ist deshalb möglich, daß Sie nach Ihrer Aufnahme in der Bundesrepublik Deutschland neben der deutschen Staatsangehörigkeit oder der Eigenschaft als Deutscher ohne deutsche Staatsangehörigkeit auch noch eine ausländische Staatsangehörigkeit besitzen. Trifft dies zu, haben Sie die zuständige Behörde – in der Regel das Meldeamt – Ihres künftigen Aufenhaltsortes darauf hinzuweisen.

Aus dem Besitz mehrerer Staatsangehörigkeiten können sich Schwierigkeiten ergeben. Bei Aufenthalt im Ausland kann Ihnen die Bundesrepublik Deutschland unter Umständen nicht wirksam Schutz gewähren; außerdem können die Möglichkeiten zu sonstigen Hilfeleistungen eingeschränkt sein. Darüber hinaus sind Unsicherheiten bei der Beurteilung Ihrer Rechtsverhältnisse nicht auszuschließen. Deshalb kann es angebracht sein, für die Zukunft nur eine Staatsangehörigkeit fortbestehen zu lassen.

Sachdienliche Hinweise, welche Möglichkeiten Sie haben, Ihre deutsche Staatsangehörigkeit aufzugeben oder sich aus Ihrer ausländischen Staatsangehörigkeit zu lösen, gibt Ihnen die *Staatsangehörigkeitsbehörde Ihres künftigen Aufenthaltsortes.*

Wichtig ist: Deutsche Mehrstaater werden nach deutschem Recht ausschließlich als Deutsche behandelt. Deutschen Stellen gegenüber müssen Sie sich deshalb mit deutschen Personalpapieren (Personalausweis, Reisepaß) ausweisen. Daneben dürfen Sie Ihre ausländischen Personalpapiere zwar behalten, diese aber nur im Verkehr mit ausländischen Stellen verwenden. Deutsche Stellen werden mithin Ihre ausländischen Papiere nicht einziehen.

*Namensführung*

Über Ihre Namensführung erhalten Sie Aufklärung bei der Registrierung im Grenzdurchgangslager.

Für deutsche Staatsangehörige richtet sich die Namensführung nach deutschem Recht. Namensänderungen auf Grund ausländischen Rechts oder ausländischer Verwaltungsmaßnahmen sind für den deutschen Rechtsbereich grundsätzlich nicht rechtsverbindlich.

Sie können jedoch beantragen, Ihren veränderten Namen beizubehalten; über Ihren Antrag entscheidet die für Namensänderungen zuständige deutsche Behörde.

Ist Ihnen die Führung eines deutschen Vornamens nicht gestattet worden – weisen also Ihre mitgebrachten Personalpapiere eine fremdländische Vornamensform aus –, so können Sie sich für die Vornamen entscheiden, die dem Willen des Sorgeberechtigten entsprachen.

Für jede Person ist ein eigener Erklärungsvordruck zu verwenden. Die Erklärung ist der Staatsangehörigkeitsbehörde des künftigen Aufenthaltsortes zuzuleiten.

## Erklärung

(Die Erklärung kann **nur** anläßlich der Registrierung im Grenzdurchgangslager abgegeben werden; sie ist unwiderruflich)

Name(n)                Vorname(n)          geb. am              in

a) _____

b) _____

| Volkszuge-<br>hörigkeit | Staatsange-<br>hörigkeit | ausgewiesen<br>durch |
| --- | --- | --- |

a) _____

b) _____

erklär(t)-(en)- für
- **sich selbst:**
- das Kind:

| Name | Vorname(n) geb. am | in | Volkszuge-<br>hörigkeit | Staatsange-<br>hörigkeit |
| --- | --- | --- | --- | --- |

Ich
Das Kind*)    will **nicht** Aufnahme nach Artikel 116 Abs. 1 des Grundgesetzes für die Bundesrepublik Deutschland finden.

Mir – Uns – ist bekannt, daß die Erklärung – mich – das Kind – vom Erwerb der Rechtsstellung als Deutscher ohne deutsche Staatsangehörigkeit im Sinne des Grundgesetzes ausschließt.

_____, den _____

_____

(Unterschrift(en))

*) Die Erklärung für ein Kind sollen beide Eltern gemeinsam unterschreiben. Steht das Recht der Sorge für die Person des Kindes jedoch einem Elternteil allein oder einer anderen Person als den Eltern (einem Elternteil) zu, genügt es, wenn der Sorgeberechtigte die Erklärung unterschreibt.

# 6. WOHNUNGSBAU, WOHNGELD, EINRICHTUNGS-DARLEHEN

## 6.1 §§ 25, 26 des Zweiten Wohnungsbaugesetzes (Wohnungsbau- und Familienheimgesetz – II. WoBauG. –) i.d.F. vom 14. August 1990 (BGBl. I S. 1730), zuletzt geändert durch Gesetz vom 23. September 1990 (BGBl. II S. 885, 1126)

**Teil III**
Öffentlich geförderter sozialer Wohnungsbau
**Erster Abschnitt**
Allgemeine Förderungsvorschriften
**Erster Titel**
Grundsätze für den öffentlich geförderten sozialen Wohnungsbau

### § 25
**Begünstigter Personenkreis und Einkommensermittlung**

(1) Mit öffentlichen Mitteln ist der soziale Wohnungsbau zugunsten der Wohnungssuchenden zu fördern, bei denen das Jahreseinkommen die sich aus den Sätzen 2 bis 5 ergebende Einkommensgrenze nicht übersteigt; maßgebend ist das Jahreseinkommen des Wohnungssuchenden und der nach § 8 zur Familie rechnenden Angehörigen (Gesamteinkommen). Die Einkommensgrenze beträgt 21 600 Deutsche Mark zuzüglich 10 200 Deutsche Mark für den zweiten und weitere 8 000 Deutsche Mark für jeden weiteren zur Familie des Wohnungssuchenden rechnenden Angehörigen. Bei jungen Ehepaaren im Sinne des § 26 Abs. 2 Satz 2 erhöht sich die Einkommensgrenze bis zum Ablauf des fünften Kalenderjahres nach dem Jahr der Eheschließung um 8 400 Deutsche Mark. Für Personen, die nicht nur vorübergehend um mindestens 50 vom Hundert in ihrer Erwerbsfähigkeit gemindert sind (Schwerbehinderte), und ihnen Gleichgestellte erhöht sich die Einkommensgrenze um je 4 200 Deutsche Mark; für Personen, die nicht nur vorübergehend um mindestens 80 vom Hundert in ihrer Erwerbsfähigkeit gemindert sind, erhöht sich die Einkommensgrenze um je 9 000 Deutsche Mark. **Für die Bildung von Einzeleigentum erhöht sich bei Aussiedlern und Übersiedlern die Einkommensgrenze bis zum Ablauf des fünften Kalenderjahres nach dem Jahr der Einreise in den Geltungsbereich dieses Gesetzes um 6 300 Deutsche Mark.** Eine Förderung ist auch zulässig, wenn das Gesamteinkommen die Einkommensgrenze nur unwesentlich übersteigt.

(2) Jahreseinkommen im Sinne dieses Gesetzes ist die Summe der im vergangenen Kalenderjahr bezogenen positiven Einkünfte im Sinne des § 2 Abs. 1 und 2 des Einkommensteuergesetzes; ein Ausgleich mit Verlusten aus anderen Einkunftsarten und mit Verlusten des zusammenveranlagten Ehegatten ist nicht zulässig. Abweichend von Satz 1 sind die Einkünfte des laufenden Jahres oder das Zwölffache der Einkünfte des letzten Monats zugrunde zu legen, wenn sie voraussichtlich auf Dauer höher oder niedriger sind als die Einkünfte des vergangenen Kalenderjahres; wird das Zwölffache der Einkünfte des letzten Monats zugrunde gelegt, so sind auch Einkünfte anzurechnen, die zwar nicht im letzten Monat bezogen wurden, aber im laufenden Jahr anfallen. Für die Feststellung des Jahreseinkommens gelten die Vorschriften des Einkommensteuerrechts über die Einkunftsermittlung; insbesondere sind steuerfreie Einnahmen, namentlich das Kindergeld nach der Kindergeldgesetzgebung, nicht anzurechnen. Abweichend von Satz 3 gilt folgendes:

1. Gesetzliche und tarifliche Kinderzulagen zu Löhnen, Gehältern und Renten sowie vergleichbare Bezüge sind nicht anzurechnen.

2. Einkünfte, für die ein Anspruch auf Befreiung von der Einkommensteuer nach den Doppelbesteuerungsabkommen besteht, sowie die Einkünfte aus Gehältern und Bezügen der bei internationalen oder übernationalen Organisationen beschäftigten Personen, die von der Einkommensteuer befreit sind, sind anzurechnen.

3. Beträge für Sonderabschreibungen, die bei der Einkommensteuer unter anderen Gesichtspunkten als denen der Wertminderung abgesetzt werden, insbesondere solche nach § 7b des Einkommensteuergesetzes, sind hinzuzurechnen, soweit sie die nach § 7 des Einkommensteuergesetzes zulässigen Absetzungen für Abnutzung übersteigen.

4. Der nach § 19 Abs. 2 des Einkommensteuergesetzes steuerfrei gebliebene Betrag von Versorgungsbezügen ist anzurechnen.

5. Steuerpflichtige Renten im Sinne des § 22 Nr. 1 Buchstabe a des Einkommensteuergesetzes sind mit dem vollen Betrag abzüglich Werbungskosten anzusetzen.

6. Aufwendungen zur Erfüllung gesetzlicher Unterhaltsverpflichtungen
   a) für nicht zum Haushalt rechnende Verwandte des Wohnungsuchenden oder seines Ehegatten,
   b) für den geschiedenen oder dauernd getrennt lebenden Ehegatten und
   c) in Fällen der Nichtigkeit oder Aufhebung der Ehe
sind vom Jahreseinkommen abzusetzen.

Von dem nach den Sätzen 1 bis 4 ermittelten Jahreseinkommen ist ein Betrag von 10 vom Hundert abzuziehen, wenn der Wohnungsuchende oder der nach § 8 zur Familie rechnende Angehörige Steuern vom Einkommen entrichtet.

(3) Deckt der Wohnungsuchende die Unterhaltskosten für sich und die zur Familie rechnenden Angehörigen nur aus Renten, so kann die sich aus Absatz 1 ergebende Einkommensgrenze in der Regel ohne besonderen Nachweis der Einkommenshöhe als eingehalten angesehen werden.

## § 26
### Schwerpunkte der öffentlichen Förderung

(1) Zur Verwirklichung der in § 1 bestimmten Ziele und unter Beachtung der Ziele der Raumordnung und Landesplanung sind die öffentlichen Mittel so einzusetzen, daß die Wohnbedürfnisse der nach § 25 begünstigten Wohnungsuchenden durch den Bau von Wohnungen der in § 2 Abs. 2 genannten Arten befriedigt werden. Dabei ist bevorzugt die Bildung von Einzeleigentum durch den Bau von Familienheimen und eigengenutzten Eigentumswohnungen zu fördern; hierbei sind zunächst die Anträge auf Bewilligung öffentlicher Mittel für solche Bauvorhaben zu berücksichtigen, bei denen sichergestellt ist, daß durch Selbsthilfe eine Eigenleistung in Höhe von mindestens 10 vom Hundert der Baukosten erbracht wird. Die Schaffung von Genossenschaftswohnungen soll unter Berücksichtigung des Bedarfs an Mietwohnungen und sonstigen Wohnungen gefördert werden.

(2) Beim Einsatz der öffentlichen Mittel nach Absatz 1 ist zugleich zu gewährleisten, daß

1. der Wohnungsbau in Gebieten mit erhöhtem Wohnungsbedarf sowie im Zusammenhang mit städtebaulichen Sanierungs- und Entwicklungsmaßnahmen

2. der Wohnungsbau für kinderreiche Familien, junge Ehepaare, alleinstehende Elternteile mit Kindern, ältere Menschen, Schwerbehinderte, Vertriebene und Flüchtlinge im Sinne des Bundesvertriebenengesetzes und Übersiedler

vordringlich gefördert wird. Als junge Ehepaare sind diejenigen zu berücksichtigen, bei denen keiner der Ehegatten das 40. Lebensjahr vollendet hat; als ältere Menschen sind diejenigen zu berücksichtigen, die das 60. Lebensjahr vollendet haben.

(3) Bei der Bewilligung der öffentlichen Mittel sind förderungsfähige Bauvorhaben von privaten Bauherren, Wohnungsunternehmen, Gemeinden, Gemeindeverbänden, anderen Körperschaften des öffentlichen Rechts und sonstigen Bauherren in gleicher Weise ohne Bevorzugung bestimmter Gruppen von Bauherren zu berücksichtigen.

## 6.2 §§ 16, 17 des Wohngeldgesetzes i.d.F. vom 28. Februar 1990 (BGBl. I S. 310), zuletzt geändert durch Gesetz vom 23. September 1990 (BGBl. II S. 885, 1927)

### § 16
**Freibeträge für besondere Personengruppen**

(1) Bei der Ermittlung des Jahreseinkommens von

1. (weggefallen)

2. Opfern der nationalsozialistischen Verfolgung und ihnen Gleichgestellten im Sinne des Bundesentschädigungsgesetzes

bleiben Einnahmen bis zu einem Betrage von 1 500 Deutsche Mark außer Betracht.

(2) ...

(3) Der Freibetrag nach Absatz 1, Absatz 2 oder Absatz 4 wird zugunsten eines zum Haushalt rechnenden Familienmitgliedes nur einmal abgesetzt, auch wenn es mehreren der genannten Personengruppen angehört.

(4) Ist vor dem 1. Januar 1990 ein Antrag auf Wohngeld gestellt worden und erfüllt ein zum Haushalt rechnendes Familienmitglied die Voraussetzungen des § 16 Abs. 2 in der Fassung der Bekanntmachung vom 11. Juli 1985 (BGBl. I S. 1421, 1661), so ist § 16 Abs. 2 in dieser Fassung weiter anzuwenden; wird nach dem 31. Dezember 1989, aber vor Ablauf von 4 Jahren seit Stellung des ersten Antrages auf Wohngeld dieses nicht mehr gewährt, so ist § 16 Abs. 2 bei der Bewilligung in der Folgezeit nicht mehr anzuwenden.

### § 17
**Pauschaler Abzug**

(1) Zur Feststellung des Jahreseinkommens wird von der Summe der nach den §§ 10 bis 16 ermittelten Einnahmen ein Betrag in Höhe von 6 vom Hundert abgezogen.

(2) Der Abzug erhöht sich auf 12,5 vom Hundert, wenn das Familienmitglied

1. a) Pflichtbeiträge zur gesetzlichen Krankenversicherung oder zur gesetzlichen Rentenversicherung oder

   b) solche nicht nur geringfügige laufende Beiträge zu öffentlichen oder privaten Versicherungen oder ähnlichen Einrichtungen, die hinsichtlich ihrer Zweckbestimmung einem dieser Pflichtbeiträge entsprechen,

   oder

2. Steuern vom Einkommen

entrichtet.

(3) Der Abzug erhöht sich auf 20 vom Hundert, wenn das Familienmitglied

1. a) Pflichtbeiträge zur gesetzlichen Krankenversicherung und zur gesetzlichen Rentenversicherung oder

   b) diesen beiden Pflichtbeiträgen entsprechende laufende Beiträge zu Einrichtungen nach Absatz 2 Nr. 1 Buchstabe b

   oder

2. Steuern vom Einkommen und

   a) Pflichtbeiträge zur gesetzlichen Krankenversicherung oder zur gesetzlichen Rentenversicherung oder

   b) einem dieser Pflichtbeiträge entsprechende laufende Beiträge zu den Einrichtungen nach Absatz 2 Nr. 1 Buchstabe b

entrichtet.

(4) Der Abzug erhöht sich auf 30 vom Hundert, wenn für das Familienmitglied die Voraussetzungen des Absatzes 3 Nr. 1 vorliegen und es Steuern vom Einkommen entrichtet.

## 6.3 Richtlinien des Bundesministers des Innern für die Gewährung von zinsverbilligten Einrichtungsdarlehen an Aussiedler und Übersiedler vom 20. September 1976[1], in der Fassung vom 18. Juni 1990

Der Bundesminister des Innern erläßt im Einvernehmen mit dem Bundesminister der Finanzen die folgenden Richtlinien:

### 1. Zweckbestimmung

1.1 Durch die Gewährung von zinsverbilligten Einrichtungsdarlehen sollen die unter Nr. 2 genannten Personen in die Lage versetzt werden, bei erstmaligem

---

[1] bekanntgemacht im Bundesanzeiger Nr. 185 vom 30. September 1976, Änderung bekanntgegeben im Bundesanzeiger Nr. 116 vom 27. Juni 1990

Bezug einer ausreichenden Wohnung diese mit Möbeln und anderen Hausratsgegenständen auszustatten.

1.2 Ein Rechtsanspruch auf die Gewährung eines Darlehens besteht nicht.

Darlehen werden nach Maßgabe der jeweils für die Zinsverbilligung zur Verfügung stehenden Mittel gewährt. Maßgeblich ist der Zeitpunkt des Abrufs des Darlehens bei der Lastenausgleichsbank.[2]

## 2. Begünstigter Personenkreis

2.1 Darlehen können gewährt werden an:

2.1.1 Aussiedler im Sinne des § 1 Abs. 2 Nr. 3 des Bundesvertriebenengesetzes (BVFG), die gemäß § 10 Abs. 2 Nr. 2 BVFG zur Inanspruchnahme von Rechten und Vergünstigungen nach diesen Gesetzen berechtigt sind.

2.1.2 Übersiedler aus der DDR und aus Berlin (Ost), die vor dem 1. Juli 1990 ihren ständigen Aufenthalt im Bundesgebiet (einschl. Land Berlin) genommen und einen Aufnahmeschein nach § 1 Aufnahmegesetz erhalten haben, und denen vor dem 1. Juli 1990 ein Berechtigungsschein nach Nr. 5.1 der Richtlinien erteilt worden ist oder die vor dem 1. Juli 1990 einen Antrag auf Ausstellung eines Berechtigungsscheines gestellt haben und zum Zeitpunkt der Antragstellung die Anspruchsvoraussetzungen erfüllen.

2.2 Darlehen können nur an solche unter Nr. 2.1 fallenden Personen gewährt werden, die seit dem 1. Januar 1974 im Bundesgebiet (einschließlich Land Berlin) eingetroffen sind oder noch eintreffen, sich in Lagern, Übergangswohnheimen oder sonstigen notdürftigen vorläufigen Unterkünften befinden und das Darlehen aus Anlaß des erstmaligen Bezugs einer ausreichenden Wohnung zur Beschaffung von Möbeln und anderen Hausratsgegenständen benötigen.

2.3 Für jede Haushaltsgemeinschaft kann nur ein Darlehen gewährt werden.

2.4 Antragsberechtigt sind Personen, die spätestens mit dem Bezug der Wohnung einen eigenen Haushalt führen. Bei Verheirateten ist der Antrag von einem der Ehegatten zu stellen.

2.5 Die weiteren zur Haushaltsgemeinschaft gehörenden Personen sind nicht antragsberechtigt, werden aber bei der Bemessung des Darlehens berücksichtigt. Wer bei Bemessung des Darlehens berücksichtigt wird, ist später selbst nicht mehr antragsberechtigt.

Das Darlehen kann bis zu sechs Monaten nach Bezug einer ausreichenden Wohnung gewährt werden.[3]

## 3. Höhe des Darlehens

3.1 Antragsberechtigte nach Nr. 2 können Darlehen bis zu folgender Höhe erhalten:

| | |
|---|---:|
| Alleinstehende | 3 000,– DM |
| Sockelbetrag für Mehrpersonenhaushalte | 4 000,– DM |
| Für die zweite und jede weitere zur Haushaltsgemeinschaft gehörende Person zusätzlich | 1 000,– DM |
| 3.2 Der Höchstbetrag des Darlehens ist | 10 000,– DM |

3.3 Bei der Ermittlung des Höchstbetrags des Darlehens können alle Personen berücksichtigt werden, die im Zeitpunkt des Erstbezugs der Wohnung (Nr. 2.2) zur Haushaltsgemeinschaft gehören.

---

[2] jetzt: Deutsche Ausgleichsbank
[3] Die Fristregelung bezieht sich nicht auf die Stellung des Darlehensantrags, sondern auf die Stellung des Antrags auf Ausstellung des Berechtigungsscheins (Rundschreiben des BMI vom 18. April 1978 – VtK I 4 – 933 907/6 –)

## 4. Mittelbereitstellung

4.1 Die für die Darlehensgewährung erforderlichen Mittel werden durch die Lastenausgleichsbank[1] bereitgestellt. Das Nähere hierüber wird durch Vereinbarung mit der Lastenausgleichsbank[1] geregelt.

4.2 Der Bund verbilligt das Darlehen
– durch eine Zinssubvention in Höhe von 6. v. H.[2]
– durch pauschale Abgeltung der Gebühren der Lastenausgleichsbank[1].

Für den Fall einer erheblichen Änderung der Zinssätze auf dem Kapitalmarkt bleibt eine Anpassung der Zinssubvention vorbehalten.

4.3 Die Lastenausgleichsbank[1] stellt die Mittel den Kreditinstituten zur Verfügung, die die Darlehen ausreichen.

4.4 Der Bund übernimmt gegenüber der Lastenausgleichsbank[1] zur Deckung etwaiger Ausfälle, die bei den ausgereichten Darlehen entstehen, Garantien auf Grund besonderer Vereinbarungen.


## 5. Inanspruchnahme des Darlehens

5.1 Zur Inanspruchnahme des Darlehens bedarf der Antragsteller einer Bescheinigung über die Antragsberechtigung (Berechtigungsschein) auf amtlichen Vordruck .........

5.2 Der Antrag auf Ausstellung des Berechtigungsscheins ist bei der vom Land bestimmten Dienststelle auf amtlichem Vordruck ......... einzureichen. Zusammen mit dem Antragsvordruck wird dem Antragsteller eine Ausfertigung der Richtlinien ausgehändigt.

Der Antrag muß die zur Feststellung der Berechtigungsvoraussetzungen gemäß Nr. 2 sowie die zur Berechnung der Höhe des Darlehens gemäß Nr. 3 erforderlichen Angaben enthalten.

Der Antragsteller hat die Richtigkeit der Angaben und die zweckentsprechende Verwendung des Darlehens zu versichern. Er hat ferner zu versichern, daß weder er noch eine zu seiner Haushaltsgemeinschaft gehörende und bei der Darlehensbemessung zu berücksichtigende Person bereits einen Antrag auf Gewährung eines Darlehens gestellt oder ein solches erhalten hat bzw. in einer Haushaltsgemeinschaft bei der Darlehensbemessung berücksichtigt worden ist.

5.3 Ergibt die Prüfung, daß die Voraussetzungen für die Beantragung eines Darlehens vorliegen, händigt die Dienststelle dem Antragsteller den Berechtigungsschein zusammen mit zwei Vordrucken des Darlehensantrags/Darlehensvertrags (Nr. 5.7) sowie dem Vordrucksatz für den Mittelabruf bei der Lastenausgleichsbank[1] aus.

Die Rücknahme des Berechtigungsscheins richtet sich nach § 48 des Verwaltungsverfahrensgesetzes vom 25. Mai 1976 (Bundesgesetzblatt I, S. 1253). Im Falle der Rücknahme eines Berechtigungsscheins unterrichtet die Dienststelle die Lastenausgleichsbank[1].

5.4 Der Berechtigungsschein wird nach Ablauf eines Jahres nach Ausstellung ungültig.

5.5 Der Antragsteller übergibt dem Kreditinstitut, bei dem er das Darlehen beantragen will, den Berechtigungsschein sowie die Vordrucke des Darlehensantrags/Darlehensvertrags und des Mittelabrufs bei der Lastenausgleichsbank[1].

---

[1] jetzt: Deutsche Ausgleichsbank
[2] Die Zinssubvention beträgt derzeit 4,0 v. H. (Stand: September 1990)

5.6 Das Kreditinstitut gewährt das Darlehen in eigenem Namen treuhänderisch für Rechnung der Lastenausgleichsbank[1] an den Antragsteller.

Darlehensanträgen wird nicht entsprochen, wenn sich aus den Angaben des Antragstellers oder aus sonstigen Tatsachen Anhaltspunkte dafür ergeben, daß die Bedienung des Darlehens offensichtlich nicht möglich ist.

5.7 Das Kreditinstitut fordert die zur Auszahlung des Darlehens erforderlichen Mittel bei der Lastenausgleichsbank[1] an und schließt nach deren Eingang den Darlehensvertrag......ab.

Weitere Einzelheiten regelt die Lastenausgleichsbank[1].

## 6. Darlehensbedingungen

6.1 Das Darlehen ist nach zwei tilgungsfreien Jahren im Verlauf von längstens weiteren 8 Jahren zu tilgen. Während der tilgungsfreien Zeit werden die Zinsen vom Darlehensnehmer halbjährlich zum 30. Juni und 31. Dezember erhoben, nach Ablauf der tilgungsfreien Zeit sind Zins- und Tilgungsleistungen in gleichen Monatsraten zu erbringen.

6.2 Der Darlehensnehmer ist berechtigt, das Darlehen ganz oder teilweise vorzeitig zurückzuzahlen.

6.3 Das Darlehen ist für die gesamte Laufzeit mit dem Prozentsatz zu verzinsen, der sich im Zeitpunkt der Darlehensgewährung als Unterschiedsbetrag zwischen der Zinssubvention des Bundes und dem Marktzins ergibt.

Die Lastenausgleichsbank[1] gibt den Kreditinstituten über die Spitzenverbände des Kreditgewerbes zeitabschnittsweise die Zinssätze für neu abzuschließende Darlehensverträge bekannt.

6.4 Zusätzlich zu den Zinsen trägt der Darlehensnehmer die einmalige Verwaltungsgebühr des Kreditinstituts in Höhe von 2 v.H. des Darlehensbetrages, die bei Auszahlung des Darlehens fällig ist. Ferner trägt der Darlehensnehmer etwaige Kosten, die aus dem Schuldverhältnis, insbesondere aus einer notwendig werdenden Rechtsverfolgung erwachsen, soweit sie nicht die banküblichen Vorarbeiten, Auszahlung, Verbuchung, statistische Angaben sowie die Überwachung des Leistungseingangs betreffen.

6.5 Das Darlehen ist durch stille Abtretung von – auch zukünftigen – Lohn- und Gehaltsforderungen oder anderer hierfür geeigneter Einkünfte an das Kreditinstitut abzusichern. Außerdem hat der in häuslicher Gemeinschaft lebende Ehegatte die Mithaftung zu übernehmen.

6.6 Das Kreditinstitut kündigt das Darlehen ohne Einhaltung einer Frist zur sofortigen Rückzahlung, wenn

der Darlehensnehmer den Berechtigungsschein zu Unrecht erlangt hat,

das Darlehen nicht zweckentsprechend verwendet worden ist.

Das Kreditinstitut kann das Darlehen kündigen, wenn

der Darlehensnehmer mit einem Betrag in Höhe von zwei Raten (Zins oder Tilgung) in Verzug ist oder durch Zwangsmaßnahmen zur Zahlung der rückständigen Beträge angehalten werden muß,

andere, die Sicherheit des Darlehens gefährdende Umstände eintreten,

sonstige im Berechtigungsschein oder im Darlehensvertrag niedergelegte Verpflichtungen nicht eingehalten worden sind.

6.7 Im Falle der Kündigung erhöht sich der Zinssatz vom Tage nach Ausspruch der Kündigung um 1 v.H. vom noch offenen Darlehensbetrag jährlich.

---

[1] jetzt: Deutsche Ausgleichsbank

6.8 Der Darlehensnehmer hat zusätzlich zu den Zinsen nach Nr. 6.3 und 6.7 einen weiteren Zins in Höhe der vom Bund gewährten Zinssubvention (Nr. 4.2) ab Auszahlung des Darlehens zu entrichten,

wenn der Berechtigungsschein zu Unrecht, insbesondere durch unzutreffende Angaben, erlangt wurde, es sei denn, daß der Antragsteller den Grund nicht zu vertreten hat,

wenn das Darlehen nicht zweckentsprechend verwendet worden ist.

## 7. Darlehensverwaltung

7.1 Die Zins- und Tilgungsleistungen sind von den Kreditinstituten halbjährlich zum 30. Juni und zum 31. Dezember an die Lastenausgleichsbank[1] abzuführen. Soweit der Darlehensnehmer mit einzelnen Zahlungen in Verzug gerät, hat das Kreditinstitut bis zu einer Halbjahresleistung in Vorlage zu treten.

7.2 Die Darlehen sind mit banküblicher Sorgfalt zu verwalten.

7.3 Im Falle der Kündigung ist die Lastenausgleichsbank[1] über den Zeitpunkt des Wirksamwerdens der Kündigung und die Höhe der Zinsen (Nr. 6.7 und 6.8) zu unterrichten.

7.4 Uneinbringliche Forderungen sind auf Verlangen der Lastenausgleichsbank[1] an diese abzutreten; der Darlehensvertrag und der Berechtigungsschein sowie die für den Übergang und die weitere Verwaltung der Forderung erforderlichen Unterlagen sind der Lastenausgleichsbank[1] zu übersenden.

## 8. Prüfungsrecht

Der Bundesminister des Innern und der Bundesrechnungshof sowie die den Berechtigungsschein ausstellende Behörde haben das Recht, die Einhaltung der Richtlinien, insbesondere die zweckentsprechende Verwendung der für die Zinsverbilligung gewährten Bundesmittel bei den Beteiligten zu überprüfen oder durch Beauftragte überprüfen zu lassen.

Der Darlehensnehmer ist verpflichtet, die Belege über den Erwerb der Einrichtungsgegenstände bis zur vollständigen Rückzahlung des Darlehens aufzubewahren.

Der Bundesminister des Innern und der Bundesrechnungshof haben ferner das Recht, von allen Beteiligten jederzeit Auskünfte zu verlangen und zu prüfen, ob eine Inanspruchnahme aus der Garantie des Bundes in Betracht kommen kann oder die Voraussetzungen für eine solche vorliegen oder vorgelegen haben.

## 9. Inkrafttreten

Diese Richtlinien treten am 15. Oktober 1976 in Kraft.

Bonn, den 20. September 1976

Der Bundesminister des Innern

Professor Dr. Maihofer

## 6.4 Rundschreiben des Bundesministers des Innern vom 24. September 1976 zur Durchführung der Richtlinien für die Gewährung von zinsverbilligten Einrichtungsdarlehen an Aussiedler und Zuwanderer — Auszug —

...

Zur Durchführung des Verwaltungsverfahrens darf ich im einzelnen bemerken:

**Zu Nr. 2.1.1**

---

[1] jetzt: Deutsche Ausgleichsbank

Die materiellrechtlichen Voraussetzungen der zitierten Gesetzesvorschriften sind von der den Berechtigungsschein ausstellenden Behörde selbständig zu prüfen. Diese Regelung wurde deshalb getroffen, um etwaige Verzögerungen bei der Ausstellung des Vertriebenenausweises abzufangen. Die Prüfung der Vertriebeneneigenschaft erübrigt sich, wenn ein Vertriebenenausweis vorgelegt wird.

### Zu Nr. 2.1.2

Zuwanderer im Sinne der Regelung sind die aus der DDR oder aus Berlin (Ost) mit Genehmigung (Übersiedler) oder ohne Genehmigung (Flüchtlinge) ausgereisten Deutschen.

### Zu Nr. 2.4

Die Frist von sechs Monaten nach Bezug der Wohnung dient dazu, den Aussiedlern und Zuwanderern eine sorgfältige Prüfung des Bedarfs zu ermöglichen.

Darüber hinaus wird hiermit die Antragsberechtigung für alle Personen gewahrt, die seit Bekanntgabe des Beschlusses der Bundesregierung vom 12. Mai 1976 eine ausreichende Wohnung bezogen haben.

### Zu Nr. 3

Bei Großfamilien sind bei der Darlehensbemessung höchsten 7 Personen zu berücksichtigen, weil hiermit der Höchstbetrag des Darlehens erreicht ist. Die Antragsteller sollten aus Gründen der Fürsorge ferner darauf hingewiesen werden, daß Mitglieder der Haushaltsgemeinschaft, die einen eigenen Hausstand gründen wollen, nicht bei der Bemessung des Darlehens berücksichtigt werden sollten, weil anderenfalls deren Antragsberechtigung verlorengeht.

### Zu Nr. 5.3

Die Vorhaltung auch der Bankformulare bei den zuständigen Behörden wurde vorgesehen, um eine kostenintensive Versendung der Unterlagen an das weitverzweigte Bankennetz zu vermeiden und durch Aushändigung aller Unterlagen bei den Behörden das Verfahren für die Antragsteller übersichtlicher zu gestalten.

Die Mitteilung der Rücknahme eines Berechtigungsscheins an die Lastenausgleichsbank ist notwendig, damit diese die Einleitung der Rechtsfolgen nach Nr. 6.6 der Richtlinien veranlassen kann.

### Zu Nr. 8

Die Bundesregierung geht davon aus, daß eine Prüfung von Verwendungsnachweisen aus besonderem Anlaß und im übrigen lediglich stichprobenartig erfolgen soll.


### Zusatz für Niedersachsen:

Im Hinblick auf die Praxis des Landes Niedersachsen, die Aussiedler unmittelbar vom Grenzdurchgangslager Friedland in eine endgültige Wohnung einzuweisen, ist das Grenzdurchgangslager Friedland als Lager i.S.d. Nr. 2.2 des Entwurfs der Richtlinien für die Gewährung von zinsverbilligten Einrichtungsdarlehen an Aussiedler und Zuwanderer zu betrachten. Der Bezug der zugewiesenen Wohnung ist demgemäß der „erstmalige Bezug einer ausreichenden Wohnung" i.S.d. vorgenannten Regelung. Die Antragsberechtigten können damit bereits im Grenzdurchgangslager Friedland oder gem. Nr. 2.4 letzter Satz des Entwurfs der vorge-

nannten Richtlinien bis zu sechs Monaten nach Bezug der zugewiesenen Wohnung das Einrichtungsdarlehen beantragen.

## 6.5 Rundschreiben des Bundesministers des Innern vom 1. Juni 1977 zur Durchführung der Richtlinien für die Gewährung von zinsverbilligten Einrichtungsdarlehen an Aussiedler und Zuwanderer – Auszug –

...

1. Die bisherigen Erfahrungen der Praxis zeigen, daß eine Änderung der Richtlinien nicht notwendig ist. Im Interesse einer bundeseinheitlichen Handhabung
gebe ich jedoch für die weitere Durchführung im Anschluß an meine Bezugsschreiben folgende Hinweise:

### Zu Nr. 1.1

– „Erstmaliger" Bezug einer Wohnung bedeutet nicht in jedem Fall, daß es sich
um den ersten Bezug einer Wohnung nach dem Verlassen der Not- oder Durchgangsunterkunft handeln muß. Entscheidend ist, daß es sich um den Bezug einer
„ausreichenden" Wohnung handelt, d. h. einer Wohnung, die im Zeitpunkt der
Antragstellung dem Bedarf des Antragstellers und seiner etwaigen Haushaltsangehörigen nach dessen eigener Auffassung entspricht. Die entsprechende Versicherung des Antragstellers braucht von der Verwaltung nicht auf ihre Richtigkeit
geprüft zu werden. Die Erteilung des Berechtigungsscheines hat lediglich dann
zu unterbleiben, wenn sich aus den Angaben ergibt, daß eine Notunterkunft (z. B.
eine Wohnung in einem Übergangswohnheim) bezogen werden soll.

Aus Teil I, Abschnitt A Ziffer 3 der Durchführungsbestimmungen zur Hausratsentschädigung (HR-DB) vom 24. Januar 1955 (Mtbl. BAA S. 29) in der Fassung vom
5. Oktober 1967 (Mtbl. BAA S. 330) ergibt sich, was als Hausratsgegenstand anzusehen ist.[1])

– Antragsberechtigt ist gemäß Nr. 1.1 und 2.2 der Richtlinien, wer das Einrichtungsdarlehen zur Beschaffung von Möbeln und anderen Hausratsgegenständen
benötigt; eine entsprechende Versicherung ist bereits im Antrag auf Ausstellung
des Berechtigungsscheins (Buchst. b und d nach Nr. 7) abzugeben.

Diese Voraussetzung kann auch bei Einzug in eine von Angehörigen bereits ge-
mietete Wohnung gegeben sein, wenn diese nicht ausreichend möbliert ist. In
diesem Fall sind auch die Angehörigen gemäß Nr. 2.4 und 3.3 der Richtlinien bei
der Bemessung des Darlehens berücksichtigungsfähig.

### Zu Nr. 2.2

– Zu den Lagern zählen auch das Grenzdurchgangslager Friedland, die Durchgangsstelle für Aussiedler in Nürnberg sowie die Notaufnahmelager in Gießen
und Berlin.

– Die vorläufige Unterbringung bei Bekannten oder Verwandten gilt als notdürf-
tige Unterkunft. Eine Wohnung gilt auch dann als notdürftig und unzureichend,
wenn sie durch den Zuzug von später ausgesiedelten oder zugewanderten Fami-

---

[1]) vgl. hierzu Einleitung 6.

lienangehörigen im Raumangebot nicht mehr ausreicht. Die sich aus dem Antrag auf Ausstellung eines Berechtigungsscheines ergebende Erklärung über die bisher unzureichende Wohnung bedarf keiner Nachprüfung.

– Der Bezug einer ausreichenden Wohnung ist in der Regel durch Vorlage des Mietvertrages nachzuweisen.

– Die Voraussetzung „Eintreffen im Bundesgebiet seit dem 1. Januar 1974" ist bei Zuwanderern unabhängig davon gegeben, ob sie bereits früher in die Bundesrepublik eingereist waren, sich dann aber wieder in die DDR bzw. nach Berlin (Ost) begeben haben.

– Falls ein möbliertes Zimmer bezogen und kein eigener Haushalt geführt wird (Nr. 2.4 Abs. 1), liegen die Berechtigungsvoraussetzungen nicht vor.

**Zu Nr. 2.4**

Der Begriff „Haushaltsgemeinschaft" erfordert eine auf gewisse Dauer angelegte Gemeinschaft, in der ein eigener, gemeinschaftlicher Haushalt geführt wird. Eine bloße Wohngemeinschaft – ggf. von nur vorübergehender Dauer – genügt nicht.

**Zu Nr. 3.1**

Bei nach und nach getrennt eintreffenden Mitgliedern einer Haushaltsgemeinschaft bitte ich wie folgt zu verfahren:

Das zuerst gekommene Mitglied der Haushaltsgemeinschaft erhält den Ledigenbetrag von 3 000,– DM. Die nachträglich eintreffenden Mitglieder der Haushaltsgemeinschaft erhalten den Sockelbetrag für den Zweitantragsteller + 1 000,– DM für jede weitere zur Haushaltsgemeinschaft gehörende Person mit Ausnahme des Erstantragstellers.

Die Besserstellung gegenüber gemeinsam eintreffenden Haushaltsgemeinschaften rechtfertigt sich aus der Tatsache, daß in der Regel ein Umzug erforderlich sein dürfte oder aber der Erstantragsteller in Erwartung der Späterkommenden bereits eine für alle ausreichende Wohnung gemietet hat und ihm dadurch erhöhte Kosten erwachsen sind. Die Zweitantragsteller sollten jedoch darauf hingewiesen werden, daß es im Hinblick auf die Gesamtbelastung der Haushaltsgemeinschaft zweckmäßig sein kann, die ihnen hiernach zustehenden Höchstbeträge nicht voll auszuschöpfen.

Es verbleibt in jedem Fall bei der Höchstbetragsgrenze von 10 000,– DM.

**Zu Nr. 3.3**

Bei der Bemessung des Darlehens können alle Angehörigen der Haushaltsgemeinschaft des Antragstellers berücksichtigt werden, auch soweit sie nicht Aussiedler oder Zuwanderer sind.

**Zu Nr. 5.3**

Bei Nichterteilung oder Einziehung eines Berechtigungsscheins ist dem Antragsteller eine Rechtsbehelfsbelehrung zu erteilen.

**Zu Nr. 5.6**

Die Richtlinien sehen keine Einkommens- oder Altersgrenzen vor. Die Kreditinstitute sind aber gehalten, das Darlehen nicht zu gewähren, wenn offensichtlich dessen Bedienung nicht möglich ist.

Dieser Fall dürfte insbesondere dann vorliegen, wenn der Antragsteller sich im hohen Alter befindet und keine Sicherheiten gegeben werden können oder der Antragsteller dauernd erwerbsunfähig ist.

Es wäre zweckmäßig, wenn in diesen Fällen – soweit erkennbar – die Antragsteller bereits vor Erteilung des Berechtigungsscheins von der Behörde auf die Möglichkeiten der Inanspruchnahme von Sozialhilfe verwiesen würden. In jedem Falle sollten die Antragsteller jedoch davon unterrichtet werden, daß sie sich im Falle der Nichtauszahlung des Darlehens durch das Kreditinstitut an die zuständige Sozialbehörde wenden können.

2. Ich weise darauf hin, daß Ausnahmen von den Fristerfordernissen nach Nr. 2.2 und 2.4 der Richtlinien grundsätzlich nicht zugelassen werden können. Zur Fristwahrung nach Nr. 2.4 genügt es jedoch, wenn der Antragsteller seine Absicht, das Darlehen zu beantragen, manifestiert hat. Dies kann auch bei einer unzuständigen Behörde, bei einer Beratungs- und Betreuungsstelle oder bei einem Kreditinstitut und auch in Form der Einholung von Informationen geschehen sein.

## 6.6 Rundschreiben des Bundesministers des Innern vom 3. Oktober 1978 zur Durchführung der Richtlinien für die Gewährung von zinsverbilligten Einrichtungsdarlehen an Aussiedler und Zuwanderer

Die Aufzählung notdürftiger, vorläufiger Unterkünfte in Nr. 2.2 der vorbezeichneten Richtlinien dient der Abgrenzung von der in Nr. 1.1 genannten ausreichenden Wohnung; die rasche Freimachung der Notunterkünfte und die Verringerung der mit der dortigen Unterbringung für die öffentliche Hand verbundenen Kosten war lediglich ein gesetzgeberisches Motiv.

Die primäre Zweckbestimmung der zinsverbilligten Einrichtungsdarlehen besteht hingegen gemäß Nr. 1.1 der Richtlinien darin, die Aussiedler und Zuwanderer in die Lage zu versetzen, bei erstmaligem Bezug einer ausreichenden Wohnung diese mit Möbeln und anderen Hausratsgegenständen auszustatten. Diese Vergünstigung soll nach dem Sinnzusammenhang der Regelung gerade auch den Aussiedlern und Zuwanderern zugute kommen, die ohne Inanspruchnahme öffentlich subventionierter Notunterkünfte sofort eine ausreichende Wohnung beziehen.

## 6.7 Rundschreiben des Bundesministers des Innern vom 25. Oktober 1978 zur Durchführung der Richtlinien für die Gewährung von zinsverbilligten Einrichtungsdarlehen an Aussiedler und Zuwanderer

Die Gültigkeit des Berechtigungsscheins wurde gem. Nr. 5.4 der vorbezeichneten Richtlinien auf ein Jahr begrenzt, weil davon auszugehen ist, daß das Darlehen unmittelbar nach Bezug einer ausreichenden Wohnung benötigt wird, um diese mit Möbeln und anderen Hausratsgegenständen auszustatten.

Ich bin damit einverstanden, daß der Berechtigungsschein einmal bis zu einem Jahr – gerechnet vom ersten Verfalldatum – verlängert wird, wenn der Antragsteller die Nichtauszahlung des Darlehens innerhalb der Geltungsdauer des Berechtigungsscheins nicht zu vertreten hat.

Ich bitte jedoch, eine Verlängerung nur dann vorzunehmen, wenn glaubhaft gemacht wird, daß der in Nr. 1.1 der Richtlinien genannte Bedarf noch besteht. Ferner bitte ich, bei Verlängerung die in dem Berechtigungsschein enthaltenen Angaben zu überprüfen und ggf. zu aktualisieren.

Eine zweite oder weitere Verlängerung kommt wegen des Soforthilfecharakters der Maßnahme nicht in Betracht.

## 6.8 Rundschreiben des Bundesministers des Innern vom 25. November 1978 zur Durchführung der Richtlinien für die Gewährung von zinsverbilligten Einrichtungsdarlehen an Aussiedler und Zuwanderer

Es wird gegenwärtig geprüft, ob das Bundesevakuiertengesetz (BEvG) in der Fassung vom 3. Oktober 1961 (BGBl. I S. 1866), geändert durch Gestz vom 14. August 1969 (BGBl. I S. 1153), abgeschlossen werden kann und Evakuierte, die aus Aussiedlungsgebieten in die Bundesrepublik Deutschland kommen, den Aussiedlern im Sinne des Bundesvertriebenengesetzes gleichgestellt werden können.

Im Hinblick darauf bitte ich, ab sofort auch Evakuierten im Sinne des BEvG, die aus Aussiedlungsgebieten kommen, den Berechtigungsschein zu erteilen.

## 6.9 Rundschreiben des Bundesministers des Innern vom 6. Dezember 1978 zur Durchführung der Richtlinien für die Gewährung von zinsverbilligten Einrichtungsdarlehen an Aussiedler und Zuwanderer

Ich bin damit einverstanden, daß innerhalb der Sechsmonatsfrist gemäß Nr. 2.4 (letzter Absatz) der vorbezeichneten Richtlinien nachgeborene Kinder bei der Bemessung des Darlehens berücksichtigt werden.

## 6.10 Rundschreiben des Bundesministers des Innern vom 19. Juli 1979 zur Durchführung der Richtlinen für die Gewährung von zinsverbilligten Einrichtungsdarlehen an Aussiedler und Zuwanderer

### Zu Nr. 2.1.1

Antragsberechtigt sind aufgrund der gesetzlichen Gleichstellung gemäß §§ 1 Abs. 3 BVFG bzw. 11 Abs. 2 Nr. 3 LAG auch nichtdeutsche Ehegatten von Aussiedlern...

Die Frage dürfte nur in den Fällen von Bedeutung sein, in denen Haushaltsgemeinschaften nach und nach getrennt einreisen.

### Zu Nr. 3.1 und Nr. 2.4

Der Fall, daß bereits ein Berechtigungsschein für ein Ehepaar ausgestellt wurde und später ein Kleinkind nachgeholt wird, unterscheidet sich von dem in meinem Rundschreiben vom 1. Juni 1977 – VtK I 4 – 933 900 – 5/1 – behandelten Fall dadurch, daß das Kleinkind mangels Geschäftsfähigkeit den Antrag nicht selbst stellen kann. Ich bitte, in derartigen Fällen – ebenso wie im Falle innerhalb der Sechsmonatsfrist gem. Nr. 2.4 der Richtlinien nachgeborener Kinder – einen Zusatzberechtigungsschein über 1 000 DM pro Person auszustellen.

## 6.11 Rundschreiben des Bundesministers des Innern vom 12. März 1984 zur Durchführung der Richtlinien für die Gewährung von zinsverbilligten Einrichtungsdarlehen an Aussiedler und Zuwanderer

...
Zu Nr. 1.1

Als zweckentsprechende Verwendung des Darlehens kommt für Zuwanderer aus der DDR und Berlin (Ost) auch die Verwendung für Kosten der Mitnahme von Möbeln und anderen Hausratsgegenständen in Betracht. Ihre Mitnahme ermöglicht bei erstmaligem Bezug einer ausreichenden Wohnung deren Ausstattung.

Eine Änderung des Verfahrens ist damit nicht verbunden.

Zur Feststellung, daß der Antragsteller zum Personenkreis nach Nr. 2.1.2 gehört, dient auch die derzeit vom Leiter des Bundesnotaufnahmeverfahrens ausgestellte Bescheinigung, daß ein Verfahren nach § 1 NAG[1] schriftlich durchgeführt wird und mit der Erteilung des Aufnahmescheins zu rechnen ist.

## 6.12 Rundschreiben des Bundesministers des Innern vom 26. März 1984 zur Durchführung der Richtlinien für die Gewährung von zinsverbilligten Einrichtungsdarlehen an Aussiedler und Zuwanderer

Mit Bezugsschreiben[2] habe ich Sie unterrichtet, daß bis auf weiteres für Zuwanderer aus der DDR und Berlin (Ost) der Darlehenszweck auch durch die Verwendung des Darlehens für die Kosten der Mitnahme von Möbeln und anderen Hausratsgegenständen erfüllt wird.

In diesem Zusammenhang ist von einigen Landesflüchtlingsverwaltungen die Frage aufgeworfen worden, ob der Berechtigungsschein für das Einrichtungsdarlehen schon vor dem Nachweis des erstmaligen Bezugs einer ausreichenden Wohnung ausgestellt werden kann.

Bis auf weiteres bin ich damit einverstanden, daß bei Zuwanderern aus der DDR und Berlin (Ost) der Berechtigungsschein bei Bedarf so rechtzeitig ausgestellt wird, daß er die Auszahlung des Darlehens zu der vorgenannten Zweckbestimmung ermöglicht. Die Verwendung des Darlehens für die entstandenen Transportkosten vom Umzugsgut ist in geeigneter Weise sicherzustellen. Im übrigen hat der Darlehensnehmer die Verwendung eines verbleibenden Restbetrags für den Darlehenszweck zu versichern. Eine weitere Änderung des Verfahrens ist damit nicht verbunden.

Ich bitte, dafür Sorge zu tragen, daß die Verwaltungsbehörden den Banken bei der Feststellung der künftigen Wohnanschrift des Darlehensnehmers im Rahmen ihrer Möglichkeiten behilflich sind.
...

---

[1] Notaufnahmegesetz, aufgehoben
[2] vgl. Rundschreiben vom 12. März 1984, abgedruckt unter 6.11

## 6.13 Rundschreiben des Bundesministers des Innern vom 25. August 1987 zur Durchführung der Richtlinien für die Gewährung von zinsverbilligten Einrichtungsdarlehen an Aussiedler und Zuwanderer – Auszug –

1. Im Hinblick auf eine nicht immer einheitliche Handhabung der Richtlinien weise ich auf folgendes hin:

a) Nach dem Bezugsschreiben zu 1.[1], Hinweis zu Nr. 3.1, erhält bei nach und nach getrennt eintreffenden Mitglieder einer Haushaltsgemeinschaft das zuerst gekommene Mitglied der Haushaltsgemeinschaft den Ledigenbetrag von 3.000,– DM. Die nachträglich eintreffenden Mitgliedern der Haushaltsgemeinschaft erhalten den Sockelbetrag für den Zweitantragsteller und 1.000,– DM für jede weitere zur Haushaltsgemeinschaft gehörende Person mit Ausnahme des Erstantragstellers.

Für einen 2-Personenhaushalt wird damit in diesen Fällen insgesamt ein Einrichtungsdarlehen in Höhe von 7.000,– DM gewährt.

Die Besserstellung gegenüber gemeinsam eintreffenden Haushaltsgemeinschaften rechtfertigt sich aus der Tatsache, daß in der Regel ein Umzug erforderlich sein dürfte oder aber der Erstantragsteller in Erwartung der Späterkommenden bereits eine für alle ausreichende Wohnung gemietet hat und ihm dadurch erhöhte Kosten erwachsen sind.

Nach Feststellung der Deutschen Ausgleichsbank wird diese Regelung von den Berechtigungsscheine ausstellenden Behörden nicht einheitlich angewandt. In vielen Fällen werde später eintreffenden Haushaltsangehörigen vielmehr lediglich der Aufstockungsbetrag in Höhe von 1.000,– DM zuerkannt, so daß ein 2-Personenhaushalt insgesamt ein Einrichtungsdarlehen von nur 4.000,– DM erhalte.

Ich bitte, eine einheitliche Handhabung im Sinne des Bezugsrundschreibens zu 1.[1] sicherzustellen.

b) Nach dem Bezugsrundschreiben zu 1.[1], Hinweis zu Nr. 2.4, erfordert der Begriff „Haushaltsgemeinschaft" eine auf gewisse Dauer angelegte Gemeinschaft, in der ein eigener, gemeinschaftlicher Haushalt geführt wird. Wesentliche Voraussetzung für die Annahme einer Haushaltsgemeinschaft ist damit die gemeinschaftliche Haushaltsführung. Eine bloße Wohngemeinschaft – ggf. von nur vorübergehender Dauer – genügt diesen Anforderungen nicht. Wer also innerhalb einer Wohngemeinschaft einen eigenen Haushalt führt, erhält den Betrag für Alleinstehende. Ob er einen eigenen Haushalt in diesem Sinne führt, ist nach den Umständen des Einzelfalls zu beurteilen.

...

## 7. LEISTUNGEN NACH DEM ARBEITSFÖRDERUNGSGESETZ

## 7.1 Arbeitsförderungsgesetz vom 25. Juni 1969 (BGBl. I S. 582), zuletzt geändert durch Gesetz vom 23. September 1990 (BGBl. II S. 885, 1033)

**Zweiter Abschnitt**
**Vierter Unterabschnitt**
**Förderung der beruflichen Bildung**

[1] Rundschreiben vom 1. Juni 1977, abgedruckt unter 6.5

## I. Allgemeine Vorschriften

### § 33

(1) Die Bundesanstalt fördert berufliche Ausbildung, berufliche Fortbildung und berufliche Umschulung nach den Vorschriften dieses Unterabschnitts. Die Bundesanstalt legt im Einzelfall Art, Umfang, Beginn und Durchführung der Maßnahmen nach pflichtgemäßem Ermessen fest, wobei insbesondere das von dem Antragsteller mit der beruflichen Bildung angestrebte Ziel, der Zweck der Förderung, die Lage und Entwicklung des Arbeitsmarktes, Inhalt und Ausgestaltung der Bildungsmaßnahme sowie die Grundsätze der Wirtschaftlichkeit und Sparsamkeit zu berücksichtigen sind. Sie soll dabei mit den Trägern der beruflichen Bildung zusammenarbeiten; deren Rechte bleiben durch die Vorschriften dieses Unterabschnitts unberührt.

(2) Die Bundesanstalt kann berufliche Fortbildungs- und Umschulungsmaßnahmen von anderen Trägern durchführen lassen oder gemeinsam mit anderen Trägern oder allein durchführen; sie hat dies zu tun, wenn damit zu rechnen ist, daß geeignete Maßnahmen, die den Anforderungen des § 34 Abs. 1 entsprechen, in angemessener Zeit nicht angeboten werden.

### § 34

(1) Die Förderung der Teilnahme an beruflichen Bildungsmaßnahmen nach diesem Unterabschnitt erstreckt sich auf Maßnahmen mit ganztägigem Unterricht (Vollzeitunterricht), Teilzeitunterricht, berufsbegleitendem Unterricht und Fernunterricht, die im Geltungsbereich dieses Gesetzes durchgeführt werden. Die Förderung der Teilnahme setzt voraus, daß die Maßnahme

1. nach Dauer, Gestaltung des Lehrplans, Unterrichtsmethode, Ausbildung und Berufserfahrung des Leiters und der Lehrkräfte eine erfolgreiche berufliche Bildung erwarten läßt,
2. angemessene Teilnahmebedingungen bietet,
3. nach den Grundsätzen der Wirtschaftlichkeit und Sparsamkeit geplant ist und durchgeführt wird, insbesondere die Kostensätze angemessen sind.

(2) Zeiten eines Vor- oder Zwischenpraktikums, deren Dauer und Inhalt in Ausbildungs- oder Prüfungsbestimmungen festgelegt sind, sind Bestandteil der beruflichen Bildungsmaßnahme. Zeiten einer der beruflichen Bildungsmaßnahme folgenden Beschäftigung, die der Erlangung der staatlichen Anerkennung oder der staatlichen Erlaubnis zur Ausübung des Berufes dienen, sind nicht Bestandteil der Maßnahme.

(3) Die Zeit zwischen dem Ende des Unterrichts und dem Ende der Prüfung ist Bestandteil der beruflichen Bildungsmaßnahme, wenn die Prüfung innerhalb von drei Wochen nach dem Ende des Unterrichts abgeschlossen wird.

(4) Maßnahmen an einer Fachhochschule, Hochschule oder ähnlichen Bildungsstätte sind keine beruflichen Bildungsmaßnahmen im Sinne dieses Unterabschnitts.

...

## II. Individuelle Förderung der beruflichen Bildung

### A. Berufliche Ausbildung

## § 40

(1) Die Bundesanstalt gewährt Auszubildenden Berufsausbildungsbeihilfen für eine berufliche Ausbildung in Betrieben oder überbetrieblichen Ausbildungsstätten sowie für die Teilnahme an nicht den Schulgesetzen der Länder unterliegenden beruflichen Bildungsmaßnahmen, die auf die Aufnahme einer Berufsausbildung vorbereiten oder der beruflichen Eingliederung dienen (berufsvorbereitende Bildungsmaßnahmen), soweit ihnen nach Maßgabe dieses Gesetzes und der Anordnung der Bundesanstalt die hierfür erforderlichen Mittel anderweitig nicht zur Verfügung stehen. Bei einer beruflichen Ausbildung in Betrieben und überbetrieblichen Ausbildungsstätten wird eine Berufsausbildungsbeihilfe nur gewährt, wenn der Auszubildende

1. außerhalb des Haushalts der Eltern untergebracht ist und
2. die Ausbildungsstätte von der Wohnung der Eltern aus nicht in angemessener Zeit erreichen kann.

Die Voraussetzung nach Nummer 2 gilt nicht, wenn der Auszubildende das 18. Lebensjahr vollendet hat, verheiratet ist oder war, mit mindestens einem Kind zusammenlebt oder seine Verweisung auf die Wohnung der Eltern aus schwerwiegenden sozialen Gründen unzumutbar ist. Bei einer Ausbildung im elterlichen Betrieb ist als Ausbildungsvergütung mindestens von einem Betrag in Höhe von fünfundsiebzig vom Hundert der tariflichen oder, soweit eine tarifliche Regelung nicht besteht, der ortsüblichen Bruttoausbildungsvergütung auszugehen, die in dem Ausbildungsberuf bei einer Ausbildung in einem fremden Betrieb gewährt wird. Für die Teilnehmer an berufsvorbereitenden Bildungsmaßnahmen kann die Bundesanstalt die Lehrgangsgebühren, die Fahrkosten sowie die Kosten für Lernmittel und Arbeitskleidung ohne Anrechnung von Einkommen übernehmen. Die Berufsausbildungsbeihilfen werden als Zuschüsse oder Darlehen gewährt.

(1a) Berufsausbildungsbeihilfe wird für den Lebensunterhalt und für die Ausbildung oder die Teilnahme an einer berufsvorbereitenden Bildungsmaßnahme gewährt (Bedarf). Der Bedarf wird, soweit er nicht in Absatz 1b festgelegt ist, von der Bundesanstalt durch Anordnung bestimmt. Bei einer beruflichen Ausbildung in Betrieben oder überbetrieblichen Ausbildungsstätten sind Kosten für Lernmittel nicht zu berücksichtigen.

(1b) Als monatlicher Bedarf der Teilnehmer an berufsvorbereitenden Bildungsmaßnahmen gilt, wenn der Teilnehmer unverheiratet ist und das 21. Lebensjahr noch nicht vollendet hat,

1. bei einer Unterbringung im Haushalt der Eltern der jeweils geltende Bedarf für Schüler nach § 12 Abs. 2 Nr. 1 des Bundesausbildungsförderungsgesetzes vermindert um 215 Deutsche Mark,
2. bei einer Unterbringung außerhalb des Haushalts der Eltern, ausgenommen eine Unterbringung im Wohnheim oder Internat oder beim Ausbildenden, der jeweils geltende Bedarf für Schüler nach § 12 Abs. 2 Nr. 1 des Bundesausbildungsförderungsgesetzes zuzüglich des Betrages zu den Kosten der Unterkunft auf Grund von § 14a Satz 1 Nr. 2 des Bundesausbildungsförderungsgesetzes.

Dem Bedarf nach den Nummern 1 und 2 sind notwendige Fahrkosten, die Kosten für Lernmittel sowie Lehrgangsgebühren hinzuzurechnen; die Bundesanstalt kann hierfür Pauschbeträge bestimmen. Für Teilnehmer, deren Schutz im Krankheitsfalle nicht anderweitig sichergestellt ist, kann die Bundesanstalt durch Anordnung bestimmen, daß die hierfür angemessenen Kosten dem Bedarf hinzuzurechnen sind. Der Bedarf nach Nummer 1 gilt auch, wenn ein Teilnehmer im Sinne der Nummer 2 zwar nicht im Haushalt der Eltern untergebracht ist, er die Ausbildungsstätte jedoch von der Wohnung der Eltern aus in angemessener Zeit erreichen könnte, es sei denn, er hat das 18. Lebensjahr vollendet, lebt mit mindestens einem Kind zusammen oder seine Verweisung auf die Wohnung der Eltern ist aus schwerwiegenden sozialen Gründen unzumutbar.

(1 c) Auf Auszubildende,

1. die aufgrund von Absatz 1 Satz 2 und 3 keinen Anspruch auf Berufsausbildungsbeihilfe haben oder

2. deren Bedarf sich nach Absatz 1 b Nr. 1 bemißt,

findet § 26 des Bundessozialhilfegesetzes keine Anwendung.

(2) Leistungen nach den Absätzen 1 bis 1 b werden gewährt

1. Deutschen im Sinne des Artikels 116 des Grundgesetzes,

2. Ausländern im Sinne des Gesetzes über die Rechtsstellung heimatloser Ausländer im Bundesgebiet in der im Bundesgesetzblatt Teil III, Gliederungsnummer 243-1, veröffentlichten bereinigten Fassung, zuletzt geändert durch Artikel 4 Nr. 1 des Gesetzes vom 13. Juni 1980 (BGBl. I S. 677), sowie Ausländern, die ihren gewöhnlichen Aufenthalt im Geltungsbereich dieses Gesetzes haben und als Asylberechtigte nach dem Asylverfahrensgesetz vom 16. Juli 1982 (BGBl. I S. 946) anerkannt oder Flüchtlinge nach § 1 des Gesetzes über Maßnahmen für im Rahmen humanitärer Hilfsaktionen aufgenommene Flüchtlinge vom 22. Juli 1980 (BGBl. I S. 1057) sind,

3. Ausländern, die ihren ständigen Wohnsitz im Geltungsbereich dieses Gesetzes haben, wenn ein Elternteil Deutscher im Sinne des Artikels 116 des Grundgesetzes ist,

4. Ausländern, für die Verordnungen der Europäischen Gemeinschaften das vorsehen,

5. anderen Ausländern, wenn

a) sie selbst vor Beginn der förderungsfähigen Ausbildung insgesamt fünf Jahre sich im Geltungsbereich dieses Gesetzes aufgehalten haben und rechtmäßig erwerbstätig gewesen sind oder

b) zumindest ein Elternteil während der letzten sechs Jahre vor Beginn der förderungsfähigen Ausbildung sich insgesamt drei Jahre im Geltungsbereich dieses Gesetzes aufgehalten hat und rechtmäßig erwerbstätig gewesen ist, im übrigen von dem Zeitpunkt an, in dem im weiteren Verlauf der Ausbildung diese Voraussetzungen vorgelegen haben; von dem Erfordernis der rechtmäßigen Erwerbstätigkeit eines Elternteils kann insoweit abgesehen werden, als die Erwerbstätigkeit aus einem von dem erwerbstätigen Elternteil nicht zu vertretenden Grunde nicht ausgeübt worden ist.

(3) Solange und soweit der Antragsteller Unterhaltsleistungen, auf die er einen Anspruch hat, nicht erhält, kann die Bundesanstalt ihn nach den Absätzen 1 bis 1 b fördern, ohne die Unterhaltsleistungen zu berücksichtigen. § 140 Abs. 1 Satz 2 bis 4 gilt entsprechend.

## § 40 a

(1) Die Bundesanstalt gewährt einem Antragsteller, der

1. mindestens ein Jahr lang eine die Beitragspflicht begründende Beschäftigung ausgeübt hat und

2. arbeitslos ist,

für die Teilnahme an einer berufsvorbereitenden Bildungsmaßnahme mit einer Dauer bis zu einem Jahr Berufsausbildungsbeihilfe nach § 40 ohne Anrechnung von Einkommen. § 107 gilt entsprechend. Außerdem stehen Zeiten einer Beschäftigung, die ein Aussiedler, der nach dem Bundesvertriebenengesetz Rechte und Vergünstigungen in Anspruch nehmen kann, in den Aussiedlungsgebieten ausgeübt hat, den Zeiten einer die Beitragspflicht begründenden Beschäftigung gleich, wenn die Beschäftigung bei Ausübung im Geltungsbereich dieses Gesetzes die Beitragspflicht begründet hätte. In den Fällen des Absatzes 2 gilt § 44 Abs. 4 entsprechend; im übrigen gilt § 44 Abs. 4 mit der Maßgabe, daß anstelle des Betrages von dreißig Deutsche Mark ein monatlicher Betrag in Höhe des in § 23 Abs. 1 Buchstabe a des Bundesausbildungsförderungsgesetzes genannten Betrages tritt.

(1a) In der Zeit vom 1. Januar 1988 bis zum 31. Dezember 1995 genügt zur Erfüllung der Voraussetzung nach Absatz 1 Nr. 1, daß der Antragsteller, wenn er bei Beginn der Maßnahme das 25. Lebensjahr noch nicht vollendet hat und mindestens drei Monate beim Arbeitsamt arbeitslos gemeldet war, mindestens vier Monate lang eine die Beitragsspflicht begründende Beschäftigung ausgeübt hat. Von dem Erfordernis der dreimonatigen Arbeitslosigkeit kann abgesehen werden, wenn bis zum Zeitpunkt der Erfüllung dieser Voraussetzung eine Vermittlung in eine berufliche Ausbildungsstelle oder Arbeit nicht zu erwarten ist. Für Teilnehmer an laufenden Maßnahmen, die vor dem 1. Januar 1996 in die Maßnahme eingetreten sind, gilt Satz 1 bis zum Ende der Maßnahme.

(2) Ist der Leistungssatz des Arbeitslosengeldes, des Eingliederungsgeldes oder der Arbeitslosenhilfe, in dessen Höhe der Antragsteller im Falle des Absatzes 1 zu Beginn der Maßnahme eine dieser Leistungen beziehen könnte, höher als die für den Lebensunterhalt sich errechnende Berufsausbildungsbeihilfe, wird die Berufsausbildungsbeihilfe in Höhe des Leistungssatzes des Arbeitslosengeldes, des Eingliederungsgeldes oder der Arbeitslosenhilfe gewährt.

### § 40 b

In der Zeit vom 1. Januar 1988 bis zum 31. Dezember 1995 kann die Bundesanstalt Arbeitslosen, die bei Beginn der Maßnahme das 25. Lebensjahr noch nicht vollendet haben und mindestens drei Monate beim Arbeitsamt arbeitslos gemeldet waren, Berufsausbildungsbeihilfen nach den §§ 40 und 40 a auch für die Teilnahme an nicht den Schulgesetzen der Länder unterliegenden

1. Vorbereitungslehrgängen zum nachträglichen Erwerb des Hauptschulabschlusses und
2. allgemeinbildenden Kursen zum Abbau von beruflich schwerwiegenden Bildungsdefiziten

gewähren. § 40 a Abs. 1 a Satz 2 gilt entsprechend. Gefördert werden können Maßnahmen mit einer Dauer von mindestens sechs Wochen und höchstens einem Jahr. Maßnahmen nach Nummer 2 dürfen nur gefördert werden, wenn die Teilnahme für eine dauerhafte berufliche Eingliederung des Arbeitslosen notwendig ist.

### § 40 c

(1) Die Bundesanstalt kann Ausbildenden Zuschüsse zur Förderung der Berufsausbildung von ausländischen Auszubildenden sowie von lernbeeinträchtigten oder sozial benachteiligten deutschen Auszubildenden gewähren, denen nach der Teilnahme an berufsvorbereitenden Bildungsmaßnahmen ohne weitere Förderung eine Ausbildungsstelle in einem anerkannten Ausbildungsberuf durch die Bundesanstalt nicht vermittelt werden kann. Ausbildungsbegleitende Hilfen nach Absatz 2 Nr. 1 können auch für einen Auszubildenden gewährt werden, wenn ohne diese Förderung ein Abbruch seiner Ausbildung droht. Die Bundesanstalt kann bei ausbildungsbegleitenden Hilfen nach Absatz 2 Nr. 1 von dem Erfordernis der Teilnahme an einer berufsvorbereitenden Bildungsmaßnahme absehen, wenn die Teilnahme für den Erfolg der Ausbildung nicht notwendig ist.

(2) Gefördert werden folgende Maßnahmen im Rahmen eines Berufsausbildungsvertrages nach dem Berufsbildungsgesetz:

1. ausbildungsbegleitende Hilfen des ausbildenden Betriebes oder eines anderen Trägers, soweit sie für einen erfolgreichen Abschluß der betrieblichen Berufsausbildung erforderlich sind,

2. das erste Jahr einer Berufsausbildung in einer überbetrieblichen Einrichtung, wenn eine Ausbildungsstelle in einem Betrieb auch mit ausbildungsbegleitenden Hilfen nach Nummer 1 nicht vermittelt werden kann,

3. die Fortsetzung der nach Nummer 2 geförderten Berufsausbildung in der überbetrieblichen Einrichtung bis zum Abschluß, wenn vorher eine Ausbildungsstelle in einem Betrieb auch mit ausbildungsbegleitenden Hilfen nach Nummer 1 nicht vermittelt werden kann.

(3) Bei Maßnahmen nach Absatz 2 Nr. 2 und 3 darf als Zuschuß zur Ausbildungsvergütung höchstens ein Betrag bis zur Höhe des Leistungssatzes für das Ausbildungsgeld gewährt werden, der auf Grund von § 58 der Leistung zum Lebensunterhalt eines unverheirateten Auszubildenden, der das 21. Lebensjahr noch nicht vollendet hat und im Haushalt der Eltern untergebracht ist, zugrunde zu legen ist, zuzüglich fünf vom Hundert jährlich ab dem zweiten Ausbildungsjahr. Der Betrag erhöht sich um die vom Arbeitgeber zu tragenden Beiträge zur gesetzlichen Rentenversicherung, Krankenversicherung, Unfallversicherung und zur Bundesanstalt. Den Umfang der Förderung im übrigen und bei Maßnahmen nach Abs. 2 Nr. 1 bestimmt die Bundesanstalt durch Anordnung.

## B. Berufliche Fortbildung
### § 41

(1) Die Bundesanstalt fördert die Teilnahme an Maßnahmen, die das Ziel haben, berufliche Kenntnisse und Fertigkeiten festzustellen, zu erhalten, zu erweitern oder der technischen Entwicklung anzupassen oder einen beruflichen Aufstieg zu ermöglichen, und eine abgeschlossene Berufsausbildung oder eine angemessene Berufserfahrung voraussetzen (berufliche Fortbildung).

(2) Gibt es keine geeigneten Fortbildungsmaßnahmen oder ist deren Besuch nicht zumutbar, so wird auch die Teilnahme an einer Maßnahme, die nicht eine Fortbildungsmaßnahme im Sinne des Absatzes 1 ist, gefördert, wenn sie für den Antragsteller eine berufliche Fortbildung gewährleistet.

(2 a) Die Teilnahme an einer Fortbildungsmaßnahme in einem Betrieb wird nur gefördert, wenn die Maßnahme mit einer Prüfung im Sinne des § 46 Berufsbildungsgesetz, der §§ 42 oder 45 Handwerksordnung abschließt oder die Vermittlung theoretischer Kenntnisse nicht weniger als ein Viertel des Unterrichts umfaßt.

(3) Die Teilnahme an einer Fortbildungsmaßnahme wird nur gefördert, wenn die Maßnahme länger als zwei Wochen und, sofern der Antragsteller Anspruch auf Fortzahlung des Arbeitsentgelts hat, länger als vier Wochen dauert; dies gilt nicht für Maßnahmen zur Verbesserung der Vermittlungsaussichten und für Maßnahmen, die das Ziel haben, berufliche Kenntnisse und Fertigkeiten festzustellen. Die Teilnahme an einer Fortbildungsmaßnahme mit Vollzeitunterricht wird nur gefördert, wenn sie nicht länger als zwei Jahre dauert.

(4) Die notwendige Wiederholung eines Teils einer Maßnahme wird nur gefördert, wenn der Teilnehmer den Grund für die Wiederholung nicht zu vertreten hat und der zu wiederholende Teil insgesamt nicht länger als sechs Monate dauert; dies gilt auch dann, wenn dadurch die in Absatz 3 genannte Höchstförderungsdauer überschritten wird.

### § 41 a

(1) Die Bundesanstalt fördert die Teilnahme von Arbeitslosen an Maßnahmen zur Verbesserung ihrer Vermittlungsaussichten, um insbesondere

1. über Fragen der Wahl von Arbeitsplätzen und die Möglichkeiten der beruflichen Bildung zu unterrichten oder

2. zur Erhaltung oder Verbesserung der Fähigkeit beizutragen, Arbeit aufzunehmen oder an beruflichen Bildungsmaßnahmen teilzunehmen.

(2) Die Maßnahmen nach Absatz 1 stehen den Maßnahmen der beruflichen Fortbildung gleich; § 42 gilt nicht.

## § 42

(1) Gefördert werden

1. Antragsteller mit einer abgeschlossenen Berufsausbildung, wenn sie danach mindestens drei Jahre beruflich tätig waren und

2. Antragsteller ohne abgeschlossene Berufsausbildung, wenn sie mindestens sechs Jahre beruflich tätig waren.

Die Dauer der beruflichen Tätigkeit verkürzt sich um zwei Jahre, wenn der Antragsteller an einer Maßnahme mit Vollzeitunterricht und einer Dauer bis zu sechs Monaten oder an einer Maßnahme mit Teilzeitunterricht oder berufsbegleitendem Unterricht und einer Dauer bis zu vierundzwanzig Monaten teilnimmt. Eine berufliche Tätigkeit ist nicht erforderlich, wenn die Teilnahme an einer Maßnahme notwendig im Sinne des § 44 Abs. 2 Satz 2 Nr. 1 bis 3 oder Absatz 2 b ist; ein Antragsteller ohne abgeschlossene Berufsausbildung wird nur gefördert, wenn er vor Beginn der Maßnahme mindestens drei Jahre beruflich tätig war.

(2) Ist der Antragsteller als Teilnehmer an einer Fortbildungs- oder Umschulungsmaßnahme bereits einmal nach diesem Gesetz gefördert worden, so wird er nur gefördert, wenn er danach mindestens weitere drei Jahre beruflich tätig gewesen ist. Die Dauer der beruflichen Tätigkeit verkürzt sich um ein Jahr, wenn die Voraussetzungen des Absatzes 1 Satz 2 erfüllt sind. Eine berufliche Tätigkeit ist nicht erforderlich,

1. wenn der Antragsteller als Teilnehmer an einer Fortbildungs- oder Umschulungsmaßnahme mit Vollzeitunterricht bis zu drei Monaten oder mit Teilzeitunterricht oder berufsbegleitendem Unterricht bis zu zwölf Monaten gefördert worden ist oder wenn er an einer solchen Maßnahme teilnimmt.

2. wenn die Teilnahme an einer Maßnahme notwendig im Sinne des § 44 Abs. 2 Satz 2 Nr. 1 bis 3 oder Absatz 2 b ist.

(3) Auf die nach den Absätzen 1 und 2 erforderliche Dauer der beruflichen Tätigkeit werden Zeiten, in denen der Antragsteller beim Arbeitsamt arbeitslos gemeldet oder als Gefangener (§ 168 Abs. 3a), aus Gründen, die nicht in seiner Person lagen, beschäftigungslos war, angerechnet. Die Dauer der nach Absatz 1 erforderlichen beruflichen Tätigkeit verkürzt sich jedoch höchstens auf die Hälfte.

(4) Der Bundesminister für Arbeit und Sozialordnung kann bei ungünstiger Beschäftigungslage durch Rechtsverordnung jeweils für ein Jahr bestimmen, daß auch Antragsteller, die die Voraussetzungen nach den Absätzen 1 und 2 nicht erfüllen, gefördert werden können.

## § 43

(1) Gefördert wird die Teilnahme an Fortbildungsmaßnahmen, die gerichtet sind insbesondere auf

1. einen beruflichen Aufstieg,

2. die Anpassung der Kenntnisse und Fähigkeiten an die beruflichen Anforderungen,

3. den Eintritt oder Wiedereintritt weiblicher Arbeitssuchender in das Berufsleben,

4. eine bisher fehlende berufliche Abschlußprüfung,

5. die Heranbildung und Fortbildung von Ausbildungskräften,

6. die Wiedereingliederung älterer Arbeitsuchender in das Berufsleben.

(2) Liegt die Teilnahme eines Antragstellers an einer Maßnahme überwiegend im Interesse des Betriebes, dem er angehört, so wird die Teilnahme nicht gefördert; dies gilt insbesondere, wenn der Antragsteller an einer Maßnahme teilnimmt, die unmittelbar oder mittelbar von dem Betrieb getragen wird oder im überwiegenden Interesse des Betriebes liegt. Die Teilnahme wird jedoch gefördert, wenn dafür ein besonderes arbeitsmarktpolitisches Interesse besteht.

## § 44

(1) Teilnehmern an Maßnahmen zur beruflichen Fortbildung mit ganztägigem Unterricht wird ein Unterhaltsgeld gewährt.

(2) Das Unterhaltsgeld beträgt

1. für einen Teilnehmer, der die Voraussetzungen des § 111 Abs. 1 Nr. 1 erfüllt, oder dessen Ehegatte, mit dem er in häuslicher Gemeinschaft lebt, eine Erwerbstätigkeit nicht ausüben kann, weil er der Pflege bedarf, 73 vom Hundert,

2. für die übrigen Teilnehmer 65 vom Hundert

des um die gesetzlichen Abzüge, die bei Arbeitnehmern gewöhnlich anfallen, verminderten Arbeitsentgelts im Sinne des § 112.

Voraussetzung für das Unterhaltsgeld nach Satz 1 ist, daß die Teilnahme an der Bildungsmaßnahme notwendig ist, damit ein Antragsteller, der

1. arbeitslos ist, beruflich eingegliedert wird,

2. von Arbeitslosigkeit unmittelbar bedroht ist, nicht arbeitslos wird,

3. keinen beruflichen Abschluß hat, eine berufliche Qualifikation erwerben kann,

Von Arbeitslosigkeit unmittelbar bedroht ist ein Arbeitnehmer insbesondere dann, wenn eine Kündigung bereits ausgesprochen oder die Eröffnung des Konkursverfahrens über das Vermögen des Arbeitgebers beantragt ist.

(2 a) Sind die Voraussetzungen des Absatzes 2 nicht erfüllt oder kann von dem Antragsteller die Teilnahme an einer gleichwertigen Bildungsmaßnahme mit berufsbegleitendem Unterricht nicht erwartet werden, wird ein Unterhaltsgeld in Höhe von 58 vom Hundert des um die gesetzlichen Abzüge, die bei Arbeitnehmern gewöhnlich anfallen, verminderten Arbeitsentgelts im Sinne des § 112 als Darlehen gewährt.

(2 b) In der Zeit vom 1. Januar 1986 bis zum 31. Dezember 1995 wird Teilnehmern an Maßnahmen zur beruflichen Fortbildung mit Teilzeitunterricht,

1. die bei Beginn der Maßnahme das 25. Lebensjahr nicht vollendet haben, eine Teilzeitbeschäftigung von mindestens 12 und höchstens 24 Stunden wöchentlich ausüben und deren Teilnahme an der Bildungsmaßnahme zur Aufnahme einer Vollzeitbeschäftigung notwendig ist oder

2. die nach der Betreuung und Erziehung eines Kindes in das Erwerbsleben zurückkehren oder nach ihrer Rückkehr nicht länger als ein Jahr erwerbstätig gewesen sind und die Voraussetzungen nach Absatz 2 Satz 2 Nr. 1 oder 3 erfüllen und von denen die Teilnahme an einer Maßnahme mit ganztägigem Unterricht wegen der Betreuung aufsichtsbedürftiger Kinder oder pflegebedürftiger Personen nicht erwartet werden kann,

ein Unterhaltsgeld gewährt. Der Unterricht muß mindestens 12 Unterrichtsstunden in der Woche umfassen. Absatz 2 Satz 1 und Absatz 3 gelten mit der Maßgabe, daß der Bemessung des Unterhaltsgeldes die Hälfte des Arbeitsentgelts im Sinne des § 112 zugrunde zu legen ist. Teilnehmern, die vor dem 1. Januar 1996 in eine Maßnahme eingetreten sind, werden die Leistungen nach diesem Absatz bis zum Ende der Maßnahme gewährt.

(2 c) Der Bundesminister für Arbeit und Sozialordnung bestimmt die Leistungssätze nach den Absätzen 2 und 2a jeweils für ein Kalenderjahr durch Rechtsverordnung. § 111 Abs. 2 Satz 2 bis 6 gilt entsprechend.

(3) Das Unterhaltsgeld bemißt sich

1. bei Teilnehmern, die unmittelbar vor Eintritt in die Bildungsmaßnahme Arbeitslosengeld oder Arbeitslosenhilfe bezogen haben, mindestens nach dem Arbeitsentgelt, nach dem das Arbeitslosengeld oder die Arbeitslosenhilfe zuletzt bemessen worden ist;

2. bei Teilnehmern, die im Bemessungszeitraum zur Berufsausbildung beschäftigt waren und die Abschlußprüfung bestanden haben, nach einem Arbeitsentgelt in Höhe von 75 vom Hundert des Arbeitsentgelts nach § 112 Abs. 7, mindestens nach dem Arbeitsentgelt der Beschäftigung zur Berufsausbildung. Das gleiche gilt für Teilnehmer, die zu dem in § 46 Abs. 1 Satz 5 genannten Personenkreis gehören und nach Abschluß der Berufsausbildung kein Arbeitsentgelt im Sinne des § 112 erzielt haben;

3. wie in einem Fall des § 112 Abs. 7, wenn es unbillig hart wäre, von dem Arbeitsentgelt nach den Absätzen 2, 2a oder 2b auszugehen.

In den Fällen der Nummern 2 und 3 ist von dem Arbeitsentgelt derjenigen Beschäftigung auszugehen, für die der Teilnehmer zu Beginn der Maßnahme in Betracht kommt.

(4) Einkommen, das der Bezieher von Unterhaltsgeld aus einer neben der Teilnahme an der Maßnahme ausgeübten unselbständigen oder selbständigen Tätigkeit erzielt, wird auf das Unterhaltsgeld angerechnet, soweit es nach Abzug der Steuern, der Sozialversicherungsbeiträge, der Beiträge zur Bundesanstalt und der Werbungskosten dreißig Deutsche Mark wöchentlich übersteigt. Einmalige und wiederkehrende Zuwendungen im Sinne des § 112 Abs. 1 Satz 2 bleiben außer Betracht. Satz 1 gilt nicht, soweit das Einkommen aus einer Teilzeitbeschäftigung im Sinne des Absatzes 2b Nr. 1 erzielt wird.

(5) Leistungen, die der Bezieher von Unterhaltsgeld

1. von seinem Arbeitgeber wegen der Teilnahme an einer Maßnahme oder

2. aufgrund eines früheren oder bestehenden Arbeitsverhältnisses ohne Ausübung einer Beschäftigung

für die Zeit der Teilnahme erhält oder zu beanspruchen hat, werden auf das Unterhaltsgeld angerechnet, soweit sie nach Abzug der Steuern, der Sozialversicherungsbeiträge und der Beiträge zur Bundesanstalt zusammen mit dem Unterhaltsgeld das für den Leistungssatz maßgebende Arbeitsentgelt nach § 111 übersteigen. Absatz 4 Satz 2 gilt entsprechend. § 117 Abs. 1a bis 4 gilt entsprechend.

(6) Bricht ein Bezieher von Unterhaltsgeld nach Absatz 2 die Teilnahme an der Maßnahme vor deren Beendigung ohne wichtigen Grund ab oder hat er durch maßnahmewidriges Verhalten Anlaß für den Ausschluß aus der Maßnahme gegeben, ohne für sein Verhalten einen wichtigen Grund zu haben, so kann die Bundesanstalt von ihm das gewährte Unterhaltsgeld insoweit zurückfordern, als ihm für die gleiche Zeit weder Arbeitslosengeld noch Arbeitslosenhilfe zugestanden hätte. Dies gilt nicht, wenn er nach Beratung durch die Bundesanstalt eine Tätigkeit aufnimmt, die zu einer dauerhaften beruflichen Eingliederung führt.

(7) Die Vorschriften des Vierten Abschnittes über das Arbeitslosengeld gelten entsprechend, soweit die Besonderheiten des Unterhaltsgeldes nicht entgegenstehen.

## § 45

Die Bundesanstalt kann ganz oder teilweise die notwendigen Kosten tragen, die durch die Fortbildungsmaßnahme unmittelbar entstehen, insbesondere Lehrgangskosten, Kosten für Lernmittel, Fahrkosten, Kosten der Arbeitskleidung, der Kranken- und Unfallversicherung sowie Kosten der Unterkunft und Mehrkosten der Verpflegung, wenn die Teilnahme an einer Maßnahme notwendig ist, die auswärtige Unterbringung erfordert. Sie kann auch die Kosten für die Betreuung der Kinder des Teilnehmers bis zu 60 Deutsche Mark monatlich ganz oder teilweise tragen, wenn sie durch die Teilnahme an einer Maßnahme unvermeidbar entstehen und die Belastung durch diese Kosten für den Teilnehmer eine unbillige Härte darstellen würde. Teilnehmer, die die Voraussetzungen des § 44 Abs. 2 Satz 2 oder Abs. 2b erfüllen, sind vorrangig zu berücksichtigen. Die Höhe der zu tragenden Kosten kann sich je nach Zugehörigkeit des Teilnehmers zu einer bestimmten arbeitsmarktpolitischen Zielgruppe unterscheiden. Die Bundesanstalt soll für Teilnehmer, die die Voraussetzungen des § 44 Abs. 2 Satz 2 oder Abs. 2b nicht erfüllen, die notwendigen Kosten nur teilweise tragen. Die Bundesanstalt kann bestimmen, daß bestimmte Kosten nicht erstattet werden und Kosten nur erstattet werden, soweit sie 50 Deutsche Mark monatlich übersteigen. Bestimmte Kosten können pauschal erstattet werden. Von der Erstattung geringfügiger Kosten ist abzusehen.

## § 46

(1) Die Leistungen nach § 44 Abs. 2, 2a und 2b sowie nach § 45 werden Antragstellern gewährt, die innerhalb der letzten drei Jahre vor Beginn der Maßnahme mindestens zwei Jahre lang eine die Beitragspflicht begründende Beschäftigung ausgeübt oder Arbeitslosengeld aufgrund eines Anspruchs von einer Dauer von mindestens 156 Tagen oder im Anschluß daran Arbeitslosenhilfe bezogen haben. Die Frist von drei Jahren gilt nicht für Antragsteller, die zur Sicherung des Lebensunterhaltes zur Aufnahme einer Beschäftigung gezwungen sind und die überwiegend wegen der Betreuung und Erziehung eines Kindes keine Erwerbstätigkeit ausgeübt haben. Die Frist von drei Jahren verlängert sich

1. um höchstens fünf Jahre für jedes Kind, soweit wegen der Betreuung und Erziehung keine Erwerbstätigkeit ausgeübt wurde,

2. um die Dauer einer Beschäftigung als Arbeitnehmer (§ 168 Abs. 1 Satz 1) im Ausland, die für die weitere Ausübung des Berufes oder für den beruflichen Aufstieg nützlich und üblich ist, jedoch höchstens um zwei Jahre,

wenn die Zeiten nach Nummer 1 oder 2 in die Frist nach Satz 1 oder in die jeweils verlängerte Frist hineinreichen.

§ 104 Abs. 1 Satz 2 Nr. 1 und Satz 3 sowie § 107 gelten entsprechend. Die Leistungen nach § 44 Abs. 2 und 2b Nr. 1 sowie nach § 45 erhalten auch Antragsteller, die innerhalb des letzten Jahres vor Beginn der Maßnahme einen Berufsausbildungsabschluß auf Grund einer Zulassung zur Prüfung nach § 40 Abs. 3 Berufsbildungsgesetz oder § 37 Abs. 3 Handwerksordnung erworben haben oder deren Prüfungszeugnis auf Grund einer Rechtsverordnung nach § 43 Abs. 1 Berufsbildungsgesetz oder nach § 40 Abs. 1 Handwerksordnung dem Zeugnis über das Bestehen der Abschlußprüfung in einem nach dem Berufsbildungsgesetz oder der Handwerksordnung anerkannten Ausbildungsberuf gleichgestellt worden ist; der Zeitraum von einem Jahr verlängert sich um Zeiten, in denen der Antragsteller nach dem Erwerb des Prüfungszeugnisses beim Arbeitsamt arbeitslos gemeldet war.

(2) Antragstellern, die nicht die Voraussetzungen nach Absatz 1, jedoch die Voraussetzungen nach § 44 Abs. 2 Satz 2 Nr. 1 erfüllen und bis zum Beginn der Bildungsmaßnahme

Arbeitslosengeld oder Arbeitslosenhilfe bezogen haben, wird ein Unterhaltsgeld in Höhe des Betrages gewährt, den sie als Arbeitslosengeld oder Arbeitslosenhilfe zuletzt bezogen haben. Hätte sich das Arbeitslosengeld oder die Arbeitslosenhilfe in der Zeit, in der der Antragsteller an der beruflichen Bildungsmaßnahme teilnimmt, erhöht, so erhöht sich das Unterhaltsgeld vom gleichen Tage an entsprechend. Daneben werden die Leistungen nach § 45 gewährt.

(3) Antragstellern, die nicht die Voraussetzungen nach Absatz 1, jedoch die Voraussetzungen nach § 44 Abs. 2 Satz 2 erfüllen und sich verpflichten, im Anschluß an die Maßnahme mindestens drei Jahre lang eine die Beitragspflicht begründende Beschäftigung auszuüben, werden die Leistungen nach § 45 gewährt.

Die Leistungen sind zurückzuzahlen, wenn der Antragsteller innerhalb von vier Jahren nach Abschluß der Maßnahme ohne wichtigen Grund nicht mindestens drei Jahre lang eine die Beitragspflicht begründende Beschäftigung ausgeübt hat.

## C. Berufliche Umschulung

### § 47

(1) Die Bundesanstalt fördert die Teilnahme von Arbeitsuchenden an Maßnahmen, die das Ziel haben, den Übergang in eine andere geeignete berufliche Tätigkeit zu ermöglichen, insbesondere um die berufliche Beweglichkeit zu sichern oder zu verbessern (berufliche Umschulung). § 41 Abs. 4, §§ 42 und 43 Abs. 2 sowie die §§ 44 bis 46 gelten entsprechend.

(2) gestrichen

(3) Kann Arbeitslosigkeit beschäftigter Arbeitsuchender durch Umschulung vermieden werden, so ist diese so früh wie möglich durchzuführen. Die Teilnahme an einer Umschulungsmaßnahme soll in der Regel nur gefördert werden, wenn diese nicht länger als zwei Jahre dauert.

...

### Fünfter Unterabschnitt

### Förderung der Arbeitsaufnahme und der Aufnahme einer selbständigen Tätigkeit

### § 53

(1) Die Bundesanstalt kann für arbeitslose und von Arbeitslosigkeit unmittelbar bedrohte Arbeitsuchende zur Förderung der Arbeitsaufnahme folgende Leistungen gewähren:

1.  Zuschuß zu Bewerbungskosten,

2.  Zuschuß zu Reise- und Umzugskosten,

3.  Arbeitsausrüstung,

4.  Trennungsbeihilfe, wenn die Arbeitsaufnahme die Führung eines getrennten Haushaltes erfordert,

5.  Überbrückungsbeihilfe bis zur Dauer von einem Monat in besonderen Härtefällen,

6.  Begleitung bei Sammelfahrten zur Arbeitsaufnahme an einem auswärtigen Beschäftigungsort,

6a. Familienheimfahrten,

7.  sonstige Hilfen, die sich zur Erleichterung der Arbeitsaufnahme als notwendig erweisen.

An Stelle einer Leistung nach den Nummern 1, 2, 3, 5 oder 7 kann auch ein Darlehen gewährt werden.

(2) Die Bundesanstalt kann die in Absatz 1 genannten Leistungen auch zur Begründung eines Ausbildungsverhältnisses Berufsanwärtern gewähren, die bei ihr als Bewerber um eine berufliche Ausbildungsstelle gemeldet sind. Dies gilt für Berufsanwärter, die in einem Arbeits- oder Ausbildungsverhältnis stehen, nur dann, wenn sie von Arbeitslosigkeit unmittelbar bedroht sind.

(3) Leistungen nach den Absätzen 1 und 2 dürfen nur gewährt werden, soweit die Arbeitsuchenden die erforderlichen Mittel nicht selbst aufbringen können. Die §§ 37, 38, 44 Abs. 2 Satz 3 und § 49 Abs. 1 Satz 4 Buchstabe b gelten entsprechend.

(4) Die Bundesanstalt kann durch Anordnung Vorschriften zur Durchführung der Absätze 1 und 2 erlassen. Dabei kann sie bestimmen, daß Leistungen nach Absatz 1 erst ab einem bestimmten Mindestbetrag gewährt werden, einen bestimmten Höchstbetrag nicht übersteigen dürfen und auf Familienangehörige ausgedehnt werden können, sowie unter welchen Voraussetzungen und in welchem Umfang Leistungen zur Aufnahme einer Arbeit im Ausland gewährt werden können.

### § 54

(1) Die Bundesanstalt kann Arbeitgebern zur beruflichen Eingliederung von arbeitslosen und von Arbeitslosigkeit unmittelbar bedrohten Arbeitsuchenden, deren Unterbringung unter den üblichen Bedingungen des Arbeitsmarktes erschwert ist, Darlehen oder Zuschüsse gewähren. Diese Leistungen dürfen fünfzig vom Hundert des tariflichen oder, soweit eine tarifliche Regelung nicht besteht, des für den Beruf des Arbeitnehmers ortsüblichen Arbeitsentgelts nicht übersteigen. Sie werden nicht länger als zwei Jahre gewährt. Werden sie für mehr als sechs Monate gewährt, so sollen sie spätestens nach Ablauf von sechs Monaten um mindestens zehn vom Hundert des Arbeitsentgelts vermindert werden. § 44 Abs. 2 Satz 3 und § 49 Abs. 3 gelten entsprechend.

(2) Die Bundesanstalt kann zur Durchführung des Absatzes 1 durch Anordnung das Nähere über Voraussetzungen, Art und Umfang der Förderung bestimmen. Dabei kann sie zulassen, daß die Verminderung nach Absatz 1 Satz 4 später beginnt, wenn die Leistungen länger als zwölf Monate gewährt werden.

### Siebter Unterabschnitt
### Eingliederung der Aussiedler
### § 62a

(1) Aussiedler, die nach dem Bundesvertriebenengesetz Rechte und Vergünstigungen in Anspruch nehmen können, haben Anspruch auf Eingliederungsgeld, wenn sie

1. arbeitslos sind, der Arbeitsvermittlung zur Verfügung stehen, sich beim Arbeitsamt arbeitslos gemeldet und Eingliederungsgeld beantragt haben,

2. innerhalb eines Jahres vor dem Tag, an dem die sonstigen Voraussetzungen für den Anspruch auf Eingliederungsgeld erfüllt sind (Vorfrist), in den Aussiedlungsgebieten mindestens 150 Kalendertage in einer Beschäftigung gestanden haben, die bei Ausübung im Geltungsbereich dieses Gesetzes die Beitragspflicht begründet hätte, und

3. bereit sind, an einem Deutsch-Sprachlehrgang mit ganztägigem Unterricht teilzunehmen, der für die zügige berufliche Eingliederung erforderlich ist.

Für die Vorfrist gilt § 104 Abs. 3 zweiter Halbsatz entsprechend. Der Anspruch auf Eingliederungsgeld entsteht für jeden Berechtigten nur einmal.

(2) Die Dauer des Anspruchs auf Eingliederungsgeld beträgt 312 Tage.

(3) Das Eingliederungsgeld bemißt sich nach einem Arbeitsentgelt in Höhe von 70 vom Hundert der Bezugsgröße nach § 18 des Vierten Buches Sozialgesetzbuch, die bei Entstehung des Anspruchs auf Eingliederungsgeld maßgebend ist. § 112 Abs. 8 gilt entsprechend; dabei ist als Durchschnitt der tariflichen regelmäßigen wöchentlichen Arbeitszeit der Beschäftigungsverhältnisse im Bemessungszeitraum die tarifliche regelmäßige Arbeitszeit zugrunde zu legen, die bei Entstehung des Anspruchs auf Eingliederungsgeld für Angestellte im öffentlichen Dienst maßgebend ist. Das Eingliederungsgeld beträgt 63 vom Hundert des um die gesetzlichen Abzüge, die bei Arbeitnehmern gewöhnlich anfallen, verminderten Arbeitsentgelts. Das wöchentliche Eingliederungsgeld erhöht sich um 30 Deutsche Mark, wenn der Arbeitslose

1. verheiratet ist und von seinem Ehegatten nicht dauernd getrennt lebt oder

2. alleinstehend ist und ein Kind im Sinne des § 32 Abs. 1, 4 und 5 des Einkommensteuergesetzes hat.

Die Erhöhung nach Satz 4 entfällt, wenn

1. der Arbeitslose oder die in Satz 4 Nr. 1 oder 2 enannten Personen Einkünfte aus Erwerbstätigkeit oder eine Lohnersatzleistung beziehen oder

2. die in Satz 4 Nr. 1 oder 2 genannten Personen Eingliederungsgeld erhalten oder nur deshalb nicht erhalten, weil sie die allein von ihrem Willen abhängigen Leistungsvoraussetzungen nach Absatz 1 Satz Nr. 1 oder 3 nicht erfüllen.

(4) In den ersten zwei Monaten nach der Einreise in den Geltungsbereich dieses Gesetzes kann Eingliederungsgeld auch beanspruchen, wer die Voraussetzungen für den Anspruch auf Eingliederungsgeld allein deshalb nicht erfüllt, weil er nicht bereit ist, jede zumutbare Beschäftigung anzunehmen oder an zumutbaren Maßnahmen der beruflichen Bildung oder der beruflichen Rehabilitation teilzunehmen.

(5) Der Anspruch auf Eingliederungsgeld erlischt, wenn der Arbeitslose die Voraussetzungen für einen Anspruch auf Arbeitslosengeld erfüllt oder nur deshalb nicht erfüllt, weil er Arbeitslosengeld nicht beantragt hat.

(6) Auf die Eingliederungsgeld sind die Vorschriften dieses Gesetzes, der Reichsversicherungsordnung, des Angestelltenversicherungsgesetzes, des Reichsknappschaftsgesetzes, des Einkommensteuergesetzes und sonstiger Gesetze, die das Arbeitslosengeld oder Empfänger dieser Leistung betreffen, mit folgenden Maßgaben entsprechend anzuwenden:

1. Abweichend von § 110 Abs. 1 Satz 1 Nr. 1 mindert sich die Dauer des Anspruchs auf Eingliederungsgeld nicht um Tage, für die diese Leistung nach § 62 b oder § 62 c gewährt wird,

2. Anpassungstag im Sinne des § 112 a ist der letzte Tag vor Entstehung des Anspruchs auf Eingliederungsgeld,

3. Deutsch-Sprachlehrgänge mit ganztägigem Unterricht stehen den Maßnahmen im Sinne des § 119 Abs. 1 Satz 1 Nr. 3 und 4 in Verbindung mit § 103 Abs. 1 Satz 1 Nr. 2 Buchstabe b gleich.

(7) Für den Anspruch auf Arbeitslosenhilfe steht das Eingliederungsgeld dem Arbeitslosengeld mit der Maßgabe gleich, daß die Arbeitslosenhilfe wie in einem Fall des § 112 Abs. 7 zu bemessen ist. Anspruch auf Arbeitslosenhilfe besteht nicht für Zeiten, in denen der Arbeitslose die Voraussetzungen für einen Anspruch auf Eingliederungsgeld erfüllt oder nur deshalb nicht erfüllt, weil er

1. Eingliederungsgeld nicht beantragt hat oder

2. nicht bereit ist, an einem Deutsch-Sprachlehrgang im Sinne des Absatzes 1 Satz 1 Nr. 3 teilzunehmen.

## § 62 b

(1) Ist die Teilnahme an einer Maßnahme der beruflichen Fortbildung und Umschulung im Sinne des Vierten Unterabschnitts oder einer Maßnahme der beruflichen Rehabilitation im Sinne des § 59 Abs. 1 notwendig, damit ein Arbeitsloser oder von Arbeitslosigkeit unmittelbar Bedrohter, der die Voraussetzungen des § 62 a Abs. 1 erfüllt und innerhalb der letzten 12 Monate vor Beginn der Maßnahme Eingliederungsgeld bezogen hat, beruflich eingegliedert wird, gewährt die Bundesanstalt für die Dauer der Bildungsmaßnahme das Eingliederungsgeld nach § 62 a. §§ 42, 44 Abs. 4 bis 6 und § 59 e gelten entsprechend.

(2) Die durch die Teilnahme an einer Maßnahme der beruflichen Fortbildung und Umschulung im Sinne des Vierten Unterabschnitts entstehenden Kosten werden nach Maßgabe des § 45, die durch die Teilnahme an einer Maßnahme der beruflichen Rehabilitation im Sinne des § 59 Abs. 1 entstehenden Kosten werden nach Maßgabe des § 56 Abs. 3 Nr. 2 bis 6 erstattet.

## § 62 c

(1) Die Bundesanstalt gewährt Personen, die

1. die Voraussetzungen des § 62 a erfüllen,

2. an einem Deutsch-Sprachlehrgang mit ganztägigem Unterricht teilnehmen und

3. die für die berufliche Eingliederung erforderlichen Kenntnisse der deutschen Sprache nicht besitzen,

für die Dauer des Deutsch-Sprachlehrganges das Eingliederungsgeld nach § 62 a. Die durch die Teilnahme entstehenden Kosten werden nach Maßgabe des § 45 erstattet. Der Deutsch-Sprachlehrgang wird längstens 10 Monate gefördert. § 44 Abs. 4 bis 6 gilt entsprechend.

(2) Personen, die die Voraussetzung des Absatzes 1 Nr. 1 nicht erfüllen, jedoch im Herkunftsland eine Erwerbstätigkeit von mindestens 70 Kalendertagen im letzten Jahr vor der Ausreise ausgeübt haben, und beabsichtigen, nach Abschluß des Deutsch-Sprachlehrgangs eine nicht der Berufsausbildung dienende Erwerbstätigkeit im Geltungsbereich dieses Gesetzes aufzunehmen, und

1. als Aussiedler Rechte und Vergünstigungen nach dem Bundesvertriebenengesetz in Anspruch nehmen können, oder

2. als Asylberechtigte nach dem Asylverfahrensgesetz anerkannt sind und ihren gewöhnlichen Aufenthalt im Geltungsbereich dieses Gesetzes haben, oder

3. im Rahmen humanitärer Hilfsaktionen der Bundesrepublik Deutschland durch Erteilung einer Aufenthaltserlaubnis vor der Einreise in der Form des Sichtvermerks oder durch Übernahmeerklärung nach § 22 des Ausländergesetzes vom 28. April 1965 (BGBl. I S. 353), zuletzt geändert durch Artikel 2 des Gesetzes vom 20. Dezember 1988 (BGBl. I S. 2362), im Geltungsbereich dieses Gesetzes aufgenommen worden sind (Kontingentflüchtlinge),

erhalten für die Dauer des Deutsch-Sprachlehrganges die Leistungen nach Absatz 1. Diese Leistungen werden auch gewährt, wenn wegen der besonderen Verhältnisse im Herkunftsland die Voraussetzung einer vorherigen Erwerbstätigkeit von mindestens 70 Kalendertagen im letzten Jahr vor der Ausreise nicht erfüllt werden konnte und die Nichtgewährung der Leistungen eine unbillige Härte darstellen würde.

(3) Personen, die die Voraussetzungen nach Absatz 1 oder 2 erfüllen und an einem Deutsch-Sprachlehrgang mit Teilzeitunterricht von mindestens zwölf Unterrichtsstunden wöchentlich teilnehmen und eine Teilzeitbeschäftigung von mindestens zwölf und höchstens vierundzwanzig Stunden wöchentlich ausüben, erhalten die Leistungen nach Ab-

satz 1 mit der Maßgabe, daß sich für die Dauer des Deutsch-Sprachlehrgangs das Eingliederungsgeld nach der Hälfte des Arbeitsentgelts nach § 62 a Abs. 3 Satz 1 bemißt und die Förderung für längstens 18 Monate gewährt wird.

### § 62 d

(1) Die Bundesanstalt erstattet den Trägern von Deutsch-Sprachlehrgängen für

1. Aussiedler, die Rechte und Vergünstigungen nach dem Bundesvertriebenengesetz in Anspruch nehmen können,

2. Asylberechtigte,

3. Kontingentflüchtlinge,

die keinen Anspruch auf Leistungen nach § 62 c haben und auch keine Leistungen nach den Richtlinien des Bundesministers für Jugend, Familie, Frauen und Gesundheit für die Vergabe von Beihilfen zur schulischen, beruflichen und gesellschaftlichen Eingliederung junger Aussiedler, junger Zuwanderer aus der Deutschen Demokratischen Republik einschließlich Berlin (Ost) sowie junger ausländischer Flüchtlinge – sog. Garantiefonds – Schul- und Berufsbildungsbereich – vom 1. März 1988 (GMBl. S. 243) oder nach den Richtlinien des Bundesministers für Jugend, Familie, Frauen und Gesundheit für die Gewährung von Zuwendungen an die Otto Benecke Stiftung e. V., Bonn, und die Vergabe von Stipendien durch die Otto Benecke Stiftung an junge Aussiedler, junge Zuwanderer aus der Deutschen Demokratischen Republik einschließlich Berlin (Ost) sowie junge ausländische Flüchtlinge zur Vorbereitung und Durchführung eines Hochschulstudiums – sog. Garantiefonds – Hochschulbereich – vom 1. März 1988 (GMBl. S. 256) in Anspruch nehmen können, die notwendigen Kosten, die durch die Durchführung der Lehrgänge und die Abgabe von Lernmitteln an die Teilnehmer unmittelbar entstehen.

(2) Die Bundesanstalt trägt die notwendigen Fahrkosten, die durch die Teilnahme an Deutsch-Sprachlehrgängen unmittelbar entstehen.

### § 62 e

Für die Leistungen nach den §§ 62 c und 62 d gelten die §§ 33 und 34 entsprechend. Die Bundesanstalt bestimmt durch Anordnung das Nähere über Voraussetzungen, Art, Umfang und Durchführung der Förderung nach den §§ 62 bis 62 d.

**Vierter Abschnitt**
**Leistungen bei Arbeitslosigkeit und bei Zahlungsunfähigkeit des Arbeitgebers**

**Erster Unterabschnitt**
**Leistungen der Arbeitslosenversicherung (Arbeitslosengeld)**

### § 100

(1) Anspruch auf Arbeitslosengeld hat, wer arbeitslos ist, der Arbeitsvermittlung zur Verfügung steht, die Anwartschaftszeit erfüllt, sich beim Arbeitsamt arbeitslos gemeldet und Arbeitslosengeld beantragt hat.

(2) Wer das fünfundsechzigste Lebensjahr vollendet, hat vom Beginn des folgenden Monats an keinen Anspruch auf Arbeitslosengeld.

## § 101

(1) Arbeitslos im Sinne dieses Gesetzes ist ein Arbeitnehmer, der vorübergehend nicht in einem Beschäftigungsverhältnis steht oder nur eine kurzzeitige Beschäftigung ausübt. Der Arbeitnehmer ist jedoch nicht arbeitslos, wenn er

1. eine Tätigkeit als mithelfender Familienangehöriger oder Selbständiger ausübt, die die Grenze des § 102 überschreitet, oder

2. mehrere kurzzeitige Beschäftigungen oder Tätigkeiten entsprechenden Umfanges ausübt, die zusammen die Grenze des § 102 überschreiten.

(2) Arbeitnehmer im Sinne der Vorschriften dieses Abschnittes sind auch die im Rahmen betrieblicher Berufsbildung Beschäftigten und die Heimarbeiter (§ 12 Abs. 2 des Vierten Buches Sozialgesetzbuch).

## § 102

(1) Kurzzeitig im Sinne des § 101 Abs. 1 ist eine Beschäftigung, die auf weniger als 18 Stunden wöchentlich der Natur der Sache nach beschränkt zu sein pflegt oder im voraus durch einen Arbeitsvertrag beschränkt ist. Gelegentliche Abweichungen von geringer Dauer bleiben unberücksichtigt.

(2) Eine Beschäftigung ist nicht kurzzeitig, soweit die wöchentliche Arbeitszeit

1. zusammen mit der für die Ausübung erforderlichen Vor- und Nacharbeit die Arbeitskraft des Beschäftigten in der Regel mindestens 18 Stunden wöchentlich in Anspruch nimmt oder

2. wegen stufenweiser Wiedereingliederung in das Erwerbsleben nach § 74 des Fünften Buches Sozialgesetzbuch oder aus einem sonstigen der in § 105 b Abs. 1 Satz 1 genannten Gründe, wegen Arbeitsmangels oder eines Naturereignisses 18 Stunden wöchentlich nicht erreicht oder

3. zur Erleichterung des Übergangs in den Ruhestand auf weniger als 18 Stunden herabgesetzt und hierfür ein Entgeltausgleich vereinbart worden ist, der dem Arbeitnehmer mindestens ein durchschnittliches wöchentliches Arbeitsentgelt gewährleistet, das er zuletzt vor Herabsetzung der Arbeitszeit innerhalb von 18 Stunden erzielt hätte.

## § 103

(1) Der Arbeitsvermittlung steht zur Verfügung, wer

1. eine zumutbare, nach § 168 die Beitragspflicht begründende Beschäftigung unter den üblichen Bedingungen des allgemeinen Arbeitsmarktes ausüben kann und darf,

2. bereit ist,

a) jede zumutbare Beschäftigung anzunehmen, die er ausüben kann und darf, sowie

b) an zumutbaren Maßnahmen zur beruflichen Ausbildung, Fortbildung und Umschulung, zur Verbesserung der Vermittlungsaussichten sowie zur beruflichen Rehabilitation teilzunehmen, sowie

3. das Arbeitsamt täglich aufsuchen kann und für das Arbeitsamt erreichbar ist.

Die Dauer der Arbeitszeit braucht nicht den üblichen Bedingungen des allgemeinen Arbeitsmarktes zu entsprechen, wenn der Arbeitslose wegen tatsächlicher oder rechtlicher Bindungen nur eine Teilzeitbeschäftigung ausüben kann. Der Arbeitsvermittlung steht nicht zur Verfügung wer

1. wegen häuslicher Bindungen, die nicht in der Betreuung aufsichtsbedürftiger Kinder oder pflegebedürftiger Personen bestehen, Beschäftigungen nur zu bestimmten Arbeitszeiten ausüben kann,

2. wegen seines Verhaltens nach der im Arbeitsleben herrschenden Auffassung für eine Beschäftigung als Arbeitnehmer nicht in Betracht kommt.

(2) Bei der Beurteilung der Zumutbarkeit sind die Interessen des Arbeitslosen und die der Gesamtheit der Beitragszahler gegeneinander abzuwägen. Näheres bestimmt die Bundesanstalt durch Anordnung.

(3) Kann der Arbeitslose nur Heimarbeit übernehmen, so schließt das nicht aus, daß er der Arbeitsvermittlung zur Verfügung steht, wenn er innerhalb der Rahmenfrist eine die Beitragspflicht begründende Beschäftigung als Heimarbeiter so lange ausgeübt hat, wie zur Erfüllung einer Anwartschaftszeit erforderlich ist (§ 104).

(4) Nimmt der Arbeitslose an einer Maßnahme zur Verbesserung der Vermittlungsaussichten teil, leistet er vorübergehend zur Verhütung oder Beseitigung öffentlicher Notstände Dienste, die nicht auf einem Arbeitsverhältnis beruhen, oder übt er eine freie Arbeit im Sinne des Artikels 293 des Einführungsgesetzes zum Strafgesetzbuch oder auf Grund einer Anordnung im Gnadenwege aus, so schließt das nicht aus, daß der Arbeitslose der Arbeitsvermittlung zur Verfügung steht.

(5) Die Bundesanstalt bestimmt durch Anordnung Näheres über die Pflichten nach Absatz 1 Satz 1 Nr. 3. Sie kann auch Ausnahmen zulassen, wenn dadurch die Vermittlung in Arbeit oder in eine berufliche Ausbildungsstelle, die Teilnahme an einer zumutbaren Maßnahme der beruflichen Bildung oder die Teilnahme an einer Maßnahme zur Verbesserung der Vermittlungsaussichten nicht beeinträchtigt wird. Sie kann ferner Regelungen treffen, die die Besonderheiten des § 105 c berücksichtigen.

(6) Wird die Zumutbarkeits-Anordnung vom 3. Oktober 1979 nicht bis zum 31. März 1982 an die ab 1. Januar 1982 geltende Fassung der Absätze 1 und 2 angepaßt oder ist die in der neuen Anordnung vorgenommenen Interessenabwägung nach Absatz 2 Satz 1 nicht angemessen, bestimmt die Bundesregierung das Nähere durch Rechtsverordnung.

...

## § 104

(1) Die Anwartschaftszeit hat erfüllt, wer in der Rahmenfrist dreihundertsechzig Kalendertage in einer die Beitragspflicht begründenden Beschäftigung (§ 168) gestanden hat. Zeiten einer Beschäftigung,

1. für die kein Arbeitsentgelt gezahlt wird oder
2. die vor dem Tage liegen, an dem der Anspruch auf Arbeitslosengeld oder Arbeitslosenhilfe § 119 Abs. 3 erloschen ist,

dienen nicht zur Erfüllung der Anwartschaftszeit. Satz 2 Nr. 1 gilt nicht für Zeiten, die jeweils vier Wochen nicht überschreiten. Bei Arbeitnehmern, die allein wegen der Besonderheiten ihres Arbeitsplatzes regelmäßig weniger als dreihundertsechzig Kalendertage im Kalenderjahr beschäftigt werden, beträgt die Beschäftigungszeit nach Satz 1 hundertachtzig Kalendertage. Näheres zur Abgrenzung des Personenkreises nach Satz 4 bestimmt der Bundesminister für Arbeit und Sozialordnung durch Rechtsverordnung.

(2) Die Rahmenfrist geht dem ersten Tage der Arbeitslosigkeit unmittelbar voraus, an dem die sonstigen Voraussetzungen für den Anspruch auf Arbeitslosengeld erfüllt sind oder nach § 105 als erfüllt gelten.

(3) Die Rahmenfrist beträgt drei Jahre; sie reicht nicht in eine vorangegangene Rahmenfrist hinein, in der der Arbeitslose eine Anwartschaftszeit erfüllt hatte.

## § 105

Der Arbeitslose hat sich persönlich beim zuständigen Arbeitsamt arbeitslos zu melden. Kann der Arbeitslose sich nicht am ersten Tage der Arbeitslosigkeit arbeitslos melden und Arbeitslosengeld beantragen, weil das zuständige Arbeitsamt an diesem Tage nicht dienstbereit ist, so gelten diese Voraussetzungen als am ersten Tage der Arbeitslosigkeit erfüllt, wenn der Arbeitslose an dem nächsten Tage, an dem das Arbeitsamt dienstbereit ist, sich arbeitslos meldet und Arbeitslosengeld beantragt.

...

## § 106

(1) Die Dauer des Anspruchs auf Arbeitslosengeld beträgt 156 Tage. Die Anspruchsdauer verlängert sich nach Maßgabe der Dauer der die Beitragspflicht begründenden Beschäftigung innerhalb der auf sieben Jahre erweiterten Rahmenfrist und des Lebensjahres, das der Arbeitslose bei Entstehung des Anspruchs vollendet hat. Sie beträgt

| nach einer die Beitragspflicht begründenden Beschäftigung von insgesamt mindestens . . . Kalendertagen | und nach Vollendung des . . . Lebensjahres | . . . Tage |
|---|---|---|
| 480 | – | 208 |
| 600 | – | 260 |
| 720 | – | 312 |
| 840 | 42. | 364 |
| 960 | 42. | 416 |
| 1 080 | 42. | 468 |
| 1 200 | 44. | 520 |
| 1 320 | 44. | 572 |
| 1 440 | 49. | 624 |
| 1 560 | 49. | 676 |
| 1 680 | 54. | 728 |
| 1 800 | 54. | 780 |
| 1 920 | 54. | 832 |

(2) Hat der Arbeitslose die Anwartschaftszeit durch Beschäftigungszeiten von weniger als dreihundertsechzig Kalendertagen erfüllt (§ 104 Abs. 1 Satz 4), so begründen Beschäftigungszeiten innerhalb der Rahmenfrist von insgesamt mindestens

1. hundertachtzig Kalendertagen eine Anspruchsdauer von 78 Tagen und

2. zweihundertvierzig Kalendertagen eine Anspruchsdauer von 104 Tagen.

(3) § 104 Abs. 1 Satz 2 und 3, Abs. 2 und Abs. 3 gilt entsprechend. Die Dauer des Anspruchs verlängert sich um die Dauer des nach § 125 Abs. 1 erloschenen Anspruchs auf Arbeitslosengeld oder das nach § 62 a Abs. 5 erloschenen Anspruchs auf Eingliederungsgeld, wenn nach der Entstehung des erloschenen Anspruchs noch nicht sieben Jahre verstrichen sind; sie verlängert sich längstens bis zu der dem Lebensalter des Arbeitslosen zugeordneten Höchstdauer.

## § 107

Den Zeiten einer die Beitragspflicht begründenden Beschäftigung stehen gleich:

1. Zeiten, in denen der Arbeitslose als Wehr- oder Zivildienstleistender beitragspflichtig war (§ 168 Abs. 2),

2. (gestrichen)

3. (gestrichen)

4. (gestrichen)

5. Zeiten,

a) für die wegen Bezuges von Krankengeld, Versorgungskrankengeld, Verletztengeld, Übergangsgeld oder Krankentagegeld eines Unternehmens der privaten Kankenversicherung Beiträge zu zahlen waren (§ 186),

b) des Bezuges von Sonderunterstützung nach dem Mutterschutzgesetz oder von Mutterschaftsgeld, wenn durch Schwangerschaft oder Mutterschaft eine die Beitragspflicht begründende Beschäftigung oder der Bezug einer laufenden Lohnersatzleistung nach diesem Gesetz unterbrochen worden ist,

c) für die der Arbeitslose Erziehungsgeld bezogen oder nur wegen der Berücksichtigung von Einkommen nicht bezogen hat, wenn durch die Betreuung und Erziehung des Kindes eine die Beitragspflicht begründende Beschäftigung oder der Bezug einer laufenden Lohnersatzleistung nach diesem Gesetz unterbrochen worden ist,

d) des Bezuges von Unterhaltsgeld nach diesem Gesetz oder auf Grund einer Rechtsverordnung nach § 3 Abs. 5 in entsprechender Anwendung dieses Gesetzes oder von Übergangsgeld nach diesem Gesetz. Das gleiche gilt für Zeiten, in denen der Arbeitslose nur wegen des Vorranges anderer Leistungen (§ 37) kein Unterhaltsgeld nach diesem Gesetz bezogen hat.

6. Zeiten, in denen der Arbeitslose als Gefangener beitragspflichtig war (§ 168 Abs. 3 a).

Nummer 5 Buchstabe c gilt nicht für Zeiten, in denen der Arbeitslose die Voraussetzungen für einen Anspruch auf Arbeitslosengeld erfüllt.

...

## § 110

Die Dauer des Anspruchs auf Arbeitslosengeld mindert sich um

1. Tage, für die der Anspruch auf Arbeitslosengeld erfüllt worden ist; dabei gilt der Anspruch auf Arbeitslosengeld für so viele Tage als nicht erfüllt, als das wöchentliche Arbeitslosengeld nach der auf Grund des § 111 Abs. 2 erlassenen Rechtsverordnung durch Anrechnung von Nebenverdienst nach § 115 um volle Sechstel gemindert ist,

2. die Tage einer Sperrzeit nach § 119; die Minderung entfällt bei Sperrzeiten nach § 119 Abs. 1 Satz 1 Nr. 1 und 4, wenn das Ereignis, das die Sperrzeit begründet, bei Erfüllung der Voraussetzungen für den Anspruch auf Arbeitslosengeld länger als ein Jahr zurückliegt,

3. die Tage einer Säumniszeit nach § 120, höchstens um acht Wochen,

4. Tage, für die dem Arbeitslosen das Arbeitslosengeld nach § 66 des Ersten Buches Sozialgesetzbuch oder nach § 100 Abs. 1 Satz 4 des Vierten Buches Sozialgesetzbuch versagt oder entzogen worden ist,

5. Tage der Arbeitslosigkeit nach der Erfüllung der Voraussetzungen für den Anspruch auf Arbeitslosengeld, an denen der Arbeitslose nicht bereit ist, jede zumutbare Beschäftigung aufzunehmen, die er ausüben kann und darf, ohne für sein Verhalten einen wichtigen Grund zu haben.

In den Fällen der Nummern 4 und 5 mindert sich die Dauer des Anspruchs auf Arbeitslosengeld höchstens um vier Wochen.

...

## § 111

(1) Das Arbeitslosengeld beträgt

1. für Arbeitslose, die mindestens ein Kind im Sinne des § 32 Abs. 1, 4 und 5 des Einkommensteuergesetzes haben, sowie für Arbeitslose, deren Ehegatte mindestens ein Kind im Sinne des § 32 Abs. 1, 4 und 5 des Einkommensteuergesetzes hat, wenn beide Ehegatten unbeschränkt einkommensteuerpflichtig sind und nicht dauernd getrennt leben, 68 vom Hundert,

2. für die übrigen Arbeitslosen 63 vom Hundert

des um die gesetzlichen Abzüge, die bei Arbeitnehmern gewöhnlich anfallen, verminderten Arbeitsentgelts (§ 112).

(2) Der Bundesminister für Arbeit und Sozialordnung bestimmt die Leistungssätze jeweils für ein Kalenderjahr durch Rechtsverordnung. Dabei hat er zugrunde zu legen:

1. als Lohnsteuer

a) die Steuer nach der allgemeinen Lohnsteuertabelle für die Lohnsteuerklasse I ohne Kinderfreibetrag (Leistungsgruppe A)

bei Arbeitnehmern, auf deren Lohnsteuerkarte die Lohnsteuerklasse I oder IV eingetragen ist;

b) die Steuer nach der allgemeinen Lohnsteuertabelle für die Lohnsteuerklasse I ohne Kinderfreibetrag unter Berücksichtigung eines Freibetrages in Höhe des Haushaltsfreibetrages nach § 32 Abs. 7 des Einkommensteuergesetzes (Leistungsgruppe B)

bei Arbeitnehmern, auf deren Lohnsteuerkarte die Lohnsteuerklasse II eingetragen ist;

c) die Steuer nach der allgemeinen Lohnsteuertabelle für die Lohnsteuerklasse III ohne Kinderfreibetrag (Leistungsgruppe C)

bei Arbeitnehmern, auf deren Lohnsteuerkarte die Lohnsteuerklasse III eingetragen ist;

d) die Steuer nach der allgemeinen Lohnsteuertabelle für die Lohnsteuerklasse V (Leistungsgruppe D)

bei Arbeitnehmern, auf deren Lohnsteuerkarte die Lohnsteuerklasse V eingetragen ist, sowie

e) die Steuer nach der allgemeinen Lohnsteuertabelle für die Lohnsteuerklasse VI (Leistungsgruppe E)

bei Arbeitnehmern, auf deren Lohnsteuerkarte die Lohnsteuerklasse VI eingetragen ist, weil sie noch aus einem weiteren Dienstverhältnis Arbeitslohn beziehen.

2. als Kirchensteuer-Hebesatz den im Vorjahr in den Ländern geltenden niedrigsten Kirchensteuer-Hebesatz;

3. als Beitrag zur gesetzlichen Krankenversicherung die Hälfte des gewogenen Mittels der am 1. Juli des Vorjahres geltenden allgemeinen Beitragssätze;

4. als Beitrag zur gesetzlichen Rentenversicherung die Hälfte des geltenden Beitragssatzes der Rentenversicherung der Arbeiter und der Rentenversicherung der Angestellten;

5. als Leistungsbemessungsgrenze die nach § 175 Abs. 1 Nr. 1 für den Beitrag zur Bundesanstalt geltende Beitragsbemessungsgrenze.

Die Leistungssätze sind auf den nächsten durch 60 teilbaren Pfennig-Betrag zu runden. Die Rechtsverordnung kann bestimmen, daß geänderte Leistungssätze vom Beginn des Zahlungszeitraums (§ 122) an gelten, in dem sie in Kraft tritt. Sie kann ferner bestimmen, daß für Arbeitslose, die bei Inkrafttreten die Anwartschaftszeit für den Anspruch auf Arbeitslosengeld erfüllen, bisherige günstigere Leistungssätze weiterhin maßgebend sind, soweit dies zur Vermeidung von Härten erforderlich ist. Änderungsbescheide werden mit dem Tage wirksam, von dem an die geänderten Leistungssätze gelten.

## § 112

(1) Arbeitsentgelt im Sinne des § 111 Abs. 1 ist das Arbeitsentgelt, das der Arbeitslose im Bemessungszeitraum durchschnittlich in der Woche erzielt hat. Mehrarbeitszuschläge, Arbeitsentgelte, die der Arbeitslose wegen der Beendigung des Arbeitsverhältnisses erhält, sowie einmalige und wiederkehrende Zuwendungen bleiben außer Betracht; dies gilt auch für Zuwendungen, die anteilig gezahlt werden, wenn das Arbeitsverhältnis vor dem Fälligkeitstermin endet.

(2) Der Bemessungszeitraum umfaßt die beim Ausscheiden des Arbeitnehmers abgerechneten Lohnabrechnungszeiträume der letzten drei Monate der die Beitragspflicht begründenden Beschäftigungen vor der Entstehung des Anspruchs, in denen der Arbeitslose Arbeitsentgelt erzielt hat. Zeiten, in denen der Arbeitslose Erziehungsgeld bezogen oder nur wegen der Berücksichtigung von Einkommen nicht bezogen hat, sowie Zeiten einer stufenweisen Wiedereingliederung in das Erwerbsleben nach § 74 des Fünften Buches Sozialgesetzbuch bleiben außer Betracht, soweit wegen der Betreuung oder Erziehung eines Kindes oder wegen der Wiedereingliederung das auf die Arbeitsstunde entfallende Arbeitsentgelt oder nicht nur vorübergehend die tarifliche regelmäßige wöchentliche Arbeitszeit gemindert war. Enthalten die Lohnabrechnungszeiträume weniger als 60 Tage mit Anspruch auf Arbeitsentgelt, so verlängert sich der Bemessungszeitraum um weitere Lohnabrechnungszeiträume, bis 60 Tage mit Anspruch auf Arbeitsentgelt erreicht sind. Ist das Arbeitsentgelt im letzten Jahr vor dem Ende des Bemessungszeitraums außergewöhnlich gestiegen, so treten an die Stelle der in Satz 1 genannten drei Monate zwölf Monate und an die Stelle der in Satz 3 genannten 60 Tage 240 Tage. Eine außergewöhnliche Steigerung des Arbeitsentgelts liegt vor, wenn das Arbeitsentgelt über die betriebsübliche Anpassung der Arbeitsentgelte an die wirtschaftliche Entwicklung hinaus gestiegen und das durchschnittlich in der Woche erzielte Arbeitsentgelt im Bemessungszeitraum nach Satz 1 um mehr als ein Drittel höher ist als das im Zeitraum nach Satz 4. Zeiten einer Beschäftigung zur Berufsausbildung bleiben insoweit außer Betracht.

(7) Wäre es mit Rücksicht auf die von dem Arbeitslosen in den letzten drei Jahren vor der Arbeitslosmeldung überwiegend ausgeübte berufliche Tätigkeit unbillig hart, von dem Arbeitsentgelt nach den Absätzen 1 bis 6 auszugehen oder liegt der letzte Tag des Bemessungszeitraums bei Entstehung des Anspruchs länger als drei Jahre zurück, so ist von dem am Wohnsitz oder gewöhnlichen Aufenthaltsort des Arbeitslosen (§ 129) maßgeblichen tariflichen oder mangels einer tariflichen Regelung von dem ortsüblichen Arbeitsentgelt derjenigen Beschäftigung auszugehen, für die der Arbeitslose nach seinem Lebensalter und seiner Leistungsfähigkeit unter billiger Berücksichtigung seines Berufes und seiner Ausbildung nach Lage und Entwicklung des Arbeitsmarktes in Betracht kommt.
...

## § 119

(1) Hat der Arbeitslose

1. das Beschäftigungsverhältnis gelöst oder durch ein arbeitsvertragswidriges Verhalten Anlaß für die Lösung des Beschäftigungsverhältnisses gegeben und hat er dadurch vorsätzlich oder grob fahrlässig die Arbeitslosigkeit herbeigeführt oder

2. trotz Belehrung über die Rechtsfolgen eine vom Arbeitsamt unter Benennung des Arbeitgebers und der Art der Tätigkeit angebotene Arbeit nicht angenommen oder nicht angetreten oder

3. sich trotz Belehrung über die Rechtsfolgen geweigert, an einer Maßnahme im Sinne des § 103 Abs. 1 Satz 1 Nr. 2 Buchstabe b) teilzunehmen,

4. die Teilnahme an einer der in Nummer 3 genannten Maßnahmen abgebrochen oder durch maßnahmewidriges Verhalten Anlaß für den Ausschluß aus einer dieser Maßnahmen gegeben,

ohne für sein Verhalten einen wichtigen Grund zu haben, so tritt eine Sperrzeit von acht Wochen ein. Die Sperrzeit beginnt mit dem Tage nach dem Ereignis, das die Sperrzeit begründet, oder, wenn dieser Tag in eine Sperrzeit fällt, mit dem Ende dieser Sperrzeit. Während der Sperrzeit ruht der Anspruch auf Arbeitslosengeld.

(2) Würde eine Sperrzeit von acht Wochen für den Arbeitslosen nach den für den Eintritt der Sperrzeit maßgebenden Tatsachen eine besondere Härte bedeuten, so umfaßt die Sperrzeit vier Wochen.

Die Sperrzeit umfaßt zwei Wochen

1. in einem Falle des Absatzes 1 Satz 1 Nr. 1, wenn das Arbeitsverhältnis innerhalb von vier Wochen nach dem Ereignis, das die Sperrzeit begründet, ohne eine Sperrzeit geendet hätte,

2. in einem Falle des Absatzes 1 Satz 1 Nr. 2, wenn der Arbeitslose eine bis zu vier Wochen befristete Arbeit nicht angenommen oder nicht angetreten hat.

(3) Hat der Arbeitslose nach der Entstehung des Anspruchs bereits einmal Anlaß für den Eintritt einer Sperrzeit von acht Wochen gegeben und hat der Arbeitslose hierüber einen schriftlichen Bescheid erhalten, so erlischt, wenn der Arbeitslose erneut Anlaß für den Eintritt einer Sperrzeit von acht Wochen gibt, der ihm noch zustehende Anspruch auf Arbeitslosengeld.

## § 119a

Bei Sperrzeiten nach § 119 Abs. 1 Satz 1 Nr. 1, die in der Zeit vom 1. Januar 1985 bis zum 31. Dezember 1995 eintreten, gilt § 119 mit folgenden Maßgaben:

1. Die Dauer der Sperrzeit nach Absatz 1 Satz 1 beträgt zwölf Wochen, die Dauer nach Absatz 2 Satz 1 sechs Wochen.

2. In Absatz 3 treten an die Stelle der Sperrzeiten von acht Wochen Sperrzeiten von mindestens acht Wochen.

## Zweiter Unterabschnitt

## Arbeitslosenhilfe

## § 134

(1) Anspruch auf Arbeitslosenhilfe hat, wer

1. arbeitslos ist, der Arbeitsvermittlung zur Verfügung steht, sich beim Arbeitsamt arbeitslos gemeldet und Arbeitslosenhilfe beantragt hat,

2. keinen Anspruch auf Arbeitslosengeld hat, weil er die Anwartschaftszeit (§ 104) nicht erfüllt,

3. bedürftig ist und

4. innerhalb eines Jahres vor dem Tag, an dem die sonstigen Voraussetzungen für den Anspruch auf Arbeitslosenhilfe erfüllt sind (Vorfrist)

a) Arbeitslosengeld bezogen hat, ohne daß der Anspruch nach § 119 Abs. 3 erloschen ist, oder

b) mindestens hundertfünfzig Kalendertage, sofern der letzte Anspruch auf Arbeitslosengeld oder Arbeitslosenhilfe nach § 119 Abs. 3 erloschen ist, danach mindestens zweihundertvierzig Kalendertage in einer Beschäftigung gestanden oder eine Zeit zurückgelegt hat, die zur Erfüllung der Anwartschaftszeit dienen können.

Für die Vorfrist gilt § 104 Abs. 3 zweiter Halbsatz entsprechend.

(2) Einer Beschäftigung im Sinne des Absatzes 1 Nr. 4 Buchstabe b stehen gleich

1. Zeiten eines öffentlich-rechtlichen Dienstverhältnisses, insbesondere als Beamter, Richter, Berufssoldat und Soldat auf Zeit,

2. Zeiten des Wehrdienstes oder Zivildienstes auf Grund der Wehrpflicht sowie des Polizeivollzugsdienstes im Bundesgrenzschutz auf Grund der Grenzschutzdienstpflicht.

(3) Eine vorherige Beschäftigung ist zur Begründung des Anspruchs auf Arbeitslosenhilfe nicht erforderlich, wenn der Arbeitslose innerhalb der Vorfrist mindestens zweihundertvierzig Kalendertage, sofern der letzte Anspruch auf Arbeitslosengeld oder Arbeitslosenhilfe nach § 119 Abs. 3 erloschen ist, danach für mindestens zweihundertvierzig Kalendertage

1. wegen Krankheit, Minderung der Erwerbsfähigkeit, Berufsunfähigkeit oder Erwerbsunfähigkeit Leistungen der Sozialversicherung,

2. wegen Arbeitsunfähigkeit oder Minderung der Erwerbsfähigkeit Leistungen nach dem Bundesversorgungsgesetz oder einem Gesetz, das das Bundesversorgungsgesetz für anwendbar erklärt,

3. wegen einer Maßnahme zur Rehabilitation Leistungen eines öffentlich-rechtlichen Rehabilitationsträgers

zur Bestreitung seines Lebensunterhalts bezogen hat und solche Leistungen nicht mehr bezieht, weil die für ihre Gewährung maßgebliche Beeinträchtigung der Leistungsfähigkeit nicht mehr vorliegt oder die Maßnahme zur Rehabilitation abgeschlossen ist; dies gilt im Falle der Minderung der Erwerbsfähigkeit nur, wenn der Arbeitslose infolge seines Gesundheitszustandes, seines fortgeschrittenen Alters oder aus einem von ihm nicht zu vertretenden sonstigen Grunde eine zumutbare Beschäftigung im Sinne des Absatzes 1 Nr. 4 Buchstabe b nicht ausüben konnte. Zeiten nach Absatz 1 Nr. 4 Buchstabe b und Absatz 2 werden auf die Mindestzeit nach Satz 1 angerechnet.

(3a) Eine Beschäftigung außerhalb des Geltungsbereiches dieses Gesetzes, die bei Ausübung im Geltungsbereich dieses Gesetzes zur Erfüllung der Anwartschaftszeit dienen könnte, steht einer Beschäftigung im Sinne des Absatzes 1 Nr. 4 Buchstabe b gleich, wenn der Arbeitslose

1. insgesamt mindestens zwanzig Jahre seinen Wohnsitz oder gewöhnlichen Aufenthalt im Geltungsbereich dieses Gesetzes gehabt hat; Absatz 3b gilt entsprechend,

2. innerhalb der auf fünf Jahre erweiterten Vorfrist im Geltungsbereich dieses Gesetzes mindestens 540 Kalendertage rechtmäßig in einer Beschäftigung gestanden oder eine Zeit zurückgelegt hat, die zur Erfüllung der Anwartschaftszeit dienen können, oder innerhalb der auf vier Jahre erweiterten Vorfrist Arbeitslosengeld oder Arbeitslosenhilfe bezogen hat und

3. innerhalb von drei Monaten nach dem Ende des Arbeitsverhältnisses, das außerhalb des Geltungsbereiches dieses Gesetzes bestanden hat, im Geltungsbereich dieses Ge-

setzes eine die Beitragspflicht begründende Beschäftigung ausgeübt oder sich arbeitslos gemeldet hat.

Für die Beschäftigung nach Satz 1 Nr. 2 gelten die Absätze 2 und 3 entsprechend. Für die erweiterte Vorfrist gilt Absatz 1 Satz 2 nicht. Satz 1 gilt nur für Beschäftigungen, die vor dem 1. Juli 1993 ausgeübt worden sind.

(3 b) Den Zeiten einer Beschäftigung im Sinne des Absatzes 1 Satz 1 Nr. 4 Buchstabe b stehen Zeiten einer Beschäftigung gleich, die ein Aussiedler, der nach dem Bundesvertriebenengesetz Recht und Vergünstigungen in Anspruch nehmen kann, in den Aussiedlungsgebieten ausgeübt hat, und die bei Ausübung im Geltungsbereich dieses Gesetzes die Beitragspflicht begründet hätte.

...

## § 135

(1) Der Anspruch auf Arbeitslosenhilfe erlischt, wenn

1. der Arbeitslose durch Erfüllung der Anwartschaftszeit (§ 104) einen Anspruch auf Arbeitslosengeld erwirbt,

2. seit dem letzten Tage des Bezuges von Arbeitslosenhilfe ein Jahr vergangen ist.

(2) Ein Anspruch auf Arbeitslosenhilfe, der auf die Erfüllung der Voraussetzungen nach § 134 Abs. 1 Nr. 4 Buchstabe a beruht, erlischt nicht durch Erfüllung der Voraussetzungen nach § 134 Abs. 1 Nr. 4 Buchstabe b, Abs. 2 oder Abs. 3.

## § 136

(1) Die Arbeitslosenhilfe beträgt

1. für Arbeitslose, die mindestens ein Kind im Sinne des § 32 Abs. 1, 4 und 5 des Einkommensteuergesetzes haben, sowie
für Arbeitslose, deren Ehegatte mindestens ein Kind im Sinne des § 32 Abs. 1, 4 und 5 des Einkommensteuergesetzes hat, wenn beide Ehegatten unbeschränkt einkommensteuerpflichtig sind und nicht dauernd getrennt leben,
58 vom Hundert,

2. für die übrigen Arbeitslosen 56 vom Hundert
des um die gesetzlichen Abzüge, die bei Arbeitnehmern gewöhnlich anfallen, verminderten Arbeitsentgelts (Absatz 2).

(2) Arbeitsentgelt ist

1. im Falle des § 134 Abs. 1 Nr. 4 Buchstabe a das Arbeitsentgelt, nach dem sich zuletzt das Arbeitslosengeld gerichtet hat, oder ohne die Vorschrift des § 112 Abs. 8 gerichtet hätte,

2. in den übrigen Fällen das Arbeitsentgelt, das sich bei entsprechender Anwendung des § 112 Abs. 1 bis 7 und 9 bis 10 ergibt, für die Zeit einer nach § 134 Abs. 3 a oder Abs. 3 b gleichgestellten Beschäftigung jedoch das Arbeitsentgelt nach § 112 Abs. 7, für die Zeit einer solchen Beschäftigung zur Berufsausbildung die Hälfte dieses Arbeitsentgelts.

Solange der Arbeitslose aus Gründen, die in seiner Person oder in seinen Verhältnissen liegen, nicht mehr das für die Bemessung der Arbeitslosenhilfe zuletzt maßgebende Arbeitengelt erzielen kann, richtet sich die Arbeitslosenhilfe nach dem Arbeitsentgelt im Sinne des § 112 Abs. 7; bei Anwendung dieser Vorschrift sind alle Umstände des Einzelfalles zu berücksichtigen. Wird Arbeitslosenhilfe in entsprechender Anwendung des § 105 a gewährt, so gilt § 112 Abs. 7 mit der Maßgabe, daß die Minderung der Leistungsfähigkeit außer Betracht bleibt.

(2 a) Ist das Arbeitsentgelt nach Abs. 2 Satz 1 Nr. 1 unter Berücksichtigung des § 112 Abs. 5 Nr. 2 oder 7 oder Abs. 9 festgestellt worden und hat der Arbeitslose nach der Entstehung des Anspruchs auf Arbeitslosengeld die Voraussetzungen des § 134 Abs. 1 Nr. 4 Buchstabe b oder Abs. 2 erfüllt, so richtet sich die Arbeitslosenhilfe für die Zeit nach Ablauf eines Jahres nach Beendigung der Beschäftigung zur Berufsausbildung nach dem Arbeitsentgelt im Sinne des § 112 Abs. 7. Ist das Arbeitsentgelt nach Absatz 2 Satz 1 Nr. 2 unter Berücksichtigung einer Beschäftigung zur Berufsausbildung festgestellt worden, so richtet sich die Arbeitslosenhilfe bis zum Ablauf eines Jahres nach Beendigung der Beschäftigung zur Berufsausbildung auch dann nach diesem festgestellten Arbeitsentgelt, wenn der Arbeitslose erneut die Voraussetzungen des § 134 Abs. 1 Nr. 4 Buchstabe b oder Abs. 2 erfüllt hat.

(2 b) Das für die Bemessung der Arbeitslosenhilfe maßgebende Arbeitsentgelt ist jeweils nach Ablauf von drei Jahren seit dem Ende des Bemessungszeitraumes nach § 112 Abs. 7 neu festzusetzen; dabei sind alle Umstände des Einzelfalles zu berücksichtigen. § 112 a Abs. 1 Satz 3 gilt entsprechend.

(2 c) Hat der Arbeitslose das 58. Lebensjahr vollendet, so wird das Arbeitsentgelt nach der Entstehung des Anspruchs auf Arbeitslosenhilfe nicht mehr nach Absatz 2 Satz 2 oder Absatz 2 b gemindert.

(3) Der Bundesminister für Arbeit und Sozialordnung bestimmt die Leistungssätze jeweils für ein Kalenderjahr durch Rechtsverordnung. § 111 Abs. 2 Satz 2 bis 6 gilt entsprechend.

### § 137

(1) Der Arbeitslose ist bedürftig im Sinne des § 134 Abs. 1 Nr. 3, soweit er seinen Lebensunterhalt und den seines Ehegatten sowie seiner Kinder, für die er Anspruch auf Kindergeld nach dem Bundeskindergeldgesetz oder auf eine das Kindergeld ausschließende Leistung für Kinder hat, nicht auf andere Weise als durch Arbeitslosenhilfe bestreitet oder bestreiten kann und das Einkommen, das nach § 138 zu berücksichtigen ist, die Arbeitslosenhilfe nach § 136 nicht erreicht.

(1 a) Der Arbeitslose ist nicht bedürftig im Sinne des § 134 Abs. 1 Satz 1 Nr. 3, soweit er auf einen Anspruch der nach § 138 Abs. 1 Nr. 1 zu berücksichtigen wäre, verzichtet oder Handlungen unterläßt, die Voraussetzung für das Entstehen oder Fortbestehen eines derartigen Anspruchs sind.*)

(2) Der Arbeitslose ist nicht bedürftig im Sinne des § 134 Abs. 1 Nr. 3, solange mit Rücksicht auf sein Vermögen, das Vermögen seines nicht dauernd getrennt lebenden Ehegatten oder das Vermögen der Eltern eines minderjährigen unverheirateten Arbeitslosen die Gewährung von Arbeitslosenhilfe offenbar nicht gerechtfertigt ist.

(2 a) Einkommen und Vermögen einer Person, die mit dem Arbeitslosen in eheähnlicher Gemeinschaft lebt, sind wie das Einkommen und Vermögen eines nicht dauernd getrennt lebenden Ehegatten zu berücksichtigen.

(3) ...

### § 139 a

(1) Die Arbeitslosenhilfe soll jeweils für längstens ein Jahr bewilligt werden.

(2) Vor einer erneuten Bewilligung sind die Voraussetzungen des Anspruchs auf Arbeitslosenhilfe zu prüfen.

---

*) § 249 a AFG: § 137 Abs. 1 a tritt mit Ablauf des 31. Dezember 1991 außer Kraft

## § 140

(1) Solange und soweit der Arbeitslose Leistungen, auf die er einen Anspruch hat, nicht erhält, kann das Arbeitsamt dem Arbeitslosen ohne Rücksicht auf diese Leistungen Arbeitslosenhilfe gewähren. Das Arbeitsamt hat die Gewährung der Arbeitslosenhilfe dem Leistungspflichtigen unverzüglich anzuzeigen. Die Anzeige bewirkt, daß die Ansprüche des Arbeitslosen gegen jemanden, der kein Leistungsträger im Sinne von § 12 des Ersten Bundessozialgesetzbuch ist, in Höhe der Aufwendungen an Arbeitslosenhilfe, die infolge der Nichtberücksichtung der Leistungen entstanden sind oder entstehen, auf den Bund übergehen. Der Übergang wird nicht dadurch ausgeschlossen, daß der Anspruch nicht übertragen, verpfändet oder gepfändet werden kann. Die Bundesanstalt ist berechtigt und verpflichtet, die Ansprüche für den Bund geltend zu machen.

...

## Neunter Abschnitt
## Übergangs- und Schlußvorschriften

## § 242 j

(1) Die §§ 40a, 62a bis 62e, 106, 107, 112 und 134 in der vom 1. Januar 1990 an geltenden Fassung sind auf Personen anzuwenden, die nach dem 31. Dezember 1989 ihren ständigen Aufenthalt im Geltungsbereich dieses Gesetzes genommen haben; insoweit werden Zeiten, die nach § 107 Satz 1 Nr. 3 und 4 sowie Satz 2 des Arbeitsförderungsgesetzes in der bis zum 31. Dezember 1989 geltenden Fassung Zeiten einer die Beitragspflicht begründenden Beschäftigung gleichstanden, nicht berücksichtigt.

(2) Für Personen, die vor dem 1. Januar 1990 ihren ständigen Aufenthalt im Geltungsbereich dieses Gesetzes genommen haben, sind die bis zum 31. Dezember 1989 geltenden Vorschriften weiterhin anzuwenden.

## § 242 l

(1) § 62a in der vor dem 30. Juni 1990 geltenden Fassung ist auf Ansprüche auf Eingliederungsgeld, die vor diesem Tag entstanden sind, weiterhin anzuwenden; insoweit sind die §§ 62a, 241b in der vom 30. Juni 1990 an geltenden Fassung nicht anzuwenden. Die §§ 62b bis d in der vor dem 30. Juni 1990 geltenden Fassung sind weiter anzuwenden, wenn der Teilnehmer vor dem 30. Juni 1990 in die Maßnahme eingetreten ist und Leistungen beantragt hat.

(2) § 130 Abs. 2 ist auf Ansprüche, die vor dem 30. Juni 1990 entstanden sind, weiterhin anzuwenden.

(3) Zeiten, die nach § 241b Abs. 1 den Zeiten einer die Beitragspflicht begründenden Beschäftigung nach diesem Gesetz gleichgestellt sind, begründen einen Anspruch auf Leistungen nach diesem Gesetz nur für Zeiten nach dem 29. Juni 1990. Zeiten, die vor Entstehung eines Anspruchs auf Eingliederungsgeld liegen, bleiben unberücksichtigt.

(4) § 134 Abs. 3b ist bis zum 31. Dezember 1990 in der bis zum 29. Juni 1990 geltenden Fassung weiterhin anzuwenden, wenn die Voraussetzungen des Anspruchs auf Arbeitslosenhilfe für einen Zeitraum im Juni 1990 bestanden haben.

## 7.2 Anordnung des Verwaltungsrats der Bundesanstalt für Arbeit über die individuelle Förderung der beruflichen Ausbildung (A Ausbildung) vom 31. Oktober 1969 in der Fassung der 29. Änderungsanordnung vom 6. Juli 1990 (ANBA S. 1144)

Inhaltsübersicht

**Erster Abschnitt**

**Allgemeine Bestimmungen**                                               §§

Ziel der Förderung ................................................... 1
Art der Ausbildung und der berufsvorbereitenden Bildungsmaßnahmen .......... 2
Erstmalige und weitere Berufsausbildung ............................... 3
Geltungsbereich ..................................................... 4
(Staatsangehörigkeit) – gestrichen – ................................. 5
Persönliche Voraussetzungen .......................................... 6
Anforderungen an berufsvorbereitende Bildungsmaßnahmen ................. 7
Dauer der Förderung ................................................. 8

**Zweiter Abschnitt**

**Art und Umfang der Förderung**

Bemessungsgrundsatz ................................................. 9
Anrechnung von Einkommen ........................................... 10
Bedarf für den Lebensunterhalt eines unverheirateten Auszubildenden, der das
21. Lebensjahr noch nicht vollendet hat ............................... 12
Bedarf für den Lebensnunterhalt eines Auszubildenden, der verheiratet ist oder
das 21. Lebensjahr vollendet hat ..................................... 12
Bedarf für die Ausbildung oder für die Teilnahme an einer berufsvorbereitenden
Bildungsmaßnahme ................................................... 13
Lehrgangsgebühren für die Teilnahme an einer berufsvorbreitenden
Bildungsmaßnahme im Teilzeitunterricht neben einer Allgemeinen Maßnahme zur
Arbeitsbeschaffung .................................................. 13a
Sonstige Kosten ..................................................... 14
Anrechnung von Einkommen des Auszubildenden .......................... 15
Anrechnung von Einkommen der Eltern ................................. 16
Anrechnung von Einkommen des Ehegatten ............................. 17
Einkommen .......................................................... 18
Form der Förderung .................................................. 19

**Dritter Abschnitt**

**Verfahren**

Antragstellung und Entscheidung ...................................... 20
Angabepflicht ....................................................... 21

**Vierter Abschnitt**

**Schlußbestimmungen**

Übergangsregelung ................................................... 22
Inkrafttreten ....................................................... 23

Der Verwaltungsrat der Bundesanstalt für Arbeit erläßt aufgrund des § 39 in Verbindung mit § 191 Abs. 3 des Arbeitsförderungsgesetzes (AFG) vom 25. Juni 1969 (Bundesgesetzbl. I S. 582) mit Genehmigung des Bundesministers für Arbeit und Sozialordnung folgende Anordnung:

### Erster Abschnitt

### Allgemeine Bestimmungen

### § 1
### Ziel der Förderung

(1) Ziel der individuellen Förderung der beruflichen Ausbildung ist es, wirtschaftliche Schwierigkeiten, die einer angemessenen beruflichen Qualifizierung entgegenstehen, zu überwinden. Damit soll der Gefahr künftiger Arbeitslosigkeit, unterwertiger Beschäftigung oder eines Mangels an Arbeitskräften vorgebeugt und die berufliche Beweglichkeit der Erwerbstätigen gesichert und verbessert werden. Zugleich sind damit die Hilfen der Berufsberatung, insbesondere die überörtliche Ausgleichsvermittlung in Berufsausbildungsstellen und das Angebot von berufsvorbereitenden Bildungsmaßnahmen, zu unterstützen und zu ergänzen.

(2) Die Bundesanstalt gewährt zur individuellen Förderung der beruflichen Ausbildung laufende Berufsausbildungsbeihilfen (§ 40 AFG).

### § 2
### Art der Ausbildung und der berufsvorbereitenden Bildungsmaßnahmen

(1) Berufsausbildungsbeihilfe wird gewährt für

1. die betriebliche oder überbetriebliche Ausbildung in

a) den Berufen, die nach § 25 Abs. 1 des Berufsbildungsgesetzes vom 14. August 1969 (BGBl. I S. 1112) als Ausbildungsberufe staatlich anerkannt sind oder die nach § 108 Abs. 1 des Berufsbildungsgesetzes als Ausbildungsberufe im Sinne von § 25 Abs. 1 des Berufsbildungsgesetzes gelten,

b) den Gewerben der Anlage A der Handwerksordnung in der Fassung vom 28. Dezember 1965 (BGBl. 1966 I S. 1), zuletzt geändert durch Artikel 1 der Dritten Verordnung zur Änderung der Anlage A der Handwerksordnung vom 2. November 1983 (BGBl. I S. 1354),

c) den Ausbildungsverhältnissen, die nach § 28 Abs. 3 des Berufsbildungsgesetzes oder nach § 27 Abs. 2 der Handwerksordnung als Ausnahmen zugelassen sind,

2. die Berufsausbildung in der Seeschiffahrt aufgrund der Verordnung über die Berufsausbildung zum Schiffsmechaniker/zur Schiffsmechanikerin und über den Erwerb des Schiffsmechanikerbriefes (Schiffsmechaniker-Ausbildungsverordnung-SMAusbV) vom 24. März 1983 (BGBl. I S. 338),

3. die Teilnahme an berufsvorbereitenden Bildungsmaßnahmen für Personen, die nicht mehr der Vollzeitschulpflicht unterliegen, zur Vorbereitung auf eine berufliche Ausbildung oder eine Arbeitnehmertätigkeit.

(1 a) Berufsvorbereitende Bildungsmaßnahmen nach Absatz 1 Nr. 3 können zur Erleichterung der beruflichen Eingliederung der Teilnehmer, insbesondere von Jugendlichen ohne Hauptschulabschluß, auch allgemeinbildende Fächer mit dem Ziel enthalten, zugleich auf den nachträglichen Erwerb des Hauptschulabschlusses vorzubereiten oder zum Abbau beruflich schwerwiegender Allgemeinbildungsdefizite beizutragen, soweit der Anteil dieser Fächer nicht überwiegt.

(2) Bei Teilnahme an berufsvorbereitenden Bildungsmaßnahmen (Absatz 1 Nr. 3) ist eine Förderung nur möglich, wenn zuvor zwischen Bundesanstalt und Maßnahmeträger ein schriftlicher Vertrag im Sinne von § 7 Abs. 5 abgeschlossen wurde. Bei Maßnahmen mit integriertem Internat ist weiter Voraussetzung für die Förderung, daß der Teilnehmer der internatsmäßigen Betreuung aus Gründen bedarf, die in seiner Person liegen.

## § 3
### Erstmalige und weitere Berufsausbildung

(1) Berufsausbildungsbeihilfe wird grundsätzlich für die erstmalige Berufsausbildung gewährt.

(2) Bei begründeter vorzeitiger Lösung eines Berufsausbildungsverhältnisses ist Berufsausbildungsbeihilfe für eine neue Ausbildung zu gewähren.

## § 4
### Geltungsbereich

Berufsausbildungsbeihilfe wird gewährt für die Ausbildung oder für die Teilnahme an berufsvorbereitenden Bildungsmaßnahmen (§ 2) im Geltungsbereich des Arbeitsförderungsgesetzes.

## § 5
### Staatsangehörigkeit

– gestrichen –

## § 6
### Persönliche Voraussetzungen

(1) Berufsausbildungsbeihilfe wird gewährt,

1. wenn der Auszubildende für den angestrebten Beruf geeignet ist und

2. wenn die Leistungen des Auszubildenden erwarten lassen, daß er das Ausbildungsziel erreichen wird.

(2) Absatz 1 gilt sinngemäß für Teilnehmer an berufsvorbereitenden Bildungsmaßnahmen.

## § 7
### Anforderungen an berufsvorbereitende Bildungsmaßnahmen

(1) Die berufsvorbereitende Bildungsmaßnahme muß zielgruppengerecht und insbesondere nach Dauer, Inhalt und Ausgestaltung, der Unterrichtsmethode und der Ausbildung sowie der Berufserfahrung des Leiters und der Lehrkräfte qualitativ geeignet sein, das Ziel der Maßnahme zu erreichen.

(2) Ein Vertrag im Sinne von Absatz 5 darf mit dem Träger einer berufsvorbereitenden Bildungsmaßnahme nur abgeschlossen werden, wenn diese die Voraussetzungen nach § 34 Abs. 1 Satz 2 AFG erfüllt. Eine berufsvorbereitende Bildungsmaßnahme entspricht den Grundsätzen der Wirtschaftlichkeit und Sparsamkeit nur, wenn sie sich auf das zum Erreichen des Maßnahmeziels Notwendige beschränkt. Die berufsvorbereitende Bildungsmaßnahme darf allgemeinbildende Fächer nur in dem Umfang enthalten, der für das Erreichen des Maßnahmeziels erforderlich ist. Bei Kostensätzen, die die durch-

schnittlichen Kostensätze von berufsvorbereitenden Bildungsmaßnahmen mit gleichem oder ähnlichem Bildungsziel nicht überschreiten, kann in der Regel davon ausgegangen werden, daß sie angemessen im Sinne des § 34 Abs. 1 Satz 2 Nr. 3 AFG sind.

(3) Die Teilnahme an einer Maßnahme kann nur gefördert werden, wenn die Gesamtaufwendungen dafür im Hinblick auf die mit der Maßnahme angestrebten Ziele vertretbar und auf Grund der Umstände des Einzelfalles erforderlich sind.

(4) Es sollen Festpreise vereinbart werden.

(5) Die einzelnen Bedingungen zur Durchführung der berufsvorbereitenden Bildungsmaßnahme und über die Zusammenarbeit mit der Bundesanstalt sind vor Beginn der Maßnahme schriftlich in einem Vertrag festzulegen. Der Träger hat sich insbesondere zu verpfichten, den Dienststellen der Bundesanstalt Auskünfte über die Durchführung und den Erfolg der Maßnahme zu geben und entsprechende Feststellungen zu unterstützen.

(6) Über die Planung und den Erfolg von berufsvorbereitenden Bildungsmaßnahmen sind die Verwaltungsausschüsse im Rahmen des § 191 Abs. 1 AFG rechtzeitig zu unterrichten.

(7) Bei Maßnahmen, die in Betrieben durchgeführt werden, kann das Arbeitsamt verlangen, daß der Betrieb vor Auftragserteilung eine Stellungnahme des Betriebsrates dazu vorlegt, ob durch die Maßnahme betriebliche Ausbildungsplätze oder Weiterbildungsmaßnahmen, für die der Betrieb überwiegend selbst die Kosten zu tragen hat, wegfallen.

## § 8
**Dauer der Förderung**

(1) Berufsausbildungsbeihilfe wird für die vorgeschriebene Ausbildungszeit oder für die Dauer der berufsvorbereitenden Bildungsmaßnahme gewährt, frühestens jedoch vom Beginn des Antragsmonats an.

(2) – gestrichen –

(3) Legt der Auszubildende vorzeitig die Abschlußprüfung ab, so endet die Förderung spätestens mit Ablauf des Tages, an dem die Prüfung bestanden wurde. Entsprechendes gilt für die vorzeitige Beendigung der Teilnahme an einer berufsvorbereitenden Bildungsmaßnahme.

(4) Die Förderung kann über die vorgeschriebene Zeit hinaus gewährt werden, wenn besondere persönliche Umstände oder Lage und Entwicklung des Arbeitsmarktes das rechtfertigen.

(5) Für Zeiten einer Krankheit ist Berufsausbildungsbeihilfe bis zu sechs Wochen weiterzugewähren. Im Falle einer betrieblichen oder überbetrieblichen Ausbildung (§ 2 Abs. 1 Nr. 1 und 2) jedoch nur, wenn der Ausbildungsvertrag fortdauert und nach den Bestimmungen des Berufsbildungsgesetzes Anspruch auf Fortzahlung der Ausbildungsvergütung besteht.

(6) Für Zeiten einer Schwangerschaft sowie nach der Entbindung ist Berufsausbildungsbeihilfe weiter zu gewähren, wenn

1. der Ausbildungsvertrag fortdauert und nach den Bestimmungen des Mutterschutzgesetzes Anspruch auf Fortzahlung der Ausbildungsvergütung oder Anspruch auf Mutterschaftsgeld nach der Reichsversicherungsordnung, nach dem Gesetz über die Krankenversicherung der Landwirte oder dem Mutterschutzgesetz besteht oder

2. die Teilnahme an einer berufsvorbereitenden Bildungsmaßnahme nicht länger als 14 Wochen (§§ 3 Abs. 2 und 6 Abs. 1 Satz 1 Mutterschutzgesetz) oder 18 Wochen (§§ 3 Abs. 2 und 6 Abs. 1 Satz 2 Mutterschutzgesetz) unterbrochen wird.

§ 9 Satz 2 und § 13 Nr. 1 bis 6 finden keine Anwendung, jedoch gilt § 20 Abs. 9.

**Zweiter Abschnitt**

**Art und Umfang der Förderung**

**§ 9**
**Bemessungsgrundsatz**

Die Berufsausbildungsbeihilfe bemißt sich nach dem Bedarf für den Lebensunterhalt (§§ 40 Abs. 1 b Satz 1, 40 a Abs. 2 AFG, §§ 11, 12), nach dem Bedarf für die Ausbildung (§ 13 Nr. 1 bis 5), dem Beitrag zur freiwilligen Krankenversicherung (§ 13 Nr. 8) und nach dem Bedarf für sonstige Kosten (§ 14). In den Fällen des § 2 Abs. 1 Nr. 3 übernimmt die Bundesanstalt die Lehrgangsgebühren (§§ 40 Abs. 1 Satz 5, 40 Abs. 1 b Satz 2 AFG), die Fahrkosten (§ 13 Nr. 1 bis 3) sowie die Kosten für Lernmittel (§ 13 Nr. 6) und Arbeitskleidung (§ 40 Abs. 1 b AFG, § 13 Nr. 5).

**§ 10**
**Anrechnung von Einkommen**

(1) In Fällen des § 40 AFG sind auf den Bedarf nach § 9 Satz 1 in dem nach § 40 Abs. 1 Satz 2 AFG, §§ 15 bis 17 bestimmten Umfang anzurechnen das Einkommen (§ 18)

In den Fällen des § 40 AFG sind auf den Bedarf nach § 9 Satz 1 in dem nach § 40 Abs. 1 Satz 4 AFG, §§ 15 bis 17 bestimmten Umfang anzurechnen das Einkommen

1. des Auszubildenden selbst,
2. der Eltern,
3. des Ehegatten.

(2) In Fällen des § 40 a Abs. 1 AFG ist das Einkommen des Teilnehmers an einer berufsvorbereitenden Bildungsmaßnahme, das der Anrechnung nach § 44 Abs. 4 AFG unterliegt, auf den Bedarf nach § 9 Satz 1 nach Maßgabe des § 40 a Abs. 1 Satz 3 AFG anzurechnen.

**§ 11**
**Bedarf für den Lebensunterhalt eines unverheirateten Auszubildenden, der das 21. Lebensjahr noch nicht vollendet hat**

(1) (gestrichen)

(2) Bei Unterbringung in einem Wohnheim oder Internat mit voller Verpflegung werden als Bedarf für den Lebensunterhalt die amtlich festgesetzten Kosten für die Verpflegung und die Unterkunft zuzüglich 135 DM monatlich für sonstige Bedürfnisse zugrunde gelegt.

(3) Bei Unterbringung beim Ausbildenden mit voller Verpflegung gilt Absatz 2 entsprechend.

(4) In den Fällen des § 2 Abs. 1 Nr. 1 und 2 werden bei anderweitiger Unterbringung des Auszubildenden außerhalb des Haushalts der Eltern oder eines Elternteils als Bedarf für den Lebensunterhalt 710 DM monatlich zugrundegelegt. Hinzuzurechnen sind die Kosten der Unterkunft, soweit sie 200,– DM monatlich übersteigen, höchstens jedoch 75,– DM monatlich.

(5) Bei der Vergleichsberechnung nach § 40 a Abs. 2 AFG ist in den Fällen des § 40 Abs. 1 b AFG als Bedarf für den Lebensunterhalt von einem Betrag auszugehen, der sich aus dem Gesamtbedarfssatz nach § 40 Abs. 1 b Nr. 1 oder 2 AFG, jeweils gemindert um 20 DM, ergibt.

## § 12

**Bedarf für den Lebensunterhalt eines Auszubildenden, der verheiratet ist oder das 21. Lebensjahr vollendet hat**

(1) Als Bedarf für den Lebensunterhalt eines Teilnehmers an berufsvorbereitenden Bildungsmaßnahmen, der im Haushalt der Eltern oder eines Elternteils untergebracht ist, werden 710 DM monatlich zugrunde gelegt.

(2) Bei Unterbringung in einem Wohnheim oder Internat mit voller Verpflegung werden als Bedarf für den Lebensunterhalt die amtlich festgesetzten Kosten für die Verpflegung und die Unterkunft zuzüglich 135 DM monatlich für sonstige Bedürfnisse zugrunde gelegt.

(3) Bei Unterbringung beim Ausbildenden mit voller Verpflegung gilt Absatz 2 entsprechend.

(4) Bei anderweitiger Unterbringung außerhalb des Haushalts der Eltern oder eines Elternteils werden als Bedarf für den Lebensunterhalt 750 DM monatlich zugrunde gelegt. Hinzuzurechnen sind die Kosten der Unterkunft, soweit sie 200 DM monatlich übersteigen, höchstens jedoch 75 DM monatlich.


## § 13

**Bedarf für die Ausbildung oder für die Teilnahme an einer berufsvorbereitenden Bildungsmaßnahme**

Als Bedarf für die Ausbildung oder für die Teilnahme an einer berufsvorbereitenden Bildungsmaßnahme werden anerkannt, wenn die Aufwendungen vom Auszubildenden oder von seinen Erziehungsberechtigten zu tragen sind:

1. Kosten der Fahrt zwischen der Unterkunft, der Ausbildungsstätte sowie der Berufsschule für je eine Hin- und Rückfahrt am Arbeitstag mit einem Pauschbetrag

a) von 2,70 DM monatlich, bei Fahrstrecken bis zu insgesamt 30 Kilometer täglich in den Fällen des § 2 Abs. 1 Nr. 3 von 3,60 DM monatlich, für jeden zwischen der Unterkunft und der Ausbildungsstätte zurückzulegenden Kilometer,

b) von 0,60 DM monatlich für jeden zwischen der Unterkunft und der Berufsschule zurückzulegenden Kilometer, wenn durch den Besuch der Berufsschule Fahrkosten zusätzlich entstehen;

2. Kosten für im Regelfall eine Heimfahrt monatlich zu den Eltern, zu einem Elternteil oder zur eigenen Familie im Geltungsbereich des Arbeitsförderungsgesetzes, wenn der Auszubildende wegen seiner Ausbildung oder wegen der Teilnahme an einer berufsvorbereitenden Bildungsmaßnahme auswärts untergebracht ist,

a) mit einem Pauschbetrag von 0,15 DM für jeden zurückzulegenden Kilometer,

b) in Höhe der Kosten der kürzesten Flugreise bzw. kombinierten Reise von bzw. nach Berlin (West);

3. nach Maßgabe der Nummer 2 Kosten für Heimfahrten zu einer bestimmten, in der Regel für die Dauer der Ausbildung oder der Teilnahme an einer berufsvorbereitenden Bildungsmaßnahme vom Vormund zu benennenden Person, wenn die Eltern eines unverheirateten, minderjährigen Auszubildenden verstorben sind;

4. in den Fällen des § 2 Abs. 1 Nr. 1 und 2 Fernunterrichtsgebühren in der von der Bundesanstalt als angemessen anerkannten Höhe, jedoch nicht mehr als 30 DM im Kalendermonat, wenn

a) die nach dem Berufsbildungsgesetz für die Ausbildung zuständige Stelle bescheinigt, daß der Fernunterricht zur Erreichung des Ausbildungszieles zweckmäßig ist und

b) der Fernunterricht nach § 12 des Fernunterrichtsschutzgesetzes zugelassen oder, ohne unter die Bestimmungen des Fernunterrichtsschutzgesetzes zu fallen, von einem öffentlich-rechtlichen Träger veranstaltet wird;

5. Arbeitskleidung in Höhe von 20 DM monatlich; für Teilnehmer an berufsvorbereitenden Bildungsmaßnahmen, deren Gesamtbedarf nach § 40 Abs. 1 b AFG bemessen wird, gilt dieser Betrag als Teilbedarf für Arbeitskleidung;

6. in den Fällen des § 2 Abs. 1 Nr. 3 Lernmittel in Höhe von 15 DM monatlich.

7. – aufgehoben –

8. in den Fällen des § 2 Abs. 1 Nr. 3 für Teilnehmer, deren Schutz im Krankheitsfalle nicht anderweitig sichergestellt ist, die Beiträge für ihre freiwillige Krankenversicherung ohne Anspruch auf Krankengeld bei einem Träger der gesetzlichen Krankenversicherung, im begründeten Einzelfall der Beiträge für eine private Krankenversicherung, wenn durch den Träger der gesetzlichen Krankenversicherung kein Versicherungsschutz oder kein umfassender Versicherungsschutz gewährleistet ist.

## § 13 a
### Leistungen für die Teilnahme an einer berufsvorbereitenden Bildungsmaßnahme im Teilzeitunterricht neben einer Allgemeinen Maßnahme zur Arbeitsbeschaffung

(1) Die Bundesanstalt übernimmt für Teilnehmer an einer berufsvorbereitenden Bildungsmaßnahme (§ 2 Abs. 1 Nr. 3), die im Teilzeitunterricht arbeitsbegleitend neben einer Allgemeinen Maßnahme zur Arbeitsbeschaffung im Sinne des § 91 AFG durchgeführt wird, die Lehrgangsgebühren (§§ 40 Abs. 1 Satz 3, 40 Abs. 1 b Satz 2 AFG), die Fahrkosten (§ 13 Nr. 1 bis 3) sowie die Kosten für Lernmitel (§ 13 Nr. 6) und Arbeitskleidung (§ 40 Abs. 1 b AFG, § 13 Nr. 5); ein weiterer Bedarf nach § 9 Satz 1 ist nicht zu berücksichtigen.

(2) Teilzeitunterricht im Sinne des Absatzes 1 liegt vor, wenn der Unterricht weniger als 20 Zeitstunden in der Woche umfaßt.

## § 14
### Sonstige Kosten

In den Fällen des § 2 Abs. 1 Nr. 1 und 2 sowie für Teilnehmer an berufsvorbereitenden Bildungsmaßnahmen, wenn diese im Wohnheim oder Internat untergebracht sind, werden als Bedarf für die Ausbildung sonstige Kosten anerkannt, soweit sie durch die Ausbildung unvermeidbar entstehen und wenn die Aufwendungen vom Auszubildenden oder von seinen Erziehungsberechtigten zu tragen sind.

## § 15
### Anrechnung von Einkommen des Auszubildenden

(1) Einkommen (§ 18) des Auszubildenden ist auf den Bedarf nach § 9 Satz 1 in voller Höhe anzurechnen. Davon kann abgewichen werden, wenn dies zur Vermeidung unbilliger Härten gerechtfertigt ist.

(2) Bei Auszubildenden bleiben 80,– DM monatlich anrechnungsfrei, wenn für eine geeignete Berufsausbildung (§ 2 Abs. 1 Nr. 1 und 2) die Aufnahme einer Ausbildung erforderlich ist, die nur bei Unterbringung des Auszubildenden außerhalb des Haushalts der Eltern oder eines Elternteils möglich ist.

(3) In den Fällen des § 40 Abs. 1 b AFG bleiben 150 (155*) DM monatlich anrechnungsfrei; § 40 a Abs. 1 Satz 3 AFG bleibt unberührt. In Fällen des § 40 a Abs. 1 AFG ist nach § 10 Abs. 2 zu verfahren.

## § 16
### Anrechnung von Einkommen der Eltern

(1) Einkommen (§ 18) der Eltern (§ 10 Abs. 1 Nr. 2) ist auf den Bedarf nach § 9 Satz 1 anzurechnen, soweit folgende monatliche Freibeträge überschritten werden:

1. für den Haushaltungsvorstand ............................ 1 660 (1 710*) DM,

2. für den Ehegatten, sofern die Ehegatten nicht dauernd getrennt leben
...................................................... 445 ( 460*) DM,

3. für jedes Kind im Sinne der §§ 1 und 2 Abs. 1 Satz 1 des Bundeskindergeldgesetzes, mit Ausnahme des Auszubildenden, wenn es bei Beginn des Bewilligungszeitraumes

a) das 15. Lebensjahr noch nicht vollendet hat ................... 460 (475*) DM,

b) das 15. Lebensjahr vollendet hat ........................... 590 (610*) DM.

Diese Beträge vermindern sich um das Einkommen des betreffenden Kindes.

(2) Für Kinder, die eine Berufsausbildungsbeihilfe erhalten, wird ein Freibetrag nach Absatz 1 Nr. 3 nicht angesetzt.

Für Ehegatten und Kinder, die ihren Wohnsitz oder ihren gewöhnlichen Aufenthaltsort außerhalb des Geltungsbereiches des Arbeitsförderungsgesetzes haben, werden die Freibeträge nur gewährt, soweit dies nach den Verhältnissen im Wohnland des Ehegatten oder des Kindes notwendig und angemessen ist.

(2 a) Das die Freibeträge nach den Absätzen 1 bis 6 übersteigende Einkommen der Eltern bleibt anrechnungsfrei

1. zu 50 vom Hundert und

2. zu 5 vom Hundert für den Auszubildenden selbst, für jedes Kind, das sich in einer nach § 40 AFG oder nach dem Bundesausbildungsförderungsgesetz förderungsfähigen Ausbildung befindet, sowie für jedes weitere Kind, für das nach Abzug seines Einkommens ein Freibetrag nach Absatz 1 Nr. 3 zusteht.

(3) Sind die Eltern (§ 10 Abs. 1 Nr. 2) geschieden oder leben sie dauernd getrennt, so wird für den Elternteil, bei dem der Auszubildende lebt, der Freibetrag für den Haushaltungsvorstand angesetzt. Das Einkommen des anderen Elternteils bleibt außer Betracht.

(4) Ist der Auszubildende außerhalb des Haushalts der Eltern oder eines Elternteils untergebracht, erhöht sich der Gesamtfreibetrag nach Absatz 1 um 1 070 DM, wenn

1. für eine geeignete Berufsausbildung (§ 2 Abs. 1 Nr. 1 und 2) die Aufnahme einer Ausbildungsstelle erforderlich ist, die nur bei Unterbringung des Auszubildenden außerhalb des Haushalts der Eltern oder eines Elternteils möglich ist,

2. für die Teilnahme an einer berufsvorbereitenden Bildungsmaßnahme (§ 2 Abs. 1 Nr. 3) die Unterbringung des Auszubildenden außerhalb des Haushalts der Eltern oder eines Elternteils erforderlich ist.

(5) Ist es wegen der Lage auf dem Ausbildungsstellenmarkt in einem Bezirk erforderlich, Ausbildungsstellen zu vermitteln, die eine Unterbringung außerhalb des elterlichen Haushalts erfordern, ist in begründeten Ausnahmefällen nach Absatz 6 zu verfahren.

---

\* Der in der Klammer genannte Betrag ist für alle nach dem 30. 6. 1991 beginnenden Bewilligungszeiträume gültig, ab 1. 10. 1991 gilt er ohne jede Einschränkung.

\* wie oben

(6) Von der vorgesehenen Anrechnung (Absatz 1) des die Freibeträge nach Absatz 1 in Verbindung mit den Absätzen 3, 4 und 5 übersteigenden Einkommens kann bis zu einem Betrag von 500 DM monatlich abgewichen werden, wenn dies zur Vermeidung unbilliger Härten gerechtfertigt ist.

## § 17
### Anrechnung von Einkommen des Ehegatten

(1) Einkommen (§ 18) des Ehegatten (§ 10 Abs. 1 Nr. 3) ist auf den Bedarf nach § 9 Satz 1 anzurechnen, soweit folgende monatliche Freibeträge überschritten werden

1. für den Ehegatten . . . . . . . . . . . . . . . . . . . . . . . . . . . . . . . . . . . . . . 1 660 (1 710*) DM,

2. für jedes Kind im Sinne der §§ 1 und 2 Abs. 1 Satz 1 des Bundeskindergeldgesetzes, wenn es bei Beginn des Bewilligungszeitraumes

a) das 15. Lebensjahr noch nicht vollendet hat . . . . . . . . . . . . . . . . . . 460 (475*) DM,

b) das 15. Lebensjahr vollendet hat . . . . . . . . . . . . . . . . . . . . . . . . . . . 590 (610*) DM.

Diese Beträge vermindern sich um das Einkommen des betreffenden Kindes.

(2) Die Vorschriften des § 16 Abs. 2, 2 a, 4, 5 und 6 gelten entsprechend.

## § 18
### Einkommen

(1) Als Einkommen gelten alle Einkünfte in Geld oder Geldeswert nach Abzug der Steuern, der Beiträge zur Sozialversicherung und zur Bundesanstalt für Arbeit oder entsprechende Aufwendungen zur sozialen Sicherung in angemessenem Umfange.

(2) Als Einkommen des Auszubildenden gelten auch Beträge, die für Kost und Wohnung von der Ausbildungsvergütung einbehalten werden. Sachbezüge, die der Ausbildende gewährt, sind auf Grund der nach § 17 des Sozialgesetzbuches – Gemeinsame Vorschriften für die Sozialversicherung (SGB IV) – erlassenen Sachbezugsverordnung zu bewerten.

(3) Von dem Einkommen können als Werbungskosten abgezogen werden:

1. notwendige Aufwendungen für Fahrten zwischen der Wohnung und der Arbeitsstätte; § 13 Nr. 1 Buchstabe a gilt entsprechend,

2. Beiträge für Berufsverbände, Gewerkschaften u. ä.,

3. Mehraufwendungen infolge notwendiger Führung eines doppelten Haushaltes bis zu 150 DM monatlich, soweit nicht Trennungsentschädigung, Auslösung u. ä. gezahlt wird.

(4) Werbungskosten des Auszubildenden sind nicht zu berücksichtigen.

(5) Nicht als Einkommen gelten Leistungen, die nicht oder nicht hauptsächlich für den Lebensunterhalt, sondern als zweckgebundene Sonderleistungen gewährt werden, insbesondere

1. Leistungen, die nach bundes- oder landesgesetzlichen Vorschriften gewährt werden, um einen Mehrbedarf zu decken, der durch einen Körperschaden verursacht ist,

2. Leistungen der vorbeugenden oder nachgehenden Gesundheitsfürsorge,

3. die Grundrenten und die Schwerstbeschädigtenzulage nach dem Bundesversorgungsgesetz, die Renten, die in entsprechender Anwendung der Vorschriften des Bundesversorgungsgesetzes über die Grundrente und die Schwerstbeschädigtenzulage gewährt werden, und die Renten, die den Opfern nationalsozialistischer Verfolgung wegen

---

\* wie oben

einer durch die Verfolgung erlittenen Gesundheitsschädigung gewährt werden, bis zur Höhe des Betrages, der in der Kriegsopferversorgung bei gleicher Minderung der Erwerbsfähigkeit als Grundrente und Schwerstbeschädigtenzulage gewährt würde,

4. Leistungen zum Ausgleich eines Schadens, soweit sie nicht für entgangenes oder entgehendes Einkommen oder für den Verlust gesetzlicher Unterhaltsansprüche gewährt werden,

5. Leistungen nach dem Bundessozialhilfegesetz (BSHG), die als Hilfen in besonderen Lebenslagen gewährt werden,

6. Entlassungsgeld und Übergangsbeihilfen nach dem Heimkehrergesetz,

7. sonstige Leistungen der Mutterschaftshilfe (§ 15 Abs. 2 des Mutterschutzgesetzes, §§ 195 Nrn. 1 bis 4, 205 a Abs. 1 RVO) sowie das nach den §§ 200 b, 205 a Abs. 2 RVO als einmalige Leistung gewährte Mutterschaftsgeld,

8. Aufwandsentschädigungen, soweit sie nicht steuerpflichtig sind,

9. Trennungsentschädigungen, Auslösungen u. ä.

(6) Ferner gelten nicht als Einkommen

1. Weihnachts-, Neujahrs- und Urlaubszuwendungen, Jahresabschlußprämien, sog. 13. und 14. Monatsgehälter, Jubiläumsgaben und ähnliche nicht laufende Einkünfte aus einem Dienst-, Arbeits- oder Ausbildungsverhältnis,

2. Bergmannsprämien nach dem Gesetz über Bergmannsprämien,

3. gesetzliche oder tarifliche Zuschläge für Nachtarbeit und Mehrarbeit, soweit sie ausgewiesen oder erkennbar sind,

4. Sachleistungen, die während der stationären Behandlung in einer Krankenanstalt gewährt werden,

5. Kantinenzuschüsse, die Betriebe für Mittagessen gewähren, wenn und soweit sie einen Tagessatz von 1,50 DM nicht überschreiten,

6. Leistungen, die von Betrieben an Teilnehmer berufsvorbereitender Bildungsmaßnahmen ohne rechtliche Verpflichtung oder von anderen Stellen zur Aufstockung der Berufsausbildungsbeihilfen gewährt werden,

7. Prämien, die der Auszubildende vom Ausbildenden erhält,

8. Wohngeld nach der Wohngeldgesetzgebung.

(7) Unterhaltsleistungen, die ein Elternteil aufgrund von Unterhaltsurteilen oder sonstigen vollstreckbaren Titeln tatsächlich leistet, sind von seinem Einkommen abzusetzen, sofern dem Unterhaltsverpflichteten Freibeträge nach § 16 Abs. 1 Nrn. 2 und 3 oder § 17 Abs. 1 Nr. 2 nicht gewährt werden können.

## § 19
### Form der Förderung

(1) Die Berufsausbildungsbeihilfe wird grundsätzlich als Zuschuß gewährt.

(2) Die Berufsausbildungsbeihilfe kann ausnahmsweise als zinsloses Darlehen gewährt werden, wenn und soweit

1. eine neue Ausbildung aufgrund von § 3 Abs. 2 nicht gefördert werden kann, weil die Voraussetzungen noch nicht erfüllt sind, eine weitere Ausbildung jedoch aus allgemeinen sozialen Gesichtspunkten ermöglicht werden sollte,

2. die Ausbildung über die vorgeschriebene Zeit hinaus verlängert werden muß und die Gründe dafür nach § 8 Abs. 4 nicht anerkannt werden können, eine Verlängerung der Ausbildung jedoch aus allgemeinen sozialen Gesichtspunkten ermöglicht werden sollte.

(3) Der Darlehensnehmer hat das Darlehen nach Abschluß seiner Ausbildung in einem angemessenen Zeitraum, längstens in sechs Jahren, zu tilgen. Es können bis zu zwei tilgungsfreie Jahre eingeräumt werden. In besonderen Fällen kann der Präsident des Landesarbeitsamtes längere tilgungsfreie Zeiten und Tilgungszeiten einräumen.

## Dritter Abschnitt

### Verfahren

### § 20
### Antragstellung und Entscheidung

(1) Berufsausbildungsbeihilfe wird dem Auszubildenden auf Antrag gewährt.

(2) Der Antrag auf Bewilligung ist bei dem für den Wohnort des Auszubildenden zuständigen Arbeitsamt zu stellen.

(3) Hat der Auszubildende seinen Wohnort nicht im Geltungsbereich des Arbeitsförderungsgesetzes, so ist der Antrag bei dem für den Ausbildungsort zuständigen Arbeitsamt einzureichen.

(4) Anträge auf Weiterbewilligung sind bei dem Arbeitsamt einzureichen, das bisher die Berufsausbildungsbeihilfe gewährt hat.

(5) Über den Antrag entscheidet der Direktor des Arbeitsamtes, in dessen Bezirk sich die Ausbildungsstätte befindet oder die berufsvorbereitende Bildungsmaßnahme durchgeführt wird.

(6) Der Präsident der Bundesanstalt kann aus Zweckmäßigkeitsgründen eine von Absatz 5 abweichende Zuständigkeitsregelung treffen.

(7) Die Berufsausbildungsbeihilfe ist in der Regel zu bewilligen für einen Zeitraum von
1. neun Monaten, wenn Berufsausbildungsbeihilfe für eine Ausbildung (§ 2 Abs. 1 Nr. 1 oder 2) beantragt wurde.
2. zwölf Monaten, wenn Berufsausbildungsbeihilfe für die Teilnahme an einer berufsvorbereitenden Bildungsmaßnahme (§ 2 Abs. 1 Nr. 3) beantragt wurde.
Kürzere Bewilligungszeiträume sind festzusetzen, wenn im Zeitpunkt der Bewilligung abzusehen ist, daß wesentliche Änderungen in den wirtschaftlichen Verhältnissen eintreten.

(8) Bei Berechnung der Berufsausbildungsbeihilfe sind die wirtschaftlichen Verhältnisse maßgebend, die im Zeitpunkt der Antragstellung nachweisbar sind. Änderungen, die bis zur Entscheidung bekannt werden, sind jedoch zu berücksichtigen. Ferner sind Änderungen in der Höhe der Ausbildungsvergütung während eines Bewilligungszeitraumes zu berücksichtigen, wenn diese auf dem Eintritt in das nächste Ausbildungsjahr oder in den nächsten Ausbildungsabschnitt beruhen. Erfolgt wegen Einkünften aus Land- und Forstwirtschaft, aus Gewerbebetrieben oder aus selbständiger Arbeit eine Veranlagung zur Einkommensteuer und ist deshalb der Gewinn für die Dauer des Bewilligungszeitraumes vom Steuerpflichtigen zunächst zu schätzen, ist Berufsausbildungsbeihilfe insoweit unter dem Vorbehalt der Rückforderung zu gewähren; die endgültige Feststellung des Anspruchs erfolgt nach Vorlage des Steuerbescheides.

(9) Ändern sich die für die Festsetzung des Bedarfs für den Lebensunterhalt (§§ 40 Abs. 1 b Satz 1, 40a Abs. 2 AFG, §§ 11, 12) maßgebenden Verhältnisse, ist der Bedarf nach § 9 vom Tage der Änderung an neu festzusetzen. Der Bedarf nach § 9 ist auch für die Dauer des Blockunterrichts der Berufsschule neu festzusetzen; dabei sind Zuschüsse des Ausbildenden und anderer Stellen zu berücksichtigen.

(10) Die Berufsausbildungsbeihilfe wird mit Ausnahme der Lehrgangsgebühren (§ 9 Satz 2) monatlich am 20. des Anspruchsmonats gezahlt. Die Lehrgangsgebühren (§ 9 Satz 2) werden am Ende der berufsvorbereitenden Bildungsmaßnahme gezahlt, entsprechende Abschläge können geleistet werden.

(11) Die errechnete monatliche Berufsausbildungsbeihilfe ist auf volle DM-Beträge nach unten zu runden. Eine sich danach ergebende monatliche Berufsausbildungsbeihilfe von weniger als 20 DM wird nicht ausgezahlt.

### § 21
### Angabepflicht

Für die Eltern und den Ehegatten des Auszubildenden (§ 10 Abs. 1 Nrn. 2 und 3) gelten die §§ 60 sowie 65 Abs. 1 und 3 des Ersten Buches Sozialgesetzbuch entsprechend.

**Vierter Abschnitt**

**Schlußbestimmungen**

### § 22
### Übergangsregelung
...

### § 23
### Inkrafttreten
...

## 7.3 Anordnung des Verwaltungsrats der Bundesanstalt für Arbeit über die individuelle Förderung der beruflichen Fortbildung und Umschulung (A Fortbildung und Umschulung) vom 23. März 1976 in der Fassung der 18. Änderungsanordnung vom 9. März 1990 (ANBA, S. 606)

Inhaltsübersicht

**Erster Abschnitt**
**Allgemeine Bestimmungen**                                                §§

Ziel der Förderung . . . . . . . . . . . . . . . . . . . . . . . . . . . . . . . . . . . 1
Berufliche Fortbildungsmaßnahmen . . . . . . . . . . . . . . . . . . . . . . . . . 1a
Maßnahmen zur Verbesserung der Vermittlungsaussichten . . . . . . . . . . . . 1b
Berufliche Umschulungsmaßnahmen . . . . . . . . . . . . . . . . . . . . . . . . . 2
Unterricht . . . . . . . . . . . . . . . . . . . . . . . . . . . . . . . . . . . . . . . . 3
Anforderungen an die Maßnahme . . . . . . . . . . . . . . . . . . . . . . . . . . . 4
Auftragsmaßnahmen . . . . . . . . . . . . . . . . . . . . . . . . . . . . . . . . . . . 4a
Wiederholung der Maßnahme . . . . . . . . . . . . . . . . . . . . . . . . . . . . . . 5
Zweckmäßigkeit der Teilnahme an einer Maßnahme . . . . . . . . . . . . . . . . 6
Auswahl der Maßnahme . . . . . . . . . . . . . . . . . . . . . . . . . . . . . . . . . 6a
Leistungsvoraussetzungen und förderungsfähiger Personenkreis . . . . . . . . . 7
Nichtdeutsche . . . . . . . . . . . . . . . . . . . . . . . . . . . . . . . . . . . . . . . 8
Interessengebundene Maßnahmen . . . . . . . . . . . . . . . . . . . . . . . . . . . 9

**Zweiter Abschnitt**
**Art und Umfang der Förderung**

Unterhaltsgeld . . . . . . . . . . . . . . . . . . . . . . . . . . . . . . . . . . . 10
Geringfügige Kosten . . . . . . . . . . . . . . . . . . . . . . . . . . . . . . . 11
Begrenzung der Leistung . . . . . . . . . . . . . . . . . . . . . . . . . . . . 11 a
Lehrgangsgebühren . . . . . . . . . . . . . . . . . . . . . . . . . . . . . . . 12
Lernmittel . . . . . . . . . . . . . . . . . . . . . . . . . . . . . . . . . . . . . . 13
Fahrkosten . . . . . . . . . . . . . . . . . . . . . . . . . . . . . . . . . . . . . 14
Arbeitskleidung . . . . . . . . . . . . . . . . . . . . . . . . . . . . . . . . . . 15
Unterkunft und Verpflegung . . . . . . . . . . . . . . . . . . . . . . . . . . 16
Krankenversicherung . . . . . . . . . . . . . . . . . . . . . . . . . . . . . . 17
Kinderbetreuungskosten . . . . . . . . . . . . . . . . . . . . . . . . . . . . 17 a
Sonstige Kosten . . . . . . . . . . . . . . . . . . . . . . . . . . . . . . . . . 18
Einarbeitungszuschuß . . . . . . . . . . . . . . . . . . . . . . . . . . . . . 19

**Dritter Abschnitt**
**Verfahren**

Antragstellung . . . . . . . . . . . . . . . . . . . . . . . . . . . . . . . . . . . 20
Zuständigkeit . . . . . . . . . . . . . . . . . . . . . . . . . . . . . . . . . . . . 21
Auszahlung . . . . . . . . . . . . . . . . . . . . . . . . . . . . . . . . . . . . . 22

**Vierter Abschnitt**
**Schlußbestimmungen**

Inkrafttreten und Übergangsregelung . . . . . . . . . . . . . . . . . . . . 23

Der Verwaltungsrat der Bundesanstalt für Arbeit erläßt aufgrund von § 39 in Verbindung mit § 191 Abs. 3 des Arbeitsförderungsgesetzes (AFG) mit Genehmigung des Bundesministers für Arbeit und Sozialordnung folgende Anordnung:

**Erster Abschnitt**
**Allgemeine Bestimmungen**
**§ 1**
**Ziel der Förderung**

Ziel der individuellen Förderung der beruflichen Fortbildung, Umschulung und Einarbeitung ist es, entsprechend § 2 AFG die Teilnahme an beruflichen Bildungsmaßnahmen zu ermöglichen, die insbesondere dazu dienen,

1. Arbeitslosigkeit sowie qualitative und quantitative Unterbeschäftigung zu verhüten oder zu beenden,

2. Mangel an qualifizierten Fachkräften zu vermeiden oder zu beheben,

3. die berufliche Beweglichkeit zu sichern oder zu verbessern und

4. einen beruflichen Aufstieg zu ermöglichen.

**§ 1 a**
**Berufliche Fortbildungsmaßnahmen**

(1) Zu den beruflichen Fortbildungsmaßnahmen nach § 41 Abs. 1 AFG zählen nicht Bildungsmaßnahmen, die zum Bereich der Allgemeinbildung, der Berufsausbildung oder der beruflichen Umschulung gehören.

(2) Eine Bildungsmaßnahme gehört zum Bereich der Allgemeinbildung im Sinne des Absatzes 1, wenn überwiegend Wissen vermittelt wird, das dem von allgemeinbildenden Schulen angestrebten Bildungsziel entspricht.

(3 Abschlußprüfungen im Sinne des § 43 Abs. 1 Nr. 4 AFG sind solche in anerkannten Ausbildungsberufen.

### § 1 b
### Maßnahmen zur Verbesserung der Vermittlungsaussichten

(1) Für die Teilnahme an Maßnahmen zur Verbesserung der Vermittlungsaussichten für Arbeitslose gelten die für die Förderung der Teilnahme an beruflichen Fortbildungsmaßnahmen ergangenen Bestimmungen unter Berücksichtigung der besonderen Zielsetzung des § 41 a AFG entsprechend.

(2) Die Teilnahme an einer Maßnahme zur Verbesserung der Vermittlungsaussichten für Arbeitslose wird in der Regel nur gefördert, wenn sie nicht länger als 6 Wochen dauert. Voraussetzung ist ferner, daß der Träger der Maßnahme bei deren Planung und Durchführung zur Zusammenarbeit mit der zuständigen Dienststelle der Bundesanstalt für Arbeit bereit und die Mitwirkung der Fachkräfte der Bundesanstalt für Arbeit sichergestellt ist.

(3) Die Förderung der Teilnahme an einer weiteren Maßnahme zur Verbesserung der Vermittlungsaussichten für Arbeitslose ist zulässig, wenn dies entsprechend der Zielsetzung des § 41 a AFG notwendig ist.

(4) Inhalte von Maßnahmen nach § 41 a AFG können in sonstige berufliche Bildungsmaßnahmen einbezogen werden.

### § 2
### Berufliche Umschulungsmaßnahmen

(1) Zu den beruflichen Umschulungsmaßnahmen zählen nicht Bildungsmaßnahmen, die zum Bereich der Allgemeinbildung gehören; § 1 a Abs. 2 gilt entsprechend.

(2) Eine andere berufliche Tätigkeit im Sinne des § 47 Abs. 1 Satz 1 AFG ist eine Berufstätigkeit mit neuem Inhalt. Eine Bildungsmaßnahme ermöglicht auch dann den Übergang in eine andere berufliche Tätigkeit im Sinne des § 47 Abs. 1 Satz 1 AFG, wenn diese erst nach Ablauf einer der Maßnahme folgenden Beschäftigung im Sinne des § 34 Abs. 2 AFG aufgenommen werden kann.

(3) Die Umschulung soll mit Rücksicht auf das Lebensalter, die beruflichen Erfahrungen und Bewährungen des Umschulenden kürzer als ein entsprechender Ausbildungsgang für Jugendliche sein und mit einem qualifizierenden Abschluß enden.

### § 3
### Unterricht

(1) Unterricht im Sinne des § 34 Abs. 1 Satz 1 AFG ist die Vermittlung theoretischer Kenntnisse und die praktische Unterweisung durch Lehrkräfte.

(2) Eine Maßnahme wird im ganztägigen Unterricht durchgeführt, wenn der Unterricht in jeder Woche an mindestens 5 Werktagen stattfindet und mindestens 25 Unterrichtsstunden umfaßt.

(3) Wird eine Maßnahme in Abschnitten (Wechsel von Arbeits- und Unterrichtsblöcken) durchgeführt, so gilt dies für Antragsteller, die die Voraussetzungen nach § 44 Abs. 2 b Nr. 1 AFG erfüllen, immer dann als Teilzeitunterricht, wenn sich für den Gesamtzeitraum der Maßnahme durchschnittlich eine Arbeitszeit von 12 bis 24 Stunden wöchentlich und eine Unterrichtszeit von mindestens 12 Unterrichtsstunden in der Woche ergeben.

(4) Die Teilnahme an Maßnahmen, die im Fernunterricht durchgeführt werden, wird gefördert, wenn der Fernunterricht mit ergänzendem Nahunterricht (ganztägiger oder Teilzeitunterricht) von angemessener Dauer verbunden ist.

## § 4
## Anforderungen an die Maßnahme

(1) Die Maßnahme muß erwachsenengerecht und insbesondere nach Dauer, Inhalt und Ausgestaltung, Unterrichtsmethode und der Ausbildung sowie der Berufserfahrung des Leiters und der Lehrkräfte qualitativ geeignet sein, das Ziel der Fortbildung oder Umschulung zu erreichen. Bei Maßnahmen mit ganztägigem Unterricht soll mindestens 25 Zeitstunden Unterricht in der Woche erteilt werden. Die Teilnahme an Maßnahmen der beruflichen Umschulung, die bei Vollzeitunterricht zwei Jahre übersteigen, wird nur gefördert, wenn die berufliche Umschulung auf andere Weise nicht verwirklicht werden kann und die Maßnahme nicht länger als drei Jahre dauert. Die Teilnahme an Maßnahmen im Teilzeitunterricht, die zwei Jahre übersteigen, wird bei Antragstellern, bei denen die Voraussetzungen des § 44 Abs. 2b AFG erfüllt sind, nur gefördert, wenn das Maßnahmeziel auf andere Weise nicht verwirklicht werden kann und die Maßnahme nicht länger als vier Jahre dauert.

(2) Die Teilnahme an einer Bildungsmaßnahme wird nur gefördert, wenn die Maßnahme länger als zwei Wochen dauert und mehr als 50 Unterrichtsstunden umfaßt. Sofern der Antragsteller Anspruch auf Fortzahlung des Arbeitsentgelts hat, muß die Maßnahme länger als vier Wochen dauern und mehr als 100 Unterrichtsstunden umfassen. Fortzahlung im Sinne dieser Bestimmung ist die Gewährung des Arbeitsentgelts für Arbeitszeit, die wegen der Teilnahme an der Maßnahme ausfällt. Satz 1 und 2 gelten nicht für Maßnahmen zur Verbesserung der Vermittlungsaussichten und für Maßnahmen, die das Ziel haben, berufliche Kenntnisse und Fertigkeiten festzustellen.

(2 a) Eine Fortbildungsmaßnahme im Sinne des § 41 Abs. 2 a AFG liegt vor, wenn diese in betrieblicher Trägerschaft durchgeführt wird.

(3) Die Teilnahme an einer beruflichen Bildungsmaßnahme mit einer Dauer von mehr als sechs Monaten muß mit einer Frist von höchstens sechs Wochen, erstmals zum Ende der ersten sechs Monate, sodann jeweils zum Ende der nächsten drei Monate ohne Angabe von Gründen kündbar sein. Die maßgeblichen Zeitspannen sind grundsätzlich vom Beginn der Maßnahme an zu berechnen. Angemessen sind auch Kündigungsregelungen, die angemessene Kündigungsfristen zum Ende eines berufsüblichen oder durch Vorschriften vorgegebenen Maßnahmeabschnittes vorsehen.

(4) Eine Maßnahme entspricht den Grundsätzen der Wirtschaftlichkeit und Sparsamkeit nur, wenn sie sich auf das zum Erreichen des Maßnahmezieles Notwendige beschränkt. Die Maßnahme darf allgemeinbildende Fächer nur in dem Umfang enthalten, der für das Erreichen des Maßnahmezieles erforderlich ist. Bei Kostensätzen, die die durchschnittlichen Kostensätze von Maßnahmen mit gleichem oder ähnlichem Bildungsziel nicht überschreiten, kann in der Regel davon ausgegangen werden, daß sie angemessen im Sinne des § 34 Abs.1 Satz 2 Nr. 3 AFG sind.

(5) Die Teilnahme an einer Maßnahme kann nur gefördert werden, wenn

1. die Gesamtaufwendungen für die Teilnahme im Hinblick auf die mit der Maßnahme angestrebten Ziele vertretbar und aufgrund der Umstände des Einzelfalls erforderlich sind,

2. der Maßnahmeträger die „Grundsätze der Bundesanstalt für Arbeit zur Sicherung des Erfolges der Förderung der beruflichen Fortbildung und Umschulung" anerkennt und erfüllt.

## § 4 a
### Auftragsmaßnahmen

(1)  Soweit Maßnahmen, die den Anforderungen von § 34 Abs. 1 Satz 2 AFG und § 4 dieser Anordnung entsprechen, in angemessener Zeit nicht oder nicht im erforderlichen Umfang angeboten werden, sind grundsätzlich Träger mit der Durchführung beruflicher Bildungsmaßnahmen zu beauftragen. Über die Planung und den Erfolg von Auftragsmaßnahmen sind die Verwaltungsausschüsse im Rahmen des § 191 Abs. 1 AFG rechtzeitig zu unterrichten.

(2)  Auftragsmaßnahmen sollen zu Festpreisen vergeben werden.

(3)  Die einzelnen Bedingungen zur Durchführung der Auftragsmaßnahme und über die Zusammenarbeit mit der Bundesanstalt sind vor Beginn der Maßnahme schriftlich in einem Vertrag festzulegen. Der Träger hat sich insbesondere zu verpflichten, den Dienststellen der Bundesanstalt Auskünfte über die Durchführung und den Erfolg der Maßnahme zu geben und entsprechende Feststellungen zu unterstützen.

(4)  Bei Maßnahmen, die in Betrieben durchgeführt werden, kann das Arbeitsamt verlangen, daß der Betrieb vor Auftragserteilung eine Stellungnahme des Betriebsrates dazu vorlegt, ob durch die Maßnahme betriebliche Ausbildungsplätze oder Weiterbildungsmaßnahmen, für die der Betrieb überwiegend selbst die Kosten zu tragen hat, wegfallen.

## § 5
### Wiederholung der Maßnahme

(1)  Die Wiederholung einer gesamten Maßnahme wird nicht gefördert.

(2)  Im Rahmen einer Maßnahme kann nur einmal ein Teil als Wiederholung gefördert werden.

## § 6
### Zweckmäßigkeit der Teilnahme an einer Maßnahme

Die Teilnahme an einer Bildungsmaßnahme ist zweckmäßig, wenn durch sie die berufliche Situation für den Antragsteller in Übereinstimmung mit den Bedürfnissen des Arbeitsmarktes gesichert oder verbessert wird.

## § 6 a
### Auswahl der Maßnahme

Es wird grundsätzlich nur die Teilnahme an der Maßnahme gefördert, die vom Arbeitsamt im Rahmen seines pflichtgemäßen Ermessens gemäß § 33 AFG für den Antragsteller festgelegt wird. Bei der Festlegung der Maßnahme ist insbesondere zu berücksichtigen, welche der zur Auswahl anstehenden Maßnahmen kostengünstiger, vom Inhalt her erfolgversprechender und von Beginn und Dauer her wirtschaftlicher ist. Der Eintritt in eine später beginnende Maßnahme kann festgelegt werden, wenn die sich daraus für den Teilnehmer ergebende Wartezeit unter Berücksichtigung der Besonderheiten des Einzelfalles nicht unangemessen ist. Für diese Festlegung sind in der Regel alle Maßnahmen mit Vollzeit- oder Teilzeitunterricht am Wohnort des Antragstellers oder in dessen Tagespendelbereich zu berücksichtigen, die für ihn unter Beachtung des Maßnahmezieles in Betracht kommen. Maßnahmen mit Fernunterricht sind einzubeziehen, soweit nach den Gesamtumständen des Einzelfalles, insbesondere den persönlichen Verhältnissen des Antragstellers, ein Erreichen des Maßnahmezieles in angemessener Zeit erwartet werden kann. Stimmt das Arbeitsamt in begründeten Fällen der Teilnahme an einer anderen als der festgelegten Maßnahme zu, sind Leistungen nur im Rahmen des § 11 a zu gewähren.

## § 7

**Leistungsvoraussetzungen und förderungsfähiger Personenkreis**

(1) Personen, die sich beruflich fortbilden oder beruflich umschulen wollen, werden nur gefördert, wenn sie beabsichtigen, innerhalb von vier Jahren nach Abschluß der Maßnahme mindestens drei Jahre lang eine die Beitragspflicht begründende Beschäftigung auszuüben.

(2) Eine abgeschlossene Berufsausbildung im Sinne des § 42 AFG liegt vor, wenn ein Berufsabschluß in einem nach bundes- oder landesrechtlichen Vorschriften anerkannten Beruf erworben wurde, für den die Ausbildungszeit mit mindestens zwei Jahren festgesetzt ist.

(3) Als berufliche Tätigkeit im Sinne des § 42 AFG gelten auch Zeiten einer nicht abgeschlossenen Berufsausbildung, der Teilnahme an einer berufsvorbereitenden Bildungsmaßnahme (§§ 40a und 40b AFG) und die Tätigkeit im eigenen Haushalt.

(4) Fernunterricht gilt als berufsbegleitender Unterricht im Sinne des § 42 AFG.

## § 8

**Nichtdeutsche**

(1) Personen, die nicht Deutsche im Sinne des Artikels 116 des Grundgesetzes sind, werden nur gefördert, wenn sie in den letzten drei Jahren vor dem Eintritt in die Maßnahme mindestens zwei Jahre im Geltungsbereich des Arbeitsförderungsgesetzes erlaubt tätig waren.

(2) Die Einschränkung des Absatzes 1 gilt nicht für

1. Aussiedler (§ 1 Abs. 2 Nr. 3 und Abs. 3 des Bundesvertriebenengesetzes),

2. Ausländer im Sinne des Gesetzes über die Rechtsstellung heimatloser Ausländer im Bundesgebiet,

3. Ausländer, die als Asylberechtigte nach dem Asylverfahrensgesetz vom 16. Juli 1982 (BGBl. I S. 946) anerkannt sind.

4. Ausländer, die im Rahmen humanitärer Hilfsaktionen der Bundesrepublik Deutschland durch Erteilung einer Aufenthaltserlaubnis oder der Einreise in der Form des Sichtvermerks oder durch Übernahmeerklärung nach § 22 des Ausländergesetzes im Geltungsbereich des Arbeitsförderungsgesetzes aufgenommen worden sind (Kontingentflüchtlinge),

5. Ausländer, für die Verordnungen der Europäischen Gemeinschaften das vorsehen, und deren Ehegatten sowie für nichtdeutsche Ehegatten von Deutschen im Sinne des Artikels 116 Grundgesetz.

## § 9

**Interessengebundene Maßnahmen**

(1) Ein besonderes arbeitsmarktpolitisches Interesse im Sinne des § 43 Abs. 2 AFG besteht, wenn Teilnehmer an der Maßnahme für Tätigkeiten auf Arbeitsplätzen fortgebildet oder umgeschult werden, die

1. für die Sicherung oder Bereitstellung von anderen Arbeits- oder Ausbildungsplätzen notwendig sind,

2. benötigt werden, um arbeitsmarkt- und strukturpolitisch erwünschte Betriebsansiedlungen oder -erweiterungen durchführen zu können

und Fachkräfte mit beruflichen Kenntnissen und Fertigkeiten, die durch die Teilnahme an der Maßnahme vermittelt werden, nicht oder nicht in ausreichender Zahl zur Verfügung stehen. Die Teilnahme an interessengebundenen Maßnahmen zur Heran- und Fortbildung von Ausbildungskräften für Jugendliche wird nicht gefördert.

(2) Die Förderung der Teilnahme an einer Maßnahme nach Absatz 1 setzt voraus, daß die Maßnahme mit einer allgemein anerkannten Prüfung abschließt und die Teilnahme an der Maßnahme nicht von betrieblichen Bindungen abhängig gemacht wird.

(3) Ein besonderes arbeitsmarktpolitisches Interesse besteht auch an der Teilnahme an beruflichen Bildungsmaßnahmen, die ein Betrieb bei einer besonders ungünstigen Beschäftigungslage für seine Arbeitnehmer, die andernfalls von Arbeitslosigkeit bedroht wären, durchführt oder durchführen läßt und die nicht länger als vierundzwanzig Monate dauern. Eine Förderung ist nur dann zulässig, wenn der Betrieb seine Einrichtungen hierfür unentgeltlich zur Verfügung stellt.

## Zweiter Abschnitt
## Art und Umfang der Förderung

### § 10
### Unterhaltsgeld

(1) Unterhaltsgeld nach § 44 Abs. 2 AFG erhält ein Teilnehmer, der vor Eintritt in die Maßnahme

1. beim Arbeitsamt arbeitslos gemeldet ist (§ 44 Abs. 2 Satz 2 Nr. 1 AFG) oder

2. glaubhaft macht, daß er von Arbeitslosigkeit unmittelbar bedroht ist (§ 44 Abs. 2 Satz 2 Nr. 2 und Satz 3 AFG) oder

3. noch keinen beruflichen Abschluß erworben hat, der mindestens der Facharbeiter-, Gesellen- oder Gehilfenprüfung entspricht (§ 44 Abs. 2 Satz 2 Nr. 3 AFG). Diesem steht ein Teilnehmer gleich, der einen solchen Abschluß erworben hat, jedoch länger als die doppelte Ausbildungszeit des erlernten Berufes nicht mehr als Facharbeiter, Geselle oder Gehilfe tätig war.

In den Fällen nach Nr. 1, 2 und 3 Satz 2 ist weiter Voraussetzung, daß dem Antragsteller in absehbarer Zeit kein Arbeitsplatz vermittelt werden kann, der mindestens einen Berufsabschluß nach Satz 1 Nr. 3 oder eine vergleichbare Qualifikation verlangt.

(2) (gestrichen)

(3) Das Unterhaltsgeld nach § 44 Abs. 2 a AFG wird als zinsloses Darlehen gewährt. Es ist nach Beendigung der Maßnahme nach einer tilgungsfreien Zeit wie folgt zurückzuzahlen:

| Gesamtdarlehen | Tilgungszeiten |
|---|---|
| bis 6 000 DM | bis 2 ½ Jahre |
| über 6 000 DM bis 12 000 DM | bis 5 Jahre |
| über 12 000 DM bis 18 000 DM | bis 7 ½ Jahre |
| mehr als 18 000 DM | bis 10 Jahre |

Die tilgungsfreie Zeit beträgt das Doppelte des Zeitraumes, für den das Unterhaltsgeld gewährt wurde, mindestens 6, höchstens 24 Monate. Bei der Festlegung der Tilgungsraten sind die persönlichen Verhältnisse des Darlehensnehmers, insbesondere der Familienstand und die Einkommensverhältnisse, angemessen zu berücksichtigen. In Härtefällen können die vorgenannten Höchsttilgungszeiten bis zu zwei Jahre überschritten werden. Während einer Zeit, in der der Darlehensnehmer arbeitslos ist, entfällt auf Antrag die

Leistung von Tilgungsbeträgen; die tilgungsfreie Zeit und der Rückzahlungszeitraum verlängern sich auf Antrag um Zeiten der Arbeitslosigkeit nach Beendigung der Maßnahme.

(4) Fernunterricht gilt nicht als berufsbegleitender Unterricht im Sinne des § 44 Abs. 2a AFG.

(5) Unterhaltsgeld entfällt für Fehlzeiten, es sei denn, der Teilnehmer kann einen wichtigen Grund für sein Fernbleiben nachweisen. Unterhaltsgeld wird auch für Zeiten gewährt, die von der Bundesanstalt als Ferien anerkannt oder nach § 34 Abs. 3 AFG Bestandteil der Maßnahme sind. Ferien in diesem Sinne sind keine Zeiten, die vor dem ersten oder nach dem letzten Unterrichtstag liegen.

(6) Einem Gefangenen, der als Freigänger im Falle der Beschäftigung Arbeitsentgelt beziehen würde, wird Unterhaltsgeld nur gewährt, wenn die Justizverwaltung auf eine Erstattung von Haftkosten für die Zeit der Teilnahme an der Maßnahme verzichtet; das Unterhaltsgeld ist um den Betrag der Haftkosten zu kürzen, den der Freigänger aus seinem Arbeitsentgelt zu tragen hätte.

(7) Bricht ein Bezieher von Unterhaltsgeld nach § 44 Abs. 2 AFG die Teilnahme an der Maßnahme ohne wichtigen Grund ab oder hat er durch maßnahmewidriges Verhalten Anlaß für den Ausschluß aus der Maßnahme gegeben, ohne für sein Verhalten einen wichtigen Grund zu haben, hat er für Zeiten, in denen ihm weder Arbeitslosengeld noch Arbeitslosenhilfe zugestanden hätte, das Unterhaltsgeld in voller Höhe zu erstatten. Auf die Rückforderung ist zu verzichten, wenn der Teilnehmer nach der Beratung durch die Bundesanstalt eine Tätigkeit aufnimmt, die zu einer dauerhaften beruflichen Eingliederung führt. Darüber hinaus kann auf die Rückforderung verzichtet werden, insbesondere wenn sie mit Rücksicht auf die wirtschaftlichen Verhältnisse des Teilnehmers nicht vertretbar wäre oder die in der Maßnahme nach Satz 1 erworbenen Kenntnisse und Fertigkeiten zu beruflichen Abschlüssen geführt haben, die die berufliche Beweglichkeit des Teilnehmers erheblich verbessert haben oder soweit die Dauer der Teilnahme an der Maßnahme nach Satz 1 auf die Dauer einer sich anschließenden beruflichen Bildungsmaßnahme angerechnet wird.

## § 11
### Geringfügige Kosten

Kosten im Sinne von § 45 AFG sind geringfügig, wenn sie insgesamt 50,– DM monatlich nicht übersteigen und für die Gesamtdauer der Maßnahme nicht mehr als 250,– DM betragen.

## § 11 a
### Begrenzung der Leistung

In den Fällen des § 6a letzter Satz werden Leistungen nach §§ 12 bis 18 insgesamt nur bis zu der Höhe gewährt, wie sie bei Teilnahme an der vom Arbeitsamt festgelegten Maßnahme anfallen würden.

## § 12
### Lehrgangsgebühren

(1) Lehrgangsgebühren werden bis zu einer Höhe von 2,– DM je Teilnehmer und Unterrichtsstunde getragen. Dieser Betrag gilt auch für den ergänzenden Nahunterricht bei Teilnahme an Maßnahmen im Fernunterricht. Nach einer Teilnahme von sechs Monaten erhöht sich bei Maßnahmen mit ganztägigem Unterricht dieser Betrag bis zu einer Höhe von 3,– DM.

(2) Von den Aufwendungen für Lehrbriefe bei Teilnahme an Maßnahmen im Fernunterricht wird der zu erstattende Betrag nach der Stundenzahl (Zeitstunde) bemessen, die aufgrund der Überprüfung nach § 34 Abs. 1 Satz 2 AFG für die Durcharbeitung der Lehrbriefe benötigt wird. Je Stunde wird bis zu 1,20 DM vergütet. Läßt sich die Stundenzahl nicht ermitteln, sind die Aufwendungen für Lehrbriefe mit einem Pauschbetrag von 20,– DM monatlich abzugelten.

(3) Prüfungsgebühren einschließlich der Kosten für Prüfungsstücke werden übernommen für Antragsteller, die die Voraussetzungen des § 44 Abs. 2 Satz 2 oder Abs. 2 b AFG erfüllen, wenn die Prüfung spätestens sechs Monate nach Abschluß der Maßnahme beginnt oder die Verzögerung vom Teilnehmer nicht zu vertreten ist.

(4) Abweichend von Absatz 1 werden die notwendigen Lehrgangsgebühren mit 70 v.H getragen, wenn der Antragsteller die Voraussetzungen des § 44 Abs. 2 Satz 2 oder Abs. 2 b AFG erfüllt.

(5) Abweichend von den Absätzen 1, 2 und 4 werden die notwendigen Lehrgangsgebühren in voller Höhe getragen, wenn der Antragsteller die Voraussetzungen des § 44 Abs. 2 Satz 2 oder Abs. 2 b AFG erfüllt und zwischen dem Arbeitsamt und dem Träger der Maßnahme Einvernehmen über die Höhe der Kosten hergestellt wurde oder es sich um eine Auftragsmaßnahme (§ 4a) handelt. Ein Einvernehmen ist herzustellen, wenn die Lehrgangsgebühren nicht höher liegen als bei gleichartigen Maßnahmen am Ort und an der Teilnahme ein besonderes arbeitsmarktpolitisches Interesse besteht.

## § 13
### Lernmittel

Für die Kosten zur Beschaffung notwendiger Lernmittel werden bis zu –,30 DM je Unterrichtsstunde, höchstens jedoch 30,– DM monatlich getragen, wenn der Antragsteller die Voraussetzungen des § 44 Abs. 2 Satz 2 oder Abs. 2 b AFG erfüllt.

## § 14
### Fahrkosten

(1) Für Pendelfahrten werden die notwendigen Kosten mit einem Pauschbetrag von –,10 DM pro zurückzulegenden Kilometer, höchstens jedoch für 100 km täglich, abgegolten. Dabei sind im Kalendermonat höchstens 18 Fahrtage zu berücksichtigen. Der sich danach ergebende Betrag ist um einen vom Teilnehmer zu tragenden Eigenanteil von 30,– DM im Kalendermonat zu mindern.

(2) Antragsteller, die die Voraussetzungen des § 44 Abs. 2 Satz 2 oder Abs. 2 b AFG erfüllen, erhalten für Pendelfahrten bei Benutzung eines regelmäßig verkehrenden öffentlichen Verkehrsmittels einen gleichbleibenden monatlichen Pauschbetrag. Der Berechnung des Pauschbetrages werden die zu Beginn der Maßnahme monatlich anfallenden notwendigen Fahrkosten zugrundegelegt. Bei Benutzung sonstiger Verkehrsmittel berägt die Pauschale –,20 DM pro zurückzulegenden Kilometer. Erhöhen sich die Fahrkosten gegenüber dem nach Satz 1 festgesetzten Betrag, ist auf Antrag der Pauschbetrag von dem auf diese Antragstellung folgenden Kalendermonat an neu festzusetzen, wenn der Erhöhungsbetrag mindestens 20,– DM monatlich beträgt und die Maßnahme mindestens weitere drei Monate andauert.

(3) Ein behinderter Antragsteller, der keinen Anspruch auf Förderung nach der Anordnung des Verwaltungsrats der Bundesanstalt für Arbeit über die Arbeits- und Berufsförderung Behinderter (A Reha) hat, erhält die Kosten für Pendelfahrten nach Absatz 2.

(4) Bei einer notwendigen auswärtigen Unterbringung werden für die An- und Rückreise sowie für im Regelfall eine Heimfahrt je Monat die Fahrkosten mit –,10 DM pro zurückge-

legten Kilometer abgegolten. In den Fällen der Absätze 2 und 3 gelten die dort getroffenen Regelungen entsprechend.

(5) Ist ein behinderter Antragsteller, der keinen Anspruch auf Förderung nach der A Reha hat, wegen seiner Behinderung auf eine Begleitperson angewiesen, werden die Fahrkosten für diese entsprechend den Absätzen 2 und 4 erstattet.

(6) Die im Zusammenhang mit der Prüfung anfallenden Fahrkosten sind nach Maßgabe der Absätze 1 bis 5 zu gewähren, wenn die Prüfung spätestens sechs Monate nach Abschluß der Maßnahme beginnt oder die Verzögerung vom Teilnehmer nicht zu vertreten ist.

(7) Für Pendelfahrten zwischen Wohnung und Schulungsstätte wird höchstens der Betrag gewährt, der bei auswärtiger Unterbringung nach § 16 Abs. 2 zu leisten wäre.

## § 15
### Arbeitskleidung

(1) Die Kosten für die Beschaffung von Arbeitskleidung, die für die praktische Unterweisung notwendig ist, werden bis zur Höhe von 100,– DM getragen.

(2) Die Kosten werden in voller Höhe getragen, wenn der Antragsteller die Voraussetzungen des § 44 Abs. 2 Satz 2 oder Abs. 2 b AFG erfüllt.

## § 16
### Unterkunft und Verpflegung

(1) Ist eine auswärtige Unterbringung notwendig, werden die Kosten für Unterkunft und Verpflegung nach Maßgabe der Absätze 2 und 3 getragen.

(2) Gewährt wird

a) für Unterkunft eine monatliche Pauschale von 210,– DM und

b) für Verpflegung Nichtalleinstehenden eine monatliche Pauschale von 180,– DM, Alleinstehenden eine monatliche Pauschale von 90,– DM.

(3) Stellt der Träger der Maßnahme im Einvernehmen mit dem Arbeitsamt die Unterkunft und Verpflegung bereit, werden die Kosten für Unterkunft in voller Höhe getragen. Die Kosten für Verpflegung werden getragen, soweit sie

a) bei Nichtalleinstehenden 90,– DM,

b) bei Alleinstehenden 210,– DM

monatlich übersteigen. Der vom Teilnehmer zu zahlende Betrag ist vom Unterhaltsgeld einzubehalten und an den Maßnahmeträger zu überweisen.

(4) Das Einvernehmen nach Absatz 3 darf nur hergestellt werden, wenn die Teilnehmer die Voraussetzungen des § 44 Abs. 2 Satz 2 oder Abs. 2 b AFG erfüllen und die vom Träger geforderten Kosten angemessen sind.

(5) § 14 Abs. 6 gilt hinsichtlich der Kosten für Unterkunft und Verpflegung entsprechend.

## § 17
### Krankenversicherung

Für Teilnehmer an Maßnahmen, deren Krankenbehandlung nicht anderweitig sichergestellt ist, werden die notwendigen Kosten einer Versicherung gegen Krankheit übernommen.

---

[1] nicht abgedruckt

## § 17 a
### Kinderbetreuungskosten

Die Kinderbetreuungskosten werden nach den Bestimmungen des § 45 AFG bis zu 60,– DM monatlich getragen, wenn der Antragsteller die Voraussetzungen des § 44 Abs. 2 Satz 2 oder Abs. 2 b AFG erfüllt.

## § 18
### Sonstige Kosten

(1) Sonstige Kosten werden bis zur Höhe von 100,– DM getragen, wenn sie durch die Teilnahme an einer Maßnahme unvermeidbar entstehen.

(2) Die Kosten nach Absatz 1 werden in voller Höhe getragen, wenn der Antragsteller

1. die Voraussetzungen des § 44 Abs. 2 oder Abs. 2 b AFG erfüllt oder

2. wegen einer Behinderung nur an einer Maßnahme teilnehmen kann, die in einer Rehabilitationsstätte oder in Zusammenarbeit mit einer Rehabilitationsstätte durchgeführt wird, ohne daß ein Anspruch auf Förderung nach der Anordnung des Verwaltungsrates der Bundesanstalt für Arbeit über die Arbeits- und Berufsförderung Behinderter (A Reha) besteht.

(3) § 14 Abs. 6 gilt hinsichtlich der Erstattung sonstiger Kosten entsprechend.

## § 19
### Einarbeitungszuschuß

(1) Ein Einarbeitungszuschuß kann gewährt werden, wenn der Arbeitgeber durch eine über die übliche – in der Regel kurzfristige – Einweisung hinausgehende Maßnahme dem Arbeitnehmer im Rahmen eines Einarbeitungsplanes qualifizierende berufliche Kenntnisse und Fertigkeiten in einem Arbeitsverhältnis vermittelt, die zu einer Verbesserung der beruflichen Mobilität des einzuarbeitenden Arbeitnehmers führen. Die Dauer der Einarbeitung muß dem Zeitraum entsprechen, der notwendig ist, um dieses Ziel zu erreichen. Die Gewährung eines Einarbeitungszuschusses ist keine Förderung im Sinne des § 42 Abs. 2 AFG. § 8 findet entsprechende Anwendung.

(2) Der Einarbeitungszuschuß kann nur gewährt werden, wenn der Arbeitnehmer mindestens sechs Monate beruflich tätig war und die vorgesehene Einarbeitung länger als vier Wochen dauert. § 7 Abs. 3 gilt entsprechend.

(3) Die Höhe und Dauer des Einarbeitungszuschusses richtet sich grundsätzlich nach dem Unterschied zwischen dem vorhandenen Leistungsvermögen des einzuarbeitenden Arbeitnehmers und den Anforderungen am vorgesehenen Arbeitsplatz. Der Bemessung des Einarbeitungszuschusses ist das zu Beginn der Einarbeitung maßgebliche Arbeitsentgelt zugrunde zu legen.

(4) Ein Einarbeitungszuschuß kann auch im Anschluß an eine Maßnahme, die nach den §§ 10 bis 18 gefördert wurde, gewährt werden, wenn eine zusätzliche Einarbeitung notwendig ist.

(5) Das Arbeitsamt kann verlangen, daß dem Antrag auf Einarbeitungszuschuß eine Stellungnahme des Betriebs- oder Personalrats beizufügen ist. Der Einarbeitungszuschuß kann mit der Auflage bewilligt werden, daß die zweckentsprechende Verwendung der Leistungen nach Ablauf der Förderungsfrist nachgewiesen wird und daß dem Nachweis auch eine Stellungnahme des Betriebs- oder Personalrats beizufügen ist.

**Dritter Abschnitt**

**Verfahren**

**§ 20**
**Antragstellung**

(1) Die Leistungen nach dieser Anordnung werden auf Antrag gewährt. Der Antrag soll schriftlich und rechtzeitig vor Beginn der Maßnahme gestellt werden. Wird der Antrag erst nach dem Eintritt in eine Maßnahme gestellt, werden Leistungen nach dieser Anordnung frühestens vom Zeitpunkt der Antragstellung an gewährt.

(2) Der Antrag auf Leistungen nach den §§ 10 bis 18 ist bei dem Arbeitsamt zu stellen, in dessen Bezirk der Antragsteller wohnt. Wird der Antrag erst nach dem Eintritt in eine Maßnahme gestellt, kann er auch bei dem Arbeitsamt eingereicht werden, in dessen Bezirk die Maßnahme durchgeführt wird. Der Antrag auf Einarbeitungszuschuß nach § 19 ist vom Arbeitgeber bei dem Arbeitsamt zu stellen, in dessen Bezirk der Betrieb seinen Sitz hat. Der Präsident der Bundesanstalt kann aus Zweckmäßigkeitsgründen eine abweichende Regelung treffen.

**§ 21**
**Zuständigkeit**

(1) Der Direktor des Arbeitsamtes, in dessen Bezirk die Maßnahme durchgeführt wird, entscheidet über die Förderung. Bei Maßnahmen, die im Fernunterricht oder wechselnd an verschiedenen Orten durchgeführt werden, trifft der Direktor des Arbeitsamtes, in dessen Bezirk der Antragsteller wohnt, die Entscheidung. Satz 2 gilt entsprechend, wenn bereits bei der Antragstellung feststeht, daß die Förderungsvoraussetzungen nicht erfüllt sind.

(2) Aus Zweckmäßigkeitsgründen kann eine von Absatz 1 abweichende Zuständigkeitsregelung getroffen werden. Zuständig dafür ist der Präsident der Bundesanstalt. Sofern nur die Zuständigkeit von Arbeitsämtern des Bezirkes eines Landesarbeitsamtes berührt wird, ist der Präsident des jeweiligen Landesarbeitsamtes dafür zuständig.

(3) Bei Maßnahmen, die im Fernunterricht durchgeführt werden, entscheidet der Präsident der Bundesanstalt, ob die Voraussetzungen nach § 34 AFG in Verbindung mit § 4 erfüllt sind.

**§ 22**
**Auszahlung**

(1) Werden Kosten von der Bundesanstalt nicht unmittelbar getragen, sind die entsprechenden Leistungen an den Berechtigten auszuzahlen. Leistungen nach den §§ 14, 16, 17 und 17a sind monatlich im voraus auszuzahlen. Leistungen nach den §§ 12, 13, 15 und 18 sind jeweils dann auszuzahlen, wenn dem Berechtigten die Kosten entstehen. Bei Teilnahme an Maßnahmen in berufsbegleitendem Unterricht oder Fernunterricht sind die Leistungen grundsätzlich vierteljährlich nachträglich auszuzahlen; das gleiche gilt bei Maßnahmen in ganztägigem Unterricht, wenn der an den Teilnehmer monatlich zu zahlende Betrag insgesamt 10,– DM nicht übersteigt. Die Leistung nach § 19 ist monatlich nachträglich auszuzahlen.

(2) Bei der Auszahlung des Unterhaltsgeldes sind § 122 AFG und die dazu ergangenen Vorschriften entsprechend anzuwenden.

Vierter Abschnitt
Schlußbestimmungen
§ 23
Inkrafttreten und Übergangsregelung
...

## 7.4 Arbeitslosenhilfe-Verordnung vom 7. August 1974 (BGBl. I S. 1929), zuletzt geändert durch Verordnung vom 10. Oktober 1990 (BGBl. I S. 2171)

Auf Grund des § 134 Abs. 3 des Arbeitsförderungsgesetzes wird im Einvernehmen mit dem Bundesminister der Finanzen, dem Bundesminister für Jugend, Familie und Gesundheit und dem Bundesminister des Innern, auf Grund des § 137 Abs. 3 und des § 138 Abs. 4 des Arbeitsförderungsgesetzes wird im Einvernehmen mit dem Bundesminister der Finanzen verordnet:

**Erster Abschnitt**
**Begründung des Anspruchs auf Arbeitslosenhilfe**
§§ 1 – 5 (aufgehoben)

**Zweiter Abschnitt**
**Berücksichtigung von Vermögen**

**§ 6**
**Verwertung von Vermögen**
(1) Vermögen des Arbeitslosen, seines nicht dauernd getrennt lebenden Ehegatten und der Eltern eines minderjährigen unverheirateten Arbeitslosen ist zu berücksichtigen, soweit es verwertbar und die Verwertung zumutbar ist und der Wert des Vermögens, dessen Verwertung zumutbar ist, jeweils achttausend Deutsche Mark, bei den Eltern eines minderjährigen unverheirateten Arbeitslosen jeweils zwölftausend Deutsche Mark übersteigt.

(2) Vermögen ist insbesondere verwertbar, soweit seine Gegenstände verbraucht, übertragen oder belastet werden können. Es ist nicht verwertbar, soweit der Inhaber des Vermögens in der Verfügung beschränkt ist und die Aufhebung der Beschränkung nicht erreichen kann.

(3) Die Verwertung ist zumutbar, wenn sie nicht offensichtlich unwirtschaftlich ist und wenn sie unter Berücksichtigung einer angemessenen Lebenshaltung des Inhabers des Vermögens und seiner Angehörigen billigerweise erwartet werden kann. Nicht zumutbar ist insbesondere die Verwertung

1. von angemessenem Hausrat,

2. von Vermögen, das zur alsbaldigen Gründung eines angemessenen eigenen Hausstandes bestimmt ist,

3. von Vermögen, das für eine alsbaldige Berufsausbildung, zum Aufbau oder zur Sicherung einer angemessenen Lebensgrundlage oder zur Aufrechterhaltung einer angemessenen Alterssicherung bestimmt ist,

4. von Gegenständen, die zur Aufnahme oder Fortsetzung der Berufsausbildung oder der Erwerbstätigkeit unentbehrlich sind,

5. von Gegenständen, die zur Befriedigung geistiger, besonders wissenschaftlicher oder künsterischer Bedürfnisse dienen und deren Besitz nicht Luxus ist,

6. von Familien- und Erbstücken, deren Veräußerung für den Eigentümer oder seine Angehörigen eine unbillige Härte bedeuten würde,

7. eines Hausgrundstückes von angemessener Größe, das der Eigentümer bewohnt, oder einer entsprechenden Eigentumswohnung oder eines Vermögens, das nachweislich zum alsbaldigen Erwerb eines solchen Hausgrundstückes oder einer solchen Eigentumswohnung bestimmt ist.

## § 7
**Ausnahmen von der Verwertung**

(1) Vermögen aus einmaligen Sozialleistungen gilt für die Dauer von fünf Jahren als nicht verwertbar, soweit es zehntausend Deutsche Mark nicht übersteigt.

(2) Vermögen, das aus der prämienbegünstigten Anlage nach dem Wohnungsbau-Prämiengesetz oder aus der zulagebegünstigten Anlage nach dem Fünften Vermögensbildungsgesetz sowie aus den Erträgnissen hinaus herrührt, gilt als nicht verwertbar, solange der Inhaber des Vermögens

1. in der Verfügung beschränkt ist und die Aufhebung dieser Beschränkung nur unter wirtschaftlichen oder rechtlichen Nachteilen erreichen kann oder

2. eine vorzeitige unschädliche Verfügung über das Vermögen nicht trifft.

## § 8
**Verkehrswert**

Das Vermögen ist ohne Rücksicht auf steuerrechtliche Vorschriften mit seinem Verkehrswert zu berücksichtigen. Für die Bewertung ist der Zeitpunkt maßgebend, in dem der Antrag auf Arbeitslosenhilfe gestellt wird, bei späterem Erwerb von Vermögen der Zeitpunkt des Erwerbs. Änderungen des Verkehrswertes sind nur zu berücksichtigen, wenn sie erheblich sind.

## § 9
**Dauer der Berücksichtigung**

Bedürftigkeit besteht nicht für die Zahl voller Wochen, die sich aus der Teilung des zu berücksichtigenden Vermögens durch das Arbeitsentgelt ergibt, nach dem sich die Arbeitslosenhilfe richtet.

**Dritter Abschnitt**
**Bestreitung des Lebensunterhalts auf andere Weise**

## § 10
**Vermutung für die Bestreitung des Lebensunterhalts**

Es ist anzunehmen, daß der Arbeitslose seinen Lebensunterhalt und den seines Ehegatten sowie seiner Kinder, für die er Anspruch auf Kindergeld nach dem Bundeskindergeldgesetz oder auf eine das Kindergeld ausschließende Leistung für Kinder hat, im Sinne des

§ 137 Abs. 1 des Arbeitsförderungsgesetzes auf andere Weise als durch Arbeitslosenhilfe bestreitet oder bestreiten kann,

1. wenn der Arbeitslose eine Tätigkeit als Arbeitnehmer, Selbständiger oder mithelfender Familienangehöriger aufnehmen oder fortsetzen und hierdurch oder durch Wahrnehmung einer sonstigen zumutbaren Möglichkeit Einkommen erzielen könnte, das zur Minderung oder Versagung der Arbeitslosenhilfe führen würde,

2. wenn sich nicht feststellen läßt, ob oder in welcher Höhe der Arbeitslose Einkommen oder Vermögen hat, die Gesamtumstände der Lebensführung des Arbeitslosen jedoch den Schluß zulassen, daß er nicht oder nur teilweise bedürftig ist,

3. wenn der Arbeitslose auf einen Anspruch, der nach § 138 Abs. 1 Nr. 1 des Arbeitsförderungsgesetzes zu berücksichtigen wäre, verzichtet oder Handlungen unterläßt, die Voraussetzung für das Entstehen oder Fortbestehen eines derartigen Anspruchs sind.

**Vierter Abschnitt**
**Berücksichtigung von Einkommen**

**§ 11**
**Einkünfte, die nicht als Einkommen gelten**
Außer den in § 138 Abs. 3 des Arbeitsförderungsgesetzes genannten Einnahmen gelten nicht als Einkommen:

1. einmalige Einnahmen, soweit sie nach Entstehungsgrund, Zweckbestimmung oder Übung nicht dem laufenden Lebensunterhalt dienen,

2. die Verletztenrente aus der gesetzlichen Unfallversicherung bis zur Höhe des Betrags, der in der Kriegsopferversorgung bei gleicher Minderung der Erwerbsfähigkeit als Grundrente und Schwerstbeschädigtenzulage gewährt würde; bei einer Minderung der Erwerbsfähigkeit um 20 v.H. ist ein Betrag von zwei Dritteln, bei einer Minderung der Erwerbsfähigkeit um 10 v.H. ist ein Betrag in Höhe von einem Drittel der Mindestgrundrente anzusetzen,

3. die Rente wegen Berufsunfähigkeit und die Bergmannsrente des Arbeitslosen bis zur Höhe des Unterschiedes zwischen der Arbeitslosenhilfe nach § 136 des Arbeitsförderungsgesetzes und der Arbeitslosenhilfe, die dem Arbeitslosen hiernach zustehen würde, wenn sein Arbeitsentgelt nicht wegen Berufsunfähigkeit, verminderter bergmännischer Berufsfähigkeit oder Verrichtung einer wirtschaftlich nicht gleichwertigen Arbeit gemindert wäre,

4. Einnahmen, soweit mit ihnen unabwendbare Aufwendungen für Maßnahmen zur Erhaltung, Besserung oder Wiederherstellung der Gesundheit bestritten werden und soweit hierfür keine Leistungen Dritter gewährt werden,

5. Einnahmen eines Angehörigen des Arbeitslosen, soweit der Angehörige damit die fälligen Kosten seiner Schul- oder Berufsausbildung bestreitet,

6. die aus sittlichen oder sozialen Gründen gewährten Zuwendungen aus öffentlichen Mitteln, insbesondere solche, die wegen Bedürftigkeit an besonders verdiente Personen oder Künstler oder deren Hinterbliebene gewährt werden.

**§ 12**
**Regelungen in sonstigen Rechtsvorschriften**
Vorschriften, nach denen andere als die in § 138 Abs. 3 des Arbeitsförderungsgesetzes und in § 11 genannten Einnahmen nicht als Einkommen im Sinne des § 138 Abs. 2 des Arbeitsförderungsgesetzes gelten oder nicht zu berücksichtigen sind, bleiben unberührt.

**Fünfter Abschnitt**
**Übergangs- und Schlußvorschriften**

**§ 13**
**Übergangsvorschrift**
...

**§ 13 a**
**Überleitungsregelung aus Anlaß der Herstellung der Einheit Deutschlands**

(1) Bis zum 31. Dezember 1991 steht bei Anwendung des § 11 die Invalidenrente, die Bergmannsinvalidenrente und die Bergmannsrente im Sinne des Rentenrechts, das in dem in Artikel 3 des Einigungsvertrages genannten Gebiet gilt, der Rente wegen Berufsunfähigkeit gleich.

(2) Bis zum 31. Dezember 1990 steht bei der Anwendung des § 10 dem Kindergeld nach dem Bundeskindergeldgesetz das staatliche Kindergeld nach dem in Artikel 3 des Einigungsvertrages genannten Gebiet geltenden Vorschriften gleich.

**§ 14**
**Berlin-Klausel**
Diese Verordnung gilt nach § 14 des Dritten Überleitungsgesetzes vom 4. Januar 1952 (Bundesgesetzblatt I, S. 1) in Verbindung mit § 250 Satz 2 des Arbeitsförderungsgesetzes auch im Land Berlin.

**§ 15**
**Inkrafttreten**
Diese Verordnung tritt am 1. September 1974 in Kraft.

## 7.5 Runderlaß des Präsidenten der Bundesanstalt für Arbeit, betr. Eingliederung der Aussiedler, vom 2. August 1988 (Dienstblatt der Bundesanstalt für Arbeit 105/88)

I.   Vorbemerkungen

Der Zuzug von Aussiedlern hält unvermindert an. Es wird davon ausgegangen, daß 1988 weit über 160 000 Aussiedler einreisen werden.

Für den Fall, daß bei Überschreiten der prognostizierten Zahlen oder in Spitzenzuzugszeiten trotz personeller und organisatorischer Maßnahmen nicht alle einreisenden Aussiedler registriert werden können, werden die Vertriebenen-/Ausgleichsämter ermächtigt, eine – dem Registrierschein gleichwertige – Stellungnahme zum vorläufigen Nachweis der Vertriebeneneigenschaft abzugeben.

II.   Nachweise der Vertriebenen-(Aussiedler)eigenschaft

1.   Gesetzlicher Nachweis

Vertriebene (Aussiedler) erhalten zum Nachweis ihrer Vertriebenen-(Aussiedler)eigenschaft den Vertriebenenausweis A oder B (§ 15 Absätze 1 und 2 Bundesvertriebenengesetz – BVFG). Dieser wird von den Vertriebenenämtern/Ausgleichsämtern ausgestellt (BVFG-Verfahren). Die Entscheidung über die Ausstellung des Ausweises ist für alle Behörden und Stellen verbindlich, die für die Gewährung von Rechten oder Vergünstigungen als Vertriebener (Aussiedler) nach dem BVFG oder einem anderen Gesetz zuständig sind (§ 15 Abs. 5 Satz 1 BVFG).

**Es ist nicht zulässig, bei Vorlage eines Vertriebenenausweises Leistungen mit
der Begründung zu verweigern, daß zusätzlich noch der Registrierschein vorzulegen ist.**

2.  Vorläufige Nachweise

2.1 Registrierschein

Die Feststellung der Vertriebenen-(Aussiedler)eigenschaft ist zeitaufwendig. In der
Regel verstreichen bis zur Aushändigung des Vertriebenenausweises mehrere Monate. Um dennoch möglichst frühzeitig die erforderlichen Integrationshilfen gewähren zu können, hat die BA mit Zustimmung der beteiligten Stellen den Registrierschein als **vorläufigen Nachweis** der Vertriebeneneigenschaft zugelassen. Er wird
vom Beauftragten der Bundesregierung für die Verteilung der Aussiedler im Grenzdurchgangslager (GDL) Friedland (Arbeitsamts-Bezirk Göttingen), in der Landesstelle für Aussiedler und Zuwanderer in Unna-Massen (Arbeitsamts-Bezirk Hamm) und
in der Durchgangsstelle für Aussiedler in Nürnberg ausgestellt, wenn die Angaben
des Antragstellers und der vorgetragene Sachverhalt schlüssig sind und mit der Anerkennung als Aussiedler gerechnet werden kann.

Einen Registrierschein können erhalten:
a) Einzelpersonen ab vollendetem 18. Lebensjahr
b) minderjährige Einzelreisende nur dann, wenn für sie ein Vormund oder eine Pflegschaft bestellt ist.

Kinder, die mit ihren Eltern einreisen, erhalten **unabhängig vom Alter** keinen eigenen Registrierschein; sie werden auf dem Registrierschein der Eltern aufgeführt.

2.2 Stellungnahme der Vertriebenen-/Ausgleichsämter zum vorläufigen Nachweis der
Vertriebenen-(Aussiedler)eigenschaft – **neues Verfahren**

Aussiedler, die aus Kapazitätsgründen nicht am Registrierverfahren teilnehmen können und für die aus demselben Grunde der Vertriebenenausweis nicht kurzfristig ausgestellt werden kann, sollen deshalb nicht schlechter gestellt werden. Die örtlich zuständigen Vertriebenen-/Ausgleichsämter können in diesen Fällen eine „**Stellungnahme für die Gewährung von Leistungen" (Anlage 1')** zum vorläufigen Nachweis
der Vertriebeneneigenschaft abgeben, wenn die Angaben des Antragstellers im Verfahren über den Antrag auf Ausstellung eines Vertriebenenausweises schlüssig sind
und das Vertriebenenamt nach einer Prüfung, die der im Registrierverfahren vergleichbar ist, damit rechnen, daß der Antragsteller anerkannt wird, aber vor der Entscheidung über den Antrag noch weitere Beweismittel (z.B. Urkunden, Auskunft bei
Heimatauskunftsstelle und Heimatortkartei) beiziehen muß. Die BA hat mit Zustimmung des Bundesministers für Arbeit und Sozialordnung (BMA) diese Stellungnahme als weiteren vorläufigen Nachweis der Vertriebenen-(Aussiedler)eigenschaft zugelassen. Bei Vorlage einer „Stellungnahme für die Gewährung von Leistungen" besteht in gleicher Weise Anspruch auf vorläufige Leistungen nach dem AFG wie bei
Vorlage eines Registrierscheines.

In diesen beiden Fällen erfolgt die Gewährung von Leistungen unter dem Vorbehalt
der tatsächlichen Anerkennung der Aussiedlereigenschaft. Bewilligungsbescheide
sind deshalb mit dem nachstehenden Zusatz zu versehen:

Die Bewilligung erfolgt vorläufig unter dem Vorbehalt der rückwirkenden Aufhebung des Bewilligungsbescheides und der Rückforderung für den Fall, daß eine Anerkennung als Vertriebener (Aussiedler) **nicht** erfolgt.

2.3  Gültigkeitsdauer der vorläufigen Nachweise

Mit der endgültigen Entscheidung über die Vertriebeneneigenschaft (Anerkennung oder Ablehnung) verlieren der Registrierschein (2.1) und die „Stellungnahme für die Gewährung von Leistungen" (2.2) ihre Wirkung als vorläufiger Nachweis der Aussiedlereigenschaft. Die „Stellungnahme" (2.2) wird unabhängig davon spätestens nach Ablauf eines Jahres vom Tage der Ausstellung ungültig.

III.  Aussetzung/Ablehnung im Registrierverfahren

Anläßlich der organisatorischen Eingliederung des Beauftragten der Bundesregierung für die Verteilung der Aussiedler in das Bundesverwaltungsamt, Köln, wurde das Formular „Bescheid über den Antrag auf Einbeziehung in die Verteilung" (Registrierverfahren) für Aussiedler neu gestaltet. Der neue Vordruck, der seit 1. März 1988 verwendet wird, ist als Anlage 2*) beigefügt. Er ersetzt die dem Vorgangserlaß vom 14. Oktober 1971 als Anlagen 4 und 5 beigefügten „Bescheinigungen zur Vorlage beim Arbeitsamt". **Der Bescheid** über die Ablehnung des Antrages bzw. die Aussetzung der Entscheidung auf Einbeziehung in das Verteilungsverfahren **wird dann** vom Beauftragten der Bundesregierung **ausgestellt, wenn nicht mit hinreichender Sicherheit festgestellt werden kann, daß die Voraussetzungen zur Anerkennung als Vertriebener (Aussiedler) vorliegen.** Die Vertriebenen-/Ausgleichsämter, die dann für die Durchführung des Feststellungsverfahrens (der Vertriebenen-/[Aussiedler]eigenschaft) nach dem BVFG zuständig sind, übernehmen in aller Regel die Beurteilung durch den Beauftragten der Bundesregierung, sofern sich nicht im Antragsverfahren nach dem BVFG hieran Zweifel ergeben.

Personen, die einen Aussetzungs- oder Ablehnungsbescheid im Arbeitsamt vorlegen, gelten bis zum Abschluß des Prüfungsverfahrens durch das örtlich zuständige Vertriebenenamt **nicht** als Aussiedler.

IV.  Bescheinigung über das eingeleitete Feststellungsverfahren nach dem Bundesvertriebenengesetz (RdErl – SB – vom 23.12.87)

1.  Bescheinigung

Personen, die im Registrierverfahren abgewiesen wurden (z.B. aus Kapazitätsgründen, wegen nicht ausreichender Nachweise oder bei Einreise als Tourist) oder die nicht über eine Durchgangsstelle eingereist sind, können die Feststellung der Vertriebeneneigenschaft bei dem für ihren Wohnort zuständigen Vertriebenen-/Ausgleichsamt beantragen und darüber eine Bescheinigung erhalten. Diese Bescheinigung dient lediglich als Nachweis darüber, daß das BVFG-Feststellungsverfahren beantragt wurde. Sie enthält keinen Hinweis auf das Vorliegen der Aussiedlereigenschaft, auch keine tendenzielle Aussage. Sie ist deshalb **kein** vorläufiger Nachweis der Aussiedlereigenschaft.

**Aufgrund dieser Bescheinigung können keine Leistungen gewährt werden.**

2.  Arbeitserlaubnis

Für den Zeitraum des BVFG-Feststellungsverfahrens bedarf es keiner Arbeitserlaubnis.

Hat die Ausländerbehörde die Aufnahme einer unselbständigen Erwerbstätigkeit untersagt, steht der Antragsteller der Arbeitsvermittlung nicht zur Verfügung.

3.  Beratung, Vermittlung
    Die sich aus dem o. a. Verfahren ergebenden Nachteile für die unmittelbar in die Gemeinden eingereisten oder weitergeleiteten Antragsteller gegenüber den registrierten Antragstellern sollen so gering wie möglich gehalten werden. Deshalb bitte ich, die notwendigen Beratungsgespräche zur Klärung der in Frage kommenden Integrationshilfen zu führen und – je nach dem Kenntnisstand der deutschen Sprache – Vermittlungsbemühungen für eine Arbeitsstelle einzuleiten oder die Teilnahme an einem Deutsch-Sprachlehrgang vorzubereiten.

4.  Förderung der Teilnahme an einem Deutsch-Sprachlehrgang und an berufsbildenden Maßnahmen
    Eine finanzielle Förderung ist erst nach Vorlage eines der unter II genannten Nachweise der Vertriebeneneigenschaft möglich.

5.  Lohnersatzleistungen
    Wird bei der Beantragung von Alg/Alhi durch einen Aussiedler kein Vertriebenenausweis, Registrierschein des Beauftragten der Bundesregierung für die Verteilung der Aussiedler oder keine Stellungnahme nach Anlage 1*) dieses RdErl vorgelegt, so ist der Antragsteller mit einem Schreiben nach Anlage 3*) dieses RdErl zur Beschaffung eines entsprechenden Nachweises aufzufordern.

    Werden Leistungen aufgrund eines vorläufigen Nachweises der Aussiedlereigenschaft durch einen Registrierschein oder eine Stellungnahme nach Anlage 1*) dieses RdErl unter dem Vorbehalt gewährt, daß ein Vertriebenenausweis ausgestellt wird, ist die Vorlage des Vertriebenenausweises (bzw. der Entscheidung über die Ablehnung dieses Ausweises) durch Wiedervorlage zu überwachen. Vorläufige Leistungen aufgrund einer Stellungnahme eines Vertriebenenamtes/Ausgleichsamtes nach Anlage 1*) dieses RdErl sind längstens für die Zeit der Gültigkeit dieser Bescheinigung (ein Jahr) zu gewähren.

6.  Kindergeld
    Soweit die eingereisten Personen Kinder haben, ist ihnen im Hinblick auf die Ausschlußfrist des § 9 Abs. 2 BKGG anzuraten, unverzüglich einen schriftlichen Kindergeldantrag zu stellen. Kann ein Wohnsitz oder gewöhnlicher Aufenthalt im Inland nicht durch einen Vertriebenenausweis, Registrierschein oder eine Stellungnahme nach Anlage 1') dieses RdErl nachgewiesen werden, ist zu prüfen, ob eine Bewilligung nach DA 1.33 und 1.39 in Betracht kommt; andernfalls ist ein Zwischenbescheid zu erteilen. Bei einem Kindergeldantrag für Kinder in einem der in § 2 Abs. 5 BKGG aufgezählten Gebiete sind die Voraussetzungen nach DA 2.532 zu prüfen, wenn die Aussiedlereigenschaft nicht durch die genannten Nachweise belegt ist; andernfalls ist ein Zwischenbescheid zu erteilen.

V. Regelungen für Berlin
Die Regelungen dieses Runderlasses gelten auch für den Bezirk des Landesarbeitsamtes Berlin mit der Einschränkung, daß dort keine Registrierscheine durch den Beauftragten der Bundesregierung und keine „Stellungnahmen für die Gewährung von Leistungen" ausgestellt werden. Personen, die über das Durchgangswohnheim für Aussiedler und Zuwanderer in Berlin-Marienfelde (DAZ) nach Berlin einreisen, erhalten anstelle eines Registrierscheines eine vom Landesamt für Zentrale Soziale Aufgaben – Landesversorgungsamt – ausgestellte vorläufige Bescheinigung (s. Anlage 4'). Diese vorläufige Bescheinigung ist dem Registrierschein gleichzusetzen und berechtigt ebenso zur Inanspruchnahme der genannten Leistungen.

---

*) nicht abgedruckt

Im Besitz eines Registrierscheines oder eine „Stellungnahme für die Gewährung von Leistungen" sind lediglich die Aussiedler, die aus dem Bundesgebiet nach Berlin weiterreisen.

# 7.6 Anordnung des Verwaltungsrats der Bundesanstalt für Arbeit über die Sprachförderung von Aussiedlern, Asylberechtigten und Kontingentflüchtlingen und die Förderung der beruflichen Eingliederung von Aussiedlern und Übersiedlern (A Aussiedler und Übersiedler) vom 16. März 1988 i.d.F. vom 9. März 1990[1] (ANBA S. 614)

## Inhaltsübersicht

**Erster Abschnitt**

**Allgemeine Bestimmungen** §§

Ziel der Förderung ....................................................... 1
Förderungsfähiger Personenkreis ........................................ 2
Anforderung an die Maßnahme ........................................... 3
Wiederholung der Maßnahme ............................................ 4

**Zweiter Abschnitt**
**Art und Umfang der Förderung**

Eingliederungsgeld ..................................................... 5
Leistungen nach § 45 AFG .............................................. 6
Leistungen nach § 56 Abs. 3 Nr. 2 bis 6 AFG .......................... 6a

**Dritter Abschnitt**
**Verfahren**

Antragstellung ........................................................ 7
Zuständigkeit ......................................................... 8
Auszahlung ........................................................... 9

**Vierter Abschnitt**
**Schlußbestimmungen**

Inkrafttreten ......................................................... 10

Auf Grund des § 62 d (neu § 62 e) in Verbindung mit § 191 Abs. 3 des Arbeitsförderungsgesetzes (AFG) vom 25. Juni 1969 (BGBl. I S. 582), das zuletzt geändert wurde durch das Gesetz zur Ergänzung der arbeitsmarktpolitischen Instrumente und zum Schutz der Solidargemeinschaft vor Leistungsmißbrauch (Achtes Gesetz zur Änderung des Arbeitsförderungsgesetzes) vom 14. Dezember 1987 (BGBl. I S. 2602), erläßt der Verwaltungsrat der Bundesanstalt für Arbeit mit Genehmigung des Bundesministers für Arbeit und Sozialordnung folgende Anordnung:

---

[1] bisherige Bezeichnung der Anordnung:
Anordnung des Verwaltungsrats der Bundesanstalt für Arbeit über die Förderung der Teilnahme an Deutsch-Sprachlehrgängen für Aussiedler, Asylberechtigte und Kontingentflüchtlinge (A Sprachförderung)

**Erster Abschnitt**
**Allgemeine Bestimmungen**


## § 1
### Ziel der Förderung

Ziel der Förderung der Teilnahme an Maßnahmen nach §§ 62 b bis e AFG ist es, die berufliche Eingliederung dieser Personenkreise zu ermöglichen.


## § 2
### Förderungsfähiger Personenkreis

(1) Nach §§ 62 c und d AFG werden Personen gefördert, deren Einreise in den Geltungsbereich des Arbeitsförderungsgesetzes nicht länger als fünf Jahre vor dem Eintritt in den Deutsch-Sprachlehrgang zurückliegt. Sofern besondere Gründe für einen späteren Beginn des Sprachlehrgangs vorliegen, sind Leistungen auch zu gewähren, wenn die Einreise weiter zurückliegt.

(2) Für Teilnehmer an Maßnahmen der beruflichen Fortbildung und Umschulung nach § 62 b AFG gilt § 7 der Anordnung des Verwaltungsrats der Bundesanstalt für Arbeit über die individuelle Förderung der beruflichen Fortbildung und Umschulung (A Fortbildung und Umschulung) entsprechend.

(3) Für Teilnehmer an Maßnahmen der beruflichen Rehabilitation nach § 62 b AFG gilt § 9 der Anordnung des Verwaltungsrats der Bundesanstalt für Arbeit über die Arbeits- und Berufsförderung Behinderter (A Reha) entprechend.


## § 3
### Anforderungen an die Maßnahme

(1) Hinsichtlich der Anforderungen an Deutsch-Sprachlehrgänge sowie an Maßnahmen der beruflichen Fortbildung und Umschulung gelten die §§ 3, 4, 4 a und 6 a A Fortbildung und Umschulung, bei Maßnahmen der beruflichen Rehabilitation im Sinne des § 59 Abs. 1 AFG die §§ 23 und 23 a A Reha entsprechend.

(2) Maßnahmen für den Personenkreis nach § 62 d AFG sollen mindestens 300, höchstens 800 Unterrichtsstunden umfassen und innerhalb von 18 Monaten abgeschlossen sein.


## § 4
### Wiederholung der Maßnahme

(1) Die ganze oder teilweise Wiederholung einer Maßnahme kann mit Leistungen nach § 62 c AFG nur gefördert werden, wenn die bereits geförderte Maßnahmedauer und die Wiederholung zusammen nicht länger als zehn Monate dauern.

(2) Bei der Wiederholung eines Teils einer beruflichen Fortbildungs- oder Umschulungsmaßnahme nach § 62 b AFG gilt § 5 A Fortbildung und Umschulung, bei Maßnahmen der beruflichen Rehabilitation im Sinne des § 59 Abs. 1 AFG gilt § 22 Abs. 3 A Reha entsprechend.

**Zweiter Abschnitt**

**Art und Umfang der Förderung**

## § 5

**Eingliederungsgeld**

(1) Für die Gewährung von Eingliederungsgeld nach § 62 b AFG gilt bei Maßnahmen der beruflichen Fortbildung und Umschulung § 10 Abs. 1 Satz 1 Nr. 1 und 2, Satz 2 sowie Abs. 5 bis 7 A Fortbildung und Umschulung, bei Maßnahmen der beruflichen Rehabilitation § 22 Abs. 4 A Reha entsprechend.

(2) Für die Gewährung von Eingliederungsgeld nach § 62 c AFG gilt § 10 Abs. 5 bis 7 A Fortbildung und Umschulung entsprechend.

## § 6

**Leistungen nach § 45 AFG**

Die Leistungen nach § 45 AFG werden in entsprechender Anwendung der §§ 11 bis 18 A Fortbildung und Umschulung in der Höhe gewährt, wie sie danach der Personenkreis nach § 44 Abs. 2 Satz 2 AFG erhält.

## § 6 a

**Leistungen nach § 56 Abs. 3 Nr. 2 bis 6 AFG**

Leistungen nach § 56 Abs. 3 Nr. 2 bis 6 AFG werden in entsprechender Anwendung der §§ 29 bis 36 A Reha gewährt.

**Dritter Abschnitt**

**Verfahren**

## § 7

**Antragstellung**

(1) Für die Beantragung von Leistungen bei Deutsch-Sprachlehrgängen sowie bei Maßnahmen der beruflichen Fortbildung und Umschulung gilt § 20 A Fortbildung und Umschulung, bei Maßnahmen der beruflichen Rehabilitation im Sinne des § 59 Abs. 1 AFG gilt § 56 A Reha entsprechend.

(2) Die Erstattung der Fahrkosten nach § 62 d Abs. 2 AFG ist bei dem Arbeitsamt zu beantragen, in dessen Bezirk der Antragsteller wohnt.

(3) Die Erstattung der Kosten nach § 62 d Abs. 1 AFG ist bei dem für den Maßnahmeort zuständigen Arbeitsamt zu beantragen.

## § 8

**Zuständigkeit**

(1) Über Anträge nach § 7 Abs. 1 und 3 entscheidet der Direktor des Arbeitsamtes, in dessen Bezirk die Maßnahme durchgeführt wird.

(2) Über Anträge nach § 7 Abs. 2 entscheidet der Direktor des Arbeitsamtes, in dessen Bezirk der Antragsteller wohnt.

(3) § 21 Abs. 1 und 2 A Fortbildung und Umschulung gilt entsprechend.

## § 9
## Auszahlung

(1) Für die Auszahlung der Leistungen bei Teilnahme an einer Maßnahme der beruflichen Fortbildung und Umschulung oder an einem Deutsch-Sprachlehrgang gilt § 22 A Fortbildung und Umschulung entsprechend.

(2) Für die Auszahlung der Leistungen bei Teilnahme an einer Maßnahme der beruflichen Rehabilitation im Sinne von § 59 Abs. 1 AFG gilt § 58 Abs. 2 und 4 A Reha entsprechend.

(3) Die Kosten nach § 62 d Abs. 1 AFG werden grundsätzlich nach Abschluß der Maßnahme erstattet.

**Vierter Abschnitt**
**Schlußbestimmungen**

## § 10[1)]
## Inkrafttreten
Diese Anordnung tritt am 1. Januar 1988 in Kraft.

## 7.7 Runderlaß des Präsidenten der Bundesanstalt für Arbeit, betr.: Gewährung von Leistungen an Aussiedler und Übersiedler;
## hier: Gesetz zur Anpassung von Eingliederungsleistungen für Aussiedler und Übersiedler vom 22. Dezember 1989 (Dienstblatt der Bundesanstalt für Arbeit 150/89)

### Hinweise EinglAnpG

Das „Gesetz zur Anpassung von Eingliederungsleistungen für Aussiedler und Übersiedler (Eingliederungsanpassungsgesetz – EinglAnpG)" vom 22. Dezember 1989 ist im BGBl. I S. 2398 verkündet worden und tritt am 1. Januar 1990 in Kraft.

Damit ist der Siebte Unterabschnitt des Zweiten Abschnitts im AFG neu gefaßt worden. Ziel des Gesetzes ist es, die besondere Lage der Aussiedler und Übersiedler in der ersten Zeit nach ihrem Eintreffen zu berücksichtigen und ihre Eingliederung in das Arbeitsleben zu beschleunigen.

In der Begründung des EinglAnpG (BT-Drucks. 11/5110) ist zur Konzeption im einzelnen folgendes ausgeführt:

1. Aussiedler und Übersiedler, die im Herkunftsland mindestens fünf Monate lang als Arbeitnehmer beschäftigt waren und beabsichtigen, in der Bundesrepublik Deutschland einschließlich des Landes Berlin eine beitragspflichtige Beschäftigung aufzunehmen, erhalten bei Arbeitslosigkeit für die Dauer von zwölf Monaten ein Eingliederungsgeld. Dieses wird nur gewährt, wenn die Aussiedler und Übersiedler der Arbeitsvermittlung zur Verfügung stehen und bereit sind, an einem Deutsch-Sprachlehrgang oder einer Maßnahme der beruflichen Bildung oder Rehabilitation teilzunehmen, die für die berufliche Eingliederung erforderlich ist.

---

[1)] Die Vorschrift betrifft das Inkrafttreten der A Sprachförderung vom 16. März 1988.
Für das Inkrafttreten und die Übergangsregelung der 1. Änderungsanordnung zur A Sprachförderung gilt nach deren Artikel 2 folgendes:
Diese Anordnung tritt am 1. Januar 1990 in Kraft. Für Personen, die vor dem 1. Januar 1990 ihren ständigen Aufenthalt im Geltungsbereich des AFG genommen haben, ist die Anordnung in der bis zum 31. Dezember 1989 geltenden Fassung weiterhin anzuwenden.

2. Um den Betroffenen die Möglichkeit zu geben, ihre häuslichen und familiären Verhältnisse zu ordnen und Behördengänge zu tätigen, wird das Eingliederungsgeld in den ersten zwei Monaten nach der Einreise auch dann gezahlt, wenn der Aussiedler oder Übersiedler für eine Arbeitnehmertätigkeit in Betracht kommt, jedoch wegen der mit der Einreise verbundenen organisatorischen Probleme noch nicht bereit ist, jede zumutbare Beschäftigung anzunehmen oder an beruflichen Bildungsmaßnahmen teilzunehmen.

3. Die Zeiten der Teilnahme an einem Deutsch-Sprachlehrgang oder einer Maßnahme der beruflichen Fortbildung oder Umschulung mindern die Dauer des Anspruchs auf Eingliederungsgeld von zwölf Monaten nicht. Während der Teilnahme an diesen Maßnahmen wird das Eingliederungsgeld weitergezahlt.

4. Das Eingliederungsgeld bemißt sich nach einem Arbeitsentgelt in Höhe von 70 v. H. der Bezugsgröße in der Sozialversicherung (§ 18 des Vierten Buches Sozialgesetzbuch), die bei Entstehung des Anspruchs auf Eingliederungsgeld maßgebend ist. Es beträgt 63 v. H. des um die gesetzlichen Abzüge, die bei Arbeitnehmern gewöhnlich anfallen, verminderten Arbeitsentgelts. Ist nur ein Ehegatte anspruchsberechtigt oder ist der Arbeitslose Alleinerziehender und wird sonstiges Einkommen aus Erwerbstätigkeit nicht bezogen, so erhöht sich das Eingliederungsgeld um 130 DM im Monat (30 DM in der Woche).

Durch die Pauschalierung der Bemessungsgrundlage ergeben sich für die Bundesanstalt erhebliche Verwaltungsvereinfachungen. Die oftmals wegen der fehlenden Sprachkenntnisse und der nicht einer Industriegesellschaft entsprechenden beruflichen Qualifikationen sehr schwierige Einstufung der Aussiedler bei der Bemessung des Arbeitslosengeldes wird künftig entfallen.

5. Ist zur beruflichen Eingliederung die Teilnahme an einem Deutsch-Sprachlehrgang erforderlich, so erhalten die Aussiedler, die Anspruch auf Eingliederungsgeld haben, diese Leistung auch während der Teilnahme am Deutschkurs. Daneben werden die durch die Teilnahme entstehenden notwendigen Kosten erstattet. Förderung ihrer Teilnahme an Deutsch-Sprachlehrgängen durch Zahlung von Eingliederungsgeld und Erstattung der Maßnahmekosten können auch diejenigen Aussiedler beanspruchen, die im Herkunftsland nur zehn Wochen erwerbstätig waren und beabsichtigen, im Anschluß eine Erwerbstätigkeit aufzunehmen. Diesen Aussiedlern werden gleichgestellt die Empfänger von Überbrückungshilfe, anerkannte Asylberechtigte, die ihren gewöhnlichen Aufenthalt im Bundesgebiet haben, und Ausländer, die im Rahmen humanitärer Hilfsaktionen der Bundesrepublik Deutschland als Kontingentflüchtlinge aufgenommen sind, soweit sie im Herkunftsland eine mindestens zehnwöchige Beschäftigungszeit zurückgelegt haben. Sonstige Aussiedler, Asylberechtigte und Kontingentflüchtlinge erhalten, wenn sie keine Ansprüche nach dem sog. Garantiefonds haben, kostenlosen Sprachunterricht; ihnen werden außerdem die notwendigen Fahrkosten erstattet.

6. Das Eingliederungsgeld wird an Aussiedler oder Übersiedler auch gezahlt, wenn die Teilnahme an Maßnahmen der beruflichen Fortbildung und Umschulung oder der beruflichen Rehabilitation notwendig ist, um beruflich eingegliedert zu werden. Daneben werden die durch die Teilnahme entstehenden notwendigen Kosten erstattet. Voraussetzung für diese Leistungen ist, daß der Aussiedler oder Übersiedler vor Beginn der Maßnahme arbeitslos oder von Arbeitslosigkeit unmittelbar bedroht war und Eingliederungsgeld innerhalb von zwölf Monaten vor Beginn der Maßnahme bezogen hat. Eine Besserstellung der Aussiedler gegenüber einheimischen Arbeitnehmern besteht nicht, weil letztere nach hier beitragspflichtiger Beschäftigung von 150 Kalendertagen gemäß § 46 Abs. 2 AFG Unterhaltsgeld in Höhe des erworbenen Arbeitslosenhilfeanspruchs sowie Erstattung der Maßnahmekosten beanspruchen können. Die Tatsache, daß der Anspruch auf Eingliederungsgeld anders als der Anspruch auf Unterhaltsgeld in Höhe des Anspruchs auf Arbeitslosenhilfe nicht von der Bedürftigkeit abhängig ist, ist dadurch gerechtfertigt, daß

die Aussiedler und Übersiedler in aller Regel mittellos sind und bisher keine Möglichkeit hatten, in die Bundesrepublik Deutschland zu kommen und hier ein anrechenbares Vermögen aufzubauen.

7. Nach Ausschöpfung des Anspruchs auf Eingliederungsgeld, dessen Dauer sich durch die Teilnahme an Deutsch-Sprachlehrgängen und beruflichen Bildungsmaßnahmen verlängert, ist die Eingliederungsversorgung für die Aussiedler und Übersiedler abgeschlossen. Sind sie danach arbeitslos, so erhalten sie Arbeitslosenhilfe, die nach den individuellen Verhältnissen (insbesondere nach der beruflichen Qualifikation) wie in einem Fall des § 112 Abs. 7 AFG bemessen wird. Der Bezug von Eingliederungsgeld begründet keine Ansprüche auf Arbeitslosengeld. Dieses kann dann beansprucht werden, wenn der Aussiedler oder Übersiedler insbesondere durch eine beitragspflichtige Beschäftigung im Geltungsbereich des Arbeitsförderungsgesetzes die Anwartschaftszeit für das Arbeitslosengeld erfüllt hat.

## Anhang 1

Die Durchführungsanweisungen sind wie folgt gegliedert:

Vor dem Punkt ist der Paragraph bezeichnet. Die erste Ziffer nach dem Punkt läßt den Absatz erkennen. Die weiteren Ziffern numerieren die DA zu diesem Absatz. Geht die erste Ziffer nach dem Punkt über die Zahl der Absätze des Paragraphen hinaus, beinhaltet diese DA Verfahrensvorschriften.

Für die Leistung „Eingliederungsgeld" ist einheitlich die Kurzbezeichnung „Egg" zu verwenden. Die weitere Unterscheidung durch Ziffern dient der Zuordnung der Anspruchsberechtigten außerhalb des DV-Verfahrens.

Egg 1 = Arbeitslose

Egg 2 = Teilnehmer an FuU-Maßnahmen

Egg 3 = Teilnehmer an Maßnahmen der beruflichen Rehabilitation

Egg 4 = Teilnehmer an Deutsch-Sprachlehrgängen

...

## 62 a.1  Persönliche Anspruchsvoraussetzungen

### 62 a.11  Personenkreis

(1) Abs. 1 Nr. 1 und 2 bestimmen den anspruchsberechtigten Personenkreis der Aus- und Übersiedler. Zum Nachweis der Aus- bzw. Übersiedlereigenschaft siehe DA 62 a. 83 – 85.

(2) Anspruch auf Egg haben Aussiedler und Übersiedler, die vom 1. Januar 1990 an ihren ständigen Aufenthalt im Bundesgebiet einschließlich Berlin (West) nehmen, und zwar vom ersten Tag an, an dem sämtliche Anspruchsvoraussetzungen erfüllt sind. Nach Sinn und Zweck des Gesetzes sind Leistungen zur Eingliederung nicht wiederholt zu gewähren. Wer nach Entstehen eines Anspruchs auf Egg in die DDR oder ein Vertreibungsgebiet zurückkehrt, erwirbt durch eine Beschäftigung, die er nach seiner Rückkehr in diesen Gebieten ausübt, keinen erneuten Anspruch auf Egg.

## Ständiger Aufenthalt
## – Allgemeines –
### 62 a.12  Ständiger Aufenthalt im Geltungsbereich des AFG

(1) Seinen ständigen Aufenthalt im Geltungsbereich des AFG nimmt, wer hier seinen Wohnsitz oder seinen gewöhnlichen Aufenthalt im Sinne des § 30 SGB I begründet und

auf Dauer im Geltungsbereich des AFG bleiben will. Der Anspruch besteht daher schon vom Tage der Einreise an, wenn zu diesem Zeitpunkt die Absicht besteht, den ständigen Aufenthalt hier zu begründen, und die sonstigen Anspruchsvoraussetzungen gegeben sind. Wer sich nur vorübergehend im Geltungsbereich des AFG aufhalten will, nimmt keinen ständigen Aufenthalt.

(2) Seinen Wohnsitz nimmt jemand dort, wo er eine für seine Verhältnisse ausreichende Wohnung unter Umständen innehat, die darauf schließen lassen, daß er die Wohnung mindestens für mehrere Monate beibehalten und benutzen wird und er dort den räumlichen Mittelpunkt seines Lebens begründen will. Ob ein Wohnsitz begründet wird, richtet sich nach den gesamten persönlichen und familiären Verhältnissen des einzelnen. Maßgeblich sind die tatsächlichen Verhältnisse und die Vorstellungen und Absichten des Wohnungsnehmers. Ein Wohnsitz wird insbesondere nicht begründet, wenn eine Wohnung nur kurzfristig genutzt werden soll. Hat der Antragsteller seinen Wohnsitz in der DDR beibehalten, ist in Anbetracht der nun bestehenden Reisefreiheit der DDR-Bewohner und wegen der Möglichkeit, eine Übersiedlung geplant vornehmen zu können, in der Regel davon auszugehen, daß innerhalb des Geltungsbereiches des AFG noch kein Wohnsitz begründet wurde. Andererseits steht der Annahme eines Wohnsitzes nichts entgegen, wenn lediglich die bisherige Wohnung in der DDR nur noch vorübergehend beibehalten werden soll und dies nach den gesamten Verhältnissen glaubhaft ist.

(3) Hat der Antragsteller einen Wohnsitz weder hier noch in der DDR, ist zu prüfen, wo der gewöhnliche Aufenthalt gegeben ist. Seinen gewöhnlichen Aufenthalt nimmt jemand dort, wo er bis auf weiteres nicht nur vorübergehend den Mittelpunkt seines Lebens hat. Der gewöhnliche Aufenthalt muß in der Regel an einem bestimmten Ort begründet werden, er kann – je nach den Verhältnissen – aber auch in einem bestimmten Gebiet liegen. Er ist nicht gegeben, wenn der Aufenthalt lediglich Besuchs- und Erholungszwecken oder der Arbeitssuche dient. Dies gilt insbesondere, wenn weiterhin ein Wohnsitz an einem anderen Ort beibehalten wird. Wenn ein Wohnsitz außerhalb des Geltungsbereiches des AFG aufgegeben worden ist, so ist davon auszugehen, daß mit der Einreise der dauernde Aufenthalt im Bundesgebiet einschließlich Berlin (West) genommen wird, auch wenn der Aufenthaltsort zunächst wiederholt gewechselt wird und der Einreisende nur die Gegenstände mit sich führt, mit denen die Zeit bis zur Begründung seines Wohnsitzes oder gewöhnlichen Aufenthaltes an einem bestimmten Ort notdürftig überbrückt werden kann.

## Übersiedler

(4) Die Verhältnisse in der DDR ändern sich zur Zeit grundlegend und in rascher Folge. Erst nach Abschluß dieser Entwicklung können allgemeine Regeln angegeben werden, unter welchen Voraussetzungen anzunehmen ist, daß der Arbeitslose auf Dauer im Geltungsbereich des AFG bleiben will. Bis zum Erlaß weiterer Weisungen können die nachstehenden Hinweise als Anhalt dienen.

(5) Erklärt der Arbeitslose, auf Dauer im Geltungsbereich des AFG bleiben zu wollen, so ist bei Vorlage des Aufnahmescheins nach § 1 Aufnahmegesetz im Regelfall davon auszugehen, daß diese Absicht vorliegt. Gleiches gilt, wenn der Arbeitslose eine Bescheinigung der Meldebehörde vorlegt, aus der hervorgeht, daß seine Ausweispapiere aus der DDR dort in Verwahrung genommen sind.

(6) Gibt der Arbeitslose an, einen Wohnsitz in der DDR beibehalten zu haben oder ergeben sich sonstige Anhaltspunkte, aus denen geschlossen werden kann, daß er seinen Lebensmittelpunkt in der DDR beibehalten hat, so kann die Entscheidung nur nach weiteren Ermittlungen, wo der Arbeitslose tatsächlich seinen Lebensmittelpunkt hat, getroffen werden. Im Zweifelsfalle ist davon auszugehen, daß er seinen ständigen Aufenthalt hier nehmen will.

**Aussiedler**

(7) Personen, die ihren letzten Wohnsitz in Vertreibungsgebieten hatten, können in der Regel dort nur unter Schwierigkeiten ausreisen. Bei Vorlage der in DA 62 a.83 ff. bezeichneten Nachweise ist davon auszugehen, daß mit der Einreise ein ständiger Aufenthalt im Geltungsbereich des AFG genommen wurde. Der Tag der Einreise kann u. a. aus dem Registrier- oder Aufnahmeschein entnommen werden. Bei wiederholter Einreise als Tourist oder zwischenzeitlichem erneuten Aufenthalt im Herkunftsland sind Feststellungen erforderlich, ob sich der Wille zur ständigen Aufenthaltsnahme in äußeren Umständen manifestiert hat oder wieder aufgegeben wurde.

### 62 a.13 Weitere Anspruchsvoraussetzungen

Anspruch auf Egg hat, wer

– arbeitslos ist,

– der Arbeitsvermittlung zur Verfügung steht,

– sich beim Arbeitsamt arbeitslos gemeldet und Eingliederungsgeld beantragt hat und

– im letzten Jahr mindestens 150 Kalendertage in einer Beschäftigung gestanden hat, die bei Ausübung im Geltungsbereich des AFG die Beitragspflicht nach dem AFG begründet hätte und

– bereit ist, an einem Deutsch-Sprachlehrgang mit ganztägigem Unterricht teilzunehmen, der für die zügige berufliche Eingliederung erforderlich ist.

Für die Voraussetzungen Arbeitslosigkeit, Verfügbarkeit, Arbeitslosmeldung und Antragstellung gelten die §§ 100 ff. und die dazu ergangenen Weisungen entsprechend, soweit nicht § 62 a Abs. 4 und 6 sowie die DA 62 a.4 und 62 a.61 hierzu abweichende Regelungen enthalten.

### 62 a.14 Beschäftigungen innerhalb der Vorfrist

**Berechnung der Vorfrist**

(1) Die Vorfrist beginnt ein Jahr vor dem Tag, an dem erstmals alle Anspruchsvoraussetzungen erfüllt sind, mithin also mit dem Tag, der das gleiche Tages- und Monatsdatum wie dieser Tag trägt. Ist der Tag der Erfüllung dieser Anspruchsvoraussetzungen der 29. Februar, so beginnt die Vorfrist am 1. März des Vorjahres. Auf Lage oder Länge der Vorfrist ist es ohne Einfluß, wenn ihr Beginn oder Ende auf ein Wochenende oder einen Feiertag fällt.

**Zeiten ohne Entgelt**

(2) Zeiten einer Beschäftigung, für die jeweils länger als vier Wochen kein Arbeitsentgelt gezahlt wurde, sind nicht zu berücksichtigen (§§ 62 a Abs. 6 in Verbindung mit 104 Abs. 1 S. 3).

**Beschäftigungsort**

(3) Die Beschäftigung muß innerhalb der Grenzen des Deutschen Reiches nach dem Stande vom 31. 12. 1937 oder der Vertreibungsgebiete ausgeübt worden sein. Auf die Feststellung der Lage des Beschäftigungsortes kann verzichtet werden, wenn der Arbeitslose Vertriebener ist oder als Übersiedler im Gebiet der DDR beschäftigt war. Der Beschäftigungsort ist stets festzustellen bei Übersiedlern, die bei Übersiedlern, die nicht im Gebiet der DDR beschäftigt waren, sowie bei Aussiedlern, die nicht als Vertriebene anerkannt werden können, aber deutsche Staatsangehörige geblieben sind. Anspruch auf Egg besteht für diese Personen, wenn der Beschäftigungsort innerhalb des Gebietes des

Deutschen Reiches nach dem Stande vom 31. 12. 1937 gelegen ist. Im Zweifelsfall kann eine Klärung durch eine Rückfrage bei dem zuständigen Vertriebenenamt erfolgen, das über entsprechende Ortsverzeichnisse verfügt.

**Beschäftigung**

(4) Ob eine Beschäftigung als Arbeitnehmer in den in § 62 a Abs. 1 genannten Gebieten bei Ausübung im Geltungsbereich des AFG die Beitragspflicht begründet hätte, richtet sich nach der tatsächlichen Gestaltung, insbesondere Art, Entgeltlichkeit und zeitlichem Umfang der Beschäftigung. In welcher Form Beschäftigungen solcher Art im Bereich des AFG ausgeübt zu werden pflegen, ist unbeachtlich. Beschäftigungen, die in den genannten Gebieten im öffentlichen Dienst auf Grund eines Arbeitsvertrages ausgeübt worden sind, stehen deshalb grundsätzlich einer die Beitragspflicht begründenden Beschäftigung gleich, auch soweit solche Tätigkeiten im Bereich des AFG regelmäßig oder ausschließlich von (beitragsfreien) Beamten wahrgenommen werden.

(5) Die Tätigkeit eines ehemals selbständigen Bauern in einer landwirtschaftlichen Produktionsgenossenschaft (wie z. B. in der DDR) ist mit Rücksicht auf die tatsächliche Gestaltung der dortigen Arbeitsbedingungen als Arbeitnehmertätigkeit anzusehen.

**Zeiten der Berufsbildung**

(6) Zeiten der Berufsausbildung im Rahmen eines Beschäftigungsverhältnisses zur Berufsausbildung im Sinne des § 168 Abs. 1 sind zu berücksichtigen. Davon ist auszugehen, wenn der Auszubildende in einem Betrieb eingegliedert und dabei dem Direktionsrecht des Arbeitgebers unterworfen war. Dazu gehören auch die in das Beschäftigungsverhältnis zur Berufsausbildung integrierte Zeit einer schulischen oder überbetrieblichen Ausbildung. Eine Berufsausbildung ausschließlich in schulischer Form, wie z. B. in Jugoslawien, begründet keinen Anspruch auf Egg.

**Sonstige Zeiten einer Beschäftigung**

(7) Als Beschäftigung kann auch berücksichtigt werden,
– die Beschäftigung während eines Rentenbezuges, der daneben grundsätzlich die Ausübung einer beitragspflichtigen Beschäftigung gestattet (z. B. polnische Invaliditätsrente),
– eine Beschäftigung als evangelischer Pfarrer bei der Landeskirche in der DDR (Körperschaft des öffentlichen Rechts) ohne Anwartschaft auf Ruhegehalt oder Hinterbliebenenversorgung.

**Gleichgestellte Zeiten**

(8) Zeiten, in denen eine Beschäftigung, die einen Anspruch auf Egg begründen kann, infolge Arbeitsunfähigkeit, Schwangerschaft, Mutterschaft oder Betreuung und Erziehung eines Kindes unterbrochen worden ist, werden berücksichtigt, wenn und soweit der Arbeitslose bei Unterbrechung der Beschäftigung im Geltungsbereich des AFG grundsätzlich Anspruch auf eine der in § 107 Satz 1 Nr. 5 a bis c genannten Sozialleistungen gehabt hätte und im Falle des Krankengeldbezuges Beiträge nach § 186 zu zahlen gewesen wären.

**Politische Haft/Verhinderte Arbeitnehmertätigkeit**

(9) Auch Gewahrsamszeiten ehemaliger politischer Häftlinge und Zeiten, in denen ein Deutscher oder Vertriebener gehindert worden ist, als Arbeitnehmer tätig zu sein, begründen einen Anspruch auf Egg (§ 90 a Abs. 1 BVFG n.F. – s. RdErl. 199/85).

**Nicht zu berücksichtigende Zeiten**

(10)  Nicht berücksichtigt werden kann insbesondere

- die Zeit des Wehr- oder Ersatzdienstes,

- die Zeit der Beschäftigung während einer Inhaftierung des Gefangenen, der nicht politischer Häftling war,

- die Tätigkeit als selbständiger Landwirt, und zwar auch dann nicht, wenn als Gegenleistung zur Gewährung einer sozialen Sicherung für den Fall der Invalidität und des Alters ein bestimmtes Quantum der Erzeugnisse an den Staat abgeliefert wird,

- die Tätigkeit als freischaffender Künstler, der nicht in einem abhängigen Beschäftigungsverhältnisses steht (z. B. im Rahmen von Honorarverträgen). Die Entrichtung von Sozialversicherungsbeiträgen ist dafür ohne Bedeutung. Zur Beurteilung der Beitragspflicht siehe Abs. 4.


**62 a.15 Nachweis der Beschäftigungszeiten**

**Nachweis der Beschäftigungszeiten**

(1)  Zum Nachweis der Beschäftigungszeiten im Herkunftsland dient in der DDR der Ausweis für Arbeit und Sozialversicherung, in den osteuropäischen Ländern das Arbeitsbuch/Versicherungsbuch, das dort obligatorisch ist. Dürfen diese Unterlagen nicht mitgeführt werden (z. B. aus Rumänien) oder fehlen aktuelle Eintragungen über Beschäftigungszeiten, weil sie immer nur an gewissen Stichtagen vorgenommen werden, sind sonstige Nachweise entsprechend den nachstehend aufgeführten Grundsätzen anzuerkennen.


**Glaubhaftmachung der Beschäftigungszeiten**

(2)  Hat der Arbeitslose keine ausreichenden Nachweise über seine Beschäftigung, sind die Angaben von ihm glaubhaft zu machen, z. B. durch Vorlage sonstiger Unterlagen, wie eine schriftliche Erklärung oder eine Bestätigung durch Zeugen. Die Unterlagen und Angaben des Antragstellers und der Zeugen müssen schlüssig und plausibel sein; es dürfen keine Zweifel an ihrer Glaubwürdigkeit bestehen. Werden ursprüngliche Angaben widerrufen oder berichtigt und stattdessen Sachverhalte geschildert, die erst zu einem Leistungsanspruch führen, muß eine glaubhafte Erklärung dazu abgegeben werden, aus welchen Gründen zunächst andere Angaben gemacht wurden.


**Beschaffung von Unterlagen aus dem Herkunftsland**

(3)  Sind Beschäftigungen nicht nachgewiesen oder glaubhaft gemacht, ist dem Antragsteller aufzugeben, weitere Unterlagen – ggf. aus dem Herkunftsland – zu beschaffen. Mit Einverständnis des Antragstellers können die Unterlagen von Amts wegen angefordert werden. Zur Anforderung von Unterlagen aus Polen über die dortige Botschaft der Bundesrepublik Deutschland s. RdErl 150/85. Von der Anforderung weiterer Unterlagen ist abzusehen, wenn Anhaltspunkte dafür vorliegen, daß

- Bemühungen keinen Erfolg haben werden, oder

- dem Antragsteller oder seinen Angehörigen dadurch Nachteile entstehen könnten.

Liegen solche Anhaltspunkte vor, kann ein geringerer Grad der Glaubhaftmachung – im Ausnahmefall auch eine glaubhafte Erklärung – eine Leistungsbewilligung rechtfertigen.

### 62 a.16 Bereitschaft zur Teilnahme an einem Deutsch-Sprachlehrgang

**Bereitschaft zur Teilnahme an einem Deutsch-Sprachlehrgang**

(1) Anspruch auf Egg besteht nur, wenn der Arbeitslose grundsätzlich bereit ist, an einem Deutsch-Sprachlehrgang mit ganztägigem Unterricht teilzunehmen, der für die zügige Eingliederung erforderlich ist. Die Ablehnung oder der Abbruch der Teilnahme an einem vom Arbeitsamt festgelegten Deutsch-Sprachlehrgang rechtfertigt noch nicht die Annahme, daß diese Voraussetzung nicht vorliegt, wenn nach wie vor die grundsätzliche Bereitschaft zur Teilnahme besteht. Jedoch tritt eine Sperrzeit ein, wenn der Arbeitslose sich weigert, an einem für die zügige berufliche Eingliederung notwendigen Deutsch-Sprachlehrgang teilzunehmen, einen solchen abbricht oder durch lehrgangswidriges Verhalten Anlaß zum Ausschluß aus der Maßnahme gibt, ohne für sein Verhalten einen wichtigen Grund zu haben (§ 62 a Abs. 6 Nr. 3).

**Entscheidung AVuAB**

(2) Die Entscheidung, ob die Teilnahme an einem Deutsch-Sprachlehrgang erforderlich ist, trifft die Abteilung AVuAB. Lehnt der Arbeitslose trotz Belehrung über die Rechtsfolgen die erforderliche Teilnahme an einer solchen Maßnahme ab, ist dies in einer Niederschrift festzuhalten (Vordruck BA III 4 bzw. BA III 12 b).

### 62 a.2 Dauer des Anspruchs

**Einheitliche Anspruchsdauer**

(1) Die Dauer des Anspruchs auf Egg beträgt 312 Tage (§ 62 a Abs. 2). Das Egg wird für sechs Wochentage gewährt (§§ 62 a Abs. 6 in Verbindung mit 114). Die Dauer des Anspruchs auf Egg für die Zeit der Arbeitslosigkeit mindert sich nicht um die Tage des Leistungsbezugs wegen der Teilnahme an einer Maßnahme nach § 62 b oder nach § 62 c (§ 62 a Abs. 6 Nr. 1).

(2) Leistungen für den Fall der Arbeitslosigkeit, die der Antragsteller aufgrund der nachgewiesenen Beschäftigung in einem Gebiet außerhalb des Geltungsbereiches des AFG bereits bezogen hat, bleiben bei der Festsetzung der Anspruchsdauer außer Betracht.

### 62 a.3 Höhe des Egg

### 62 a.31 Grundbetrag

**Bezugsgröße**

Das Egg bemißt sich pauschal nach einem Arbeitsentgelt in Höhe von 70 v. H. der Bezugsgröße in der Sozialversicherung (§ 18 SGB IV), die im Zeitpunkt des Entstehens des Anspruchs maßgebend ist. Es beträgt 63 v. H. dieses um die gesetzlichen Abzüge, die bei Arbeitnehmern gewöhnlich anfallen, verminderten Arbeitsentgelts (§ 62 a Abs. 3). Hierzu gilt § 111 Abs. 2 und für die Zuordnung zur Leistungsgruppe § 113 entsprechend. Der maßgebliche Tabellensatz ergibt sich aus der als Anlage zur LVO beigefügten Tabelle – Alg-63 v. H. –. Für das Jahr 1990 beträgt die Bezugsgröße in der Sozialversicherung 3 290 DM mtl., davon 70 v. H. = 2 303 DM, das Bemessungsentgeld wöchentlich 530 DM.

**Leistungssätze 1990**

Danach ergeben sich für das Jahr 1990 folgende Leistungssätze:

| Leistungsgruppe | Steuerklasse | tgl.*) | wöchentl. | mtl. |
|---|---|---|---|---|
| A | I/IV | 38,50 DM | 231,00 DM | 1 001,00 DM |
| B | II | 41,20 DM | 247,20 DM | 1 071,20 DM |
| C | III | 41,90 DM | 251,40 DM | 1 089,40 DM |
| D | V | 32,20 DM | 193,20 DM | 837,20 DM |

*) Bei Egg 3 ist nach §§ 62 b in Verbindung mit 59 Abs. 2 Satz 3 der Tagessatz ein Dreißigstel des Monatsbetrages

## 62 a.32  Erhöhungsbetrag

(1) Das Egg erhöht sich um 30,– DM wöchentlich, wenn der Arbeitslose

– verheiratet ist und nicht dauernd von seinem Ehegatten getrennt lebt oder

– Alleinerziehender (Alleinstehender mit mindestens einem Kind im Sinne des § 32 Abs. 1, 4 und 5 EStG) ist.

Ein Anspruch besteht nicht, wenn der nicht dauernd getrennt lebende Ehegatte oder ein Kind im Sinne des § 32 Abs. 1, 4 und 5 EStG des Arbeitslosen Egg bezieht oder nur deshalb nicht erhält, weil die vom Willen abhängigen Leistungsvoraussetzungen nicht vorliegen. Das gleiche gilt, wenn der Leistungsempfänger, sein von ihm nicht dauernd getrennt lebender Ehegatte oder ein Kind Einkünfte aus selbständiger Erwerbstätigkeit oder nichtselbständiger Erwerbstätigkeit erzielt oder Lohnersatzleistungen erhält; auf die zugrundeliegende Arbeitszeit oder die Höhe des erzielten Einkommens kommt es dabei nicht an. Einkünfte sind alle Einnahmen in Geld oder Geldeswert.

### Alleinstehend

(2) Alleinstehend sind – entsprechend dem steuerrechtlichen Begriff (§ 33 c Abs. 2 EStG) – Unverheiratete (Ledige, Geschiedene, Verwitwete) sowie Verheiratete, die von ihrem Ehegatten dauernd getrennt leben.

(3) Ein dauerndes Getrenntleben ist anzunehmen, wenn die zum Wesen der Ehe gehörende Lebens- und Wirtschaftsgemeinschaft nach dem Gesamtbild der Verhältnisse auf die Dauer nicht mehr besteht. Dabei ist unter Lebensgemeinschaft die räumliche, persönliche und geistige Gemeinschaft der Ehegatten, unter Wirtschaftsgemeinschaft die gemeinsame Erledigung der für die Ehegatten gemeinsam berührenden wirtschaftlichen Fragen ihres Zusammenlebens zu verstehen. Die eheliche Lebens- und Wirtschaftsgemeinschaft ist jedoch im allgemeinen nicht aufgehoben, wenn sich die Ehegatten nur vorübergehend räumlich trennen, z. B. wenn ein Ehegatte noch im Herkunftsland geblieben ist, jedoch beide die erkennbare Absicht haben, die eheliche Verbindung in dem noch möglichen Rahmen aufrechtzuerhalten und nach dem Wegfall der Hindernisse die volle eheliche Gemeinschaft wiederherzustellen. Dauernd getrennt lebende Ehegatten haben in der Regel die Lohnsteuerklasse I oder II.

### Kinder

(4) Als Kinder werden die mit dem Arbeitslosen im ersten Grad verwandten Kinder sowie Pflegekinder berücksichtigt. Im ersten Grad verwandt sind leibliche Kinder (eheliche, für ehelich erklärte und nichteheliche Kinder), sofern das Verwandschaftsverhältnis nicht durch Annahme als Kind seitens einer dritten Person (Adoption) erloschen ist, sowie angenommene (adoptierte) Kinder. Ein Pflegekindschaftsverhältnis setzt voraus, daß das Kind in den Haushalt des Pflegeelternteils aufgenommen ist und damit zugleich aus dem natürlichen Obhuts- und Pflegeverhältnis zu seinen leiblichen Eltern ausgeschieden ist.

Zwischen dem Pflegeelternteil und dem Kind muß ein dem Eltern-Kind-Verhältnis ähnliches, auf längere Dauer berechnetes Band bestehen. Im Herkunftsland verbliebene Kinder sind zu berücksichtigen, wenn die Familiengemeinschaft nicht aufgehoben und die baldige Zusammenführung beabsichtigt ist.

**Kinder über 16 Jahre**

(5)  Ein Kind, das das 16. Lebensjahr, aber noch nicht das 27. Lebensjahr vollendet hat, wird für den Erhöhungsbetrag berücksichtigt (§ 32 Abs. 4 EStG), wenn es

1.  sich in Schul- oder Berufsausbildung befindet oder

2.  eine Berufsausbildung mangels Ausbildungsplatzes nicht beginnen oder fortsetzen kann oder

3.  die Schul- oder Berufsausbildung unterbrochen hat,

– weil es den gesetzlichen Grundwehrdienst oder Zivildienst leistet,

– anstelle des gesetzlichen Grundwehrdienstes oder Zivildienstes freiwillig für nicht länger als drei Jahre Wehr- oder Polizeivollzugsdienst leistet,

– als Entwicklungshelfer arbeitet und hierdurch vom gesetzlichen Grundwehrdienst oder Zivildienst befreit worden ist oder

4.  ein freiwilliges soziales Jahr im Sinne des Gesetzes zur Förderung eines freiwilligen sozialen Jahres leistet.

(6)  Ein Kind, das wegen körperlicher, geistiger oder seelischer Behinderung außerstande ist, sich selbst zu unterhalten, wird stets berücksichtigt, unabhängig von seinem Lebensalter. Ist das Kind verheiratet oder geschieden, so ist weitere Voraussetzung, daß sein Ehegatte oder sein früherer Ehegatte ihm keinen ausreichenden Unterhalt leisten kann oder ihm gegenüber nicht unterhaltspflichtig ist.

(7)  Die Feststellung, ob ein Kind die Voraussetzungen der Abs. 4 bis 6 nach dem Inhalt der steuerrechtlichen Bestimmungen erfüllt, kann im Einzelfall Schwierigkeiten bereiten. Im Zweifelsfall können die DA zu §§ 2, 3 BKGG, die in den Grundzügen den steuerlichen Bestimmungen entsprechen, einen Anhalt für die Entscheidung geben (vgl. RdErl. 375/74); erforderlichenfalls ist zu berichten.

(8)  Der Erhöhungsbetrag wird, unabhängig davon, wieviele Kinder den Anspruch begründen, nur einmal gewährt. Er entfällt

– bei einem verheirateten Arbeitslosen, wenn zwar für den Ehegatten die Voraussetzungen für die Gewährung des Erhöhungsbetrages erfüllt sind, aber ein Kind im Sinne des § 32 Abs. 1, 4 und 5 EStG des Arbeitslosen einen der in § 62 a Abs. 3 Satz 4 genannten Ausschlußtatbestände erfüllt.

– bei einem alleinstehenden Arbeitslosen mit mehreren Kindern, wenn eines dieser Kinder im Sinne des § 32 Abs. 1, 4 und 5 EStG einen der in § 62 a Abs. 3 Satz 4 genannten Ausschlußtatbestände erfüllt.

### 62 a.4  Bereitschaft zur Aufnahme einer Beschäftigung

(1)  In den ersten zwei Monaten nach der Einreise in die Bundesrepublik einschl. Berlin (West) besteht auch dann Anspruch auf Egg, wenn der Arbeitslose zwar für eine Arbeitnehmertätigkeit in Betracht kommt, er aber noch nicht bereit ist, jede zumutbare Beschäftigung aufzunehmen oder an zumutbaren beruflichen Bildungs- oder Reha-Maßnahmen teilzunehmen. Voraussetzung ist jedoch auch für diese Zeit die objektive Verfügbarkeit (§ 62 a Abs. 6 in Verbindung mit § 103 Abs. 1 Satz 1 Nr. 1 und 3 – Leistungsfähigkeit und Erreichbarkeit) sowie die Bereitschaft, an einem erforderlichen Deutsch-Sprachlehrgang teilzunehmen (s. DA 62 a.16).

(2) „Einreise" im Sinne des § 62a Abs. 4 ist die erstmalige Begründung eines ständigen Aufenthaltes im Bundesgebiet einschließlich Berlin (West). Maßgeblich ist der Tag, für den erstmals diese Voraussetzung festgestellt werden kann. Die Zweimonatsfrist läuft von diesem Tag an unabhängig davon, wann die sonstigen Anspruchsvoraussetzungen gegeben sind. Der Tag der Einreise kann u. a. aus dem Registrier- oder Aufnahmeschein entnommen werden.

### 62a.5 Erlöschen des Anspruchs

Der Anspruch auf Egg erlischt u. a. durch Erfüllung der Voraussetzungen für einen Anspruch auf Arbeitslosengeld (§ 62a Abs. 5). Wird ein Antrag auf Wiederbewilligung des Egg nach Unterbrechung durch eine die Beitragspflicht begründende Beschäftigung oder eine dieser gleichgestellten Zeit nach § 107 AFG gestellt, ist deshalb stets zu prüfen, ob ein Anspruch auf Arbeitslosengeld besteht. Stellt der Arbeitslose keinen Antrag auf Arbeitslosengeld, obwohl er die sonstigen Voraussetzungen dafür erfüllt, ist er durch die Leistungsabteilung über die Rechtsfolgen zu belehren. Die Niederschrift hierüber ist zur Leistungsakte zu nehmen.

### 62a.61 Anwendung weiterer Vorschriften

**Entsprechende Anwendung von Vorschriften**

(1) Auf das Egg sind die Vorschriften des AFG über die Gewährung von Alg unter Berücksichtigung der in § 62a Abs. 4 und 6 Nr. 1 – 3 getroffenen Regelungen entsprechend anzuwenden. Dies sind §§ 100 Abs. 2, 101 – 103a, 104 Abs. 1 Satz 2 und 3, 105 – 105c, 107 Nr. 5a – c, 110 – 111 Abs. 2, 112 Abs. 10, 112a – 122, 125 Abs. 2, 127, 129, 132 und die Vorschriften des Fünften Abschnitts. Ferner gelten §§ 230 Abs. 1 Nr. 5 – 7, 231 Abs. 1 Nr. 4, 233, 233a, 233b, da die Maßgabe der entsprechenden Anwendung des Achten Abschnitts des AFG (§ 230 ff.) dem Erfordernis der gesetzlichen Bestimmtheit der vorbezeichneten Bußgeldtatbestände genügt. Die §§ 128a, 128b, 132a und 133 sind nur anzuwenden bei Ansprüchen aus Arbeitsverhältnissen im Geltungsbereich des AFG.

(2) Zu den Maßgaben in § 62a Abs. 6 vgl. zu

Nr. 1 DA 62a.2,

Nr. 2 DA 62a.66,

Nr. 3 DA 62a.16.

(3) Das Erste und das Zehnte Buch des SGB gelten auch für die Eingliederungsleistungen. Dies ergibt sich aus der Verweisung auf die sonstigen Vorschriften des AFG und § 37 SGB I.

**Hinweise**

(4) Abschnitt IV der Übersicht zu DA 2.0 des Sammelrunderlasses 240/68 (Bußgeldverfahren) und DA 1.1 Abs. 2 des RdErl. 132/87 – 7132a/7000.2/7003.1/7006/7402.16/7402.17/ 7413/9033/1304/1233/1722.4/2663/2702/4303/5014.4 – sind mit einem Hinweis auf diesen Runderlaß zu versehen.

### 62a.62 Kranken-, Renten- und Unfallversicherung der Empfänger von Egg

**KV, RV und UV**

Die Regelungen der Kranken-, Renten- und Unfallversicherung der Bezieher von Alg nach §§ 155 ff. sowie die Weisungen zur Sozialversicherung der Leistungsempfänger gelten in gleicher Weise für die Bezieher von Egg. Die nachstehenden Besonderheiten sind zu beachten.

**62a.63 Zuordnung zur ständigen Krankenkasse und zum zuständigen Zweig der Rentenversicherung**

**Zuständige Krankenkasse**

(1) Für Personen, die im Zeitpunkt der Arbeitslosmeldung oder des Beginns einer Maßnahme keiner Krankenkasse im Geltungsbereich des AFG angehören, ist nach § 159 Abs. 2 die Ortskrankenkasse zuständig, deren Bezirk den für die Zuständigkeit des Arbeitsamtes maßgebenden Wohn- und Aufenthaltsort des Versicherten umfaßt. Der Wechsel des Wohn- oder Aufenthaltsortes in den Bezirk eines anderen Arbeitsamtes oder einer anderen Ortskrankenkasse begründet nach § 159 Abs. 2 auch den Wechsel der Kassenzuständigkeit (s. Loseblattausgabe „Soz.Vers.d.LE" Teil A DA 5.2 ff. zu § 159).

(2) Wird Teil-Egg gewährt oder das Egg im Anschluß an eine Beschäftigung wiederbewilligt, ist nach § 159 Abs. 1 die Krankenkasse zuständig, bei der der Versicherte Mitglied ist oder zuletzt war.

**Zuständiger Zweig der RV**

(3) Personen, die vor dem Leistungsbezug zuletzt außerhalb der Grenzen der Bundesrepublik Deutschland einschließlich Berlin (West) beschäftigt oder versichert waren, sind dem Zweig der Rentenversicherung zuzuordnen, in dem sie nach der zuletzt ausgeübten Beschäftigung oder selbständigen Tätigkeit bei Anwendung der im Geltungsbereich des Grundgesetzes geltenden rentenrechtlichen Regelungen zu versichern gewesen wären. Dabei ist unbedingt zu beachten, daß nicht allein die berufliche Qualifikation, sondern die tatsächlich zuletzt ausgeübte Beschäftigung maßgebend ist. In Zweifelsfällen kann sich die Zuordnung nach den Berufsbezeichnungen der Anlage 1 zum Fremdrentengesetz richten (s. Loseblattausgabe „Soz.Vers.d.LE" Teil B DA 1.23.3).

**62a.64 Beitragszahlung zur Rentenversicherung für Zeiten des Bezuges von Egg**

**Beitragspflicht zur RV**

(1) Für Empfänger von Egg sind nach § 1385a RVO, § 112a AVG, § 130a RKG für die Zeiten des Leistungsbezuges Beiträge zur gesetzlichen Rentenversicherung zu zahlen. Die Beitragspflicht entsteht unabhängig davon, ob die Ausfallzeit bei der Rentenfeststellung anzurechnen ist oder durch eine Beitrags- oder Ersatzzeit verdrängt wird. Mithin sind Beiträge für Ausfallzeiten nach den o.a. Vorschriften auch für die Zeiten zu entrichten, die gleichzeitig als Ersatzzeiten nach § 1251 Abs. 1 Nr. 6 RVO, § 28 Abs. 1 Nr. 6 AVG, § 51 Abs. 1 Nr. 6 RKG berücksichtigt werden können (s. RdErl vom 1. August 1989 – 7166.2).

(2) Die Entscheidung, ob ein gemeldeter Leistungszeitraum rentenrechtlich als Ausfall- oder Ersatzzeit zu berücksichtigen ist, obliegt dem Rentenversicherungsträger. Von den Arbeitsämtern ist daher nicht zu prüfen, ob die Voraussetzungen für die Anerkennung als Ausfallzeit vorliegen (z.B. ob die sog. Halbbelegung erfüllt ist).

**62a.65 Berechnung der Beiträge und Bescheinigung zum Bezug anderer Leistungen**

**Bemessungsentgelt für KV und RV, Leistungshöhe**

(1) Als Bemessungsgrundlage für die Berechnung der KV-Beiträge gilt das Arbeitsentgelt, das als wöchentliches Bemessungsentgelt dem Egg gem. § 62a Abs. 3 Satz 1 (s. DA 62a.31) oder gem. § 62c Abs. 3 (s. DA 62c.3 Abs. 3) zugrunde liegt. Vgl. hierzu die Weisungen in der Loseblattausgabe „Soz.Vers.d.LE" Teil A DA 3.2 zu § 157.

**RV-Entgelt**

(2) Für die Berechnung des Beitrages zur Rentenversicherung ist die Höhe der Leistung maßgebend. Leistungsbetrag des Egg ist der wöchentliche Leistungssatz ggf. einschließlich des Erhöhungsbetrages. Abzuziehen sind die gesetzlich vorgeschriebenen Anrechnungen nach den §§ 37 Abs. 1 und 2, 4 Abs. 4 und 5, 115, 118 Abs. 1 Satz 3 und 138 Abs. 1 sowie nach § 10 Abs. 6 A FuU (s. Loseblattausgabe „Soz.Vers.d.LE" Teil B DA 2.21).

**Bescheinigung über die Höhe der Leistung**

(3) Falls über die Höhe des Egg für den Bezug von Krankengeld, Verletztengeld, Mutterschaftsgeld oder Übergangsgeld manuell die Bescheinigung Vordruck III 52 a – c zu erstellen ist, ist der wöchentliche Leistungssatz ggf. einschließlich des Erhöhungsbetrages anzugeben (s. Loseblattausgabe „Soz.Vers.d.LE" Teil A DA 4.3 zu § 158).

## 62 a.66 Anpassung des Egg

**Anpassung**

Jeweils nach Ablauf eines Jahres ist das gerundete Bemessungsentgelt an die Entwicklung der Arbeitsentgelte anzupassen. Der Erhöhungsbetrag ist nicht anzupassen. Zu beachten ist, daß das Egg für Arbeitslose, für Teilnehmer an FuU- und Reha-Maßnahmen sowie an Deutsch-Sprachlehrgängen insoweit als eine einheitliche Leistung anzusehen ist. Bei der Anpassung ist deshalb vom letzten Tag vor Entstehen des erstmaligen Egg-Anspruchs auszugehen.

## 62 a.7 Eingliederungsgeld und Arbeitslosenhilfe

**Anspruch auf „Anschluß-Alhi"**

Der Bezug von Egg begründet in gleicher Weise wie der Bezug von Alg einen Anspruch auf Alhi. Aussiedler oder Übersiedler, die keinen Anspruch auf Egg haben, weil sie innerhalb des letzten Jahres vor der Einreise keine 150 Kalendertage in einer Beschäftigung im Sinne des § 62 a Abs. 1 Satz 1 Buchstabe b) gestanden haben, haben Anspruch auf Alhi, wenn sie die weiteren Voraussetzungen gem. § 134 Abs. 3 b erfüllen (s. auch RdErl 154/89 – 7031/7105 c/7106/7107/7110/7112/7112 a/7119/7134/7155 a/7062 a/4300/5014.4 –).

## 62 a.8
**Verfahren**

### 62 a.81 Zuständiges Arbeitsamt

**Zuständiges AA**

(1) Ein Aussiedler oder Übersiedler, der seine letzte Beschäftigung nicht im Geltungsbereich des AFG ausgeübt hat, hat unmittelbar nach der Einreise in der Regel noch keinen bestimmten Wohn- oder Aufenthaltsort, sondern nur einen gewöhnlichen Aufenthalt. Zuständig für die Gewährung von Leistungen ist deshalb zunächst das Arbeitsamt, in dessen Bezirk die Einrichtung (Lager) liegt und das Registrier- oder Aufnahmeverfahren durchgeführt wird.

(2) Bei der Arbeitslosenmeldung und Antragstellung ist der Antragsvordruck auf Egg auch dann auszuhändigen, wenn der Aufenthalt in einem Lager so kurz ist, daß die Bearbeitung des Antrags auf Leistungen durch das zunächst zuständige Arbeitsamt nicht möglich oder nicht zweckmäßig ist. Davon kann abgesehen werden, wenn Arbeitslosmeldung und Antragstellung in anderer geeigneter Weise schriftlich bestätigt werden (s. auch

Nr. 8.2 RdErl 75/84). Der Arbeitslose ist darüber zu unterrichten, daß er sich unverzüglich nach Eintreffen im neuen Lager bzw. dem künftigen Wohn- oder Aufenthaltsort bei dem nunmehr zuständigen Arbeitsamt unter Vorlage des ausgefüllten Antragsvordrucks melden muß. Ist bei der für das Lager zuständigen Meldebehörde wegen des kurzen Lageraufenthaltes das polizeiliche Meldeverfahren nicht, auch nicht listenmäßig, durchgeführt worden, kann dennoch die erste Arbeitslosmeldung und Antragstellung dort erfolgen.

**Meldung bei Lagerwechsel**

(3) Meldet sich der Arbeitslose ohne wichtigen Grund nicht innerhalb einer Woche nach Verlassen des Lagers (bei einem Zwischenaufenthalt in einer Landesdurchgangsstelle nicht innerhalb von 10 Tagen) bei dem Aufnahme-Arbeitsamt (§ 131), so sind Leistungen erst vom Tage der erneuten Meldung an zu gewähren.

**Zuständigkeit**

(4) Wird die Leistung erstmals bei einem anderen als dem Arbeitsamt nach Abs. 1 beantragt, ist dieses Arbeitsamt zuständig, ohne daß eine Zuständigkeitserklärung erfolgen muß, wenn der Arbeitslose nur in einem Lager untergebracht war und Leistungen nicht bezogen hat. Die Zuständigkeit kann ohne weiteres unterstellt werden, wenn es glaubhaft erscheint, daß er wegen der Kürze seines Aufenthalts im Lager keine Leistungen bezogen hat oder bekannt ist, daß ankommende Aussiedler oder Übersiedler beim Arbeitsamt des Lagers üblicherweise leistungsmäßig nicht betreut werden.

**Anlage 5**

(5) Werden lagermäßig untergebrachte Aussiedler oder Übersiedler, die bereits Leistungen beziehen oder eine Abschlagszahlung erhalten haben, in einen Wohnort außerhalb des bisherigen AA-Bezirkes eingewiesen, so ist ihnen zur Vermeidung von Verzögerungen bei der Bewilligung von Leistungen eine Bescheinigung nach Anlage 5[1] unter Beifügung eines „Einzelblatt-Ausdruck LED-Daten" oder einer Kopie der Sonderzahlungsverfügung auszuhändigen. Aufgrund des Wiederbewilligungsantrages und dieser Bescheinigung hat das Aufnahme-Arbeitsamt die Leistung zu bewilligen, noch bevor die endgültige Zuständigkeitserklärung und die Leistungsakten eingegangen sind.

**62 a.82 Antragstellung**

**Antrag**

**Anlage 1**

**Merkblatt**

**Wiederbewilligungsantrag**

**Anlage 2**

Für die Beantragung von Egg ist der Vordruck BA III Egg 1 (Anlage 1)[1] zu verwenden. Damit sind alle Leistungen nach §§ 62 a – 62 c beantragt; d. h., sowohl das Egg 1 – 4 als auch die durch die Teilnahme an einer Maßnahme entstehenden Kosten. Mit dem Antragsvordruck ist stets das Merkblatt „Eingliederungsleistungen für Aussiedler und Übersiedler nach dem Arbeitsförderungsgesetz" (Vordruck BA III Egg 5) auszuhändigen. Im übrigen gelten für die Wiederbewilligung nach einer Unterbrechung des Leistungsbezuges die zum Alg ergangenen Weisungen; für den Wiederbewilligungsantrag ist der Vordruck BA III Egg 2 (Anlage 2)[1] zu verwenden. Nach Abschluß einer Maßnahme ist lediglich die erneute Antragstellung mit Vordruck BA III Egg 2 Voraussetzung für die Weiterzahlung von Egg 1.

---

[1] nicht abgedruckt

### 62a.83
### Nachweis der Eigenschaft „Deutscher"

Ob jemand Deutscher im Sinne des Artikels 116 GG ist, kann durch folgende Unterlagen nachgewiesen werden:

– Reisepaß oder Personalausweis der Bundesrepublik Deutschland (auch vorläufiger Personalausweis),

– Vertriebenenausweis,

– Bescheinigung der für die Feststellung der Staatsangehörigkeit zuständigen Behörde,

– Aufnahmeschein des Leiters der Aufnahmebehörde gemäß § 1 Aufnahmegesetz.

### 62a.84 Vertriebenenausweis

Die Anerkennung als Vertriebener erfolgt durch das örtlich zuständige Vertriebenen- oder Ausgleichsamt. Es stellt den Vertriebenenausweis aus. Dieser berechtigt zur Inanspruchnahme von Rechten und Vergünstigungen nach dem BVFG, wenn er nicht ausdrücklich die gegenteilige Aussage enthält. Die Anerkennung als Vertriebener schließt die Anerkennung als Deutscher im Sinne des Art. 116 GG ein. Ein Vertriebenenausweis ist für die sog. Betreuungsbehörden – hierzu gehören auch die Arbeitsämter – verbindlich, solange er nicht eingezogen oder für ungültig erklärt worden ist. Leistungsrechtliche Konsequenzen können erst ab Bekanntgabe des Einziehungsbescheides durch das zuständige Vertriebenamt gezogen werden. Erfahrungen verschiedener Dienststellen haben gezeigt, daß Personen, denen die Entziehung des Vertriebenenausweises droht, weil sie im Feststellungsverfahren gefälschte Urkunden vorgelegt haben, sofort ihren bisherigen Aufenthaltsort verlassen. Das Arbeitsamt hat deshalb auch vor Bekanntgabe des Einziehungsbescheides zu prüfen, ob der Leistungsempfänger noch erreichbar ist (§ 103 Abs. 1 Satz 1 Nr. 3).

### 62a.85 Vorläufige Nachweise

(1) Ist die Eigenschaft als Deutscher oder als Vertriebener noch nicht endgültig festgestellt, sind der Registrierschein und die „Stellungnahme für die Gewährung von Leistungen" als Voraussetzung für einen Leistungsanspruch anzuerkennen.

(2) Die Feststellung der Vertriebeneneigenschaft ist zeitaufwendig. In der Regel verstreichen bis zur Aushändigung des Vertriebenenausweises mehrere Monate. Um dennoch möglichst frühzeitig die erforderlichen Integrationshilfen gewähren zu können, hat die BA in Übereinstimmung mit den beteiligten Stellen den Registrierschein als vorläufigen Nachweis der Vertriebeneneigenschaft zugelassen. Er wird vom Beauftragten der Bundesregierung für die Verteilung der Aussiedler ausgestellt, wenn die Angaben des Antragstellers und der vorgetragene Sachverhalt schlüssig sind und mit der Anerkennung als Aussiedler gerechnet werden kann. In welchen Lagern der Registrierschein ausgestellt wird, ist aus Anlage 6[1] zu ersehen.

### Registrierschein
### Anlage 6[1]

(3) Einen Registrierschein können erhalten:

a) Einzelpersonen ab vollendetem 18. Lebensjahr,

b) minderjährige Einzelreisende, wenn für sie ein Vormund oder eine Pflegschaft bestellt ist.

(4) Kinder, die mit ihren Eltern reisen, erhalten unabhängig vom Alter keinen eigenen Registrierschein; sie werden auf dem Registrierschein der Eltern aufgeführt.

[1] nicht abgedruckt

**„Stellungnahme für die Gewährung von Leistungen"**

**Anlage 7[1)]**

(5) Aussiedler, die aus Kapazitätsgründen nicht am Registrierverfahren teilnehmen können und für die deshalb der Vertriebenenausweis nicht kurzfristig ausgestellt werden kann, können von den örtlich zuständigen Vertriebenen-/Ausgleichsämtern eine „Stellungnahme für die Gewährung von Leistungen" (Anlage 7) zum vorläufigen Nachweis der Vertriebeneneigenschaft erhalten. Diese wird erteilt, wenn die Angaben im Verfahren über den Antrag auf Ausstellung eines Vertriebenenausweises schlüssig sind und das Vertriebenenamt nach einer Prüfung, die der im Registrierverfahren vergleichbar ist, damit rechnet, daß der Antragsteller anerkannt wird, aber vor der Entscheidung über den Antrag noch weitere Beweismittel (z. B. Urkunden, Auskunft bei Heimatauskunftsstelle und Heimatortkartei) beiziehen muß.

(6) Mit der endgültigen Entscheidung über die Vertriebeneneigenschaften verlieren der Registrierschein und die „Stellungnahme für die Gewährung von Leistungen" ihre Wirkung als vorläufiger Nachweis. Die „Stellungnahme" wird unabhängig davon spätestens nach Ablauf eines Jahres vom Tage der Ausstellung an ungültig. Vorläufige Leistungen aufgrund der „Stellungnahme" sind daher längstens für die Gültigkeitsdauer dieser Bescheinigung zu gewähren.

**Berlin**

**Anlage 8[1)]**

(7) Im Bezirk des Landesarbeitsamtes Berlin werden keine Registrierscheine durch den Beauftragten der Bundesregierung und keine „Stellungnahmen für die Gewährung von Leistungen" ausgestellt. Personen, die über das Durchgangswohnheim für Aussiedler und Zuwanderer in Berlin-Marienfelde (DAZ) nach Berlin einreisen, erhalten stattdessen eine vom Landesarbeitsamt für Zentrale Soziale Aufgaben – Landesversorgungsamt – ausgestellte vorläufige Bescheinigung (Anlage 8). Diese berechtigt ebenso wie der Registrierschein zur Inanspruchnahme von Leistungen. Im Besitz eines Registrierscheines oder einer „Stellungnahme für die Gewährung von Leistungen" sind jedoch Aussiedler, die aus dem Bundesgebiet nach Berlin weiterreisen.

**62 a.86  Vertriebeneneigenschaft nicht nachgewiesen**

**Aussetzung/Ablehnung der Registrierung**

**Beantragtes Feststellungs-Verfahren**

(1) Kann nicht mit hinreichender Sicherheit festgestellt werden, ob die Voraussetzungen zur Anerkennung als Vertriebener vorliegen, wird vom Beauftragten der Bundesregierung durch Bescheid der Antrag auf Anerkennung als Vertriebener abgelehnt bzw. die Einbeziehung in das Verteilungsverfahren ausgesetzt. Für Personen, die einen solchen Bescheid erhalten haben, ist die Eigenschaft als Vertriebener bis zum Abschluß des Prüfungsverfahrens nicht – auch nicht vorläufig – nachgewiesen; sie haben deshalb keinen Anspruch auf Egg. Bei rückwirkender Anerkennung als Vertriebener siehe RdErl vom 21. Januar 1987 an die LAÄ – 7103/5014.4.

(2) Personen, die im Registrierverfahren abgewiesen wurden (z. B. aus Kapazitätsgründen, wegen nicht ausreichender Nachweise oder bei Einreise als Tourist) oder die nicht über eine Durchgangsstelle eingereist sind, können die Feststellung der Vertriebeneneigenschaft bei dem für ihren Wohnort zuständigen Vertriebenen-/Ausgleichsamt beantragen und darüber eine Bescheinigung erhalten (RdErl 105/88). Diese Bescheinigung dient

---

[1)] nicht abgedruckt

lediglich als Nachweis darüber, daß das BVFG-Feststellungsverfahren beantragt wurde. Sie enthält keinen Hinweis auf das Vorliegen der Vertriebeneneigenschaft, auch keine tendenzielle Aussage. Sie ist deshalb kein vorläufiger Nachweis der Vertriebeneneigenschaft. Aufgrund dieser Bescheinigung können keine Leistungen gewährt werden.

### 62a.87 Nachweis von Kindern

(1) Ob ein Alleinstehender ein Kind hat, kann entnommen werden

– dem Aufnahmeschein,

– den in DA 62a.85 genannten vorläufigen Nachweisen,

– der Lohnsteuerkarte, wenn auf dieser ein Kinderfreibetrag eingetragen ist.

**WV-Verfahren**

(2) Ist die Weiterzahlung des Erhöhungsbetrages von der Vorlage von Nachweisen abhängig (z.B. Schulbescheinigung), kann deren Vorlage nicht maschinell, sondern muß im Rahmen des Wiedervorlageverfahrens im Arbeitsamt überwacht werden.

### 62a.88 Bewilligung unter Vorbehalt

**Vorbehalt**

(1) Ist die Eigenschaft als Deutscher oder Vertriebener nur vorläufig nachgewiesen (s. DA 62a.85), erfolgt die Bewilligung unter dem Vorbehalt der rückwirkenden Aufhebung des Bewilligungsbescheides und der Rückforderung der Leistung für den Fall, daß ein Vertriebenenausweis, der zur Inanspruchnahme von Rechten und Vergünstigungen nach den §§ 9 – 12 BVFG berechtigt, nicht ausgestellt wird. In dem maschinell erstellten Egg-Bewilligungsbescheid wird der Hinweis auf ein ergänzendes Schreiben aufgenommen, wenn in Feld-Nr. 53 der Bewilligungsverfügung eine entsprechende Kennzeichnung vorgenommen wurde (vgl. Nr. 10.33 – Feld-Nr. 53 – Arb.-Anl. Alg/Alhi-Uhg). Wird der Bewilligungsbescheid manuell erstellt, weil z.B. das Egg 3 im Rahmen des DV BAB/Reha angewiesen wird, ist der Vorbehalt in diesen Bewilligungsbescheid mit aufzunehmen. Zum Anweisungsverfahren s. DA 62a.9.

**Zusätzlicher manuell erstellter Bescheid**

**Anlage 9**

(2) Dem Antragsteller ist zu dem maschinell erstellten Egg-Bewilligungsbescheid ein zusätzlicher Bescheid manuell nach dem als Anlage 9[1] abgedruckten Muster zu erteilen. Dabei ist dafür Sorge zu tragen, daß der zusätzliche Bescheid dem Antragsteller zeitlich vor dem maschinell erstellten Bewilligungsbescheid zugeht. Das Muster des zusätzlichen Bescheides ist für die Fälle des vorläufigen Nachweises der Vertriebeneneigenschaft abgefaßt (s. DA 62a.85). Falls die Eigenschaft als Deutscher nur vorläufig nachgewiesen ist, ist ein entsprechender Bescheid zu erteilen.

**Aufhebung und Erstattung**

(3) Wird dem Antragsteller später die Eigenschaft als Deutscher oder Vertriebener nicht zuerkannt, sind unter Hinweis auf den Vorbehalt im Bewilligungsbescheid die Bewilligung aufzuheben und die Leistungen zurückzufordern. Da der Antragsteller durch den Vorbehalt darauf hingewiesen worden ist, daß für das Bestehen des Anspruchs die Entscheidung einer anderen Behörde vorgreiflich ist, und unter bestimmten Umständen die Leistungsbewilligung aufgehoben und die erhaltene Leistung wieder zurückgezahlt werden muß, besteht kein Vertrauensschutz.

## Überwachung

(4) Werden Leistungen aufgrund eines vorläufigen Nachweises unter Vorbehalt gewährt, ist die Vorlage der zur endgültigen Entscheidung erforderlichen Unterlagen durch ein Wiedervorlageverfahren im Arbeitsamt zu überwachen.

### 62a.89 Aktenzeichen
### Anlage 10

Die zu verwendenden Aktenzeichen sind der Anlage 10[1)] zu entnehmen. Bei der nächsten Ergänzungslieferung zur Loseblattsammlung Aktenordnung und Aktenplan werden die Änderungen des Aktenplans berücksichtigt.

### 62a.9 Anweisung, Abwicklung und Abrechnung des Egg 1
...

### 62a.90 Anweisung, Abwicklung und Abrechnung des Egg 1
...

### 62c.1 Allgemeines zur Teilnahme an Deutsch-Sprachlehrgängen
### Deutsch-Sprachlehrgänge
### Allgemeines

(1) Die Leistungen der Sprachförderung, die bislang in den §§ 62a – 62d a.F. geregelt waren, wurden entsprechend der Gesamtkonzeption zur Eingliederung von Aussiedlern angepaßt. Das bisherige pauschalierte Unterhaltsgeld bei Sprachförderung ist nun durch das Egg ersetzt worden, das auch in Form von Teil-Egg bei Teilzeitunterricht gewährt wird (§ 62c Abs. 3).

(2) Die Förderung nach § 62c AFG geht den Leistungen nach dem Heimkehrergesetz vor.

### 62c.11 Persönliche Anspruchsvoraussetzungen

Anspruch auf Egg 4 besteht für Aussiedler und Übersiedler, die die Voraussetzungen des § 62a erfüllen, insbesondere 150 Kalendertage mit Beschäftigung nachweisen können. Es ist nicht Voraussetzung, daß sie vorher arbeitslos gemeldet waren, jedoch müssen sie der Arbeitsvermittlung zur Verfügung stehen.

### 62c.12 Anforderungen an die Maßnahme

(1) Bei der Gestaltung des Lehrplanes sind möglichst die sprachlichen Besonderheiten, die sich aus dem Herkunftsland, dem Alter und dem Bildungsstand der Teilnehmer ergeben, zu berücksichtigen.

(2) Der Lehrstoff soll in Abschnitte gegliedert sein, die es ermöglichen, Teilnehmer mit Vorkenntnissen in einen späteren Abschitt aufzunehmen. Die Vorkenntnisse sind bei Beginn der Teilnahme durch den Träger festzustellen. Im übrigen wird auf die RdErl 138/88 – 5322.1/5561/6317 – und 126/89 – 5561/5532/5533/5534/1722.1 – verwiesen.

(3) Ein Lehrgang soll mindestens 12, höchstens 25 Teilnehmer umfassen. Erforderlich ist nicht, daß alle Teilnehmer nach § 62c gefördert werden oder zu dem in § 62d genannten Personenkreis gehören.

**Ganztägiger Unterricht**

(4) Ganztägig ist ein Unterricht dann, wenn mindstens 25 Zeitstunden Unterricht in der Woche erteilt werden.

### 62c.13 Fehlende Sprachkenntnisse

Teilnehmer an Deutsch-Sprachlehrgängen haben nur insoweit Anspruch auf Förderung, als sie die für die berufliche Eingliederung erforderlichen Kenntnisse der deutschen Sprache nicht besitzen. Die berufliche Eingliederung setzt zwar nicht die Aufnahme einer beitragspflichtigen Beschäftigung voraus, jedoch die Aufnahme einer mehr als kurzzeitigen Beschäftigung.

### 62c.14 Maßnahmedauer

(1) Das Maßnahmeziel ist erreicht, sobald die Sprachkenntnisse die Aufnahme einer den vorhandenen beruflichen Kenntnissen und Fertigkeiten entsprechenden Beschäftigung ermöglichen. Die Dauer des Deutsch-Sprachlehrgangs ist darauf abzustellen.

(2) Die Förderungsdauer darf bei einer ganztägigen Maßnahme, einschließlich einer notwendigen Wiederholung, 10 Monate nicht überschreiten. Deshalb kommt die Förderung eines Wiederholungsabschnittes nur dann in Betracht, wenn dieser nicht länger ist als die von dem Höchstanspruch verbliebene Restförderungsdauer. § 5 A FuU und die dazu ergangenen Weisungen sind zu beachten.

### 62c.15 Maßnahmekosten

Die durch die Teilnahme an einem Deutsch-Sprachlehrgang entstehenden Kosten werden im Rahmen des § 45 übernommen; dies gilt auch für Aussiedler, die die Voraussetzungen des § 2 A Reha erfüllen.

### 62c.16 Entsprechende Geltung von Vorschriften

Die für die individuelle Förderung der beruflichen Fortbildung und Umschulung geltenden Bestimmungen des AFG, der A FuU, der zu § 62 a. F. erlassenen A Sprachförderung sowie die dazu ergangenen Weisungen sind, soweit sie den Vorschriften des § 62 c nicht entgegenstehen und wenn sich aus dem Folgenden nicht Abweichendes ergibt, entsprechend anzuwenden. Zur Anwendung von § 44 Abs. 4 bis 6 s. DA 62 b.12 Abs. 2 und 3.

### 62c.2 Überbrückungshilfeempfänger, Asylberechtigte, Kontingentflüchtlinge

(1) Personen, die

– nicht dem Personenkreis nach § 62 a Abs. 1 angehören, aber Überbrückungshilfe erhalten haben oder

– zwar dem Personenkreis nach § 62 a Abs. 1 angehören, jedoch nicht mindestens 150 Tage im Herkunftsland beschäftigt waren, aber Überbrückungshilfe erhalten haben oder

– Asylberechtigte oder Kontingentflüchtlinge sind,

haben Anspruch auf Egg, wenn sie die weiteren Voraussetzungen des § 62 c Abs. 2 erfüllen. Die angestrebte Erwerbstätigkeit muß mehr als kurzzeitig, jedoch nicht beitragspflichtig sein.

## Überbrückungshilfeempfänger

**Anlage 12[1]**

(2) Die Richtlinien des Bundesministers des Innern für die Zahlung einer einmaligen Überbrückungshilfe der Bundesregierung sind als Anlage 12[1] abgedruckt.

(3) Asylbewerber, die als Asylberechtigte während der Teilnahme an einem Deutsch-Sprachlehrgang anerkannt werden, können bei Vorliegen der sonstigen Voraussetzungen eine Förderung ab dem Tag der Anerkennung erhalten.

### 62 c.21  Erwerbstätigkeit

Erwerbstätigkeit im Sinne von § 62 c Abs. 2 ist jede auf Erwerb gerichtete, nicht nur kurzzeitige Tätigkeit im Herkunftsland, Anspruch auf Förderung hat deshalb nicht nur, wer im Herkunftsland eine entlohnte Arbeitnehmertätigkeit ausgeübt hat, sondern auch, wer z. B. als Selbständiger, mithelfender Familienangehöriger oder Berufssoldat tätig war. Bei der Feststellung der Erwerbstätigkeit sind die Besonderheiten der Gesellschafts- und Wirtschaftsordnung des Herkunftslandes zu berücksichtigen.

### 62 c.22  Härteregelung

(1) Die Nichtgewährung von Leistungen kann dann eine unbillige Härte darstellen, wenn Personen

– im Herkunftsland wegen der bestehenden früheren Altersgrenzen in der Rentenversicherung keine Erwerbstätigkeit mehr ausübten,

– im Herkunftsland keine Erwerbstätigkeit mehr ausübten, weil sie sich auf Grund dort bestehender Regelungen nach der Geburt von Kindern für längere Zeit beurlauben ließen,

– im Herkunftsland die Eheschließung mit einem Aussiedler zurückgestellt hatten – ohne selbst deutsche Staatsangehörige oder Volkszugehörige zu sein –, um die Erteilung der Ausreiseerlaubnis nicht zu gefährden. Da diese Personen das Aussiedlungsgebiet nicht als „Ehegatte" eines Aussiedlers verlassen haben, sind sie selbst nicht Aussiedler im Sinne von § 1 Abs. 3 BVFG.

Zu den Härtefällen gehören nicht Asylbewerber während der Laufzeit des Anerkennungsverfahrens.

(2) Die Härteregelung erfaßt nicht Personen, bei denen nach § 90 a Abs. 1 BVFG Zeiten, während derer sei wegen der besonderen Verhältnisse im Herkunftsland gehindert waren, als Arbeitnehmer tätig zu sein, Berücksichtigung finden. Da diese Personen aufgrund der Regelung des Bundesvertriebenengesetzes bereits nach § 62 c Abs. 2 Satz 1 Anspruch auf Egg 4 und Erstattung der Maßnahmekosten haben, fallen sie nicht unter die subsidiäre Härteklausel.

### 62 c.3  Deutsch-Sprachlehrgang im Teilzeitunterricht

**Teil-Egg**

(1) Auch der Bezug von Teil-Egg setzt voraus, daß der Empfänger bereit ist, nach Abschluß des Deutsch-Sprachlehrganges eine mehr als kurzzeitige Erwerbstätigkeit aufzunehmen.

---

[1] siehe unter 3.3

**Fortfall der Teilzeitbeschäftigung**

(2) Entfält während der Teilnahme an der Maßnahme die Teilzeitbeschäftigung oder wird der gesetzlich vorgeschriebene zeitliche Rahmen dieser Beschäftigung über- oder unterschritten, erlischt von diesem Zeitpunkt an der Anspruch auf Teil-Egg. Die Leistungen nach § 45 sind jedoch weiter zu gewähren. In diesen Fällen ist zu prüfen, ob für die weitere Teilnahme ein Anspruch auf Egg 1, Alg oder Alhi besteht.

**Bemessungsentgelt**

(3) Für das Jahr 1990 beträgt das Bemessungsentgelt für Teil-Egg wöchentlich 270 DM.

**Leistungssätze 1990**

Für das Jahr 1990 ergeben sich danach folgende Leistungssätze

| Leistungsgruppe | Steuerklasse | täglich | wöchentlich |
|---|---|---|---|
| A | I/IV | 21,70 DM | 130,20 DM |
| B/C | II/III | 23,20 DM | 139,20 DM |
| D | V | 18,00 DM | 108,00 DM |

**Anrechnung von Einkommen**

(4) Bei Einkommen im Sinne von § 44 Abs. 4 ist zu unterscheiden zwischen Einkommen aus der Teilzeitbeschäftigung nach § 62 c Abs. 3, die zu den Anspruchsvoraussetzungen gehört, und sonstigem Einkommen nach § 44 Abs. 4, das der Bezieher aus einer neben der Teilnahme an der Maßnahme ausgeübten weiteren unselbständigen oder selbständigen Tätigkeit erzielt. Einkommen aus der Teilzeitbeschäftigung nach § 62 c Abs. 3 bleibt nach § 44 Abs. 4 Satz 3 anrechnungsfrei; diese Beschäftigung ist von der Abteilung AVuAB in der Entscheidung dem Grunde nach anzugeben. Zur Anrechnung des Einkommens nach § 44 Abs. 4 Sätze 1 und 2 gilt DA B.07 zur A FuU entsprechend.

**Wechsel von Arbeits- und Unterrichtsblöcken**

(5) Wird eine Maßnahme in Abschnitten (Wechsel von Arbeits- und Unterrichtsblöcken) durchgeführt, ist das Teil-Egg für den von der Abteilung AVuAB festgelegten Gesamtzeitraum der Maßnahme, d. h. vom ersten bis zum letzten Unterrichtstag zu zahlen. § 3 Abs. 3 A FuU und DA 3.32 zur A FuU gelten entsprechend. Während des Arbeitsblocks eintretende Fehlzeiten wirken sich leistungsrechtlich nicht aus. Einkommen im Sinne des § 44 Abs. 4 Sätze 1 und 2 ist jedoch während des Gesamtzeitraumes anzurechnen, auch wenn es während des Arbeitsblocks erzielt wird.


**62 c.4 Verfahren**

**62 c.41 Asylberechtigte**

**Kontingentflüchtlinge**

(1) Die Anerkennung als Asylberechtigter nach dem Asylverfahrensgesetz vom 16. Juli 1982 (BGBl I S. 946) erfolgt im Anerkennungsverfahren vor dem Bundesamt für die Anerkennung ausländischer Flüchtlinge. Ausländer, die als Asylberechtigte anerkannt worden sind, erhalten entweder von der Stadt- oder Landkreisverwaltung (Ausländerbehörde) einen Reiseausweis nach dem Londoner Abkommen betreffend Reiseausweis für Flüchtlinge vom 15. Oktober 1946 – „Londoner Ausweis" –, oder einen Reiseausweis nach Artikel 28 des Abkommens über die Rechtsstellung der Flüchtlinge vom 28. Juli 1951 – „Genfer Ausweis" – mit folgendem Vermerk:

„Der Inhaber dieses Reiseausweises ist als Asylberechtigter anerkannt."

oder einen Fremden-Paß mit folgendem Vermerk:

„Der Inhaber dieses Passes ist als Asylberechtigter anerkannt."

(2) Ausländer im Sinne des § 1 des „Gesetzes über Maßnahmen für im Rahmen humanitärer Hilfsaktionen aufgenommene Flüchtlinge" vom 22. Juli 1980 – Kontingentflüchtlinge – erhalten die Rechtsstellung nach der Genfer Flüchtlingskonvention. Sie brauchen daher keinen Asylantrag zu stellen. Zum Nachweis ihrer Eigenschaft als Flüchtling erhalten sie eine amtliche Bescheinigung. Bei Einreise im Sichtvermerksverfahren wird diese Bescheinigung von den deutschen Auslandsvertretungen erteilt. Bereits eingereiste Flüchtlinge sowie Flüchtlinge, die aufgrund einer Übernahmeerklärung nach § 22 des Ausländergesetzes aufgenommen werden, erhalten die Bescheinigung von den Ausländerbehörden. Die Bescheinigung wird als Stempelaufdruck im Ausweispapier mit dem Wortlaut „Der Ausweisinhaber ist ausländischer Flüchtling im Sinne des § 1 Abs. 1 des Gesetzes über Maßnahmen für im Rahmen humanitärer Hilfsaktionen aufgenommene Flüchtlinge vom 22. Juli 1980 (BGBl I S. 1057)" oder einem sinngemäßen Wortlaut erteilt.

(3) Für die Bestimmung des gewöhnlichen Aufenthalts von Asylberechtigten ist § 30 Abs. 3 Satz 2 SGB I anzuwenden.

## 62 c.42 Kombinierte Maßnahmen

Werden Deutsch-Sprachlehrgänge und FuU-Maßnahmen kombiniert, gilt DA 4.011 zur A FuU entsprechend.

## 62 c.43 Anlage 3[1)

### Anlage 4/Anlage 1[1)

(1) DA 62 a.8, § 21 A FuU und die Durchführungsanweisungen hierzu sowie die Weisungen zur Sicherstellung einer nahtlosen Leistungszahlung (RdErl 144/78 u. 26/79 – 7044.1/ .../5530/... –) gelten entsprechend, soweit nicht für Asylberechtigte und Kontingentflüchtlinge im nachfolgenenden Abs. 3 abweichende Regelungen getroffen werden.

(2) Leistungen nach § 62 c sind nicht unter Vorbehalt zu gewähren.

(3) Empfänger von Überbrückungshilfe ohne rechtmäßigen Egg-Vorbezug, Asylberechtigte und Kontingentflüchtlinge haben für die Beantragung von Egg den Vordruck BA III Egg 3 (Muster s. Anlage 3) zu verwenden. Für die Antragstellung gelten § 20 A FuU und die dazu ergangenen Weisungen entsprechend. Wurde Eg 1 oder Egg 2 nicht beantragt, ist neben dem Vordruck BA III Egg 4 (Muster s. Anlage 4) auch der Vordruck BA III Egg 1 (Muster s. Anlage 1) erforderlich.

## 62 c.44

...

## 62 d.34

Die Zugehörigkeit zum jeweiligen Personenkreis hat der Antragsteller durch Vorlage entsprechender Unterlagen gegenüber dem Antragsannehmer nachzuweisen.

## 62 d.35 Zuständigkeit AVuAB

Für die Ausgabe und Annahme der Anträge auf Übernahme der Fahrkosten, für die Bearbeitung sowie für die Entscheidung und Zahlbarmachung ist die Sachbearbeitung für zusammengefaßte Aufgaben der Abteilung AVuAB zuständig.

---

[1) nicht abgedruckt

**62 d.36 Entscheidungsbefugnis**

Die Entscheidungsbefugnis kann auf Sachbearbeiter für zusammengefaßte Aufgaben der Abteilung AVuAB, in Ausnahmefällen auch auf Arbeitsberater oder Hauptvermittler, übertragen werden.

**62 d.37 Bescheid**

Über den Antrag auf Übernahme der Fahrkosten ist dem Antragsteller ein schriftlicher Bescheid mit Rechtsbehelfsbelehrung zu erteilen.

**(zu § 242 j AFG)**

Diese Übergangsvorschrift bestimmt, daß die Neuregelungen des AFG nur auf Personen Anwendung finden, die nach dem 31. Dezember 1989 in das Bundesgebiet einschließlich des Landes Berlin einreisen. Für die Altfälle sind die bisherigen Weisungen, insbesondere die im Vorgang genannten Runderlasse, anzuwenden.

# 8. SPRACHFÖRDERUNG

## 8.1. Runderlaß des Präsidenten der Bundesanstalt für Arbeit „Eingliederung der Aussiedler; Förderung der Teilnahme an Deutsch-Lehrgängen für Aussiedler" vom 14. November 1988 (ANBA S. 1705)

### I. Grundsätzliches

Für die nächsten Jahre wird erwartet, daß jährlich ca. 200 000 Aussiedler in die Bundesrepublik kommen werden. Rd. 60 % von ihnen werden einen Arbeitsplatz suchen. In keinem Jahr seit 1950, dem Beginn der statistischen Erfassung der registrierten Aussiedler, kamen auch nur annähernd so viele in die Bundesrepublik Deutschland .

Die Bundesregierung hat die Integration der Aussiedler in Wirtschaft und Gesellschaft zur nationalen Aufgabe erhoben. Wesentliche Integrationshilfe hierfür ist die zügige, auf Dauer angelegte Eingliederung in Arbeit und Beruf. Alle Integrationsbemühungen – vor allem Arbeitsvermittlung und Arbeitsberatung – sind deshalb an diesem Ziel auszurichten. Unterstützende Förderungsmaßnahmen sind, gemessen an den individuellen Erfordernissen des Einzelfalles, im notwendigen Umfang zu gewähren.

Bei der Beratung von Aussiedlern ist, ausgehend vom Vorrang der Vermittlung in berufliche Ausbildungsstellen oder in Arbeit (§ 5 AFG), ein differenziertes Vorgehen notwendig. Das bedeutet, im Einzelfall sorgfältig abzuwägen, ob und in welchem Umfang die Teilnahme an einem Sprachlehrgang notwendig ist, um eine Erwerbstätigkeit aufnehmen zu können (§ 62 a Abs. 1 AFG).

Bei jungen Aussiedlern ohne eine abgeschlossene berufliche Erstausbildung ist zu beachten, daß eine berufliche Integration und Weiterentwicklung – auf Dauer – nur über eine qualifizierte Ausbildung erfolgen kann. In diesem Zusammenhang sind Personen, die nicht die Voraussetzungen gemäß § 62 a AFG erfüllen, auf die Leistungen nach dem „Garantiefonds – Schul- und Berufsbildungsbereich" (siehe ibv 33/1988 S. 1603) aufmerksam zu machen, sofern nicht die Teilnahme an berufsvorbereitenden Bildungsmaßnahmen (RdErl 20/88, 48/83) mit angemessenen sprachlichen Bildungsinhalten zweckmäßig erscheint.

## II. Sprachförderung

Zur Förderung der Ausbildung in Deutschkursen hat der BMA folgendes mitgeteilt:

„Die Aussiedlerzahlen sind seit Sommer vorigen Jahres sprunghaft gestiegen. Dadurch ist auch auf die Bundesanstalt für Arbeit eine erhebliche zusätzliche Belastung zugekommen, auf die sie bislang mit einer hohen Flexibilität reagiert hat. Denn die Bundesanstalt für Arbeit ist für all jene, die eine Arbeit in der neuen Heimat suchen – und das gilt für gut die Hälfte der Einreisenden – der erste entscheidende Ansprechpartner.

Im Zusammenhang mit einer der wichtigsten Integrationshilfen – der Sprachförderung – ist wiederholt die Frage aufgeworfen worden, ob nicht auch die Möglichkeit bestünde, berufsbegleitende Sprachkurse für Aussiedler zu finanzieren. Nach den hier vorliegenden Informationen hat die Bundesanstalt bereits in der Vergangenheit Aussiedlern, die trotz schlechter Deutschkenntnisse einen Arbeitsplatz gefunden hatten, die Möglichkeit eröffnet, gemäß § 62 c AFG kostenlos an Deutsch-Sprachlehrgängen teilzunehmen. Ich begrüße diese Entscheidung, die es Aussiedlern ermöglicht, berufsbegleitend ihre Deutschkenntnisse zu verbessern. Damit wird meines Erachtens gewährleistet, daß diese Aussiedler über den Erwerb von Deutschkenntnissen am Arbeitsplatz hinaus solide Kenntnisse der deutschen Sprache erwerben und so eine dauerhafte qualifikationsgerechte Eingliederung ermöglicht wird."

Dazu gebe ich folgende Hinweise:

Die große Zahl der Aussiedler, für die die Teilnahme an Deutsch-Sprachlehrgängen erforderlich ist, gibt den Arbeitsämtern noch bessere Möglichkeiten, Sprachlehrgänge so zu organisieren, daß sie den unterschiedlichen Vorkenntnissen der Aussiedler und den Interessen im Einzelfall nach Art, Umfang, Beginn und Durchführung der Maßnahme gerecht werden können. In der Praxis haben sich verschiedene Kombinationsformen bewährt, auf die ich im folgenden aufmerksam mache:

### 1. Zeitlich gestufte Sprachlehrgänge

§ 62 a in Verbindung mit § 62 b AFG sieht vor, daß Teilnehmer an ganztägigen Sprachlehrgängen eine Unterhaltsgeldförderung bis zu 10 Monaten erhalten können. Diese 10monatige Förderung kann auch in Abschnitten erfolgen.

Es hat sich in der Praxis herausgestellt, daß es zweckmäßig sein kann, Sprachlehrgänge von kürzerer Dauer anzubieten, die auf eine baldige Arbeitsaufnahme ausgerichtet sind und später durch weiterführende ganztägige oder berufsbegleitende Sprachlehrgänge ergänzt werden können. Für manche Aussiedler ist es leichter, deutsche Sprachkenntnisse in dieser gestuften Form (Lernen, Arbeiten, Lernen) zu erwerben, da eine durchgehende 10monatige Teilnahme an einem ganztägigen Unterricht für sie ungewohnt und wenig effektiv ist. Vor allem hat sich gezeigt, daß das soziale Umfeld am Arbeitsplatz auch geeignet ist, vorhandene Sprachkenntnisse zu verbessern und zu erweitern. Diese Art des gestuften Lernens ist für diejenigen Aussiedler geeignet, die bereits Deutschkenntnisse mitbringen oder in kurzer Zeit erwerben können oder an einer baldigen Arbeitsaufnahme interessiert sind.

### 2. Berufsbegleitende Sprachlehrgänge

Wie in dem o. a. Schreiben des BMA ausgeführt, kann aufgrund von § 62 c AFG auch die Teilnahme an berufsbegleitenden Deutsch-Sprachlehrgängen gefördert werden. Die Einrichtung solcher Lehrgänge bietet sich vor allem für Aussiedler an, die bereits genügend Sprachkenntnisse besitzen oder sich für eine sofortige Arbeitsaufnahme entscheiden. Ebenso können solche Kurse z. B. von Personen genutzt werden, die wegen fehlender Kinderbetreuungsmöglichkeiten derzeit noch an der Aufnahme einer Erwerbstätigkeit oder an der Teilnahme an einem ganztägigen Lehrgang gehindert sind. Letztlich kann die Teilnahme an solchen Teilzeitlehrgängen (z. B. Halbtags- und Abendkurse) all denjenigen Aussiedlern helfen, für die die Teilnahme an einem ganztägigen Sprachlehrgang nicht in Betracht kommt oder unzweckmäßig ist. Vor allem eignet sich ein berufsbegleitender Sprachlehrgang auch, um Wartezeiten zu überbrücken.

### 3. Kombinierte Sprach- und Bildungsmaßnahmen

Viele Aussiedler müssen außer Deutschkenntnissen auch berufliche Kenntnisse erwerben, weil in der Bundesrepublik höhere berufliche Anforderungen gestellt werden als in ihrem Herkunftsland. Es bietet sich deshalb an, auch kombinierte Maßnahmen durchzuführen, in denen zunächst grundlegende Sprachkenntnisse vermittelt werden und dann, sobald wie möglich, mit der Vermittlung von Berufskenntnissen begonnen wird. Diese kombinierten Sprach- und Bildungsmaßnahmen haben den Vorteil, daß der Unterricht vielseitiger gestaltet werden kann und für die Teilnehmer rechtzeitig die enge Verbindung von beruflichem Wissen und fachsprachlichen Begriffen deutlich wird. Es muß aber darauf geachtet werden, daß die parallele Vermittlung von Sprach- und Fachkenntnissen die Teilnehmer nicht überfordert.

Bei der Wahl der o. g. Unterrichtsformen gilt grundsätzlich, daß jeweils die individuellen Interessen und Bildungsbedürfnisse der Aussiedler zu berücksichtigen sind und das gewünschte Ziel, die berufliche Eingliederung, erreicht werden muß. Dazu sind die Möglichkeiten der individuellen Förderung, die das AFG vorsieht, zu nutzen.

Wegen seiner aktuellen Bedeutung bitte ich, diesen Erlaß in den Verwaltungsausschüssen der Landesarbeitsämter und Arbeitsämter zu erörtern.

## 8.2 Runderlaß des Präsidenten der Bundesanstalt für Arbeit „Sicherung der Qualität der Deutsch-Sprachlehrgänge und der beruflichen Bildungsmaßnahmen für Aussiedler" vom 20. Oktober 1989 (ANBA S. 1419)

1. Die Zahl der Aussiedler ist insbesondere in letzter Zeit stark gestiegen. Den Dienststellen der BA ist es bisher in Zusammenarbeit mit den Bildungsträgern gelungen, benötigte Deutsch-Sprachlehrgänge einzurichten und die Wartezeiten bis zu deren Beginn kurz zu halten. Es kommt nun darauf an, hierauf auch künftig hinzuwirken, die Bemühungen um eine rasche berufliche Eingliederung der Aussiedler fortzusetzen und neben der zügigen Organisation entsprechender Maßnahmen besondere Aufmerksamkeit auf deren Qualität zu richten.

2. Ausgehend von bisherigen Erfahrungen gebe ich hierzu folgende Hinweise:

a) Die mit RdErl 138/88 gegebenen Anregungen wurden von den Dienststellen der BA und den Bildungsträgern aufgenommen und umgesetzt.

Vor allem hat sich bewährt, Deutsch-Lehrgänge mit beruflichen Bildungsmaßnahmen zu kombinieren. Diese integrierte Sprach- und Berufsbildung von Aussiedlern hat den Vorzug, daß die Teilnehmer frühzeitiger die beruflichen Anforderungen in der Bundesrepublik kennenlernen und sich daran orientieren können. Die Verbindung von Sprachausbildung mit beruflicher Bildung kann ferner zu einem rascheren Lernerfolg und besseren Deutschkenntnissen beitragen.

Dieses Qualifikationskonzept, das in den meisten Landesarbeitsamtsbezirken bereits praktiziert wird, sieht grundsätzlich zunächst eine 3monatige Grundstufe vor, in der das Erlernen der deutschen Sprache überwiegt. Danach werden den Teilnehmern je nach beruflicher Fachrichtung und Stand der deutschen Sprachkenntnisse entsprechende Aufbaustufen angeboten, in denen berufliche Qualifizierung (einschl. betrieblicher Abschnitte) den Schwerpunkt und der Sprachunterricht den ergänzenden Teil bildet.

Mit einem solchen flexiblen Angebot von Grund- und Aufbaulehrgängen in Vollzeit- oder berufsbegleitender Form kann den individuellen Belangen der Aussiedler und ihrem unterschiedlichen Wissensstand grundsätzlich am besten Rechnung getragen werden.

b)　Um mehr Erkenntnisse zu erhalten für die

– erforderliche sprachliche und berufliche Qualifizierung,

– Einmündung in jeweils in Frage kommende Maßnahmeteile,

– Vermittlungsbemühungen nach Maßnahmeabschluß,

sollen, z. B. durch Tests, Feststellungen zu den sprachlichen und beruflichen Kenntnissen und Fähigkeiten getroffen werden, und zwar zur:

– Einschätzung der Deutschkenntnisse der Aussiedler,

– Einstufung zu Beginn oder innerhalb der ersten Wochen des Deutsch-Lehrgangs, um den Lehrgangsverlauf festlegen zu können,

– Orientierung am Ende einer Grund- oder Aufbaustufe, um den sprachlichen und beruflichen Kenntnisstand festzulegen und Erkenntnisse für weitere Maßnahmeabschnitte und deren Förderung zu erhalten,

– Information über den Kenntnisstand der Aussiedler am Ende eines Lehrganges als Basis für Vermittlungsbemühungen.

Mit Ausnahme der ersten Einschätzung der Deutsch-Sprachkenntnisse wird es Aufgabe der Bildungsträger sein, die o. a. Feststellungen zu treffen und die Beratungs- und Vermittlungsfachkräfte der Arbeitämter hierüber zu informieren. Die gewonnenen Erkenntnisse sollen auch dazu beitragen, daß sich Aussiedler ein realistisches Bild über den Stand ihrer sprachlichen und beruflichen Kenntnisse machen können. In den ibv wird über Erfahrungen hierzu und über kombinierte Maßnahmen, die sich bewährt haben, berichtet werden.

c)　Die „FuU-Qualitätsstandards" gelten entsprechend auch für die Sprachförderung.

Um die Qualität der Maßnahmen für Aussiedler zu sichern, sind sie bei Sprach- und kombinierten Lehrgängen ebenso zu beachten wie bei beruflichen Bildungsmaßnahmen. Ihre Anerkennung und Erfüllung durch den Maßnahmeträger ist gem. § 3 der Anordnung Sprachförderung i.V.m. § 4 Abs. 5 Nr. 2 A Fortbildung und Umschulung Voraussetzung für eine Förderung. Zu den FuU-Qualitätsstandards gebe ich folgende Hinweise:

– zu Ziff. 1:
　Die Deutsch-Sprachlehrgänge müssen auf die berufliche Eingliederung der Aussiedler ausgerichtet und die Maßnahmen nach Dauer, Inhalt und Gestaltung geeignet sein, dieses Ziel zu erreichen.

– zu Ziff. 2:
　Nach den Teilnahmebedingungen müssen Aussiedler den Lehrgang verlassen können, wenn ihre Deutschkenntnisse ausreichen, um eine berufliche Bildungsmaßnahme zu beginnen oder Arbeit aufzunehmen.

– zu Ziff. 3:
　Bei der Qualifikation der Lehrkräfte ist darauf abzustellen, daß sie in der Lage sind, Deutschkenntnisse an Teilnehmer, die nicht deutsch sprechen, zu vermitteln.

– zu Ziff. 3.3:
Durch einen entsprechenden Anteil hauptberuflicher Lehrkräfte muß die Kontinuität des Unterrichts und der Lehrkräfte als Bezugspersonen für die Aussiedler sichergestellt sein.

– zu Ziff. 4:
Die Träger müssen in der Lage sein, die o. a. Feststellungen zu treffen und sich verpflichten, das Arbeitsamt über die Ergebnisse zu informieren.

d) Zur Sicherung der Qualität von Maßnahmen für Aussiedler sollen die Bemühungen um eine Zusammenarbeit mit den Kultusministerien fortgesetzt werden. In verschiedenen Bundesländern existieren Landesinstitute. Diese können die Arbeitsämter bei der Bewertung von Stoffplänen und Lernmitteln sowie Bildungsträger bei der Fortbildung von Lehrkräften unterstützen. Die Bildungsträger sollen darauf aufmerksam gemacht werden.

3. Bei Auftragsmaßnahmen kann es bei genügender Teilnehmerzahl zweckmäßig sein, mehrere Grund- und Aufbaulehrgänge zusammen auszuschreiben, so daß ein Träger i.S. der o. a. Konzeption ein Gesamtangebot unterbreiten kann.

4. Wegen seiner aktuellen Bedeutung ist dieser Erlaß mit den Verwaltungsausschüssen und den FuU-Ausschüssen der Landesarbeitsämter und der Arbeitsämter zu erörtern.

# 9. EINGLIEDERUNG IN SCHULE UND BERUF

## 9.1 Zweite Neufassung der Empfehlung zur Eingliederung von deutschen Aussiedlern in Schule und Berufsausbildung (Beschluß der Kultusministerkonferenz vom 17. November 1977; GMBl. 1978, S. 36 ff.)

Die Kultusministerkonferenz ist sich der politischen und humanitären Bedeutung einer möglichst raschen und reibungslosen Eingliederung der deutschen Aussiedler aus den osteuropäischen Ländern in die Lebens- und Arbeitswelt der Bundesrepublik Deutschland bewußt. Sie hat bereits durch ihre Beschlüsse vom 3. 12. 1971 und vom 31. 1. 1975 den Unterrichtsverwaltungen der Länder geeignete Maßnahmen zur Eingliederung deutscher Aussiedler in Schule und Berufsausbildung empfohlen. Diese betreffen insbesondere folgende Schwerpunkte:

– Individuelle Beratung über Schul- und Ausbildungsgänge

– Fördermaßnahmen zum Erwerb und zur Vertiefung deutscher Sprachkenntnisse

– Bewertung und Anerkennung der bisher erworbenen Bildungsnachweise

– Eröffnung von Möglichkeiten, begonnene Bildungsgänge zum Abschluß zu bringen.

Die Notwendigkeit, dem Aussiedler zunächst in besonderen Veranstaltungen eine zureichende Kenntnis der deutschen Sprache zu vermitteln, und das Gebot, ihn so schnell wie möglich in seine neue schulische oder berufliche Umwelt zu integrieren, sind vielfach nicht leicht zu vereinbaren. Dennoch muß es das Ziel aller Maßnahmen sein, baldmöglichst nach der Einreise mit der Eingliederung zu beginnen und den Eingliederungszeitraum so kurz wie möglich zu halten.

Unter Berücksichtigung der seither gewonnenen Erfahrungen und zur weiteren Verbesserung der Bemühungen der an der Eingliederung beteiligten Stellen beschließt die Kultusministerkonferenz folgende Neufassung ihrer Empfehlung zur Eingliederung von deutschen Aussiedlern in Schule und Berufsausbildung.

1. **Hilfe bei der Aufnahme in Kindergärten und Vorklassen**

Die Kultusverwaltungen wirken bei den zuständigen Stellen darauf hin, daß Kinder im Vorschulalter bevorzugt in Kindergärten und Vorklassen aufgenommen werden.

2. **Hilfen bei der Eingliederung in die Grundschule, in weiterführende allgemeinbildende und in berufsbildende Schulen**

2.1 Sprachkenntnisse

2.1.1 Deutsch

Bei der Eingliederung kommt dem Erlernen der deutschen Sprache eine besondere Bedeutung zu. Durch das Angebot von besonderen Fördermaßnahmen soll die Fortsetzung des Schulbesuchs und der Berufsausbildung mit möglichst geringem Zeitverlust ermöglicht werden. Über noch bestehende Schwächen in der deutschen Sprache soll hinweggesehen werden, wenn der Leistungsstand im allgemeinen den Anforderungen der Schule entspricht und eine erfolgreiche Mitarbeit erwartet werden kann.

2.1.2 Fremdsprachen

Im Sekundarbereich kann anstelle einer der verbindlichen Pflichtfremdsprachen die Sprache des Herkunftslandes oder Russisch gewählt oder anerkannt werden. Für Schüler, die unmittelbar in die Sekundarstufe II eintreten, können sowohl die Sprache des Herkunftslandes als auch Russisch an die Stelle der verbindlichen Pflichtfremdsprachen treten.

2.2 Grundschulen und weiterführende allgemeinbildende Schulen

Schüler der Jahrgangsstufen 1–9 werden entweder durch Förderunterricht in der Schule oder durch Unterricht in besonderen Fördereinrichtungen (Förderklassen/ Förderschulen) auf die Eingliederung in die ihrem Alter oder ihrer Leistung entsprechenden Klassen der Grundschule oder der weiterführenden Schule vorbereitet. Der Aufenthalt in den Fördereinrichtungen soll, falls nicht organisatorische Gründe entgegenstehen, ein Jahr nicht überschreiten; in besonders gelagerten Fällen kann die Verweildauer auf höchstens zwei Jahre verlängert werden.

2.3 Berufsbildende Schulen

2.3.1 Jugendliche, die über ausreichende deutsche Sprachkenntnisse verfügen, sollen unter Berücksichtigung des angestrebten Ausbildungszieles und der im Herkunftsland begonnenen Berufsausbildung in bestehende Fachklassen berufsbildender Schulen aufgenommen werden.

2.3.2 Jugendliche, die nicht über ausreichende deutsche Sprachkenntnisse verfügen, sollen in den berufsbildenden Schulen durch Teilnahme an einem Intensivkurs in deutscher Sprache oder durch den Besuch von besonderen Fördereinrichtungen (Förderklassen/Förderschulen) die sprachlichen Grundkenntnisse erwerben, die eine erfolgreiche Teilnahme am Unterricht ermöglichen.

2.3.3 Jugendliche, die eine Förderklasse/Förderschule oder einen entsprechenden Intensivkurs in deutscher Sprache besuchen, sollen für die Dauer dieses Unterrichts nicht zum Besuch der Berufsschule verpflichtet sein.

3. **Aufnahme in Sonderschulen**

3.1 Für die Aufnahme von Aussiedlerkindern in eine Sonderschule gelten dieselben Bestimmungen wie für deutsche Schüler.

3.2 Die Feststellung der Sonderschulbedürftigkeit bei schulischem Leistungsversagen im Sinne der Schule für lernbehinderte Kinder ist bei eingeschränkter sprachlicher Verständigung mit besonderen Schwierigkeiten verbunden. Mangelnde Kenntnis in der deutschen Sprache ist kein Kriterium für Sonderschulbedürftigkeit.

3.3 Um Fehlentscheidungen zu begegnen, soll der Schüler in der Regel vor der Prüfung auf Sonderschulbedürftigkeit während einer angemessenen Zeit im Unterricht beobachtet werden.

3.4 In der Einzeluntersuchung durch die Sonderschule, zu der die Erziehungsberechtigten eingeladen und im Bedarfsfall sprachkundige Vermittler hinzugezogen werden können, sind zu prüfen:

– der deutsche Wortschatz
– der Wortschatz in der bisher im Herkunftsland gesprochenen Sprache, ggf. die Schulkenntnisse in der Sprache des Herkunftslandes

– die Intelligenz mit Hilfe sprachfreier Tests

– Ausdauer und Konzentration

– der Entwicklungsstand im bildnerischen Gestalten.

3.5 Ist das Untersuchungsergebnis nicht eindeutig, so ist der Besuch der bisherigen Schule oder Fördereinrichtung zu empfehlen und bei Bedarf eine Überprüfung nach Ablauf eines Jahres vorzunehmen.

## 4. Weitere Hilfen zur Eingliederung

4.1 Möglichkeiten des außerschulischen Bereichs

Zur Förderung der schulischen und gesellschaftlichen Eingliederung sollen auch alle Möglichkeiten des außerschulischen Bereichs in Zusammenarbeit mit freien Trägern, Verbänden und Organisationen wahrgenommen werden. Besonderer Wert ist auf flankierende Maßnahmen, wie z. B. Hausaufgabenhilfen, Silentien, Spielnachmittage, Projektveranstaltungen, vorschulische Betreuungsmaßnahmen u. ä., zu legen.

4.2 Lehr- und Lernmittel

Der Zusammenarbeit zwischen den Kultusverwaltungen der Länder, anderen Behörden und geeigneten Institutionen zur Verbesserung von spezifischen Lehr- und Lernmitteln für Aussiedlerkinder kommt weiterhin besondere Bedeutung zu. Dabei ist der Begutachtung von Schulbüchern und audio-visuellen Hilfsmitteln, die der Vermittlung der deutschen Sprache dienen, besondere Aufmerksamkeit zu widmen.

## 5. Bildungsabschlüsse und ihre Berechtigungen

5.1 Abschlußzeugnis der Hauptschule

5.1.1 Das im Herkunftsland erworbene Abschlußzeugnis wird bei erfüllter Schulpflicht in der Bundesrepublik dem Abschlußzeugnis der Hauptschule gleichgestellt.

5.1.2 Jugendlichen, die im Herkunftsland der Schulpflicht genügt, aber kein Abschlußzeugnis erhalten haben, soll der Erwerb des Abschlußzeugnisses der Hauptschule ermöglicht werden. Dies kann auch in besonderen schulischen Einrichtungen für Aussiedler geschehen.

5.2  Mittlerer Bildungsabschluß

5.2.1 Der im Herkunftsland begonnene Bildungsweg, der über den mit der Erfüllung der Schulpflicht verbundenen Bildungsabschluß hinausgeht, muß in den Schulen der Bundesrepublik fortgesetzt werden können.

5.2.2 Die im Herkunftsland nicht vorhandenen mittleren Bildungsabschlüsse können von Jugendlichen nach den für die einzelnen Länder geltenden Bestimmungen erworben werden.

5.2.3 Der erfolgreiche Besuch von zehn aufsteigenden Klassen einer allgemeinbildenden Schule im Vollzeitunterricht (oder aber eine Abend-, Fern- oder sonstige Ausbildung, die zu einem dem Abschluß der 10. Klasse entsprechenden Kenntnisstand führt) wird einem mittleren Bildungsabschluß gleichgestellt, sofern Fächerkatalog und Anforderungen im wesentlichen gleichwertig sind.

5.3  Studienqualifikation

5.3.1 Jugendlichen, die im Herkunftsland Schüler einer allgemeinbildenden Mittelschule oder einer Fachmittelschule waren, soll der Erwerb eines Abschlußzeugnisses ermöglicht werden, das zum Studium an einer Fachhochschule oder Hochschule befähigt.

5.3.2 Ein Abschlußzeugnis, das im Herkunftsland zum Studium an einer Hochschule befähigt, eröffnet in der Bundesrepublik den Zugang zu Berufen, die das Abitur- oder Reifezeugnis, aber kein Hochschulstudium voraussetzen. Ziffer 6.3 bleibt unberührt.

5.3.3 Das Hochschulzugangszeugnis des Herkunftslandes wird – sofern nicht die Regelungen der Ziffer 6.3 anzuwenden sind – als Zeugnis anerkannt, das zum Studium an Fachhochschulen in der Bundesrepublik Deutschland befähigt. Die erforderliche Bescheinigung wird von der zuständigen obersten Landesbehörde des Landes ausgestellt, in dem der Aussiedler seinen Wohnsitz hat. Der Nachweis erforderlicher Deutschkenntnisse und Praktika bleibt unberührt.

5.3.4 Der Nachweis eines mindestens anderthalbjährigen Hochschulstudiums oder eines mindestens zweijährigen entsprechenden Abend- oder Fernstudiums vermittelt die Hochschulreife. Ziffer 5.3.3 Satz 3 gilt sinngemäß.

## 6.  Erwerb von Studienqualifikationen

6.1 Sofern nicht die Regelungen gem. Ziffer 5.3.4 und 6.3 anzuwenden sind, erwerben Aussiedler die Hochschulreife unter folgenden Bedingungen:

6.1.1 Besitzen sie ein Hochschulzugangszeugnis, das nach den „Bewertungsvorschlägen" der Zentralstelle für ausländisches Bildungswesen eine fachgebundene Studienbefähigung verleiht, erwerben sie die allgemeine Hochschulreife durch den vollständigen Besuch eines mindestens einjährigen Sonderlehrgangs und Bestehen der Abschlußprüfung.

6.1.2 Besitzen sie ein Hochschulzugangszeugnis, das nach den „Bewertungsvorschlägen" der Zentralstelle für ausländisches Bildungswesen die Befähigung zum Studium aller Fachrichtungen verleiht, erwerben sie die allgemeine Hochschulreife durch Besuch eines mindestens einjährigen Sonderlehrgangs und Bestehen der Abschlußprüfung, in leistungsmäßig begründeten Fällen durch Ablegung einer Bestätigungsprüfung ohne Besuch oder vollständigen Besuch eines Sonderlehrgangs.

6.2 Aussiedler ohne Hochschulzugangszeugnis des Herkunftslandes, die jedoch im Herkunftsland die Berechtigung zum Eintritt in die letzte Jahresklasse einer zur Studienbefähigung führenden Schule erlangt haben, erwerben durch den vollständigen Besuch eines mindestens einjährigen Sonderlehrgangs und Bestehen einer erweiterten Abschlußprüfung die allgemeine Hochschulreife, Ziffer 6.3 bleibt unberührt.

6.3 Für Aussiedler aus der Sowjetunion, die im Herkunftsland den Abschluß der vollen Mittelschule (10./11. Klasse) oder einer zur Studienberechtigung führenden Fachmittelschule erhalten haben und nicht die Voraussetzungen gem. Ziffer 5.3.4 erfüllen, gilt in Abweichung von den Ziffern 5.3.2, 5.3.3, 6.1 und 6.2 folgendes:

6.3.1 Der Erwerb der allgemeinen Hochschulreife setzt den Besuch eines zweijährigen Sonderlehrgangs und das Bestehen einer erweiterten Abschlußprüfung voraus.

6.3.2 In leistungsmäßig begründeten Fällen kann die erweiterte Abschlußprüfung ohne vollständigen Besuch eines zweijährigen Sonderlehrgangs – jedoch frühestens nach einem Jahr (z. B. durch vorzeitiges Aufrücken innerhalb des Sonderlehrgangs) – abgelegt werden.

6.3.3 Mit der Versetzung bzw. dem Vorrücken in das zweite Jahr des Sonderlehrgangs wird die Befähigung zum Studium an einer Fachhochschule festgestellt; darüber hinaus eröffnet sie den Zugang zu Berufen, die das Abitur- oder Reifezeugnis, jedoch kein Hochschulstudium voraussetzen.

6.4 Für den Besuch des Sonderlehrgangs gem. Ziffern 6.1, 6.2 und 6.3 sind Deutschkenntnisse erforderlich, die eine erfolgreiche Teilnahme am Unterricht gewährleisten. Diese Feststellung trifft die zuständige oberste Landesbehörde bzw. eine von ihr bestimmte Stelle.

6.5 Für den Sonderlehrgang gem. Ziffer 6.1 gilt hinsichtlich des Unterrichts und der Prüfung folgendes:

6.5.1 Katalog der Unterrichtsfächer:

a) Deutsch — 9 Wochenstunden (+ 3 Wochenstunden Förderunterricht)

b) Gemeinschaftskunde (Geschichte/Erdkunde/Sozialkunde) — 6 Wochenstunden

c) Wahlpflichtfach I (Fremdsprache oder Mathematik oder Naturwissenschaft; vgl. Ziff. 6.6.1) — 6 Wochenstunden

d) Wahlpflichtfach II (Ein weiteres wiss. Fach aus dem Fächerkanon der gymn. Oberstufe) — 3 Wochenstunden

e) Religionslehre (Es gelten die Bestimmungen der Länder)

Bei der Einrichtung der Sonderlehrgänge trifft das jeweilige Land die Auswahl aus dem möglichen Angebot unter c) und d) nach eigenem Ermessen.

Neben den Unterrichtsfächern können Arbeitsgemeinschaften in der Sprache des Herkunftslandes, in Latein (mit dem Ziel des Latinums), in Sport sowie im musischen Bereich angeboten werden.

6.5.2 Abschlußprüfung:

6.5.2.1 In allen Pflichtfächern/Wahlpflichtfächern werden vom Prüfungsausschuß unter besonderer Berücksichtigung der im zweiten Halbjahr erbrachten Leistungen Vorzensuren festgesetzt.

6.5.2.2 Fächer der schriftlichen Prüfung sind Deutsch und das Wahlpflichtfach I.

6.5.2.3 Jedes Pflichtfach/Wahlpflichtfach und jeder Teilbereich der Gemeinschaftskunde können Gegenstand der mündlichen Prüfung sein. Eine mündliche Prüfung ist durchzuführen,

– wenn in einem schriftlichen Fach die Vorzensur und die Zensur der schriftlichen Prüfung voneinander abweichen,

– wenn der Prüfling es wünscht.

6.5.3 Bestätigungsprüfung:

6.5.3.1 Die Zulassung kann von einem Kolloquium vor dem Prüfungsausschuß abhängig gemacht werden, in dem der Bewerber nachweist, daß von ihm Prüfungsleistungen erwartet werden können, die dem Leistungsstand eines Bewerbers nach vollständigem Besuch des Sonderlehrgangs gleichwertig sind.

6.5.3.2 Fächer der schriftlichen Prüfung sind Deutsch und das Wahlpflichtfach I.

6.5.3.3 Gegenstand der mündlichen Prüfung sind die Pflichtfächer/Wahlpflichtfächer gem. Ziffer 6.5.1.

6.5.4 Für das Bestehen der Abschlußprüfung und der Bestätigungsprüfung gelten die Bestimmungen der Reifeprüfungsordnung für Gymnasien, deren Reifezeugnisse durch einen Beschluß der Kultusministerkonferenz von den Ländern gegenseitig anerkannt werden.

6.5.5 Mit Bestehen der Abschlußprüfung gem. Ziffer 6.5.2 bzw. der Bestätigungsprüfung gem. Ziffer 6.5.3 ist der Nachweis der allgemeinen Hochschulreife erbracht.

6.6 Für den Sonderlehrgang gem. Ziffer 6.2 gilt hinsichtlich des Unterrichts und der Prüfung folgendes:

6.6.1 Katalog der Unterrichtsfächer:

a) Deutsch                     9 Wochenstunden (+ 3 Wochenstunden Förderunterricht)

b) Gemeinschaftskunde        6 Wochenstunden
(Geschichte/Erdkunde/Sozialkunde)

c) Fremdsprache              13 Wochenstunden
(Russisch oder Englisch oder
Französisch oder Latein),
Mathematik, Naturwissenschaft
(Physik oder Chemie oder Biologie)

d) Religionslehre
(Es gelten die Bestimmungen
der Länder)

Außerdem können Arbeitsgemeinschaften angeboten werden in der Sprache des Herkunftslandes und in musisch-technischen Fächern.

6.6.2 Der Lehrgang endet mit einer erweiterten Abschlußprüfung. Durch Erweiterung der Abschlußprüfung wird der Tatsache Rechnung getragen, daß diese Aussiedler im Herkunftsland noch kein Hochschulzugangszeugnis erworben haben.

6.6.2.1 In allen Pflichtfächern werden vom Prüfungsausschuß unter besonderer Berücksichtigung der im zweiten Halbjahr erbrachten Leistungen Vorzensuren festgesetzt.

6.6.2.2 Fächer der schriftlichen Prüfung sind Deutsch, Fremdsprache und Mathematik.

6.6.2.3 Jedes Unterrichtsfach kann Gegenstand der mündlichen Prüfung sein. Eine mündliche Prüfung ist durchzuführen,

– wenn in einem schriftlichen Fach die Vorzensur und die Zensur der schriftlichen Prüfung voneinander abweichen,

– wenn der Prüfling es wünscht.

6.6.2.4 Für das Bestehen der erweiterten Abschlußprüfung gelten die Bestimmungen der Reifeprüfungsordnung bzw. Abiturprüfungsordnung für Gymnasien, deren Zeugnisse durch einen Beschluß der Kultusministerkonferenz von den Ländern gegenseitig anerkannt werden.

6.6.3 Mit Bestehen der erweiterten Abschlußprüfung gem. Ziffer 6.6.2 ist der Nachweis der allgemeinen Hochschulreife erbracht.

6.7 Für den Sonderlehrgang gem. Ziffer 6.3 gilt hinsichtlich des Unterrichts und der Prüfung folgendes:

6.7.1 Katalog der Unterrichtsfächer:

a) Deutsch            9 Wochenstunden (+ 3 Wochenstunden Förderunterricht)

b) Gemeinschaftskunde      6 Wochenstunden
(Geschichte/Erdkunde/Sozialkunde)

c) Fremdsprache         13 Wochenstunden
(Englisch oder Französisch
oder Latein),
Mathematik, Naturwissenschaft
(Physik oder Chemie oder Biologie)

d) Religionslehre
(Es gelten die Bestimmungen
der Länder)

Außerdem können Arbeitsgemeinschaften angeboten werden in der Sprache des Herkunftslandes und in musisch-technischen Fächern.

6.7.2 Der Lehrgang endet mit einer erweiterten Abschlußprüfung. Durch Erweiterung der Abschlußprüfung wird der Tatsache Rechnung getragen, daß diese Aussiedler im Herkunftsland bereits nach der 10. Jahrgangsklasse ein Hochschulzugangszeugnis erworben haben.

6.7.2.1 In allen Pflichtfächern werden vom Prüfungsausschuß Vorzensuren festgesetzt.

6.7.2.2 Fächer der schriftlichen Prüfung sind:
Deutsch, Fremdsprache, Mathematik.

6.7.2.3 Jedes Unterrichtsfach kann Gegenstand der mündlichen Prüfung sein. Eine mündliche Prüfung ist durchzuführen,

– wenn in einem schriftlichen Fach die Vorzensuren und die Zensur der schriftlichen Prüfung voneinander abweichen,

– wenn der Prüfling es wünscht.

6.7.2.4 Für das Bestehen der erweiterten Abschlußprüfung gelten die Bestimmungen der Reifeprüfungsordnung bzw. Abiturprüfungsordnung für Gymnasien, deren Zeugnisse durch einen Beschluß der Kultusministerkonferenz von den Ländern gegenseitig anerkannt werden.

6.7.3 Mit Bestehen der erweiterten Abschlußprüfung gem. Ziffer 6.7.2 ist der Nachweis der allgemeinen Hochschulreife erbracht.

6.8 Bei der Einrichtung von Sonderlehrgängen ist es den Ländern freigestellt, die Aussiedler gem. Ziff. 6.1 und 6.2 in Kursen bzw. Klassen zusammenzufassen oder getrennt zu unterrichten.

6.9 Die gem. Ziff. 6.5.5, 6.6.3 und 6.7.3 erworbenen allgemeinen Hochschulreifen befähigen zum Studium an den Hochschulen in der Bundesrepublik.

### 7. Information und Beratung

Einer individuellen Beratung der Aussiedler durch die bestehenden Beratungsdienste und Beratungsmöglichkeiten kommt eine besondere Bedeutung zu.

### 8. Schlußbestimmungen

Diese Empfehlung tritt an die Stelle der „Neufassung der Empfehlung zur Eingliederung von deutschen Aussiedlern in Schule und Berufsausbildung vom 3. 12. 1971 (Beschluß der KMK vom 31. 1. 1975)", Nr. 294 der Beschlußsammlung.

Gleichzeitig werden damit folgende Beschlüsse außer Kraft gesetzt:

– „Schulische Versorgung von Kindern deutscher Abstammung aus dem Osten, die die deutsche Sprache nicht beherrschen (Beschluß der KMK vom 27./28. 10. 1950)", Nr. 900 der Beschlußsammlung

– „Förderung von Kindern und Jugendlichen, die als Rücksiedler oder Zwangsevakuierte aus dem Ausland in die Bundesrepublik kommen (Einstimmige Empfehlung des Schulausschusses vom 1./2. 3. 1956)", Nr. 901 der Beschlußsammlung.


## 9.2 Richtlinien des Bundesministers für Jugend, Familie, Frauen und Gesundheit für die Vergabe von Beihilfen zur schulischen, beruflichen und gesellschaftlichen Eingliederung junger Aussiedler, junger Zuwanderer aus der DDR und Berlin (Ost) sowie junger ausländischer Flüchtlinge – sog. Garantiefonds-Schul- und Berufsbildungsbereich – (RL-GF-SB) vom 1. März 1988 (GMBl. S. 243 ff)

**Gliederung:**

**Abschnitt I**

**Allgemeine Förderungsvoraussetzungen**

1. Zuwendungszweck
2. Personenkreis
3. Nachweis der Antragsberechtigung

4. Antragstellung
5. Voraussetzungen der Beihilfe
6. Verhältnis zu anderen Beihilfen

**Abschnitt II**
**Art und Umfang der Leistungen**
7. Arten der Ausbildung
8. Dauer der Förderung und Bewilligungszeitraum
9. Umfang der Förderung
10. Ausbildungskosten
11. Kosten des Lebensunterhalts
12. Kosten des Sonderbedarfs

**Abschnitt III**
**Einkommens- und Vermögensanrechnung**
13. Anrechenbares Einkommen und Vermögen des Auszubildenden
14. Anrechenbares Einkommen und Vermögen der Unterhaltspflichtigen

**Abschnitt IV**
**Ausnahmeregelung**
15. Ausnahmeregelung

**Abschnitt V**
**Zuwendungsverfahren**
16. Sachliche Zuständigkeit
17. Örtliche Zuständigkeit
18. Bewirtschaftungsregelungen
19. Behandlung von Erstattungsbeträgen
20. Veränderung von Ansprüchen
21. Statistik

**Abschnitt VI**
**Übergangs- und Schlußvorschriften**
22. Berlinklausel
23. Inkrafttreten

**Abschnitt I:**
**Allgemeine Förderungsvoraussetzungen**

**1. Zuwendungszweck**

1.1 Der Bund gewährt nach Maßgabe dieser Richtlinien und der Vorläufigen Verwaltungs-vorschriften zu den §§ 44, 44a BHO jungen Aussiedlern, jungen Zuwanderern aus der DDR und Berlin (Ost) sowie jungen ausländischen Flüchtlingen Zuwendungen (Beihilfen) zur schulischen, beruflichen und gesellschaftlichen Eingliederung.

1.2 Die Beihilfen haben den Zweck, durch eine rechtzeitige und ausreichende Förderung die alsbaldige Eingliederung, insbesondere die Fortsetzung der Ausbildung, in der Bundesrepublik Deutschland einschließlich des Landes Berlin zu ermöglichen.

1.3 Ein Rechtsanspruch auf die Gewährung von Beihilfen besteht nicht. Vielmehr entscheidet die zuständige Bewilligungsbehörde (Nr. 16) aufgrund ihres pflichtgemäßen Ermessens im Rahmen der verfügbaren Haushaltsmittel.

## 2. Personenkreis

Gefördert werden können

a) Aussiedler im Sinne von § 1 Abs. 2 Nr. 3 und Abs. 3 des Bundesvertriebenengesetzes,

b) deutsche Staatsangehörige oder deutsche Volkszugehörige, die vor dem 1. April 1952 ihren gewöhnlichen Aufenthalt in den in § 1 Abs. 2 Nr. 3 des Bundesvertriebenengestzes genannten Gebieten gehabt haben, einschließlich deren Abkömmlinge,

c) Zuwanderer aus der DDR und Berlin (Ost),

d) ausländische Flüchtlinge, die ihren gewöhnlichen Aufenthalt in der Bundesrepublik Deutschland einschließlich des Landes Berlin haben und als Asylberechtigte nach dem Asylverfahrensgesetz vom 16. Juli 1982 (BGBl. I, S. 946) anerkannt sind,

e) ausländische Flüchtlinge nach § 1 des Gesetzes über Maßnahmen für im Rahmen humanitärer Hilfsaktionen aufgenommene Flüchtlinge vom 22. Juli 1980 (BGBl. I, S. 1057) oder ausländische Flüchtlinge vor Vollendung des 16. Lebensjahres, die ohne Aufenthaltserlaubnis oder Übernahmeerklärung im Rahmen humanitärer Hilfsaktionen in die Bundesrepublik Deutschland einschließlich des Landes Berlin aufgenommen worden sind,

f) ausländische Flüchtlinge, die außerhalb der Bundesrepublik Deutschland einschließlich des Landes Berlin auf Grund des Abkommens vom 28. Juli 1951 über die Rechtsstellung der Flüchtlinge (BGBl. 1953 II S. 559) bzw. nach dem Protokoll über die Rechtsstellung der Flüchtlinge vom 31. Januar 1967 (BGBl. 1969 II S. 1293) anerkannt und nicht nur vorübergehend im Gebiet der Bundesrepublik Deutschland einschließlich des Landes Berlin zum Aufenthalt berechtigt sind, nach Maßgabe der Nr. 7.2,

die in die Bundesrepublik Deutschland einschließlich des Landes Berlin eingereist sind und bei Förderungsbeginn das 35. Lebensjahr noch nicht vollendet haben.

## 3. Nachweis der Antragsberechtigung

3.1 Zum Nachweis der Antragsberechtigung sind vorzulegen,

a) von Aussiedlern nach Nr. 2 a der Vertriebenenausweis A oder B, ersatzweise – solange über den Antrag auf Ausstellung eines Vertriebenenausweises noch nicht entschieden ist – der Registrierschein eines Grenzdurchgangslagers oder eine Bestätigung der für die Ausstellung des Vertriebenenausweises zuständigen Stelle oder des Beauftragten der Bundesregierung für die Verteilung im Grenzdurchgangslager Friedland oder der Durchgangsstelle für Aussiedler in Nürnberg, aus der zu ersehen ist, daß die Anerkennung als Aussiedler mit hoher Wahrscheinlichkeit erfolgen wird,

b) von Personen nach Nr. 2 b der Nachweis, daß sie eine Leistung nach der Richtlinie des Bundesministers des Innern für die Zahlung einer einmaligen Überbrückungshilfe der Bundesregierung vom 29. November 1985 (GMBl. 1986 S. 8) erhalten haben,

c) von Zuwanderern aus der DDR und Berlin (Ost) nach Nr. 2 c der Flüchtlingsausweis C oder der Aufnahmeschein nach § 1 Aufnahmegesetz,

d) von Asylberechtigten nach Nr. 2 d der von einer deutschen Ausländerbehörde ausgestellte Paß oder ein Paßersatz mit der Eintragung: „Der Inhaber dieses Passes/Reiseausweises ist als Asylberechtigter anerkannt" oder der unanfechtbare Anerkennungsbescheid des Bundesamtes für die Anerkennung ausländischer Flüchtlinge,

e) von ausländischen Flüchtlingen nach Nr. 2e die amtliche Bescheinigung über ihre Rechtsstellung nach § 2 des Gesetzes über Maßnahmen für im Rahmen humanitärer Hilfsaktionen aufgenommene Flüchtlinge,

f) von ausländischen Flüchtlingen nach Nr. 2f der von einer deutschen Behörde ausgestellte internationale Reiseausweis nach dem Abkommen über die Rechtsstellung der Flüchtlinge, ersatzweise eine Bescheinigung der Ausländerbehörde, daß beabsichtigt ist, den Ausländer nach § 26 Abs. 1 Nr. 1 Ausländergesetz in die Obhut der Bundesrepublik Deutschland zu übernehmen.

3.2 Wird für einen Auszubildenden im Falle der ersatzweisen Regelung nach Nr. 3.1a nach der Registrierung die Erteilung des Vertriebenenausweises unanfechtbar abgelehnt, ist eine weitere Förderung nach diesen Richtlinien von diesem Zeitpunkt an nicht mehr möglich. Vor der Ablehnung gewährte Beihilfen werden nicht zurückgefordert.

## 4. Antragstellung

4.1 Die Beihilfen werden auf schriftlichen Antrag geleistet. Der Antrag kann auch zu Protokoll der annehmenden Behörde erklärt werden. Er ist nicht an eine Form gebunden.

4.2 Der Antrag auf erstmalige Leistung der Beihilfe muß innerhalb von 24 Monaten nach der Einreise des Auszubildenden gestellt werden, es sei denn, der Antragsteller hat das Fristversäumnis nicht zu vertreten. Maßgebend für den Beginn der Antragsfrist ist bei Aussiedlern sowie Zuwanderern aus der DDR und Berlin (Ost) das im Vertriebenenausweis bzw. Registrierschein oder in dem Aufnahmeschein nach § 1 Aufnahmegesetz angegebene Einreisedatum.

4.3 Asylberechtigte nach Nr. 2d müssen den Antrag spätestens innerhalb eines Jahres nach Bestandskraft der Anerkennung der Asylberechtigung gestellt haben, es sei denn, der Antragsteller hat das Fristversäumnis nicht zu vertreten. Maßgebend für den Beginn der Antragsfrist ist das Ausstellungsdatum des Passes oder des Reiseausweises.

4.4 Als Antrag im Sinne der Nrn. 4.2 und 4.3 gilt auch ein Antrag auf Förderung nach den Richtlinien des Bundesministers für Jugend, Familie, Frauen und Gesundheit für

– die Gewährung von Zuwendungen an die Otto Benecke Stiftung e. V., Bonn, und

– die Vergabe von Stipendien durch die Otto Benecke Stiftung an junge Aussiedler, junge Zuwanderer aus der DDR und Berlin (Ost) sowie junge ausländische Flüchtlinge zur Vorbereitung und Durchführung eines Hochschulstudiums – sog. Garantiefonds-Hochschulbereich – (RL-GF-H).

4.5 Minderjährige können Anträge nur mit Einwilligung des gesetzlichen Vertreters stellen. Hat der Auszubildende das 18. Lebensjahr vollendet, so wird, falls er nach für ihn fortgeltendem Recht seines Herkunftslandes noch nicht volljährig ist, die Einwilligung zu dem Antrag widerleglich vermutet.

Auf die Einwilligung kann verzichtet werden, wenn der gesetzliche Vertreter seinen ständigen Aufenthalt außerhalb des Geltungsbereiches des Grundgesetzes hat.

4.6 Bei Unterbringung in einem Heim, Internat oder einer ähnlichen Einrichtung kann der Antrag über den Leiter eingereicht werden. Für Minderjährige wird die Beihilfe an den gesetzlichen Vertreter oder mit dessen Zustimmung über die jeweilige Einrichtung ausgezahlt.

4.7 Der Antragsteller und seine Unterhaltspflichtigen sind verpflichtet, auf Verlangen über ihre persönlichen und wirtschaftlichen Verhältnisse die Auskünfte zu erteilen, die Urkunden vorzulegen und die Beweismittel zu bezeichnen, die zur Entscheidung über den

Antrag auf Beihilfe von Bedeutung sind. Maßgebend sind die Verhältnisse zur Zeit der Antragstellung. Werden die geforderten Unterlagen nicht oder nicht binnen zweier Monate nach Aufforderung vorgelegt, so ist in der Regel davon auszugehen, daß der Auszubildende nicht bedürftig ist.

4.8 Der Antragsteller und seine Unterhaltspflichtigen sind verpflichtet, der Behörde, die über den Antrag auf Beihilfe entscheidet, unverzüglich und schriftlich die Änderung der Tatsachen anzuzeigen, über die sie im Zusammenhang mit dem Beihilfeantrag Erklärungen abgegeben haben.

## 5. Voraussetzungen der Beihilfe

5.1 Die Beilhilfe soll eine rechtzeitige und ausreichende Förderung des Auszubildenden sicherstellen, der für die Ausbildung geeignet ist und einer wirtschaftlichen Hilfe bedarf. Sie kann nicht geleistet werden, wenn der mit der Ausbildung angestrebte Beruf voraussichtlich nicht zur Eingliederung führt.

5.2 Geeignet ist der Auszubildende, wenn seine Leistungen erwarten lassen, daß er das angestrebte Ausbildungsziel erreicht. Dies wird angenommen, solange er die Ausbildungsstätte besucht oder an einem Praktikum teilnimmt.

Lassen nach Auffassung der Ausbildungstätte die Leistungen nach angemessener Zeit erkennen, daß das Ausbildungsziel nicht erreicht werden kann, ist die Förderung einzustellen. Auf sprachliche Schwierigkeiten und die Umstellung auf das hiesige Bildungssystem ist Rücksicht zu nehmen.

5.3 Einer wirtschaftlichen Hilfe bedarf der Auszubildende, soweit er nach Nrn. 13 und 14 weder allein noch mit Hilfe der Unterhaltspflichtigen die Kosten seiner Ausbildung, seines Unterhalts und seines Sonderbedarfs aufzubringen vermag.

## 6. Verhältnis zu anderen Beihilfen

6.1 Nachrangigkeit

6.1.1 Die Beihilfe nach diesen Richtlinien wird nachrangig gegenüber Ausbildungsbeihilfen oder entsprechenden Leistungen aufgrund anderer Rechts- oder Verwaltungsvorschriften erbracht – auch gegenüber den Erziehungshilfen nach dem Jugendwohlfahrtsgesetz und den Hilfen nach dem Bundessozialhilfegesetz. Die Beihilfe ist – soweit sie die Kosten der Unterkunft betrifft – auch nachrangig gegenüber Leistungen nach dem Wohngeldgesetz.

6.1.2 Der Antragsteller ist von der die Beihilfe bewilligenden Behörde anzuhalten, diese Leistungen nach anderen Rechts- oder Verwaltungsvorschriften unverzüglich zu beantragen. Unterbleibt die Antragstellung, so kann die Beihilfe nach diesen Richtlinien nicht geleistet werden, es sei denn, der Antragsteller hat das Unterlassen nicht zu vertreten.

Wird der Antrag verspätet gestellt und hat der Antragsteller dies zu vertreten, so sind die nach den betreffenden Rechts- oder Verwaltungsvorschriften vorgesehenen Leistungen als fiktives Einkommen anzusehen.

6.2 Vorschußfunktion

6.2.1 Sehen andere Rechts- oder Verwaltungsvorschriften eine Ausbildungsbeihilfe oder eine andere entsprechende Leistung vor, so ist bis zum Einsetzen dieser Leistungen unverzüglich Beihilfe nach diesen Richtlinien als Vorschuß zu gewähren, sofern der Auszubildende nachweist, daß er die Leistungen nach den anderen Rechts- oder Verwaltungsvorschriften beantragt hat.

Der Nachweis der Antragstellung erfolgt durch eine formlose Bestätigung des betreffenden Amtes. Der Bescheid über diesen Antrag ist der die Beihilfe nach diesen Richtlinien gewährenden Behörde vom Antragsteller unverzüglich vorzulegen.

Kann der Antrag auf andere Leistungen wegen fehlender Mitwirkung des Antragstellers nicht bearbeitet werden, so wird die Beihilfe nach diesen Richtlinien nicht geleistet.

6.2.2 Bei der Berechnung des Vorschusses sind Nrn. 9.5 Abs. 1 und 9.6 zu beachten.

6.2.3 Der Antragsteller oder sein gesetzlicher Vertreter hat sein Einverständnis zu erklären, daß Ausbildungsbeihilfen oder entsprechende Leistungen, die aufgrund anderer vorrangiger Rechts- oder Verwaltungsvorschriften für ihn erbracht werden, bis zur Höhe der für den gleichen Zeitraum aufgrund dieser Richtlinien vorschußweise gezahlten Beihilfe der in Nrn. 16 und 17 genannten Behörde unmittelbar erstattet werden.

6.2.4 Werden anderweitig bewilligte Ausbildungshilfen oder entsprechende Leistungen an den Antragsteller oder an seinen gesetzlichen Vertreter ausgezahlt, obwohl von der die Beihilfe nach diesen Richtlinien bewilligenden Stelle ein Erstattungsanspruch geltend gemacht worden ist, so hat der Antragsteller oder sein gesetzlicher Vertreter die nach Nr. 6.2.1 vorschußweise empfangene Beihilfe an die die Beihilfe nach diesen Richtlinien bewilligende Stelle zurückzuzahlen. Der Rückzahlungsanspruch kann mit künftigen Beihilfezahlungen verrechnet werden.

6.3 Aufstockungsfunktion

Erreicht eine aufgrund anderer Rechts- oder Verwaltungsvorschriften gewährte Ausbildungsbeihilfe oder entsprechende Leistung nicht die Höhe der Beihilfe nach diesen Richtlinien, so ist der Differenzbetrag als Aufstockung zu leisten.

6.4 Zuschußfunktion

Die Beihilfen werden als Zuschuß gewährt, soweit es sich nicht um eine vorschußweise Leistung nach Nr. 6.2.1 handelt.

**Abschnitt II:**
**Art und Umfang der Leistungen**
**7. Arten der Ausbildung**

7.1 Die Beihilfe kann für folgende Ausbildungsarten geleistet werden:

a) Teilnahme an einer Berufsausbildung im Rahmen der anerkannten Ausbildungswege, einschließlich einer im Einzelfall erforderlichen Hinführung zu Ausbildung und Beruf,

b) Besuch von allgemeinbildenden Schulen, berufsbildenden Schulen und schulischen Lehrgängen. Hierzu zählen auch Maßnahmen, die zur Verbesserung der Kenntnisse der deutschen Sprache sowie des allgemeinen schulischen Wissens erforderlich sind. Ausgenommen ist die Förderung des Besuchs der örtlich zuständigen Grund- und Hauptschule, sofern der Auszubildende nicht nach Nr. 9.2 gefördert werden kann,

c) Teilnahme an von den zuständigen Stellen zugelassenen Fortbildungsmaßnahmen, die über eine abgeschlossene Schul- und Berufsausbildung hinaus der Weiterbildung einschließlich einer zusätzlichen Spezialausbildung und dem beruflichen Aufstieg dienen, wenn die Teilnahme an derartigen Maßnahmen bisher wegen seiner oder seiner Familienangehörigen Volkszugehörigkeit, Ausreiseabsicht oder wegen eines vergleichbaren nach freiheitlich demokratischer Auffassung nicht zu vertretenden Grundes nicht möglich war oder wenn die erworbene Ausbildung in der Bundesrepublik Deutschland nicht entsprechend anerkannt wird,

d) Teilnahme an Umschulungsmaßnahmen, wenn die gewünschte Ausbildung wegen seiner oder wegen seiner Familienangehörigen Volkszugehörigkeit, Ausreiseabsicht oder wegen eines vergleichbaren nach freiheitlich demokratischer Auffassung nicht zu vertretenden Grundes nicht möglich war oder die Wiederaufnahme des bisherigen Berufes nicht möglich oder zumutbar ist,

e) Teilnahme an Kursen überörtlicher Bedeutung zum Erlernen der deutschen Sprache, die für die Aufnahme einer Ausbildung oder Berufstätigkeit notwendig und geeignet sind.

Bei der Ausbildung soll es sich um Vollzeitunterricht in der Regel von mindestens 5 Stunden täglich handeln.

7.2 Bei ausländischen Flüchtlingen im Sinne von Nr. 2 f, die, ohne als Asylberechtigte anerkannt zu sein, ihren rechtmäßigen Aufenthalt in der Bundesrepublik Deutschland einschließlich des Landes Berlin (West) haben, beschränkt sich die Förderung auf Kurse zum Erlernen der deutschen Sprache, soweit dies für die Aufnahme einer Berufstätigkeit oder einer anders finanzierten Ausbildung erforderlich ist.

## 8. Dauer der Förderung und Bewilligungszeitraum

8.1 Die Beihilfe wird ab Antragsmonat, frühestens vom Beginn der Ausbildung an für deren Dauer einschließlich der unterrichtsfreien Zeit sowie des zustehenden Urlaubs geleistet. Sie endet mit dem Ablauf des Monats, in dem die Ausbildung abgeschlossen wird, spätestens 36 Monate nach Beginn der ersten Förderung aufgrund dieser Richtlinien. Ausnahmsweise endet sie spätestens 48 Monate nach Beginn der ersten Förderung, wenn die Notwendigkeit einer weiteren Eingliederungsmaßnahme durch die oberste Landesbehörde bzw. durch die von ihr beauftragte Behörde nach gutachtlicher Stellungnahme der Schulbehörde oder der Ausbildungsstätte bestätigt wird und nicht auf fehlende Mitarbeit des Beihilfeempfängers zurückzuführen ist.

In der Statistik (Nr. 21) sind die vierjährigen Förderungsfälle gesondert auszuweisen

8.2 Wegen ihres Eingliederungscharakters ist die Beihilfe unabhängig von den vorgenannten Fristen spätestens 60 Monate nach der Einreise des Auszubildenden einzustellen; Nr. 11.3 bleibt unberührt.

Die Frist von 60 Monaten wird um die Zeiten verlängert, in denen eine Eingliederung wegen Verwaltungs- und/oder verwaltungsgerichtlicher Verfahren zur Feststellung der Vertriebeneneigenschaft oder zur Anerkennung der Asylberechtigung nicht stattfinden konnte oder eine Ausnahme nach 8.1 Satz 3 zugelassen ist.

8.3 Nach den Richtlinien des Bundesministers für Jugend, Familie, Frauen und Gesundheit für

– die Gewährung von Zuwendungen an die Otto Benecke Stiftung e. V., Bonn, und

– die Vergabe von Stipendien durch die Otto Benecke Stiftung an junge Aussiedler, junge Zuwanderer aus der DDR und Berlin (Ost) sowie junge ausländische Flüchtlinge zur Vorbereitung und Durchführung eines Hochschulstudiums – sog. Garantiefonds/Hochschulbereich – (RL-GF-H)

zurückgelegte Förderzeiten sind auf die Förderzeiten nach diesen Richtlinen anzurechnen.

8.4 Einmalige Wiederholungen bei Abschluß- und Zwischenprüfungen sind unter den Voraussetzungen der Nr. 5.2 zulässig. Wird die Ausbildung ohne hinreichenden Grund abgebrochen, endet die Förderung mit dem Tage des Ausbildungsabbruchs; hiervon ausgenommen ist das notwendige Bettengeld der Heime, Internate und Pflegestellen bis zum Ende des jeweiligen Monats.

8.5 Auf die Empfehlung der Kultusministerkonferenz zur Eingliederung von deutschen Aussiedlern in Schule und Berufsausbildung vom 17. November 1977 (GMBl. 1978 S. 76) wird hingewiesen.

8.6 Bei verspäteter Antragstellung wird die Beihilfe auch rückwirkend, frühestens ab Beginn der Ausbildung geleistet, sofern der Antragsteller das Fristversäumnis nicht zu vertreten hat.

8.7 Die für die Bewilligung der Beihilfe zuständige Behörde bestimmt, für welchen Zeitraum die Beihilfe bewilligt wird (Bewilligungszeitraum). Im Regelfall ist die Bewilligung für die Dauer des Schuljahres auszusprechen. Dies gilt nicht, wenn im Einzelfall aus verwaltungstechnischen Gründen ein anderer Zeitraum geboten ist oder die Ausbildung voraussichtlich vor Ablauf des Regel-Bewilligungszeitraumes beendet wird.

8.8 Die Beihilfe ist monatlich im voraus zu zahlen. Zur Sicherstellung des Ausbildungsbeginns kann die Beihilfe in begründeten Fällen für die ersten zwei Monate der Förderung in einem Betrag im voraus gezahlt werden.

8.9 Einem Auszubildenden, der für seinen Lebensunterhalt nicht selbst aufkommen kann, kann die Beihilfe für die Zeit vor der Wiederaufnahme einer unterbrochenen Ausbildung oder für eine Überbrückung zwischen zwei nicht unmittelbar aneinander anschließenden Ausbildungsabschnitten jeweils bis zu einem Monat, in Härtefällen bis zu zwei Monaten, bewilligt werden.

8.10 Wird die Ausbildung wegen Krankheit oder Schwangerschaft vorübergehend unterbrochen, wird die Beihilfe nach diesen Richtlinien weitergezahlt, längstens jedoch bis zu drei Monaten. Nr. 11.8 findet entsprechende Anwendung.

## 9. Umfang der Förderung

9.1 Die Beihilfe (Bedarf) umfaßt die Ausbildungskosten (Nr. 10), die Kosten des Lebensunterhalts des Auszubildenden (Nr. 11) und einen etwaigen Sonderbedarf (Nr. 12).

9.2 Ein Auszubildender, der noch zum Besuch der Grund- oder Hauptschule verpflichtet ist (allgemeine Schulpflicht), kann, solange ein Besuch der Schule vom Wohnort der Unterhaltspflichtigen aus möglich und zumutbar ist, nicht gefördert werden.

Besucht er jedoch in Erfüllung der allgemeinen Schulpflicht eine Fördereinrichtung vom Wohnort der Unterhaltspflichtigen aus, so sind anzuerkennen:

– nachgewiesene Ausbildungskosten (Nr. 10),

– ein etwaiger Sonderbedarf (Nr. 12),

– die mit dem Besuch eines Tagesinternates verbundenen angemessenen Verpflegungskosten, wenn hierdurch die Unterbringung in einem Förderschulinternat vermieden wird.

9.3 Die Beihilfe wird in Höhe des Unterschiedsbetrags zwischen dem Bedarf nach Nr. 9.1 und den nach Nrn. 13 und 14 anzurechnenden Beträgen geleistet. Sie ist auf volle Deutsche Mark abzurunden.

9.4 Beim Besuch von Sprachkursen der Goethe-Institute und diesen entsprechenden Sprachkursen können Ausbildungskosten und Kosten des Lebensunterhaltes bis zu den vom Auswärtigen Amt anerkannten Sätzen geleistet werden.

9.5 Können bei der Antragstellung die zur Entscheidung über den Antrag erforderlichen Feststellungen ohne Verschulden des Antragstellers nicht binnen eines Monats getroffen werden, wird für drei Monate die Beihilfe in Höhe des voraussichtlichen Betrages, jedoch in der Regel nicht mehr als 350 DM monatlich, ausgezahlt. In begründeten Fällen, insbesondere bei auswärtiger Unterbringung, kann die Beihilfe bis zur Höhe des Bedarfs bewilligt werden.

Diese Beträge sind auch dann, wenn eine nachträgliche Berechnung eine niedrigere Beihilfe ergibt, nicht zurückzufordern.

9.6 Monatliche Beihilfen unter 20 DM werden nicht ausgezahlt.

## 10. Ausbildungskosten

10.1 Ausbildungskosten sind

a) Unterrichtsgelder und Prüfungsgebühren (Nr. 10.2),

b)  Kosten für notwendige Lernmittel (Nr. 10.3),

c)  Kosten für die Arbeitsausrüstung und für Arbeitsmaterial (Nr. 10.4),

d)  notwendige Fahrkosten einschließlich der Familienheimfahrten (Nr. 10.6).

10.2  Für Unterrichtsgelder können Beihilfen bis zur Höhe von 300 DM monatlich bewilligt werden. Darüber hinausgehende Unterrichtsgelder kann die zuständige oberste Landesbehörde oder eine von ihr bestimmte Stelle zulassen, wenn die Kosten notwendig und wirtschaftlich angemessen sind. Sofern Unterrichtsgelder nach staatlichen Gebührenordnungen erhoben werden, werden diese zugrunde gelegt. Als Unterrichtsgelder gelten auch die Kosten für Nachhilfeunterricht, der erforderlich ist, um den Anschluß an die üblichen Ausbildungsgänge zu erreichen.

Über die erteilten Genehmigungen ist dem Bundesminister für Jugend, Familie, Frauen und Gesundheit jährlich mit der Statistik (Nr. 21) ein Erfahrungsbericht zu übersenden.

10.3  Für Schüler an allgemein- und berufsbildenden Schulen und für Teilnehmer an Sprachkursen werden für notwendige Lernmittel monatlich bis zu 15 DM angesetzt.

10.4  Beihilfen für notwendige Arbeitsausrüstung (auch typische Arbeitskleidung) können bis zu einem Pauschbetrag in Höhe von 15 DM monatlich bewilligt werden.

10.5  Die Beträge nach Nrn. 10.3 und 10.4 sollen zu Beginn des Bewilligungszeitraums in einer Summe ausgezahlt werden.

10.6  Notwendig im Sinne von Nr. 10.1 d sind die Kosten für die billigste Fahrkarte des preislich günstigsten, wirtschaftlichsten, regelmäßig verkehrenden Beförderungsmittels. Zu den Fahrkosten rechnen neben den täglichen An- und Rückfahrkosten zur Ausbildungsstätte auch die Kosten der An- und Abreise zum bzw. vom Ausbildungsort sowie bei notwendigem Wechsel des Ausbildungsortes die Kosten der Reise zum nächsten Ausbildungsort. Kosten für Heimfahrten zu den Eltern oder den nächsten Angehörigen werden anerkannt, wenn der Auszubildende aufgrund der Entfernung der Ausbildungsstätte vom Wohnort außerhalb der Familie untergebracht ist. Das gilt nur für je eine Heimfahrt während der nach der Ferienordnung des jeweiligen Landes festgelegten Ferienzeit, darüber hinaus in besonderen Fällen wie Eheschließung, Tod eines nahen Angehörigen. Anstelle dieser Fahrten können in begründeten Einzelfällen Kosten für Heimfahrten zum ersten Wohnsitz des Auszubildenden anerkannt werden, wenn er dort einen eigenen Hausstand hat.

10.6.1  Bei Schülern in der Regel bis zur Vollendung des 10. Lebensjahres werden die notwendigen Fahrkosten für eine erwachsene Begleitperson für die An- und Abreise zum bzw. vom Ausbildungsort zu Beginn und Ende des Schuljahres und der Ferien anerkannt, jedoch nicht mehr als viermal im Jahr.

10.6.2  Bei Schülern werden von den nachgewiesenen Kosten für Wochenendfamilienheimfahrten monatlich höchstens 50 DM berücksichtigt. Bei Internatsschülern können die tatsächlichen Kosten für zwei Wochenendfamilienheimfahrten monatlich berücksichtigt werden, auch wenn diese 50 DM überschreiten.

**11.  Kosten des Lebensunterhalts**

11.1  Als Kosten des Lebensunterhalts gelten die Kosten

a)  für die Unterbringung,

b)  für die Verpflegung,

c)  für notwendige persönliche Bedürfnisse.

11.2  Ist der Auszubildende während der Ausbildung bei seinen Eltern untergebracht, kommt eine Förderung des Lebensunterhalts nicht in Betracht, solange er noch zum Besuch einer Grund- und Hauptschule verpflichtet ist (allgemeine Schulpflicht).

11.3 Unterliegt der Auszubildende nicht mehr der allgemeinen Schulpflicht und ist er während der Ausbildung bei seinen Eltern untergebracht, wird für einen Zeitraum von höchstens zwei Jahren für Verpflegung und zur Bestreitung notwendiger persönlicher Bedürfnisse ein Betrag in Höhe von 125 DM monatlich anerkannt. Die Zahlung dieses Betrages ist unabhängig von der vorgenannten Frist spätestens 36 Monate nach der Einreise des Auszubildenden einzustellen; Nr. 8.2 Abs. 2 gilt entsprechend. Unterkunftskosten werden nicht übernommen.

11.4 Ist der Auszubildende während der Ausbildung nicht bei seinen Eltern untergebracht, wird für die Verpflegung und zur Bestreitung notwendiger persönlicher Bedürfnisse ein Betrag in zweifacher Höhe des am Ort der Ausbildungsstätte maßgeblichen Regelsatzes nach dem Bundessozialhilfegesetz für einen dem Auszubildenden gleichaltrigen Haushaltsangehörigen anerkannt.

11.4.1 Außerdem werden für die Nebenkosten der Unterkunft einschließlich der Kosten folgende Pauschbeträge je Monat anerkannt:

a) für Wohnorte ohne Universität oder Technischer Hochschule    140 DM
b) für Wohnorte mit Universität oder Technischer Hochschule    160 DM

11.4.2 Übersteigen die nachgewiesenen notwendigen Unterkunftskosten die Pauschbeträge, können Kosten bis zu höchstens 350 DM monatlich insgesamt anerkannt werden.

Ist bei Gemeinschaftsunterkunft der auf den Antragsteller entfallende Mietanteil geringer als die Pauschale, so wird nur dieser Mietanteil anerkannt.

11.4.3 Die zuständige oberste Landesbehörde oder die von ihr beauftragte Stelle kann bestimmen, daß für Auszubildende, die Ausbildungsstätten außerhalb des Wohnorts der Unterhaltspflichtigen besuchen, die in Nrn. 11.4, 11.4.1 und 11.4.2 genannten Kosten nur dann anerkannt werden, wenn am Ausbildungsort ein Platz in einem Schülerwohnheim nicht zur Verfügung steht.

11.4.4 Bei ausländischen Flüchtlingen im Sinne von Nr. 2 f werden für die Verpflegung ein Betrag in Höhe des für sie am Ort der Ausbildung maßgeblichen Regelsatzes nach dem Bundessozialhilfegesetz und die tatsächlichen Kosten der Unterkunft bis zur Höhe der in Nr. 11.4.1 genannten Pauschbeträge anerkannt. Bei nachgewiesenen notwendigen Mehrkosten können im Einzelfall bis zu 200 DM insgesamt anerkannt werden.

11.5.1 Bei Auszubildenden, die in einem Heim, Internat oder einer Pflegestelle untergebracht sind, werden im Rahmen von behördlich anerkannten Tagessätzen die Kosten der Unterbringung und Verpflegung anerkannt.

Übersteigt der behördlich anerkannte Tagessatz einen Betrag von täglich 50 DM, so kann dieser bis höchstens 70 DM nur dann anerkannt werden, wenn die zuständige oberste Landesbehörde oder die von ihr beauftragte Stelle der Bewilligungsbehörde bestätigt, daß der höhere Satz im Einzelfall notwendig und wirtschaftlich angemessen ist.

Bei internatsmäßiger Unterbringung für eine Berufsausbildung kann als Tagessatz nur der behördlich anerkannte allgemeine Tagessatz für Jugendwohnheime anerkannt werden.

11.5.2 Dem Bundesministerium für Jugend, Familie, Frauen und Gesundheit ist zusammen mit der Statistik (Nr. 21) jeweils jährlich ein Erfahrungsbericht zu übersenden, in dem die Einrichtungen mit einem 50 DM übersteigenden Tagespflegesatz und die Gründe für die Höhe des Tagessatzes aufgeführt werden.

11.5.3 Außerdem wird zur Bestreitung persönlicher Bedürfnisse ein Betrag in Höhe eines Drittels des für einen gleichaltrigen Haushaltsangehörigen, bei Auszubildenden, die das 21. Lebensjahr vollendet haben, in Höhe eines Drittels des für einen Haushaltsvorstand am Ausbildungsort maßgeblichen Regelsatzes nach dem Bundessozialhilfegesetz anerkannt.

11.6 Bei Auszubildenden, die vom Lehrherrn oder der Ausbildungsstätte freie Unterkunft und Verpflegung erhalten, wird zur Bestreitung notwendiger persönlicher Bedürfnisse ein Betrag in Höhe eines Drittels des für einen gleichaltrigen Familienangehörigen, bei über 21jährigen Auszubildenden in Höhe eines Drittels des für einen Haushaltsvorstand am Ausbildungsort maßgeblichen Regelsatzes nach dem Bundessozialhilfegesetz anerkannt.

11.7 Die Anwendung der Nrn. 11.4 bis 11.6 ist ausgeschlossen, wenn eine Unterbringung in der Wohnung der Eltern möglich und von dort aus eine entsprechende zumutbare Ausbildungsstätte erreichbar ist. In diesen Fällen wird für Unterbringung und Verpflegung die Beihilfe auf die Leistungen nach Nr. 11.3 beschränkt.

11.8 Während der unterrichtsfreien Zeit (Ferienzeit) bzw. während des zustehenden Urlaubs ist die Beihilfe wie während der Ausbildungszeit weiter zu gewähren.

Halten sich die in Nrn. 11.4 und 11.5.1 genannten Auszubildenden in der Ferienzeit bei ihren Eltern auf, kommt eine Förderung des Lebensunterhalts nicht in Betracht, solange sie zum Besuch einer Grund- oder Hauptschule verpflichtet sind. Dasselbe gilt mit Ausnahme des Betrages zur Bestreitung der persönlichen Bedürfnisse (Regelsatzdrittel) für die in Nrn. 11.4 und 11.5.1 genannten Auszubildenden, die nicht mehr zum Besuch einer Grund- oder Hauptschule verpflichtet sind.

Erstattungsfähig bleiben jedoch notwendige Mietkosten bzw. die Kosten, die den Heimen, Internaten bzw. Pflegestellen durch die Freihaltung der Bettplätze in den Ferien für diese Auszubildenden entstehen (sog. Bettengeld).


## 12. Kosten des Sonderbedarfs

12.1 Als Sonderbedarf gelten
– Kosten der Übersetzung, der Beglaubigung und Anerkennung von Vorbildungsnachweisen,
– Kosten der Beschaffung von Ersatzurkunden,
– Beiträge zur Krankenversicherung,
– von der Krankenversicherung nicht gedeckte Kosten für unaufschiebbare ärztliche und zahnärztliche Behandlung,
– zusätzlicher Krankenbedarf.

12.2 Nachgewiesene Kosten der Krankenversicherung, ausgenommen Krankentagegeld und Zusatzkrankenversicherung, werden bis zur Höhe der ortsüblichen Mindestsätze der Allgemeinen Ortskrankenkasse bzw. der entsprechenden Erstzkrankenkassen anerkannt, sofern kein Versicherungsschutz durch Anspruch auf Familienkrankenhilfe in einer gesetzlichen oder privaten Versicherung besteht.

12.3 Kosten für eine unerläßliche und unaufschiebbare ärztliche und zahnärztliche Behandlung werden anerkannt, solange ohne schuldhaftes Versäumnis eine Krankenversicherung noch nicht abgeschlossen wurde, vorgesehene Wartezeiten der Krankenkasse nicht erfüllt sind, die Behandlung dieser Krankheiten von der Krankenkasse ausgeschlossen wird oder die Krankenversicherung die notwendigen Ausgaben nicht deckt.

12.4 Als zusätzlicher Krankenbedarf gelten zusätzliche Aufwendungen für Kranken- und Diätkost, Zahnersatz, soweit von der Krankenkasse als notwendig anerkannt, und ähnlicher Bedarf.

12.5 Bei ausländischen Flüchtlingen im Sinne von Nr. 2f wird nur der Sonderbedarf nach Nr. 12.2 anerkannt.

**Abschnitt III:**

**Einkommens- und Vermögensanrechnung**

**13. Anrechenbares Einkommen und Vermögen des Auszubildenden**

13.1 Das Einkommen ist anzurechnen. Zum Einkommen gehören alle Einnahmen in Geld oder Geldeswert. Nicht als Einkommen gelten Einnahmen, deren Zweckbestimmung einer Anrechnung auf den Bedarf entgegensteht. Dies gilt insbesondere für Leistungen aufgrund öffentlich-rechtlicher Vorschriften, soweit sie zu einem anderen Zweck bestimmt sind als die Beihilfen, die nach diesen Richtlinien geleistet werden. Bei der Einkommensermittlung bleiben auch Beihilfen, die aufgrund dieser Richtlinien geleistet werden, außer Ansatz.

13.2 Von den Einnahmen sind abzusetzen:

a) die auf das Einkommen entrichteten Steuern, Arbeitnehmer- und Weihnachtsfreibeträge,

b) Pflichtbeiträge und freiwillige Beiträge zur Sozialversicherung einschließlich der Beiträge zur Arbeitslosenversicherung,

c) Beiträge zu öffentlichen und privaten Versicherungen oder ähnlichen Einrichtungen, soweit die Beiträge gesetzlich vorgeschrieben oder nach Grund und Höhe angemessen sind,

d) die mit der Erzielung des Einkommens verbundenen notwendigen Ausgaben (Werbungskosten und Betriebsausgaben),

e) die Grundrente und Schwerstbeschädigtenzulage nach dem Bundesversorgungsgesetz und nach den Gesetzen, die das Bundesversorgungsgesetz für anwendbar erklären,

f) Beträge, die der Grundrente und der Schwerstbeschädigtenzulage nach dem Bundesversorgungsgesetz entsprechen und nach § 65 Bundesversorgungsgesetz ruhen,

g) das Erziehungsgeld nach dem Bundeserziehungsgeldgesetz.

13.3 Von der Waisenrente, dem Waisengeld oder einer gerichtlich anerkannten Unterhaltsleistung bleibt – sofern der Auszubildende während seiner Ausbildung außerhalb seines Elternhauses untergebracht ist – ein Betrag von 120 DM, bei Auszubildenden, die im Elternhaus wohnen, ein Betrag von 180 DM monatlich außer Ansatz. Außer Ansatz bleibt ferner in den ersten 36 Förderungsmonaten das Kindergeld, auf das der Beihilfeempfänger für sich selbst einen Anspruch hat. Soweit der Auszubildende zum Unterhalt verpflichtet ist, gelten die Freibeträge der Nrn. 14.4 und 14.5 entsprechend.

13.4 Die Erziehungsbeihilfe, die ein Beschädigter nach § 27 Abs. 3 Bundesversorgungsgesetz für ein Kind erhält, gilt als Einkommen des betreffenden Kindes.

13.5 Ansprüche auf Renten und Versicherungsleistungen, die rückwirkend gezahlt werden, sind insoweit abzutreten, als bei rechtzeitiger Zahlung die Beihilfe nicht gewährt worden wäre und Abtretbarkeit besteht. Die durch die Abtretung erlangten Leistungen sind an die vorrangig für die Gewährung von Ausbildungsbeihilfen zuständigen Stellen bis zur Höhe ihrer Aufwendungen zu zahlen. Der Auszubildende hat an ihn ausgezahlte Renten und Versicherungsleistungen für die Zeit, für die er Beihilfen erhalten hat, in Höhe der an ihn gezahlten Leistungen zu erstatten. Ist die Ausbildungsförderung vorrangig von einem anderen Träger gewährt worden, gilt Satz 2 entsprechend.

13.6 Vermögen ist auf die Beihilfe anzurechnen, soweit der Auszubildende im vorletzten Kalenderjahr vor Beginn des Bewilligungszeitraums Vermögenssteuer zu entrichten hatte. Die Vorschriften der §§ 26 bis 30 Bundesausbildungsförderungsgesetz gelten entsprechend.

Solange das Vorhandensein von Vermögen nicht durch die Vorlage von Steuerbescheiden bei der Antragstellung ausgeschlossen werden kann, hat der Auszubildende schriftlich zu versichern, daß kein steuerpflichtiges Vermögen vorhanden ist.

13.7 Bei der Ermittlung des anrechenbaren Einkommens und Vermögens sind Pfennigbeträge stets auf volle Deutsche Mark abzurunden.

13.8 Für die Anrechnung des Einkommens des Auszubildenden ist das Einkommen maßgebend, das er während des Bewilligungszeitraumes erzielt.

### 14. Anrechenbares Einkommen und Vermögen der Unterhaltspflichtigen

14.1 Unterhaltspflichtig im Sinne dieser Richtlinien sind der Ehegatte und die Eltern des Auszubildenden in der genannten Reihenfolge.

14.2 In den ersten 36 Förderungsmonaten werden Einkommen und Vermögen des Ehegatten und der Eltern nicht auf den Bedarf des Auszubildenden angerechnet.

14.3 Nach dieser Zeit gilt für die Ermittlung des Einkommens und Vermögens Nr. 13 entsprechend. Auszugehen ist in der Regel von dem Durchschnittseinkommen der letzten 12 Monate.

Kindergeld nach dem Bundeskindergeldgesetz, kinderbezogene Leistungen nach besoldungs- und tarifrechtlichen Vorschriften, Kinderzuschüsse zu Renten und Kinderzuschüsse zu Versorgungsbezügen zählen zu den Einnahmen des jeweils Leistungsberechtigten.

14.4 Bei der Ermittlung des anrechenbaren Einkommens und Vermögens der Unterhaltspflichtigen ist zu berücksichtigen, daß sie in aller Regel im fortgeschrittenen Alter eine berufliche Existenz erneut aufbauen, einen Hausstand gründen, für ihr Alter vorsorgen müssen und Anspruch auf angemessene Lebenshaltung haben.

Es gelten folgende monatliche Freibeträge:

a) Für die Unterhaltspflichtigen und für die von ihnen versorgten Unterhaltsberechtigten sind Freibeträge in Höhe des zweifachen des jeweils am Ort der Ausbildungsstätte maßgeblichen Regelsatzes nach dem Bundessozialhilfegesetz sowie die Kosten der Unterkunft einschließlich der Nebenkosten zugrundezulegen. Von den Freibeträgen für die von ihnen versorgten Unterhaltsberechtigten ist deren nach Nr. 13 zu ermittelndes Einkommen abzuziehen. Als vom Unterhaltspflichtigen versorgt im Sinne des vorstehenden Absatzes gelten Unterhaltsberechtigte, deren anrechenbares Einkommen den zweifachen für sie maßgeblichen Regelsatz nach dem Bundessozialhilfegesetz nicht erreicht. Für Auszubildende, die aufgrund dieser Richtlinien oder anderer Rechts- oder Verwaltungsvorschriften eine Ausbildungsbeihilfe oder entsprechende Leistung erhalten, wird an Stelle des zweifachen für sie maßgeblichen Regelsatzes nach dem Bundessozialhilfegesetz ein Freibetrag in Höhe von 80 DM angesetzt, auf den ein nach Nr. 13 ermitteltes Einkommen nicht angerechnet wird.

b) Für die Eltern des Auszubildenden wird zusätzlich ein Freibetrag von 180 DM zugrunde gelegt, wenn beide Elternteile Einkommen erzielen. Dies gilt nicht, wenn die Eltern geschieden sind oder dauernd getrennt leben.

c) Bei nachgewiesenen besonderen Belastungen können die Freibeträge angemessen erhöht werden.

14.5 Das die Freibeträge übersteigende Einkommen der Unterhaltspflichtigen bleibt zu 40 v. H. anrechnungsfrei. Der Vomhundertsatz erhöht sich um fünf für jedes Kind, für das nach Nr. 14.4 a ein Freibetrag angesetzt wird.

14.6 Unterhaltsberechtigte Kinder im Sinne der Nr. 14.5 sind

1. eheliche Kinder,
2. für ehelich erklärte Kinder,
3. als Kind angenommene Kinder,
4. nichteheliche Kinder,
5. Stiefkinder, die der Unterhaltspflichtige in seinen Haushalt aufgenommen hat,
6. Pflegekinder (Personen, mit denen der Unterhaltspflichtige durch ein familienähnliches, auf längere Dauer berechnetes Band verbunden ist, sofern er sie in seinen Haushalt aufgenommen hat),
7. Enkel und Geschwister, die der Unterhaltspflichtige in seinen Haushalt aufgenommen hat oder überwiegend unterhält.

14.7 Der die Freibeträge und den anrechnungsfreien Betrag übersteigende Teil des Einkommens ist als zumutbare Eigenleistung der Unterhaltspflichtigen zu gleichen Teilen auf die in der Ausbildung stehenden Unterhaltsberechtigten aufzuteilen, für die nach Nr. 14.4 a ein Freibetrag gewährt wird. Der auf den Auszubildenden entfallene Anteil ist auf dessen Bedarf anzurechnen.

**Abschnitt IV:**
**Ausnahmeregelung**
**15. Ausnahmeregelung**

15.1 In besonderen Einzelfällen kann der Bundesminister für Jugend, Familie, Frauen und Gesundheit auf Antrag der zuständigen obersten Landesbehörde Ausnahmen von den Abschnitten I bis III dieser Richtlinen zulassen.

zieller Tragweite treffen wollen, haben sie vorher die Zustimmung des Bundesministers für Jugend, Familie, Frauen und Gesundheit einzuholen.

15.2 Soweit die obersten Landesbehörden oder die von ihr beauftragten Stellen Ermessensentscheidungen von erheblicher grundsätzlicher Bedeutung oder besonderer finan-

**Abschnitt V:**
**Zuwendungsverfahren**
**16. Sachliche Zuständigkeit**

16.1.1 Die kreisfreien Städte und die Landkreise sind, sofern die Bundesländer nichts Abweichendes bestimmen, für die Entgegennahme von Anträgen auf Beihilfe, für die Bewilligung, Auszahlung und Abrechnung der Beihilfe nach diesen Richtlinien sachlich zuständig. Sie sollen Neuankommende über die möglichen Fördermaßnahmen, Eingliederungshilfen und ggf. Unterhaltsverpflichtungen beraten sowie bei der Abfassung entsprechender Anträge Hilfe leisten.

16.1.2 Sie bewilligen durch schriftlichen Bescheid nach vorgegebenem Muster. Die Entscheidung über den Antrag ist dem Auszubildenden, bei Minderjährigen dessen gesetzlichem Vertreter schriftlich einschließlich der Berechnung mitzuteilen.

16.1.3 Der Nachweis ordnungsgemäßer Verwendung der Beihilfe gilt als erbracht, wenn sich die Teilnahme an der Fördermaßnahme aus der in der Regel halbjährlichen Bestätigung des Trägers ergibt.

16.2 Jede kreisfreie Stadt und jeder Landkreis kann, soweit die sachliche Zuständigkeit gegeben ist, eine Stelle mit den unter Nrn. 16.1.1 genannten Aufgaben beauftragen.

16.3 Für die Bewilligung, Auszahlung und Abrechnung der Zuwendung sowie für den Nachweis und die Prüfung der Verwendung und die ggf. erforderliche Aufhebung des Zuwendungsbescheides und die Rückforderung der gewährten Zuwendung gelten die Vorl. Verwaltungsvorschriften zu den §§ 44, 44 a BHO, soweit nicht in diesen Förderrichtlinien Abweichungen zugelassen sind.

16.4 Die Aufgaben nach Nr. 16.11 Satz 1 werden für den Personenkreis der Studenten, Studienbewerber und Vorabiturienten von der Otto Benecke Stiftung e. V., Bonner Talweg 57, 5300 Bonn 1, nach den Richtlinien des Bundesministers für Jugend, Familie, Frauen und Gesundheit für

– die Gewährung von Zuwendungen an die Otto Benecke Stiftung e. V., Bonn, und

– die Vergabe von Stipendien durch die Otto Benecke Stiftung an junge Aussiedler, junge Zuwanderer aus der DDR und Berlin (Ost) sowie junge ausländische Flüchtlinge zur Vorbereitung und Durchführung eines Hochschulstudiums – sog. Garantiefonds-Hochschulbereich – (RL-GF-H) wahrgenommen.

## 17. Örtliche Zuständigkeit

17.1 Die Beihilfen werden von der nach Nr. 16 sachlich zuständigen Stelle bewilligt, in deren Bereich der Auszubildende seine Ausbildung erhält, soweit die sachlich zuständigen Bewilligungsbehörden nicht anderweitige Vereinbarungen treffen. Erhält der Auszubildende seine Ausbildung in einem Bundesland, in dem er nicht seinen gewöhnlichen Aufenthalt hat, soll die Beihilfe von der sachlich zuständigen Stelle geleistet werden, in deren Bereich er seine Ausbildung erhält.

17.2 Falls der Aufenthaltsort des Auszubildenden mit dem Aufenthaltsort seiner Unterhaltspflichtigen nicht übereinstimmt, leistet die Verwaltung des Aufenthaltsortes der Unterhaltspflichtigen der zuständigen Behörde Amtshilfe.

17.3 Bei notwendigem Wechsel des Ausbildungsortes sind die Kosten der Weiterreise von der Behörde zu bewilligen, die für die Bewilligung der Beihilfe bis zur Weiterreise zuständig ist. Die zuständige oberste Landesbehörde kann hiervon Ausnahmen zulassen.

## 18. Bewirtschaftungsregelungen

18.1 Den zuständigen obersten Landesbehörden werden im Rahmen der im Bundeshaushalt verfügbaren Ausgaben auf Anforderung in der Regel halbjährlich Haushaltsmittel zugewiesen. Die zuständigen obersten Landesbehörden teilen bis spätestens 15. November eines jeden Jahres mit, welche Haushaltsmittel nicht mehr oder noch zusätzlich benötigt werden.

18.2 Die zuständigen Stellen beantragen rechtzeitig im voraus die dem tatsächlichen Bedarf entsprechenden Haushaltsmittel bei der obersten Landesbehörde.

18.3 Die zuständigen obersten Landesbehörden legen die Abrechnung für das zurückliegende Haushaltsjahr jeweils bis zum 1. Mai vor.

18.4 Für die Bewirtschaftung der Mittel gelten im übrigen die Haushaltsbestimmungen des Bundes nach Maßgabe der Vorl. VV Nr. 1.11 zu § 34 BHO – unbeschadet der Nr. 16.3 –.

## 19. Behandlung von Erstattungsbeträgen

19.1 Die von anderen Kostenträgern zu leistenden bzw. geleisteten Zahlungen sind der Stelle, die die Beihilfe nach diesen Richtlinien gezahlt hat, zu erstatten. Die erstatteten Beträge sind allgemeine Haushaltseinnahmen. Sie sind an die Bundeskasse abzuführen. Diese Rückflüsse dürfen nicht zur Verstärkung der zur Gewährung von Beihilfen nach diesen Richtlinien zugewiesenen Haushaltsmittel verwendet werden. Ausnahmen hiervon sind nicht zulässig.

19.2 Nr. 19.1 gilt für von den Zuwendungsempfängern nach § 44 a Abs. 2 BHO erstattete Beträge und nach § 44 a Abs. 3 BHO gezahlte Zinsen entsprechend.

## 20. Veränderung von Ansprüchen

20.1 Die zuständigen obersten Landesbehörden oder die von ihr beauftragten Behörden sind berechtigt, Ansprüche
– bis zur Höhe von 5 000 DM bis zu 18 Monate und
– bis zur Höhe von 2 500 DM bis zu 3 Jahre
zu stunden, wenn die sofortige Einziehung mit erheblichen Härten für den Schuldner verbunden wäre und der Anspruch durch die Stundung nicht gefährdet wird. Bei Gewährung der Stundung ist eine Stundungsfrist festzulegen.

20.2 Die zuständigen obersten Landesbehörden sind ferner berechtigt, von der Weiterverfolgung von Ansprüchen bis zur Höhe von 5 000 DM abzusehen, wenn die Einziehung wegen der wirtschaftlichen Verhältnisse des Schuldners oder aus anderen Gründen voraussichtlich dauernd ohne Erfolg bleibt und eine Stundung nach Nr. 20.1 nicht in Betracht kommt.

Sie können nachgeordnete Behörden beauftragen, unter den vorgenannten Voraussetzungen von der Weiterverfolgung von Ansprüchen bis zur Höhe von 1 500 DM abzusehen.

20.3 Die zuständigen obersten Landesbehörden unterrichten den Bundesminister für Jugend, Familie, Frauen und Gesundheit jährlich über Entscheidungen nach Nr. 20.1 und 20.2.

20.4 In Fällen von grundsätzlicher Bedeutung ist vorher die Zustimmung des Bundesministers für Jugend, Familie, Frauen und Gesundheit einzuholen.

## 21. Statistik

Die zuständigen obersten Landesbehörden fertigen für den Bundesminister für Jugend, Familie, Frauen und Gesundheit Statistiken, deren Gliederung dieser mit den obersten Landesbehörden abstimmt.

## Abschnitt VI:
## Übergangs- und Schlußvorschriften
## 22. Berlinklausel

Diese Richtlinien gelten auch im Land Berlin (West).

## 23. Inkrafttreten

23.1 Diese Richtlinien treten am 1. August 1988 mit der Maßgabe in Kraft, daß die bis dahin ergangenen Bewilligungsbescheide bis zum Ablauf des Bewilligungszeitraumes gelten.

23.2 Die Erlasse vom 17. 12. 1981 und 11. 1. 1984 und die diese ergänzenden Erlasse des Bundesministeriums für Jugend, Familie, Frauen und Gesundheit sind ab dem Zeitpunkt des Inkrafttretens dieser Richtlinen nicht mehr anzuwenden.

Muster zu Nr. 16.1.2 der RL-GF-SB vom 1. 3. 1988

Behörde AZ.:

(Zeichen bei Zuschriften bitte angeben)

PLZ, Ort, Datum

Anschrift der Dienststelle

Sprechstunden

Auskunft erteilt:          Zimmer-Nr.:          Tel.:

# Bescheid über die

☐ Bewilligung          ☐ Änderung der Bewilligung

☐ Weiterbewilligung

einer Beihilfe zur schulischen, beruflichen und gesellschaftlichen Eingliederung junger Aussiedler aus der DDR
und Berlin (Ost) sowie junger ausländischer Flüchtlinge
(sogenannter Garantiefonds — Schul- und Berufsbildungsbereich —)

Sehr geehrte(r)

☐ Auf Ihren Antrag          ☐ Auf Ihren Weiterbewilligungsantrag

☐ Aufgrund _____

hebe ich hiermit meinen Bewilligungsbescheid vom _____ auf und

bewillige Ihnen / für _____
(Name, Vorname und Geburtsdatum des Auszubildenden)

für die Ausbildungsart _____

umseitig aufgeführte Beihilfe.

a) Laufende Beihilfe

| vom | bis | eine Beihilfe in Höhe von | monatlich DM | Die genaue Berechnung der Beihilfe ist dem beigefügten Berechnungsbogen, der Bestandteil dieses Bescheides ist, zu entnehmen. |
|-----|-----|---------------------------|--------------|---|
|     |     |                           |              | |
|     |     |                           |              | |
|     |     |                           |              | |

Bei dieser Beihilfe handelt es sich um einen/eine

☐ Vorschuß auf zu erwartende Leistungen nach dem _____-gesetz.
Diese sind mir gemäß Ihrer Einverständniserklärung von der bewilligenden Behörde zu erstatten.

☐ Aufstockung der nach dem _____-gesetz

durch _____ bewilligten Leistungen.

☐ Zuschuß, da für die Ausbildung ein Anspruch auf Gewährung von Leistungen nach anderen Rechts- oder Verwaltungsvorschriften nicht besteht.

Soweit eine zumutbare Eigenleistung (Kostenbeitrag) der Unterhaltspflichtigen des Auszubildenden (Eltern, Ehegatte) festgestellt und auf den Ausbildungsbedarf angerechnet wurde, wird hierzu im einzelnen auf die beigefügten Berechnungen hingewiesen.

b) Einmalige Beihilfe

☐ _____ DM für _____

☐ _____ DM für _____

Die laufende und einmalige Beihilfe wird aus Haushaltsmitteln des Bundesministers für Jugend, Familie, Frauen und Gesundheit gewährt. Die Bewilligung erfolgt unter dem Vorbehalt, daß die Förderung aus zwingenden haushaltswirtschaftlichen Gründen ganz oder teilweise eingestellt werden kann.

**Auszahlung der Beihilfe**

1. Die laufende Beihilfe wird jeweils monatlich im voraus wie folgt gezahlt:

☐ postbar an Sie   ☐ auf Ihr Konto-Nr.: _____ bei _____

☐ an das Heim (bzw. Internat oder Pflegestelle) aufgrund der hier vorliegenden schriftlichen Vereinbarung zwischen der Einrichtung und dem Auszubildenden bzw. seinem gesetzlichen Vertreter

2. Die einmalige . . .

Folgende geltend gemachten besonderen Belastungen konnten nicht berücksichtigt werden, weil

Raum für weitere Mitteilungen

Sollte die Ausbildung über den festgesetzten Bewilligungszeitraum (s. Seite 1) hinaus fortgesetzt werden, wird gebeten, mir rechtzeitig einen formlosen Weiterbewilligungsantrag unter Beifügung folgender Unterlagen zuzuleiten:

**Mitteilungspflichten des Auszubildenden / des gesetzlichen Vertreters des Auszubildenden**

Der Auszubildende / der gesetzliche Vertreter des Auszubildenden ist verpflichtet, unverzüglich und unaufgefordert der Bewilligungsbehörde

1. Änderungen von Tatsachen schriftlich mitzuteilen, die für die Bewilligung oder Weiterbewilligung der Beihilfe maßgeblich waren, und zwar insbesondere alle Veränderungen
   - der familiären Verhältnisse (Heirat, Geburt eines Kindes oder Geschwisters, Todesfall)
   - des Ausbildungsverhältnisses (Fachwechsel, Wiederholungssemester, Abbruch, Abschluß, Unterbrechung oder Veränderung der Ausbildung)
   - der Einkommens- und Vermögensverhältnisse (Aufnahme, Beendigung oder Änderung der schulichen oder beruflichen Ausbildung eines Geschwisters, Bewilligung anderer Ausbildungsbeihilfen, Empfang oder Wegfall von Arbeitseinkommen oder Arbeitslosengeld, Eintritt des Versorgungsfalles, Empfang von Waisengeld oder Waisenrente, Einnahmen aus Werkstudententätigkeit, Rentennachzahlungen und sonstigen Zahlungen von dritter Seite u. a.).
   Den Mitteilungen sind die entsprechenden Unterlagen (z. B. Urkunden) beizufügen.
2. Halbjährlich den Fortbestand des Ausbildungsverhältnisses durch eine Bescheinigung des Ausbildungsträgers nachzuweisen,
3. auf Anfrage jederzeit sonstige für die Prüfung der Förderungsvoraussetzungen notwendig erscheinenden Unterlagen vorzulegen.

Angaben in einem Wiederholungsantrag ersetzen nicht die nach vorstehenden Ausführungen erforderlichen Mitteilungen.

Die Beihilfe wird auch für die Zeit nach Eingang einer Änderungsmitteilung bis zur Entscheidung über eine Neufestsetzung, aber höchstens für sechs Monate, unter Vorbehalt weitergezahlt. Änderungen der familiären Verhältnisse, des Ausbildungsverhältnisses und der Einkommens- und Vermögensverhältnisse können zu einer Minderung oder dem Wegfall der Beihilfe führen.

**Nachweis der Verwendung der einmaligen Beihilfe**

. . . . .

Beschleunigung der Auszahlung der Beihilfe

Die Auszahlung der Beihilfe kann bereits vor Ablauf der Rechtsbehelfsfrist erfolgen, wenn Sie nach Erhalt des Bescheids schriftlich auf einen Rechtsbehelf verzichten.

**Erstattung der Beihilfe**

Die Beihilfe ist zu erstatten, soweit ein Beihilfebescheid nach Verwaltungsverfahrensrecht (§§ 48, 49 VwVfG), nach Haushaltsrecht (§ 44a BHO) oder anderen Rechtsvorschriften unwirksam oder mit Wirkung für die Vergangenheit zurückgenommen oder widerrufen wird.

Dies gilt insbesondere, wenn

1. der Beihilfeempfänger unrichtige Angaben über erhebliche Tatsachen gemacht oder solche Tatsachen verschwiegen hat, die für die Bewilligung oder Weitergewährung der Beihilfe maßgeblich waren,
2. die Voraussetzungen für die Gewährung der Beihilfe oder von Teilen der Beihilfe nachträglich entfallen sind,
3. der Beihilfeempfänger den vorgenannten Verpflichtungen nicht rechtzeitig nachkommt.

In den Fällen der Nr. 1 ist der Erstattungsanspruch mit 6 v. H. für das Jahr zu verzinsen.

**Rechtsbehelfsbelehrung**

Gegen diesen Bescheid kann innerhalb eines Monats nach seiner Bekanntgabe Widerspruch erhoben werden. Der Widerspruch ist schriftlich oder zur Niederschrift einzulegen bei (Behörde, die den Bescheid erlassen hat, Anschrift)

Sollte über den Widerspruch ohne zureichenden Grund in angemessener Frist sachlich nicht entschieden werden, so kann Klage bei dem Verwaltungsgericht (Bezeichnung, Anschrift)

schriftlich oder zur Niederschrift des Urkundsbeamten der Geschäftsstelle dieses Gerichts erhoben werden. Die Klage kann nicht vor Ablauf von drei Monaten seit der Einlegung des Widerspruchs erhoben werden, außer wenn wegen besonderer Umstände des Falles eine kürzere Frist geboten ist. Die Klage muß den Kläger, den (die) Beklagte(n)

und den Streitgegenstand bezeichnen und soll einen bestimmten Antrag enthalten. Die zur Begründung dienenden Tatsachen und Beweismittel sollen angegeben, der angefochtene Bescheid soll in Urschrift oder in Abschrift beigefügt werden. Der Klage und allen Schriftsätzen sollen Abschriften für die übrigen Beteiligten beigefügt werden.

Anlagen

Berechnungsbogen

Hochachtungsvoll
Im Auftrag

Durchschrift des vorstehenden Bescheides erhalten:

# 9.3 Richtlinien des Bundesministers für Jugend, Familie, Frauen und Gesundheit für
# – die Gewährung von Zuwendungen an die Otto Benecke Stiftung e. V., Bonn, und
# – die Vergabe von Stipendien durch die Otto Benecke Stiftung an junge Aussiedler, junge Zuwanderer aus der DDR und Berlin (Ost) sowie junge ausländische Flüchtlinge zur Vorbereitung und Durchführung eines Hochschulstudiums – sog. Garantiefonds-Hochschulbereich – (RL-GF-H) vom 1. März 1988 (GMBl. S. 256)

Gliederung:

Abschnitt I

Allgemeine Förderungsvoraussetzungen

1. Zuwendungszweck
2. Personenkreis
3. Nachweis der Antragsberechtigung
4. Antragstellung
5. Voraussetzungen der Förderung
6. Verhältnis zu anderen Beihilfen

Abschnitt II

Arten der Ausbildung und Umfang der Förderung

7. Arten der Ausbildung
8. Dauer der Förderung und Bewilligungszeitraum

9. Umfang der Förderung
10. Ausbildungskosten
11. Kosten des Lebensunterhalts
12. Kosten des Sonderbedarfs

Abschnitt III
Einkommens- und Vermögensanrechnung
13. Anrechenbares Einkommen und Vermögen des Stipendiaten
14. Anrechenbares Einkommen und Vermögen der Unterhaltspflichtigen

Abschnitt IV
Ausnahmeregelung
15. Ausnahmeregelung

Abschnitt V
Zuwendungsverfahren
16. Zuwendungsverfahren

Abschnitt VI
Inkrafttreten
17. Inkrafttreten

## Abschnitt I
**Allgemeine Förderungsvoraussetzungen**
**1. Zuwendungszweck**
Der Bund gewährt nach Maßgabe dieser Richtlinien und der Vorläufigen Verwaltungsvorschriften zu §§ 44, 44a BHO Zuwendungen als Zuschüsse an die Otto Benecke Stiftung e. V., Bonn, mit denen diese durch Vergabe von Stipendien jungen Aussiedlern, jungen Zuwanderern aus der DDR und Berlin (Ost) sowie jungen ausländischen Flüchtlingen, die in der Bundesrepublik Deutschland einschließlich dem Land Berlin die Hochschulreife erwerben wollen oder ein Hochschulstudium anstreben oder fortsetzen wollen, die alsbaldige berufliche und gesellschaftliche Eingliederung, insbesondere die Fortsetzung ihrer Ausbildung, ermöglichen soll.
Ein Rechtsanspruch auf die Gewährung von Zuwendungen und auf die Förderung durch die Otto Benecke Stiftung besteht nicht. Vielmehr entscheidet das Bundesministerium für Jugend, Familie, Frauen und Gesundheit aufgrund seines pflichtgemäßen Ermessens im Rahmen der verfügbaren Haushaltsmittel, die Otto Benecke Stiftung aufgrund dieser Richtlinien und im Rahmen der ihr bewilligten Zuwendungen.
Die Otto Benecke Stiftung nimmt die Förderung als satzungsgemäße Aufgabe wahr. Sie wird dabei die in den Nrn. 2 bis 15.2 dieser Richtlinien getroffenen Regelungen als Nebenbestimmungen zum Zuwendungsbescheid des Bundesministeriums für Jugend, Familie, Frauen und Gesundheit anwenden. Die Stipendien werden auf der Grundlage eines von der Otto Benecke Stiftung mit den Stipendiaten zu schließenden privatrechtlichen Vertrages gewährt.

## 2. Personenkreis

Gefördert werden können

a) Aussiedler, im Sinne von § 1 Abs. 2 Nr. 3 und Abs. 3 des Bundesvertriebenengesetzes,

b) deutsche Staatsangehörige oder deutsche Volkszugehörige, die vor dem 1. April 1952 ihren gewöhnlichen Aufenthalt in den in § 1 Abs. 2 Nr. 3 des Bundesvertriebenengesetzes genannten Gebieten gehabt haben, einschließlich deren Abkömmlinge,

c) Zuwanderer aus der DDR und Berlin (Ost),

d) ausländische Flüchtlinge, die in der Bundesrepublik Deutschland einschließlich des Landes Berlin ihren gewöhnlichen Aufenthalt haben und als Asylberechtigte nach dem Asylverfahrensgesetz vom 16. Juli 1982 (BGBl. I S. 946) anerkannt sind,

e) ausländische Flüchtlinge nach § 1 des Gesetzes über Maßnahmen für im Rahmen humanitärer Hilfsaktionen aufgenommene Flüchtlinge vom 22. Juli 1980 (BGBl. I S. 1057),

f) ausländische Flüchtlinge, die außerhalb der Bundesrepublik Deutschland einschließlich des Landes Berlin aufgrund des Abkommens vom 28. Juli 1951 über die Rechtsstellung der Flüchtlinge (BGBl 1953 II S. 559) bzw. nach dem Protokoll über die Rechtsstellung der Flüchtlinge vom 31. Januar 1967 (BGBl. 1969 II S. 1293) anerkannt und nicht nur vorübergehend im Gebiet der Bundesrepublik Deutschland einschließlich des Landes Berlin zum Aufenthalt berechtigt sind, nach Maßgabe der Nr. 7.2,

die in die Bundesrepublik Deutschland einschließlich des Landes Berlin eingereist sind und bei Förderungsbeginn das 35. Lebensjahr noch nicht vollendet haben.

## 3. Nachweis der Antragsberechtigung

3.1 Zum Nachweis der Antragsberechtigung sind vorzulegen

a) von Aussiedlern nach Nr. 2 a der Vertriebenenausweis A oder B, ersatzweise – solange über den Antrag auf Ausstellung eines Vertriebenenausweises noch nicht entschieden ist – der Registrierschein eines Grenzdurchgangslagers oder eine Bestätigung der für die Ausstellung des Vertriebenenausweises zuständigen Stelle oder des Beauftragten der Bundesregierung für die Verteilung im Grenzdurchgangslager Friedland oder der Durchgangsstelle für Aussiedler in Nürnberg, aus der zu ersehen ist, daß die Anerkennung als Aussiedler mit hoher Wahrscheinlichkeit erfolgen wird,

b) von Personen nach Nr. 2 b der Nachweis, daß sie eine Leistung nach der Richtlinie des Bundesministers des Innern für die Zahlung einer einmaligen Überbrückungshilfe der Bundesregierung vom 29. November 1985 (GMBl. 1986 S. 8) erhalten haben,

c) von Zuwanderern aus der DDR und Berlin (Ost) nach Nr. 2 c der Flüchtlingsausweis C oder der Aufnahmeschein nach § 1 Aufnahmegesetz,

d) von Asylberechtigten nach Nr. 2 d der von einer deutschen Ausländerbehörde ausgestellte Paß oder ein Paßersatz mit der Eintragung: „Der Inhaber dieses Passes/Reiseausweises ist als Asylberechtigter anerkannt" oder der unanfechtbare Anerkennungsbescheid des Bundesamtes für die Anerkennung ausländischer Flüchtlinge,

e) von ausländischen Flüchtlingen nach Nr. 2 e die amtliche Bescheinigung über ihre Rechtsstellung gemäß § 2 des Gesetzes über Maßnahmen für im Rahmen humanitärer Hilfsaktionen aufgenommene Flüchtlinge,

f) von ausländischen Flüchtlingen nach Nr. 2 f der von einer deutschen Behörde ausgestellte internationale Reiseausweis nach dem Abkommen über die Rechtsstellung der Flüchtlinge, ersatzweise eine Bescheinigung der Ausländerbehörde, daß beabsichtigt ist, den Ausländer gemäß § 26 Abs. 1 Nr. 1 Ausländergesetz in die Obhut der Bundesrepublik Deutschland zu übernehmen.

3.2 Wird für einen Stipendiaten im Falle der ersatzweisen Regelung nach Nr. 3.1 a nach der Registrierung die Erteilung des Vertriebenenausweises unanfechtbar abgelehnt, ist von diesem Zeitpunkt an die Förderung einzustellen. Vor der Ablehnung gezahlte Stipendienbeträge werden nicht zurückgefordert.

## 4. Antragstellung

4.1 Die Aufnahme in die Förderung ist schriftlich bei den Beratungsstellen oder der Geschäftsstelle der Otto Benecke Stiftung zu beantragen. Der Antrag kann auch zu Protokoll bei den genannten Stellen erklärt werden.

4.2 Der Antrag auf erstmalige Stipendiengewährung muß innerhalb von 24 Monaten nach der Einreise in die Bundesrepublik Deutschland gestellt werden, es sei denn, der Antragsteller hat das Fristversäumnis nicht zu vertreten. Maßgebend für den Beginn der Antragsfrist ist bei Aussiedlern sowie Zuwanderern aus der DDR und Berlin (Ost) das im Vertriebenenausweis bzw. Registrierschein oder in dem Aufnahmeschein nach § 1 Aufnahmegesetz angegebene Einreisedatum.

4.3 Asylberechtigte nach Nr. 2 d müssen den Antrag auf Stipendiengewährung spätestens innerhalb eines Jahres nach Bestandskraft der Anerkennung der Asylberechtigung gestellt haben, es sei denn, der Antragsteller hat das Fristversäumnis nicht zu vertreten. Maßgebend für den Beginn der Antragsfrist ist das Ausstellungsdatum des Passes oder des Reiseausweises.

4.4 Als Antrag i. S. der Nrn. 4.2 und 4.3 gilt auch ein Antrag auf Förderung nach den Richtlinien des Bundesministers für Jugend, Familie, Frauen und Gesundheit für die Vergabe von Beihilfen zur schulischen, beruflichen und gesellschaftlichen Eingliederung junger Aussiedler, junger Zuwanderer aus der DDR und Berlin (Ost) sowie junger ausländischer Flüchtlinge – sog. Garantiefonds-Schul- und Berufsbildungsbereich – (RL-GF-SB).

4.5 Der Antragsteller und seine Unterhaltspflichtigen haben über ihre persönlichen und wirtschaftlichen Verhältnisse die Auskünfte zu erteilen, die Urkunden vorzulegen und die Beweismittel zu bezeichnen, die für die Entscheidung über den Förderungsantrag von Bedeutung sind. Maßgebend sind die Verhältnisse zur Zeit der Antragstellung. Werden die geforderten Unterlagen nicht binnen zwei Monaten nach Aufforderung vorgelegt, so ist in der Regel davon auszugehen, daß der Antragsteller nicht bedürftig ist.

4.6 Der Antragsteller und seine Unterhaltspflichtigen sind verpflichtet, der Otto Benecke Stiftung unverzüglich schriftlich die Änderung der Tatsachen anzuzeigen, über die sie im Zusammenhang mit dem Stipendienantrag Erklärungen abgegeben haben.

## 5. Voraussetzungen der Förderung

5.1 Das Stipendium soll eine rechtzeitige und ausreichende Förderung des Stipendiaten sicherstellen, wenn er für die Ausbildung geeignet ist und soweit er einer wirtschaftlichen Hilfe bedarf.

5.2 Geeignet ist der Stipendiat, wenn seine Leistungen erwarten lassen, daß er das angestrebte Ausbildungsziel erreicht. Dies wird angenommen, solange er die Ausbildungsstätte besucht oder an einem Praktikum teilnimmt.

5.3 Studierende müssen ab dem 5. Fachsemester ihre Eignung durch eine Bescheinigung der Hochschule nachweisen, wie sie beim Vollzug des Bundesausbildungsförderungsgesetzes gefordert wird.

5.4 Lassen nach Auffassung der Ausbildungsstätte die Leistungen nach angemessener Zeit erkennen, daß das Ausbildungsziel nicht erreicht werden kann, ist zu prüfen, ob die Förderung einzustellen ist. Vor der Entscheidung über die Einstellung der Förderung ist der örtliche Betreuer der Otto Benecke Stiftung zu hören, der über die Person des Stipendiaten eine Beurteilung abgibt. Auf sprachliche Schwierigkeiten und die Umstellung auf das hiesige Ausbildungssystem ist Rücksicht zu nehmen.

5.5 Einer wirtschaftlichen Hilfe bedarf der Stipendiat, soweit er nach Nrn. 13 und 14 weder allein noch mit Hilfe seiner Unterhaltspflichtigen die Kosten seiner Ausbildung, seines Lebensunterhalts und seines Sonderbedarfs aufzubringen vermag.

## 6. Verhältnis zu anderen Beihilfen

### 6.1 Nachrangigkeit

6.1.1 Die Stipendien nach diesen Richtlinien sind nachrangig gegenüber Ausbildungshilfen oder entsprechenden Leistungen aufgrund anderer Rechts- oder Verwaltungsvorschriften – auch gegenüber den Erziehungshilfen nach dem Jugendwohlfahrtsgesetz und den Hilfen nach dem Bundessozialhilfegesetz.Die Stipendien sind – soweit es sich um Kosten der Unterkunft handelt – auch nachrangig gegenüber Leistungen nach dem Wohngeldgesetz.

Soweit Leistungen nach den Richtlinien über Zuwendungen an die Otto Benecke Stiftung zur Förderung der Eingliederung von Zuwanderern aus der DDR und Berlin (Ost) und Aussiedlern mit abgeschlossenem Hochschulstudium – Akademikerprogramm – möglich sind, sind Stipendien nach diesen Richtlinien ausgeschlossen.

6.1.2 Die Otto Benecke Stiftung hat den Antragsteller auf anderweitige Förderungsmöglichkeiten aufmerksam zu machen und zur Antragstellung anzuhalten. Unterbleibt diese Antragstellung, so wird ein Stipendium nach diesen Richtlinien nicht gewährt, es sei denn, der Antragsteller hat das Unterlassen nicht zu vertreten.

Wird der Antrag verspätet gestellt und hat der Antragsteller dies zu vertreten, so sind die nach den betreffenden Rechts- oder Verwaltungsvorschriften vorgesehenen Leistungen als fiktives Einkommen anzurechnen.

### 6.2 Vorschußfunktion

6.2.1 Sehen Rechts- oder Verwaltungsvorschriften eine Ausbildungsbeihilfe oder eine entsprechende Leistung vor, so ist bis zum Einsetzen dieser Leistungen das Stipendium nach diesen Richtlinien unverzüglich als Vorschuß zu gewähren, sofern der Antragsteller nachweist, daß er den Antrag auf anderweitige Förderung gestellt hat.

6.2.2 Der Nachweis der Antragstellung erfolgt durch eine formlose Bestätigung des betreffenden Amtes. Die Entscheidung über diesen Antrag hat der Antragsteller unverzüglich der Otto Benecke Stiftung durch Vorlage des Bescheides bekanntzugeben.

6.2.3 Kann der Antrag auf andere Leistungen wegen fehlender Mitwirkung des Antragstellers nicht bearbeitet werden, wird das Stipendium nach diesen Richtlinien nicht geleistet.

6.2.4 Bei der Berechnung des Vorschusses ist Nr. 9.4 Abs. 1 und 3 zu beachten.

6.2.5 Mit dem Förderungsantrag hat der Antragsteller sein Einverständis zu erklären, daß Ausbildungsbeihilfen oder entsprechende Leistungen, die aufgrund von Rechts- oder Verwaltungsvorschriften für ihn erbracht werden, bis zur Höhe der für denselben Zeitraum nach diesen Richtlinien vorschußweise geleisteten Stipendienzahlungen an die Otto Benecke Stiftung unmittelbar abgeführt werden.

6.2.6 Werden anderweitig bewilligte Ausbildungsbeihilfen oder entsprechende Leistungen an den Stipendiaten ausgezahlt, obwohl von der Otto Benecke Stiftung bei der bewilligenden Behörde ein Erstattungsanspruch geltend gemacht worden ist, so hat der Stipendiat den nach Nr. 6.2.1 vorschußweise empfangenen Stipendienbetrag an die Otto Benecke Stiftung zurückzuzahlen. Die Otto Benecke Stiftung kann den Rückzahlungsanspruch mit künftigen Stipendienzahlungen verrechnen.

6.3  Aufstockungsfunktion

Erreicht eine aufgrund von Rechts- oder Verwaltungsvorschriften gewährte Ausbildungsbeihilfe oder entsprechende Leistung nicht die Höhe des Stipendiums nach diesen Richtlinien, so ist der Differenzbetrag als Aufstockung zu gewähren, es sei denn, daß der Pauschalbetrag nach Nr. 9.5 zu gewähren ist.

6.4  Zuschußfunktion

Die Stipendien werden als Zuschuß gewährt, soweit es sich nicht um eine vorschußweise
Leistung nach Nr. 6.2.1 handelt.

**Abschnitt II**
**Arten der Ausbildung und Umfang der Förderung**

**7.  Arten der Ausbildung**

7.1  Stipendien nach diesen Richtlinien können den Teilnehmern gewährt werden für

a) Kurse, die für die Eingliederung in das Studium an einer Hochschule notwendig sind,
wie Kurse zum Erlernen der deutschen Sprache und Kurse zur Feststellung oder Erlangung der deutschen Hochschulreife, deren schulische Ausstattung von den Ländern getragen wird, ferner Eingliederungslehrgänge zur Ergänzung dieser Kurse,

b) ein Studium an einer Hochschule und die dazugehörenden notwendigen Praktika,

c) Kurse überörtlicher Bedeutung zum Erlernen der deutschen Sprache sowie Maßnahmen, die für die Aufnahme einer Berufstätigkeit nach einer im Herkunftsland abgeschlossenen akademischen Ausbildung notwendig und geeignet sind.

Bei der Ausbildung soll es sich um Vollzeitunterricht in der Regel von mindestens 5 Stunden täglich handeln.

7.2  Bei ausländischen Flüchtlingen im Sinne von Nr. 2 f, die, ohne als Asylberechtigte anerkannt zu sein, ihren rechtmäßigen Aufenthalt in der Bundesrepublik Deutschland einschließlich des Landes Berlin haben, beschränkt sich die Förderung auf Kurse zum Erlernen der deutschen Sprache, soweit dies für die Aufnahme

– einer Berufstätigkeit, die das deutsche Abitur voraussetzt,
– oder einer anders finanzierten Ausbildung an einer Hochschule oder Akademie

erforderlich ist.

**8.  Dauer der Förderung und Bewilligungszeitraum**

8.1  Das Stipendium nach diesen Richtlinien wird ab Antragsmonat, frühestens vom Beginn der Ausbildung an für deren Dauer einschließlich der unterrichts- und vorlesungsfrei-
en Zeit sowie des zustehenden Urlaubs geleistet. Die Förderung endet mit dem Ablauf
des Monats, in dem die Ausbildung abgeschlossen oder bei Studierenden die Förderungshöchstdauer nach der Förderungshöchstdauerverordnung zum Bundesausbildungsförderungsgesetz – einschließlich der Verlängerung nach § 15 Abs. 3 BAföG – erreicht wird, spätestens 36 Monate nach Beginn der ersten Förderung aufgrund dieser
Richtlinen.

8.1.1  Ausnahmsweise endet sie spätestens 48 Monate nach Beginn der ersten Förderung, wenn die Notwendigkeit einer weiteren Eingliederungsmaßnahme durch gutachtli-
che Stellungnahme der Ausbildungsstätte bestätigt wird und nicht auf fehlende Mitarbeit
des Stipendiaten zurückzuführen ist.

8.1.2  Die nach den RL-GF-SB zurückgelegten Förderungszeiten sind auf die Förderungs-
zeit nach diesen Richtlinien anzurechnen.

8.2 Wegen seines Eingliederungscharakters ist das Stipendium unabhängig von den genannten Fristen spätestens 60 Monate nach der Einreise des Stipendiaten einzustellen; Nr. 11.2 bleibt unberührt.

Die Frist von 60 Monaten wird um die Zeiten verlängert, in denen eine Eingliederungsmaßnahme wegen Verwaltungs- und/oder verwaltungsgerichtlicher Verfahren zur Feststellung der Vertriebeneneigenschaft oder zur Anerkennung des Asylrechts nicht stattfinden konnte oder eine Ausnahme nach Nr. 8.1.1 zugelassen ist.

8.3 Wird bei Studierenden die Förderungshöchstdauer nach der Förderungshöchstdauerverordnung zum Bundesausbildungsförderungsgesetz überschritten, so kann die Otto Benecke Stiftung eine weitere Förderung nur dann bewilligen, wenn das Überschreiten der Förderungshöchstdauer auf besonderen, die Eingliederung unterbrechenden Gründen beruht. In diesem Fall wird der Studierende so gestellt, als würde er Ausbildungsförderung nach dem Bundesausbildungsförderungsgesetz erhalten. Die Förderung kann nur innerhalb der in Nr. 8.1.1 und 8.2 genannten Fristen verlängert werden. Einmalige Wiederholungen bei Abschluß- und Zwischenprüfungen sind unter den Voraussetzungen der Nr. 5.2 Satz 1 zulässig.

8.4 Wird die Ausbildung ohne hinreichende Begründung abgebrochen, endet die Förderung mit dem Tage des Ausbildungsabbruchs; hiervon ausgenommen sind die notwendigen Kosten der Unterkunft (Miete) bis zum Ende des jeweiligen Monats. Die überzahlten Beträge sind der Otto Benecke Stiftung zurückzuerstatten.

8.5 Die Otto Benecke Stiftung bestimmt, für welchen Zeitraum die Förderung bewilligt wird (Bewilligungszeitraum). Im Regelfall ist die Bewilligung für die Dauer der Eingliederungsmaßnahme, bei Studierenden für ein Semester auszusprechen; dies gilt nicht, wenn aus verwaltungstechnischen Gründen ein anderer Zeitraum angeraten ist oder die Ausbildung vor Ablauf des Regel-Bewilligungszeitraumes beendet wird.

8.6 Das Stipendium ist monatlich im voraus zu zahlen. Zur Sicherstellung des Ausbildungsbeginns kann das Stipendium für die ersten zwei Monate der Förderung in einem Betrag im voraus gezahlt werden.

8.7 Einem Stipendiaten, der für seinen Lebensunterhalt selbst nicht aufkommen kann, kann die Beihilfe für die Zeit vor der Wiederaufnahme einer unterbrochenen Ausbildung oder für eine Überbrückung zwischen zwei nicht unmittelbar aneinander anschließenden Ausbildungsabschnitten jeweils bis zu einem Monat, in Härtefällen bis zu zwei Monaten, bewilligt werden.

8.8 Wird die Ausbildung wegen Krankheit oder Schwangerschaft vorübergehend unterbrochen, wird das Stipendium nach diesen Richtlinien weitergezahlt, längstens jedoch bis zu drei Monaten.

8.9 Während der unterrichts- und vorlesungsfreien Zeit und/oder während des zustehenden Urlaubs wird das Stipendium in dem notwendigen Umfang gezahlt.

8.10 Bei verspäteter Antragstellung wird das Stipendium auch rückwirkend, frühestens ab Beginn der Ausbildung geleistet, sofern der Antragsteller das Fristversäumnis nicht zu vertreten hat.

## 9. Umfang der Förderung

9.1 Die Höhe des Stipendiums (Bedarf) wird bemessen nach den Kosten der Ausbildung (Nr. 10), den Kosten des Lebensunterhalts (Nr. 11) und eines etwaigen Sonderbedarfs (Nr. 12).

9.2 Das Stipendium wird gezahlt in Höhe des Unterschiedsbetrages zwischen dem Bedarf nach Nr. 9.1 und den nach Nrn. 13 und 14 anzurechnenden Beträgen; der zahlbare Stipendienbetrag ist auf volle Deutsche Mark abzurunden.

9.3 Beim Besuch von Sprachkursen der Goethe-Institute und diesen entsprechenden Sprachkursen können Ausbildungskosten und Kosten des Lebensunterhalts bis zu den vom Auswärtigen Amt anerkannten Sätzen geleistet werden.

9.4 Können bei der Antragstellung die zur Entscheidung über den Antrag erforderlichen Feststellungen ohne Verschulden des Antragstellers nicht binnen eines Monats getroffen werden, wird für drei Monate das Stipendium in Höhe des voraussichtlichen Betrags, jedoch in der Regel nicht mehr als 350 DM monatlich, ausgezahlt. In begründeten Fällen – insbesondere bei auswärtiger Unterbringung – kann das Stipendium bis zur Höhe des Bedarfs geleistet werden.

Diese Beträge sind auch dann, wenn eine nachträgliche Berechnung ein niedrigeres Stipendium ergibt, nicht zurückzufordern.

Monatliche Stipendien unter 20 DM werden nicht ausgezahlt.

9.5 Für den Personenkreis, der an einer Ausbildung nach Nr. 7.1 b teilnimmt, werden die Aufstockungsbeträge zu den Beihilfen des Bundesausbildungsförderungsgesetzes von der Otto Benecke Stiftung im Einvernehmen mit dem Bundesministerium für Jugend, Familie, Frauen und Gesundheit pauschaliert.

9.6 Studierende an Fachhochschulen, die Anwärterbezüge nach dem Bundesbesoldungsgesetz oder entsprechende sonstige Bezüge aus öffentlichen Kassen erhalten, sind von der Förderung ausgeschlossen.

## 10. Ausbildungskosten

10.1 Ausbildungskosten sind:

a) Unterrichtsgelder und Prüfungsgebühren (Nr. 10.2),
b) Kosten für notwendige Lernmittel (Nr. 10.3),
c) notwendige Fahrkosten einschließlich der Familienheimfahrten (Nr. 10.4).

10.2 Für Unterrichtsgelder können Beihilfen bis zur Höhe von 300 DM monatlich bewilligt werden. Als Unterrichtsgelder gelten auch die Kosten für Nachhilfeunterricht, der erforderlich ist, um den Anschluß an die üblichen Ausbildungsgänge zu erreichen. Darüber hinausgehende Unterrichtsgelder kann die Otto Benecke Stiftung im Einvernehmen mit dem Bundesministerium für Jugend, Familie, Frauen und Gesundheit anerkennen, wenn die Kosten notwendig und angemessen sind. Sofern Unterrichtsgelder nach staatlichen Gebührenordnungen erhoben werden, können diese zugrundegelegt werden.

Über die erteilten Genehmigungen ist dem Bundesminister für Jugend, Familie, Frauen und Gesundheit jährlich ein Erfahrungsbericht zu übersenden.

10.3 Für Teilnehmer an Sprachkursen, Sonderlehrgängen und Studienkollegs werden für notwendige Lernmittel monatlich 15 DM angesetzt. Der zu gewährende Betrag kann im Bedarfsfall für den gesamten Bewilligungszeitraum in einer Summe gezahlt werden.

10.4 Notwendig im Sinne von Nr. 10.1 c sind die Kosten für die billigste Fahrkarte des preislich günstigsten regelmäßig verkehrenden Beförderungsmittels.

Zu den Fahrkosten rechnen neben den täglichen An- und Rückfahrkosten zur Ausbildungsstätte auch die Kosten der An- und Abreise zum bzw. vom Ausbildungsort sowie bei notwendigem Wechsel des Ausbildungsortes die Kosten der Reise zum nächsten Ausbildungsort. Kosten für Heimfahrten zu den Eltern oder den nächsten Angehörigen werden anerkannt, wenn der Stipendiat aufgrund der Entfernung der Ausbildungsstätte vom Wohnort außerhalb der Familie untergebracht ist. Dies gilt nur für je eine Heimfahrt während der nach der Ferienordnung des jeweiligen Landes festgelegten Ferienzeit oder vorlesungsfreien Zeit, darüber hinaus in besonderen Fällen wie Eheschließung, Tod eines nahen Angehörigen.

Anstelle dieser Fahrten können in begründeten Einzelfällen Kosten für Heimfahrten zum ersten Wohnsitz des Stipendiaten anerkannt werden, wenn er dort einen eigenen Hausstand hat.

**11. Kosten des Lebensunterhalts**

11.1 Als Kosten des Lebensunterhalts gelten die Kosten
a) für die Unterbringung
b) für die Verpflegung
c) für notwendige persönliche Bedürfnisse.

11.2 Ist der Stipendiat während der Ausbildung bei seinen Eltern untergebracht, wird für einen Zeitraum von höchstens zwei Jahren für Verpflegung und zur Bestreitung notwendiger persönlicher Bedürfnisse ein Betrag in Höhe von 125 DM monatlich anerkannt. Die Zahlung dieses Betrages ist unabhängig von der vorgenannten Frist spätestens 36 Monate nach der Einreise des Stipendiaten einzustellen. Unterkunftskosten werden nicht übernommen.

11.3 Ist der Stipendiat während der Ausbildung nicht bei seinen Eltern untergebracht, wird für die Verpflegung und zur Bestreitung notwendiger persönlicher Bedürfnisse ein Betrag in zweifacher Höhe des am Ort der Ausbildungsstätte maßgeblichen Regelsatzes nach dem Bundessozialhilfegesetz für einen dem Stipendiaten gleichaltrigen Haushaltsangehörigen anerkannt. Außerdem werden für die Kosten der Unterkunft einschließlich der Nebenkosten folgende Beträge je Monat anerkannt:
a) für Ausbildungsorte ohne Universität oder Technische Hochschule      140 DM,
b) für Ausbildungsorte mit Universität oder Technischer Hochschule      160 DM.

11.3.1 Übersteigen die nachgewiesenen notwendigen Unterkunftskosten die Pauschbeträge, können Kosten bis zu höchstens 350 DM monatlich insgesamt anerkannt werden. Ist bei Gemeinschaftsunterkunft der auf den Antragsteller entfallende Mietanteil geringer als die Pauschale, so wird nur dieser Mietanteil anerkannt.

11.3.2 Für ausländische Flüchtlinge im Sinne von Nr. 2 f werden für die Verpflegung ein Betrag in Höhe des für sie am Ort der Ausbildung maßgeblichen Regelsatzes nach dem Bundessozialhilfegesetz und die tatsächlichen Kosten der Unterkunft anerkannt. Die Beträge nach Nr. 11.3 a und b gelten als Höchstbeträge. Bei nachgewiesenen notwendigen Mehrkosten können im Einzelfall bis zur Höhe von 200 DM insgesamt anerkannt werden.

**12. Kosten des Sonderbedarfs**

12.1 Als Sonderbedarf gelten
– Kosten der Übersetzung, der Beglaubigung und Anerkennung von Vorbildungsnachweisen,
– Kosten der Beschaffung von Ersatzurkunden,
– Beiträge zur Krankenversicherung
– von der Krankenversicherung nicht gedeckte Kosten für unaufschiebbare ärztliche und zahnärztliche Behandlung,
– zusätzlicher Krankendedarf.

12.2 Nachgewiesene Beiträge für eine Krankenversicherung, ausgenommen Krankentagegelder und Zusatzkrankenversicherungen, werden bis zur Höhe der ortsüblichen Mindestsätze der Allgemeinen Ortskrankenkasse bzw. der entsprechenden Ersatzkrankenkassen anerkannt, sofern kein Versicherungsschutz durch Anspruch auf Familienkrankenhilfe in einer gesetzlichen oder privaten Versicherung besteht.

12.3 Kosten für eine unerläßliche und unaufschiebbare ärztliche und zahnärztliche Behandlung werden anerkannt, solange ohne schuldhaftes Versäumnis eine Krankenversicherung noch nicht abgeschlossen wurde, vorgesehene Wartezeiten der Krankenkasse nicht erfüllt sind, die Behandlung dieser Krankheiten von der Krankenkasse ausgeschlossen wird oder die Krankenversicherung die notwendigen Ausgaben nicht deckt.

12.4 Als zusätzlicher Krankenbedarf gelten Aufwendungen für Kranken- und Diätkost, Zahnersatz, soweit von der Krankenkasse als notwendig anerkannt, und ähnlicher Bedarf.

12.5 Bei ausländischen Flüchtlingen im Sinne von Nr. 2 f wird nur der Sonderbedarf nach Nr. 12.2 anerkannt.

**Abschnitt III**

**Einkommens- und Vermögensanrechnung**

**13. Anrechenbares Einkommen und Vermögen des Stipendiaten**

13.1 Das Einkommen ist auf das Stipendium anzurechnen. Zum Einkommen gehören alle Einnahmen in Geld oder Geldeswert.

Nicht als Einkommen gelten Einnahmen, deren Zweckbestimmung einer Anrechnung auf den Bedarf entgegensteht. Dies gilt insbesondere für Leistungen aufgrund öffentlichrechtlicher Vorschriften, soweit sie zu einem anderen Zweck bestimmt sind als die Stipendien, die nach diesen Richtlinien gewährt werden. Bei der Einkommensermittlung bleiben auch Stipendien, die aufgrund dieser Richtlinien gewährt werden, außer Ansatz.

13.2 Von den Einnahmen sind abzusetzen

a) die auf das Einkommen entrichteten Steuern, die Arbeitnehmer- und Weihnachtsfreibeträge,

b) Pflichtbeiträge und freiwillige Beiträge zur Sozialversicherung einschließlich der Beiträge zur Arbeitslosenversicherung,

c) Beiträge zu öffentlichen und privaten Versicherungen oder ähnlichen Einrichtungen, soweit die Beiträge gesetzlich vorgeschrieben oder nach Grund und Höhe angemessen sind,

d) die mit der Erzielung des Einkommens verbundenen notwendigen Ausgaben (Werbungskosten und Betriebsausgaben),

e) die Grundrente und Schwerstbeschädigtenzulage nach dem Bundesversorgungsgesetz und nach den Gesetzen, die das Bundesversorgungsgesetz für anwendbar erklären,

f) Beträge, die der Grundrente und der Schwerstbeschädigtenzulage nach dem Bundesversorgungsgesetz entsprechen und nach § 65 Bundesversorgungsgesetz ruhen,

g) das Erziehungsgeld nach dem Bundeserziehungsgeldgesetz.

13.3 Von der Waisenrente, dem Waisengeld oder einer gerichtlich anerkannten Unterhaltsleistung bleibt – sofern der Stipendiat während seiner Ausbildung außerhalb seines Elternhauses untergebracht ist – in den ersten 36 Förderungsmonaten ein Betrag von 120 DM, bei Auszubildenden, die im Elternhaus wohnen, ein Betrag von 180 DM monatlich außer Ansatz.

Außer Ansatz bleibt ferner in den ersten 36 Förderungsmonaten das Kindergeld, auf das der Stipendiat für sich selbst einen Anspruch hat.

Soweit der Stipendiat zum Unterhalt verpflichtet ist, gelten die Freibeträge der Nrn. 14.4 und 14.5 entsprechend.

13.4 Die Erziehungsbeihilfe, die ein Beschädigter nach § 27 Abs. 3 Bundesversorgungsgesetz für ein Kind erhält, gilt als Einkommen des betreffenden Kindes.

13.5 Ansprüche auf Renten und Versicherungsleistungen, die rückwirkend gezahlt werden, sind insoweit an die Otto Benecke Stiftung abzutreten, als bei rechtzeitiger Zahlung das Stipendium nicht gewährt worden wäre und Abtretbarkeit besteht. Die durch die Abtretung erlangten Leistungen sind von der Otto Benecke Stiftung an die vorrangig für die Gewährung von Ausbildungsbeihilfen zuständigen Stellen bis zur Höhe ihrer Aufwendungen zu zahlen. Der Stipendiat hat an ihn ausgezahlte Renten und Versicherungsleistungen für die Zeit, für die er Stipendienzahlungen erhalten hat, in Höhe der an ihn gezahlten Leistungen zu erstatten.

13.6  Vermögen ist auf das Stipendium anzurechnen, soweit der Stipendiat im vorletzten Kalenderjahr vor Beginn des Bewilligungszeitraumes Vermögenssteuer zu entrichten hatte. Die Vorschriften der §§ 26 bis 30 Bundesausbildungsförderungsgesetz gelten entsprechend. Solange das Vorhandensein von Vermögen nicht durch die Vorlage von Steuerbescheiden bei der Antragstellung ausgeschlossen werden kann, hat der Stipendiat schriftlich zu versichern, daß kein steuerpflichtiges Vermögen vorhanden ist.

13.7  Bei der Ermittlung des anrechenbaren Einkommens und Vermögens sind Pfennigbeträge stets auf volle Deutsche Mark abzurunden.

13.8  Für die Anrechnung des Einkommens des Stipendiaten ist das Einkommen maßgebend, das er während des Bewilligungszeitraumes erzielt.

**14.  Anrechenbares Einkommen und Vermögen der Unterhaltspflichtigen**

14.1  Unterhaltspflichtig im Sinne dieser Verwaltungsvorschriften sind der Ehegatte und die Eltern des Stipendiaten in der genannten Reihenfolge.

14.2  In den ersten 36 Förderungsmonaten werden Einkommen und Vermögen der Unterhaltspflichtigen nicht auf den Bedarf des Stipendiaten angerechnet.

Der bei einem Hochschulstudium nach dem Bundesausbildungsförderungsgesetz von den Unterhaltspflichtigen zu erbringende Kostenanteil wird jedoch nach diesen Richtlinien nicht übernommen; Nr. 9.5 bleibt unberührt.

14.3  Nach dieser Zeit gilt für die Ermittlung des Einkommens und Vermögens Nr. 13 entsprechend. Auszugehen ist in der Regel von dem Durchschnittseinkommen der letzten 12 Monate.

Kindergeld nach dem Bundeskindergeldgesetz, kinderbezogene Leistungen nach besoldungs- und tarifrechtlichen Vorschriften, Kinderzuschüsse zu Renten und Versorgungsbezügen zählen zu den Einnahmen des jeweils Leistungsberechtigten.

14.4  Bei der Ermittlung des anrechenbaren Einkommens und Vermögens der Unterhaltspflichtigen ist zu berücksichtigen, daß sie in aller Regel im fortgeschrittenen Alter eine berufliche Existenz erneut aufbauen, einen Hausstand gründen, für ihr Alter vorsorgen müssen und Anspruch auf angemessene Lebenshaltung haben.

Es gelten folgende monatliche Freibeträge:

a) Für die Unterhaltspflichtigen und für die von ihnen versorgten Unterhaltsberechtigten sind Freibeträge in Höhe des zweifachen des jeweils am Ort der Ausbildungsstätte maßgeblichen Regelsatzes nach dem Bundessozialhilfegesetz sowie die Kosten der Unterkunft einschließlich der Nebenkosten zugrundezulegen. Von den Freibeträgen für die von ihnen versorgten Unterhaltsberechtigten ist deren nach Nr. 13 ermitteltes Einkommen abzuziehen. Als vom Unterhaltspflichtigen versorgt gelten Unterhaltsberechtigte, deren anrechenbares Einkommen den zweifachen für sie maßgeblichen Regelsatz nach dem Bundessozialhilfegesetz nicht erreicht. Für Stipendiaten, die aufgrund dieser Richtlinien ein Stipendium oder aufgrund anderer Rechts- oder Verwaltungsvorschriften eine Ausbildungsbeihilfe oder entsprechende Leistungen erhalten, wird an Stelle des zweifachen für die maßgeblichen Regelsatzes nach dem Bundessozialhilfegesetz ein Freibetrag in Höhe von 80 DM angesetzt, auf den ein nach Nr. 13 zu ermittelndes Einkommen nicht angerechnet wird.

b) Für die Eltern des Stipendiaten wird zusätzlich ein Freibetrag von 180 DM zugrunde gelegt, wenn beide Elternteile Einkommen erzielen. Dies gilt nicht, wenn die Eltern geschieden sind oder dauernd getrennt leben.

c) Bei nachgewiesenen besonderen Belastungen können die Freibeträge angemessen erhöht werden.

14.5 Das die Freibeträge übersteigende Einkommen der Unterhaltspflichtigen bleibt zu 40 v. H. anrechnungsfrei. Der Vomhundertsatz erhöht sich um fünf für jedes Kind, für das nach Nr. 14.4 a ein Freibetrag angesetzt wird.

14.6 Unterhaltsberechtigte Kinder im Sinne der Nr. 14.5 sind

a) eheliche Kinder,

b) für ehelich erklärte Kinder,

c) als Kind angenommene Kinder,

d) nichteheliche Kinder,

e) Stiefkinder, die der Unterhaltspflichtige in seinen Haushalt aufgenommen hat,

f) Pflegekinder (Personen, mit denen der Unterhaltspflichtige durch ein familienähnliches, auf längere Dauer berechnetes Band verbunden ist, sofern er sie in seinen Haushalt aufgenommen hat),

g) Enkel und Geschwister, die der Unterhaltspflichtige in seinen Haushalt aufgenommen hat oder überwiegend unterhält.

14.7 Der die Freibeträge und den anrechnungsfreien Betrag übersteigende Teil des Einkommens ist als zumutbare Eigenleistung der Unterhaltspflichtigen zu gleichen Teilen auf die in der Ausbildung stehenden Unterhaltsberechtigten aufzuteilen, für die nach Nr. 14.4 ein Freibetrag gewährt wird. Der auf den Stipendiaten entfallende Anteil ist auf dessen Bedarf anzurechnen.

## Abschnitt IV

## 15. Ausnahmeregelung

15.1 In besonderen Einzelfällen kann der Bundesminister für Jugend, Familie, Frauen und Gesundheit auf Antrag der Otto Benecke Stiftung Ausnahmen von den Abschnitten I bis III dieser Richtlinien zulassen.

15.2 Soweit die Otto Benecke Stiftung Ermessensentscheidungen von erheblicher grundsätzlicher Bedeutung oder besonderer finanzieller Tragweite treffen will, hat sie vorher die Zustimmung des Bundesministers für Jugend, Familie, Frauen und Gesundheit einzuholen.

## Abschnitt V

## 16. Zuwendungsverfahren

Die Abwicklung der Zuwendungen richtet sich in Ergänzung der Nr. 1 Abs. 3 nach den Nebenbestimmungen für Zuwendungen zur Projektförderung aus dem Garantiefonds (NBest-P-GF).

Für die Bewilligung, Auszahlung und Abrechnung der Zuwendung sowie für den Nachweis und die Prüfung der Verwendung und die ggfs. erforderliche Aufhebung des Zuwendungsbescheids und die Rückforderung der gewährten Zuwendung gelten die Vorl. VV zu den §§ 44, 44a BHO, soweit nicht in diesen Förderrichtlinien Abweichungen zugelassen sind.

**Abschnitt VI**

**17. Inkrafttreten**

Diese Richtlinien treten am 1. August 1988 in Kraft mit der Maßgabe, daß die bis dahin aufgrund der Allgemeinen Verwaltungsvorschriften (sog. Garantiefonds – AVV-GF in der ab 1. 3. 1984 gültigen Fassung) erteilten Bewilligungen bis zum Ablauf des Bewilligungszeitraumes gelten.

## 9.4 Nebenbestimmungen für Zuwendungen zur Projektförderung aus dem Garantiefonds (NBest-P-GF) (zu Nr. 16 der RL-GF-H)
## (GMBl. 1988, S. 262)

Die NBest-P-GF enthalten Nebenbestimmungen (Bedingungen und Auflagen) i. S. des § 36 des Verwaltungsverfahrensgesetzes sowie notwendige Erläuterungen. Die Nebenbestimmungen sind Bestandteil des Zuwendungsbescheides, soweit dort nicht ausdrücklich etwas anderes bestimmt ist.

**Inhalt**

Nr. 1  Anforderung und Verwendung der Zuwendung

Nr. 2  Nachträgliche Ermäßigung der Ausgaben

Nr. 3  Mitteilungspflichten des Zuwendungsempfängers

Nr. 4  Nachweis der Verwendung

Nr. 5  Prüfung der Verwendung

Nr. 6  Erstattung der Zuwendung, Verzinsung

Nr. 7  Erstattung von Stipendienmitteln

Nr. 8  Veränderung von Ansprüchen

**1. Anforderung und Verwendung der Zuwendung**

1.1  Die Zuwendung darf nur zur Erfüllung des im Zuwendungsbescheid bestimmten Zwecks verwendet werden. Die Zuwendung ist wirtschaftlich und sparsam zu verwenden.

1.2  Die Zuwendung darf nur insoweit und nicht eher angefordert werden, als sie innerhalb von zwei Monaten nach der Auszahlung für fällige Zahlungen benötigt wird. Die Anforderung jedes Teilbetrages muß die zur Beurteilung des Mittelbedarfs erforderlichen Angaben enthalten.

1.3  Der Zuwendungsbescheid kann mit Wirkung für die Zukunft widerrufen werden, wenn sich herausstellt, daß der Zuwendungszweck nicht zu erreichen ist.

1.4  Über Anträge auf Gewährung von Stipendien hat die Otto Benecke Stiftung unverzüglich zu entscheiden. Das Ergebnis der jeweiligen Antragsprüfung ist zu vermerken. In den Vermerk sollen insbesondere die einzelnen Leistungen und deren Angemessenheit begründet werden.

1.5  Die Weitergabe von Zuwendungsmitteln an den Stipendiaten erfolgt auf der Grundlage eines mit ihm abzuschließenden privatrechtlichen Vertrages. In dem Vertrag ist insbesondere folgendes zu regeln:

– Art, Umfang und Dauer der einzelnen von der Otto Benecke Stiftung dem Antragsteller auf der Grundlage der Antragsunterlage zu gewährenden Stipendien,

– Zahlungsmodalitäten für die einzelnen Stipendien,

– Anerkennung der Gründe für eine Kündigung des Vertrages, der Rückzahlungsverpflichtungen und der sonstigen Rückzahlungsregelungen durch den Antragsteller und

– Verpflichtung des Antragstellers,

○ Änderungen von Tatsachen, die der Bemessung der Stipendien zugrunde lagen, sofort schriftlich anzuzeigen

sowie

○ jederzeit auf Anfrage für die Prüfung der Förderungsvoraussetzungen notwendig erscheinenden Unterlagen und

○ in regelmäßigen Abständen und bei Beendigung der Förderung einen Bericht über den Ablauf der Ausbildung und einen Nachweis darüber, daß die Voraussetzungen für die Förderung fortbestanden haben,

vorzulegen.

Ferner kann in dem Vertrag vereinbart werden, daß Teile des Stipendiums an Sprachkursträger und andere Dritte überwiesen werden.

## 2. Nachträgliche Ermäßigung der Ausgaben

Ermäßigen sich nach der Bewilligung die nach dem Zuwendungsbescheid vorgesehenen Gesamtausgaben für den Zuwendungszweck, ermäßigt sich die Zuwendung entsprechend.

## 3. Mitteilungspflichten des Zuwendungsempfängers

Der Zuwendungsempfänger ist verpflichtet, unverzüglich der Bewilligungsbehörde anzuzeigen, wenn

3.1 der Verwendungszweck oder sonstige für die Bewilligung der Zuwendung maßgebliche Umstände sich ändern oder wegfallen,

3.2 sich herausstellt, daß der Zuwendungszweck nicht oder mit der bewilligten Zuwendung nicht zu erreichen ist,

3.3 die abgerufenen oder ausgezahlten Beträge nicht innerhalb von zwei Monaten nach Auszahlung verbraucht werden können,

3.4 ein Konkurs- oder Vergleichsverfahren gegen ihn beantragt oder eröffnet wird.

## 4. Nachweis der Verwendung

4.1 Die Verwendung der Zuwendung ist bis zum 30. April des auf den Bewilligungszeitraum folgenden Jahres nachzuweisen (Verwendungsnachweis).

4.2 Der Verwendungsnachweis besteht aus einem Sachbericht und einem zahlenmäßigen Nachweis.

4.3 In dem Sachbericht sind die Verwendung der Zuwendung sowie das erzielte Ergebnis im einzelnen darzustellen.

4.4 In dem zahlenmäßigen Nachweis sind die Einnahmen und Ausgaben in zeitlicher Folge und voneinander getrennt entsprechend der Gliederung im Abschnitt „Projektförderung" des Wirtschaftsplans auszuweisen. Der Nachweis muß alle mit dem Zuwendungszweck zusammenhängenden Einnahmen und Ausgaben enthalten.

4.5 Die Belege müssen die im Geschäftsverkehr üblichen Angaben und Anlagen enthalten, die Ausgabebelege, insbesondere den Zahlungsempfänger, Grund und Tag der Zahlung sowie den Zahlungsbeweis. Im Verwendungsnachweis ist zu bestätigen, daß die

Ausgaben notwendig waren, daß wirtschaftlich und sparsam verfahren worden ist und die Angaben mit den Büchern und gegebenenfalls den Belegen übereinstimmen.

4.6  Der Zuwendungsempfänger hat die Belege fünf Jahre nach Vorlage des Verwendungsnachweises aufzubewahren, sofern nicht nach steuerrechtlichen oder anderen Vorschriften eine längere Aufbewahrungsfrist bestimmt ist.

4.7  Über die Darstellung im sachlichen Bericht des Verwendungsnachweises hinaus ist dem Bundesminister alljährlich eine Zwischenmeldung und eine Jahrestatistik nach dem dem Bewilligungsbescheid beigefügten Muster über die Förderung zuzuleiten.

## 5.  Prüfung der Verwendung

5.1  Der Bundesminister für Jugend, Familie, Frauen und Gesundheit (einschließlich der für ihn zuständigen Vorprüfungsstelle) ist berechtigt, Bücher, Belege, Verträge und sonstige Geschäftsunterlagen anzufordern sowie die Verwendung der Zuwendung durch örtliche Erhebungen zu prüfen oder durch Beauftragte prüfen zu lassen. Der Zuwendungsempfänger hat die erforderlichen Unterlagen bereitzuhalten und die notwendigen Auskünfte zu erteilen.

5.2  Unterhält der Zuwendungsempfänger eine eigene Prüfungseinrichtung, ist von dieser der Verwendungsnachweis vorher zu prüfen und die Prüfung unter Angabe ihres Ergebnisses zu bescheinigen.

## 6.  Erstattung der Zuwendung, Verzinsung

6.1  Die Zuwendung ist zu erstatten, soweit der Zuwendungsbescheid nach Verwaltungsverfahrensrecht (§§ 48, 49 VwVfG), nach Haushaltsrecht (§ 44a BHO) oder anderen Rechtsvorschriften unwirksam oder mit Wirkung für die Vergangenheit zurückgenommen oder widerrufen wird.

6.2  Nr. 6.1 gilt insbesondere, wenn

6.2.1  eine auflösende Bedingung eingetreten ist (z. B. nachträgliche Ermäßigung der Ausgaben),

6.2.2  die Zuwendung durch unrichtige oder unvollständige Angaben erwirkt worden ist,

6.2.3  die Zuwendung nicht oder nicht mehr für den vorgesehenen Zweck verwendet wird.

6.3  Ein Widerruf mit Wirkung für die Vergangenheit kann auch in Betracht kommen, soweit der Zuwendungsempfänger

6.3.1  die Zuwendung nicht alsbald nach Auszahlung für fällige Zahlungen verwendet oder

6.3.2  Auflagen nicht oder nicht innerhalb einer gesetzten Frist erfüllt, insbesondere den vorgeschriebenen Verwendungsnachweis nicht rechtzeitig vorlegt sowie Mitteilungspflichten (Nr. 5) nicht rechtzeitig nachkommt.

6.4  Der Erstattungsanspruch ist nach § 44a Abs. 3 BHO mit 6 v. H. für das Jahr zu verzinsen.

6.5  Werden Zuwendungen nicht alsbald nach der Auszahlung zur Erfüllung des Zuwendungszwecks verwendet und wird der Zuwendungsbescheid nicht zurückgenommen oder widerrufen, können für die Zeit von der Auszahlung bis zur zweckentsprechenden Verwendung ebenfalls Zinsen in Höhe von 6 v. H. für das Jahr verlangt werden.

## 7.  Erstattung von Stipendienmitteln

7.1  Erstattungen aufgrund von Vorschußzahlungen durch endgültig verpflichtete Kostenträger (Nr. 6.2 der RL-GF-H) müssen in den dafür vorgesehenen Einnahmetitel (Kap. 1502

Tit. 182 08) des Bundeshaushalts eingezahlt werden; sie dürfen nicht zur Verstärkung der Zuwendungsmittel eingesetzt werden.

7.2 Einnahmen aus der Abrechnung von Stipendien fließen im Jahr der Stipendienvergabe den Zuwendungsmitteln zu; in den folgenden Haushaltsjahren sind sie als vermischte Einnahmen im institutionellen Haushalt der Otto Benecke Stiftung zu verbuchen.

## 8. Veränderung von Ansprüchen

8.1 Die Otto Benecke Stiftung ist berechtigt, Ansprüche

– bis zur Höhe von 5 000 DM bis zu 18 Monate und
– bis zur Höhe von 2 500 DM bis zu 3 Jahre

zu stunden, wenn die sofortige Einziehung mit erheblichen Härten für den Schuldner verbunden wäre und der Anspruch durch die Stundung nicht gefährdet wird. Bei Gewährung der Stundung ist eine Stundungsfrist festzulegen.

8.2 Die Otto Benecke Stiftung ist berechtigt, von der Weiterverfolgung von Ansprüchen bis zur Höhe von 1 500 DM abzusehen, wenn die Einziehung wegen der wirtschaftlichen Verhältnisse des Schuldners oder aus anderen Gründen voraussichtlich dauernd ohne Erfolg bleibt und eine Stundung nach Nr. 8.1 nicht in Betracht kommt.

8.3 Die Otto Benecke Stiftung unterrichtet den Bundesminister für Jugend, Familie, Frauen und Gesundheit halbjährlich über Entscheidungen nach Nrn. 8.1 und 8.2.

8.4 In Fällen von grundsätzlicher Bedeutung ist vorher die Zustimmung des Bundesministers für Jugend, Familie, Frauen und Gesundheit einzuholen.

## 9.5 Richtlinien des Bundesministers für Bildung und Wissenschaft über Zuwendungen an die Otto Benecke Stiftung zur Förderung der Eingliederung von Aussiedlern mit abgeschlossenem Hochschulstudium (Akademikerprogramm) i. d. F. vom 1. Juli 1990

### 1. Zuwendungszweck

1.1 Der Bund gewährt nach Maßgabe dieser Richtlinie und der vorläufigen Verwaltungsvorschriften zu §§ 44, 44 a BHO Zuwendungen an die Otto Benecke Stiftung, mit denen diese deutschen ausgesiedelten Hochschulabsolventen eine der im Herkunftsland durchgeführten Ausbildung entsprechende Eingliederung in das Berufssystem der Bundesrepublik Deutschland fördert. Mit den Zuwendungen an die Otto Benecke Stiftung wird die Förderung voll finanziert.

1.2 Die Otto Benecke Stiftung nimmt die Förderung als satzungsgemäße Aufgabe wahr. Sie wird dabei die in den Ziffern 2 bis 10 dieser Richtlinien aufgestellten Grundsätze anwenden.

### 2. Personenkreis und Nachweis der Antragsberechtigung

2.1 Gefördert werden Aussiedler, die zum Zeitpunkt des Beginns einer Ausbildung nach Ziff. 4 das 30. Lebensjahr vollendet haben. Der Nachweis der Zugehörigkeit zum antragsberechtigten Personenkreis erfolgt durch Vorlage des Vertriebenenausweises A oder B bzw. des Aufnahmebescheides.

2.2 In den Fällen der Ziff. 3.3 erfolgt die Förderung auch für Antragsteller, die das 30. Lebensjahr noch nicht vollendet haben, wenn ihr Antrag auf Förderung nach dem Bundesausbildungsförderungsgesetz abgelehnt wurde.

2.3 Die Förderung ist ausgeschlossen, wenn der Antragsteller das 50. Lebensjahr vollendet hat. Der Bundesminister für Bildung und Wissenschaft kann im Einzelfall Ausnahmen zulassen.[1]

### 3. Voraussetzung der Förderung

Voraussetzung für die Förderung ist, daß der Antragsteller vor der Aussiedlung ein Hochschulstudium oder eine gleichwertige Ausbildung abgeschlossen hat, sein dort berufsqualifizierender Abschluß hier jedoch

3.1 nicht anerkannt wird,

3.2 nur teilweise anerkannt wird, oder

3.3 zwar voll anerkannt wird, aber nur mit Hilfe eines Ergänzungsstudiums bzw. -kurses verwertbar ist,

und die Förderung für eine angemessene berufliche Eingliederung notwendig ist.

### 4. Förderungsfähige Ausbildung

Die Förderung wird gewährt

4.1 zur Teilnahme an Kursen zum Erlernen der deutschen Sprache

4.2 zum Studium an Hochschulen in der Bundesrepublik Deutschland und

4.3 zur Teilnahme an besonderen, geeigneten Kursen und Maßnahmen, die zur beruflichen Eingliederung notwendig sind.

### 5. Anspruch und Antragsfristen

5.1 Auf die Förderung besteht kein Rechtsanspruch.

5.2 Der erstmalige Antrag auf Förderung muß innerhalb eines Jahres nach Einreise in die Bundesrepublik Deutschland bzw. nach Ausstellung des Vertriebenenausweises gestellt werden.

5.3 Ein verspäteter Antrag kann nur zugelassen werden, wenn der Antragsteller aus von ihm nicht zu vertretenden Gründen die Notwendigkeit einer Eingliederungsmaßnahme aufgrund von Ziff. 3 oder einer Inanspruchnahme der Fördermaßnahme nicht kannte. Auch in diesem Fall ist aber die Förderung ausgeschlossen, wenn der Antrag nicht innerhalb von drei Jahren nach dem Eintreffen im Bundesgebiet gestellt wurde.

### 6. Dauer der Förderung

6.1 Die Förderung erfolgt vom Beginn der Ausbildung nach Ziff. 4 einschließlich der unterrichts- oder vorlesungsfreien Zeit, frühestens jedoch vom Beginn des Antragsmonats an; sie endet mit Ablauf des Monats, in dem das Abschlußzeugnis ausgestellt wird.

6.2 Die Förderung endet bei Ausbildungen aufgrund von Ziffern 3.1 und 3.2 spätestens mit Erreichen der Förderungshöchstdauer nach der Förderungshöchstdauerverordnung zum Bundesausbildungsförderungsgesetz in der jeweils geltenden Fassung, es sei denn, das Studium verzögert sich aus Gründen, die in der Aussiedlung liegen. Eine Verlängerung wird von der Otto Benecke Stiftung im Einvernehmen mit der Hochschule oder dem sonstigen Träger der Maßnahme und in Abstimmung mit dem BMBW festgelegt.

---

[1] Einführung von Satz 2 am 27. Juli 1987

Bei Ausbildungen aufgrund von Ziff. 3.3 wird die Förderungshöchstdauer von der Otto Benecke Stiftung im Einvernehmen mit der Hochschule oder dem sonstigen Träger der Maßnahme festgelegt.

## 7. Art und Abschnitte der Förderung

7.1 Die Förderung wird auf der Grundlage eines vom Antragsteller mit der Otto Benecke Stiftung zu schließenden Vertrages als Beihilfe gewährt, die monatlich gezahlt wird.

7.2 Die Förderung wird in der Regel bei einer Maßnahme nach Ziffern 4.1 und 4.3 für die Dauer der Maßnahme vereinbart. Für eine Maßnahme nach Ziff. 4.2 wird die Förderung in der Regel für ein Semester vereinbart.

7.3 Wird die Ausbildung des/der Geförderten aus Gründen einer Krankheit oder Schwangerschaft vorübergehend unterbrochen, wird die Beihilfe bis zu drei Monaten weitergezahlt.

## 8. Umfang der Förderung

8.1 Die Beihilfe setzt sich zusammen aus:

– Ausbildungskosten

– Kosten des Lebensunterhaltes des Geförderten

– Sonderbedarf

8.2 Ausbildungkosten sind:

– Sprachkurskosten

– Kosten der Eingliederungskurse nach Ziff. 4.3

– Kosten für notwendige Lernmittel, die als monatliche Pauschale ausgezahlt werden. Sie wird jährlich vom Bundesministerium für Bildung und Wissenschaft in Abstimmung mit der Otto Benecke Stiftung festgelegt,

– notwendige Fahrtkosten. Das sind die notwendigen Fahrkosten für die An- und Rückfahrt zur Ausbildungsstätte, die An- und Abreise zum Ausbildungsort sowie für Familienheimfahrten in entsprechender Anwendung des § 5 Abs. 1 der Trennungsgeldverordnung des Bundes zum Wohnsitz des Ehegatten und der Kinder. Notwendig im Sinne dieser Bestimmung sind die Kosten für die billigste Fahrkarte des preislich günstigsten regelmäßig verkehrenden Beförderungsmittels.

Bemerkung:

Die entsprechende Anwedung des § 5 Abs. 1 der Trennungsgeldverordnung des Bundes bedeutet im wesentlichen:

1. Eine Reisebeihilfe zum Besuch der Familie wird gewährt, wenn der Geförderte vor Beginn der Förderung mit seinem Ehegatten in häuslicher Gemeinschaft gelebt hat, oder wenn er mit seinen Eltern – oder mit anderen Verwandten bis zum 4. Grade – in häuslicher Gemeinschaft gelebt und ihnen Unterkunft und Unterhalt ganz oder überwiegend gewährt hat.

2. Die Reisebeihilfe wird einmal im Monat gewährt. Eine zweite Reisebeihilfe im Monat wird gewährt, wenn die Entfernung zwischen dem Familienwohnsitz und der Ausbildungsstätte mehr als 300 km beträgt. Zusätzlich kann eine Reisebeihilfe aus Anlaß des Todes oder einer durch ärztliches Attest nachgewiesenen lebensgefährlichen Erkrankung des Ehegatten, eines Kindes oder eines Verwandten, mit dem der Geförderte in häuslicher Gemeinschaft gelebt hat, gewährt werden.

3. Als Reisebeihilfe werden die Kosten für die billigste Fahrkarte, des wirtschaftlichsten regelmäßigen Verkehrsmittels einschließlich der Kosten für den Zu- und Abgang gewährt.

   In Zweifelsfällen sollte die Otto Benecke Stiftung um Auskunft gebeten werden.

8.3 Als Kosten des Lebensunterhalts gelten:

– Kosten für Verpflegung und persönliche Bedürfnisse in Höhe des Betrages, der sich als doppelter Mittelwert aus dem in den einzelnen Bundesländern festgestellten Regelsätzen nach dem Bundessozialhilfegesetz (BSHG) für einen Alleinstehenden (Haushaltsvorstand) ergibt

– Kosten der Unterbringung bis zu 250 DM monatlich.

8.4 Zum Sonderbedarf zählen:

– nachgewiesene Kosten der Krankenversicherung sowie Kosten für eine unerläßliche und unaufschiebbare ärztliche Behandlung, soweit diese Kosten durch die bestehende Krankenversicherung nicht gedeckt werden können. Kosten für die Krankenversicherung werden bis zur Höhe der ortsüblichen Mindestsätze der AOK anerkannt bzw. der entsprechenden Ersatzkassen.

– nachgewiesene Kosten der Übersetzung, der Beglaubigung und Anerkennung von Vorbildungsnachweisen

– Kosten, die mit der Aufnahme der Ausbildung im Zusammenhang stehen, wie z. B. die Anschaffung einer Grundausstattung von Lehrbüchern. Hierfür kann, unabhängig von der Pauschale nach Ziff. 8.2, für notwendige Lernmittel gegen Nachweis eine einmalige Beihilfe bis zu 500 DM gezahlt werden.

## 9. Anrechnung von Einkommen

9.1 Werden Leistungen nach dem Bundesausbildungsförderungsgesetz oder entsprechende Leistungen gewährt, so werden diese Leistungen voll auf die Beihilfe angerechnet. Der Anspruch auf Leistungen nach dem Bundesausbildungsförderungsgesetz ist geltend zu machen. Vorausgeleistete Beihilfen nach diesen Richtlinien sind ggf. zurückzuzahlen oder werden mit laufenden Beihilfen verrechnet.

9.2 Neben der Ausbildung darf ein nach Ziffern 2 bis 8 Förderungsberechtigter einer Erwerbstätigkeit nur nachgehen, wenn

a) dies der Eingliederung dient oder

b) unterhaltsberechtigte Kinder vorhanden sind und kein weiterer für diese Kinder Unterhaltspflichtiger Einkommen aus Erwerbstätigkeit erzielt.

Von den Einkommen aus dieser Erwerbstätigkeit bleiben 260 DM monatlich anrechnungsfrei. Der Restbetrag wird im Falle a) voll, im Falle b) insoweit angerechnet, als er die für diese Kinder maßgeblichen doppelten BSHG-Sätze übersteigt.

9.3 Das Einkommen der Eltern des nach Ziffern 2 bis 9 Förderungsberechtigten bleibt unberücksichtigt.

9.4 Das Einkommen des Ehegatten wird erst drei Jahre nach dem Zeitpunkt angerechnet, zu dem erstmalig der nach Ziffern 2 bis 8 Förderungsberechtigte oder sein Ehegatte im Bundesgebiet eingetroffen ist. Als monatliches Einkommen des Ehegatten gilt das durch zwölf geteilte versteuerte Jahreseinkommen des Kalenderjahres vor der Einzelvereinbarung über die Förderung, wie es sich aus dem Lohn- bzw. Einkommensteuerbescheid ergibt, abzüglich der tatsächlich geleisteten Steuern. Von diesem Betrag bleibt für den Ehegatten ein Betrag in Höhe des doppelten Regelsatzes nach dem BSHG für den Haushaltungsvorstand und für jedes Kind ein Betrag in Höhe des doppelten Regelsatzes nach dem BSHG anrechnungsfrei.

## 10. Kündigung und Rückzahlungspflicht

10.1 Der Geförderte ist verpflichtet, der Otto Benecke Stiftung Änderungen von Sachverhalten, die der Förderung oder der Bemessung der Beihilfe zugrunde liegen, sofort schriftlich anzuzeigen.

10.2 Die Otto Benecke Stiftung ist gehalten, den Vertrag mit dem/der Geförderten aus wichtigem Grund zu kündigen. Ein wichtiger Grund ist gegeben, wenn

a) die Voraussetzungen für die Beihilfen entfallen sind

b) der/die Geförderte vorsätzlich oder fahrlässig unrichtige Angaben über erhebliche Tatsachen gemacht oder solche Tatsachen verschwiegen hat

c) der/die Geförderte der Verpflichtung nach Ziffer 10.1 nicht nachgekommen ist.

10.3 Bei Kündigung wird die Zahlung der Beihilfen eingestellt. Im Falle der Ziff. 10.2 b werden die Beihilfen eingestellt. Im Falle der Ziff. 10.2 b sind die Beihilfen von Anfang an zurückzuzahlen und mit 6 % für das Jahr zu verzinsen, in sonstigen Fällen der Kündigung vom Zeitpunkt des Eintritts des Grundes an zurückzuzahlen und entsprechend zu verzinsen.

Hat der/die Geförderte den Grund nicht zu vertreten, so können ihm/ihr die Zuschüsse belassen werden.

11. Übersiedler aus der DDR und Berlin (Ost), die vor dem 1. Juli 1990 ihren ständigen Aufenthalt in der Bundesrepublik Deutschland genommen haben, erhalten Leistungen nach der Richtlinie zum Akademikerprogramm in der Fassung vom 1. 10. 1985.

**12. Diese Richtlinien treten am 1. Juli 1990 in Kraft.**


# 9.6 Vereinbarung über die Berechnung der Gesamt- bzw. Durchschnittsnote der Hochschulzugangsberechtigung deutscher Aussiedler, Beschluß der Kultusministerkonferenz vom 9. September 1985 (GMBl. 1986, S. 351)

(1) Gesamtnote bei Anerkennung der ausländischen Vorbildung als Nachweis der Hochschulreife

In den Fällen nach Ziffer 5.3.4 der Zweiten Neufassung der Empfehlung zur Eingliederung von deutschen Aussiedlern in Schule und Berufsausbildung (Beschluß der Kultusministerkonferenz vom 17. 11. 1977) besteht die Hochschulzugangsberechtigung aus zwei Leistungsnachweisen, die für die Berechnung der Gesamtnote im Verhältnis 1 : 1 berücksichtigt werden. Für Ansatz und Berechnung gelten die Regelungen der Vereinbarung über die Berechnung der Gesamt- bzw. Durchschnittsnoten ausländischer Hochschulzugangsberechtigungen deutscher Staatsbürger zur Aufnahme eines Studiums an einer deutschen Hochschule (Beschluß der Kultusministerkonferenz vom 12. 8. 1977) entsprechend

(2) Gesamtnote bei Erwerb der Hochschulreife durch eine Zusatzprüfung

In den Fällen nach Ziffer 6.1 i.V.m. Ziffer 6.5 (Abschlußprüfung/Bestätigungsprüfung) und Ziffer 6.3 i.V.m. Ziffer 6.7 (Erweiterte Abschlußprüfung der Aussiedler aus der SU) des Beschlusses der Kultusministerkonferenz vom 17. 11. 1977 besteht die Hochschulzugangsberechtigung aus zwei Zeugnissen, die für die Berechnung der Gesamtnote im Verhältnis 1 : 1 berücksichtigt werden. Für das Hochschulzugangszeugnis des Herkunftslandes gelten die Regelungen des Beschlusses der Kultusministerkonferenz vom 12. 8. 1977 entsprechend. Für das Zeugnis aus dem Sonderlehrgang bzw. das Zeugnis über die Bestätigungsprüfung gilt Absatz 4.

(3) Durchschnittsnote bei Erwerb der Hochschulreife mit der Erweiterten Abschlußprüfung nach einjährigem Sonderlehrgang

In den Fällen nach Ziffer 6.2. i.V.m. Ziffer 6.6 (Schüler aus der letzten Jahresklasse) des Beschlusses der Kultusministerkonferenz vom 17. 11. 1977 tritt die Durchschnittsnote der Erweiterten Abschlußprüfung an die Stelle der Gesamtnote.

(4) Feststellung der Durchschnittsnote der Prüfung im Sonderlehrgang

Die Durchschnittsnote der Abschlußprüfung bzw. der Erweiterten Abschlußprüfung wird als arithmetisches Mittel aus den Endnoten aller im Sonderlehrgang unterrichteten Fächer gebildet, bei einer Bestätigungsprüfung aus den Noten der Prüfungsfächer. Hierbei gehen die Endnoten in Fächern des gesellschaftswissenschaftlichen Aufgabenfeldes mit nur einer Note (arithmetisches Mittel) in die Berechnung ein. Noten für zusätzliche Unterrichtsveranstaltungen und ggf. die Note im Fach Religion bleiben unberücksichtigt. Die Durchschnittsnote wird auf eine Stelle hinter dem Komma errechnet; es wird nicht gerundet.

(5) Bescheinigung

Über die Gesamtnote der Hochschulzugangsberechtigung wird bei einer Prüfung nach Absatz 2 von der Stelle, die nach Landesrecht dazu beauftragt ist, eine Bescheinigung nach dem anliegenden Muster ausgestellt. Bei einer Prüfung nach Absatz 3 ist das Prüfungszeugnis die Hochschulzugangsberechtigung.

(6) Durchschnittsnote für ein Zeugnis der Fachhochschulreife

Aussiedlern, deren Vorbildungsnachweis nach Ziffer 5.3.3 des Beschlusses der Kultusministerkonferenz vom 17. 11. 1977 als Fachhochschulreife anerkannt worden ist, wird auf Antrag die gemäß Absatz 2 Satz 2 ermittelte Durchschnittsnote des Hochschulzugangszeugnisses des Herkunftslandes bescheinigt. In den Fällen der Ziffer 6.3.3 (Vorrücken in das zweite Jahr des zweijährigen Sonderlehrgangs) des Beschlusses der Kultusministerkonferenz vom 17. 11. 1977 wird die Gesamtnote für das Zeugnis der Fachhochschulreife in sinngemäßer Anwendung von Absatz 2 ermittelt.

(7) Datum des Erwerbs der Hochschulreife

Als Datum des Erwerbs der allgemeinen Hochschulreife nach Absatz 1 und Absatz 2 gilt das Datum des Hochschulzugangszeugnisses des Herkunftslandes. In den Fällen nach Absatz 3 wird die allgemeine Hochschulreife mit dem Tage, an dem die jeweilige Prüfung bestanden wurde, in den Fällen nach Absatz 6 Satz 2 wird die Fachhochschulreife mit dem erfolgreichen Abschluß des ersten Jahres des zweijährigen Sonderlehrgangs erworben.

(8) Ermittlung der Gesamtnote, wenn Nachweise fehlen

Noten, die in eidesstattlichen Erklärungen gemäß § 93 Absatz 2 des Bundesvertriebenengesetzes (BVFG) angegeben werden, werden zur Feststellung der Durchschnitts- bzw. Gesamtnote nicht berücksichtigt. In diesen Fällen wird nur die Durchschnittsnote des vorhandenen Nachweises berücksichtigt.

Liegt kein Nachweis vor, wird die unterste Bestehensnote angesetzt. Hierauf wird in der Bescheinigung ausdrücklich hingewiesen.

Sind in den vorgelegten Hochschulzeugnissen die für die Durchschnittsnotenberechnung erforderlichen Angaben nicht oder nicht hinreichend nachgewiesen, werden hilfsweise die höherwertigen Studienergebnisse in aufsteigender Folge für die Berechnung herangezogen (so wird bei nachzuweisendem dreisemestrigem Studium das geamte erste und zweite Studienjahr herangezogen, wenn Ergebnisse nur jeweils für ein ganzes Studienjahr ausgewiesen sind; ist eine zeitliche Staffelung der Studienleistungen nicht ausgewiesen, werden alle vorhandenen Noten in die Berechnung einbezogen; liegt ausschließlich ein benotetes Diplom vor, geht die Diplomnote in die Berechnung ein). Ziffer 1.3.2 des Beschlusses der Kultusministerkonferenz vom 12. 8. 1977 gilt sinngemäß.

(9) Die Vereinbarung über die Eingliederung von deutschen Aussiedlern in das Zulassungsverfahren gemäß Staatsvertrag über die Vergabe von Studienplätzen (Beschluß der Kultusministerkonferenz vom 7. 11. 1975 i.d.F. vom 26. 5. 1978) wird aufgehoben.

# Muster

_____

## Bescheinigung
(ausgestellt im Auftrag des Kultusministers des Landes _____)

Für das

_____

ausgestellt am _____ 19_____ in _____

und das _____

ausgestellt am _____ 19_____ in _____

beide ausgestellt für Herrn/Frau/Fräulein _____, geb. _____

geb. am _____                              in_____

wird gemäß § 11 (8) der Verordnung über die zentrale Vergabe von Studienplätzen
(Vergabeverordnung – VergabeVO) in der jeweils gültigen Fassung für das Land

_____

– Gesamtnote

_____

(in Worten: _____/_____)
festgesetzt.

Datum des Erwerbs der Hochschulzugangsberechtigung:

Siegel

_____, den _____, 19_____        _____

## 9.7 Vereinbarung über die Errechnung der Durchschnittsnote für Zeugnisse über die Hochschulzugangsberechtigung aus der DDR, Beschluß der Kultusministerkonferenz vom 8. Juli 1987 (GMBl. S. 455)

1. Bei der Errechnung der Durchschnittsnote für Zeugnisse über die Hochschulzugangsberechtigung aus der DDR, die aufgrund der Vereinbarung über die „Anerkennung von Reifezeugnissen aus der DDR" (Beschluß der Kultusministerkonferenz vom 15. Januar 1970 i.d.F. vom 23. Februar 1979) anerkannt sind, ist analog der „Vereinbarung über die Berechnung der Gesamt- bzw. Durchschnittsnoten ausländischer Hochschulzugangsberechtigungen deutscher Staatsbürger zur Aufnahme eines Studiums an einer deutschen Hochschule" (Beschluß der Kultusministerkonferenz vom 12. August 1977) zu verfahren.

2. Die Umrechnung der Durchschnittsnote in das hiesige Notensystem erfolgt nach folgender Formel:

$$x = 1 + 3 \, \frac{N_{max} - N_d}{N_{max} - N_{min}}$$

($x$ = gesuchte Durchschnittsnote im hiesigen Notensystem,
$N_d$ = Durchschnittsnote, wie sie sich aus dem Notensystem der DDR ergibt,
$N_{max}$ = bestmögliche Note des Notensystems der DDR,
$N_{min}$ = unterste Bestehensnote des Notensystems der DDR)

Bei einem im Bestehensbereich vierstufigen Notensystem ist eine Umrechnung nicht erforderlich.

3. Grundsätze für die Errechnung der Durchschnittsnote:

3.1 Zugrunde zu legen sind die Einzelnoten, nicht die Gesamtnote. Prüfungsnoten in den einzelnen Fächern gehen Schulabschlußnoten vor. Liegt nur eine Gesamtnote vor, ist nach Ziffer 1.1.2 des og. Notenbeschlusses vom 12. August 1977 zu verfahren.

3.2 Weist das Reifezeugnis im Rahmen des „wahlweise obligatorischen Unterrichts" aus, ist die Note, soweit nicht Ziff. 3.3 gilt, in die Berechnung einzubeziehen. Noten für den fakultativen Unterricht bleiben unberücksichtigt.

3.3 Noten in den Fächern Kunst, Musik und Sport werden nur berücksichtigt, wenn sie Kernpflichtfächer waren. Ist in einem Zeugnis über den Fachschulabschluß, für das hinsichtlich der beruflichen Fächer Ziff. 3.6 gilt, unter den allgemeinbildenden Fächern das Fach Kulturtheorie/Ästhetik ausgewiesen, gilt es als Kernpflichtfach.

3.4 Noten in wehrkundlichen Fächern werden nicht berücksichtigt.

3.5 Fächer des gesellschaftswissenschaftlichen Aufgabenfeldes einschließlich Philosophie gehen mit einer Note (auf eine Stelle nach dem Komma gerundetes arithmetisches Mittel) in die Berechnung ein.

3.6 Noten in Fächern, die dem beruflichen Schulwesen zuzurechnen sind, gehen mit einer Note (auf eine Stelle nach dem Komma gerundetes arithmetisches Mittel) in die Berechnung ein, sofern das Zeugnis einen einheitlichen Bildungsgang ausweist. Bei einem Reifezeugnis mit Facharbeiterzeugnis, in dem die Noten getrennt ausgewiesen werden, handelt es sich um getrennte Bildungsgänge; zugrunde zu legen sind in diesem Fall nur die Noten des allgemeinbildenden Unterrichts.

4. Die „Vereinbarung über die Errechnung der Durchschnittsnote für Zeugnisse über die Hochschulzugangsberechtigung aus der DDR" (Beschluß der Kultusministerkonferenz vom 16. Juni 1976 i.d.F. vom 26. Mai 1978) wird aufgehoben.

## 9.8 Beschluß der Kultusministerkonferenz zur Anerkennung von Reifezeugnissen aus der DDR vom 15. Januar 1970 i. d. F. vom 23. Februar 1979 (GMBl. S. 451)

Die Kultusminister und -senatoren der Länder kommen überein, Studienbewerbern mit Reifezeugnissen, die in der DDR erworben wurden, die Berechtigung zum Studium in der Bundesrepublik Deutschland in dem Umfang zuzuerkennen, in dem das betreffende Zeugnis in der DDR den Zugang zu einem wissenschaftlichen Studium ermöglicht. Die Beschlüsse vom 17./18. Mai 1956, vom 5. Juli 1957 und vom 16. August 1960 werden aufgehoben.

Diese Regelung gilt nur dann auch für Ausländer, wenn diese ein Hochschulzugangszeugnis im Sinne des § 21 des Bildungsgesetzes der DDR besitzen:

– Reifezeugnis der erweiterten Oberschule,

– Reifezeugnis der Abiturklasse in den Einrichtungen der Berufsausbildung,

– Reifezeugnis von Spezialschulen bzw. Spezialklassen,

– Reifezeugnis von Volkshochschulen (ausgenommen Sonderlehrgänge für Ausländer),

– Zeugnis über das Bestehen der Sonderreifeprüfung an Universitäten oder Hochschulen,

– Abschlußzeugnis von Ingenieur- und Fachschulen.

## 9.9 Beschluß der Kultusministerkonferenz zur Anerkennung von DDR-Zeugnissen, die den Abschlußzeugnissen der Realschule vergleichbar sind, vom 4. Januar 1972 (GMBl. S. 112)

1. Die an einer Oberschule der DDR nach dem Besuch von insgesamt 10 Schuljahren erworbenen Versetzungszeugnisse in eine 11. Klasse werden den Abschlußzeugnissen der Realschule gleichgestellt.

2. Die von einer Mittelschule (oder „Zehnklassenschule") in der DDR nach dem Besuch von 10 aufsteigenden Jahresklassen ausgestellten Abschlußzeugnisse werden den Abschlußzeugnissen der Realschule gleichgestellt.

3. Desgleichen werden die Abschlußzeugnisse der 10klassigen allgemeinbildenden polytechnischen Oberschule (nach den Gesetzen vom 2. 12. 1959 bzw. 25. 2. 1965) den Abschlußzeugnissen der Realschule gleichgestellt.

## 10. ANERKENNUNG VON PRÜFUNGEN UND BEFÄHIGUNGSNACHWEISEN

## 10.1 Grundsätze des Bundesministers für Wirtschaft zur rechtlichen Handhabung der §§ 92 und 71 des Bundesvertriebenengesetzes sowie des § 7 Abs. 7 der Handwerksordnung im Bereich der gewerblichen Wirtschaft[1]) vom 26. November 1976

Die mit Polen geschlossenen Vereinbarungen haben zu einem Ansteigen der Aussiedlerzahlen geführt. Die in den meisten Bundesländern zuständigen Behörden

---

[1]) Wortlaut der amtlichen Bekanntmachung vom 26. November 1976, Bundesanzeiger Nr. 235 vom 14. Dezember 1976, S. 1.

der Wirtschaftsverwaltung werden deshalb mehr als bisher mit der Anerkennung von Prüfungszeugnissen und Befähigungsnachweisen nach § 92 BVFG befaßt sein, die Handwerkskammern darüber hinaus auch mit den Sondervorschriften des § 7 Abs. 7 HwO und des § 71 BVFG, die die Eintragung von Vertriebenen in die Handwerksrolle erleichtern.

Ziel der nachfolgenden Grundsätze ist die großzügige und möglichst reibungslose berufliche und gesellschaftliche Eingliederung der neuen Mitbürger. Den zuständigen Behörden soll die Anwendung der genannten Vorschriften erleichtert werden. Gleichzeitig sollen die Grundsätze zu einer einheitlichen Entscheidungspraxis beitragen. Die Grundsätze sind vom Bundesminister für Wirtschaft im Einvernehmen mit dem Bundesminister des Innern, dem Bundesminister für Arbeit und Sozialordnung und dem Bundesminister für Bildung und Wissenschaft sowie den für die Berufsausbildung in der gewerblichen Wirtschaft sowie für Handwerksrecht zuständigen Obersten Landesbehörden erarbeitet worden. Ihre Anwendung wird von diesen Behörden empfohlen.

**A. Anerkennung von Prüfungen und Befähigungsnachweisen nach § 92 BVFG**

**I. § 92 Abs. 1 BVFG**

**Wortlaut:**

»*Prüfungen oder Befähigungsnachweise, die Vertriebene und Sowjetzonenflüchtlinge bis zum 8. Mai 1945 im Gebiet des Deutschen Reiches nach dem Gebietsstande vom 31. Dezember 1937 abgelegt oder erworben haben, sind im Geltungsbereich des Gesetzes anzuerkennen.*«

Es handelt sich nicht um eine echte Anerkennung im Sinne einer konstitutiven Gleichstellung der Prüfungen und Befähigungsnachweise. Die Vorschrift regelt etwas Selbstverständliches. Gegenstand der Anerkennung sind deutsche Prüfungen und Befähigungsnachweise aus der Zeit vor dem 8. Mai 1945, die nach deutschem Recht im Gebiet des Deutschen Reiches (Gebietsstand 31. Dezember 1937), und zwar von jedermann – nicht nur von den Vertriebenen und Sowjetzonenflüchtlingen – abgelegt oder erworben werden konnten.

Unter »Anerkennung« im Sinne des Absatzes 1 wird nicht ein förmlicher, abstrakter Anerkennungsakt verstanden. Gemeint ist vielmehr, daß jeder Hoheitsträger im Rahmen der gerade von ihm zu beurteilenden Frage oder zu treffenden Entscheidung (z. B. bei der Frage der Ausbildereignung nach § 76 Abs. 1 BBiG) die Prüfungen und Befähigungsnachweise so zu berücksichtigen hat, wie jede andere deutsche Prüfung aus der Zeit vor dem 8. Mai 1945.

**II. § 92 Abs. 2 BVFG**

**Wortlaut:**

»*Prüfungen oder Befähigungsnachweise, die Vertriebene und Sowjetzonenflüchtlinge bis zum 8. Mai 1945 in Gebieten außerhalb des Deutschen Reiches nach dem Gebietsstande vom 31. Dezember 1937 abgelegt oder erworben haben, sind anzuerkennen, wenn sie den entsprechenden Prüfungen oder Befähigungsnachweisen im Geltungsbereich des Gesetzes gleichwertig sind.*«

Die Vorschrift regelt einen Fall echter Anerkennung ausländischer Prüfungszeugnisse. Sie ist für die Praxis von besonderer Bedeutung, weil sie regelmäßig Grundlage der Anerkennung sein wird, nachdem sie nunmehr auch auf Prüfungen und Befähigungsnachweise aus der Zeit nach dem 8. Mai 1945 entsprechend anzuwenden ist (§ 92 Abs. 3 BVFG). Im einzelnen sind folgende Voraussetzungen zu beachten:

## 1. Personenkreis

### a) Vertriebene und Sowjetzonenflüchtlinge

Die Begriffsdefinition ergibt sich aus den §§ 1–4 BVFG. Aussiedler sind Vertriebene (§ 1 Abs. 2 Nr. 3 BVFG); wenn die Voraussetzungen des § 2 BVFG erfüllt sind, auch Heimatvertriebene. Die Unterscheidung in Vertriebene und Heimatvertriebene ist in diesem Zusammenhang jedoch ohne Bedeutung.

Der Nachweis der Eigenschaft als Vertriebener oder Sowjetzonenflüchtling wird durch den Vertriebenen- (Flüchtlings-)Ausweis

– A (Heimatvertriebene, § 15 Abs. 2 Nr. 1 in Verbindung mit den §§ 1 und 2 BVFG)

– B (Vertriebene, § 15 Abs. 2 Nr. 2 in Verbindung mit § 1 BVFG)

– C (Sowjetzonenflüchtlinge, § 15 Abs. 2 Nr. 3 in Verbindung mit den §§ 3 und 4 BVFG)

geführt, wobei aber auch andere Formen des Nachweises denkbar sind (z. B. Registrierschein des Bundesbeauftragten für die Verteilung in Friedland).

Außer Betracht bleiben die Vorschriften der §§ 9 bis 13 BVFG über die Inanspruchnahme von Rechten und Vergünstigungen (a. M. Siegert-Musielak, Handwerksordnung, § 7 Anm. 16). § 92 BVFG enthält keine »Rechte und Vergünstigungen« im Sinne dieser Vorschriften (vgl. Richtlinien des Bundesministers für Vertriebene, Flüchtlinge und Kriegsgeschädigte vom 20. Juli 1954, Gemeinsames Ministerialblatt vom 10. September 1954, S. 518, Nr. II), sondern regelt die Feststellung eines durch Prüfung oder Befähigungsnachweis erworbenen Status. Etwaige, die Rechte oder Vergünstigungen einschränkende oder für beendigt erklärende Vermerke im Vertriebenenausweis (vgl. §§ 15 Abs. 4, 19 BVFG) sind deshalb nicht zu beachten.

### b) Zuwanderer aus der DDR, die nicht Sowjetzonenflüchtlinge sind

Nach § 20 Abs. 2 des Flüchtlingshilfegesetzes – FlüHG – in der Fassung der Bekanntmachung vom 15. Mai 1971 (BGBl. I, S. 681) ist § 92 BVFG auch auf Berechtigte nach Abschnitt I dieses Gesetzes anzuwenden. Hierdurch werden die Zuwanderer aus der DDR erfaßt, die nicht schon als Sowjetzonenflüchtlinge unter a) fallen. Die Zugehörigkeit zu diesem Personenkreis wird in der Regel durch den Notaufnahmebescheid nachgewiesen.

Die Ausführungen unter a), daß einschränkende Vorschriften (dort §§ 9–13 BVFG) nicht anzuwenden sind, gelten sinngemäß auch für die Berechtigten nach Abschnitt I FlüHG.

### c) Klärung von Zweifelsfällen

Bei Zweifeln in Status- und Ausweisfragen empfiehlt es sich, Verbindung mit dem örtlich zuständigen Flüchtlingsamt, ggf. auch mit der zuständigen Landesflüchtlingsverwaltung aufzunehmen.

## 2. Prüfungen und Befähigungsnachweise

Die Begriffe stehen selbständig nebeneinander; es handelt sich nicht um eine Tautologie. Eine Prüfung kann gleichzeitig Befähigungsnachweis sein (z. B. handwerkliche Meisterprüfung = Befähigung zur selbständigen Ausübung eines Handwerks; 2. juristische Staatsprüfung = Befähigung zum Richteramt). Andererseits setzt ein Befähigungsnachweis nicht unbedingt eine Prüfung voraus. Prüfungen müssen einen gewissen amtlichen, offiziellen Charakter aufweisen. Befähigungsnachweise bedürfen keiner bestimmten Form (z. B. öffentliche Verleihung, Urkunde), müssen aber eine Berechtigung von öffentlich zumindest anerkannter oder relevanter Bedeutung verleihen (vgl. z. B. § 111 Abs. 2 BBiG oder Fälle des § 7 der Ausbildereignungs-Verordnung vom 20. April 1972, BGBl. I, S. 707).

### 3. Bis zum 8. Mai 1945

Der Stichtag hat seine Bedeutung verloren, nachdem aufgrund des durch das 1. Flüchtlingshilfeänderungsgesetz vom 10. Mai 1971 (BGBl. I, S. 445) eingefügten § 92 Abs. 3 BVFG auch Prüfungen und Befähigungsnachweise aus der Zeit nach dem 8. Mai 1945 anerkannt werden können.

### 4. Außerhalb des Deutschen Reiches nach dem Gebietsstande vom 31. Dezember 1937

Gedacht ist zunächst an osteuropäische Gebiete wie z. B. die Sowjetunion, Polen, die Tschechoslowakei, Ungarn, Rumänien, Bulgarien, Jugoslawien, Albanien, auch China (vgl. z. B. § 1 Abs. 2 Nr. 3 BVFG). In Betracht kommen aber auch alle sonstigen Gebiete, wie das westliche Ausland. Gegenstand der Anerkennung kann deshalb z. B. auch eine französische oder schwedische Prüfung sein, ein Fall, der z. B. bei Vertriebenen i.S. des § 1 Abs. 2 Nr. 1 BVFG denkbar ist. Entscheidend ist, daß der Inhaber des ausländischen Prüfungszeugnisses oder Befähigungsnachweises dem durch § 92 BVFG erfaßten Personenkreis angehört.

### 5. Gleichwertigkeit

Die wichtigste Voraussetzung der Anerkennung ist, daß die Prüfungen oder Befähigungsnachweise den »entsprechenden« Prüfungen oder Befähigungsnachweisen im Geltungsbereich des BVFG »gleichwertig« sind.

#### a) Auslegungskriterien

Die Bedeutung des Begriffs »Gleichwertigkeit« als eines unbestimmten Rechtsbegriffs ist im Wege der Auslegung zu ermitteln. Hierbei kommt es auf den Gesetzeszweck, den Wortsinn und den zu würdigenden Lebenssachverhalt an.

#### aa) Zweck des § 92 Abs. 2 BVFG

§ 92 Abs. 2 BVFG bezweckt – wie das BVFG überhaupt – die Eingliederung der Vertriebenen und Flüchtlinge durch

– wirtschaftliche und gesellschaftliche Eingliederung und

– Besitzstandswahrung

– unter besonderer Berücksichtigung des Sozialstaatsgedankens.

#### aaa) Wirtschaftliche und gesellschaftliche Eingliederung

Die richtige Bewertung und Einordnung der berufsqualifizierenden Prüfungen und Befähigungsnachweise in unser Berufs- und Arbeitsmarktsystem ist zur **wirtschaftlichen** Eingliederung unerläßlich, weil davon Berufstätigkeit und auch die Arbeitsbedingungen, insbesondere Arbeitsentgelt, Urlaubsansprüche, Altersversorgung usw. abhängig sind.

Die Anerkennung dient aber auch der **gesellschaftlichen** Eingliederung, weil der gesellschaftliche Status des einzelnen auch von seiner Bildung und Ausbildung beeinflußt wird. In diesem Zusammenhang spielt insbesondere auch das Recht zur Titelführung (z. B. Meistertitel) eine Rolle.

Beide Zwecke stehen selbständig nebeneinander. Der eine Zweck ist nicht etwa eine mittelbare Folge oder bloße Reflexwirkung des anderen, wenn sich auch Wechselwirkungen ergeben können. Grundsätzlich ist es für die Berufsausübung wie für die gesellschaftliche Stellung von Bedeutung, ob jemand z. B. als Hilfsarbeiter, Facharbeiter oder Meister anerkannt ist und hierüber amtliche Belege vorlegen kann.

**bbb) Besitzstandswahrung**

Darüber hinaus bezweckt § 92 Abs. 2 BVFG auch die Wahrung eines einmal erworbenen Besitzstandes.

Besitzstandsregelungen sind in zahlreichen Gesetzen u. a. auch in Handwerksordnung und Berufsbildungsgesetz enthalten (vgl. §§ 119 ff. HwO, §§ 108, 111 BBiG. Ferner § 1 Abs. 2 GewO: § 19 Satz 1 Gesetz zur Ausübung der Zahnheilkunde vom 31. März 1952, BGBl. I, S. 212). Sie haben ihre Grundlage im allgemeinen im Rechtsstaatsprinzip. Der im Rechtsstaatsprinzip verankerte Gedanke der Rechtssicherheit, der für den Bürger in erster Linie Vertrauensschutz bedeutet (BVerfGE 13, 271), gebietet die »größtmögliche Schonung eines einmal erworbenen Besitzstandes« (BVerfGE 25, 255). Das Bundesverfassungsgericht hat mehrfach ausgesprochen, daß der Bürger darauf vertrauen können muß, »daß sein dem geltenden Recht entsprechendes Handeln von der Rechtsordnung mit allen ursprünglich damit verbundenen Rechtsfolgen anerkannt bleibt« (BVerfGE 13, 271).

Vertriebene und Sowjetzonenflüchtlinge können den rechtsstaatlichen Grundsatz des Vertrauensschutzes zwar nicht unmittelbar und ohne weiteres in Anspruch nehmen. Denn sie haben in der Bundesrepublik noch keine Position erworben, auf deren Bestand sie vertrauen dürften. Ihnen wird dieser Schutz jedoch durch § 92 Abs. 2 BVFG gewährt. Der Gesetzgeber trägt damit der besonderen Situation dieser Menschen Rechnung: Obwohl zumeist deutsche Staatsangehörige oder doch Volkszugehörige, konnten sie ihren bisherigen Lebens- und Berufsweg nicht in der Bundesrepublik gehen, sondern mußten ihn unter oft schwierigsten Bedingungen im Ausland zurücklegen. Sie kommen erstmals mit unseren Gesetzen und den darauf beruhenden Prüfungen und Befähigungsnachweisen in Berührung; man kann von ihnen nicht erwarten, daß sie dem Maßstab dieser Gesetze entsprechen. Für sie treten unsere Gesetze gleichsam erst in Kraft; sie können zwar ihr künftiges Verhalten, konnten aber nicht ihre Vergangenheit danach ausrichten. Dies hat den Gesetzgeber – auch unter dem Gesichtspunkt einer erhöhten Fürsorgepflicht des Staates gegenüber diesen Personen – zu einer Anerkennung ihres im Ausland erworbenen Besitzstandes veranlaßt. Vertriebene und Sowjetzonenflüchtlinge sollen durch § 92 Abs. 2 BVFG so gestellt werden, als ob sie den rechtsstaatlichen Bestandsschutz unmittelbar in Anspruch nehmen könnten. Sie sind deshalb ähnlich zu behandeln wie etwa diejenigen Handwerker, die bei Inkrafttreten der Handwerksordnung 1953 ihr Handwerk ausübten und Lehrlinge ausbildeten und dies ohne Einschränkung auch weiterhin tun konnten, ohne den Anforderungen der Handwerksordnung 1953 entsprechen zu müssen (vgl. §§ 112 ff. HwO 1953).

Der durch § 92 Abs. 2 BVFG normierte Bestandsschutz geht nicht weiter als der des Rechtsstaatsprinzips. Es ist anerkannt, daß der rechtsstaatliche Grundsatz der Besitzstandswahrung dort seine Grenzen findet, wo überwiegende Interessen des Gemeinwohls entgegenstehen. So hat das Bundesverfassungsgericht z. B. betont, daß das Prinzip der Besitzstandswahrung nicht so weit gehe, daß daraus ein verfassungsrechtlicher Anspruch abgeleitet werden könne, »eine einmal begonnene Berufstätigkeit auch dann fortsetzen zu dürfen, wenn hiermit ernstzunehmende Gefahren für ein Gemeinschaftsinteresse wie die Volksgesundheit verbunden sein sollten« (BVerfGE 25, 255).

Derartige »ernstzunehmende Gefahren« (zum Gesichtspunkt des Gefahrenhandwerks vgl. unten S. 20) für ein Gemeinschaftsinteresse, die einer Besitzstandswahrung entgegenstehen können, sind aber im Bereich der gewerblichen Prüfungen und Befähigungsnachweise nicht gegeben, wie sich aus folgendem ergibt:

Der Anerkennung von **Facharbeiter- oder Gesellenprüfungen** stehen irgendwelche Gründe des Gemeinwohls oder übergeordnete Gemeinschaftsinteressen nicht entgegen. Bei diesen Prüfungen handelt es sich nicht um eine das Grundrecht des Art. 12 des Grundgesetzes einschränkende Berufszulassungsregelung, sondern um Qualifikationsnachweise, die am Ende einer geordneten Ausbildung stehen und darüber Zeugnis geben, mit denen aber keinerlei Berechtigungen für eine bestimmte Berufstätigkeit verbunden sind. Die Tätigkeiten, für die ein Facharbeiter oder Geselle ausgebildet ist, dürfen auch von ungelernten oder angelernten Kräften ausgeübt werden. Gegen die Wahrung des im Ausland erworbenen Besitzstandes eines Facharbeiters oder Gesellen bestehen deshalb keine Bedenken.

Entsprechendes gilt für **Fortbildungsprüfungen** (z. B. Industriemeister).

Auch bei der **handwerklichen Meisterprüfung** gilt letztlich nichts anderes. Zwar ist die handwerkliche Meisterprüfung nicht nur Qualifikationsnachweis, sondern eine das Grundrecht der Berufsfreiheit nach Art. 12 des Grundgesetzes einschränkende Berufszulassungsregelung, die den Zugang zum Beruf des selbständigen Handwerkers eröffnet. Der Gesetzgeber hat diese Regelung im Interesse der Erhaltung des Leistungsstandes und der Sicherung des Nachwuchses für die gesamte gewerbliche Wirtschaft getroffen (BVerfGE 13, 97 [107]). Diese Gemeinschaftsinteressen hindern die Wahrung des Besitzstandes der Vertriebenen und Sowjetzonenflüchtlinge aber nicht. Selbst wenn der eine oder andere – u. U. weniger qualifizierte – Vertriebene den Zugang zum Beruf des selbständigen Handwerkers erhielte, wären damit nicht Leistungsstand und Leistungsfähigkeit des Handwerks insgesamt und die Sicherung des Nachwuchses für die gesamte gewerbliche Wirtschaft gefährdet. Immerhin umfaßt der Wirtschaftszweig Handwerk ca. 500000 Handwerksbetriebe mit ca. 4 Mio Beschäftigten. Bei dieser Größenordnung fallen die wenigen Vertriebenen, die eine selbständige Handwerksausübung anstreben, nicht ins Gewicht.

Die Handwerksordnung selbst hat zudem in §§ 119ff. HwO Besitzstandsregelungen getroffen und darüber hinaus neben der Meisterprüfung noch andere Wege zur selbständigen Ausübung eines Handwerks für diejenigen eröffnet (§ 8 HwO), für die der Nachweis der fachlichen Befähigung durch Ablegung einer Meisterprüfung eine übermäßige, nicht zumutbare Belastung darstellen würde (BVerfGE aaO, 120ff.). § 71 BVFG ermöglicht sogar jedem Vertriebenen, der vor der Vertreibung ein Handwerk ausgeübt hat oder aber die Befugnis zur Ausbildung von Lehrlingen besessen hat, die Ausübung eines Handwerks ohne Rücksicht, ob und wie er sich hierfür qualifiziert hat. Eine weitere Zugangsmöglichkeit schafft schließlich die auf der Grundlage des § 9 HwO ergangene Verordnung über die für Staatsangehörige der übrigen Mitgliedstaaten der Europäischen Wirtschaftsgemeinschaft geltenden Voraussetzungen der Eintragung in die Handwerksrolle vom 4. August 1966 (BGBl. I, S. 469), die für EG-Ausländer die Ausübung eines Handwerks lediglich von einer Zeit praktischer Erfahrung (in bestimmter Staffelung), nicht aber von einer Meisterprüfung abhängig macht. Dies alles zeigt, daß diese nicht durch Meisterprüfung qualifizierten Berufsausübenden insgesamt nicht als Risiko für den Leistungsstand und die Leistungsfähigkeit des Handwerks und den Nachwuchs der gewerblichen Wirtschaft angesehen werden. Dies muß erst recht für den durch eine ausländische Prüfung qualifizierten Vertriebenen gelten.

In diesem Zusammenhang sei noch darauf hingewiesen, daß – entgegen einer im Handwerk anzutreffenden Auffassung – der Gesichtspunkt der **Gefährlichkeit** eines Handwerks die Anerkennung einer Meisterprüfung nicht hindert. Das Bundesverfassungsgericht (BVerfGE 13, 97 [110]) hat ausdrücklich betont, daß es dem Gesetzgeber bei der Regelung der Meisterprüfung nicht darum ging,»Gefahren für die Gesamtheit oder die einzelnen aus einer unsachgemäßen Berufsausübung abzuwenden, die bei zahlreichen Handwerkszweigen drohen, etwa beim Bauhandwerk oder den Gruppen der Kraftfahrzeugmechaniker oder Elektroinstallateure«. Maßgebend sei allein das Interesse an der Erhaltung und Förderung eines gesunden und leistungsfähigen Handwerks gewesen. Spielt der Sicherheitsaspekt aber bei der deutschen Meisterprüfung keine Rolle (vgl. z. B. auch § 3 in Verbindung mit § 7 Abs. 5 HwO – keine Eintragungspflicht bei Ausübung handwerklicher Tätigkeit im Nebenbetrieb bei geringem Umfang der Tätigkeit im Nebenbetrieb bei geringem Umfang der Tätigkeit oder bei Hilfsbetrieb –; ferner: § 71 BVFG sowie Verordnung über die für Staatsangehörige der übrigen Mitgliedsstaaten der Europäischen Wirtschaftsgemeinschaft geltenden Voraussetzungen der Eintragung in die Handwerksrolle vom 4. August 1966, BGBl. I, S. 469), darf er auch bei der Anerkennung einer ausländischen Meisterprüfung nicht herangezogen werden. Eine ausländische Meisterprüfung eines Vertriebenen oder Sowjetzonenflüchtlings darf nicht nach schärferen Maßstäben beurteilt werden als eine inländische.

#### ccc) Sozialer Ausgleich (Sozialstaatsgedanke)

Die Zielrichtung des § 92 Abs. 2 BVFG – berufliche und gesellschaftliche Eingliederung, Besitzstandwahrung – gewinnt im Lichte des **Sozialstaatsprinzips** besonderes Gewicht. Der im Sozialstaatsprinzip (vgl. Maunz, Staatsrecht, 20. Aufl., 1975 § 10 V, 1; ausführlich Schreiber, Werner, Das Sozialstaatsprinzip des Grundgesetzes in Praxis und Rechtsprechung, Berlin 1972) verkörperte Gedanke der sozialen Gerechtigkeit (Maunz aaO), des sozialen Ausgleichs knüpft nicht ausschließlich an ein wirtschaftliches Unterlegensein an, sondern bezieht sich ebenso auf solche Gruppen, die – wie etwa die Schwerbehinderten – wegen schicksals- oder anlagebedingter Nachteile besonderer Fürsorge und Rücksichtnahme bedürfen (Schreiber aaO, S. 21). Eine Bevorzugung dieser Personen ist nicht Privilegierung, sondern Ausgleich. Sie wird ausschließlich als Konkretisierung des Sozialstaatsprinzips verstanden (Schreiber aaO, S. 22).

Auch die Vertriebenen und Sowjetzonenflüchtlinge haben wegen ihres schweren persönlichen Schicksals (Verfolgung oder Benachteiligung im Ausland, Verpflanzung in völlig neue Umwelt, Integrationsprobleme) Anrecht auf Ausgleich und besondere Rücksichtnahme. Zahlreiche Vorschriften des BVFG sind von diesem Gedanken geprägt; er gilt auch für die Anerkennung der Prüfungen und Befähigungsnachweise. Eine Versagung der Anerkennung bedeutet letztlich, den Vertriebenen und Sowjetzonenflüchtlingen zuzumuten, noch einmal von vorne zu beginnen, eine erneute Ausbildung zu durchlaufen, neue Prüfungen abzulegen. Dies sollte ihnen – wenn irgend möglich – erspart bleiben. Demgemäß ist es – vor dem Hintergrund des Sozialstaatsgedankens – gerechtfertigt, ihren beruflichen Werdegang, ihre Prüfungen und Befähigungsnachweise zu respektieren und im Wege der Anerkennung in unser Bildungs-, Wirtschafts- und Gesellschaftssystem einzuordnen.

**bb) Wortbedeutung**
Vom Wortsinn her bedeutet »Gleichwertigkeit«, daß die Prüfungen und Befähigungsnachweise von »gleichem Wert« sein müssen. Auf »Gleichartigkeit« oder gar »Gleichheit« kommt es nicht an. Zu ermitteln sind demnach die »Wertigkeit«, das »Gewicht«, die »Bedeutung« einer Prüfung oder eines Befähigungsnachweises.

**cc) Berücksichtigung der Verhältnisse im Ausland**
Bei der Ermittlung des »Wertes« der ausländischen Prüfung muß außerdem berücksichtigt werden, daß die Prüfungen oder Befähigungsnachweise im Ausland erworben wurden und ihren wirtschaftlichen und gesellschaftlichen Stellenwert in erster Linie aus dem ausländischen Bildungs- und Wirtschaftssystem beziehen. Unterschiede, die im jeweiligen Staats-, Wirtschafts- und Bildungssystem begründet sind, bilden deshalb kein grundsätzliches Hindernis für die Anerkennung. Der Gesetzgeber hat die Anerkennungsmöglichkeit des § 92 BVFG bewußt, d. h. in Kenntnis darüber, daß sich die Verhältnisse im Ausland in aller Regel von denen in der Bundesrepublik unterscheiden, geschaffen und damit zum Ausdruck gebracht, daß die Verschiedenartigkeit dieser Verhältnisse kein Hindernis der Anerkennung sein soll.

**dd) Schlußfolgerung für die Einzelfallbeurteilung**
Die oben genannten Kriterien, insbesondere der Eingliederungs- und der Besitzstandsgedanke im Lichte des Sozialstaatsprinzips rechtfertigen nicht nur, sondern erfordern vielmehr **Großzügigkeit** bei der Einzelfallentscheidung unter voller Ausschöpfung aller Beurteilungs- und Ermessensspielräume. Dies bedeutet auch, daß Entscheidungen im Zweifelsfall immer zugunsten des Vertriebenen oder Sowjetzonenflüchtlings zu treffen sind.

Die Bundesregierung und die Landesregierungen haben stets in diesem Sinne an die mit der Anerkennung befaßten Behörden appelliert (vgl. z. B. Antwort der Bundesregierung auf die Kleine Anfrage der Abgeordneten Freiherr von Fircks, Dr. Czaja usw. vom 6. April 1976, BT-Drucksache 7/4979). Die Bundesregierung hat im übrigen auch bei den Verhandlungen im Rahmen der Europäischen Gemeinschaften zur Niederlassungsfreiheit seit jeher den Standpunkt vertreten, daß eine gewisse Großzügigkeit bei der Beurteilung ausländischer Qualifikationen ohne weiteres möglich sei, weil in den hochentwickelten, technisierten

Staaten Europas mit im wesentlichen vergleichbarem technologischem und zivilisatorischem Standard grundsätzlich Niveauunterschiede in Bildung und Ausbildung nicht bestehen (vgl. Winkel, Das Niederlassungsrecht der freien Berufe im Gemeinsamen Markt, NJW 76, 446 ff. [448]). Großzügigkeit ist gegenüber Vertriebenen und Sowjetzonenflüchtlingen um so mehr gerechtfertigt, als diese Personen angesichts ihres in der Regel schweren persönlichen Schicksals einer erhöhten Rücksichtnahme und Fürsorge bedürfen. Schließlich darf man nicht übersehen, daß es sich nicht um Ausländer handelt – wie verschiedentlich irrig angenommen wird –, sondern um Deutsche oder deutsche Volkszugehörige, die in der Bundesrepublik ihre neue Heimat suchen. Die neue Heimat darf sie nicht zurückweisen, sondern muß sie mit Verständnis und Entgegenkommen aufnehmen. Es entspricht den Grundsätzen eines sozialen Rechtsstaates, die berufliche Qualifikation dieser Personen – wenn irgend möglich – anzuerkennen und ihnen damit eine erneute Ausbildung und Prüfung zu ersparen.

**b) Ermittlung der Gleichwertigkeit im Einzelfall**

In der Praxis (z. B. der für die Anerkennung juristischer Prüfungen zuständigen Landesjustizverwaltungen sowie der Verwaltungsgerichte) wird die Gleichwertigkeit zumeist unter den Gesichtspunkten der
– formellen
– materiellen und
– funktionellen Gleichwertigkeit

geprüft. Bei dieser Unterteilung handelt es sich indessen mehr um methodische Arbeitsschritte, um eine Systematisierung der Einzelfallprüfung als um materielle Auslegungskriterien. Was schließlich in formeller, materieller und funktioneller Hinsicht als gleichwertig gelten kann, muß unter Berücksichtigung der oben unter a) entwickelten Auslegungskriterien (wirtschaftliche und gesellschaftliche Eingliederung, Besitzstandswahrung, Sozialstaatsprinzip, Wortbedeutung, Auslandsverhältnisse) ermittelt werden.

**aa) Formelle Gleichwertigkeit**

Der Gesichtspunkt ist von untergeordneter Bedeutung. Es reicht aus, daß es sich um eine förmliche Prüfung oder einen Befähigungsnachweis mit öffentlich anerkannter oder relevanter Berechtigung handelt (vgl. dazu oben Nr. 2). Eine Identität der Prüfungsverfahren, -methoden, -ausschüsse usw. ist nicht erforderlich. Es kommt auch nicht darauf an, daß die gleiche Anzahl von Prüfungen zur Erlangung der Endqualifikation oder Berechtigung absolviert werden mußte wie in der Bundesrepublik Deutschland (z. B. 1. und 2. juristische Staatsprüfung zur Erlangung der Befähigung zum Richteramt, vgl. OVG Koblenz, Urteil vom 19. Februar 1960 – 2 C 2/58). Derartige, mehr verfahrenstechnische Fragen sind im Ausland meist anders geregelt und können nicht am Maßstab der Verhältnisse in der Bundesrepublik Deutschland gemessen werden (Gesichtspunkt der Berücksichtigung der Auslandsverhältnisse).

**bb) Materielle Gleichwertigkeit**

Zu vergleichen sind die jeweiligen Prüfungsinhalte sowie die Voraussetzungen und Berechtigungen der Befähigungsnachweise. Auch die vorausgegangenen Ausbildungsgänge können – soweit etwa zum Verständnis der Prüfungsinhalte erforderlich – in den Vergleich mit einbezogen werden.

Die Inhalte brauchen sich nicht zu decken, sondern müssen nur insoweit übereinstimmen, daß man noch von einer Vergleichbarkeit sprechen kann. Über den

Grad der im Einzelfall zu fordernden Deckungsintensität läßt sich keine allgemeine Aussage treffen. Er wird letztlich auch davon abhängen, inwieweit die oben unter 5a) dargelegten Auslegungskriterien (z. B. Eingliederungs- oder Bestandsschutzgedanke) durchgreifen. Dabei wird es auch darauf ankommen, welche Folgen sich aus der Anerkennung ergeben können, ob diese etwa bedeutsam ist für die Einordnung in eine tarifliche Lohngruppe oder aber zur Ausübung einer Tätigkeit berechtigt, die der Gesetzgeber von der Ablegung einer Prüfung abhängig gemacht hat (»subjektive Zulassungsvoraussetzung«). Im letzten Fall wird wiederum entscheidend sein, welche Gründe den Gesetzgeber zu der Regelung bewogen haben. Die Ausführungen über die Grenzen des Prinzips der Besitzstandswahrung (vgl. oben 5a, aa, bbb) gelten entsprechend. Insgesamt dürfen die Anforderungen nicht überspannt werden, weil sonst dem – entscheidenden – Gesichtspunkt der funktionellen Gleichwertigkeit der Boden entzogen würde (vgl. dazu unten II, 5b, cc).

Materiell-inhaltliche Unterschiede dürften im übrigen jedenfalls bei gewerblichen Prüfungen und Befähigungsnachweisen wesentlich geringer sein als etwa bei juristischen Prüfungen und Befähigungsnachweisen, die auf unterschiedlichen Rechtsordnungen beruhen. Trotz der im juristischen Bereich weit schwerwiegenderen Unterschiede sind z. B. ungarische (Bescheide Justizministerium Rheinland-Pfalz vom 6. Dezember 1972 und Justizministerium Nordrhein-Westfalen vom 21. März 1972; OVG Münster, Urteil vom 1. Oktober 1970 – V A 1256/69) und rumänische (OVG Koblenz, Urteil vom 19. Oktober 1960 – 2 C 2/58) Prüfungen als mit der 2. juristischen Staatsprüfung gleichwertig anerkannt worden. Im Verhältnis zu dieser Entscheidungspraxis ist im gewerblichen Bereich auch bei Meisterprüfungen eine großzügige Betrachtungsweise erst recht angebracht.

Im Hinblick auf den – oftmals langen – Zeitraum zwischen der Ablegung und der Anerkennung der ausländischen Prüfung, in dem sich die Prüfungs- und Ausbildungsvorschriften häufig gewandelt haben, stellt sich die Frage, welche Vorschriften einem Vergleich zugrunde zu legen sind.

Soweit es auf **ausländische** Vorschriften ankommt, sind die zur Zeit der Ablegung der Prüfung oder des Erwerbs des Befähigungsnachweises gültigen ausländischen Vorschriften zugrunde zu legen. Hier handelt es sich um Tatbestandsermittlung (Welche Inhalte liegen der ausländischen Prüfung zugrunde?), nicht um Rechtsanwendung.

Soweit es auf **deutsche** Prüfungs- oder Ausbildungsvorschriften ankommt, sind hingegen grundsätzlich die zur Zeit der Anerkennung gültigen deutschen Vorschriften zugrunde zu legen. Es handelt sich um Rechtsanwendung (Anerkennung), die grundsätzlich auf der Grundlage geltenden Rechts geschieht.

Eine Ausnahme gilt dann, wenn die bisherigen inländischen Vorschriften zwischenzeitlich **verschärft** worden sind. In diesem Fall sind die alten, günstigeren Vorschriften anzuwenden. Zum einen fordert der Gleichbehandlungsgrundsatz des Art. 3 GG, daß Vertriebene nicht nach strengeren Maßstäben beurteilt werden als die in der Bundesrepublik lebenden Deutschen. Zum anderen läßt der Grundsatz des Vertrauensschutzes (vgl. oben Nr. II, 5a, aa, bbb) es nicht zu, lange zurückliegende, abgeschlossene Tatbestände (hier: Prüfungen und Befähigungsnachweise) mit einem schärferen Maßstab zu messen als dem zur Zeit der Ablegung der Prüfung gültigen. Die Position der Vertriebenen würde verschlechtert, wenn man ihre Prüfungen nach den zwischenzeitlich erhöhten Anforderungen beurteilen würde. Schon aus diesem Grunde können ausländische **Meisterprüfungen** aus der Zeit **vor** dem 16. September 1965 (Tag des Inkrafttretens der Novelle zur Handwerksordnung vom 9. September 1965, BGBl. I, S. 1254) nicht auf berufserzieherische Prüfungsinhalte überprüft werden, weil die handwerkliche Meisterprüfung erst von diesem Zeitpunkt an um einen Teil »berufserzieherische Kenntnisse« erweitert worden ist (vgl. § 46 Abs. 2 HwO 1965 gegenüber § 41 HwO 1953).

Im übrigen ist mit Rücksicht auf die besondere Situation der Vertriebenen und Sowjetzonenflüchtlinge bei der Anerkennung ihrer ausländischen Meisterprüfungen nicht darauf abzustellen, ob die Prüfungen berufserzieherische Kenntnisse – und das gilt auch für den betriebswirtschaftlichen und rechtlichen Teil der Meisterprüfung – umfaßten. Im Hinblick auf die **besondere** Zielrichtung des § 92 BVFG (Eingliederung, Besitzstandswahrung, Sozialstaatsgedanken) und den Grundsatz der Berücksichtigung der Verhältnisse im Ausland reicht es schon aus, daß die ausländische Meisterprüfung insgesamt von ihrer fachlich-inhaltlichen Qualifikationsstufe her erheblich über dem Niveau des Facharbeiters/Gesellen liegt und zur meisterhaften Berufsausübung befähigt.

Das **Recht** zur Lehrlingsausbildung – wie es die deutsche Meisterprüfung verleiht – muß damit nicht notwendig verbunden sein, zumal das Ausland häufig unsere Form der dualen Berufsausbildung nicht kennt und seinen Berufsnachwuchs rein schulisch ausbildet. Die fachliche Qualifikation kann in diesem besonderen Ausnahmefall als ausreichende Befähigung zur Ausbildung anerkannt werden (Rechtsgedanke des § 120 HwO). Auch auf den Nachweis betriebswirtschaftlicher und rechtlicher Kenntnisse (Teil III der deutschen Meisterprüfung) in der ausländischen Prüfung kommt es rechtlich nicht an, nachdem der Gesetzgeber in § 71 BVFG die **fachliche** Qualifikation der Aussiedler und Sowjetzonenflüchtlinge zum alleinigen Kriterium für die selbständige Ausübung eines Handwerks gemacht hat (vgl. dazu unten II, 5 b, cc). Der Gedanke liegt im übrigen auch der Verordnung über die für die Staatsangehörigen der Europäischen Wirtschaftsgemeinschaft geltenden Voraussetzungen der Eintragung in die Handwerksrolle vom 4. August 1966 (BGBl. I, S. 469) zugrunde. Insoweit überlagert der Gesichtspunkt der funktionellen den der materiellen Gleichwertigkeit.

Zwischenzeitlich **gemilderte** Prüfungsvorschriften finden allerdings volle Anwendung, da die Position des Vertriebenen verbessert und nicht verschlechtert wird (kein Fall des Vertrauensschutzes).

Sind die für den Vergleich in Betracht kommenden Prüfungsvorschriften **ersatzlos** außer Kraft gesetzt worden (z. B. bei Streichung von Ausbildungsberufen), sind die außer Kraft gesetzten Vorschriften dem Vergleich zugrunde zu legen (Vertrauensschutz, Besitzstandsgedanke).

### cc) Funktionelle Gleichwertigkeit

Dem Gesichtspunkt kommt – gerade unter Berücksichtigung des Eingliederungs- und Besitzstandsgedankens – entscheidendes Gewicht zu. Die Gesichtspunkte der formellen und materiellen Gleichwertigkeit treten hinter ihn zurück. Unter funktioneller Gleichwertigkeit ist zu verstehen die Gleichwertigkeit im Sinne gleicher beruflicher Qualifikation in der Wahrnehmung gleicher sozialer, wirtschaftlicher oder staatlicher Aufgaben (so OVG Koblenz, Urteil vom 29. Juli 1960 – 2 C 2/58). Vergleichsgegenstand ist also die mit der Prüfung oder dem Befähigungsnachweis verbundene Funktion. Das OVG Koblenz (aaO) hat mit Rücksicht auf die Vergleichbarkeit der Funktion eine rumänische Befähigung zum Rechtsanwalt anerkannt, ohne die Unterschiede zwischen der deutschen und der rumänischen Rechtsordnung als grundsätzliches Hindernis zu sehen (so auch OVG Münster, Urteil vom 1. Oktober 1970 – V A 1256/69 im Hinblick auf die gleichgelagerte Anerkennungsproblematik des § 15 des Gesetzes über die Rechtsstellung heimatloser Ausländer im Bundesgebiet – HAG – vom 25. April 1950, BGBl. I, S. 1273).

Infolgedessen ist eine ausländische **Facharbeiter- oder Gesellenprüfung** in der Bundesrepublik Deutschland ohne weiteres als funktionell gleichwertig anzuerkennen. Die Funktion des ausländischen Facharbeiters unterscheidet sich von der des deutschen nicht.

Für handwerkliche **Meisterprüfungen** gilt dies ebenso, zumal das Bundesvertriebenengesetz in § 71 selbst die Tatsache der funktionellen Gleichwertigkeit ausdrücklich anerkannt hat: § 71 BVFG geht davon aus, daß derjenige, der im Ausland ein Handwerk ausgeübt hat, hierzu auch in der Bundesrepublik Deutschland in der Lage ist, ohne eine Prüfung oder einen Befähigungsnachweis zu verlangen. Dies trifft erst recht zu, wenn eine ausländische Meisterprüfung abgelegt worden ist.

Die Dominanz des Kriteriums der funktionellen Gleichwertigkeit führt nicht zu unausgewogenen und dem Ansehen des Handwerks abträglichen Ergebnissen, weil Gewerbe- und Handwerksordnung ausreichende Handhabe bieten, einem Fehlverhalten einzelner Handwerker zu begegnen (Verbot der Gewerbeausübung nach § 35 GewO, Ausbildungsverbot nach § 24 HwO) oder ihm durch verstärkte Überwachungs- und Beratungsmaßnahmen vorzubeugen (z. B. Ausbildungsberater, § 41a HwO, § 45 BBiG).

### 6. Akt der Anerkennung

#### a) Feststellender Verwaltungsakt, Wirkung

Unter Anerkennung wird – im Gegensatz zu § 92 Abs. 1 BVFG – ein förmlicher Anerkennungsakt (= feststellender Verwaltungsakt) verstanden, mit dem die ausländische Prüfung des Antragstellers einer inländischen Prüfung gleichgestellt wird (Muster eines Anerkennungsbescheides siehe Anlage). Wegen der Vielfalt der ausländischen Prüfungen und der Schwierigkeit der zu beurteilenden Materie kann die Anerkennung nicht – wie bei § 92 Abs. 1 BVFG – von jeder Behörde im Rahmen der von ihr zu entscheidenden Frage vorgenommen werden, sondern muß bestimmten, mit dem nötigen Sachverstand ausgestatteten Behörden überlassen sein.

Die Gleichstellung hat zur Folge, daß der Inhaber des ausländischen Prüfungszeugnisses oder Befähigungsnachweises die Rechtsstellung erhält, die mit der deutschen Prüfung oder dem deutschen Befähigungsnachweis verbunden ist. Dies umfaßt auch ein etwaiges Recht zur Führung einer Berufsbezeichnung oder eines Titels, wie z. B. des Meistertitels (vgl. § 51 HwO).

#### b) Prüfung, mit der gleichzustellen ist

Angesichts der in den letzten Jahren in der Bundesrepublik Deutschland erfolgten Neuordnung vieler Prüfungen und Qualifikationen im gewerblichen Bereich stellt sich die Frage, mit welcher Prüfung oder mit welchem Befähigungsnachweis die ausländische Prüfung gleichzustellen ist. Hier gilt folgendes: Grundsätzlich soll eine Gleichstellung erfolgen mit der zur Zeit gültigen Prüfung und Berufbezeichnung (Eingliederungsgedanke, Anwendung geltenden Rechts). Im Zweifel ist die Berufsbezeichnung zu wählen, die inhaltlich der ausländischen Ausbildung und Prüfung schwerpunktmäßig entspricht. Soweit sich im Falle der Neuordnung einer Prüfung deren Bezeichnung nicht geändert hat, ist die Gleichstellung ohne weiteres mit der neuen Prüfung vorzunehmen, auch dann, wenn die Anforderungen mittlerweile verändert sind. Die Beibehaltung der alten Bezeichnung ist in der Regel ein sicheres Indiz der formellen und materiellen Kontinuität. So geht die Bundesregierung in ständiger Verwaltungspraxis davon aus, daß ein in der Anlage zur Berufsgrundbildungsjahr-Anrechnungs-Verordnung vom 4. Juli 1972 (BGBl. I, S. 1151) aufgeführter Beruf, der zwischenzeitlich unter Beibehaltung seiner Bezeichnung neugeordnet wurde, nach wie vor von dieser Verordnung erfaßt wird.

Soweit eine alte Prüfung durch eine neue Prüfung mit neuer Bezeichnung abgelöst worden ist, erfolgt die Gleichstellung mit der neuen Prüfung, wenn diese die alten Prüfungsinhalte im wesentlichen fortführt (materielle Kontinuität).

Ist eine alte Prüfung durch mehrere neue Prüfungen mit neuer Bezeichnung abgelöst worden, erfolgt die Gleichstellung mit der neuen Prüfung, die die alte Prüfung inhaltlich am meisten fortführt (materielle Kontinuität unter Berücksichtigung des Eingliederungszwecks und des Prinzips der Besitzstandswahrung).

Ist eine alte Prüfung inzwischen mit mehreren anderen zu einer neuen Prüfung zusammengefaßt worden (z. B. bei Zusammenfassung mehrerer Handwerke), erfolgt die Gleichstellung mit der neuen Prüfung (Rechtsgedanke des § 119 Abs. 4 HwO).

Ist eine alte Prüfung ersatzlos gestrichen worden oder führt eine neue Prüfung die alte Prüfung nur in ganz geringem Umfange fort, so daß man von materieller Kontinuität nicht mehr sprechen kann, ist die Gleichstellung mit der alten − inzwischen gestrichenen − Prüfung vorzunehmen (Besitzstandswahrung).


### 7. Tatbestandsaufklärung

#### a) Antrag, Aufklärung von Amts wegen

Die Anerkennung setzt einen entsprechenden Antrag voraus. Dieser ist unter Darlegung des Sachverhaltes und Beifügung vorhandener Urkunden über die Prüfung oder den Befähigungsnachweis zu begründen. Zweckmäßigerweise sind Übersetzungen der Urkunden beizufügen. Die Anerkennungsbehörde ist in jedem Falle berechtigt, solche Übersetzungen zu verlangen (vgl. § 23 Abs. 2 des Verwaltungsverfahrensgesetzes vom 25. Mai 1976, BGBl. I, S. 1253).

Unterlagen über die Prüfungsinhalte oder Voraussetzungen des Befähigungsnachweises sollen − zur Erleichterung des Verfahrens − vom Antragsteller nach Möglichkeit beigefügt werden. Verfügt dieser aber nicht über solche Unterlagen, sind diese von der zuständigen Anerkennungsbehörde zu beschaffen, falls die Anerkennungsbehörde den Sachverhalt nicht auf andere Weise aufklären kann (vgl. unten 7 c).

Die Aufklärung des Sachverhaltes erfolgt von Amts wegen (Untersuchungsmaxime, vgl. § 24 Verwaltungsverfahrensgesetz vom 25. Mai 1976, BGBl. I, S. 1253). Grundsätzlich kann die Anerkennungsbehörde Prüfungsvorschriften usw. auch über das Auswärtige Amt auf diplomatischem Wege beschaffen. Dieser Weg nimmt jedoch erhebliche Zeit in Anspruch und ist nicht immer erfolgreich. Er sollte daher nur in Notfällen gegangen werden.

**b) Ersatz verlorengegangener Urkunden**

Verlorengegangene Urkunden sind nach dem in § 93 BVFG vorgesehenen Verfahren zu ersetzen.

**c) Befragungen**

Darüber hinaus kommen zur Aufklärung auch Gespräche mit Dritten oder den Antragstellern über die der Prüfung zugrunde liegenden Ausbildungsgänge, die Prüfungsinhalte oder die Voraussetzungen und Berechtigungen der Befähigungsnachweise in Betracht. Diese Möglichkeit hat sich in der Praxis sehr bewährt. Sie ist der Beschaffung von Unterlagen auf diplomatischem Wege vorzuziehen.

Um den Erfolg eines derartigen Aufklärungsgesprächs zu sichern, sollte dem Antragsteller nötigenfalls Gelegenheit zur Information über die hiesigen Prüfungen und Prüfungsinhalte gegeben werden, an denen sich die Anerkennungsbehörde – mangels Kenntnis der ausländischen Prüfung – bei ihrer Befragung zwangsläufig orientieren wird. Hierzu kann insbesondere der informative Besuch geeigneter Lehrgänge (z. B. Meisterprüfungslehrgänge oder Teile davon) dienen.

**d) Keine nochmalige Prüfung**

Eine nochmalige Prüfung darf nicht erfolgen. Die früher gelegentlich geübte Praxis, Ergänzungs- oder Zusatzprüfungen zu fordern, entspricht nicht dem geltenden Recht. Ohnehin konnten nach der früheren Vorschrift des § 92 Abs. 2 Satz 3 BVFG, die durch das 1. Flüchtlingshilfeänderungsgesetz vom 10. Mai 1971 (BGBl. I, S. 445) außer Kraft gesetzt worden ist, Ergänzungsprüfungen nur durch die Bundesregierung im Wege der Rechtsverordnung, nicht hingegen durch die für die Anerkennung zuständigen Verwaltungsbehörden angeordnet werden.

### III. § 92 Abs. 3 BVFG

**Wortlaut:**

*»Auf Prüfungen oder Befähigungsnachweise, die Vertriebene und Sowjetzonenflüchtlinge nach dem 8. Mai 1945 in Gebieten außerhalb des Geltungsbereiches des Gesetzes abgelegt oder erworben haben, ist Abs. 2 entsprechend anzuwenden. Die Vorschriften über die Anerkennung von Prüfungen oder Befähigungsnachweisen im öffentlichen Dienst bleiben unberührt.«*

Aufgrund der durch das 1. Flüchtlingshilfeänderungsgesetz vom 10. Mai 1971 (BGBl. I, S. 445) eingeführten Vorschrift können nunmehr auch Prüfungen von Vertriebenen und Sowjetzonenflüchtlingen, die nach dem 8. Mai 1945 abgelegt worden sind, anerkannt werden. Im Unterschied zu § 92 Abs. 2 BVFG handelt es sich nicht um Prüfungen außerhalb »des Deutschen Reiches nach dem Gebietsstande vom 31. Dezember 1937«, sondern um Prüfungen »außerhalb des Geltungsbereichs« des BVFG. Im übrigen gelten gegenüber § 92 Abs. 2 BVFG keine Besonderheiten. Das dort Gesagte gilt entsprechend.

Absatz 3 Satz 2 bringt zum Ausdruck, daß die Sondervorschriften, die für die Anerkennung von Prüfungen und Befähigungsnachweisen im öffentlichen Dienst gelten, nicht berührt werden.

## B. Eintragung in die Handwerksrolle

### I. § 71 BVFG

**Wortlaut:**

*»Vertriebene und Sowjetzonenflüchtlinge, die glaubhaft machen, daß sie vor der Vertreibung ein Handwerk als stehendes Gewerbe selbständig betrieben oder die Befugnis zur Anleitung von Lehrlingen besessen haben, sind auf Antrag bei der für den Ort ihres ständigen Aufenthaltes zuständigen Handwerkskammer in die Handwerksrolle einzutragen. Für die Glaubhaftmachung ist § 93 entsprechend anzuwenden.«*

Die Eintragung in die Handwerksrolle nach dieser Vorschrift setzt nicht die Ablegung einer der Meisterprüfung gleichwertigen Prüfung voraus. Es reicht aus, daß vor der Vertreibung ein Handwerk als stehendes Gewerbe ausgeübt worden ist **oder** die Befugnis zur Anleitung von Lehrlingen vorhanden war.

### 1. Personenkreis

Der anspruchsberechtigte Personenkreis ist derselbe wie bei § 92 BVFG. Auf die dortigen Ausführungen wird verwiesen (A II, 1).

### 2. Selbständiger Betrieb eines Handwerks als stehendes Gewerbe

Der Begriff »stehendes Gewerbe« ist wie bei § 1 HwO zu beurteilen. Als stehendes Gewerbe gilt jedes, das nicht als Reisegewerbe (§§ 55 ff. GewO) und nicht im Marktverkehr (§§ 64 ff. GewO) ausgeübt wird.

Bei der Auslegung des Begriffs »Handwerk« ist einmal auszugehen von der Positivliste der Anlage A der Handwerksordnung, die die einzelnen Handwerke abschließend aufzählt. Andererseits ist zu berücksichtigen, daß das Handwerk im Ausland ausgeübt worden ist, mithin in aller Regel nicht völlig identisch mit denen der Anlage A der HwO sein wird. Es wird deshalb lediglich darauf abzustellen sein, ob die Handwerke vergleichbar sind. Die Vergleichbarkeit wird dann zu bejahen sein, wenn sich die dem jeweiligen Handwerk zuzurechnenden wesentlichen Tätigkeiten (vgl. § 1 Abs. 2 HwO) bei Anlegung eines großzügigen Maßstabes im großen und ganzen entsprechen. Als Auslegungskriterium kann auch § 1 Abs. 1 Nr. 2 der Verordnung über die für Staatsangehörige der übrigen Mitgliedstaaten der Europäischen Wirtschaftsgemeinschaft geltenden Voraussetzungen der Eintragung in die Handwerksrolle vom 4. August 1966 (BGBl. I, S. 469) herangezogen werden, der darauf abstellt, daß »die ausgeübte Tätigkeit mit den wesentlichen Punkten des Berufsbildes desjenigen Gewerbes übereinstimmt, für das die Ausnahmebewilligung beantragt wird«.

Im Rahmen des § 71 BVFG ist nicht zu prüfen, auf welcher Rechtsgrundlage und nach welchen Vorschriften im einzelnen die Tätigkeit ausgeübt worden ist. Das Handwerk muß aber tatsächlich betrieben worden sein. Eine bloße Berechtigung zur Ausübung reicht nicht aus. Der Gesetzgeber geht davon aus, daß derjenige, der im Ausland ein Handwerk selbständig betrieben hat, hierzu auch in der Bundesrepublik Deutschland in der Lage ist. In § 71 BVFG hat der Gesetzgeber die funktionelle Gleichwertigkeit uneingeschränkt bejaht.

### 3. Befugnis zur Anleitung von Lehrlingen

Die Befugnis zur Anleitung von Lehrlingen steht der Ausübung des selbständigen Handwerks gleich. Der Gesetzgeber geht davon aus, daß derjenige, der eine

Ausbildungsbefugnis besitzt, ein so hohes Maß an fachlicher Qualifikation aufweist, daß er auch zur selbständigen Ausübung des Handwerks in der Lage ist. Voraussetzung ist allein das Vorliegen der Ausbildungsbefugnis. Es kommt nicht darauf an, daß diese vor der Vertreibung auch genutzt worden ist.

### 4. Vor der Vertreibung

Die Voraussetzungen zu 2. und 3. müssen »vor der Vertreibung« bereits vorgelegen haben. Unter »Vertreibung« sind alle Vorgänge zu verstehen, die bei dem Betroffenen zu einem Status nach Nr. 1 (= A II, 1) geführt haben, also auch die Flucht (bei Sowjetzonenflüchtlingen), das Verlassen der Heimatgebiete (bei den Aussiedlern) und der Zuzug in das Bundesgebiet (bei den Berechtigten nach Abschnitt I des FlüHG).

Im Unterschied zu § 92 Abs. 2 und 3 BVFG stellt die Vorschrift nicht auf den Stichtag des 8. Mai 1945 oder auf das Gebiet inner- oder außerhalb der Grenzen des Deutschen Reiches vom 31. Dezember 1937 oder des Geltungsbereichs des BVFG ab.

### 5. Formalien

Die Eintragung in die Handwerksrolle erfolgt nur auf Antrag. Eine Eintragung von Amts wegen, wie sie § 10 Abs. 1 HwO vorsieht, ist nicht möglich.

Der Antrag ist zu begründen und die Eintragungsvoraussetzungen wenigstens nach dem in § 93 BVFG (Ersatz von Urkunden) vorgesehenen Verfahren glaubhaft zu machen. Eine Glaubhaftmachung nach § 93 BVFG entfällt allerdings, wenn ein förmlicher Nachweis erbracht werden kann. § 71 Satz 2 BVFG zwingt nicht in jedem Fall und unter allen Umständen zu dem Verfahren nach § 93 BVFG, sondern soll lediglich eine Beweiserleichterung schaffen. Es handelt sich insoweit nur um ein Mindesterfordernis, das im Einzelfall übertroffen werden kann.

### 6. Führung des Meistertitels, Lehrlingsausbildung

Mit der Eintragung in die Handwerksrolle nach § 71 BVFG ist nur das Recht der Gewerbeausübung, nicht aber das der Lehrlingsausbildung und Führung des Meistertitels verbunden. Diese Rechte stehen nur demjenigen zu, der eine deutsche Meisterprüfung abgelegt hat (vgl. § 51 HwO) oder dessen ausländische Meisterprüfung nach § 92 BVFG anerkannt worden ist (vgl. oben A II, 6 a).

Wessen Meisterprüfungszeugnis nicht nach § 92 BVFG anerkannt ist, kann das Recht zur Ausbildung von Lehrlingen im Wege der Ausnahmebewilligung nach § 22 Abs. 3 HwO erhalten. Die Führung des Meistertitels kann nicht im Ausnahmewege bewilligt werden.

### II. § 7 Abs. 7 HwO

**Wortlaut:**

*»Vertriebene und Sowjetzonenflüchtlinge, die vor ihrer Vertreibung oder Flucht eine der Meisterprüfung gleichwertige Prüfung außerhalb des Geltungsbereichs dieses Gesetzes bestanden haben, sind in die Handwerksrolle einzutragen.«*

### 1. Personenkreis

Der Begriff »Vertriebener« und »Sowjetzonenflüchtling« ist wie in § 92 BVFG zu definieren. Auf die dort gemachten Ausführungen wird verwiesen (siehe oben A II, 1).

Anspruchsberechtigt sind auch Personen nach Abschnitt I des FlüHG, obwohl § 20 Abs. 2 FlüHG nicht auf § 7 Abs. 7 HwO verweist. Hier dürfte es sich um ein redaktionelles Versehen handeln. Auch bei gegenteiliger Ansicht ergeben sich für die genannten Personen keine Nachteile, da diese die Eintragung in die Handwerksrolle auch über § 7 Abs. 1 HwO erreichen können, wenn zuvor ihre Meisterprüfung nach § 92 BVFG anerkannt worden ist (vgl. auch unten B II, 2).

## 2. Gleichwertigkeit der Meisterprüfung

Voraussetzung für die Eintragung ist danach eine der Meisterprüfung gleichwertige Prüfung außerhalb des Geltungsbereichs der HwO. Das Kriterium der »Gleichwertigkeit« ist wie bei § 92 Abs. 2 und 3 BVFG zu beurteilen (siehe oben unter A II, 5). Wird es im Rahmen des § 7 Abs. 7 HwO bejaht, ist es auch im Rahmen des § 92 Abs. 2 und 3 BVFG als gegeben anzusehen und umgekehrt.

## 3. Kein Stichtag

Anders als § 92 Abs. 2 und 3 BVFG stellt § 7 Abs. 7 HwO nicht darauf ab, ob die Meisterprüfung vor oder nach dem 8. Mai 1945 abgelegt worden ist. Diese Tatsache dürfte aber ihre Bedeutung verloren haben, nachdem § 92 Abs. 3 BVFG auch die Anerkennung von Meisterprüfungen ermöglicht, die nach dem 8. Mai 1945 abgelegt worden sind. Eine Meisterprüfung, die nach § 92 BVFG als gleichwertig anerkannt ist, berechtigt unmittelbar nach § 7 Abs. 1 HwO zur Eintragung in die Handwerksrolle. Der Erleichterung des § 7 Abs. 7 HwO bedarf es in diesem Falle nicht mehr.

## 4. Führung des Meistertitels, Ausbildungsbefugnis

Eine Eintragung nach § 7 Abs. 7 HwO berechtigt allerdings nicht ipso iure zur Ausbildung von Lehrlingen und Führung des Meistertitels, obwohl die Eintragung auf der Gleichwertigkeit der Meisterprüfung beruht. Die Ausbildungsbefugnis setzt in der Regel (vgl. §§ 21 ff. HwO), die Führung des Meistertitels immer (§ 51 HwO) die Ablegung einer Meisterprüfung voraus.

Zur Erlangung der Ausbildungsbefugnis und Führung des Meistertitels bedarf es also noch der Anerkennung der Meisterprüfung nach § 92 BVFG, was im Falle einer Eintragung nach § 7 Abs. 7 HwO Formsache ist, da die Voraussetzungen (Gleichwertigkeit) identisch sind.

## III. Verhältnis zwischen § 71 BVFG und § 7 Abs. 7 HwO

Beide Vorschriften regeln verschiedene Tatbestände und gelten nebeneinander. Es besteht kein Fall der Gesetzeskonkurrenz. Denkbar ist allerdings, daß im Einzelfall die Voraussetzungen beider Vorschriften erfüllt sind.

## 1. § 71 BVFG

stellt auf die Tatsache der Ausübung eines Handwerks oder der Befugnis zur Lehrlingsausbildung ab. Diese Tatsachen werden als ausreichender Nachweis der Befähigung zur selbständigen Ausübung eines Handwerks angesehen. Die Vorschrift findet allerdings nicht auf solche Personen Anwendung, die zwar zur Ausübung eines Handwerks berechtigt gewesen waren, dieses jedoch nicht oder nicht selbständig ausgeübt haben. Bei dem Eintragungsgrund der Berechtigung zur Anleitung von Lehrlingen kommt es hingegen nicht darauf an, ob von dieser Befugnis Gebrauch gemacht worden ist.

**2. § 7 Abs. 7 HwO**

stellt es lediglich auf eine der Meisterprüfung gleichwertige Prüfung ab. Es kommt nicht darauf an, ob ein Handwerk selbständig, unselbständig oder überhaupt nicht ausgeübt worden ist.

**Muster eines Anerkennungsbescheides**

Anerkennungsbehörde                                              Ort, Datum

# Bescheid

### über die Anerkennung einer(s) Prüfung/Befähigungsnachweises*)

Auf Grund des § 92 Abs. 2 und 3 des Bundesvertriebenengesetzes in der Fassung der Bekanntmachung vom 3. September 1971 (BGBl. I, S. 1565, 1807) wird die/der

von _____
(Name des Antragstellers, Adresse)

in _____
(Ort, Land)

abgelegte Prüfung/erworbene Befähigungsnachweis

_____
(ausländische Bezeichnung der Prüfung/des Befähigungsnachweises mit deutscher Übersetzung)

_____

als gleichwertig mit

_____
(Bezeichnung der deutschen Prüfung/des deutschen Befähigungsnachweises)

anerkannt.

Etwaige Bemerkung über eine mit der Anerkennung erworbene Berechtigung (z. B. Recht zur Führung des Meistertitels).

Dienstsiegel

_____
(Unterschrift)

_____
*) Nichtzutreffendes streichen

## 10.2  Beschluß der Kultusministerkonferenz vom 28. April 1977 zur Erteilung von Genehmigungen zur Führung ausländischer akademischer Grade sowie zur Führung entsprechender ausländischer Bezeichnungen i. d. F. vom 13. Mai 1985 (GMBl. S. 498)

**I.**

1. Genehmigt werden kann die Führung ausländischer akademischer Grade sowie die Führung ausländischer staatlicher Grade nach Maßgabe folgender Bestimmungen:

2. Ein ausländischer akademischer Grad im Sinne des Gesetzes über die Führung akademischer Grade vom 7. 6. 1939 ist eine Bezeichnung, die Absolventen einer in dem betreffenden Lande anerkannten Hochschule aufgrund eines Examens von der Hochschule oder von der zuständigen staatlichen Stelle durch Verleihungsakt oder durch gesetzliche Regelung zuerkannt worden ist und nach dem Recht des betreffenden Landes einen akademischen Grad darstellt.

3. Ein ausländischer staatlicher Grad im Sinne des Gesetzes über die Führung akademischer Grade vom 7. 6. 1939 ist eine Bezeichnung, die Absolventen einer in dem betreffenden Lande anerkannten Hochschule aufgrund einer staatlichen Abschlußprüfung anstelle eines im Geltungsbereich des Grundgesetzes verliehenen akademischen Grades von der zuständigen staatlichen Stelle durch Verleihungsakt oder durch gesetzliche Regelung zuerkannt worden ist. Dies gilt nicht für die Bezeichnung „Professor", die von ausländischen Hochschulen oder staatlichen Stellen verliehen wird.

4. Die Erteilung der Genehmigung zur Führung ausländischer akademischer Grade setzt voraus, daß der ausländische Grad von einer Hochschule verliehen wurde, die zum Zeitpunkt seiner Verleihung einer deutschen Hochschule vergleichbar sowie berechtigt war, akademische Grade aufgrund allgemein beurteilungsfähiger wissenschaftlicher Leistungen zu verleihen. Die Vergleichbarkeit mit deutschen Hochschulen kann in der Regel angenommen werden, wenn die Hochschule nach maßgeblichen Bestimmungen des betreffenden Landes anerkannt war und der erforderliche Qualitätsstandard der Hochschule aufgrund gesetzlicher Bestimmungen des betreffenden Landes oder, soweit einschlägige gesetzliche Bestimmungen fehlen oder keine ausreichenden Kriterien im Hinblick auf die Vergleichbarkeit enthalten, durch die Vollmitgliedschaft in einer dafür maßgeblichen und allgemein anerkannten Hochschulorganisation gewährleistet war. Wurde der akademische Grad nach dem Recht des betreffenden Landes außerhalb der Hochschule verliehen oder zuerkannt, müssen der Verleihung oder Zuerkennung Studienleistungen in Verbindung mit Prüfungsleistungen oder einer Abschlußprüfung einer Hochschule zugrundeliegen, welche die Voraussetzungen nach den Sätzen 1 und 2 erfüllt.

5. Die Erteilung der Genehmigung zur Führung ausländischer staatlicher Grade setzt voraus, daß dieser Grad von einer nach den gesetzlichen Bestimmungen des betreffenden Landes zuständigen Stelle verliehen wurde.

**II.**

1. Inhaber eines ausländischen akademischen Grades, dessen zugrunde liegender Abschluß dem an einer Hochschule im Geltungsbereich des Grundgesetzes materiell gleichwertig ist und für den es einen gleichartigen Grad gibt, erhalten auf Antrag die Genehmigung, ihren ausländischen akademischen Grad in der Form des entsprechenden deutschen akademischen Grades zu führen.

2. Inhaber eines ausländischen akademischen Grades, dessen zugrundeliegender Abschluß dem an einer Hochschule im Geltungsbereich des Grundgesetzes materiell nicht

gleichwertig ist oder für den es keinen gleichartigen akademischen Grad gibt, erhalten auf Antrag die Genehmigung, ihren ausländischen akademischen Grad in der in Abschnitt III genannten Form zu führen.

3. Inhaber eines ausländischen staatlichen Grades, dessen zugrunde liegender Abschluß dem an einer Hochschule im Geltungsbereich des Grundgesetzes gleichwertig ist und für den es einen gleichartigen akademischen Grad gibt, erhalten auf Antrag die Genehmigung, ihren staatlichen Grad in der Form des entsprechenden deutschen akademischen Grades zu führen.

4. Inhaber eines ausländischen staatlichen Grades, dessen zugrundeliegender Abschluß dem an einer Hochschule im Geltungsbereich des Grundgesetzes materiell nicht gleichwertig ist oder für den es keinen gleichartigen akademischen Grad gibt, erhalten auf Antrag die Genehmigung, ihren ausländischen staatlichen Grad in der in Abschnitt III genannten Form zu führen.

5. In den Fällen des Abschnitts II Nrn 1. und 3 soll grundsätzlich die Genehmigung mit der Auflage verbunden werden, daß der akademische Grad mit einem auf das Herkunftsland oder die verleihende Institution hinweisenden Zusatz geführt ist. Bei nach § 92 BVFG Berechtigten und deren Abkömmlingen unterbleibt diese Auflage im Hinblick auf den Eingliederungszweck des Bundesvertriebenengesetzes.

6. In den Fällen des Abschnitts II Nrn. 1 und 3 ist bei der Entscheidung zum Ausdruck zu bringen, daß der zugrunde liegende ausländische Grad nicht zusätzlich zum Grad geführt wird, dessen Form er erhält.

## III.

In den Fällen des Abschnitts II Nrn. 2 und 4 wird die Genehmigung zur Führung ausländischer akademischer Grade oder ausländischer staatlicher Grade in der Originalform und in der im betreffenden Lande üblichen Form der Abkürzung, jeweils mit Angabe der verleihenden ausländischen Institution, erteilt.

Ist ein ausländischer akademischer Grad oder ein ausländischer staatlicher Grad nicht in lateinischer Sprache verliehen worden, kann ein Klammerzusatz mit einer möglichst wörtlichen Übersetzung in die Genehmigungsurkunde aufgenommen werden.

## IV.

Für ehrenhalber verliehene akademische Grade gelten die Abschnitte I bis III entsprechend.

## V.

Vor der Entscheidung über Anträge nach den Abschnitten I und IV ist die Zentralstelle für ausländisches Bildungswesen der Kultusministerkonferenz gutachtlich zu hören. Von einer Anhörung kann abgesehen werden, wenn bereits ein generelles Gutachten oder ein Gutachten in einem gleichgelagerten Fall durch die Zentralstelle vorliegt.

## VI.

Die Länder erlassen die zum Vollzug dieses Beschlusses erforderlichen Vorschriften.

## 10.3 Beschluß der Kultusministerkonferenz zur nachträglichen Graduierung/Diplomierung von Berechtigten nach dem Bundesvertriebenengesetz i. d. F. vom 25. Juni 1982 (GMBl. S. 559)

1. Berechtigte im Sinne des § 92 des Gesetzes über Angelegenheiten der Vertriebenen und Flüchtlinge (Bundesvertriebenengesetz – BVFG –) jeweiliger Fassung, die vor ihrer Vertreibung, Aussiedlung oder Zuwanderung einen berufsqualifizierenden Abschluß erworben haben, der dem einer Vorläufereinrichtung der Fachhochschulen (Ingenieurschulen und Höhere Fachschulen) im Geltungsbereich des Grundgesetzes zum Zeitpunkt des Erwerbs materiell gleichwertig war, erhalten auf Antrag das Recht, eine staatliche Graduierungsbezeichnung zu führen, die für einen Abschluß dieser Art im Geltungsbereich des Grundgesetzes vorgesehen ist.

2. Die positive Entscheidung über einen Antrag auf Genehmigung zur Führung eines ausländischen Grades (einschließlich Berufs- oder Standesbezeichnung) schließt eine Graduierung nach Nummer 1 für den gleichen Abschluß aus.

Bei der Entscheidung nach Nummer 1 ist zum Ausdruck zu bringen, daß Grade (einschließlich Berufs- oder Standesbezeichnungen) des Herkunftslandes, die auf dem gleichen Abschluß beruhen, nicht zusätzlich zur deutschen Graduierungsbezeichnung geführt werden dürfen.

3. Die staatliche Graduierungsbezeichnung bestimmt sich nach der mit Beschluß der Kultusministerkonferenz getroffenen „Vereinbarung über Fachrichtungen an Fachhochschulen" jeweiliger Fassung.

4. Den Ländern bleibt es unbenommen, ihre Entscheidung mit der Auflage zu treffen, daß die staatliche Graduierungsbezeichnung mit einem auf das Herkunftsland hinweisenden Zusatz geführt wird, wenn dies zur Kennzeichnung wesentlicher Unterschiede in der Ausbildung notwendig erscheint.*)

5. Vor der Entscheidung über Anträge nach Nummer 1 ist bei ausländischen Bildungsabschlüssen die Zentralstelle für ausländisches Bildungswesen der Kultusministerkonferenz, für Bildungsabschlüsse an Einrichtungen in der DDR das Pädagogische Zentrum in Berlin gutachtlich zu hören, soweit dies zur Bewertung des jeweiligen Bildungsabschlusses erforderlich ist.

6. Anstelle der Graduierungsbezeichnung wird auf Antrag der Diplomgrad in derselben Form und unter denselben Voraussetzungen verliehen, unter denen ihn Absolventen von Vorläufereinrichtungen der Fachhochschulen des Landes führen dürfen, in dem der Berechtigte seinen Wohnsitz hat. Die Nrn. 2 bis 5 gelten bei der Nachdiplomierung entsprechend.

7. Die vorstehenden Bestimmungen gelten entsprechend für Abkömmlinge des Personenkreises im Sinne des § 92 BVFG.

8. Der Beschluß der Kultusministerkonferenz über die rückwirkende Graduierung von Ingenieurschulabsolventen aus der SBZ vom 15. 6. 1967 sowie der Beschluß über die nachträgliche Graduierung von Personen, die vor dem 1. 10. 1938 ein Abschlußzeugnis einer der deutschen Ingenieurschule vergleichbaren Einrichtung in der Tschechoslowakischen Republik erworben haben, vom 3./4. 10. 1968 werden aufgehoben.

9. Die Länder erlassen die zum Vollzug dieses Beschlusses erforderlichen Vorschriften.

---

*) Beispiel: „Ing. (grad.)/Pl" (für Herkunftsland Polen),
 „Ing. (grad.)/SU" (für Herkunftsland UdSSR).

10. Für die Nachgraduierung bzw. die Nachdiplomierung ist jeweils das Land zuständig, in dem der Berechtigte im Zeitpunkt der Antragstellung seinen Wohnsitz hat. Wer von einem Land graduiert bzw. diplomiert ist, darf den verliehenen Grad auch in den anderen Ländern führen.

## 10.4 Rundschreiben des Bundesministers für Verkehr zur Erteilung der Fahrerlaubnis an Personen, die einen entsprechenden Anspruch nach § 92 Bundesvertriebenengesetz (BVFG) haben, vom 10. Mai 1977

...

Bei der Besprechung des Bund-Länder-Fachausschusses für Angelegenheiten der Zulassung von Personen zum Straßenverkehr am 23./24. 3. 1977 in Stuttgart (BLFA-FE I/77) wurde der Punkt „Erteilung der Fahrerlaubnis an Vertriebene und Spätaussiedler" mit folgendem Ergebnis erörtert:

1. Wegen der bei mehreren zuständigen obersten Landesbehörden bestehenden Zweifel an der Gleichwertigkeit der Fahrerlaubnisprüfung nach § 92 BVFG insbesondere in Polen, Rumänien, Ungarn und in der UdSSR wurden die in diesen Staaten geltenden Regelungen über Ausbildung und Prüfung der Fahrerlaubnisbewerber vorgetragen... Dadurch wurden die grundlegenden Bedenken gegen die Gleichwertigkeit ausgeräumt.

2. Der Nachweis der Vertriebenen-/Spätaussiedlereigenschaft kann nur mit dem Vertriebenenausweis, nicht aber mit dem Bundespersonalausweis erfolgen...

3. Da von der Gleichwertigkeit der Fahrerlaubnisprüfung ausgegangen werden kann, besteht für den Vertriebenen/Spätaussiedler nach § 92 BVFG sofort ein Rechtsanspruch auf den deutschen Führerschein. Die Eignung wird zunächst unterstellt. Bei offensichtlicher oder gar eindeutig nachgewiesener Ungeeignetheit eines Fahrerlaubnisinhabers darf aber der deutsche Führerschein nicht ausgehändigt werden. Besteht Anlaß zur Annahme, daß der Fahrerlaubnisinhaber zum Führen eines Kraftfahrzeuges ungeeignet ist, so ist nach § 15 b Abs. 2 und 3 StVZO zu verfahren.

4. ...

5. ...

Es wird anheimgestellt, die nachgeordneten Behörden über die Anwendung des § 92 BVFG zu unterrichten.

## 11. HILFEN ZUR GRÜNDUNG SELBSTÄNDIGER EXISTENZEN

### 11.1 Wegweiser des Bundesministers für Wirtschaft für den Aufbau einer selbständigen Existenz in der gewerblichen Wirtschaft und im Bereich der Freien Berufe (aus dem vom Bundesministerium des Innern herausgegebenen „Wegweiser für Aussiedler", August 1990)

**1. Chancen und Risiken einer selbständigen wirtschaftlichen Existenz in unserer marktwirtschaftlichen Ordnung**

Die deutsche Wirtschaft ist geprägt durch eine große Zahl von selbständigen Unternehmen. Unsere Volkswirtschaft besteht nur zu einem geringen Teil aus Großbetrieben, eine

Vielzahl von Mittel- und Kleinbetrieben gewährleistet ein breites Güter- und Arbeitsplatzangebot und das Funktionieren des Wettbewerbs. Jeder hat die Chance, sich eine selbständige wirtschaftliche Existenz aufzubauen. Allerdings muß sich jeder auch immer bewußt bleiben, daß unternehmerische Tätigkeiten mit Risiken verbunden sind: Er trifft Konkurrenten an, die ihm seinen Marktanteil streitig machen. Er muß dafür Sorge tragen, daß sein Betrieb stets den technischen und wirtschaftlichen Erfordernissen entspricht. Dazu gehört eine ausreichende finanzielle Ausstattung mit Eigen- und Fremdkapital, die auch in kritischen Zeiten die Zahlungsfähigkeit gewährleistet.

Selbständiges Wirtschaften in einem marktwirtschaftlichen System heißt also, Chancen und Risiken mit unternehmerischem Einsatz (Wagemut) gegeneinander abzuwägen.

**2.  Beratung über die Gründung einer selbständigen wirtschaftlichen Existenz**

Sie haben die Möglichkeit, sich über die Gründung eines eigenen Betriebes im Bereich des Handwerks, des Handels, der Industrie, des Verkehrsgewerbes oder sonstiger Dienstleistungsgewerbe beraten zu lassen. Diese Beratungen über die persönlichen, finanziellen und organisatorischen Voraussetzungen für eine Betriebsgründung werden in Höhe von 60 % der Beratungskosten bezuschußt.

Auskünfte über die Voraussetzungen einer Existenzgründung und der Inanspruchnahme einer entsprechenden Beratung erteilen die für Ihren neuen Wohnsitz zuständigen Handwerkskammern und Industrie- und Handelskammern.

Die Beratung umfaßt insbesondere:

die Feststellung der wirtschaftlichen Situation

die Darlegung der für die voraussichtliche Marktentwicklung in der Branche maßgeblichen strukturellen und konjunkturellen Bestimmungsfaktoren.

Fragen der Standortwahl, der technischen und kaufmännischen Organisation des Betriebes, des Personalbedarfs und der Kapitalausstattung (einschließlich staatlicher Finanzierungshilfen).

**3.  Öffentliche Finanzierungshilfen**

Die Gründung einer selbständigen Existenz setzt ein ausreichendes Startkapital voraus, dessen Höhe wesentlich von der Art der geplanten Tätigkeit abhängig ist. Deshalb ist es wichtig, sich vor der Gründung eines eigenen Unternehmens darüber klar zu werden, welcher Kapitalbedarf entsteht und wie er gedeckt werden soll. In der Regel wird der Kapitalbedarf beträchtlich höher sein als die vorhandenen Eigenmittel, so daß Kredite in Anspruch genommen werden müssen.

Um die Gründung einer selbständigen Existenz zu erleichtern, bietet der Staat zinsgünstige Darlehen im Rahmen des ERP-Existenzgründungsprogramms, des Eigenkapitalhilfeprogramms und Ansparzuschüsse an.

**ERP-Existenzgründungsprogramm**

Gefördert werden Investitionen zur Errichtung von Betrieben, Übernahme bestehender Betriebe, Beschaffung des ersten Warenlagers, Leistung von Mietvorauszahlungen. Die Laufzeit der Darlehen beträgt bis zu 10 Jahre (bei Baumaßnahmen bis zu 15 Jahre).

Für Aussiedler gelten folgende erleichterte Vergabebedingungen:

Erhöhung des Finanzierungsanteils auf etwa 2/3 der Investitionskosten,

keine Altersgrenzen für die Darlehensgewährung an Aussiedler.

Daneben bietet die Deutsche Ausgleichsbank Aussiedlern, die eine selbständige Existenz gründen oder in der Anlaufphase festigen wollen, ergänzende Darlehen zum ERP-

Existenzgründungsprogramm an. Die Darlehenslaufzeit beträgt bis zu 12 Jahren. Zusammen mit einem ERP-Darlehen kann damit ein Gründungsvorhaben in geeigneten Fällen in vollem Umfang mit öffentlichen Mitteln finanziert werden. Dabei wird berücksichtigt, daß Spätaussiedler nur wenig oder keine eigenen Mittel einsetzen können.

Anträge auf Darlehensgewährung aus den genannten Programmen können bei jedem Kreditinstitut gestellt werden. Auskünfte erteilen auch die Kammern und die Fachverbände.

Die aus öffentlichen Finanzierungsprogrammen gewährten Kredite müssen banküblich abgesichert werden. Sofern keine ausreichenden Sicherheiten vorhanden sind, besteht die Möglichkeit der Bürgschaftsübernahme durch eine Kreditgarantiegemeinschaft der einzelnen Bundesländer sowie der Risikoübernahme durch die Deutsche Ausgleichsbank. Auch hierüber können die Kreditinstitute nähere Auskünfte erteilen.

### Eigenkapitalhilfeprogramm

Wer eine selbständige Existenz gründen will, benötigt hierfür ausreichend Eigenkapital. Die Bundesregierung erleichtert die Existenzgründung durch Gewährung langfristiger Darlehen, die insofern die Funktion von Eigenkapital erfüllen, als sie im Konkursfall unbeschränkt haften, deutlich zinsverbilligt sind und nicht abgesichert zu werden brauchen.

Die wesentlichen Punkte des Programms sind
– Höchstbetrag 300 000 (350 000 DM im Zonenrandgebiet und im Lande Berlin)
– Zinsverbilligung in den ersten Jahren bei Neugründungen
– Laufzeit: 20 Jahre, davon 10 Jahre tilgungsfrei
– Antragsberechtigt sind Personen bis zum 50. Lebensjahr.

Die jeweils geltenden Konditionen sind bei den Kreditinstituten oder der Deutschen Ausgleichsbank in Bonn-Bad Godesberg zu erfahren. Anträge auf Gewährung von Eigenkapitalhilfe können bei jedem Kreditinstitut gestellt werden.

### Ansparzuschüsse

Auf vertragliche Sparleistungen zum Zwecke der Existenzgründung wird ein Ansparzuschuß in Höhe von 20 v. H. der Sparleistungen einschließlich Zinsen, max. 10 000 DM im Einzelfall gewährt. Die Sparzeit muß mindestens drei, höchstens zehn Jahre betragen. Der Ansparzuschuß kann erst dann beantragt werden, wenn die Existenz gegründet und die Geschäftstätigkeit aufgenommen worden ist.

Gefördert werden nur Existenzgründungen im Bereich der gewerblichen Wirtschaft.

Die Gründungssparverträge können mit jedem Kreditinstitut abgeschlossen werden, das in der Bundesrepublik Deutschland einschließlich des Landes Berlin zugelassen ist.

Ein Gründungsvertrag kann auch mit einer Bausparkasse abgeschlossen werden, allerdings nicht als Bausparvertrag.

Näheres regelt eine Richtlinie des Bundesministers für Wirtschaft, die bei den meisten Banken und Sparkassen eingesehen werden kann.

### Bürgschaften für Kredite von Kreditinstituten an Angehörige Freier Berufe

Im Bereich der Freien Berufe bereitet erfahrungsgemäß die Absicherung von Krediten zur Existenzgründung bzw. -festigung oft erhebliche Schwierigkeiten. Hier hilft die Deutsche Ausgleichsbank mit der Übernahme von 80 %igen Ausfallbürgschaften für entsprechende Kredite mit einer Laufzeit bis zu 12 – bei Bauinvestitionen bis zu 15 Jahre (davon im Normalfall 2 Jahre tilgungsfrei); diese Bürgschaften werden vom ERP-Sondervermögen – wiederum in Höhe von 80 % – rückverbürgt. Die gesamten effektiven Kreditkosten sollen den bei langfristigen Finanzierungen banküblichen Zinssatz nicht überschreiten.

Die zu verbürgenden Kredite dienen hauptsächlich der Finanzierung von Investitionen, die zur Begründung oder Festigung selbständiger Erwerbstätigkeit notwendig sind (z. B. Anschaffung von Geräten und Apparaten, Beschaffung und Einrichtung von Praxisräumen). Soweit erforderlich, kann ein angemessener Teil des Kredits auch für Betriebsmittel verwendet werden. Eine beitragsmäßige Höchstgrenze gibt es nicht. Die Bürgschaftsprovision beträgt 0,75 % p.a. des jeweiligen Bürgschaftsbetrages; daneben berechnet die Deutsche Ausgleichsbank eine einmalige Bearbeitungsgebühr von 0,5 % des bewilligten Bürgschaftsbetrages.

Anträge können bei jedem Kreditinstitut gestellt werden.

### Überbrückungsgeld für Arbeitslose

Arbeitslose, die mindestens 4 Wochen Arbeitslosengeld oder Arbeitslosenhilfe bezogen haben und ihre Arbeitslosigkeit durch Aufnahme einer selbständigen Tätigkeit beenden, können vom Arbeitsamt für die ersten Wochen der Selbständigkeit Überbrückungsgeld als Zuschuß zum Lebensunterhalt sowie Zuschüsse zu Aufwendungen für Krankenversicherung und Altersvorsorge erhalten. Im Rahmen der dafür maßgeblichen gesetzlichen Grundlage des § 55 a Arbeitsförderungsgesetz bestimmt die Bundesanstalt für Arbeit zur Durchführung das Nähere über Voraussetzungen, Art und Umfang der Förderung durch Anordnung. Nähere Auskünfte erteilt das Arbeitsamt.

### 4. Anerkennung von Zeugnissen/Eintragung in die Handwerksrolle

Die Ausübung einer selbständigen gewerblichen Tätigkeit setzt häufig nicht den Nachweis einer bestimmten Berufsausbildung oder bestimmter Prüfungen und Zeugnisse voraus (Grundsatz der Gewerbefreiheit). In diesem Falle ist die Anerkennung der außerhalb des Bundesgebiets erworbenen Prüfungszeugnisse und Befähigungsnachweise für die selbständige Tätigkeit juristisch nicht erforderlich.

Dennoch wird im Hinblick auf einen möglichen späteren Übergang von der selbständigen zu einer unselbständigen Tätigkeit im Arbeitsverhältnis das Bemühen um die Anerkennung der Zeugnisse empfohlen, um die berufliche und gesellschaftliche Eingliederung zu erleichtern und die Arbeitsmarktchancen zu verbessern. Die Anerkennung erfolgt durch Verwaltungsentscheidung auf der Rechtsgrundlage des § 92 Bundesvertriebenengesetz. Zuständig für die Anerkennung der Gleichwertigkeit mit hiesigen gewerblichen Prüfungen sind in den meisten Ländern die Industrie- und Handelskammern bzw. die Handwerkskammern, in Berlin jedoch der Senator für Schulwesen, Berufsausbildung und Sport.

Die selbständige Ausübung eines Handwerks ist allerdings nur nach Eintragung in die Handwerksrolle zulässig. Der Antrag auf Eintragung ist an die örtlich zuständige Handwerkskammer zu richten. Voraussetzung für die Eintragung ist die erfolgreiche Ablegung der Meisterprüfung oder die Erteilung einer Ausnahmebewilligung (§§ 1, 8 der Handwerksordnung).

Nach § 7 Abs. 7 Handwerksordnung sind Vertriebene – Aussiedler gelten als Vertriebene im Sinne des Bundesvertriebenengesetzes – in die Handwerksrolle einzutragen, wenn sie eine der deutschen Meisterprüfung gleichwertige Prüfung außerhalb des Bundesgebietes bestanden haben.

Eine weitere Möglichkeit zur Eintragung in die Handwerksrolle sieht § 71 Bundesvertriebenengesetz vor. Danach reicht es aus, daß Aussiedler vor der Aussiedlung entweder ein

Handwerk selbständig ausgeübt haben oder zur Anleitung von Lehrlingen befugt waren. Die Eintragung in die Handwerksrolle berechtigt allerdings noch nicht zur Führung des Meistertitels und zur Ausbildung von Lehrlingen. Hierfür ist die Anerkennung der ausländischen Meisterprüfung nach § 92 Bundesvertriebenengesetz erforderlich.

Weitere Einzelheiten können Sie der Broschüre des Bundesministers für Wirtschaft »Grundsätze zur rechtlichen Handhabung der §§ 92 und 71 des Bundesvertriebenengesetzes sowie des § 7 Abs. 7 der Handwerksordnung im Bereich der gewerblichen Wirtschaft« entnehmen.

Über das System der beruflichen Bildung und der berufsqualifizierenden Abschlüsse in Polen, Rumänien, der Tschechoslowakei, Ungarn, der Sowjetunion, Jugoslawien und der DDR informieren Broschüren, die beim Bundesinstitut für Berufsbildung, Fehrbelliner Platz 3, 1000 Berlin 31, gegen Entrichtung einer Schutzgebühr bezogen werden können.

## 11.2 Richtlinien für die Berücksichtigung bevorzugter Bewerber bei der Vergabe öffentlicher Aufträge (Vertriebene, Sowjetzonenflüchtlinge, Verfolgte, Evakuierte, Werkstätten für Behinderte und Blindenwerkstätten) vom 11. August 1975 (Bundesanzeiger vom 20. August 1975, S. 2), geändert am 26. März 1990 (Bundesanzeiger vom 10. April 1990, S. 1857)

### § 1
#### Personenkreis

Bevorzugte Bewerber im Sinne dieser Richtlinie sind:

1. Nach § 74 BVFG zur Inanspruchnahme von Rechten und Vergünstigungen nach dem Gesetz über die Angelegenheiten der Vertriebenen und Flüchtlinge (BVFG) in der Fassung der Bekanntmachung vom 3. September 1971 (Bundesgesetzbl. I S. 1565), zuletzt geändert durch das Gesetz zur Anpassung von Eingliederungsleistungen für Aussiedler und Übersiedler vom 22. Dezember 1989 (BGBl. I S. 2398) berechtigte Vertriebene, Sowjetzonenflüchtlinge und diesen gleichgestellte Personen (§§ 1 bis 4, 14 BVFG) sowie Unternehmen, an denen diese Personen mit mindestens der Hälfte des Kapitals beteiligt sind, sofern ihre Beteiligung und eine Mitwirkung an der Geschäftsführung für mindestens 6 Jahre sichergestellt ist, in den ersten 10 Jahren nach Verlassen der Herkunftsgebiete.

2. ...

3. Nach § 12a des Bundesevakuiertengesetzes in der Fassung der Bekanntmachung vom 13. Oktober 1961 (BGBl. I S. 1865), zuletzt geändert durch das Einführungsgesetz zum Strafgesetzbuch vom 2. März 1974 (BGBl. I S. 469) Evakuierte, die in den Ausgangsort (Ersatzausgangsort) rückgeführt worden oder zurückgekehrt sind, sowie Unternehmen, an denen solche Evakuierte mit mindestens der Hälfte des Kapitals beteiligt sind, sofern die Beteiligung für mindestens 6 Jahre vereinbart ist (§§ 1 und 2 des Bundesevakuiertengesetzes). Die Bevorzugung gilt für Angebote, die bis zum Ablauf von vier Jahren nach der Rückführung oder der Rückkehr des Evakuierten abgegeben werden (§ 21 Abs. 2 des Bundesevakuiertengesetzes). Diese Frist beginnt frühestens mit dem 9. Oktober 1957.

4. ...

## § 2
### Nachweis der Zugehörigkeit zu den nach § 1 Nr. 1 bevorzugten Bewerbern

1. Der Nachweis der Eigenschaft als Vertriebener, Sowjetzonenflüchtling oder diesen gleichgestellter Person ist durch Vorlage eines gemäß § 15 BVFG ausgestellten Ausweises A, B oder C zu führen.

2. Unternehmen nach § 74 Abs. 1 Satz 2 BVFG haben den Nachweis durch Vorlage eines beglaubigten Handelsregisterauszuges, von beglaubigten Abschriften der zum Handelsregister eingereichten Schriftstücke, insbesondere des Gesellschaftsvertrags, oder von sonstigen geeigneten öffentlichen oder privaten Urkunden zu führen. Der Nachweis kann auch durch Vorlage einer Bescheinigung der Landesflüchtlingsverwaltung geführt werden. Die Bescheinigung darf bei der Vorlage nicht älter als ein Jahr sein.

(3) Nicht zum begünstigten Personenkreis gehören die Inhaber von Ausweisen mit einschränkenden Vermerken (§§ 9 bis 13 BVFG).

## § 3
### Nachweis der Zugehörigkeit zu den nach § 1 Nr. 2 bevorzugten Bewerbern
...

## § 4
### Nachweis der Zugehörigkeit zu den nach § 1 Nr. 3 bevorzugten Bewerbern

1. Der Nachweis der Eigenschaft als Evakuierter im Sinne von § 1 ist gegenüber den Vergabestellen durch Vorlage des Registrierungsbescheides gemäß § 4 Abs. 1 letzter Satz des Bundesevakuiertengesetzes sowie einer amtlichen Bescheinigung über den Tag der Rückführung oder Rückkehr des Evakuierten in den Ausgangsort (nach Möglichkeit durch einen Vermerk auf dem Registrierungsbescheid) zu führen.

2. Der Nachweis der Beteiligung und der Dauer der Beteiligung von Evakuierten an einem Unternehmen ist gegenüber den Vergabestellen durch Vorlage einer amtlichen Bescheinigung zu führen. Die Bescheinigung darf bei der Vorlage nicht älter als ein Jahr sein.

## § 5
### Nachweis der Zugehörigkeit zu den nach § 1 Nr. 4 bevorzugten Bewerbern
...

## § 6
### Inhalt der Bevorzugung

1. Bei beschränkten Ausschreibungen und freihändigen Vergaben sind regelmäßig neben den nach anderen Bestimmungen bevorzugten Bewerbern auch die in § 1 genannten Personen und Unternehmen in angemessenem Umfang zur Angebotsabgabe mitaufzufordern.

2. Die Landesauftragsstellen (Auftragsberatungsstellen) können den Vergabestellen bevorzugte Bewerber im Sinne des § 1 benennen. Ein Verzeichnis der Landesauftragsstellen liegt an.

Ist bei öffentlicher oder beschränkter Ausschreibung oder bei freihändiger Vergabe das Angebot eines nach § 1 bevorzugten Bewerbers ebenso wirtschaftlich (VOL) oder annehmbar (VOB) wie das eines Bewerbers, der weder nach § 1 noch nach anderen Bestimmungen bevorzugt ist, so soll ihm der Zuschlag erteilt werden.

4. Liegt das Angebot eines nach § 1 Nr. 1–3 bevorzugten Bewerbers nur geringfügig über dem wirtschaftlichsten oder annehmbarsten Angebot, so soll ihm auch in diesem Falle der Zuschlag erteilt werden. Als geringfügige Überschreitung des wirtschaftlichsten bzw. annehmbarsten Angebots gelten folgende Mehrpreise:

Bei Angeboten

|  |  | bis | 5 000 DM | 5 | v.H. |
|---|---|---|---|---|---|
| für den Betrag über | 5 000 DM bis | 10 000 DM | 4 | v.H. |
| für den Betrag über | 10 000 DM bis | 50 000 DM | 3 | v.H. |
| für den Betrag über | 50 000 DM bis | 100 000 DM | 2 | v.H. |
| für den Betrag über | 100 000 DM bis | 500 000 DM | 1 | v.H. |
| für den Betrag über | 500 000 DM |  | 0,5 | v.H. |

Der jeweils zulässige Mehrpreis ist, beginnend mit dem Satz von 5 v.H., entsprechend der Angebotssumme stufenweise zu berechnen und zusammenzuzählen.

Für Bewerber nach § 1 Nr. 4 gilt folgende Mehrpreisstaffel:

Bei Angeboten

|  |  | bis | 5 000 DM | 6 | v.H. |
|---|---|---|---|---|---|
| für den Betrag über | 5 000 DM bis | 10 000 DM | 5 | v.H. |
| für den Betrag über | 10 000 DM bis | 50 000 DM | 4 | v.H. |
| für den Betrag über | 50 000 DM bis | 100 000 DM | 3 | v.H. |
| für den Betrag über | 100 000 DM bis | 500 000 DM | 2 | v.H. |
| für den Betrag über | 500 000 DM bis | 1 000 000 DM | 1 | v.H. |
| für den Betrag über | 1 000 000 DM |  | 0,5 | v.H. |

Der jeweils zulässige Mehrpreis ist, beginnend mit dem Satz von 6 v.H. entsprechend der Angebotssumme stufenweise zu berechnen und zusammenzuzählen.

5. Ein Bewerber nach § 1 Nr. 4 geht jedem Bewerber mit anderen Bevorzugungsmerkmalen nach diesen oder anderen Bestimmungen vor, auch wenn sein Angebot höher liegen sollte als das Angebot des anderen bevorzugten Bewerbers. Voraussetzung ist, daß sein Angebot nur geringfügig im Sinne der Nummer 4 Abs. 2 über dem wirtschaftlichsten oder annehmbarsten Angebot liegt. Der Vorrang eines Bewerbers nach § 1 Nr. 4 gilt auch für den Fall, daß der andere bevorzugte Bewerber mehrere Bevorzugungsmerkmale nach § 1 Nr. 1–3 oder anderen Bestimmungen auf sich vereint.

Liegen Angebote mehrerer Bewerber vor, die unter § 1 Nr. 4 fallen und darüber hinaus ein anderes Bevorzugungsmerkmal erfüllen, so soll demjenigen Bewerber der Vorzug gegeben werden, bei dem die Mehrzahl der Merkmale vorliegt, auch wenn sein Angebot höher liegen sollte als das eines anderen bevorzugten Bewerbers mit weniger Bevorzugungsmerkmalen. Bei Bietern mit gleicher Anzahl von Merkmalen kann der Zuschlag angemessen verteilt werden. Das gilt auch dann, wenn Angebote mehrerer Bewerber vorliegen, die nur nach § 1 Nr. 4 bevorzugt werden.

6. Reichen bevorzugte Bewerber Angebote ein, die keine Bevorzugungsmerkmale nach § 1 Nr. 4 erfüllen, so gilt folgende Regelung:

Vereinigen die Bewerber mehrere Bevorzugungsmerkmale nach diesen oder anderen Bestimmungen auf sich, so soll demjenigen Bewerber der Vorzug gegeben werden, bei dem die Mehrzahl der Merkmale vorliegt, auch wenn sein Angebot höher liegen sollte als das eines anderen bevorzugten Bewerbers mit weniger Bevorzugungsmerkmalen. Bei Bewerbern mit gleicher Anzahl von Merkmalen kann der Zuschlag angemessen verteilt werden.

7. Die Nummern 5 und 6 gelten nur, soweit sich die Angebote der bevorzugten Bewerber noch im Rahmen der jeweils gültigen Geringfügigkeitsspannen in Frage, so ist die für ihn günstigere Spanne zugrundezulegen.

8. Wird entgegen den Vorschriften der Nummern 1, 3 bis 6 ein bevorzugter Bewerber aus zwingenden Gründen nicht berücksichtigt, so sind die Gründe aktenkundig zu machen.

## § 7
### Blindenwerkstätten

Soweit für anerkannte Blindenwerkstätten hinsichtlich der Blindenwaren weitergehende Vergünstigungen bestehen, bleiben diese unberührt.

## § 8
### Sonderregelung bei Arbeitsgemeinschaften

Falls das Angebot von einer Arbeitsgemeinschaft abgegeben wird, ist der Ermittlung der als geringfügig anzusehenden Überschreitung (§ 6 Nr. 4) nur derjenige Anteil zugrunde zu legen, den nach § 1 dieser Richtlinien oder nach anderen Bestimmungen bevorzugte Bewerber an dem Gesamtangebot der Arbeitsgemeinschaft haben.

Die Vergabestellen sollen durch geeignete Maßnahmen darauf hinwirken, daß bei der Angebotsabgabe wahrheitsgemäße Aufgaben über den Anteil des bevorzugten Bewerbers gemacht werden.

## § 9
### Berichterstattung

Die Vergabestellen berichten an den Bundesminister für Wirtschaft in regelmäßigen Abständen über Art und Ausmaß der an bevorzugte Bewerber vergebenen Aufträge; Form und Termine der Berichterstattung werden von dem Bundesminister für Wirtschaft mit den beteiligten Verwaltungen vereinbart.

## § 10
### Schlußbestimmungen

1. Diese Richtlinien sind nach ihrer Bekanntgabe im Bundesanzeiger anzuwenden. Gleichzeitig treten, soweit nicht bereits durch gesetzliche Regelung geschehen, außer Kraft: Die Richtlinien für die Berücksichtigung bevorzugter Bewerber bei der Vergabe öffentlicher Aufträge (Vertriebene, Sowjetzonenflüchtlinge, Verfolgte, Evakuierte, Schwerbeschädigte) vom 24. Februar 1969 (Bundesanzeiger Nr. 42 vom 1. März 1969).

2. Diese Richtlinien ergehen im Einvernehmen mit dem Bundesminister des Innern und dem Bundesminister für Arbeit und Sozialordnung.

## Anlage
## Verzeichnis der Landesauftragsstellen
(Auftragsberatungsstellen)

### Ständige Konferenz der Auftragsberatungsstellen
Adelheidstraße 23
6200 Wiesbaden
Sprecher: Dipl.-Volkswirt Siegfried Stockhorst
Telefon: 06121/372088
Fernschreiber: über 04186613 (lash d)

Büro Bonn
Raifeissenstraße 3
5300 Bonn 1
Telefon: 0228/213614
Fernschreiber: über 0886874 (Landesvertretung
Baden-Würtemberg)
Leiter: Dipl.-Ing. Jürgen Tychsen

### Baden-Württemberg
Auftragsberatungsstelle Baden-Württemberg
Heustraße 2 B
Postfach 100228
7000 Stuttgart 10
Geschäftsführer: Dipl.-Ing. Karl-Heinz Möbus
Telefon: 0711/296941
Fernschreiber: 723226 (astbw d)

Vertretung Bonn:
Auftragsberatungsstelle Baden-Württemberg
Raiffeisenstraße 3
5300 Bonn 1
Telefon 0228/213614
Fernschreiber: 0886874
(Landesvertretung Baden-Württemberg)
Leiter: Dipl.-Ing. Jürgen Tychsen

### Bayern
Landesauftragsstelle Bayern e. V.
– Beratungsstelle für das öffentliche Auftragswesen –
Widenmayerstraße 6/II
8000 München 22
Telefon: 089/293945/6
Fernschreiber: 522234 (lasby d)
Geschäftsführer: Dr. Hans Bauer
Vertreter des Geschäftsführers: Frau Charlotte Zimmerer
Sachbearbeiter: Frau Zimmerer/Herr Gebhardt/Frau Schaal

**Berlin**
Berliner Absatzorganisation GmbH
Hardenbergstraße 16 – 18
1000 Berlin 12
Telefon: 0 30/31 80-1
Fernschreiber: 183 663
Leiter: Dr. Günter Wilitzki
Referent: Ralph Wagner
Sachbearbeiter: Frau Sell (312), Frau Laube (315)

**Bremen**
Handelskammer Bremen
Auftragsberatungsstelle im Lande Bremen
Haus Schütting
Postfach 10 51 07
2800 Bremen 1
Geschäftsführer: Dr. Dieter Porschen
Referent: Dipl.-Ing. Fritz Ehlers
Sachbearbeiter: Werner Rodenburg
Telefon: 04 21/36 37-2 36
Fernschreiber: 244 743 (haka d)

Außenstelle Bonn
Der Senator für Bundesangelegenheiten der Hansestadt Bremen
Schaumburg-Lippe-Straße 7–9
Postfach 12 01 67
5300 Bonn 1
Telefon: 02 28 / 22 40 91
Fernschreiber: 0 886 883
Leiter: RR Dr. Otger Kratzsch

**Hamburg**
Beratungsstelle für Auftragswesen (Auftragsstelle) Hamburg e. V.
Börse
2000 Hamburg 11
Telefon: 0 40/36 13 81
Fernschreiber: 211 250 (hkhmb d)
(über Handelskammer Hamburg)
Geschäftsführendes Vorstandsmitglied: Dr. Gerhard Schröder
Stellvertreter Geschäftsführer: Dr. Harbs
Sachbearbeiter: Frau Maren Preisler

Vertretung Bonn:
Auftragsstelle Hamburg
– Beratungsstelle für Auftragswesen (Auftragsstelle) Hamburg e. V. –
Adenauerallee 148
5300 Bonn 1
Telefon: 02 28/10 40 oder 10 46 64/6 65
Fernschreiber: 886 805 (Handelstag Bonn)
Leiter: Dipl.-Volkswirt Michael Pfeiffer

## Hessen

Auftragsberatungsstelle Hessen e. V. Beratungsstelle für öffentliches Auftragswesen
Adelheidstraße 23
6200 Wiesbaden
Telefon: 0 61 21/37 20 88/89
Fernschreiber: 4 186 613
Geschäftsführer: Dipl.-Volkswirt Siegfried Stockhorst
Sachbearbeiter: Frau Hornuß, Frau Schäfer

## Niedersachsen

Beratungsstelle für öffentliches Auftragswesen (Auftragsstelle) Niedersachsen e. V.
Schiffgraben 44
Postfach 4 25
3000 Hannover 1
Telefon: 05 11/3 10 73 95
Fernschreiber: 922 146 (last d)
Geschäftsführer: Dipl.-Kfm. Rudolf Witte
Vertreter und Sachbearbeiter: Klaus Fröhlich, Frau Kranz

## Nordrhein-Westfalen

Beratungsstelle für das öffentliche Auftragswesen
im Land Nordrhein-Westfalen
Goltsteinstraße 31
Postfach 24 01 20
4000 Düsseldorf 1
Telefon: 02 11/35 24 64
Fernschreiber: 08 582 363 (kvnw d)
Geschäftsführer: Ass. Hans Georg Crone-Erdmann
Referent: N. W.
Sachbearbeiter: Frau Christiane Grabinski, Frau Schwörbel, Frau Anker

## Rheinland-Pfalz

Auftragsberatungsstelle Rheinland-Pfalz
Schloßstraße 2
5400 Koblenz
Telefon: 02 61/1 06-2 16 oder 3 35 24
Fernschreiber: 0 862 843 (ihaka d)
Geschäftsführer: Dipl.-Volkswirt Seul, Frau Weber

## Saarland

Landesauftragsstelle des Saarlandes
– Beratungsstelle für das öffentliche Auftragswesen –
Franz-Josef-Röder-Str. 9
Postfach 136/ 137
6600 Saarbrücken 1
Telefon: 06 81/50 82 69
Fernschreiber: 4 421 298 (ihks d)
Geschäftsführer: Dipl.-Volkswirt Volker Giersch
Sachbearbeiter: Frau Bosche

Schleswig-Holstein

Auftragsberatungsstelle Schleswig-Holstein e. V.

Lorentzendamm 22
2300 Kiel 1
Telefon: 0431/551304
Fernschreiber: über 299864 (IHK Kiel)
Leiter/Geschäftsführer: Betriebswirt (grad.) Radischewski

## 11.3 Gesetz über die Deutsche Ausgleichsbank (Ausgleichsbankgesetz – AusglBankG) i. d. F. vom 23. September 1986 (BGBl. I S. 1544), geändert durch Gesetz vom 18. Dezember 1986 (BGBl. I S. 2478)

### § 1
### Rechtsform und Sitz

(1) Die Deutsche Ausgleichsbank ist eine bundesunmittelbare rechtsfähige Anstalt des öffentlichen Rechts.

(2) Sitz der Bank ist Bonn. Er kann durch Beschluß der Anstaltsversammlung mit Zustimmung der Bundesregierung verlegt werden.

### § 2
### Grundkapital

(1) Das Grundkapital der Bank wird durch die Satzung festgelegt. Mit Einwilligung der Anstaltsversammlung und Zustimmung der Aufsichtsbehörde (§ 13 Abs. 1) können Anteile übertragen werden.

(2) Der Anteil der Bundesrepublik Deutschland einschließlich ihrer Sondervermögen am Grundkapital darf 51 vom Hundert nicht überschreiten. Die restlichen Anteile können nur von öffentlichen Anteilseignern übernommen werden.

### § 3
### Rücklage

(1) Die Anstalt hat eine Rücklage bis zur Höhe des Grundkapitals zu bilden. Die Zuweisungen zu der Rücklage aus dem Jahresüberschuß richten sich nach § 10.

(2) Es können weitere Rücklagen gebildet werden.

(3) Die nach Absatz 1 gebildete Rücklage darf nur verwandt werden

1. zum Ausgleich eines Jahresfehlbetrages, soweit er weder durch einen Gewinnvortrag aus dem Vorjahr gedeckt ist noch durch Auflösung anderer Rücklagen ausgeglichen werden kann,

2. zum Ausgleich eines Verlustvortrages aus dem Vorjahr, soweit er weder durch einen Jahresüberschuß gedeckt ist noch durch Auflösung anderer Rücklagen ausgeglichen werden kann.

### § 4
### Aufgaben und Geschäfte

(1) Die Bank finanziert Maßnahmen, soweit der Bund Aufgaben hat

1. im wirtschaftsfördernden Bereich, insbesondere für den gewerblichen Mittelstand und die freien Berufe,

2. im sozialen Bereich,

3. im Bereich des Umweltschutzes,

4. zur wirtschaftlichen Eingliederung und Förderung der durch den Zweiten Weltkrieg und seine Folgen betroffenen Personen sowie heimatloser Ausländer und ausländischer Flüchtlinge; die Bank wird ferner tätig im Rahmen des Lastenausgleichs.

(2) Die Bank kann die Übernahme von Bankgeschäften, Treuhand- und sonstigen Geschäften mit obersten Bundesbehörden vereinbaren und Ergänzungsprogramme auflegen. Mit Zustimmung der Aufsichtsbehörde (§ 13 Abs. 1) können entsprechende Geschäfte auch mit zwischenstaatlichen Organisationen und mit obersten Landesbehörden vereinbart werden, solange dadurch nicht in Aufgabenbereiche der Länder eingegriffen wird.

(3) Bei der Gewährung von Krediten sind Kreditinstitute einzuschalten. In Ausnahmefällen können Kredite nach näherer Bestimmung der Satzung unmittelbar gegeben werden, soweit die Aufgaben der Bank es erfordern.

(4) Die Bank darf alle Bankgeschäfte betreiben, die mit der Erfüllung ihrer Aufgaben in unmittelbarem Zusammenhang stehen. In diesem Rahmen darf sie insbesondere

1. Kredite und Finanzierungshilfen gewähren sowie Bürgschaften und sonstige Gewährleistungen übernehmen,

2. zur Beschaffung von Mitteln im In- und Ausland Darlehen aufnehmen und Schuldverschreibungen ausgeben,

3. Mittel treuhänderisch weiterleiten,

4. mit Einwilligung des Verwaltungsrates und der Aufsichtsbehörde (§ 13 Abs. 1) Beteiligungen erwerben, erhöhen oder veräußern.

(5) Die Bank kann Dienstleistungen erbringen, die zur Erfüllung ihrer Aufgaben und Geschäfte gehören.

## § 5
### Organe

(1) Organe der Bank sind der Vorstand, der Verwaltungsrat und die Anstaltsversammlung.

(2) Aufgaben und Befugnisse der Organe regelt, soweit sie nicht im Gesetz bestimmt sind, die Satzung.

## § 6
### Vorstand

(1) Der Vorstand besteht aus mindestens zwei Mitgliedern. Die Vorstandsmitglieder werden vom Verwaltungsrat auf Vorschlag der Anstaltsversammlung bestellt und abberufen. Die Vorschriften des § 84 Abs. 1 und 3 des Aktiengesetzes finden entsprechende Anwendung. Die Anstellungsbedingungen des Vorstandes setzt der Verwaltungsrat fest; sie bedürfen der Zustimmung der Aufsichtsbehörde (§ 13 Abs. 1). Das Nähere regelt die Satzung.

(2) Dem Vorstand liegt die Geschäftsführung und die Vermögensverwaltung der Bank ob, soweit sich nicht aus dem Gesetz oder Satzung ein anderes ergibt.

(3) Der Vorstand vertritt die Bank gerichtlich und außergerichtlich. Erklärungen sind für die Bank verbindlich, wenn sie entweder von zwei Mitgliedern des Vorstandes oder von einem Mitglied des Vorstandes gemeinschaftlich mit einem bevollmächtigten Vertreter abgegeben werden. In der Satzung kann bestimmt werden, daß Erklärungen für die Bank auch von zwei bevollmächtigten Vertretern abgegeben werden können.

(4) Der Nachweis der Befugnisse zur Vertretung der Bank wird durch eine mit Dienstsiegel versehene Bestätigung der Aufsichtsbehörde (§ 13 Abs. 1) geführt.

(5) Ist eine Willenserklärung der Bank gegenüber abzugeben, so genügt die Abgabe gegenüber einem Mitglied des Vorstandes.

## § 7[1]
### Verwaltungsrat

(1) Der Verwaltungsrat besteht aus höchstens 23 Mitgliedern. Je fünf Mitglieder werden vom Deutschen Bundestag und vom Bundesrat entsandt. Bei der Zusammensetzung soll die Aufgabenstellung der Bank berücksichtigt werden.

(2) Der Verwaltungsrat wählt aus seiner Mitte den Vorsitzenden und zwei Stellvertreter für die Dauer ihrer Mitgliedschaft auf Vorschlag der Anstaltsversammlung.

(3) Der Verwaltungsrat überwacht die Geschäftsführung und die Vermögensverwaltung der Bank. Er ist berechtigt, vom Vorstand Auskünfte zu verlangen und ihm allgemeine Weisungen und Empfehlungen zu erteilen. Er kann sich die Zustimmung zu dem Abschluß bestimmter Geschäfte oder Arten von Geschäften vorbehalten. Zur Ausgabe von Schuldverschreibungen ist seine Genehmigung notwendig. Vorstandsmitgliedern gegenüber vertritt er die Bank gerichtlich und außergerichtlich.

(4) Der Verwaltungsrat kann seine Befugnisse gemäß näherer Bestimmung der Satzung auf Ausschüsse widerruflich übertragen.

(5) Die näheren Bestimmungen über die Zusammensetzung, das Verfahren, die Aufgaben sowie die Tätigkeit des Verwaltungsrats trifft die Satzung.

## § 8
### Anstaltsversammlung

(1) Die Anstaltsversammlung ist die Vertretung der Anteilseigner der Bank. Sie tritt innerhalb der ersten sieben Monate eines jeden Geschäftsjahres, im übrigen nach Bedarf zusammen.

(2) In der Anstaltsversammlung entfällt auf je hunderttausend Deutsche Mark eingezahlte Beteiligung eine Stimme.

(3) Die Anstaltsversammlung beschließt in den im Gesetz und in der Satzung ausdrücklich bestimmten Fällen.

## § 9
### Jahresabschluß

(1) Aufstellung, Prüfung und Bekanntmachung des Jahresabschlusses und des Lageberichts richten sich nach dem Gesetz über die Rechnungslegung von bestimmten Unternehmen und Konzernen. Der Abschlußprüfer wird auf Vorschlag des Verwaltungsrats von der Anstaltsversammlung im Einvernehmen mit dem Bundesrechnungshof bestellt. Der geprüfte Jahresabschluß und Lagebericht sowie der Prüfungsbericht sind vom Vorstand innerhalb der ersten sechs Monate nach Ablauf eines Geschäftsjahres dem Verwaltungsrat vorzulegen.

(2) Der Verwaltungsrat legt den Jahresabschluß, den Lagebericht und den Prüfungsbericht mit seiner Stellungnahme der Anstaltsversammlung vor. Die Anstaltsversammlung stellt den Jahresabschluß fest.

(3) Die Anstaltsversammlung beschließt über die Entlastung des Vorstandes und des Verwaltungsrates.

---

[1] Übergangsregelung: Artikel 2 des Gesetzes vom 20. Februar 1986 (BGBl. I S. 297)

(4) Den zuständigen Stellen der Bundesrepublik Deutschland stehen die in § 55 Abs. 2 des Haushaltsgrundsätzegesetzes und in § 112 Abs. 2 der Bundeshaushaltsordnung aufgeführten Rechte zu.

(5) Das Geschäftsjahr ist das Kalenderjahr.

## § 10
### Verwendung des Jahresüberschusses

(1) Der Jahresüberschuß wird nach Kürzung um einen Verlustvortrag aus dem Vorjahr zur Hälfte der Rücklage nach § 3 Abs. 1 zugeführt, bis diese die vorgeschriebene Höhe erreicht hat.

(2) Über die Verwendung des Jahresüberschusses im übrigen beschließt die Anstaltsversammlung auf Vorschlag des Verwaltungsrats.

## § 11
### Besondere Pflichten der Organe

Sorgfaltspflicht und Verantwortlichkeit der Mitglieder des Vorstandes und des Verwaltungsrates richten sich nach den entsprechenden Vorschriften für Vorstands- und Aufsichtsratsmitglieder der Aktiengesellschaften.

## § 12
### Satzung

(1) Die Satzung der Bank und ihre Änderungen werden nach Anhörung des Verwaltungsrates von der Anstaltsversammlung beschlossen. Sie bedürfen der Genehmigung durch die Aufsichtsbehörde (§ 13 Abs. 1).

(2) Die Satzung und ihre Änderungen sind von der Bank im Bundesanzeiger zu veröffentlichen.

## § 13
### Staatsaufsicht

(1) Die Bank untersteht der Aufsicht der Bundesregierung. Die Ausübung der Aufsicht kann von der Bundesregierung einem oder mehreren Bundesministern übertragen werden.

(2) Bei der Ausübung der Aufsicht ist darüber zu wachen, daß der Geschäftsbetrieb der Bank mit den Gesetzen und der Satzung in Einklang gehalten wird.

(3) Die Aufsichtsbehörde (Absatz 1) ist befugt, von den Organen der Bank Auskunft über alle Geschäftsangelegenheiten zu verlangen, die Bücher und Schriften der Bank einzusehen sowie an den Sitzungen des Verwaltungsrats und seiner Ausschüsse sowie an der Anstaltsversammlung teilzunehmen und Anträge zu stellen; ihrem Vertreter ist jederzeit das Wort zu erteilen.

(4) Die Aufsichtsbehörde (Absatz 1) ist ferner befugt, die Anberaumung von Sitzungen der Organe und die Ankündigung von Gegenständen zur Beschlußfassung zu verlangen sowie die Ausführung von Anordnungen und Beschlüssen zu untersagen, die gegen die Gesetze oder die Satzung verstoßen.

## § 14
### Rechtsstellung

(1) Die Bank ist von der Vermögenssteuer, Körperschaftssteuer und Gewerbesteuer befreit. Die von der Bank ausgegebenen, auf inländische Währung lautenden Schuldverschreibungen sind zur Anlegung von Mündelgeld geeignet.

(2) Die Bank wird ermächtigt, für ihre Anleihen ein Schuldbuch von der Bundesschuldenverwaltung führen zu lassen; auf die in dem Schuldbuch der Bank eingetragenen Anleiheforderungen sind die für Bundesschuldbuchforderungen jeweils geltenden Bestimmungen anzuwenden.

(3)  § 248 Abs. 2 Satz 2 des Bürgerlichen Gesetzbuchs findet auch auf Kreditinstitute Anwendung, die Darlehen aus Mitteln der Deutschen Ausgleichsbank gewähren.

(4) Die Vorschriften des Handelsgesetzbuchs über die Eintragung in das Handelsregister sind auf die Bank nicht anzuwenden.

(5) Die Bank ist berechtigt, ein Dienstsiegel zu führen. Ordnungsgemäß unterschriebene und mit dem Abdruck des Dienstsiegels versehene Erklärungen und Ersuchen der Bank bedürfen zum Gebrauch gegenüber Behörden keiner Beglaubigung.

## § 15
### Auflösung

Die Bank kann nur durch Gesetz aufgelöst werden. Das Gesetz bestimmt über die Verwendung des Vermögens.

## § 16
### (Vollzogene Vorschrift)

## § 17
### (Gegenstandslose Übergangsregelung)

## § 18
### Geltungsbereich

Dieses Gesetz gilt nach Maßgabe des § 13 Abs. 1 des Dritten Überleitungsgesetzes auch im Land Berlin.

## § 19
### (Inkrafttreten)

# 11.4  Merkblatt „Existenzgründungsprogamme" der Deutschen Ausgleichsbank

## 1. Eigenkapitalhilfe

Die Eigenkapitalhilfe dient der Verstärkung der Eigenkapitalbasis bei Existenzgründungen im Bereich der gewerblichen Wirtschaft und Freien Berufe. Die Eigenkapitalhilfe wird dem Existenzgründer persönlich gewährt und ist von diesem in den Betrieb einzubringen. Im Insolvenzfall tritt die Eigenkapitalhilfe gegenüber den sonstigen betrieblichen Verbindlichkeiten zurück. Sie erleichtert dadurch die Beschaffung des für die Existenzgrünung erforderlichen Fremdkapitals.

Eigenkapitalhilfe wird nur dann gewährt, wenn eine erfolgversprechende Durchführung des Vorhabens ohne diese Förderung wesentlich erschwert wäre. Sie ist Hilfe zur Selbsthilfe.

Im allgemeinen kann in diesem Programm nur die **erste** Existenzgründung (ggf. einschließlich von Folgeinvestitionen) gefördert werden. Ausnahmen sind nur möglich bei

Vorliegen besonderer Lebenstatbestände, z. B. bei Aussiedlern und Rückwanderern aus Übersee oder in Fällen, in denen die erste selbständige Existenz aus Gründen aufgegeben werden mußte, die der Antragsteller nicht zu vertreten hatte (z. B. schwere Erkrankung).

Antragsberechtigt sind natürliche Personen, die nicht älter als 50 Jahre sein sollen. bei Antragstellern über 50 Jahren verkürzen sich die tilgungsfreie Zeit und die Laufzeit der Eigenkapitalhilfe um die Zahl der Jahre über 50.

Vorhaben ab einer Mindestinvestionssumme von 40.000 DM je Antragsteller können gefördert werden. Sie müssen eine nachhaltige tragfähige Vollexistenz erwarten lassen. Deshalb ist die **Stellungnahme** einer neutralen, fachlich kompetenten Stelle (z. B. Kammer, Unternehmensberater oder dgl.) zu dem Vorhaben beizubringen. Entsprechende Vordrucke sind bei den Kreditinstituten und Kammern erhältlich. Für Folgeinvestitionen in der Anlaufphase ist die Stellungnahme in der Regel nicht erforderlich.

Außer der **Errichtung** und dem **Erwerb eines Betriebes** kann auch eine **tätige Beteiligung** gefördert werden, wenn durch sie eine wirtschaftlich tragfähige Lebensgrundlage (Vollexistenz) erreicht wird. Die Beteiligung soll 20 % des Gesellschaftskapitals nicht unterschreiten. Die tätige Beteiligung muß eine echte unternehmerische Tätigkeit ermöglichen und erfordern. Das setzt u. a. voraus, daß der Existenzgründer an der Geschäftsführung und Vertretung der Gesellschaft beteiligt wird.

Eine **Übernahme** liegt dann vor, wenn der Existenzgründer die wesentlichen materiellen und immateriellen Betriebsgrundlagen übernimmt (insbesondere die betriebsbestimmenden Teile des Anlagevermögens, das im großen und ganzen unveränderte Sortiment) und die selbständige Tätigkeit seines Vorgängers im wesentlichen unverändert fortführt. Von einer **tätigen Beteiligung** ist dann auszugehen, wenn der Existenzgründer in ein bestehendes Unternehmen eintritt, an der Geschäftsführung oder Vertretung beteiligt wird, jedoch nicht alle Geschäftsanteile hält. Für Übernahmen und tätige Beteiligungen sowie damit in Zusammenhang stehende Folgeinvestitionen wird **keine Zinsverbilligung** aus Bundesmitteln gewährt.

Bei einer Beteiligung oder Betriebsübernahme **innerhalb einer Familie** (Verwandte gerader Linie) muß aufgrund des Subsidiaritätsprinzips zunächst auf die zumutbaren privaten Finanzierungsmöglichkeiten (Kaufpreisstundung, Verrentung, Schenkung, vorweggenommene Erbfolge und dgl.) verwiesen werden. Dient der weitaus überwiegende Teil des Übernahmepreises der Alterssicherung oder der Abdeckung von Schulden aus der Privatsphäre des Übergebenden oder einer Entschuldung, d. h. Sanierung des Unternehmens, kann die Eigenkapitalhilfe nicht gewährt werden, wohl aber für die Ablösung drückender Bank- und Lieferantenverbindlichkeiten. Sind zusätzliche Investitionen nötig, um den übernommenen Betrieb erst zu einer nachhaltig tragfähigen Existenzgrundlage für den Antragsteller auszubauen, so können diese im allgemeinen gefördert werden. Die Förderung einer Übernahme ist ferner möglich, falls der Antragsteller Miterben bei Erbfällen oder vorweggenommener Erfolge abfinden muß, wenn andernfalls die Existenzgründung wesentlich erschwert wäre. Die Übernahme von Unternehmen sowie der Erwerb von Unternehmensteilen oder -anteilen vom **Ehepartner** sind nicht förderbar.

Ehepartner und Kinder von Selbständigen, die eine neue wirtschaftlich selbständige Existenz gründen, können jedoch grundsätzlich gefördert werden.

**Folgeinvestitionen** können gefördert werden, wenn diese innerhalb von zwei Jahren nach Aufnahme der Geschäftstätigkeit begonnen bzw. durchgeführt werden und mindestens 40.000 DM betragen. Voraussetzung ist, daß bereits zur Existenzgründung eine Eigenkapitalhilfe gewährt worden ist. Die im Zusammenhang mit Gründungs- und Folgeinvestitionen bewilligten Eigenkapitalhilfen dürfen zusammen den richtliniengemäßen Höchstbetrag von 300.000 DM (bzw. 350.000 DM im Zonenrandgebiet und in Berlin) nicht überschreiten. Bei Folgeinvestitionen sind – soweit vorhanden – die letzten Jahresabschlüsse oder vergleichbare Unterlagen beizufügen.

Hinsichtlich des Eigenmitteleinsatzes gemäß Nr. 4 b) der Richtlinie kommt es bei Folgeinvestitionen darauf an, sofern der Antragsteller nicht oder nicht ausreichend über eigene Mittel aus der Privatsphäre verfügt, daß wenigstens nachhaltig frei verfügbare Mittel aus der Betriebsphäre zur anteiligen Investitionsfinanzierung eingesetzt werden können. Dies ist von der Hausbank zu prüfen und zu bestätigen.

Der Existenzgründer muß in angemessenem Umfang **eigene Mittel** für seine Vorhaben zur Verfügung stellen. Als Reguluntergrenze gelten 15 % der förderungsfähigen Investitionen. Diese eigenen Mittel können aus baren und unbaren Vermögenswerten bestehen. Vorhandene Vermögenswerte sind – ggf. durch Beleihung in angemessenem Rahmen – für die Finanzierung des Vorhabens heranzuziehen, soweit dies im Verhätnis zur Art und zum Umfang der Existenzgründung zumutbar erscheint und sie nicht zur Absicherung der sonstigen Existenzgründungskredite benötigt werden. Sogenannte Eigenleistungen sowie Investitionszuschüsse, -zulagen und dgl. können jedoch nicht als Eigenmittel im Sinne der Richtlinie angesehen werden.

**Innovative Existenzgründer** können, soweit die erforderlichen 15 % Eigenmittel nicht in Form von Geldmitteln vorhanden sind, bereits aus eigenen Mitteln erbrachte Aufwendungen für Prototypen oder für Patente und Lizenzen ansetzen, welche die wesentliche Produktionsgrundlage des neuen Unternehmens darstellen; die Höhe dieser Aufwendungen muß belegt werden. Aufwendungen, welche die richtliniengemäße Eigenmittelgrenze von 15 % der Bemessungsgrundlage übersteigen würden, können allerdings unberücksichtigt bleiben. In der Stellungnahme einer unabhängigen, fachlich kompetenten Stelle wäre darzulegen, daß der Prototyp ein neuartiges Produkt darstellt bzw. ein neues Verfahren bewirkt und Vermarktungschancen bestehen. Die Fördermöglichkeiten für innovative Gründungen werden im Faltblatt „Innovationen" erläutert.

Die eigenen Mittel können bis zu 40 % der förderungsfähigen Existenzgründungs- und Investitionskosten durch Eigenkapitalhilfedarlehen aufgestockt werden. Zu Investitionen im Sinne der Richtlinie zählt u. a. auch das **erste Warenlager**. Eine Aufstockung des ersten Warenlagers in der Anlaufphase kann jedoch nicht gefördert werden. Ebensowenig kann der Betriebsmittelbedarf (Eröffnungswerbung, Miete, Personalkosten etc.) in die Bemessungsgrundlage einbezogen werden.

Im Hinblick auf die Langfristigkeit der Eigenkapitalhilfe wird bei **standortabhängigen Betrieben** in der Regel auf eine etwa 10jährige Laufzeit von Miet-/Pachtverträgen Wert gelegt.

Existenzgründungshilfen sind in der Regel vor **Vorhabensbeginn** zu beantragen. Nur im Ergänzungsprogramm I sind Ausnahmen, wie dort dargelegt, möglich. Als Vorhabensbeginn gilt das erste Eingehen einer wesentlichen finanziellen Verpflichtung für das Vorhaben (z. B. Abschluß von Kaufverträgen). Die Beantragung von Fördermitteln ist dann rechtzeitig, wenn vor Vorhabensbeginn zumindest bei der Hausbank konkrete Finanzierungsgespräche mit dem Ziel, Fördermittel zu beantragen, geführt und aktenkundig gemacht wurden und uns dies von der Hausbank bei Einreichen des Antrages bestätigt wird.

## 2. ERP-Existenzgründungsprogramm

Im allgemeinen kann in diesem Programm nur die erste Existenzgründung im Bereich der gewerblichen Wirtschaft gefördert werden. Die bei der Eigenkapitalhilfe genannten Ausnahmen gelten auch hier. Mit ERP-Darlehen werden auch Investitionen gefördert, die in der Anlaufphase – ein Zeitraum bis zu drei Jahren nach Betriebseröffnung – durchgeführt werden, sofern sie im Zusammenhang mit der Existenzgründung stehen. Diese Möglichkeit beschränkt sich nicht nur auf neu errichtete Betriebe; auch bei Übernahme von Betrieben können derartige Folgeinvestitionen mitfinanziert werden, nicht aber bei Beteiligungen an bereits bestehenden Unternehmen. Zur Finanzierung einer in der Anlaufphase etwa notwendigen Erhöhung des ersten Warenlagers kann ein Darlehen aus dieser Aktion dagegen grundsätzlich nicht in Betracht kommen. Ggf. kann hierfür jedoch ein Darlehen aus dem Ergänzungsprogramm I der Deutschen Ausgleichsbank beantragt werden. In Zweifelsfällen sollte im übrigen stets angegeben werden, ob bei Fehlen der Voraussetzungen für die Gewährung eines ERP-Darlehens ersatzweise Mittel der Deutschen Ausgleichsbank aus ihrem Ergänzungsgrpogramm I gewünscht werden.

Hinsichtlich einer Betriebsübernahme sowie einer tätigen Beteiligung im Bereich naher Verwandter gilt das für die Eigenkapitalhilfe Gesagte auch in diesem Programm.

Anders als bei der Eigenkapitalhilfe kann der Höchstbetrag vom 300.000 DM sowohl für die Gründung als auch für Folgeinvestitionen in Anspruch genommen werden. Der Anteil der ERP-Mittel soll 50 %, der öffentlichen Mittel insgesamt 2/3 der Bemessungsgrundlage nicht überschreiten. Antragsteller haben sich in angemessenem Umfang mit eigenen und anderweitig beschafften normal verzinslichen Fremdhilfen (i.d.R. etwa 20 % der Bemessungsgrundlage) an der Finanzierung zu beteiligen.

Erleichterte Bedingungen gelten für Existenzgründungen von Aus- und Übersiedlern:

a) ERP-Finanzierungsanteil an den Investitionskosten bis zu 2/3. Bei fehlendem Eigenkapital erforderlichenfalls Einsatz von Darlehen aus dem Ergänzungsprogramm II, dadurch 100 %ige Fremdfinanzierung möglich;

b) bei Absicherungsschwierigkeiten Möglichkeit einer 50 %igen Entlastungszusage gegenüber der Hausbank durch die Deutsche Ausgleichsbank.

### 3. Bürgschaften für Angehörige freier Berufe

Für langfristige Darlehen, die vorwiegend der Finanzierung von Investitionen dienen sollen, können von der Deutschen Ausgleichsbank 80 %ige Ausfallbürgschaften übernommen werden. Die Darlehen müssen der Gründung oder Festigung einer selbständigen freiberuflichen Existenz dienen. Ferner können auch Darlehen verbürgt werden, die der Finanzierung von Investitionen dienen, die innerhalb von drei Jahren seit Beginn der ersten selbständigen Erwerbstätigkeit durchgeführt werden, sofern sie noch mit der Existenzgründung in Verbindung stehen. Es werden nur Bürgschaften für Kredite zur Finanzierung angemessener Vorhaben übernommen. Zu den Anträgen ist eine Stellungnahme einer fachlich kompetenten Stelle (z. B. Ärztekammer, kassenärztliche Vereinigung) zur Person und zum Vorhaben des Antragstellers beizubringen.

Die gesamten effektiven Kreditkosten sollen den bei langfristigen Finanzierungen banküblichen Zinssatz nicht überschreiten. Die Bürgschaftsprovision kann vom Kreditinstitut zusätzlich erhoben werden. Verbürgt werden nur langfristige Darlehen, für die bankübliche Sicherheiten nicht in ausreichendem Maße zur Verfügung stehen. Vorhandene Sicherheiten sind zur Absicherung heranzuziehen. Grundsätzlich ist auch der Abschluß einer (Risiko-)Lebensversicherung in angemessener Höhe und die Bürgschaft eines Ehepartners zu verlangen. Bereits gewährte Darlehen werden nicht nachträglich verbürgt.

### 4. Ergänzungsprogramm I der Deutschen Ausgleichsbank

Ergänzungsdarlehen können in geeigneten Fällen zu allen von der Deutschen Ausgleichsbank für kleine und mittlere Gewerbebetriebe durchgeführten ERP-Programmen für die dort geltenden Verwendungszwecke gegeben werden. Das kommt vor allem bei Existenzgründungsvorhaben und bei Folgeinvestitionen zu Sicherung der Tragfähigkeit einer Existenzgründung (darunter Filialgründungen, Sortimentserweiterungen, Erwerb der bisher genutzten Betriebsräume, Erwerb eines Nachbargrundstücks, Standortverlegung) in Betracht. Auch für die Aufstockung des Warenlagers können Ergänzungsdarlehen I gewährt werden.

Im Ergänzungsprogramm I sind auch Angehörige der wirtschaftsnahen Freien Berufe antragsberechtigt (z. B. Wirtschaftsprüfer, Steuerberater, beratende Ingenieure und dgl.). Innerhalb eines Jahres nach Vorhabensbeginn kann eine Nachfinanzierung des Vorhabens mit Ergänzungsdarlehen I beantragt werden, wenn und soweit die finanziellen Verhältnisse des Unternehmens den Einsatz langfristiger Mittel geboten erscheinen lassen.

## 5. Ergänzungsprogramm II der Deutschen Ausgleichsbank

Im Rahmen dieses Darlehensprogramms werden Aus- und Übersiedlern, die vor nicht mehr als 15 Jahren in das Gebiet der Bundesrepublik Deutschland oder von Berlin (West) gekommen sind, als Übersiedler zudem vor dem 1. 1. 1990 eintrafen, und sich in der gewerblichen Wirtschaft oder im Bereich der wirtschaftsnahen Freien Berufe selbständig machen, Darlehen zu einem besonders günstigen Zinssatz gewährt. Mit den Darlehen werden Investitionen sowie in angemessenem Umfang Betriebsmittel zur Gründung einer selbständigen Existenz ggf. ergänzend zu ERP-Existenzgründungsdarlehen finanziert.

Sollten Absicherungsschwierigkeiten bestehen, kann die Deutsche Ausgleichsbank auf Antrag die Hausbank bis zu 80 % von der Haftung entlasten.

Zur Förderung von Existenzgründungen führt die Deutsche Ausgleichsbank darüber hinaus folgende Programme durch:

● Ansparförderung (Bei Interesse kann ein gesondertes Merkblatt hierzu angefordert werden.)

● Existenzaufbau- und Betriebsmitteldarlehen aus dem Sonderfonds für nichtdeutsche Flüchtlinge.

● in der DDR: Eigenkapitalhilfe und ERP-Existenzgründungsdarlehen.

Ferner stellt die Deutsche Ausgleichsbank nach Maßgabe der Programmrichtlinien Mittel aus folgenden Programmen zur Verfügung, die in weiteren Merkblättern erläutert werden:

● ERP-Standortprogramm

● ERP-Abfallbeseitigungsprogramm (auch in der DDR)

● ERP-Energiesparprogramm (auch in der DDR)

● Ergänzungsprogramm III
  zur Finanzierung von Umweltschutzmaßnahmen

● Umweltschutz-Bürgschaftsprogramm

● ERP-Ausbildungsplätzeprogramm

● ERP-Binnenschiffahrtsprogramm

● Zinsverbilligte Einrichtungsdarlehen an Aus- und Übersiedler

Aktuelle Richtlinien, Merk- und Faltblätter können angefordert werden bei:

Deutsche Ausgleichsbank, Wielandstraße 4, 5300 Bonn 2, Tel. (02 28) 83 12 61, Telefax (02 28) 83 12 55

Anschrift der Niederlassung der Deutschen Ausgleichsbank in Berlin:

Sarrazinstraße 11 – 15, 1000 Berlin 41 (Friedenau),
Tel. (0 30) 8 51 30 96

Bonn, im Juli 1990

# 11.5 Richtlinie des Bundesministers für Wirtschaft „ERP-Existenzgründungsprogramm"[1]

## 1. Verwendungszweck

Aus Mitteln des ERP-Sondervermögens können Darlehen für die Existenzgründung zur Finanzierung folgender Vorhaben gewährt werden:

a) Errichtung und Erwerb von Betrieben sowie hiermit in Zusammenhang stehende Investitionen innerhalb von 3 Jahren nach Betriebseröffnung.

b) Übernahme von tätigen Beteiligungen,

c) Beschaffung eines ersten Warenlagers oder einer ersten Büroausstattung.

## 2. Antragsberechtigte

Nachwuchskräfte der gewerblichen Wirtschaft, insbesondere des produzierenden Gewerbes, des Handels, des Handwerks, des Kleingewerbes sowie des Gaststätten- und Beherbergungsgewerbes.

Die Antragsteller sollen mindestens 21 Jahre alt und nicht älter als 50 Jahre sein. Antragsteller, die bei einem Kreditinstitut über mehrere Jahre eigene Mittel angespart haben, werden – bei sonst gleichen Voraussetzungen – bevorzugt berücksichtigt.

Für Aus- und Übersiedler gelten erleichterte Bedingungen; u. a. wird von der Altersgrenze abgesehen. Die besonderen Darlehenskonditionen werden von der Deutschen Ausgleichsbank Bonn-Bad Godesberg, in einem Merkblatt bekanntgegeben.

## 3. Darlehenskonditionen

a) Zinssatz:
8,5 % p. a.[2]
7,5 % p. a. für Vorhaben im Zonenrandgebiet[3]

b) Laufzeit:
Bis 10 Jahre, bis 15 Jahre für Bauvorhaben, davon tilgungsfrei höchstens 3 Jahre.

c) Auszahlung:
100 %

d) Höchstbetrag:
300.000 DM.

## 4. Antragsverfahren

Anträge können bei jedem Kreditinstitut gestellt werden. Die ERP-Darlehen werden von der Deutschen Ausgleichsbank, Bonn-Bad Godesberg, zur Verfügung gestellt.

## 5. Weitere Vergabebedingungen

Die Allgemeinen Bedingungen für die Vergabe von ERP-Mitteln sind Bestandteil dieser Richtlinie.

---

[1] Quelle: Bekanntmachungen des BMWi im Bundesanzeiger Nr. 15 vom 23. Januar 1990
[2] Stand: Juni 1990
[3] Stand: Juni 1990

# 11.6 Allgemeine Bedingungen des Bundesministers für Wirtschaft für die Vergabe von ERP-Mitteln ERP-Vergabebedingungen[1]

Die in den ERP-Wirtschaftsplänen veranschlagten Mittel werden nach Maßgabe von Einzelrichtlinien vergeben. Die nachstehenden Allgemeinen Bedingungen sind Bestandteil jeder Einzelrichtlinie, soweit Abweichungen nicht festgelegt sind.

## 1. Förderungswürdigkeit

Die ERP-Mittel dienen der Förderung der deutschen Wirtschaft. Es werden nur Vorhaben berücksichtigt, die volkswirtschaftlich förderungswürdig sind, die Wettbewerbs- und Leistungsfähigkeit der geförderten Unternehmen steigern und einen nachhaltigen wirtschaftlichen Erfolg erwarten lassen. ERP-Mittel sollen nur gewährt werden, wenn die Durchführung des Vorhabens ohne diese Förderung wesentlich erschwert würde. Dabei sind auch die wirtschaftlichen Gesamtverhältnisse der Eigentümer zu berücksichtigen. Sanierungsfälle sind ausgeschlossen.

## 2. Investitionsfinanzierung

Die ERP-Mittel werden für die Finanzierung von Investitionen mit langfristigem Finanzierungsbedarf zur Verfügung gestellt. Die Laufzeit von ERP-Darlehen soll die betriebsgewöhnliche Nutzungsdauer nicht überschreiten; bei Bauten darf sie höchstens 15 Jahre betragen. Im Interesse einer baldigen Wiederverwendung der ERP-Mittel für neue Vorhaben soll die nach Lage des Falles kürzestmögliche Laufzeit vereinbart werden. Verschiedene Laufzeiten können zu einer Durchschnittslaufzeit zusammengefaßt werden.

## 3. Anteilsfinanzierung

Die ERP-Mittel dienen nur der anteiligen Finanzierung des Vorhabens. Der Empfänger hat sich entsprechend seiner Vermögenslage und Ertragskraft in angemessenem Umfang mit Eigenmitteln und anderen Fremdmitteln an der Gesamtfinanzierung zu beteiligen. Ermäßigen sich die Kosten des Vorhabens oder erhöhen sich andere öffentliche Finanzierungsmittel, werden die ERP-Mittel anteilig gekürzt.

## 4. Nachfinanzierung

Die ERP-Mittel dürfen für ein Vorhaben nicht aus verschiedenen Ansätzen im ERP-Wirtschaftsplan gewährt werden. Sie sollen auch nicht neben Zuwendungen aus dem Bundeshaushalt zur Verfügung gestellt werden.

## 5. Doppelförderung

Die ERP-Mittel dürfen für ein Vorhaben nicht aus verschiedenen Ansätzen im ERP-Wirtschaftsplan gewährt werden. Sie sollen auch nicht neben Zuwendungen aus dem Bundeshaushalt zur Verfügung gestellt werden.

## 6. Kooperation

Vorhaben kleiner und mittlerer Unternehmen, die diese unter Wahrung ihrer rechtlichen und wirtschaftlichen Selbständigkeit zum Zwecke der zwischenbetrieblichen Zusammenarbeit (Kooperation) durchführen, sollen bevorzugt berücksichtigt werden.

---

[1] Quelle: Bekanntmachung des BMWi im Bundesanzeiger Nr. 15 vom 23. Januar 1990

**7.  Besicherung**

Die ERP-Mittel werden grundsätzlich von Kreditinstituten vergeben, die für die Darlehen die volle Haftung übernehmen. Die ERP-Darlehen sind banküblich abzusichern, u. U. durch Bürgschaften der Kreditgarantiegemeinschaften oder der Länder.

**8.  Rückzahlung**

Die ERP-Darlehen sollen in gleichen Halbjahresraten getilgt werden. Sie können vom Endkreditnehmer jederzeit ohne vorherige Kündigung ganz oder teilweise zurückgezahlt werden.

**9.  Zweckbindung**

Die ERP-Mittel sind für den nach den Richtlinien festgelegten Zweck zu verwenden. Sie sind zurückzuzahlen, wenn sie bestimmungswidrig verwendet werden oder die Voraussetzungen für ihre Gewährung sich nachträglich ändern oder entfallen.

**10.  Vergütung für Kreditinstitute**

Die Vergütung für Kreditinstitute ist in dem Zinssatz für ERP-Darlehen enthalten. Sofern ERP-Darlehen an öffentliche Stellen oder deren Unternehmen gewährt werden, sind sie unmittelbar von dem Hauptleihinstitut (Kreditanstalt für Wiederaufbau, Frankfurt a. M.; Deutsche Ausgleichsbank, Bad Godesberg; Berliner Industriebank AG, Berlin) auszuzahlen.

**11.  Antragsunterlagen**

Der Antrag auf Gewährung von ERP-Mitteln muß eine Beurteilung des Vorhabens ermöglichen und deshalb u. a. folgende Angaben enthalten:

– Beschreibung des Unternehmens, einschließlich der in den jeweiligen Einzelrichtlinien vorgesehenen Antragsberechtigung, letzte Jahresabschlüsse oder vergleichbare Unterlagen,

– Beschreibung des Vorhabens unter Berücksichtigung des in den jeweiligen Einzelrichtlinien vorgesehenen Verwendungszwecks,

– Kosten- und Finanzierungsplan,

– künftige Erfolgserwartungen,

– Besicherungsvorschlag,

– ggf. Nachweis der fachlichen Eignung.

Erforderlichenfalls kann ein Fachgutachten verlangt werden. Zur Vereinfachung stehen Antragsvordrucke zur Verfügung. Der Antrag muß die Versicherung enthalten, daß die Angaben vollständig und richtig sind. Die Angaben über die Antragsberechtigung und über den Verwendungszweck sind subventionserheblich im Sinne von § 264 StGB in Verbindung mit § 2 Subventionsgesetz.

**12.  Rechtsanspruch**

Ein Rechtsanspruch auf ERP-Mittel besteht nicht. Die Gewährung und Bemessung der einzelnen Darlehen richtet sich nach dem Umfang der vorhandenen Mittel.

**13.  Auskunftspflicht, Prüfung**

Den Beauftragten des ERP-Sondervermögens sind auf Verlangen erforderliche Auskünfte zu erteilen. Einsicht in die Bücher und Unterlagen sowie Prüfungen zu gestatten.

ERP-Mittel dürfen nur gewährt werden, wenn der Antragsteller sich damit einverstanden erklärt hat, daß der Bundesminister für Wirtschaft dem Wirtschaftsausschuß des Deutschen Bundestages im Einzelfall den Namen des Antragstellers, Höhe und Zweck des Darlehens in vertraulicher Weise bekannt gibt, sofern der Wirtschaftsausschuß dies beantragt.

## 11.7 Merkblatt der Deutschen Ausgleichsbank für Aus- und Übersiedler „ERP-Existenzgründungsprogramm"

Im ERP-Existenzgründungsprogramm kann normalerweise nur die erste Existenzgründung mitfinanziert werden. Das gilt nicht für Spätaussiedler oder andere Spätberechtigte, z. B. Übersiedler aus der DDR, die außerhalb der Bundesrepublik Deutschland bereits selbständig tätig waren.

Finanziert werden können alle zur Gründung einer selbständigen Existenz im gewerblichen Bereich erforderlichen Investitionen. Mit ihrer Durchführung darf jedoch bei Antragstellung noch nicht begonnen sein. Unter Investitionen zur Existenzgründung sind auch solche zu verstehen, für die der Auftrag nach Betriebseröffnung erteilt wird, die aber noch in die Anlaufphase fallen. Als Anlaufphase gilt hier ein Zeitraum von bis zu 3 Jahren nach Betriebseröffnung. Es muß jedoch sichergestellt sein, daß der Antrag auf ERP-Mittel vor Auftragserteilung gestellt wird.

Beteiligungen können nur gefördert werden, wenn durch tätige Beteiligung eine tragfähige selbständige Existenz erreicht wird. Das setzt u. a. voraus, daß der Antragsteller an der Geschäftsführung und der Vertretung der Gesellschaft beteiligt wird. Bei Beteiligung oder Betriebsübernahme ist dem Darlehensantrag der Übernahme- bzw. Gesellschaftsvertrag – ggf. im Entwurf – beizufügen.

Für Übersiedler, die vor dem 1. 1. 1990 in die Bundesrepublik gekommen sind, sowie für Aussiedler gelten im ERP-Existenzgründungsprogramm folgende erleichterte Bedingungen:

1. Der ERP-Finanzierungsanteil an den Investitionskoten kann bis zu 2/3 betragen. Sofern keine oder nur wenig Eigenmittel zur Verfügung stehen, können Darlehen aus dem Ergänzungsprogramm II der Deutschen Ausgleichsbank eingesetzt werden, so daß eine 100 %ige Fremdfinanzierung möglich ist.

2. Sollten sich bei der Absicherung des Darlehens Schwierigkeigen ergeben, kann die Bank des Aus- bzw. Übersiedlers bei der Deutschen Ausgleichsbank eine 50 %ige Entlastungszusage beantragen (Gebühr 0,5 % p. a. auf den von der Deutschen Ausgleichsbank entlasteten Betrag).

## 11.8 Ergänzungsprogramm I – Richtlinie der Deutschen Ausgleichsbank –

**Verwendungszweck**

a) Investitionen zur Existenzgründung von Nachwuchskräften im Bereich der gewerblichen Wirtschaft bzw. der wirtschaftsnahen freien Berufe. Darunter fallen auch Investitionen, die im Anschluß an die Gründungsphase eines Betriebes durchgeführt werden und der nachhaltigen Sicherung bzw. Festigung der selbständigen Existenz dienen.

b) Investitionen zur Standortsicherung (Erwerb der bisher genutzten Betriebsräume, Erwerb eines Nachbargrundstückes u. dgl.) oder zur Standortverlegung innerhalb von 8 Jahren nach Aufnahme der Geschäftstätigkeit.

c) Investitionen innerhalb von 8 Jahren nach Geschäftseröffnung in Verbindung mit der Gründung von Filialen, sofern das bisher betriebene Geschäft keine ausreichende Existenzgrundlage darstellt, sowie Investitionen in diesem Zeitraum, die der Sortimentserweiterung bzw. der Erweiterung oder Umstellung des Produkt- und Dienstleistungsangebots dienen; berücksichtigt wird in diesem Zusammenhang auch eine Aufstockung des Warenlagers.

d) Investitionen für neue oder neuartige Produkte bzw. Verfahren (Innovationen).

e) Finanzierung der Übernahme von Betrieben oder Betriebsteilen im Zuge von Ausgliederungsmaßnahmen der öffentlichen Hand und Finanzierung von Investitionen in diesem Zusammenhang.

f) Ergänzungsfinanzierungen zu den von der Deutschen Ausgleichsbank durchgeführten öffentlichen Förderprogrammen.

**Antragsberechtigte**

Gefördert werden können:

a) kleine und mittlere Unternehmen der gewerblichen Wirtschaft (auch soweit sie der Kooperation mehrerer rechtlich selbständiger Unternehmen dienen) sowie

b) Angehörige der wirtschaftsnahen freien Berufe (z. B. Wirtschaftsprüfer, Steuerberater, beratende Ingenieure u. dgl.).

Unternehmen, bei denen die mit dem Darlehen verbundene Förderung nicht nennenswert ins Gewicht fallen würde, sowie Sanierungsfälle werden nicht berücksichtigt.

**3. Darlehenskonditionen**

Der Antragsteller soll sich mit eigenen und sonstigen Mitteln in angemessenem Umfang an dem Vorhaben berteiligen.

Mit dem zu finanzierenden Vorhaben soll bei Antragstellung noch nicht begonnen worden sein. Von dieser Bestimmung kann abgewichen werden, wenn und soweit die finanziellen Verhältnisse des Unternehmens den Einsatz langfristiger Mittel geboten erscheinen lassen und mit dem Vorhaben nicht früher als etwa ein Jahr vor Antragstellung begonnen worden ist.

| | |
|---|---|
| Darlehenshöhe: | Im Rahmen einer angemessenen Anteilsfinanzierung bis zu 50 % der förderbaren Kosten. |
| Laufzeit: | In der Regel bis zu 10 Jahre, davon bis zu 2 Freijahre. |
| Auszahlung: | z. Z. 95 % |
| Zinssatz: | z. Z. 8,25 % p. a. |
| Bereitstellungs-provision: | 0,25 % pro angefangener Monat, sofern die Darlehen nicht spätestens bis zum Ultimo des zweiten auf die Zusage folgenden Monats bei der Deutschen Ausgleichsbank abgerufen werden. |
| Risiko: | Volles Hausbankrisiko. |

**4. Antragsverfahren**

Anträge sind auf den dafür vorgesehenen Vordrucken bei den örtlichen Kreditinstituten (Hausbanken) einzureichen.

Die Deutsche Ausgleichsbank behält sich vor, gutachterliche Äußerungen fachlich zuständiger Institutionen einzuholen.

## 11.9 Ergänzungsprogramm II – Richtlinie der Deutschen Ausgleichsbank

### 1. Verwendungszweck

Finanziert werden Investitionen zur Gründung einer selbständigen Existenz im Bereich der gewerblichen Wirtschaft sowie der wirtschaftsnahen freien Berufe. Die Darlehen können – ggf. zusammen mit einem ERP-Darlehen – bis zu 100 % der Investitionskosten betragen. Finanziert werden können auch Investitionen, die in der Anlaufphase eines Betriebes durchgeführt werden, sofern sie noch mit der Gründung in Zusammenhang stehen und geeignet sind, die Leistungs- und Wettbewerbsfähigkeit des Unternehmens nachhaltig zu sichern.

In angemessenem Umfang können neben den jeweiligen Investitionen auch Betriebsmittel in die Finanzierung einbezogen werden.

### 2. Antragsberechtigte

Gefördert werden Aus- und Übersiedler, die in den letzten 15 Jahren vor Antragstellung in die Bundesrepublik Deutschland einschließlich Berlin (West) gekommen sind und als Übersiedler vor dem 1. 1. 1990 die DDR verließen.

### 3. Darlehenskonditionen

Darlehenshöhe:     bis zu 200.000,– DM.

Laufzeit:          in der Regel bis zu 12 Jahre, davon bis zu 2 Freijahre.

Auszahlung:        100 %

Zinssatz:          z. Z. 7,25 % p. a.

Risiko:            Volles Hausbankrisiko.
                   Auf Antrag kann die Deutsche Ausgleichsbank der Hausbank eine bis zu 80 %ige Entlastungszugabe erteilen (Provision: 0,5 % p. a. auf den von der Hausbankhaftung freigestellten Teilbetrag).

### 4. Antragsverfahren

Anträge sind auf den dafür vorgesehenen Vordrucken bei den örtlichen Kreditinstituten (Hausbanken) einzureichen.

## 12. LASTENAUSGLEICH

## 12.1 Merkblatt des Bundesausgleichsamtes zum Lastenausgleich für Aussiedler (aus dem vom Bundesminister des Innern herausgegebenen „Wegweiser für Aussiedler", August 1990) – Erste Informationen – (Merkblatt BAA 21-90)

### 1. Das Merkblatt dient einer ersten Information

Mit diesem kurzen Merkblatt wollen wir Ihnen nur das Allerwichtigste über die Möglichkeiten im Lastenausgleich mitteilen. Die zahlreichen Einzelheiten aus den verschiedenen

Gesetzen zum Lastenausgleich, insbesondere zu den geforderten persönlichen und sachlichen Voraussetzungen und zum Verfahren, können wir hier nicht darstellen.

Dieses Merkblatt gibt den Stand vom August 1990 wieder, etwaige in der Folgezeit eintretende Veränderungen können dazu führen, daß Teile der nachfolgenden Ausführungen gegenstandslos werden. Schon jetzt treten auf Grund der geänderten politischen Verhältnisse in einigen Aussiedlungsgebieten Schäden seltener ein; dies hat auch Auswirkungen auf die Leistungsgewährung.

Über Einzelheiten, die für sie bedeutungslos sind, lassen Sie sich bitte vom örtlich zuständigen Ausgleichsamt unterrichten. Bei diesem Amt sollten Sie die erforderlichen Anträge so früh wie möglich stellen, zumal für Sie die frühzeitige Sicherung von Nachweisen für Ihre Schäden (vor allem durch Vorlage von Urkunden und durch Zeugenaussagen) sehr wichtig sein kann. Von besonderer Bedeutung für Sie ist die Beachtung der im Lastenausgleich bestehenden Antragsfristen (siehe Nr. 6).

## 2.  Was bedeutet „Lastenausgleich"?

Im Lastenausgleich werden Schäden und Verluste abgegolten, die infolge Vertreibung, Wegnahme und Zerstörung während der Kriegs- und Nachkriegszeit eingetreten sind. Hierzu können auch Schäden gehören, die mit ihrer Aussiedlung zusammenhängen. Für diese Verluste können verschiedenartige Geldleistungen gewählt werden, die der Entschädigung dienen.

## 3.  Welche persönlichen Voraussetzungen sind zu erfüllen?

Voraussetzung ist die Anerkennung als Aussiedler. Die Aussiedlereigenschaft kann vor allem durch den Vertriebenenausweis nachgewiesen werden, der von der Flüchtlingsverwaltung ausgestellt wird. Nähere Einzelheiten über dessen Erteilung enthält der „Wegweiser für Aussiedler", den es auch in polnischer und russischer Sprache gibt. Für Ihre Lastenausgleichsanträge braucht aber der Vertriebenenausweis nicht abgewartet zu werden. Wenn Sie ihn noch nicht in Händen haben, sollten Sie Ihre Anträge zur Vermeidung von Nachteilen trotzdem möglichst umgehend stellen und den Ausweis später nachreichen. Ein Antrag auf Ausweiserteilung bei der Flüchtlingsverwaltung innerhalb der Lastenausgleichsfristen ersetzt nicht die fristgebundene Antragstellung nach Lastenausgleichsrecht bei der Ausgleichsverwaltung.

## 4.  Welche Schäden können berücksichtigt werden?

Als Schäden, die zu Ausgleichsleistungen führen können, kommen insbesondere in Betracht

Hausratschäden,
Vermögensschäden an
– land- und forstwirtschaftlichem Vermögen,
– Grundvermögen (z. B. Einfamilienhäuser, Miethäuser),
– Betriebsvermögen (z. B. Handwerksbetrieb, Transportunternehmen, Fabrik),
– Sparguthaben,
– sonstigen privatrechtlichen geldwerten Ansprüchen
  (z. B. Altenteilansprüche, Hypotheken, Wertpapiere),
Verlust von Wohnraum,
Verlust der Existenzgrundlage.

[1] Stand: 1. Dezember 1989
    Mtbl. BAA Nr. 1 (1982) S. 17
[2] i. d. F. v. 1. November 1984 – Mtbl. BAA Nr. 5, S. 102

Die Schäden müssen im Vertreibungs- bzw. Aussiedlungsgebiet entstanden sein, während des Krieges als Kriegsschäden,

als Frühschäden im Zusammenhang mit den Vertreibungsmaßnahmen und der allgemeinen Wegnahme deutschen Vermögens bei Kriegsende,

Als spätere Schäden insbesondere durch Sozialisierung (Verstaatlichung) bestimmter Vermögenswerte oder

als Spätschäden im Zusammenhang mit Ihrer Aussiedlung.

Spätschäden (einschließlich Hausratschäden) können nur anerkannt werden, wenn an den oben genannten Wirtschaftsgütern Verluste in überwiegendem Zusammenhang mit der Aussiedlung entstanden sind. Dies ist z. B. dann der Fall, wenn Sie wegen Ihrer Ausreise aus von Ihnen nicht zu vertretenden Gründen hierüber endgültig nicht mehr verfügen können. Unter Umständen kommt auch die Feststellung eines Teilschadens in Betracht (wenn Sie z. B. Ihr Grundvermögen unter Wert verkaufen mußten). Sofern im Aussiedlungsgebiet Sperrkonten entstanden sind, können hieran im allgemeinen keine Schäden anerkannt werden. Besondere Regelungen bestehen, wenn Sie Vermögenswerte bei erbberechtigten Personen zurücklassen.

Außer eigenen Schäden können unter bestimmten Voraussetzungen auch Schäden von Personen geltend gemacht werden, deren Erbe Sie sind.

**5. Welche Leistungen aus dem Lastenausgleich kommen in Betracht?**

Hausratentschädigung kann ein Aussiedler erhalten, wenn er (und ggf. sein Ehegatte) Eigentümer von Möbeln für mindestens einen Wohnraum gewesen ist und aussiedlungsbedingt mehr als 50 v. H. des gesamten Hausrats verloren hat.

Für die festgestellten Vermögensschäden wird Hauptentschädigung gewährt, deren Höhe sich nach dem Ausmaß der Schäden richtet. Die Hauptentschädigung wird verzinst.

Wird Ihre Altersversorgung nicht anderweitig sichergestellt, kann ehemals Selbständigen und von ihnen wirtschaftlich abhängigen Familienangehörigen unter bestimmten Voraussetzungen Kriegsschadenrente (Unterhaltshilfe, Entschädigungsrente) gewährt werden. Dazu muß der Antragsteller ein bestimmtes Alter erreicht haben (Männer 65 Jahre – Frauen 60 Jahre) oder auf Dauer erwerbsunfähig sein.

Zur Eingliederung der Aussiedler kommen Aufbaudarlehen in Betracht, und zwar

zur Begründung oder Festigung eines gewerblichen Betriebs oder einer freiberuflichen Existenz,

zur Begründung oder Festigung eines landwirtschaftlichen Vorhabens, vor allem zum Erwerb einer landwirtschaftlichen Nebenerwerbsstelle,

für Eigentumsvorhaben im Wohnungsbau (in aller Regel Familienheime, Eigentumswohnungen).

Unter gewissen Voraussetzungen und in bestimmten Leistungsgrenzen besteht die Möglichkeit der Gewährung von Härteleistungen, und zwar als

– Beihilfe zum Lebensunterhalt,

– Hausratbeihilfe,

– Darlehen,

– einmalige Kapitalbeihilfe.

Die Gewährung dieser Härteleistungen setzt im allgemeinen voraus, daß die mit den Folgen des zweiten Weltkriegs im Zusammenhang stehenden Schäden aus irgendwelchen Gründen nicht oder nur unzureichend berücksichtigt wurden und dies für den Betroffenen insbesondere auch bei Würdigung seiner wirtschaftlichen Verhältnisse eine außergewöhnliche Härte bedeutet. Derartige Leistungen können, wenn der unmittelbar Geschädigte verstorben ist, ausnahmsweise auch an den überlebenden Ehegatten oder an die

Nachkommen des Verstorbenen gewährt werden. Einen Anspruch auf solche Härteleistungen gibt es nicht.

**6. Welche Anträge sind zu stellen und welche Antragsfristen müssen Sie beachten?**

Für die Antragstellung bestehen unterschiedliche Antragsfristen, die Sie unbedingt einhalten müssen. Deshalb ist es wichtig, daß Sie, ungeachtet der Beweislage, sogleich alle Schäden anmelden, also auch dann schon, wenn Sie noch nicht in der Lage sind, alle Beweismittel vorzulegen. Auch sollten Sie beachten, daß Entschädigungen in der Regel nur gewährt werden, wenn zuvor die entstandenen Vermögensschäden festgestellt worden sind. Schadensfeststellung und Entschädigungszahlung müssen also jeweils gesondert beantragt werden. Für eigene Schäden und Schäden als Erbe nach anderen unmittelbar Geschädigten (z. B. als Erbe nach Ihren Eltern) müssen jeweils getrennte Feststellungs- und Zuerkennungsanträge eingereicht werden.

Für den Antrag auf Schadensfeststellung wegen Hausratschäden und Vermögensverlusten haben Sie von der Einreise ab gerechnet drei Jahre Zeit.

Daran schließt in der Regel eine zweijährige Frist für die Anträge auf Hausratentschädigung und Hauptentschädigung an. Um sicherzugehen, daß Sie nichts versäumen, wird Ihnen dringend empfohlen, auch diese Zuerkennungsanträge möglichst frühzeitig einzureichen.

Auch Anträge auf Entschädigung von Sparguthaben müssen innerhalb von drei Jahren ab Einreise eingereicht werden.

Für den Antrag auf Kriegsschadenrente beträgt die Frist zwei Jahre ab Einreise. Da der Beginn dieser Rentenzahlung vom Eingang des förmlichen Antrags beim Ausgleichsamt abhängen kann, ist auch hier frühzeitige Antragstellung zu empfehlen.

Aufbaudarlehen können bis zum Ablauf des zehnten Kalenderjahres nach Eintreffen beantragt werden.

Was Sie zu beachten haben, wenn Sie auch Schäden in der DDR und Berlin (Ost) oder Reparationsschäden (insbesondere im westlichen Ausland) geltend machen können, sagt Ihnen das Ausgleichsamt.

Beachten Sie bei alledem bitte, daß nach jeweiligem Fristablauf eingereichte Anträge aus Rechtsgründen nicht mehr berücksichtigt werden können. Nach Fristablauf ist auch eine Nachmeldung bereits eingetretener Schäden zu rechtzeitig gestellten Anträgen nicht mehr möglich.

**7. Wo sind die Anträge einzureichen?**

Die Anträge müssen bei dem für Ihren Wohnsitz zuständigen Ausgleichsamt oder bei der Gemeindebehörde eingereicht werden; dort erhalten Sie auch die erforderlichen Antragsvordrucke.

Das Ausgleichsamt hilft Ihnen auch beim Ausfüllen der Vordrucke, wenn Sie dabei Schwierigkeiten haben.

Wenden Sie sich bitte alsbald nach Ihrem Eintreffen in den Durchgangsunterkünften der Bundesländer (Durchgangslager, Übergangswohnheim u. a.) oder nach dem Eintreffen an Ihrem künftigen Wohnort an das nächstgelegene Ausgleichsamt. Wo sich das Ausgleichsamt befindet, erfahren Sie in den Durchgangsunterkünften bei ihrer Gemeinde- oder Kreisverwaltung.

**8. Ausgleichsämter erteilen Rat und Auskunft**

Ihr Ausgleichsamt wird Sie auf Wunsch über das Verfahren und die Rechtslage, insbesondere über die näheren Einzelheiten der Antragstellung und die für Sie in Betracht kommenden Leistungen aus dem Lastenausgleich unterrichten. Betrachten Sie bitte das Ausgleichsamt als eine Sie betreuende Dienststelle, die Ihnen im Rahmen ihrer Möglichkeiten helfen will. Haben Sie andere Fragen, werden Sie dort zumindest erfahren, an wen Sie sich wenden können. Außerhalb des Lastenausgleichs bestehen für Aussiedler weitere Möglichkeiten der Hilfe, Förderung oder Leistungsgewährung (z. B. zinsgünstige Darlehen für Existenzgründungen oder Einrichtung der Wohnung), über die Sie der „Wegweiser für Aussiedler"... orientiert, und zusätzlich kann Ihnen das Ausgleichsamt mitteilen, welche Behörden, Banken oder sonstigen Einrichtungen in Ihrem Falle zuständig sind.

Stellen Sie sich aber bitte darauf ein, daß die Prüfung Ihrer Anträge, insbesondere soweit es die Schadensfeststellung und die Hauptentschädigung angeht, wegen der notwendigen Beweiserhebung und Schadensberechnung einige Zeit in Anspruch nehmen kann. Die Ausgleichsämter werden sich trotz der Vielzahl der zu bearbeitenden Anträge bemühen, schnell zu entscheiden.

## 12.2  Rundschreiben des Präsidenten des Bundesausgleichsamtes betr. Hausratentschädigung für Spätaussiedler, vom 29. November 1971 (MtBl. BAA S. 376)

Die Vorschrift des Feststellungsgesetzes, wonach eine Schadensfeststellung – und damit auch eine Entschädigung – bei Hausratschäden nicht möglich ist, wenn nicht mehr als 50 v. H. des Hausrats verlorengegangen sind, gilt auch für Spätaussiedler. Doch sollte von den Spätaussiedlern eine Einzelaufzählung der von der Schädigung betroffenen und der mitgebrachten Hausratsgegenstände nur verlangt werden, soweit dies für die Beurteilung nach § 8 Abs. 2 Nr. 1 FG unerläßlich ist.

In Rücksicht auf die vorliegenden Erfahrungen habe ich keine Bedenken, daß von einer Einzelprüfung, ob mehr als 50 v. H. des Hausrats verlorengegangen sind, dann abgesehen wird, wenn der Spätaussiedler Möbel nicht oder nur in einem nicht ins Gewicht fallenden Umfang mitgebracht hat. In Grenzfällen ist eine großzügige Beurteilung vertretbar. Es ist zu beachten, daß für Mehrfachschäden beim Vergleich mit dem vor der Schädigung vorhandenen Hausrat auch Hausratschäden in zurückliegender Zeit – vor allem im Zeitpunkt der allgemeinen Vertreibungsmaßnahmen – in Betracht zu ziehen sind.

Bad Homburg v. d. H., den 29. November 1971
III A/3 – LA 3301 – 2/71

# 13. STEUERLICHE VERGÜNSTIGUNGEN

## 13.1 Auszug aus dem Einkommenssteuergesetz 1990 i.d.F. vom 7. September 1990 (BGBl. S. 1898), geändert durch Gesetz vom 23. September 1990 (BGBl. II S. 885, 974)

### § 7 e

**Bewertungsfreiheit für Fabrikgebäude, Lagerhäuser und landwirtschaftliche Betriebsgebäude**

(1) Steuerpflichtige, die

1. auf Grund des Bundesvertriebenengesetzes zur Inanspruchnahme von Rechten und Vergünstigungen berechtigt sind oder

2. aus Gründen der Rasse, Religion, Nationalität, Weltanschauung oder politischer Gegnerschaft gegen den Nationalsozialismus verfolgt worden sind,

ihre frühere Erwerbsgrundlage verloren haben und den Gewinn nach § 5 ermitteln, können bei Gebäuden, die im eigenen gewerblichen Betrieb unmittelbar

a) der Fertigung oder

b) der Bearbeitung von zum Absatz bestimmten Wirtschaftsgütern oder

c) der Wiederherstellung von Wirtschaftsgütern oder

d) ausschließlich der Lagerung von Waren, die zum Absatz an Wiederverkäufer bestimmt sind oder für fremde Rechnung gelagert werden,

dienen und vor dem 1. Januar 1993 hergestellt worden sind, im Wirtschaftsjahr der Herstellung und in dem darauffolgenden Wirtschaftsjahr Sonderabschreibungen bis zu je 10 vom Hundert der Herstellungskosten vornehmen.

(2) Absatz 1 ist entsprechend anwendbar auf die Herstellungskosten von land- und forstwirtschaftlichen Betriebsgebäuden und auf die Aufwendungen zum Wiederaufbau von durch Kriegseinwirkung ganz oder teilweise zerstörten land- und forstwirtschaftlichen Betriebsgebäuden, wenn der Gewinn aus Land- und Forstwirtschaft nach § 4 Abs. 1 ermittelt wird.

(3) Bei nach dem 31. Dezember 1966 hergestellten Gebäuden können die Abschreibungen nach Absatz 1 oder Absatz 2 nur in Anspruch genommen werden, wenn die Gebäude vom Steuerpflichtigen vor Ablauf des zehnten Kalenderjahres seit der erstmaligen Aufnahme einer gewerblichen oder land- und forstwirtschaftlichen Tätigkeit im Geltungsbereich dieses Gesetzes hergestellt worden sind. Abschreibungen nach Absatz 1 oder Absatz 2 sind nur zulässig, wenn der Steuerpflichtige seinen Wohnsitz oder gewöhnlichen Aufenthalt im Geltungsbereich dieses Gesetzes vor dem 1. Januar 1990 begründet und das Gebäude vor Ablauf des zwanzigsten Kalenderjahres seit der erstmaligen Begründung hergestellt hat.

### § 10 a

**Steuerbegünstigung des nicht entnommenen Gewinns**

(1) Steuerpflichtige, die

1. auf Grund des Bundesvertriebenengesetzes zur Inanspruchnahme von Rechten und Vergünstigungen berechtigt sind oder

2. aus Gründen der Rasse, Religion, Nationalität, Weltanschauung oder politischer Gegnerschaft gegen den Nationalsozialismus verfolgt worden sind,

ihre frühere Erwerbsgrundlage verloren haben und ihre Gewinne aus Land- und Forstwirtschaft und aus Gewerbebetrieb nach § 4 Abs. 1 oder nach § 5 ermitteln, können auf Antrag bis zu 50 vom Hundert der Summe der nicht entnommenen Gewinne, höchstens aber 20 000 Deutsche Mark als Sonderausgaben vom Gesamtbetrag der Einkünfte abziehen. Als nicht entnommen gilt auch der Teil der Summe der Gewinne, der zur Zahlung der auf die Betriebsvermögen entfallenden Abgaben nach dem Lastenausgleichsgesetz verwendet wird. Der als steuerbegünstigt in Anspruch genommene Teil der Summe der Gewinne ist bei der Veranlagung besonders festzustellen.

(2) Übersteigen in einem der auf die Inanspruchnahme der Steuerbegünstigung (Absatz 1) folgenden drei Jahre bei dem Steuerpflichtigen oder seinem Gesamtrechtsnachfolger die Entnahmen aus dem Betrieb die Summe der bei der Veranlagung zu berücksichtigenden Gewinne aus Land- und Forstwirtschaft und aus Gewerbebetrieb, so ist der übersteigende Betrag (Mehrentnahme) bis zur Höhe des besonders festgestellten Betrags (Absatz 1 letzter Satz) dem Einkommen im Jahr der Mehrentnahme zum Zweck der Nachversteuerung hinzuzurechnen. Beträge, die zur Zahlung der auf die Betriebsvermögen entfallenden Abgaben nach dem Lastenausgleichsgesetz verwendet werden, rechnen auch in diesem Fall nicht zu den Entnahmen. Soweit Entnahmen zur Zahlung von Erbschaftsteuer auf den Erwerb des Betriebsvermögens von Todes wegen oder auf den Übergang des Betriebsvermögens an Personen der Steuerklasse I des § 15 des Erbschaftsteuergesetzes verwendet werden oder soweit sich Entnahmen durch Veräußerung des Betriebs (§§ 14 und 16) ergeben, gelten sie zum Zwecke der Nachversteuerung als außerordentliche Einkünfte im Sinne des § 34 Abs. 1; das gilt nicht für die Veräußerung eines Teilbetriebs und im Fall der Umwandlung in eine Kapitalgesellschaft. Auf Antrag des Steuerpflichtigen ist eine Nachversteuerung auch dann vorzunehmen, wenn in dem in Betracht kommenden Jahr eine Mehrentnahme nicht vorliegt.

(3) Die Vorschriften der Absätze 1 und 2 gelten entsprechend für den Gewinn aus selbständiger Arbeit mit der Maßgabe, daß dieser Gewinn hinsichtlich der Steuerbegünstigung (Absatz 1) und der Nachversteuerung (Absatz 2) für sich zu behandeln ist.

(4) Die Steuerbegünstigung nach den Absätzen 1 bis 3 kann nur für den Veranlagungszeitraum, in dem der Steuerpflichtige im Geltungsbereich dieses Gesetzes erstmals Einkünfte aus Land- und Forstwirtschaft, Gewerbebetrieb oder selbständiger Arbeit erzielt hat, und für die folgenden sieben Veranlagungszeiträume in Anspruch genommen werden. Die Inanspruchnahme der Steuerbegünstigung ist nur zulässig, wenn der Steuerpflichtige seinen Wohnsitz oder gewöhnlichen Aufenthalt im Geltungsbereich dieses Gesetzes vor dem 1. Januar 1990 begründet hat und seit der erstmaligen Begründung nicht mehr als zwanzig Veranlagungszeiträume abgelaufen sind; sie ist letztmalig zulässig für den Veranlagungszeitraum 1992.


### § 33
**Außergewöhnliche Belastungen**

(1) Erwachsen einem Steuerpflichtigen zwangsläufig größere Aufwendungen als der überwiegenden Mehrzahl der Steuerpflichtigen gleicher Einkommensverhältnisse, gleicher Vermögensverhältnisse und gleichen Familienstandes (außergewöhnliche Belastung), so wird auf Antrag die Einkommensteuer dadurch ermäßigt, daß der Teil der Aufwendungen, der die dem Steuerpflichtigen zumutbare Belastung (Absatz 3) übersteigt, vom Gesamtbetrag der Einkünfte abgezogen wird.

(2) Aufwendungen erwachsen dem Steuerpflichtigen zwangsläufig, wenn er sich ihnen aus rechtlichen, tatsächlichen oder sittlichen Gründen nicht entziehen kann und soweit die Aufwendungen den Umständen nach notwendig sind und einen angemessenen Be-

trag nicht übersteigen. Aufwendungen, die zu den Betriebsausgaben, Werbungskosten oder Sonderausgaben gehören, bleiben dabei außer Betracht; das gilt für Aufwendungen im Sinne des § 10 Abs. 1 Nr. 7 und 8 nur insoweit, als sie als Sonderausgaben abgezogen werden können. Aufwendungen, die durch Diätverpflegung entstehen, können nicht als außergewöhnliche Belastung berücksichtigt werden.

(3)  Die zumutbare Belastung beträgt

| bei einem Gesamtbetrag der Einkünfte | bis 30 000 DM | über 30 000 DM bis 100 000 DM | über 100 000 DM |
|---|---|---|---|
| 1.  bei Steuerpflichtigen, die keine Kinder haben und bei denen die Einkommensteuer | | | |
| a)  nach § 32 a Abs. 1, | 5 | 6 | 7 |
| b)  nach § 32 a Abs. 5 oder 6 (Splitting-Verfahren) | 4 | 5 | 6 |
| zu berechnen ist; | | | |
| 2.  Bei Steuerpflichtigen mit | | | |
| a)  einem Kind oder 2 Kindern, | 2 | 3 | 4 |
| b)  drei oder mehr Kindern | 1 | 1 | 2 |

vom Hundert des Gesamtbetrags der Einkünfte.

Als Kinder des Steuerpflichtigen zählen die, für die er einen Kinderfreibetrag erhält.

## § 52
### Schlußvorschriften

(22)  § 33 a Abs. 1 und § 41 Abs. 1 Nr. 5 sowie Abs. 2 Satz 1 des Einkommensteuergesetzes 1953 in der Fassung der Bekanntmachung vom 15. September 1953 (BGBl. I S. 1355) gelten auch weiterhin mit der Maßgabe, daß

1.  die Vorschriften bei einem Steuerpflichtigen jeweils nur für das Kalenderjahr, in dem bei ihm die Voraussetzungen für die Gewährung eines Freibetrags eingetreten sind, und für die beiden folgenden Kalenderjahre anzuwenden sind und

2.  der Freibetrag

a)  bei Steuerpflichtigen, bei denen § 32 a Abs. 5 oder 6 anzuwenden ist,

720 Deutsche Mark,

b)  bei Steuerpflichtigen, die Kinder haben,

840 Deutsche Mark zuzüglich je 60 Deutsche Mark für das dritte Kind und jedes weitere Kind und

c)  bei anderen Steuerpflichtigen

540 Deutsche Mark

beträgt.

Als Kinder des Steuerpflichtigen zählen solche, für die der einen Kinderfreibetrag erhält. Für ein Kalenderjahr, für das der Steuerpflichtige eine Steuerermäßigung nach § 33 für Aufwendungen zur Wiederbeschaffung von Hausrat und Kleidung beantragt, wird ein Freibetrag nicht gewährt. Die Vorschriften sind letztmals bei einem Steuerpflichtigen anzuwenden, der vor dem 1. Januar 1990 seinen Wohnsitz oder gewöhnlichen Aufenthalt im Geltungsbereich dieses Gesetzes begründet hat.

## 13.2 § 33a Abs. 1 des Einkommensteuergesetzes 1953 i.d.F. vom 15. September 1953 (BGBl. I S. 1355)

### § 33a
**Freibeträge für besondere Fälle**

(1) Bei Vertriebenen, Heimatvertriebenen, Sowjetzonenflüchtlingen und diesen gleichgestellten Personen (§§ 1 bis 4 des Bundesvertriebenengesetzes vom 19. Mai 1953 – Bundesgesetzblatt I S. 201 –) sowie bei politisch Verfolgen, Personen, die nach dem 30. September 1948 aus Kriegsgefangenschaft heimgekehrt sind (Spätheimkehrer), und bei Personen, die den Hausrat und die Kleidung infolge Kriegseinwirkung verloren haben (Totalschaden) und dafür höchstens eine Entschädigung von 50 vom Hundert dieses Kriegsschadens erhalten haben, wird auf Antrag ein Freibetrag in der folgenden Höhe vom Einkommen abgezogen:

540 Deutsche Mark bei Personen der Steuerklasse I,

720 Deutsche Mark bei Personen der Steuerklasse II,

840 Deutsche Mark bei Personen der Steuerklasse III;

der Betrag von 840 Deutsche Mark erhöht sich für das dritte und jedes weitere Kind, für das dem Steuerpflichtigen Kinderermäßigung zusteht oder gewährt wird, um je 60 Deutsche Mark.

Satz 1 gilt auch, wenn die bezeichneten Voraussetzungen nicht bei dem Steuerpflichtigen selbst, sondern bei der mit ihm zusammen zu veranlagten Ehefrau vorliegen.

## 13.3 Abschnitte 179, 184, 189, 193 der Einkommensteuer-Richtlinien (EStR 1987), geändert durch Einkommensteuer-Richtlinien 1990 vom 2. Juli 1990 (BStBl. Sondernummer 1/1990)

### 179. Kinder mit Wohnsitz in der DDR u. a.

(1) [1]Kinder, die Deutsche im Sinne des Artikels 116 GG sind und ihren Wohnsitz oder gewöhnlichen Aufenthalt in der Deutschen Demokratischen Republik oder in Berlin (Ost) haben, sind bei den unbeschränkt einkommensteuerpflichtigen Eltern oder Elternteilen aus Billigkeitsgründen zu berücksichtigen, wenn die übrigen Voraussetzungen (§ 32 Abs. 1, 3 bis 5 EStG) vorliegen. [2]Weitere Voraussetzung ist, daß die unbeschränkt einkommensteuerpflichtigen Eltern oder Elternteile ihrer Unterhaltspflicht gegenüber dem Kind für das Kalenderjahr im wesentlichen, d. h. zu mindestens 75 v.H., nachkommen. [3]Aus Vereinfachungsgründen kann davon ausgegangen werden, daß dies der Fall ist, wenn die Unterhaltszahlungen je Kind im Jahresdurchschnitt mindestens 75 DM monatlich betragen. [4]Wegen der Höhe des Kinderfreibetrages gilt § 32 Abs. 6 EStG entsprechend. [5]Außer für den Kinderfreibetrag zählt ein solches Kind auch für die Inanspruchnahme eines Ausbildungsfreibetrags (§ 33a Abs.f 2 EStG), wenn im übrigen die Voraussetzungen dafür vorliegen sowie für die Ermittlung der zumutbaren Belastung (§ 33 Abs. 3 EStG). [6]Der Haushaltsfreibetrag (§ 32 Abs. 7 EStG) und die Übertragung eines Pauschbetrags für Behinderte oder Hinterbliebene (§ 33b Abs. 5 EStG) kommen nicht in Betracht. [7]Die Sätze 1 bis 6 sind für das Kalenderjahr 1990 auf Kinder, die Deutsche im Sinne des Artikels 116 GG oder deutsche Volkszugehörige sind und ihren Wohnsitz oder gewöhnlichen Aufenthalt in

einem der in § 1 Abs. 2 Nr. 3 des Bundesvertriebenengesetzes bezeichneten Gebiete (ohne Jugoslawien und China) haben, entsprechend anzuwenden.

(2) [1]Daß ein Kind Deutscher im Sinne des Artikels 116 GG oder deutscher Volkszugehöriger ist, hat der Steuerpflichtige darzulegen. [2]Sind die hier lebenden Eltern oder Elternteile des Kindes Deutsche, kann ohne weiteres auch für das Kind angenommen werden, daß es Deutscher oder deutscher Volkszugehöriger ist. [3]Dies gilt aber dann nicht, wenn das Kind bei seinem anderen, nichtdeutschen Elternteil lebt, mit dem der Steuerpflichtige nicht verheiratet ist oder war.

### 184. Berechnung der tariflichen Einkommensteuer bei Ehegatten (§ 32a Abs. 5 EStG)

(1) [1]Die Vorschrift des § 32a Abs. 5 EStG gilt nur für den Fall der Zusammenveranlagung von Ehegatten nach § 26b EStG. [2]Werden Ehegatten nach § 26a EStG getrennt veranlagt, so ist § 32a Abs. 5 EStG nicht anwendbar.

(2) [1]Für das Kalenderjahr 1990 gilt folgendes:
[2]Liegen bei nicht dauernd getrennt lebenden Ehegatten die Voraussetzungen des § 26 Abs. 1 EStG nur deshalb nicht vor, weil einer der Ehegatten seinen Wohnsitz oder gewöhnlichen Aufenthalt in der Deutschen Demokratischen Republik oder in Berlin (Ost) oder in einem der in § 1 Abs. 2 Nr. 3 des Bundesvertriebenengesetzes bezeichneten Gebiete (ohne Jugoslawien und China) hat, dessen Behörden die Ausreise aus politischen Gründen verweigern, so hat die Einkommensteuer des unbeschränkt steuerpflichtigen Ehegatten, wenn dieser Deutsche im Sinne des Artikels 116 GG ist, aus Billigkeitsgründen nach § 32a Abs. 5 EStG zu berechnen. [3]Voraussetzung ist, daß der andere Ehegatte keine inländischen Einkünfte im Sinne des § 49 EStG hat. [4]Bei der Ermittlung des Einkommens sind die Sonderausgaben-Höchstbeträge (§ 10 Abs. 3 EStG), der Sonderausgaben-Pauschbetrag (§ 10c Abs. 1 EStG) und die Vorsorgepauschale (§ 10c Abs. 2 bis 4 EStG) sowie die zumutbare Belastung (§ 33 Abs. 3 EStG) wie im Fall der Zusammenveranlagung von Ehegatten anzusetzen. [5]Der Abzug von Aufwendungen für die Beschäftigung einer Hilfe im Haushalt oder für hauswirtschaftliche Dienstleistungen bei Heimunterbringung (§ 33a Abs. 3 EStG) sowie der Behinderten-Pauschbetrag (§ 33b Abs. 1 bis 3 EStG) und der Pflege-Pauschbetrag (§ 33b Abs. 6 EStG) können nicht auf Grund von Verhältnissen, die in der Person des Ehegatten gegeben sind, in Anspruch genommen werden. [6]Hat der Steuerpflichtige Anspruch auf den Haushaltsfreibetrag (§ 32 Abs. 7 EStG) und/oder den Abzug von Kinderbetreuungskosten (§ 33c EStG), so setzt die Billigkeitsmaßnahme voraus, daß auf die Anwendung dieser Vorschriften verzichtet wird (Wahlrecht).

### 189. Aufwendungen für die Wiederbeschaffung von Hausrat oder Kleidung

(1) [1]Aufwendungen für die Anschaffung von Hausrat oder Kleidung sind in der Regel keine außergewöhnliche Belastung (BFH-Urteil vom 21. 8. 1974 – BStBl. II S. 745). [2]Sie sind jedoch dem Grunde nach eine außergewöhnliche Belastung, wenn Hausrat oder Kleidung durch ein unabwendbares Ereignis wie Brand, Diebstahl, Hochwasser, Unwetter, Kriegseinwirkungen, Vertreibung, politische Verfolgung, verloren wurden und wiederbeschafft werden müssen. [3]Aufwendungen für die Wiederbeschaffung von Kleidungsstücken, die dem Steuerpflichtigen bei einer Urlaubsreise entwendet wurden, können jedoch regelmäßig nicht als außergewöhnliche Belastung berücksichtigt werden (BFH-Urteil vom 3. 9. 1976 – BStBl. II S. 712). [4]Ergänzungsbeschaffungen sind keine Wiederbeschaffungen. [5]Bei Anschaffung von Kleidung sind Ergänzungsbeschaffungen zu vermuten, wenn das schädigende Ereignis fünf oder mehr Jahre zurückliegt. [6]Anschaffungen für Kinder, die erst nach dem schädigenden Ereignis geboren wurden, sind keine Wiederbeschaffungen. [7]Bei der Anschaffung von Hausrat ist besonders zu prüfen, ob es sich um

Wiederbeschaffungen handelt, wenn das schädigende Ereignis längere Zeit zurückliegt (vgl. BFH-Urteil vom 23. 9. 1960 – BStBl. III S. 488).

(2) [1)]Entschädigungen und Beihilfen, die der Steuerpflichtige für den Verlust von Hausrat oder Kleidung erhält, z. b. von Versicherungsunternehmen oder aus öffentlichen Mitteln, sind von den zwangsläufig erwachsenen Wiederbeschaffungsaufwendungen abzuziehen (BFH-Urteil vom 28. 2. 1964 – BStBl. III S. 301). [2)]Das gilt auch für die in früheren Jahren gezahlten Entschädigungen und Beihilfen nach dem Lastenausgleichsgesetz und Beihilfen nach dem Kriegsgefangenenentschädigungsgesetz, die der Steuerpflichtige in Kalenderjahren erhalten hat, in denen er die Freibeträge nach § 52 Abs. 2 EStG in Anspruch genommen hat, nicht angerechnet. [4)]Aufwendungen für die Wiederinstandsetzung von Hausratsgegenständen, die durch ein unabwendbares Ereignis im Sinne des Absatzes 1 Satz 2 beschädigt worden sind, sind ebenso zu behandeln wie Aufwendungen für die Wiederbeschaffung von Hausrat, die den Umständen nach notwendig sind, gehören Aufwendungen für Gegenstände, die nach allgemeiner Anschauung unter Berücksichtigung der Lebensverhältnisse des Steuerpflichtigen zur Einrichtung einer Wohnung und zur Führung des Haushalts üblicherweise erforderlich sind (BFH-Urteil vom 8. 8. 1958 – BStBl. III S. 378).

**193. Freibetrag für besondere Fälle**
Abschnitt 151 LStR gilt entsprechend.

## 13.4 Abschnitt 151 der Lohnsteuerrichtlinien vom 3. Oktober 1989 (BStBl., Sondernummer 3/1989)

### 151. Freibeträge für besondere Fälle

(1) [1)]Folgende Personen erhalten auf Antrag einen jährlichen Freibetrag:

1. Vertriebene, Heimatvertriebene, Sowjetzonenflüchtlinge und ihnen gleichgestellte Personen (§§ 1 bis 4 Bundesvertriebenengesetz),
2. politisch Verfolgte sowie Heimkehrer und ihnen gleichgestellte Personen (§ 1 oder § 1 a Heimkehrergesetz), die nach dem 30. September 1948 aus der Kriegsgefangenschaft zurückgekehrt sind,
3. Steuerpflichtige, die den Hausrat und die Kleidung infolge Kriegseinwirkung verloren haben (Totalschaden) und dafür höchstens eine Entschädigung von 50 v.H. dieses Kriegsschadens erhalten haben.

[2)]Steuerpflichtige, die nach der Vertreibung oder Flucht ihrer Eltern geboren wurden und demzufolge die Vertriebenen- oder Sowjetzonenflüchtlingseigenschaft nach § 7 des Bundesvertriebenengesetzes erlangt haben, gehören nicht zu dem anspruchsberechtigten Personenkreis (BFH-Urteil vom 25. 6. 1976 – BStBl. II S. 619). [3)]Der Freibetrag beträgt:

720 Deutsche Mark
bei Steuerpflichtigen, bei denen § 32 a Abs. 5 oder 6 EStG anzuwenden ist (Steuerklassen III oder IV ohne Kinder),

840 Deutsche Mark
bei Steuerpflichtigen, die Kinder haben, zuzüglich je 60 Deutsche Mark für das dritte und jedes weitere Kind, für das ein Kinderfreibetrag gewährt wird (Steuerklassen I, II, III und IV mit Kindern)

und

540 Deutsche Mark
bei anderen Steuerpflichtigen (Steuerklasse I ohne Kinder).

[4]Als Kinder sind auch solche zu berücksichtigen, für die der Arbeitnehmer auf die Eintragung einer Kinderfreibetragszahl nach § 39 Abs. 3 b Satz 2 EStG auf der Lohnsteuerkarte verzichtet hat. [5]Bei Ehegatten, die unbeschränkt einkommensteuerpflichtig sind und nicht dauernd getrennt leben, wird – außer in den in § 39 a Abs. 3 Satz 4 EStG bezeichneten Fällen – nur ein Freibetrag gewährt, auch wenn beide Ehegatten die Voraussetzungen erfüllen. [6]Wegen der Geltendmachung von nachgewiesenen höheren Wiederbeschaffungskosten vgl. Abschnitt 95.

(2) [1]Für die Höhe des Freibetrags ist die Steuerklasse zugrunde zu legen, die für das Jahr, für das die Steuerermäßigung gewährt wird, maßgebend ist. [2]Bei Änderungen der Steuerklasse im Laufe des Jahres bemißt sich der Freibetrag für das ganze Jahr nach der für den Steuerpflichtigen günstigeren Steuerklasse. [3]Bei einer Eheschließung im Laufe des Kalenderjahres steht den Ehegatten statt der bisher etwa eingetragenen Freibeträge der Freibetrag nach der nunmehr maßgebenden Steuerklasse zu.

(3) [1]Die Voraussetzungen für die Gewährung des Freibetrages sind bei einem Steuerpflichtigen in dem Kalenderjahr eingetreten, in dem er als unbeschränkt Steuerpflichtiger erstmalig zu den in Absatz 1 bezeichneten Personengruppen gehört hat. [2]Der Nachweis der Zugehörigkeit zu dem begünstigten Personenkreis ist durch eine amtliche Bescheinigung zu führen. [3]Die Eigenschaft als Vertriebener oder Heimatvertriebener (§§ 1 und 2 Bundesvertriebenengesetz) ist durch die auf Grund des § 15 des Bundesvertriebenengesetzes ausgegebenen Ausweise C nachzuweisen. [4]Der Nachweis der Eigenschaft als politisch Verfolgter ist durch Vorlage eines Bescheids oder einer sonstigen Mitteilung der zuständigen Entschädigungsbehörde zu erbringen. [5]Wegen der Frage, welches Kalenderjahr als Erstjahr für die Bewilligung der Freibeträge in den Fällen anzusetzen ist, in denen sich die Ausstellung des amtlichen Ausweises ohne Verschulden des Steuerpflichtigen verzögert, vgl. BFH-Urteil vom 13. 4. 1962 (BStBl. III S 257); wegen der Fälle, in denen der Antrag des Steuerpflichtigen auf Ausstellung des amtlichen Ausweises schuldhaft verzögert wurde, vgl. BFH-Urteil vom 3. 5. 1974 (BStBl. II S. 543). [6]Bei Personen, die im Zeitpunkt der Vertreibung noch Kinder ohne eigene Einkünfte waren, ist als Erstjahr das Jahr anzusehen, in dem sie als unbeschränkt einkommensteuerpflichtige Personen erstmals Arbeitslohn beziehen, sofern sie zu diesem Zeitpunkt ihre Zugehörigkeit zu der Personengruppe der Vertriebenen nachweisen (BFH-Urteil vom 6. 5. 1969 – BStBl. II S. 621 und vom 23. 7. 1976 – BStBl. 1977 II S. 3). [7]Gehört ein Steuerpflichtiger mehreren der nach Absatz 1 begünstigten Personengruppen an, z. B. ein Spätheimkehrer ist auch Totalgeschädigter, so steht ihm ein Freibetrag auf Grund dieser Vorschrift nur einmal zu.

# 14. EINGLIEDERUNG IN DIE LANDWIRTSCHAFT

## 14.1 Richtlinien des Bundesministers für Ernährung, Landwirtschaft und Forsten für die Gewährung von Darlehen und Beihilfen aus den Bundeshaushaltsmitteln für die ländliche Siedlung nach dem Bundesvertriebenengesetz vom 31. März 1954 (MinBl. BML S. 4), zuletzt geändert durch Rundschreiben des BML vom 9. September 1969 (MinBl. BML S. 162)

Aus den vom Bund für die Eingliederung von Vertriebenen und Flüchtlingen in die Landwirtschaft nach dem Gesetz über die Angelegenheiten der Vertriebenen und Flüchtlinge vom 19. Mai 1953 (BGBl. I S. 201) bereitgestellten Haushaltsmitteln werden Darlehen und Beihilfen nach folgenden, im Einvernehmen mit dem Bundesminister der Finanzen und dem Bundesminister für Vertriebene, Flüchtlinge und Kriegsgeschädigte erlassenen Richtlinien gewährt.

## I. Allgemeine Bestimmungen

### 1. Zweckbestimmung

Die Mittel sind nur für Vertriebene und Sowjetzonenflüchtlinge zu verwenden, die aus der Landwirtschaft stammen oder nach der Vertreibung überwiegend in der Landwirtschaft tätig waren und nach dem BVFG berechtigt sind.

### 2. Eingliederungsmaßnahmen

Die Eingliederung der Vertriebenen und Sowjetzonenflüchtlinge erfolgt entweder durch Ansetzung als Siedler in einem Siedlungsverfahren nach dem Reichssiedlungsgesetz bzw. den Siedlungs- und Bodenreformgesetzen der Länder oder durch Kauf und Pacht eines bestehenden land- oder forstwirtschaftlichen Betriebes oder durch Ansetzung in einem anderen zweckdienlichen Nutzungsverhältnis. In allen Fällen ist die Mitwirkung der Siedlungsbehörde erforderlich.

## II. Darlehen in Neusiedlungsverfahren

### 3. Arten der Darlehen

Im Neusiedlungsverfahren nach dem Reichssiedlungsgesetz und den Siedlungs- und Bodenreformgesetzen der Länder können Darlehen für den Ankauf und die Besiedlung gewährt werden sowie für die Einrichtung der Stellen.

Die Bundeshaushaltsmittel werden zusätzlich zu den Siedlungsmitteln der Länder gewährt, für die möglichst die gleichen Bedingungen vorzusehen sind wie für die Bundeshaushaltsmittel.

Für den Ankauf kann Kredit bis zur Höhe von 90 v. H. des von der Siedlungsbehörde festgesetzten oder genehmigten Schätzungswertes, jedoch nicht über den Kaufpreis hinaus, gewährt werden. Bei selbstsiedelnden Eigentümern wird die Grenze, innerhalb der der Ankaufskredit liegen muß, auf 75 v. H., bei Familiensiedlungen auf 50 v. H. des genehmigten Schätzungswertes festgesetzt.

Der Kredit für die Besiedlung muß innerhalb von 90 v. H. der notwendigen Aufwendungen liegen. Sind die erforderlichen Ausgaben höher als die damit erzielte Werterhöhung, so muß der Kredit innerhalb 90 v. H. der Werterhöhung liegen. Wegen des Kredits für die Einrichtung der Stellen vgl. Ziffer 11.

### 4. Darlehensschuldner

Der Kredit wird in der Regel den von der Siedlungsbehörde zugelassenen Siedlungsunternehmen zunächst als Zwischenkredit gewährt. Die Kredite sind im Siedlungsverfahren auf die einzelnen mit Vertriebenen oder Sowjetzonenflüchtlingen besetzten Siedlerstellen unterzuverteilen. Mit dem Beginn des Kalendervierteljahres, das auf die Genehmigung der Unterverteilung des Kredites durch die Siedlungsbehörde folgt, ist der Siedlungsunternehmer aus der persönlichen Haftung für den Zwischenkredit zu entlassen.

### 5. Verzinsung des Zwischenkredits

Der Zwischenkredit ist für den Siedlungsträger bis zur Unterverteilung auf die Siedlerstellen, längstens für die Dauer von drei Jahren, gerechnet von dem auf die erste Auszahlung folgenden Vierteljahresersten ab, zinslos. Nach Ablauf der drei Jahre ist er mit jährlich 4 v. H. zu verzinsen. Die Zinsen sind halbjährlich nachträglich am 1. April und 1. Oktober an die Deutsche Siedlungs- und Landesrentenbank in Bonn zu entrichten. Bleibt der Zwischenkreditnehmer mit der Zahlung der Zinsen länger als zehn Tage im Verzug, so können Verzugszinsen in Höhe von 0,5 v. H. je Monat, und zwar für jeden angefangenen Monat voll, erhoben werden. Von der Unterteilung ab gelten für die Verzinsung und Tilgung die Bestimmungen zu Ziffer 8.

**6. Dingliche Sicherung**

Der Zwischenkredit ist nach Möglichkeit an 1. Rangstelle, zumindest im gleichen Rang mit den übrigen öffentlichen Finanzierungsmitteln durch eine brieflose Grundschuld für die Deutsche Siedlungs- und Landesrentenbank in Bonn zu sichern. Wird nach Sicherung dieses Zwischenkredites und eines zur Errichtung der Stelle gewährten Aufbaudarlehens für die Landwirtschaft ein weiteres Darlehen aus Bundeshaushaltsmitteln (Zusatzdarlehen) gewährt und ist die gleichrangige Sicherung des Zusatzdarlehens mit dem Aufbaudarlehen für die Landwirtschaft nicht möglich, so ist es an bereitester Stelle zu sichern. Die gleichrangige Sicherung mit einem gleichzeitig gewährten zusätzlichen Aufbaudarlehen für die Landwirtschaft ist anzustreben. Soweit die Sicherung nach Satz 1 nicht beigebracht ist und eine Ersatzsicherung nicht gestellt wird, kann der Zwischenkredit ausgezahlt werden, wenn die Siedlungsbehörde die ehestmögliche richtliniengemäße Sicherung gewährleistet.

**7. Zurückzahlung**

Der Zwischenkredit ist unverzüglich zurückzuzahlen, wenn sich ergibt, daß das Verfahren, für das er beantragt worden ist, nicht durchgeführt wird. Für richtlinienwidrig verwendete oder unrechtmäßig zurückgehaltene Kredite sind von ihrem Eingang bis zu ihrer Rückzahlung Zinsen mit 2 v. H. über Bundesbankdiskont, mindestens jedoch 6,5 v. H. jährlich zu zahlen.

Bei eingetretenen Wertminderungen ist der für das Verfahren gewährte Zwischenkredit entsprechend zu ermäßigen.

**8. Bedingungen des unterverteilten Zwischenkredits**

Für den unterverteilten Zwischenkredit gelten folgende Bedingungen:

**a) Siedlerleistung**

Er ist an erster Rangstelle, zumindest im gleichen Rang mit den übrigen öffentlichen Finanzierungsmitteln durch eine brieflose Grundschuld für die Deutsche Siedlungs- und Landesrentenbank in Bonn zu sichern; Nr. 6 Sätze 2 und 3 gelten entsprechend. Vom Beginn des Kalendervierteljahres ab, das auf die von der Siedlungsbehörde genehmigte Unterverteilung folgt, soll tunlichst eine Tilgung in Höhe von 4 v. H. angestrebt werden. Soweit der Siedler zu einer Tilgung in dieser Höhe nicht imstande ist, kann der Tilgungssatz bis auf 2 v. H. ermäßigt werden. Die Siedlungsbehörde kann dem Siedler bis zu zwei Freijahren, bei Moor-, Ödland- und Rodelandsiedlungen bis zu fünf Freijahren, bewilligen. Bei Eigensiedlern gelten die vorstehenden Tilgungs-Bedingungen für den unterverteilten Zwischenkredit von dem Beginn des Kalendervierteljahres ab, das auf die Bezugsfertigkeit der Siedlerstelle folgt.

Die Tilgungsbeträge sind nachträglich zum 1. April und 1. Oktober an die Deutsche Siedlungs- und Landesrentenbank in Bonn zu entrichten. Für Verzugszinsen gilt das zu Ziffer 5 Gesagte.

b) Beleihungshöchstsatz
Der unterverteilte Zwischenkredit muß bei einer 2prozentigen Leistung innerhalb des 50fachen Betrages der von der Siedlungsbehörde festgesetzten tragbaren Rente liegen. Bei Heraufsetzung der Tilgungsleistung ermäßigt sich der Kapitalisierungsfaktor entsprechend.

c) Ablösung
(gestrichen)

9. Begriff der tragbaren Rente bzw. der tragbaren Belastung

Die tragbare Rente ist derjenige von der Siedlungsbehörde festgestellte Jahresbetrag, der aus der Siedlerstelle bei ordnungsmäßiger Bewirtschaftung nachhaltig zur Verzinsung und Tilgung der für das Siedlungsverfahren gewährten oder übernommenen Kredite aufgebracht werden kann.

Bei Nebenerwerbsstellen ist der Nutzwert der Gebäude entsprechend seiner Bedeutung für die Stelle zu berücksichtigen.

10. Weitere Sicherungsbestimmungen

Der Zwischenkredit kann unbeschadet der sonstigen in diesen Richtlinien festgelegten Rückzahlungsgründe zurückgefordert werden.

a) wenn das Siedlungsverfahren nicht binnen angemessener Frist durchgeführt wird oder die Durchführung gefährdet ist, insbesondere wenn die von der zuständigen Siedlungsbehörde für die Durchführung festzusetzende angemessene Frist nicht eingehalten wird;

b) wenn das Siedlungsgrundstück ohne Genehmigung der Siedlungsbehörde ganz oder zu einem nach Wert oder Größe nicht unerheblichen Teil veräußert, aufgegeben, mit einem Nießbrauch belastet oder verpachtet wird. Dies gilt jedoch nicht für die Übertragung vom Siedlungsunternehmer auf den Siedler;

c) wenn bei einem Wechsel in der Person des Darlehensnehmers der Rechtsnachfolger des Darlehensnehmers oder der Übernehmer dieser Schuld sich nicht auf Verlangen des Darlehensgebers unverzüglich in einer Zusatzurkunde der sofortigen Zwangsvollstreckung in sein persönliches Vermögen unterwirft;

d) wenn die vereinbarte Sicherstellung des Darlehens aus irgendeinem Grunde unwirksam oder anfechtbar ist oder sie gegenüber Rechten Dritter nicht den vereinbarten Rang erhält oder behält;

e) wenn das Siedlungsgrundstück oder sonstige für den Kredit mithaftende Grundstücke nicht ordnungsgemäß bewirtschaftet, insbesondere nicht dauernd mit dem erforderlichen Inventar ausgestattet werden, oder die Grundstücke oder ihr Zubehör durch sonstige Umstände wesentlich verschlechtert werden.

f) wenn die Gebäude auf den Grundstücken zu e) nicht dauernd zum vollen Wert gegen Brandschäden versichert werden, oder der Darlehensnehmer die von der zuständigen Siedlungsbehörde oder dem Darlehensgeber sonst als erforderlich bezeichneten Versicherungen nicht abschließt und aufrechterhält,

g) wenn der Darlehensnehmer sich weigert, die Überprüfung seiner wirtschaftlichen Verhältnisse und seiner Wirtschaftsführung gemäß den Richtlinien zu gestatten;

h) wenn der Darlehensnehmer mit einer ihm obliegenden Leistung länger als einen Monat ganz oder teilweise im Rückstand bleibt;

i) wenn der Darlehensnehmer in Konkurs gerät oder seine Zahlungen einstellt oder mit Zwangsvollstreckungsmaßnahmen verfolgt oder das Vergleichsverfahren zur Abwendung des Konkurses über sein Vermögen eingeleitet wird;

k) wenn eine Sicherstellung des Darlehens im Range vorgehende oder gleichstehende Kapitalbelastung wegen eines vom Darlehensnehmer zu vertretenden Umstandes von dem Gläubiger vorzeitig fällig gemacht wird, oder der Darlehensnehmer eine solche Kapitalbelastung aufkündigt, ohne ihre Ablösung durch eigene Mittel oder Kredite von gleicher Laufzeit herbeizuführen;

l) wenn der Darlehensnehmer über Kapitalbelastungen der zu k) bezeichneten Art, soweit sie sich mit dem Eigentum in einer Person vereinigen, anders als durch Löschung verfügt;

m) wenn der Darlehensnehmer nicht neue Bedingungen anerkennt, die infolge von Änderungen der für Siedlerkredite der öffentlichen Hand aufgestellten allgemeinen Richtlinien notwendig werden;

n) soweit der Zwischenkredit durch einen unter Mitwirkung des Darlehensgebers beschafften Dauerkredit abgelöst werden kann, auf den eine Jahresleistung zu zahlen ist, die die regelmäßige Jahresleistung für den Zwischenkredit nicht übersteigt;

o) soweit der Zwischenkredit weder durch Dauerkredit abgelöst noch unterverteilt wird, insbesondere auf den einzelnen Siedlerstellen die nach den Richtlinien festgesetzte Beleihungsgrenze übersteigt;

p) wenn das Darlehen entgegen den Bedingungen dieser Richtlinien verwendet wird.

## 11. Einrichtungsdarlehen

### a) Zweckbestimmung

Das Einrichtungsdarlehen dient dazu, dem Siedler die Einrichtung seiner Siedlerstelle zu erleichtern, insbesondere das fehlende Inventar zu beschaffen und die Auszahlung zu ergänzen. Es darf nur in der Höhe gewährt werden, wie die Eigenmittel des Siedlers nach Ausschöpfung der sonst bestehenden Finanzierungshilfen nicht ausreichen.

### b) Verzinsung und Tilgung

Das Einrichtungsdarlehen ist zinsfrei. Es ist mit jährlich 2 v. H. außerhalb der tragbaren Rente zu tilgen. Die Tilgung beginnt drei Jahre, in besonderen Fällen nach Bestimmung der Siedlungsbehörde spätestens fünf Jahre, nach dem auf die erste Auszahlung folgenden Vierteljahresersten.

Die Tilgungsbeträge sind nachträglich zum 1. April und 1. Oktober an die Deutsche Siedlungs- und Landesrentenbank in Bonn zu entrichten. Für Verzugszinsen gilt das zu Ziffer 5 Gesagte.

### c) Dingliche Sicherung

Für das Einrichtungsdarlehen ist eine brieflose Darlehenshypothek für die Deutsche Siedlungs- und Landesrentenbank in Bonn an bereitester Stelle zu mindest gleichrangig mit den Einrichtungsdarlehen aus anderen Mitteln einzutragen.

d) Zurückzahlung
Die Bestimmungen unter Ziffer 7 und 10 gelten entsprechend für das Einrichtungsdarlehen.

### III. Darlehen für die Anliegersiedlung

12. Bemessung des Darlehens

Vertriebene und Sowjetzonenflüchtlinge, die Land zur Hebung ihrer Kleinbetriebe bis zur Größe einer selbständigen Ackernahrung erwerben, können Darlehen zur Bezahlung des Landankaufpreises erhalten. Das Darlehen darf 90 v. H. des von der Siedlungsbehörde festgesetzten oder genehmigten Schätzungswertes des Zukauflandes nicht übersteigen.

Zu einer durch den Zukauf notwendig gewordenen Vergrößerung der Wirtschaftsgebäude kann dem Vertriebenen oder Sowjetzonenflüchtling als Anliegersiedler ein Baukredit gewährt werden.

Der Gesamtkredit für Land und Gebäude soll in der Regel nicht mehr als 90 v. H. des von der Siedlungsbehörde festgesetzten oder genehmigten Schätzungswertes der Stammstelle und der Zukaufsfläche betragen.

13. Verzinsung und Tilgung des Anliegersiedlungskredites

Die im Anliegersiedlungsverfahren gewährten Darlehen sind zinsfrei.

Die Darlehen sind von dem auf die erste Auszahlung folgenden Vierteljahresersten ab mit jährlich 4 v. H. zu tilgen.

Frei- oder Schonjahre werden in der Regel nicht gewährt. Bei Zukauf von Moor-, Ödland oder Rodungsflächen im Anliegersiedlungsverfahren kann die Siedlungsbehörde bis zu drei Freijahren bewilligen.

Werden Kleinbetrieben größere Flächen zugeteilt, so können der Tilgungssatz äußerstenfalls bis auf 2 v. H. herabgesetzt und Freijahre wie bei Neusiedlungen (vgl. Ziffer 8) bewilligt werden.

Die Tilgungsbeträge sind nachträglich zum 1. April und 1. Oktober an die Deutsche Siedlungs- und Landesrentenbank in Bonn zu entrichten. Für Verzugszinsen gilt das zu Ziffer 5 Gesagte.

14. Dingliche Sicherung

Für den im Anliegersiedlungsverfahren gewährten Kredit ist eine brieflose Grundschuld für die Deutsche Siedlungs- und Landesrentenbank in Bonn gleichrangig mit den übrigen im Anliegersiedlungsverfahren gewährten öffentlichen Finanzierungsmitteln einzutragen.

Die Sicherung soll in der Weise erfolgen, daß die Zukaufsfläche an erster Stelle und die Stammstelle an bereitester Stelle belastet wird.

15. Zurückzahlung

Die Bestimmungen unter Ziffer 7 und 10 gelten entsprechend für den im Anliegersiedlungsverfahren gewährten Kredit.

16. Ablösung

(gestrichen)

## IV. Beihilfen in Neusiedlungsverfahren

17. Zweckbestimmung

Beihilfen können gewährt werden in Ergänzung der Kredite aus Bundeshaushaltsmitteln zu den Aufwendungen für die Besiedlung, insbesondere auch zu den Kosten

a) für die Regelung der öffentlich-rechtlichen Verhältnisse,

b) für die Durchführung von Bodenverbesserungen,

c) für die Anlegung und den Ausbau von Wegen, Gräben und sonstigen Folgeeinrichtungen,

d) für genossenschaftliche und gemeinschaftliche Anlagen,

e) für die Elektrifizierung, die Wasserversorgung und Abwässerbeseitigung.

Die Beihilfen aus Bundeshaushaltsmitteln werden zusätzlich zu den entsprechenden Ländermitteln gewährt.

18. Bemessung der Beihilfen

Die Beihilfen dürfen 50 v. H. der durch Kredite nicht gedeckten Kosten und sollen ein Viertel des für das Verfahren aus Bundeshaushaltsmitteln gewährten Kredites nicht überschreiten.

19. Zurückzahlung

Bei richtlinienwidriger Verwendung sind die Beihilfen zuzüglich Zinsen zurückzuzahlen. Für die Bemessung der Zinsen gilt Ziffer 7 Abs. 1.

## V. Kauf eines bestehenden Betriebes

20. Allgemeine Bestimmungen über den Kauf eines bestehenden Betriebes

(1) Vertriebenen und Sowjetzonenflüchtlingen, die einen Betrieb, Betriebsteil oder ein Grundstück gemäß §§ 42 oder 44 BVFG erwerben, kann zusätzlich zu einem Darlehen aus Landesmitteln ein Darlehen aus Bundesmitteln

a) zur Zahlung des Erwerbspreises,

b) zur Beschaffung des Inventars,

c) für bauliche Aufwendungen,

d) zur Beschaffung der erforderlichen Betriebsmittel,

e) für die Beschaffung von Ersatzwohnraum bei der Übernahme einer Vollerwerbsstelle

gewährt werden.

(2) Das Darlehen wird dem Vertriebenen oder Sowjetzonenflüchtling gewährt. Das Darlehen für die Beschaffung von Ersatzwohnraum kann demjenigen gewährt werden, für den der Ersatzwohnraum beschafft wird.

(3) Das Darlehen für die Beschaffung von Ersatzwohnraum kann bis zu einem Betrage von 10000,– DM und nur dann gewährt werden, wenn die Beschaffung von Ersatzwohnraum Voraussetzung für die ordnungsgemäße Bewirtschaftung der Stelle ist.

(4) Das Darlehen nach Absatz 1 Buchstabe a) bis c) und Buchstabe e) ist unverzinslich und mit mindestens 2 v. H. jährlich zu tilgen. Die Siedlungsbehörde kann bis zu 2 Freijahren, bei Kaufstellen aus Moor- und Ödland oder diesen nach § 40 Absatz 2 BVFG gleichgestellten Flächen bis zu 5 Freijahren festsetzen. Das Dar-

lehen nach Absatz 1 Buchstabe d) ist nach 2 Freijahren in 10 gleichen Jahresraten zurückzuzahlen.

(5) Das Darlehen nach Absatz 1 ist, soweit keine Freijahre festgesetzt worden sind, von dem auf die Auszahlung von mindestens 75 v. H. des Darlehens folgenden Vierteljahresersten an zu tilgen. Im übrigen sind die Nr. 8 Buchstabe a) Absatz 2, Nr. 8 Buchstabe b), Nr. 9 und Nr. 10 entsprechend anzuwenden.

(6) Zur Sicherung des Darlehens nach Absatz 1 Buchstabe a) bis d) ist auf dem erworbenen Grundbesitz eine brieflose Grundschuld zu den Bedingungen dieser Richtlinien für die Deutsche Siedlungs- und Landesrentenbank in Bonn im Range nach den Vorlasten aber mindestens im gleichen Range mit den übrigen öffentlichen Finanzierungsmitteln und innerhalb des nach Nr. 8 Buchstabe b) zulässigen Beleihungshöchstsatzes einzutragen. Nr. 6 Satz 2 und 3 gilt entsprechend. Das Darlehen nach Absatz 1 Buchstabe e) ist auf dem Grundstück, auf dem der Ersatzwohnraum geschaffen wird, durch Eintragung einer brieflosen Grundschuld für die Deutsche Siedlungs- und Landesrentenbank in Bonn an bereitester Stelle innerhalb von 90 v. H. des Schätzwertes zu den Bedingungen dieser Richtlinien zu sichern.

21. Beihilfen

Wenn mit Darlehen allein eine neue gesicherte Lebensgrundlage nicht geschaffen werden kann, so kann für die in Nr. 20 Buchstabe a) bis d) genannten Zwecke zusätzlich zu einer vom Land in gleicher Höhe gewährten Beihilfe eine Beihilfe aus Bundesmitteln bis zur Höhe eines Fünftels der für die Übernahme des Betriebes insgesamt gegebenen Darlehen gewährt werden.

**VI. Übernahme landwirtschaftlicher Betriebe auf Grund eines langfristigen Pachtvertrages**

22. Darlehen für den Pächter

(1) Vertriebenen oder Sowjetzonenflüchtlingen, die einen Betrieb, Betriebsteil oder ein Grundstück gemäß § 42 BVFG pachten, kann zusätzlich zu einem Darlehen aus Landesmitteln ein Darlehen aus Bundesmitteln zur Beschaffung des für die Bewirtschaftung des Pachtbetriebes erforderlichen
a) lebenden und toten Inventars,
b) des Feldinventars,
c) der Vorräte und Betriebsmittel
gewährt werden.

(2) Die Höhe des Darlehens ist so zu bemessen, daß die Aufbringung der Darlehensleistungen unter Berücksichtigung der Verpflichtungen aus dem Pachtvertrag gewährleistet ist.

(3) Einem Pachtvertrag im Sinne von Absatz 1 stehen die in § 45 BVFG genannten Maßnahmen und ein nach §§ 62 und 63 BVFG abgeschlossener oder rechtskräftig festgesetzter Pachtvertrag gleich.

23. Darlehen für den Verpächter

(1) Neben dem Darlehen nach Nr. 22 kann für bauliche Maßnahmen auf dem Pachtbetrieb ein Betrag von höchstens 20 000,– DM und bei Vollerwerbstellen für die Beschaffung von Ersatzwohnraum ein Betrag von höchstens 10 000,– DM gewährt werden. Diese Darlehen sollen dem Verpächter oder demjenigen, für den der Ersatzwohnraum beschafft wird, gewährt werden.

(2) Wird der Pachtvertrag auf mindestens 18 Jahre abgeschlossen, und räumt der Verpächter dem Pächter und seinem mittelbaren oder unmittelbaren Rechtsnachfolger ein Vorpachtrecht, ein Vorkaufsrecht für alle Fälle (§ 1097 BGB) oder eine Kaufanwartschaft ein, kann das dem Verpächter zur Beschaffung von Ersatzwohnraum zu gewährende Darlehen aus Bundesmitteln bis auf 20000,– DM erhöht werden.

## 24. Bedingungen der Darlehen

(1) Die Darlehen nach Nr. 22 Absatz 1 und Nr. 23 sind unverzinslich und mit mindestens 5 v. H. jährlich zu tilgen. Die Gewährung von Freijahren ist ausgeschlossen. Nr. 8 Buchstabe a) Absatz 2 und Nr. 20 Absatz 5 Satz 1 gelten entsprechend.

(2) Der nach Ablauf der Pachtzeit verbleibende Darlehensrest ist sofort zurückzuzahlen, wenn nicht das Pachtverhältnis verlängert wird, der Pächter den Pachtbetrieb käuflich erwirbt oder der Darlehensrest auf einem anderen landwirtschaftlichen Betrieb abgesichert werden kann.

(3) Der Rest des dem Pächter gewährten Darlehens wird erlassen, wenn das Darlehen durch außerplanmäßige Tilgung beim Ablauf einer vertraglichen Pachtzeit von 18 Jahren mindestens zu 95 v. H. oder beim Ablauf einer vertraglichen Pachtzeit von weniger als 18 Jahren mindestens zu 90 v. H. getilgt ist.

## 25. Rückzahlung der Darlehen

(1) Die Darlehen nach Nr. 23 Absatz 1 und 2 sind, wenn sie dem Verpächter oder dem Pächter gewährt worden sind, sofort zurückzuzahlen, wenn vor Ablauf der vertraglich vereinbarten Zeit

a) der Pachtvertrag von den Vertragsparteien aufgehoben wird,

b) der Verpächter ohne wichtigen Grund oder entgegen den Vorschriften der §§ 569, 596 BGB kündigt oder

c) der Pächter aus einem wichtigen, in der Person des Verpächters liegenden Grund kündigt.

(2) Die in Nr. 23 Abs. 1 und 2 genannten Darlehen sind nicht sofort zurückzuzahlen, wenn der Betrieb unverzüglich wieder an einen Vertriebenen oder Sowjetzonenflüchtling nach § 42 BVFG verpachtet wird. Ist dem Verpächter ein Darlehen nach Nr. 23 Absatz 2 gewährt worden, entfällt die Rückzahlungsverpflichtung nur dann, wenn auch der mit dem neuen Pächter abgeschlossene Pachtvertrag von 18 Jahren und die Einräumung eines Vorpachtrechts, eines Vorkaufsrechts für alle Fälle oder eine Kaufanwartschaft für den Pächter sowie seinen unmittelbaren und mittelbaren Rechtsnachfolger vorsieht.

(3) Das dem Verpächter gewährte Darlehen kann ihm abweichend von Absatz 1 in Härtefällen belassen werden, wenn es mit 5 v. H. verzinst und zuzüglich ersparter Zinsen mit 5 v. H. getilgt wird.

## 26. Absicherung der Darlehen

(1) Das Darlehen nach Nr. 22 Absatz 1 ist durch Verpfändung des Inventars nach dem Pachtkreditgesetz vom 5. August 1951 (BGBl. I S. 494) zu sichern. Ist die Bestellung eines Inventarpfandrechts nicht möglich, so ist das Darlehen durch Sicherungsübereignung der Inventargegenstände oder in anderer geeigneter Weise zu sichern.

(2) Das Darlehen für bauliche Maßnahmen auf dem Pachtbetrieb und das Darlehen für die Beschaffung von Ersatzwohnraum sind – mit Ausnahme im Falle

des Absatzes 3 – durch eine Grundschuld an bereitester Stelle innerhalb von 90 v.H. des Schätzwertes zu sichern.

(3) Ist das in Absatz 2 genannte Darlehen für bauliche Maßnahmen auf dem Pachtbetrieb nicht dem Verpächter gewährt worden und hat der Verpächter auch keine Sicherheit für das Darlehen bestellt, so ist vorzusehen, daß der Verpächter dem Pächter einen Anspruch auf Ersatz der Aufwendungen zugesteht. Dieser Anspruch ist zur Sicherung des Darlehens an den Darlehensgläubiger abzutreten.

## 27. Beihilfen

(1) Wenn mit Darlehen allein eine neue gesicherte Lebensgrundlage nicht geschaffen werden kann, so kann für die in Nr. 22 genannten Zwecke zusätzlich zu einer vom Land in gleicher Höhe gewährten Beihilfe eine Beihilfe aus Bundesmitteln bis zur Höhe eines Fünftel der für die Übernahme des Pachtbetriebes nach Nr. 22 gegebenen Darlehen gewährt werden (Verfahrensbeihilfe).

(2) Dem Pächter kann neben der Verfahrensbeihilfe eine weitere Beihilfe aus Bundesmitteln bis zur Höhe des zweifachen Jahrespachtzinses (Pachtzinsbeihilfe) gewährt werden, wenn dies zur Sicherung einer selbständigen Existenz, insbesondere zur Überwindung von Anlaufschwierigkeiten erforderlich und der Pachtzins angemessen ist. Die Pachtzinsbeihilfe ist von der Siedlungsbehörde festzusetzen und zur Zahlung des Pachtzinses der ersten beiden Pachtjahre zu verwenden. Sie kann dem Verpächter nach Übergabe des Betriebes an den Pächter in einer Summe gezahlt werden.

(3) Wird der Pachtvertrag auf mindestens 18 Jahre abgeschlossen, so kann die Pachtzinsbeihilfe bis zur Höhe des dreifachen Jahrespachtzinses (bei einer Pachtzeit von mindestens 24 Jahren bis zur Höhe des vierfachen Jahrespachtzinses) gewährt und dem Verpächter nach Übergabe des Betriebes an den Pächter in einer Summe gezahlt werden. Satz 1 gilt sinngemäß, wenn ein auf weniger als 18 bzw. 24 Jahre abgeschlossener Pachtvertrag um mindestens 4 Jahre auf insgesamt mindestens 18 bzw. 24 Jahre verlängert wird; früher gezahlte Pachtzinsbeihilfen sind anzurechnen.

(4) Die Pachtzinsbeihilfe nach Absatz 2 und Absatz 3 darf nur vorausgezahlt werden, wenn im Pachtvertrag oder in einem Zusatzvertrag vereinbart ist, daß der Pachtzins für 2 bzw. 3 bzw. 4 Jahre im voraus in einer Summe zu entrichten ist.

## 28. Rückzahlung der Beihilfen

(1) Bei Auflösung des Pachtvertrages vor Ablauf der vereinbarten Pachtdauer ist die Pachtzinsbeihilfe zurückzuzahlen, es sei denn, daß der Pächter den Betrieb erwirbt. Sie kann, wenn die Rückzahlung eine unbillige Härte darstellen würde, höchstens insoweit belassen werden, wie sich die tatsächliche zur vereinbarten Pachtdauer verhält. Die Rückzahlungspflicht nach Satz 1 ist in der Schuldurkunde ausdrücklich zu vereinbaren. Pachtzinsbeihilfen dürfen vor Vollzug der Schuldurkunde nicht ausgezahlt werden.

(2) Absatz 1 Satz 1 und 3 gilt für die Verfahrensbeihilfe entsprechend, wenn der Pächter die Auflösung des Pachtvertrages zu vertreten hat.

**VII. Nachfinanzierung bei Neusiedlungen und Kauf- und Pachtstellen**

29. Sonderrichtlinien für die Nachfinanzierung

Für die Bewilligung von zusätzlichen Darlehen und Beihilfen aus Bundesmitteln zur Erhaltung und Sicherung einer vollbäuerlichen Existenz und zur Anpassung an die Erfordernisse der Europäischen Wirtschaftsgemeinschaft ergehen besondere Richtlinien.

**VIII. Beihilfen bei Ansetzung auf Moor-, Ödland- oder Rodungsflächen**

30. Zweckbestimmung

Ist nach dem 1. Oktober 1952 die Kultivierung von Moor-, Ödland- oder Rodungsflächen in Angriff genommen worden, so können für die Kultivierung Beihilfen nach § 43 BVFG gewährt werden, sofern die Ansetzung von Vertriebenen oder Sowjetzonenflüchtlingen gewährleistet ist. In Anlehnung an § 40 BVFG werden dem Moor- und Ödland gleichgestellt landwirtschaftlich nutzbare Ländereien, die nicht planmäßig bewirtschaftet werden sowie nicht sachgemäß bewirtschaftete Holzbodenflächen (Rodungsflächen), soweit sie zur Besiedlung geeignet sind.

31. Bemessung der Beihilfen

Die Beihilfen können bis zur Höhe von 2500 DM je ha der zu kultivierenden oder zu rodenden Fläche bewilligt werden. Für Kultivierungskosten, die über den Betrag von 2500 DM je ha hinausgehen, sind Landesmittel oder andere Mittel zu verwenden.

32. Beihilfenempfänger

Die Beihilfen können einem Siedlungsunternehmer oder einem Siedler, der Vertriebener oder Sowjetzonenflüchtling ist, gewährt werden. Die Siedlungsbehörde hat in allen Fällen mitzuwirken.

33. Zurückzahlung

Für die Zurückzahlung der Beihilfen gelten Nr. 28 und die Richtlinien für die Rückforderung gewährter Beihilfen in der ländlichen Siedlung und der Eingliederung von Vertriebenen und Sowjetzonenflüchtlingen vom 20. März 1963 (Min. Bl. BML S. 173).

**IX. Beihilfen für die Vorbereitung, Durchführung und Sicherung der Eingliederung**

34. Die Bewilligung von Beihilfen zu den Aufwendungen für die Vorbereitung, Sicherung und Durchführung der Eingliederung erfolgt nach besonderen Richtlinien.

**X. Verfahren**

35. Allgemeines

a) Die Darlehen und Beihilfen nach I – IV werden durch die obersten Siedlungsbehörden der Länder unter Vorbehalt der Zustimmung der Deutschen Siedlungs- und Landesrentenbank in Bonn festgesetzt. Für die Deutsche Siedlungs- und Landesrentenbank sind die von der Siedlungsbehörde festgesetzten oder genehmigten Beleihungswerte maßgebend.

Der Deutschen Siedlungs- und Landesrentenbank sind für ihre Zustimmung die Unterlagen vorzulegen, die der Entscheidung der obersten Siedlungsbehörde des Landes zugrunde gelegen haben (Finanzierungsplan, Nachweisung der Siedlerstellen u. ä.).

b) Die Beihilfen nach VIII werden von der Deutschen Siedlungs- und Landesrentenbank bewilligt.

Dem Antrage der obersten Siedlungsbehörde sind beizufügen:

a) ein Meßtischblatt, in das die dem Antrage zugrunde liegenden Flächen eingezeichnet sind,

b) eine kurze Erläuterung des Vorhabens,

c) eine Finanzierungsübersicht nach Baujahren gegliedert, mit Deckungsvorschlägen,

d) eine Verwertungsübersicht mit der Bestätigung der Siedlungsbehörde, daß die Ansetzung von Vertriebenen oder Sowjetzonenflüchtlingen auf diesen Flächen gewährleistet ist.

## 36. Abruf der Mittel

Die Träger der Maßnahmen dürfen Bundesmittel nur soweit und nicht eher anfordern, als diese zur Bewirkung fälliger Zahlungen im Rahmen des Zuwendungszwecks benötigt werden. Stellt sich ein Mittelabruf nachträglich als überholt heraus, so sind die Mittel insoweit unverzüglich an die auszahlende Stelle zurückzuzahlen. Geschieht dies nicht bis zum Schluß des auf den Eingang der Mittel folgenden zweiten Kalendermonats, so sind die verfrüht abgerufenen Mittel vom Beginn dieses Monats an bis zu ihrer endgültigen Verwendung bzw. bis zur Rückzahlung mit 2 v. H. über Bundesbankdiskont, mindestens jedoch mit 6,5 v. H., zu verzinsen. Bis zum Beginn dieser Verzinsung aufgelaufene Habenzinsen sind ebenfalls abzuführen.

## 37. Überwachung der Verwendung

Die bestimmungsmäßige und zeitgerechte Verwendung der Bundeshaushaltsmittel ist von den Landwirtschaftsministerien der Länder (Oberste Siedlungsbehörden) zu überwachen.

## 38. Prüfungsrecht

Der Bundesminister für Ernährung, Landwirtschaft und Forsten und der Bundesrechnungshof behalten sich vor:

a) die Verwendung der Mittel durch Besichtigung an Ort und Stelle und durch Einsichtnahme in die Bücher, Belege und sonstigen Unterlagen entweder selbst zu prüfen oder durch Beauftragte prüfen zu lassen,

b) Auskünfte einzuholen.

Das Prüfungs-, Auskunfts- und Rückforderungsrecht gegenüber allen weiteren Empfängern bis zu den Letztempfängern hin vorzubehalten. Das gilt insbesondere gegenüber den Siedlungsunternehmern. Die Buch- und Kassenführung der Mittelempfänger ist so zu gestalten, daß die Verwendung der Mittel jederzeit an Hand der Bücher und Belege nachgeprüft werden kann.

Die für die Vorprüfung der Siedlungsmittel des Landes zuständigen Vorprüfungsstellen sind anzuweisen, auch die Vorprüfung bezüglich der nach diesen Richtlinien bereitgestellten Bundeshaushaltsmittel vorzunehmen.

39. Verwendungsnachweis

Für die nach diesen Richtlinien gewährten Darlehen und Beihilfen sind Verwendungsnachweise für jedes Rechnungsjahr aufzustellen, für die noch weitere Anordnungen mit Muster übersandt werden. Es bleibt vorbehalten, weitere Unterlagen insbesondere über die Abrechnung einzelner Siedlungsverfahren anzufordern.

## 14.2 Prioritätenregelung gemäß § 46 Abs. 4 und § 67 des Bundesvertriebenengesetzes (BVFG) in der Fassung vom 9. September 1968 (MinBl. BML S. 479), zuletzt geändert durch Rundschreiben des BML vom 20. Dezember 1983 – 523-6160, (Richtlinien für die Rangfolge bei der Bewilligung von Finanzierungshilfen des Bundes)

Antragsberechtigte nach §§ 35 und 36 BVFG können Darlehen und Beihilfen des Bundes für die Eingliederung auf Nebenerwerbsstellen nur in nachstehender Rangfolge und unter der Voraussetzung erhalten, daß ihr Jahreseinkommen die nach § 25 des Zweiten Wohnungsbaugesetzes zu berechnende Einkommensgrenze höchstens um 40 vom Hundert überschreitet.

**Kategorie I:**
Aussiedler und Zuwanderer sowie deren Ehegatten, die eine durch Eigentum, Pacht oder ein ähnliches Nutzungsverhältnis in der Landwirtschaft begründete Existenz verloren haben.

**Kategorie II:**
In den Aussiedlungsgebieten sowie in der DDR oder Berlin-Ost geborene Hof- und Betriebserben von unter Kategorie I genannten und bisher noch nicht geförderten Personen.

**Kategorie III:**
Aussiedler und Zuwanderer, gegebenenfalls deren Ehegatten, die früher unselbständig in der Landwirtschaft tätig waren (z. B. Gutsverwalter, Heuerlinge, Landarbeiter).

## 14.3 Rundschreiben des Bundesministers für Ernährung, Landwirtschaft und Forsten zur Auslegung des Begriffs „aus der Landwirtschaft stammen" in § 35 BVFG vom 6. November 1978 – 523 – 6160 – 52/73 – in der Fassung des Rundschreibens des BML vom 20. Dezember 1983 – 523 – 6160

Anläßlich der Siedlungsreferentenbesprechung am 21. September 1978 in Wiesmoor sind einige Fragen behandelt worden, die bei der Auslegung des Begriffs „aus der Landwirtschaft stammen" in § 35 BVFG aufgetreten sind.

Auf der Grundlage des Ergebnisses der Siedlungsreferentenbesprechung am 21. September 1978 bemerke ich im Einvernehmen mit dem Bundesminister des Innern und dem Bundesminister der Finanzen in diesem Zusammenhang:

Hinsichtlich der Spätaussiedler bitte ich bei der Prüfung der Frage, ob sie im Sinne des § 35 BVFG aus der Landwirtschaft stammen, nach folgenden Grundsätzen zu verfahren:

1. Der Begriff „aus der Landwirtschaft stammen" im Sinne des § 35 BVFG ist keinesfalls gleichzusetzen mit dem Begriff „bäuerlicher Abstammung sein" im Sinne des allgemeinen Sprachgebrauchs. Bäuerlicher Abstammung ist jeder, dessen Eltern zur Zeit seiner Geburt Bauern waren. Hierbei spielt es keine Rolle, ob der Betroffene selbst in seinem späteren Leben noch Beziehungen zur Landwirtschaft hatte oder ob seine Eltern später ihren bäuerlichen Beruf aufgegeben haben. Im allgemeinen Sprachgebrauch wird der Begriff sogar dann verwendet, wenn nur die Großeltern oder sonstigen Vorfahren Bauern waren.

Diese Begriffsdefinition ist für die Abgrenzung der Antragsvoraussetzung nach § 35 BVFG nicht verwertbar. Der Begriff „aus der Landwirtschaft stammend" muß daher nach dem gesetzespolitischen Sinn und Zweck des § 35 BVFG ausgelegt werden, wobei der Entstehungsgeschichte dieser Vorschrift und deren Zusammenhang mit anderen Eingliederungsvorschriften des Gesetzes besondere Bedeutung zukommt.

Unter Berücksichtigung dieser Umstände können dem Kreise der aus der Landwirtschaft stammenden Spätaussiedler nur diejenigen zugerechnet werden, die bis zur Aussiedlung ihre Existenzgrundlage in einem landwirtschaftlichen Betrieb hatten. Diese Lebensgrundlage in der heimatlichen Landwirtschaft muß bis zur Aussiedlung bestanden haben und erst durch sie verloren gegangen sein. Das bedeutet, daß nur solche Personen als aus der Landwirtschaft stammend angesehen werden können, die ihren Lebensunterhalt bis zur Aussiedlung ganz oder zumindest überwiegend aus einem landwirtschaftlichen Betrieb bezogen haben. Hierzu gehören naturgemäß nicht nur alle selbständigen Landwirte und alle Arbeitnehmer in landwirtschaftlichen Betrieben, sondern auch diejenigen Personen, die sich wegen ihres Alters, ihres Gesundheitszustandes oder infolge anderer Umstände zwar nicht mehr oder noch nicht selbst landwirtschaftlich betätigt haben, die jedoch ihre materielle Lebensgrundlage in einem landwirtschaftlichen Betrieb hatten, wie das vor allem bei Altenteilern und bei Kindern bis zum Ende ihrer Berufsausbildung der Fall ist.

Das Abstellen darauf, daß der Spätaussiedler seine Lebensgrundlage in der Landwirtschaft gehabt haben muß, ergibt sich auch zwingend aus dem im Zusammenhang mit den sonstigen Eingliederungsvorschriften des BVFG deutlich erkennbaren Gesetzeszweck.Durch besondere Förderungsmaßnahmen soll erreicht werden, daß Spätaussiedler als Ersatz für ihre in der Heimat verlorene Lebensgrundlage hier eine gleichwertige oder zumindest annähernd gleichwertige Lebensgrundlage finden. Es muß also ein Kausalzusammenhang zwischen der Aussiedlung und dem Verlust der Lebensgrundlage in der Landwirtschaft bestehen, weil die nach den §§ 35 ff. BVFG zu gewährenden Hilfen nur den Ausgleich von vertreibungsbedingten Nachteilen bezwecken. Wer seine in der Landwirtschaft beruhende Lebensgrundlage schon vor der Aussiedlung aufgegeben und seither einen anderen Beruf ausgeübt hatte, gehört daher nach § 35 BVFG nicht mehr zu den aus der Landwirtschft stammenden Personen; er kann folglich auch nicht beanspruchen, daß ihm nach der Aussiedlung aufgrund der Eingliederungsbestimmungen der §§ 35 ff. BVFG erneut zu einer Lebensgrundlage in der Landwirtschaft verholfen wird.

Diese Auslegung, die den Vorzug hat, klar und praktikabel zu sein, wird durch die Entstehungsgeschichte des § 35 BVFG gestützt. Ursprünglich war die Eingliederung nach § 35 BVFG nur für Vertriebene und Sowjetzonenflüchtlinge vorgesehen „die in der Landwirtschaft tätig waren". Man bezog sich damit auf die berufsmäßige Verbundenheit mit der heimatlichen Landwirtschaft. Der Personenkreis wurde dann durch die heute geltende Fassung ausgedehnt, um damit insbesondere die zur Zeit der Vertreibung noch nicht arbeitsfähigen Personen, die gleichwohl ihre Lebensgrundlage in der Landwirtschaft hatten, einzubeziehen.

Antragsberechtigt sind Aussiedler und Zuwanderer, die

1.1 in den Aussiedlungsgebieten in einer Sowchose, Kolchose oder einem ähnlichen landwirtschaftlichen Betrieb beschäftigt und in der Landwirtschaft tätig waren,

1.2. vor der Aussiedlung Einnahmen aus der Erzeugung landwirtschaftlicher Produkte aus einer sogenannten persönlichen Nebenwirtschaft hatten und damit tatsächlich ihren Haupterwerb aus der Landwirtschaft gezogen haben,

1.3 durch administrativen Akt oder andere ihrer freien Willensbildung entzogene Umstände gehindert waren, eine Tätigkeit in der Landwirtschaft auszuüben und die vor dem 31. Dezember 1956 im Aussiedlungsgebiet oder in der DDR oder in Berlin-Ost geboren wurden. Umstände dieser Art sind von dem Antragsteller glaubhaft zu machen. Hierbei können jedoch nur Umstände berücksichtigt werden, die sich im Zusammenhang mit den Ereignissen des Zweiten Weltkrieges ergeben haben.

## 14.4 Fragebogen zur Erfassung der aus der Landwirtschaft stammenden Aussiedler

Anläßlich der Ermittlung der Berufsgruppenzugehörigkeit der in dem Grenzdurchgangslager Friedland und in der Durchgangsstelle für Aussiedler in Nürnberg ankommenden Spätaussiedler sollten für eine zutreffende Erfassung der Spätaussiedler, die im Sinne §§ 35 ff. BVFG aus der Landwirtschaft stammen, zusätzlich folgende Fragen gestellt werden:

Name: _____ Vorname: _____

Anzahl der Familienangehörigen: _____

Herkunftsland: _____

Nummer des Reg.Scheins: _____

Von dem Spätaussiedler unmittelbar vor der Aussiedlung ausgeübte Tätigkeit:

1. Selbständiger Landwirt (auch Pächter) oder Familienangehöriger eines solchen

(1) Ja ☐*        Nein ☐*

2. Unselbständiger Arbeitnehmer in einem landwirtschaftlichen Betrieb (auch Arbeitnehmer in Sowchosen, Kolchosen oder ähnlichen landwirtschaftlichen Betrieben) – Z. B. Landarbeiter, Landhandwerker, Melker, Verwalter –

(2) Ja ☐*        Nein ☐*

---

* Zutreffendes ankreuzen

3. Falls zu Ziffern 1 – 2 die Antwort Nein lautet:

Ausgeübte Tätigkeit: _____

Wurde eine persönliche Nebenwirtschaft betrieben
(Eigennutzung einer bestimmten Fläche)?

Ja □*        Nein □*

Größe der intensiv genutzten Nebenwirtschaft _____ $m^2$
Mindestens 5000 $m^2$?

(3) Ja □*        Nein □*

4. Sofern unmittelbar vor der Aussiedlung eine Tätigkeit außerhalb der Landwirtschaft ausgeübt wurde:
   Waren Spätaussiedler oder seine Eltern vorher selbständige Landwirte, Arbeitnehmer in einem landwirtschaftlichen Betrieb oder in einer Sowchose, Kolchose oder in einem ähnlichen landwirtschaftlichen Betrieb?

Ja □*        Nein □*

Falls Ja:
Wurden Spätaussiedler oder seine Eltern innerhalb des Aussiedlungsgebietes im
Zusammenhang mit dem 2. Weltkrieg durch die dortigen Behörden zwangsweise
umgesiedelt, verschleppt, interniert, oder mußten sie die überwiegend landwirtschaftliche Tätigkeit gegen ihren Willen sonst aufgeben?

Ja □*        Nein □*

Falls Ja:
Sind Spätaussiedler oder seine Eltern **dadurch faktisch** gezwungen worden, im
Zeitpunkt vor der Aussiedlung eine Tätigkeit außerhalb der Landwirtschaft auszuüben?

(4) Ja □*        Nein □*

Falls eine der Antworten „Ja", die durch eine davon in Klammern gesetzte Zahl
(1 – 4) besonders gekennzeichnet ist, angekreuzt wird, kommt der Spätaussiedler
**möglicherweise** für eine Förderung, z. B. mit einer landwirtschaftlichen Nebenerwerbsstelle oder landwirtschaftlichen Vollerwerbsstelle in Betracht.

Der jeweilige Sachbearbeiter teilt dieses **vorläufige Ergebnis** dem Spätaussiedler
unmittelbar mit. Zugleich überreicht er dem Spätaussiedler das einschlägige
Merkblatt.

---

* Zutreffendes ankreuzen

# 15. RENTEN- UND UNFALLVERSICHERUNG

## 15.1 Fremdrentengesetz (FRG) vom 25. Februar 1960 (BGBl. I S. 93), zuletzt geändert durch Gesetz vom 18. Dezember 1989 (BGBl. I S. 2261)

### I. Gemeinsame Vorschriften

### § 1

(1) Dieses Gesetz findet unbeschadet des § 5 Abs. 4 und des § 17 Anwendung auf

a) Vertriebene im Sinne des § 1 des Bundesvertriebenengesetzes, die als solche im Geltungsbereich dieses Gesetzes anerkannt sind.

b) Deutsche im Sinne des Artikels 116 Abs. 1 des Grundgesetzes und frühere deutsche Staatsangehörige im Sinne des Artikels 116 Abs. 2 Satz 1 des Grundgesetzes, wenn sie unabhängig von den Kriegsauswirkungen ihren gewöhnlichen Aufenthalt im Geltungsbereich dieses Gesetzes genommen haben, jedoch infolge der Kriegsauswirkungen den früher für sie zuständigen Versicherungsträger eines auswärtigen Staates nicht mehr in Anspruch nehmen können.

c) Deutsche im Sinne des Artikels 116 Abs. 1 des Grundgesetzes und frühere deutsche Staatsangehörige im Sinne des Artikels 116 Abs. 2 Satz 1 des Grundgesetzes, die nach dem 8. Mai 1945 in ein ausländisches Staatsgebiet zur Arbeitsleistung verbracht wurden,

d) heimatlose Ausländer im Sinne des Gesetzes über die Rechtsstellung heimatloser Ausländer im Bundesgebiet vom 25. April 1951 (Bundesgesetzblatt I S. 269), auch wenn sie die deutsche Staatsangehörigkeit erworben haben oder erwerben,

e) Hinterbliebene der in Buchstaben a bis d genannten Personen bezüglich der Gewährung von Leistungen an Hinterbliebene.

### § 2

Dieses Gesetz gilt nicht für

a) Arbeitsunfälle und Berufskrankheiten, wenn

nach einer von einer europäischen Gemeinschaft erlassenen Rechtsvorschrift, die in der Bundesrepublik Deutschland verbindlich ist und unmittelbar gilt,

nach einem für die Bundesrepublik Deutschland wirksamen zwischenstaatlichen Abkommen über Sozialversicherung oder

nach innerstaatlichen Rechtsvorschriften eines Staates, für den ein auch für die Bundesrepublik Deutschland verbindliches allgemeines Abkommen über Sozialversicherung wirksam ist,

für die Entscheidung über die Entschädigung eine Stelle außerhalb des Geltungsbereichs dieses Gesetzes zuständig ist,

b) Versicherungszeiten und Beschäftigungszeiten, die

nach einer von einer europäischen Gemeinschaft erlassenen Rechtsvorschrift, die in der Bundesrepublik Deutschland verbindlich ist und unmittelbar gilt,

nach einem für die Bundesrepublik Deutschland wirksamen zwischenstaatlichen Abkommen über Sozialversicherung oder nach innerstaatlichen Rechtsvorschriften eines Staates, für den auch ein für die Bundesrepublik Deutschland verbindliches allgemeines Abkommen über Sozialversicherung wirksam ist,

in einer Rentenversicherung des anderen Staates, ohne Rücksicht darauf, ob sie im Einzelfall der Berechnung der Leistungen zugrunde gelegt werden, anrechnungsfähig sind oder nur deshalb nicht anrechnungsfähig sind, weil es Beschäftigungszeiten sind.

**§ 3**

Als deutsche Versicherungsträger im Sinne dieses Gesetzes sind alle Versicherungsträger anzusehen, die ihren Sitz innerhalb des Deutschen Reichs nach dem Stand vom 31. Dezember 1937 haben oder hatten oder außerhalb dieses Gebiets die Sozialversicherung nach den Vorschriften der Reichsversicherungsgesetze durchgeführt haben, jedoch mit Ausnahme der Versicherungsträger, die in den unter fremder Verwaltung stehenden deutschen Ostgebieten nach Beginn dieser Verwaltung errichtet worden sind.

**§ 4**

(1) Für die Feststellung der nach diesem Gesetz erheblichen Tatsachen genügt es, wenn sie glaubhaft gemacht sind. Eine Tatsache ist glaubhaft gemacht, wenn ihr Vorliegen nach dem Ergebnis der Ermittlungen, die sich auf sämtliche erreichbaren Beweismittel erstrecken sollen, überwiegend wahrscheinlich ist.

(2) Absatz 1 gilt auch für außerhalb des Geltungsbereichs dieses Gesetzes eingetretene Tatsachen, die nach den allgemeinen Vorschriften erheblich sind.

(3) Als Mittel der Glaubhaftmachung können auch eidesstattliche Versicherungen zugelassen werden. Der mit der Durchführung des Verfahrens befaßte Versicherungsträger ist für die Abnahme eidesstattlicher Versicherungen zuständig; er gilt als Behörde im Sinne des § 156 des Strafgesetzbuchs.

**II. Gesetzliche Unfallversicherung**

**§ 5**

(1) Nach den für die gesetzliche Unfallversicherung maßgebenden bundesrechtlichen Vorschriften wird auch entschädigt

1. ein außerhalb des Geltungsbereichs dieses Gesetzes eingetretener Arbeitsunfall, wenn der Verletzte im Zeitpunkt des Unfalls bei einem deutschen Träger der gesetzlichen Unfallversicherung versichert war;

2. ein Arbeitsunfall, wenn

a) der Verletzte im Zeitpunkt des Unfalls bei einem nichtdeutschen Träger der gesetzlichen Unfallversicherung versichert war oder

b) sich der Unfall nach dem 30. Juni 1944 in einem Gebiet ereignet hat, aus dem der Berechtigte vertrieben ist, und der Verletzte, weil eine ordnungsmäßig geregelte Unfallversicherung nicht durchgeführt worden ist, nicht versichert war.

(2) Unfälle, gegen die der Verletzte an dem für das anzuwendende Recht maßgeblichen Ort (§ 7) nicht versichert gewesen wäre, gelten nicht als Arbeitsunfälle im Sinne des Absatzes 1, es sei denn, der Verletzte hätte sich an diesem Ort gegen Unfälle dieser Art freiwillig versichern können.

(3) Auf Berufskrankheiten sind Absätze 1 und 2 entsprechend anzuwenden. Als Zeitpunkt des Unfalls gilt der letzte Tag, an dem der Versicherte in einem Unter-

nehmen Arbeiten verrichtet hat, die ihrer Art nach geeignet sind, die Berufskrankheit zu verursachen.

(4) Die Leistungen für Arbeitsunfälle und Berufskrankheiten, auf die Absatz 1
Nr. 1 anzuwenden ist, sind auch Personen zu gewähren, die nicht zu dem Personenkreis des § 1 Buchstaben a bis d gehören. Dies gilt auch für Arbeitsunfälle
und Berufskrankheiten, auf die Absatz 1 Nr. 2 Buchstabe a anzuwenden ist, wenn
die durch den Arbeitsunfall oder die Berufskrankheit entstandenen Verpflichtungen nach den Vorschriften der Reichsversicherungsgesetze auf einen deutschen
Träger der gesetzlichen Unfallversicherung übergegangen sind.

## § 6

Als gesetzliche Unfallversicherung gelten auf Gesetz beruhende Versicherungen
gegen Arbeitsunfälle und Berufskrankheiten oder eines dieser Wagnisse.

## § 7

Für Voraussetzungen, Art, Höhe und Dauer der Leistungen gelten im übrigen
die Vorschriften der gesetzlichen Unfallversicherung, die anzuwenden wären,
wenn sich der Unfall dort, wo sich der Berechtigte im Geltungsbereich dieses
Gesetzes zur Zeit der Anmeldung des Anspruchs gewöhnlich aufhält, ereignet
hätte. Sind mehrere Hinterbliebene vorhanden, so bestimmt sich das anzuwendende Recht nach dem gewöhnlichen Aufenthaltsort des hinterbliebenen Ehegatten. Ist ein solcher nicht vorhanden, so ist der gewöhnliche Aufenthaltsort
der jüngsten Waise maßgebend. Im übrigen bestimmt sich das anzuwendende
Recht nach dem gewöhnlichen Aufenthaltsort des Hinterbliebenen, der zuerst
einen Anspruch anmeldet.

## § 8

Ist der Jahresarbeitsverdienst in einer fremden Währung ausgedrückt oder nicht
nachgewiesen, so gilt als Jahresarbeitsverdienst der Betrag, der für einen vergleichbaren Beschäftigten im Zeitpunkt des Unfalls an dem für das anzuwendende
Recht maßgeblichen Ort (§ 7) festzusetzen gewesen wäre.

## § 9

(1) Zuständig für die Feststellung und Gewährung der Leistungen ist der Träger
der Unfallversicherung, der nach der Art des Unternehmens, in dem sich der
Arbeitsunfall ereignet hat, zuständig wäre, wenn sich der Arbeitsunfall an dem
für das anzuwendende Recht maßgeblichen Ort (§ 7) ereignet hätte.

(2) Ergibt sich nach Absatz 1 die Zuständigkeit einer landwirtschaftlichen Berufs-
genossenschaft, der Gartenbau-Berufsgenossenschaft, einer Gemeinde, eines
Gemeindeunfallversicherungsverbandes, der Feuerwehr-Unfallversicherung,
eines Landes oder des Bundes, so ist die Bundesausführungsbehörde für Unfallversicherung zuständig.

(3) Die Bundesausführungsbehörde für Unfallversicherung ist zuständig für die
Feststellung und Gewährung von Leistungen an Umsiedler im Sinne des § 1 Abs. 2
Nr. 2 des Bundesvertriebenengesetzes, die einen Anspruch auf Zahlung einer
Rente aus der gesetzlichen Unfallversicherung ihres Herkunftslandes haben.

## § 10

Die Fristen der §§ 1546 und 1548 der Reichsversicherungsordnung beginnen mit dem Ersten des Monats, der dem Monat folgt, in dem der Berechtigte im Geltungsbereich dieses Gesetzes Aufenthalt genommen hat.

## § 11

(1) Wird dem Berechtigten von einem Träger der Sozialversicherung oder einer anderen Stelle außerhalb des Geltungsbereichs dieses Gesetzes für denselben Versicherungsfall eine Rente aus der gesetzlichen Unfallversicherung oder an Stelle einer solchen eine andere Leistung gewährt, so ruht die Rente in Höhe des in Deutsche Mark umgerechneten Betrages, der als Leistung des Trägers der Sozialversicherung oder der anderen Stelle außerhalb des Geltungsbereichs dieses Gesetzes ausgezahlt wird.

(2) Der Berechtigte hat dem zuständigen Träger der gesetzlichen Unfallversicherung unverzüglich anzuzeigen, wenn ihm eine der in Absatz 1 genannten Stellen eine Rente oder eine andere Leistung gewährt.

## § 12

(1) Die Rente, die für einen Arbeitsunfall oder eine Berufskrankheit nach § 5 zu gewähren ist, ruht, solange sich der Berechtigte außerhalb des Geltungsbereichs dieses Gesetzes gewöhnlich aufhält. Die Gewährung von Sachleistungen in Gebiete außerhalb des Geltungsbereichs dieses Gesetzes ist ausgeschlossen.

(2) Wird der Antrag auf Rente während des gewöhnlichen Aufenthalts des Berechtigten außerhalb des Geltungsbereichs dieses Gesetzes gestellt, so ist für die Feststellung der Rente und die Entscheidung über das Ruhen der ursprünglich verpflichtete Versicherungsträger zuständig. Ist dieser nicht mehr vorhanden, so richtet sich die Zuständigkeit nach der Art des Unternehmens, in dem sich der Arbeitsunfall ereignet hat; § 9 Abs. 2 und 3 gilt entsprechend. Mehrere sachlich zuständige Versicherungsträger bestimmen durch Vereinbarung, welcher von ihnen örtlich zuständig ist.

## § 13

(1) Ist der Arbeitsunfall oder die Berufskrankheit vor dem 9. Mai 1945 außerhalb des Geltungsbereichs dieses Gesetzes eingetreten und war der Berechtigte hierfür von einem deutschen Träger der gesetzlichen Unfallversicherung zu entschädigen, so kann die Rente einem Deutschen im Sinne des Artikels 116 Abs. 1 des Grundgesetzes oder einem früheren deutschen Staatsangehörigen im Sinne des Artikels 116 Abs. 2 Satz 1 des Grundgesetzes, der sich im Gebiet eines auswärtigen Staates aufhält, in dem die Bundesrepublik Deutschland eine amtliche Vertretung hat, gezahlt werden. Eine solche Rente gilt nicht als Leistung der sozialen Sicherheit.

(2) Geht der Rentenzahlung nach Absatz 1 keine Leistung für Zeiten des Aufenthalts im Geltungsbereich dieses Gesetzes voraus, so ist für die Feststellung und Zahlung der Rente der ursprünglich verpflichtete Versicherungsträger zuständig. § 12 Abs. 2 Satz 2 und 3 gilt entsprechend.

(3) Früheren deutschen Staatsangehörigen im Sinne des Artikels 116 Abs. 2 Satz 1 des Grundgesetzes stehen Personen gleich, die zwischen dem 30. Januar 1933 und dem 8. Mai 1945 das Gebiet des Deutschen Reiches oder das Gebiet der Freien Stadt Danzig verlassen haben, um sich einer von ihnen nicht zu vertre-

tenden und durch die politischen Verhältnisse bedingten besonderen Zwangslage zu entziehen, oder aus den gleichen Gründen nicht in das Gebiet des Deutschen Reiches oder in das Gebiet der Freien Stadt Danzig zurückkehren konnten.

(4) Die Bundesregierung kann durch die Rechtsverordnung mit Zustimmung des Bundesrates bestimmen, daß der gewöhnliche Aufenthalt in einem sonstigen Gebiet außerhalb des Geltungsbereichs dieses Gesetzes dem gewöhnlichen Aufenthalt im Gebiet eines auswärtigen Staates gleichsteht, in dem die Bundesrepublik Deutschland eine amtliche Vertretung hat.

### III. Gesetzliche Rentenversicherungen

### § 14

Soweit sich aus den nachfolgenden Vorschriften nichts anderes ergibt, richten sich die Rechte und Pflichten der nach diesem Abschnitt Berechtigten nach den im Geltungsbereich dieses Gesetzes geltenden allgemeinen Vorschriften.

### § 15

(1) Beitragszeiten, die bei einem nichtdeutschen oder nach dem 30. Juni 1945 bei einem außerhalb des Geltungsbereichs dieses Gesetzes befindlichen deutschen Träger der gesetzlichen Rentenversicherung zurückgelegt sind, stehen den nach Bundesrecht zurückgelegten Beitragszeiten gleich. Sind die Beiträge auf Grund einer abhängigen Beschäftigung oder einer selbständigen Tätigkeit entrichtet, so steht die ihnen zugrunde liegende Beschäftigung oder Tätigkeit einer rentenversicherungspflichtigen Beschäftigung oder Tätigkeit im Geltungsbereich dieses Gesetzes gleich. Für Personen, die zum Personenkreis des § 1 Buchstabe b gehören, werden rentenrechtliche Zeiten bis zum 8. Mai 1945 berücksichtigt.

(2) Als gesetzliche Rentenversicherung im Sinne des Absatzes 1 ist jedes System der sozialen Sicherheit anzusehen, in das in abhängiger Beschäftigung stehende Personen durch öffentlich-rechtlichen Zwang einbezogen sind, um sie und ihre Hinterbliebenen für den Fall der Minderung der Erwerbsfähigkeit, des Alters und des Todes oder für einen oder mehrere dieser Fälle durch die Gewährung regelmäßig wiederkehrender Geldleistungen (Renten) zu sichern. Wird durch die Zugehörigkeit zu einer Einrichtung dem Erfordernis, einem der in Satz 1 genannten Systeme anzugehören, Genüge geleistet, so ist auch die betreffende Einrichtung als gesetzliche Rentenversicherung anzusehen, und zwar auch für Zeiten bis zum 31. Dezember 1890 zurück, in denen es ein System der in Satz 1 genannten Art noch nicht gegeben hat. Als gesetzliche Rentenversicherung gelten nicht Systeme, die vorwiegend zur Sicherung der Beschäftigten im öffentlichen Dienst geschaffen sind.

(3) Zeiten einer Beschäftigung, die bei ihrer Zurücklegung nach dem zu dieser Zeit geltenden Recht als Beitragszeiten im Sinne des Absatzes 1 anrechnungsfähig waren und für die an einen Träger eines Systems der sozialen Sicherheit Beiträge nicht entrichtet worden sind, stehen den nach Bundesrecht zurückgelegten Beitragszeiten gleich, soweit für sie nach Bundesrecht Beiträge zu zahlen gewesen wären. Als Beitragszeiten gelten die Zeiten, in denen der Versicherte nach dem 8. Mai 1945 im Herkunftsgebiet den gesetzlichen Grundwehrdienst geleistet hat. Als Beitragszeiten gelten nicht Zeiten,

a) die ohne Beitragsleistung rückwirkend in ein System der gesetzlichen Rentenversicherung einbezogen worden sind,

b) die außerhalb der Herkunftsgebiete ohne Beitragsleistung an den Träger im Herkunftsgebiet oder in einem System nach Absatz 2 Satz 3 zurückgelegt worden sind,

c) für die Entgeltpunkte nicht ermittelt werden oder Zeiten der Schul-, Fach- oder Hochschulausbildung,

d) die von Zeit- oder Berufssoldaten oder vergleichbaren Personen zurückgelegt worden
sind.

## § 16

(1) Eine nach vollendetem 16. Lebensjahr vor der Vertreibung in den in § 1 Abs. 2 Nr. 3 des
Bundesvertriebenengesetzes genannten ausländischen Gebieten oder nach dem 8. Mai
1945 in den unter fremder Verwaltung stehenden deutschen Ostgebieten verrichtete Beschäftigung steht einer rentenversicherungspflichtigen Beschäftigung im Geltungsbereich dieses Gesetzes, für die Beträge entrichtet sind, gleich, wenn sie nicht mit einer Beitragszeit zusammenfällt. Dies gilt nur, wenn die Beschäftigung nach dem am 1. März 1957
geltenden Bundesrecht Versicherungspflicht in den gesetzlichen Rentenversicherungen
begründet hätte, wenn sie im Bundesgebiet verrichtet worden wäre; dabei sind Vorschriften über die Beschränkung der Versicherungspflicht nach der Stellung des Beschäftigten
im knappschaftlichen Betrieb, nach der Höhe des Arbeitsverdienstes, wegen der Gewährleistung von Versorgungsanwartschaften oder wegen der Eigenschaft als Beamter
oder Soldat nicht anzuwenden. Satz 1 wird nicht für Zeiten angewendet, für die Beiträge
erstattet worden sind.

(2) Absatz 1 gilt auch für Zeiten einer Beschäftigung von Zeit- und Berufssoldaten und
vergleichbaren Personen.

## § 17

(1) § 15 und § 16 Abs. 2 finden auch auf Personen Anwendung, die nicht zu dem Personenkreis des § 1 Buchstabe a bis d gehören, wenn die Beiträge entrichtet sind

a) an einen außerhalb des Geltungsbereiches dieses Gesetzes befindlichen deutschen
Träger der gesetzlichen Rentenversicherungen oder

b) an einen nichtdeutschen Träger der gesetzlichen Rentenversicherung und ein deutscher Träger der gesetzlichen Rentenversicherungen sie bei Eintritt des Versicherungsfal-
les wie nach den Vorschriften der Reichsversicherungsgesetze entrichtete Beiträge zu
behandeln hatte; dies gilt auch für Beiträge von Personen, deren Ansprüche nach der Verordnung vom 22. Dezember 1941 (RGBl. I S. 777) ausgeschlossen waren. Satz 1 Buchstabe a sowie § 28 b finden Anwendung auf Personen im Sinne von § 1 Buchstabe a sowie
auf Deutsche im Sinne des Artikels 116 des Grundgesetzes, die

1. wenigstens 15 Jahre ihren Wohnsitz im Gebiet der Deutschen Demokratischen Republik oder Berlin (Ost) hatten,

2. aus dem Gebiet der Deutschen Demokratischen Republik oder Berlin (Ost) in den Geltungsbereich dieses Gesetzes zurückkehren oder

3. ihren Wohnsitz im Geltungsbereich dieses Gesetzes hatten und deren Beschäftigungsort im Land Berlin oder im Gebiet der Deutschen Demokratischen Republik oder in
Berlin (Ost) gelegen hat.

§ 16 Abs. 2 und § 28 b finden auch Anwendung, wenn Beiträge an einen der in Satz 1 genannten Träger der gesetzlichen Rentenversicherung nicht entrichtet sind.

(2) § 16 gilt auch für die vor dem 9. Mai 1945 im Gebiet der Deutschen Demokratischen
Republik oder Berlin (Ost) oder in den unter fremder Verwaltung stehenden deutschen
Ostgebieten verrichtete Beschäftigung eines Deutschen im Sinne des Artikels 116 Abs. 1

des Grundgesetzes oder eines früheren deutschen Staatsangehörigen im Sinne des Artikels 116 Abs. 2 Satz 1 des Grundgesetzes, jedoch nur für eine Beschäftigung außerhalb des öffentlichen Dienstes, die nach den reichsgesetzlichen Vorschriften wegen der Gewährleistung von Vorsorgungsanwartschaften versicherungsfrei gewesen ist. Auf die in § 1 Buchstabe b und d genannten Personen und deren Hinterbliebene findet § 16 keine Anwendung.

(3) Absatz 1 Satz 1 Buchstabe b letzter Halbsatz gilt ab 1. Januar 1959. Die Verjährungsvorschriften nach dem Sozialgesetzbuch und § 44 des Zehnten Buches Sozialgesetzbuch bleiben unberührt.

### § 17 a

Die für gesetzliche Rentenversicherung maßgebenden Vorschriften dieses Gesetzes finden Anwendung auch auf

a) Personen, die bis zu dem Zeitpunkt, in dem der nationalsozialistische Einflußbereich sich auf ihr jeweiliges Heimatgebiet erstreckt hat,

1. dem deutschen Sprach- und Kulturkreis angehört haben,

2. das 16. Lebensjahr bereits vollendet hatten und

3. sich wegen ihrer Zugehörigkeit zum Judentum nicht zum deutschen Volkstum bekannt hatten

und die Vertreibungsgebiete nach § 1 Abs. 2 Nr. 3 des Bundesvertriebenengesetzes verlassen haben,

b) Hinterbliebene der in Buchstabe a genannten Personen bezüglich der Gewährung von Leistungen an Hinterbliebene.

### § 18

(1) § 15 findet keine Anwendung, wenn die Beiträge als einmalige Einlage oder als laufende Beiträge zur Versicherung anderer als der Pflichtleistungen (Zusatzversicherung) entrichtet sind.

(2) § 16 findet keine Anwendung auf Beschäftigungen vor dem 1. Januar 1891. Das gleiche gilt für Beschäftigungen während der in den Anlagen 2 und 3 angeführten Jahre, wenn der Beschäftigte nach Maßgabe der Anlage 1 in eine der in den Anlagen 2 und 3 genannten Leistungsgruppen fällt.

(3) § 16 findet keine Anwendung auf eine Zeit, die im Geltungsbereich dieses Gesetzes bei der Gewährung einer Versorgung nach beamtenrechtlichen Vorschriften oder Grundsätzen als ruhegehaltfähig berücksichtigt ist oder bei Eintritt des Versorgungsfalles als ruhegehaltfähig berücksichtigt wird oder für die die Nachversicherung als durchgeführt gilt. Wird bei einer Versorgung nach beamtenrechtlichen Vorschriften oder Grundsätzen von einem Zeitraum nur ein Teil als ruhegehaltfähig berücksichtigt, so ist der nicht berücksichtigte Teil bei der Anwendung des § 16 so zu behandeln, als ob er vom Beginn dieses Zeitraumes an zurückgelegt wäre. Sonstige Beschäftigungs- oder Beitragszeiten gelten für die Anwendung des § 32 Abs. 3 des Gesetzes zu Artikel 131 des Grundgesetzes als solche, für die die Prämienreserven an den Dienstherrn im Herkunftsland abgeführt sind.

(4) Der Bundesminister für Arbeit und Sozialordnung, der Bundesminister des Innern und der Bundesminister der Finanzen regeln mit Zustimmung des Bundesrates durch allgemeine Verwaltungsvorschriften, wie in den Fällen des Absatzes 3 zu verfahren ist.

## § 19

(1) Die Beitragszeit wird in ihrem ursprünglichen Umfang angerechnet, wenn sie sich bei einem Wechsel des Versicherungsträgers verringert hat.

(2) (gestrichen)

(3) Beitragszeiten, die während des Bezuges einer Altersrente zurückgelegt sind, werden bis zur Vollendung des 65. Lebensjahres angerechnet; dies gilt auch für Beitragszeiten, die während des Bezuges einer Leistung zurückgelegt sind, die anstelle einer Altersrente erbracht wird.

(4) Sind Tagesbeiträge entrichtet, so wird für je sieben Tagesbeiträge eine Woche als Beitragszeit angerechnet; ein verbleibender Rest gilt als volle Beitragswoche.

## § 20

(1) Die in § 15 genannten Beitragszeiten werden, sofern sie auf Grund einer Pflichtversicherung in einer der knappschaftlichen Rentenversicherung entsprechenden Berufsversicherung zurückgelegt sind, der knappschaftlichen Rentenversicherung zugeordnet, wenn die ihnen zugrundeliegende Beschäftigung im Geltungsbereich dieses Gesetzes zur Versicherungspflicht in der knappschaftlichen Rentenversicherung geführt hätte. Im übrigen werden Beitrags- und Beschäftigungszeiten nach der Art der Beschäftigung der Rentenversicherung der Arbeiter oder der Rentenversicherung der Angestellten zugeordnet.

(2) Die auf Grund einer freiwilligen Versicherung zurückgelegten Beitragszeiten werden dem Versicherungszweig zugeordnet, in dem sie zurückgelegt sind. Zeiten, für die Beiträge zur freiwilligen Fortsetzung einer Pflichtversicherung entrichtet sind, werden dem Versicherungszweig zugeordnet, dem die Zeiten der Pflichtversicherung, deren Fortsetzung sie dienen, zuzuordnen sind. Im übrigen werden Zeiten einer freiwilligen Versicherung, die von nicht pflichtversicherten Personen während einer Beschäftigung oder Tätigkeit überwiegend körperlicher Art begonnen ist, der Rentenversicherung der Arbeiter, Zeiten einer freiwilligen Versicherung, die von nicht pflichtversicherten Personen während einer Beschäftigung oder Tätigkeit überwiegend geistiger Art begonnen ist, der Rentenversicherung der Angestellten zugeordnet.

(3) Für Beitragszeiten, die pflichtversicherte Selbständige zurückgelegt haben, gilt Absatz 2 Satz 3. Beitragszeiten pflichtversicherter Handwerker werden der Handwerkerversorgung zugeordnet.

(4) Sind Beitrags- oder Beschäftigungszeiten in einem knappschaftlichen Betrieb im Sinne des § 139 des Sechsten Buches Sozialgesetzbuch zurückgelegt, ohne daß Beiträge zu einer der knappschaftlichen Rentenversicherung entsprechenden Berufsversicherung entrichtet sind, so werden sie der knappschaftlichen Rentenversicherung vom 1. Januar 1924 an zugeordnet, wenn die Beschäftigung, wäre sie im Bundesgebiet verrichtet worden, nach den jeweils geltenden reichs- oder bundesrechtlichen Vorschriften der Versicherungspflicht in der knappschaftlichen Rentenversicherung unterlegen hätte. § 16 Abs. 1 Satz 2 zweiter Halbsatz findet Anwendung.

(5) Ist nach dem Ergebnis der Ermittlungen zweifelhaft, welchem Versicherungszweig Beitrags- oder Beschäftigungszeiten zuzuordnen sind, so werden sie der Rentenversicherung der Arbeiter zugeordnet.

## § 21

Vom 1. Januar 1992 an sind Anrechnungszeiten auch Zeiten, in denen Versicherungspflicht nicht bestanden hat und Versicherte nach dem vollendeten 14. Lebensjahr in Gewahrsam genommen worden sind oder im Anschluß daran wegen Krankheit arbeitsunfähig oder unverschuldet arbeitslos gewesen sind, wenn sie zum Personenkreis des § 1 des Häftlingshilfegesetzes gehören.

## § 22

(1) Für Zeiten der in §§ 15 und 16 genannten Art werden Entgeltpunkte nach Anlage 17, jedoch begrenzt auf die jeweiligen Beitragsbemessungsgrenzen der Rentenversicherung der Arbeiter und der Angestellten in dem einzelnen Jahr, ermittelt. Hierzu werden die Versicherten entsprechend der ausgeübten Beschäftigung einer Leistungsgruppe nach Anlage 1 Buchstabe A[1] für Arbeiter oder Anlage 1 Buchstabe B[1] für Angestellte sowie einem Wirtschaftsbereich zugeordnet. Die Bestimmung des maßgeblichen Wirtschaftsbereichs richtet sich danach, welchem Wirtschaftsbereich der Betrieb, in dem der Versicherte seine Beschäftigung ausgeübt hat, zuzuordnen wäre, wenn der Betrieb im Geltungsbereich dieses Gesetzes gelegen hätte. Ist der Betrieb Teil einer größeren Unternehmenseinheit, ist für die Bestimmung des Wirtschaftsbereichs diese maßgeblich. Kommen nach dem Ergebnis der Ermittlungen mehrere Wirtschaftsbereiche in Betracht, ist von ihnen der Wirtschaftsbereich mit den niedrigsten Entgeltpunkten maßgeblich. Ist eine Zuordnung zu einem oder zu einem von mehreren Wirtschaftsbereichen nicht möglich, so erfolgt die Zuordnung zu dem Wirtschaftsbereich mit den niedrigsten Entgeltpunkten. Die Sätze 5 und 6 gelten entsprechend für die Zuordnung zu einer Leistungsgruppe.

(2) Ergibt eine Überprüfung der Entgeltpunkte der Anlage 17[1], daß sie unter Zugrundelegung der aktuellen Einkommensverhältnisse ganz oder teilweise um mehr als 5 v. H. höher oder niedriger festzusetzen wären, sind sie neu zu bestimmen. Die Überprüfung hat alle 5 Jahre, erstmals 1995, zu erfolgen. Eine Neufestsetzung wirkt nur für Zeiten von der Neufestsetzung an.

(3) Absatz 1 findet keine Anwendung, wenn Entgeltpunkte aus einem in Deutscher Mark gezahlten Entgelt ermittelt werden können. Zeiten der Ausbildung als Lehrling oder Anlernling erhalten für jeden Kalendermonat 0,075 Entgeltpunkte. Zeiten eines gesetzlichen Wehrdienstes erhalten Entgeltpunkte in derselben Höhe wie Zeiten eines Wehrdienstes aufgrund gesetzlicher Pflicht im Geltungsbereich dieses Gesetzes. Zeiten vor dem 1. Mai 1961 erhalten 0,0625 Entgeltpunkte für jeden Kalendermonat.

(4) Für Beitrags- oder Beschäftigungszeiten, die nicht nachgewiesen sind, werden die ermittelten Entgeltpunkte um ein Sechstel gekürzt.

(5) Die Neubestimmung der Entgeltpunkte nach Absatz 2 erfolgt durch Rechtsverordnung des Bundesministers für Arbeit und Sozialordnung mit Zustimmung des Bundesrates.

## § 23

(1) Bei pflichtversicherten Selbständigen ist für die Zuordnung der Werte für die Ermittlung der Entgeltpunkte § 22 unter Berücksichtigung der Beitragsleistung entsprechend anzuwenden. Ist die Höhe der Beitragsleistung nicht nachgewiesen, sind anstelle der Beitragsleistung die Berufstätigkeit und die Einkommensverhältnisse zu berücksichtigen.

(2) Bei freiwillig Versicherten werden Entgeltpunkte nur ermittelt, wenn die Beiträge nach einer Bemessungsgrundlage entrichtet sind, die bei Beschäftigten zur Versicherungspflicht geführt hätte. Für Zeiten bis zum 28. Februar 1957 ist die jeweils niedrigste Beitragsklasse im Bundesgebiet zugrunde zu legen und für Zeiten ab 1. März 1957 von einem Bruttoarbeitsentgelt auszugehen, das für einen Kalendermonat der Mindestbeitragsbemessungsgrundlage entspricht. § 22 Abs. 4 ist anzuwenden.

---

[1] nicht abgedruckt

**§ 24**

(gestrichen)

**§ 25**

(gestrichen)

**§ 26**

Werden Beitrags- und Beschäftigungszeiten nur für einen Teil eines Kalenderjahres angerechnet, werden bei Anwendung des § 22 Abs. 1 die Entgeltpunkte nur anteilmäßig berücksichtigt. Dabei zählen Kalendermonate, die zum Teil mit Anrechnungszeiten nach § 58 Abs. 1 Nr. 1 des Sechsten Buches Sozialgesetzbuch belegt sind, als Zeiten mit vollwertigen Beiträgen. Für Zeiten, in denen der Versicherte innerhalb eines Kalenderjahres teilzeitbeschäftigt oder unständig beschäftigt war, werden Entgeltpunkte mit dem auf den Teilzeitraum entfallenden Anteil berücksichtigt. Dabei werden für Zeiten einer Beschäftigung mit einer regelmäßigen Arbeitszeit von weniger als zehn Stunden in der Woche Entgeltpunkte nicht ermittelt. Die Sätze 1 bis 4 gelten entsprechend, soweit anstelle einer Beschäftigung eine selbständige Tätigkeit ausgeübt worden ist.

**§ 27**

(gestrichen)

**§ 28**

(gestrichen)

**§ 28 a**

Zeiten, in denen der Berechtigte aus einem System der sozialen Sicherheit eine Rente wegen verminderter Erwerbsfähigkeit oder wegen Alters oder anstelle einer solchen Leistung eine andere Leistung bezogen hat, stehen Rentenbezugszeiten nach dem Sechsten Buch Sozialgesetzbuch gleich, wenn der Rente Zeiten zugrunde liegen, die nach diesem Gesetz anrechenbar sind.

**§ 28 b**

(1) Für die Anrechnung von Kindererziehungszeiten und Berücksichtigungszeiten wegen Kindererziehung nach dem Sechsten Buch Sozialgesetzbuch steht die Erziehung im jeweiligen Herkunftsgebiet der Erziehung im Geltungsbereich des Sozialgesetzbuchs gleich. Die Erklärungen nach §§ 56 und 244 des Sechsten Buches Sozialgesetzbuch sind innerhalb eines Jahres nach Zuzug in den Geltungsbereich dieses Gesetzes abzugeben. Die Zuordnung nach § 56 des Sechsten Buches Sozialgesetzbuch kann für Kinder, die im Zeitpunkt des Zuzugs geboren sind, rückwirkend auch für mehr als zwei Kalendermonate erfolgen.

(2) Trifft eine Zeit nach Absatz 1 mit einer anderen anzurechnenden Zeit zusammen, erhält diese Zeit für jeden Kalendermonat 0,0625 Entgeltpunkte.

**§ 29**

Anrechnungszeiten sind auch Zeiten, in denen eine der in §§ 15 und 16 genannten Beschäftigung oder Tätigkeit durch Arbeitsunfähigkeit wegen Krankheit, Leistungen zur Rehabilitation, Schwangerschaft oder Mutterschaft während der jeweiligen Schutzfristen sowie eine nach dem 30. September 1927 liegende Arbeitslosigkeit unterbrochen worden ist. §§ 101, 103 des Arbeitsförderungsgesetzes sind entsprechend anzuwenden.

### § 30

Für den Beginn einer Rente gilt § 99 Abs. 1 des Sechsten Buches Sozialgesetzbuch mit der Maßgabe, daß die Rente frühestens vom Tage des Zuzugs an geleistet wird. Die dreimonatige Antragsfrist ist zu beachten; sie beginnt mit dem Tage des Zuzugs.

### § 31

(1) Wird dem Berechtigten von einem Träger der Sozialversicherung oder einer anderen Stelle außerhalb des Geltungsbereichs dieses Gesetzes für die nach Bundesrecht anzurechnenden Zeiten eine Rente aus der gestezlichen Rentenversicherung oder an Stelle einer solchen eine andere Leistung gewährt, so ruht die Rente in Höhe des in Deutsche Mark umgerechneten Betrages, der als Leistung des Trägers der Sozialversicherung oder der anderen Stelle außerhalb des Geltungsbereichs dieses Gesetzes ausgezahlt wird. Auf Steigerungsbeträge aus Beiträgen der Höherversicherung findet Satz 1 keine Anwendung.

(2) Der Berechtigte hat dem zuständigen Träger der gesetzlichen Rentenversicherungen unverzüglich anzuzeigen, wenn ihm eine der in Absatz 1 genannten Stellen eine Rente oder eine andere Leistung gewährt.

### Abschnitt B

**Fassung von Vorschriften des Fremdrentengesetzes in der Zeit vom 1. Juli 1990 bis 31. Dezember 1991**

1. § 15 Abs. 3 wird wie folgt gefaßt:

(3) Zeiten einer Beschäftigung, die bei ihrer Zurücklegung nach dem zu dieser Zeit geltenden Recht als Beitragszeiten im Sinne des Absatzes 1 anrechnungsfähig waren und für die an einen Träger eines Systems der sozialen Sicherheit Beiträge nicht entrichtet worden sind, stehen den nach Bundesrecht zurückgelegten Beitragszeiten gleich, soweit für sie nach Bundesrecht Beiträge zu zahlen gewesen wären. Als Beitragszeiten gelten die Zeiten, in denen der Versicherte nach dem 8. Mai 1945 im Herkunftsgebiet den gesetzlichen Grundwehrdienst geleistet hat. Als Beitragszeiten gelten nicht Zeiten,

a) die ohne Beitragsleistung rückwirkend in ein System der gesetzlichen Rentenversicherung einbezogen worden sind,

b) die außerhalb der Herkunftsgebiete ohne Beitragsleistung an den Träger im Herkunftsgebiet oder in einem System nach Absatz 2 Satz 3 zurückgelegt worden sind,

c) für die Werteinheiten nicht ermittelt werden oder Zeiten der Schul-, Fach- oder Hochschulausbildung oder

d) die von Zeit- oder Berufssoldaten oder vergleichbaren Personen zurückgelegt worden sind.

2. In § 19 Abs. 2 Satz 1 wird das Semikolon durch einen Punkt ersetzt und der nachfolgende Halbsatz „die Zeit eines ununterbrochenen Beschäftigungsverhältnisses von mindestens zehnjähriger Dauer bei demselben Arbeitgeber wird in vollem Umfang angerechnet." gestrichen.

3. § 22 wird wie folgt gefaßt:

### § 22

(1) Für Zeiten der in §§ 15 und 16 genannten Art werden Werteinheiten nach Maßgabe der Anlage 17 durch Vervielfältigung der dort genannten Werte mit dem Faktor Hundert, je-

doch begrenzt auf die jeweiligen Beitragsbemessungsgrenzen der Rentenversicherung der Arbeiter und der Angestellten in dem einzelnen Jahr, ermittelt. Hierzu werden die Versicherten entsprechend der ausgeübten Beschäftigung einer Leistungsgruppe nach Anlage 1 Buchstabe A für Arbeiter oder Anlage 1 Buchstabe B für Angestellte sowie einem Wirtschaftsbereich zugeordnet. Die Bestimmung des maßgeblichen Wirtschaftsbereichs richtet sich danach, welchem Wirtschaftsbereich der Betrieb, in dem der Versicherte seine Beschäftigung ausgeübt hat, zuzuordnen wäre, wenn der Betrieb im Geltungsbereich dieses Gesetzes gelegen hätte. Ist der Betrieb Teil einer größeren Unternehmenseinheit, ist für die Bestimmung des Wirtschaftsbereichs diese maßgeblich. Kommen nach dem Ergebnis der Ermittlungen mehrere Wirtschaftsbereiche in Betracht, ist von ihnen der Wirtschaftsbereich mit den niedrigsten Werten maßgeblich. Ist eine Zuordnung zu einem oder zu einem von mehreren Wirtschaftsbereichen nicht möglich, so erfolgt die Zuordnung zu dem Wirtschaftsbereich mit den niedrigsten Werten. Die Sätze 5 und 6 gelten entsprechend für die Zuordnung zu einer Leistungsgruppe.

(2) Absatz 1 findet keine Anwendung, wenn Werteinheiten aus einem in Deutsche Mark gezahlten Entgelt ermittelt werden können. Für Zeiten der Ausbildung als Lehrling oder Anlernling werden weder Beitragsklassen noch Bruttojahresarbeitsentgelte zugeordnet. Das gilt für die knappschaftliche Rentenversicherung nur, wenn der Versicherte vor Vollendung des 55. Lebensjahres berufsunfähig oder erwerbsunfähig geworden ist. Zeiten eines gesetzlichen Wehrdienstes erhalten Werteinheiten in derselben Höhe wie Zeiten eines Wehrdienstes aufgrund gesetzlicher Pflicht im Geltungsbereich dieses Gesetzes; Zeiten vor dem 1. Mai 1961 erhalten 6,25 Werteinheiten für jeden Kalendermonat.


4. § 23 wird wie folgt gefaßt:

**§ 23**

(1) Bei pflichtversicherten Selbständigen ist für die Zuordnung der Werte für die Ermittlung der Werteinheiten § 22 unter Berücksichtigung der Beitragsleistung entsprechend anzuwenden. Ist die Höhe der Beitragsleistung nicht nachgewiesen, sind anstelle der Beitragsleistung die Berufstätigkeit und die Einkommensverhältnisse zu berücksichtigen.

(2) Bei freiwillig Versicherten werden Werteinheiten nur ermittelt, wenn die Beiträge nach einer Bemessungsgrundlage entrichtet sind, die bei Beschäftigten zur Versicherungspflicht geführt hätte. Für Zeiten bis zum 28. Februar 1957 ist die jeweils niedrigste Beitragsklasse im Bundesgebiet zugrunde zu legen und für Zeiten ab 1. März 1957 von einem Bruttoarbeitsentgelt auszugehen, das für einen Kalendermonat der Mindestbeitragsbemessungsgrundlage entspricht. § 22 ist nicht anzuwenden.


5. § 26 wird wie folgt gefaßt:

**§ 26**

Werden Beitrags- oder Beschäftigungszeiten nur für einen Teil des Kalenderjahres angerechnet, werden bei Anwendung des § 22 Abs. 1 die Werte nur anteilmäßig berücksichtigt. Dabei zählen Kalendermonate, die zum Teil mit Ausfallzeiten nach § 1259 Abs. 1 Nr. 1 der Reichsversicherungsordnung, § 36 Abs. 1 Nr. 1 des Angestelltenversicherungsgesetzes, § 57 Satz 1 Nr. 1 des Reichsknappschaftsgesetzes belegt sind, als Zeiten mit vollwertigen Beiträgen. Für Zeiten, in denen der Versicherte innerhalb eines Kalenderjahres teilzeitbeschäftigt oder unständig beschäftigt war, werden die Werte für jeden Teilzeitraum entsprechend berücksichtigt. Dabei werden für Zeiten einer Beschäftigung mit einer regelmäßigen Arbeitszeit von weniger als 10 Stunden in der Woche Werteinheiten nicht ermittelt.

6. § 28 a wird wie folgt gefaßt:

**§ 28 a**

Zeiten, in denen der Berechtigte aus einem System der sozialen Sicherheit eine Rente wegen verminderter Erwerbsfähigkeit oder wegen Alters bezogen hat, stehen Rentenbezugszeiten nach § 1246 Abs. 2 a Satz 2 Nr. 3 der Reichsversicherungsordnung, § 23 Abs. 2 a Satz 2 Nr. 3 des Angestelltenversicherungsgesetzes und § 46 Abs. 3 Satz 2 Nr. 3 des Reichsknappschaftsgesetzes gleich, wenn der Rente Zeiten zugrunde liegen, die nach diesem Gesetz anrechenbar sind.

7. In § 28 b wird nach Absatz 2 angefügt:

(3) Trifft eine Zeit nach Absatz 1 mit einer anderen anzurechnenden Zeit zusammen, erhält diese mindestens für jeden Kalendermonat 6,25 Werteinheiten.

8. § 30 wird wie folgt gefaßt:

**§ 30**

Für den Beginn einer Rente gelten § 1290 der Reichsversicherungsordnung, § 67 des Angestelltenversicherungsgesetzes und § 22 des Reichsknappschaftsgesetzes mit der Maßgabe, daß die Rente frühestens vom Tage des Zuzugs an geleistet wird. Die Dreimonatsfrist ist zu beachten; sie beginnt mit dem Tage des Zuzugs.


## 15.2 Art. 23 und Art. 24 des Gesetzes zu dem Vertrag vom 18. Mai 1990 über die Schaffung einer Währungs-, Wirtschafts- und Sozialunion zwischen der Bundesrepublik Deutschland und der Deutschen Demokratischen Republik vom 25. Juni 1990 (BGBl. II S. 518)

**Artikel 23**

**Gesetzliche Rentenversicherung**

**§ 1**

**Ausschluß der Anwendung des Fremdrentenrechts**

(1) Für rentenrechtliche Zeiten, die nach dem 18. Mai 1990 bei einem Träger der gesetzlichen Rentenversicherung im Gebiet der Deutschen Demokratischen Republik einschließlich Berlin (Ost) zurückgelegt sind, ist das Fremdrentenrecht nicht anzuwenden.

(2) Für rentenrechtliche Zeiten, die bis zum 18. Mai 1990 bei einem Träger der gesetzlichen Rentenversicherung im Gebiet der Deutschen Demokratischen Republik einschließlich Berlin (Ost) zurückgelegt sind, sind das Fremdrentenrecht oder andere gesetzliche Vorschriften nicht anzuwenden, wenn am 18. Mai 1990 ein gewöhnlicher Aufenthalt außerhalb des Geltungsbereichs dieses Gesetzes vorgelegen hat. Satz 1 gilt nicht, wenn am 18. Mai 1990 ein gewöhnlicher Aufenthalt im Ausland vorlag und unmittelbar vor Beginn des Auslandsaufenthalts ein gewöhnlicher Aufenthalt im Geltungsbereich dieses Gesetzes vorhanden war.


**§ 2**

**Rentenrechtliche Zeiten im Bundesgebiet und in der Deutschen Demokratischen Republik**

(1) Für die Erfüllung von Anspruchs- und Anrechnungsvoraussetzungen sowie von Voraussetzungen bei der besonderen Bewertung von Zeiten werden die Zeiten nach § 1 und

die rentenrechtlichen Zeiten nach Bundesrecht zusammengerechnet. Die rentenrechtlichen Zeiten, die bei einem Träger der gesetzlichen Rentenversicherung im Gebiet der Deutschen Demokratischen Republik einschließlich Berlin (Ost) zurückgelegt sind, werden hierbei in folgendem Umfang berücksichtigt:

Beitragszeiten stehen den nach Bundesrecht zurückgelegten Beitragszeiten gleich. Sind die Beiträge auf Grund einer abhängigen Beschäftigung oder einer selbständigen Tätigkeit entrichtet, so steht die ihnen zugrunde liegende Beschäftigung oder Tätigkeit einer rentenversicherungspflichtigen Beschäftigung oder Tätigkeit im Geltungsbereich dieses Gesetzes gleich. Zeiten einer Beschäftigung, die bei ihrer Zurücklegung nach dem zu dieser Zeit geltenden Recht als Beitragszeiten anrechnungsfähig waren und für die Beiträge nicht entrichtet worden sind, stehen den nach Bundesrecht zurückgelegten Beitragszeiten gleich, soweit für sie nach Bundesrecht Beiträge zu zahlen gewesen wären. Als Beitragszeiten gelten die Zeiten, in denen der Versicherte den gesetzlichen Grundwehrdienst geleistet hat. Als Beitragszeiten gelten nicht

a) Zeiten, die ohne Beitragsleistung rückwirkend in ein System der gesetzlichen Rentenversicherung einbezogen worden sind, mit Ausnahme von Kindererziehungszeiten, wie sie im Geltungsbereich dieses Gesetzes zu berücksichtigen sind,

b) Zeiten, die außerhalb der Deutschen Demokratischen Republik einschließlich Berlin (Ost) ohne Beitragsleistung zurückgelegt worden sind,

c) Zeiten der freiwilligen Versicherung, wenn die Beiträge nach einer Bemessungsgrundlage entrichtet sind, die bei Beschäftigten nicht zur Versicherungspflicht geführt hätte, oder einer Beschäftigung mit einer regelmäßigen Arbeitszeit von weniger als 10 Stunden in der Woche oder

d) Zeiten der Schul-, Fach- oder Hochschulausbildung.

Für die Erfüllung der Voraussetzungen für Renten wegen verminderter Erwerbsfähigkeit sind in der Deutschen Demokratischen Republik einschließlich Berlin (Ost) verbrachte Zeiten, die in der Bundesrepublik Deutschland den Zeitraum von fünf Jahren vor Eintritt der Minderung der Erwerbsfähigkeit verlängern würden oder Anwartschaftserhaltungszeiten wären, zu berücksichtigen.

(2)  Die Rentenhöhe ist aus folgenden rentenrechtlichen Zeiten zu ermitteln:

a) Bundesgebiets-Beitragszeiten einschließlich Kindererziehungszeiten im Bundesgebiet einschließlich Berlin (West),

b) Zuschlägen und Abschlägen aus einem durchgeführten Versorgungsausgleich; bei Renten, die nach dem Sechsten Buch Sozialgesetzbuch zu gewähren sind, gilt die Abschlagsregelung, soweit die Abschläge auf Bundesgebiets-Beitragszeiten entfallen,

c) Ausfall- oder Anrechnungszeiten, die die Unterbrechung einer versicherungspflichtigen Beschäftigung oder Tätigkeit voraussetzen, wenn der letzte Pflichtbeitrag vor Beginn der Ausfall- oder Anrechnungszeit ein Bundesgebietsbeitrag war, und der pauschalen Ausfallzeit,

d) Rentenbezugszeiten, soweit die Rente von einem Träger im Geltungsbereich dieses Gesetzes gezahlt worden ist und diese Zeiten auch als Zurechnungszeit in der Rente berücksichtigt waren,

e) Beitragszeiten und sich anschließende Ausfall- oder Anrechnungszeiten im Reichsgebiet außerhalb des Bundesgebietes einschließlich Berlin (West) und der Deutschen Demokratischen Republik einschließlich Berlin (Ost),

f) Kindererziehungszeiten in den unter Buchstabe e genannten Gebieten,

g) Zeiten in den Gebieten nach § 1 Abs. 2 Nr. 3 des Bundesvertriebenengesetzes, die nach dem Fremdrentenrecht weiterhin zu berücksichtigen sind, sowie

h) Zeiten, die in dem Verhältnis rentensteigernd berücksichtigt werden, in dem die Bundesgebiets-Beitragszeiten zur Summe der Bundesgebiets-Beitragszeiten und der Beitragszeiten in der Deutschen Demokratischen Republik einschließlich Berlin (Ost) stehen:

  aa)  Ersatzzeiten,

  bb)  Ausbildungsausfall- oder -anrechnungszeiten,

  cc)  Zurechnungszeit.

Satz 1 Buchstabe h gilt nur, wenn am 18. Mai 1990 ein gewöhnlicher Aufenthalt in der Deutschen Demokratischen Republik einschließlich Berlin (Ost) oder im Ausland vorlag und im Fall des Auslandsaufenthalts unmittelbar vor Beginn des Auslandsaufenthalts ein gewöhnlicher Aufenthalt in der Deutschen Demokratischen Republik einschließlich Berlin (Ost) vorhanden war.

(3) Absatz 2 ist nur anzuwenden, soweit nach über- oder zwischenstaatlichem Recht nicht etwas anderes bestimmt ist.

(4) Bei der Gesamtleistungsbewertung sind die rentenrechtlichen Zeiten, die bei einem Träger der gesetzlichen Rentenversicherung im Gebiet der Deutschen Demokratischen Republik einschließlich Berlin (Ost) zurückgelegt sind, nicht belegungsfähig. Für die Berechnung der pauschalen Ausfallzeit werden die in Absatz 2 aufgeführten rentenrechtlichen Zeiten zugrunde gelegt, soweit sie berücksichtigungsfähig sind.

## § 3
### Rentenleistungen in die Deutsche Demokratische Republik

(1) Berechtigte im Sinne der Vorschriften der gesetzlichen Rentenversicherungen über die Erbringung von Leistungen an Berechtigte außerhalb des Geltungsbereichs der Rentengesetze (Berechtigte), die nach dem 18. Mai 1990 ihren gewöhnlichen Aufenthalt in der Deutschen Demokratischen Republik einschließlich Berlin (Ost) genommen haben, erhalten die nach § 2 Abs. 2 Satz 1 Buchstaben a bis d und h, Absatz 3 und 4 ermittelte Rente sowie die Leistung für Kindererziehung an Mütter der Geburtsjahrgänge vor 1921.

(2) Berechtigte, die ihren gewöhnlichen Aufenthalt in der Deutschen Demokratischen Republik einschließlich Berlin (Ost) haben, erhalten die Rente nach Absatz 1 für die nach dem 18. Mai 1990 im Geltungsbereich dieses Gesetzes zurückgelegten Zeiten.

(3) Zu der nach Absatz 1 und 2 zu zahlenden Rente wird ein Zuschuß zur Krankenversicherung geleistet.

## § 4
### Rentenleistungen ins Ausland

Berechtigte Deutsche, die nach dem 18. Mai 1990 ihren gewöhnlichen Aufenthalt im Ausland genommen haben, erhalten die Rente, die sich ohne die nach dem Fremdrentenrecht berücksichtigten und ohne die nach den Reichsversicherungsgesetzen außerhalb des Geltungsbereichs dieses Gesetzes zurückgelegten Versicherungszeiten ergibt. Satz 1 gilt nicht für Bezieher von Renten, die ihren gewöhnlichen Aufenthalt im Geltungsbereich dieses Gesetzes bis zum 18. Mai 1990 genommen haben und bis zum 31. Dezember 1990 ins Ausland verlegen.

## § 5
### Übergangsregelung für besondere Personengruppen

Bei Personen, die am 18. Mai 1990 ihren gewöhnlichen Aufenthalt im Geltungsbereich dieses Gesetzes hatten und von einem Unternehmen in der Deutschen Demokratischen Republik einschließlich Berlin (Ost) Entgelte in Deutsche Mark erhalten haben, finden für die

Berechnung ihrer Rente die bis zum 30. Juni 1990 maßgeblichen Tabellenentgelte Anwendung, wenn der Leistungsbezug vor dem 1. Januar 1996 beginnt.

## Artikel 24
## Gesetzliche Unfallversicherung
### § 1
**Ausschluß der Anwendung des Fremdrentenrechts**

(1) Auf Arbeitsunfälle, die nach dem 18. Mai 1990 im Zuständigkeitsbereich eines Trägers der gesetzlichen Unfallversicherung im Gebiet der Deutschen Demokratischen Republik einschließlich Berlin (Ost) eingetreten sind, ist das Fremdrentenrecht nicht anzuwenden.

(2) Auf Arbeitsunfälle, die bis zum 18. Mai 1990 im Zuständigkeitsbereich eines Trägers der gesetzlichen Unfallversicherung im Gebiet der Deutschen Demokratischen Republik einschließlich Berlin (Ost) eingetreten sind, ist das Fremdrentenrecht nicht anzuwenden, wenn am 18. Mai 1990 ein gewöhnlicher Aufenthalt außerhalb des Geltungsbereichs dieses Gesetzes vorgelegen hat. Satz 1 gilt nicht, wenn am 18. Mai 1990 ein gewöhnlicher Aufenthalt im Ausland vorlag und unmittelbar vor Beginn des Auslandsaufenthalts ein gewöhnlicher Aufenthalt im Geltungsbereich dieses Gesetzes vorhanden war; § 12 Abs. 1 Fremdrentenrecht bleibt unberührt.

### § 2
**Gefährdende Beschäftigungszeiten**

(1) Haben Personen, die ihren gewöhnlichen Aufenthalt im Geltungsbereich dieses Gesetzes nach dem 18. Mai 1990 begründet haben, sowohl in der Deutschen Demokratischen Republik einschließlich Berlin (Ost) als auch im Geltungsbereich dieses Gesetzes eine Tätigkeit ausgeübt, durch die eine Berufskrankheit verursacht sein kann, gelten für die Voraussetzungen von Leistungen die in der Deutschen Demokratischen Republik einschließlich Berlin (Ost) zurückgelegten Beschäftigungszeiten als im Geltungsbereich dieses Gesetzes zurückgelegt.

(2) Für Personen, die ihren gewöhnlichen Aufenthalt im Geltungsbereich dieses Gesetzes nach dem 18. Mai 1990 begründet haben, gilt § 581 Abs. 3 Satz 3 der Reichsversicherungsordnung auch hinsichtlich der in der Deutschen Demokratischen Republik einschließlich Berlin (Ost) eingetretenen Arbeitsunfälle und entsprechenden Entschädigungsfälle.

### § 3
**Unfallversicherungsleistungen in die Deutsche Demokratische Republik**

(1) Leistungen der gesetzlichen Unfallversicherung werden auch erbracht an leistungsberechtigte Personen, die nach dem 18. Mai 1990 (Stichtag) ihren gewöhnlichen Aufenthalt in der Deutschen Demokratischen Republik einschließlich Berlin (Ost) begründet haben; § 12 Abs. 1 Fremdrentengesetz bleibt unberührt.

(2) Leistungen der gesetzlichen Unfallversicherung werden auch erbracht für nach dem 18. Mai 1990 eingetretene Arbeitsunfälle von Personen, die zum Zeitpunkt des Arbeitsunfalls ihren gewöhnlichen Aufenthalt in der Deutschen Demokratischen Republik einschließlich Berlin (Ost) haben und bei einem Träger der gesetzlichen Unfallversicherung im Geltungsbereich dieses Gesetzes versichert sind.

(3) § 17 Abs. 2 des Gesetzes über Zulagen und Mindestleistungen in der gesetzlichen Unfallversicherung und zur Überleitung des Unfallversicherungsrechts im Lande Berlin vom 29. April 1952 (BGBl. I S. 253), das zuletzt geändert worden ist durch das Gesetz vom 30.

April 1963 (BGBl. I S. 241), ist für Personen nach den Absätzen 1 und 2 nach dem 18. Mai 1990 nicht mehr anzuwenden.

## § 4
### Zusammenarbeit in der Unfallverhütung

Zur Vorbereitung der Tätigkeitsaufnahme von Unfallversicherungsträgern auf dem Gebiet der Deutschen Demokratischen Republik einschließlich Berlin (Ost) sind die drei Spitzenverbände der Unfallversicherungsträger der Bundesrepublik Deutschland berechtigt, den Träger der Unfallversicherung der Deutschen Demokratischen Republik einschließlich Berlin (Ost) bei der Gewinnung von sicherheitstechnischen und arbeitsmedizinischen Fachkräften für die Technischen Aufsichtsdienste zu unterstützen und dabei eigene Mittel einzusetzen.

# 16. RECHT DER HEIMKEHRER, HÄFTLINGE UND KRIEGSGE-FANGENEN

## 16.1 Gesetz über die Entschädigung ehemaliger deutscher Kriegsgefangener (Kriegsgefangenenentschädigungsgesetz – KgfEG) i.d.F. vom 4. Februar 1987 (BGBl. I S. 506), zuletzt geändert durch Gesetz vom 23. September 1990 (BGBl. II S. 885, 919)

### § 1

(1) Berechtigte nach diesem Gesetz sind ehemalige Kriegsgefangene, die nach dem 31. Dezember 1946 aus ausländischem Gewahrsam (§ 2) entlassen worden sind und ihren Wohnsitz oder ständigen Aufenthalt am 31. Dezember 1961 im Geltungsbereich dieses Gesetzes gehabt haben oder ihn nach diesem Zeitpunkt unter einer der folgenden Voraussetzungen genommen haben oder nehmen:

1. im Anschluß an ihre Entlassung aus ausländischen Gewahrsam oder

2. als Aussiedler (§ 1 Abs. 2 Nr. 3 des Bundesvertriebenengesetzes) spätestens sechs Monate nach dem Verlassen der zur Zeit unter fremder Verwaltung stehenden deutschen Ostgebiete oder des Gebietes desjenigen Staates, aus dem sie vertrieben oder ausgesiedelt worden sind, oder

3. als Heimkehrer nach den Vorschriften des Heimkehrergesetzes oder

4. als Sowjetzonenflüchtling im Sinne des § 3 des Bundesvertriebenengesetzes oder

5. im Wege der Familienzusammenführung zu ihren Ehegatten oder als Minderjährige zu ihren Eltern oder als Hilfsbedürftige zu ihren Kindern, vorausgesetzt, daß die nachträglich Zugezogenen mit einer Person zusammengeführt werden, die schon am 31. Dezember 1961 im Geltungsbereich dieses Gesetzes ständigen Aufenthalt hatte oder ihn nach diesem Zeitpunkt unter einer der in den Nummern 1 bis 4 dieses Absatzes genannten Voraussetzungen genommen hat; dabei sind im Verhältnis zwischen Eltern und Kindern auch Schwiegerkinder zu berücksichtigen, wenn das einzige oder letzte Kind verstorben oder verschollen ist. Wer das siebzigste Lebensjahr vollendet hat, gilt als hilfsbedürftig, sofern er im bisherigen Aufenthaltsgebiet ausreichende Pflege nicht erhalten hat oder nicht erhalten konnte.

Bei der Frist nach Nummer 2 werden solche Zeiten nicht mitgerechnet, in denen ein Vertriebener nach Verlassen eines der in § 1 Abs. 2 Nr. 3 des Bundesvertriebenengesetzes bezeichneten Staaten, aus dem er vertrieben oder ausgesiedelt worden ist, sich in einem anderen der dort bezeichneten Staaten aufgehalten hat, ferner nicht solche Zeiten, in denen er oder ein mit ihm ausgesiedelter Familienangehöriger im Anschluß an die Aussiedlung erkrankt und infolgedessen zur Fortsetzung der Reise außerstande war sowie solche Zeiten, in denen er oder ein mit ihm ausgesiedelter Familienangehöriger in der sowjetischen Besatzungszone oder im sowjetisch besetzten Sektor von Berlin aus Gründen, die er nicht zu vertreten hat, gewaltsam festgehalten worden ist.

(2) Berechtigte sind ferner ehemalige Kriegsgefangene, die nach dem 31. Dezember 1946 aus ausländischem Gewahrsam (§ 2) entlassen worden sind und vor dem 31. Dezember 1961 vorübergehend ihren Wohnsitz oder Aufenthalt aus dem Geltungsbereich des Gesetzes in das Ausland verlegt haben.

(3) Soweit Personen nach dem 3. Februar 1954 und vor dem 1. Januar 1962 ihren Wohnsitz oder dauernden Aufenthalt aus dem Geltungsbereich dieses Gesetzes verlegt haben und auf Grund der bisherigen Fassung des Absatzes 1 oder 2 berechtigt waren, verbleibt es dabei; § 9 bleibt unberührt.

(4) Nicht berechtigt nach diesem Gesetz sind die im ausländischen Gewahrsam geborenen Abkömmlinge von Berechtigten, die selbst erst im ausländischen Gewahrsam geboren wurden; jedoch bleibt ihre Rechtsstellung nach § 5 unberührt.

## § 2

(1) Kriegsgefangene sind Deutsche, die wegen militärischen oder militärähnlichen Dienstes gefangengenommen und von einer ausländischen Macht festgehalten wurden oder werden. Was als militärischer oder militärähnlicher Dienst anzusehen ist, richtet sich nach den Bestimmungen des Bundesversorgungsgesetzes in der Fassung der Bekanntmachung vom 22. Januar 1982 (BGBl. I S. 21), zuletzt geändert durch Artikel 28 des Zweiten Rechtsbereinigungsgesetzes vom 16. Dezember 1986 (BGBl. I S. 2441). Sind Kriegsgefangene in ein im Geltungsbereich des Gesetzes gelegenes Internierungslager überführt worden, so endet die Kriegsgefangenschaft mit dem Zeitpunkt, von welchem ab deutsche Stellen zur Entscheidung über die Entlassung befugt waren.

(2) Als Kriegsgefangene im Sinne dieses Gesetzes gelten

1. Deutsche, die im ursächlichen Zusammenhang mit Ereignissen, die unmittelbar mit der Kriegsführung des zweiten Weltkrieges zuammenhingen, von einer ausländischen Macht

a) auf engbegrenztem Raum unter dauernder Bewachung festgehalten oder

b) in ein ausländisches Staatsgebiet verschleppt wurden, und

2. Deutsche, die im ursächlichen Zusammenhang mit dem Zweiten Weltkrieg im Ausland wegen ihrer Volkszugehörigkeit oder ihrer Staatszugehörigkeit

a) auf engbegrenztem Raum unter dauernder Bewachung festgehalten oder

b) aus dem Ausland in ein anderes ausländisches Staatsgebiet verschleppt wurden.

(3) Absatz 2 gilt nicht für Deutsche, die

entweder

vor dem anrückenden Feind evakuiert wurden

oder geflohen sind

oder

als Vertriebene

in Lagern im Ausland zum Zwecke ihres Abtransportes untergebracht waren. Absatz 2 gilt ferner nicht für Deutsche, die außerhalb des Geltungsbereiches des Gesetzes arbeitsverpflichtet wurden, auch wenn sie lagermäßig untergebracht waren.

(4) Die Rechtsstellung eines Deutschen muß zum Zeitpunkt der Antragstellung gegeben sein.

## Abschnitt I

### Entschädigung

### § 3

(1) Für jeden Kalendermonat des Festhaltens in ausländischem Gewahrsam – frühestens vom 1. Januar 1947 an – wird als Entschädigung ein Betrag von 30 Deutsche Mark gewährt, der sich nach weiteren zwei Jahren ausländischen Gewahrsams auf 60 Deutsche Mark erhöht. Vom fünften Gewahrsamsjahr – frühestens vom 1. Januar 1951 an – wird für jeden Gewahrsamsmonat eine zusätzliche Entschädigung von 20 Deutsche Mark gewährt, die sich nach zwei, vier und sechs weiteren Gewahrsamsjahren jeweils um 20 Deutsche Mark erhöht; jedoch erhalten diejenigen Berechtigten, die selbst erst im ausländischen Gewahrsam geboren wurden, diese zusätzliche Entschädigung nicht. Die Gesamtentschädigung wird auf einen Höchstbetrag von 12 000 Deutsche Mark begrenzt; das gilt auch bei einem Zusammentreffen von eigenen Ansprüchen mit Ansprüchen nach § 5. Mit der Entschädigung sind etwa bestehende Ansprüche des Berechtigten wegen Freiheitsentziehung und Arbeitsleistung im ausländischen Gewahrsam gegen die Bundesrepublik abgegolten.

(2) Bei der Berechnung der Zeit der Kriegsgefangenschaft sind alle Zeiten eines ausländischen Gewahrsams aus den in § 2 genannten Gründen zu berücksichtigen.

(3) Der Monat, in den der Beginn des ausländischen Gewahrsams fällt, sowie der Entlassungsmonat werden voll entschädigt, jedoch nur im Rahmen der Vorschrift über die Höchstgrenze nach Absatz 1.

### § 4

Die Nachzahlung der zusätzlichen Entschädigung nach § 3 Abs. 1 Satz 2 erfolgt nach Maßgabe der Haushaltsansätze in den Jahren 1964, 1965, 1966 und 1967; dabei sind Berechtigte mit längerer Gewahrsamszeit bevorzugt zu berücksichtigen.

### § 5

(1) Der Anspruch auf Entschädigung ist nicht übertragbar.

(2) Ist der Berechtigte (§ 1) nach dem 31. Dezember 1961 gestorben, so ist der Anspruch auf die Entschädigung (§ 3) vererblich, wenn der Berechtigte von seinem Ehegatten oder seinen Kindern beerbt wird und diese hinsichtlich des Wohnsitzes oder ständigen Aufenthalts eine der Voraussetzungen des § 1 Abs. 1, 2 oder 3 erfüllen. Wird der Berechtigte von mehreren Erben beerbt und liegen nur bei einem Teil von ihnen die Voraussetzungen des Satzes 1 vor, so steht den Erben, die die Voraussetzungen erfüllen, der Anspruch auf die ganze Entschädigung, und zwar, soweit er ihr Erbrecht übersteigt, als Voraus zu. Der Anspruch ist auch dann vererblich, wenn sich die Erben eines nach § 1 Abs. 2 oder 3 Berechtigten in einem ausländischen Staatsgebiet aufhalten, in dem die Bundesrepublik vertreten ist.

(3) Ist der Kriegsgefangene im ausländischen Gewahrsam oder der ehemalige Kriegsgefangene im Anschluß an seine Entlassung aus dem Gewahrsam auf dem Wege in den Geltungsbereich dieses Gesetzes oder in der Zeit vom 1. Januar 1947 bis zum 31. Dezember

1961 im Geltungsbereich dieses Gesetzes gestorben, so haben nach der Maßgabe des Absatzes 2 die dort genannten Personen Anspruch auf Entschädigung in entsprechender Anwendung des § 3. Das gleiche gilt, wenn der ehemalige Kriegsgefangene nach dem 31. Dezember 1961 als Sowjetzonenflüchtling im Sinne des § 3 des Bundesvertriebenengesetzes im Geltungsbereich dieses Gesetzes seinen Wohnsitz oder ständigen Aufenthalt genommen hatte und vor Inkrafttreten der Vorschrift des § 1 Abs. 1 Nr. 4 gestorben ist.

## § 6
(weggefallen)

## § 7
(Änderung des Einkommensteuergesetzes)

## § 8
(1) Von dem Anspruch auf Zahlung einer Entschädigung (§ 3), auf Gewährung von Darlehen und Beihilfen ist ausgeschlossen:

1. wer der nationalsozialistischen oder einer anderen Gewaltherrschaft in verwerflicher Weise Vorschub geleistet hat;

2. wer nach dem 8. Mai 1945 wegen eines Verbrechens rechtskräftig zu einer Freiheitsstrafe von mindestens einem Jahr verurteilt worden ist, das er vor dem 8. Mai 1945 in Ausübung seiner tatsächlichen oder angemaßten Befehlsbefugnis begangen hat;

3. wer die freiheitlich-demokratische Grundordnung bekämpft;

4. wer nach dem 8. Mai 1945 wegen an Mitgefangenen in ausländischem Gewahrsam begangener Verbrechen oder Vergehen verurteilt worden ist.

(2) Die Verurteilung nach Absatz 1 Nr. 2 und 4 muß durch ein deutsches Gericht im Geltungsbereich dieses Gesetzes erfolgt sein.

(3) Solange wegen der in Absatz 1 Nr. 2 und 4 genannten Straftaten ein Ermittlungsverfahren schwebt, sind die Entscheidungen über Anträge auf Leistungen nach diesem Gesetz zurückzustellen. Wird ein solches Verfahren eingeleitet, nachdem der Anspruch auf Leistungen durch Bescheid zuerkannt, eine Auszahlung aber noch nicht erfolgt ist, so ist die Auszahlung auszusetzen.

## § 9
(1) Über Ansprüche nach den §§ 3 und 5 wird auf Antrag durch schriftlichen Feststellungsbescheid entschieden. Der Antrag ist spätestens bis zum 31. Dezember 1967 zu stellen.

(2) Für Berechtigte, die ihren Wohnsitz oder ständigen Aufenthalt nach dem 31. Dezember 1964 im Geltungsbereich dieses Gesetzes nehmen, endet die Frist drei Jahre nach ihrem Eintreffen im Geltungsbereich des Gesetzes.

(3) Stirbt ein Berechtigter innerhalb der für ihn geltenden Antragsfrist, ohne einen Antrag gestellt zu haben, so endet für den Personenkreis des § 5 Abs. 2 die Frist drei Jahre nach dem Todestage.

(4) Für Berechtigte nach § 5 Abs. 3 endet die Antragsfrist drei Jahre nach Erhalt der Todesmeldung oder der Todeserklärung.

## § 10
(weggefallen)

## § 11

Hat der Antragsteller seinen gewöhnlichen Aufenthalt außerhalb des Geltungsbereichs des Gesetzes, bestimmt die Regierung des Landes, in welchem die Bundesregierung ihren Sitz hat, die zuständige Behörde.

## §§ 12 bis 14

(weggefallen)

## § 15

(1) Hält die Behörde mit Rücksicht auf die Bedeutung einer Aussage oder zur Herbeiführung einer wahrheitsgemäßen Aussage die eidliche Vernehmung eines Zeugen oder eines Sachverständigen für geboten, so ist das Amtsgericht, in dessen Bezirk der Zeuge oder Sachverständige seinen Wohnsitz oder Aufenthaltsort hat, um die eidliche Vernehmung zu ersuchen.

(2) Auf das Vernehmungsersuchen sind die Vorschriften des Gerichtsverfassungsgesetzes und der Zivilprozeßordnung sinngemäß anzuwenden.

## § 16

(weggefallen)

## § 17

Der Feststellungsbescheid hat die festgestellte Zeit der Kriegsgefangenschaft (§ 2) und die Höhe der sich daraus ergebenden Entschädigung zu enthalten.

## §§ 18 bis 22

(weggefallen)

## § 23

In Rechtsstreitigkeiten bei der Ausführung dieses Gesetzes sind die Berufung gegen ein Urteil und die Beschwerde gegen eine andere Entscheidung des Verwaltungsgerichts ausgeschlossen. Dies gilt nicht für die Beschwerde gegen die Nichtzulassung der Revision nach den Vorschriften der Verwaltungsgerichtsordnung.

## §§ 24 bis 26

(weggefallen)

## § 27

Das Verfahren vor den durchführenden Behörden ist kostenfrei.

**Abschnitt II**
**Darlehen und Beihilfen**
**§§ 28 bis 43**

(weggefallen)

## Abschnitt III
## Heimkehrerstiftung –
## Stiftung für ehemalige Kriegsgefangene

### § 44

(1) Zur wirtschaftlichen und sozialen Förderung ehemaliger Kriegsgefangener wird eine rechtsfähige Stiftung des öffentlichen Rechts unter dem Namen „Heimkehrerstiftung – Stiftung für ehemalige Kriegsgefangene" errichtet.

(2) Der Sitz der Stiftung wird durch die Satzung bestimmt.

(3) Die Stiftung verfolgt ausschließlich und unmittelbar steuerbegünstigte Zwecke im Sinne der §§ 51 bis 68 der Abgabenordnung.

### § 45

(1) Die Stiftung wird mit sechzig Millionen Deutsche Mark ausgestattet. Dieser Betrag wird der Stiftung vom Bund nach Maßgabe der im Bundeshaushalt ausgebrachten Mittel zur Verfügung gestellt.

(2) Der Stiftung werden die Rückflüsse (Zins- und Tilgungsbeträge) abzüglich Verwaltungskosten aus Darlehen, die nach Abschnitt II in der bis zum 31. Dezember 1978 geltenden Fassung des Gesetzes gewährt worden sind, für Aufgaben nach § 46 b zur Verfügung gestellt.

(3) Darüber hinaus werden der Stiftung jährlich ab 1988 vom Bund die erforderlichen Mittel zur Erfüllung der Aufgaben nach § 46 b Abs. 1 und 2 zur Verfügung gestellt.

(4) Die Stiftung ist berechtigt, Zuwendungen von dritter Stelle anzunehmen.

### § 46

(1) Von der Stiftung werden gefördert:

1. Personen, die wegen miliärischen oder militärähnlichen Dienstes im ursächlichen Zusammenhang mit dem Zweiten Weltkrieg gefangengenommen und von einer ausländischen Macht festgehalten wurden,

2. Personen, die nach § 2 Abs. 2 und 3 als Kriegsgefangene gelten,

3. Witwen verstorbener ehemaliger Kriegsgefangener, sofern sie keine neue Ehe eingegangen sind.

Voraussetzung ist, daß der Antragsteller zum Zeitpunkt der Antragstellung seinen Wohnsitz oder ständigen Aufenthalt im Geltungsbereich dieses Gesetzes hat. Auf die Förderung besteht kein Rechtsanspruch.

Nicht gefördert werden in ausländischen Gewahrsam geborene Abkömmlinge von Berechtigten.

(2) Zur Förderung der in Absatz 1 genannten Personen können gewährt werden:

1. Darlehen

a) zum Aufbau oder zur Sicherung der wirtschaftlichen Existenz,

b) zur Beschaffung von Wohnraum,

c) für sonstige förderungswürdige Vorhaben;

2. einmalige Unterstützungen zur Linderung einer Notlage.

Die nach Nummer 1 Buchstaben a bis c gewährten Darlehen sind mit Auflagen zu verbinden, welche die Verwendung für das beabsichtigte Vorhaben sicherstellen. Darlehen sind in der Regel mit drei vom Hundert zu verzinsen. Sie sind nach drei Freijahren in zehn gleichen Jahresraten zu tilgen. Das erste Freijahr beginnt mit dem auf die Auszahlung folgenden Halbjahresersten. Für einzelne Arten von Vorhaben können die Zins- und Tilgungsbedingungen abweichend festgestellt werden. Die Darlehen sind nach Möglichkeit zu sichern. Die Gewährung von Darlehen bestimmt sich nach der sozialen Dringlichkeit und der volkswirtschaftlichen Förderungswürdigkeit der Vorhaben. Zinsen und Tilgungsbeträge aus Darlehen fließen der Stiftung zu.

(3) Die Stiftung kann wissenschaftliche Aufträge zur Erforschung gesundheitlicher Spätschäden nach Kriegsgefangenschaft und Internierung vergeben.

(4) Neben den jährlichen Erträgnissen können aus dem Stammvermögen (§ 45 Abs. 1) der Stiftung für die in Absätzen 2 und 3 genannten Zwecke

| | |
|---|---|
| für die Jahre 1970 bis 1974 | je drei Millionen Deutsche Mark, |
| für die Jahre 1975 und 1976 | je acht Millionen Deutsche Mark, |
| für das Jahr 1977 | sieben Millionen Deutsche Mark, |
| für das Jahr 1978 | sechs Millionen Deutsche Mark, |
| für das Jahr 1979 | vier Millionen Deutsche Mark, |
| und für die Jahre 1980 bis 1983 | je drei Millionen Deutsche Mark |

verwendet werden.

## § 46a

Ist die in § 46 Abs. 1 genannte Person nach der Antragstellung gestorben, kann die beantragte Leistung nach § 46 Abs. 2 in Härtefällen dem Ehegatten oder einem unterhaltsberechtigten Angehörigen, der nach geltendem Recht als Kriegshinterbliebener Anspruch auf Versorgung hätte, oder einer Person, die zur Sicherung seines Lebensbedarfs wesentlich beigetragen hat, gewährt werden, wenn und soweit hierfür noch ein Bedarf vorhanden ist, die Voraussetzungen für die Gewährung beim Antragsteller erfüllt waren und die häusliche Gemeinschaft mit dem Antragsteller bis zu dessen Tode bestanden hat.

## § 46b

(1) Über die in § 46 Abs. 2 vorgesehenen Leistungen hinaus kann die Stiftung den in § 46 Abs. 1 Nr. 1 genannten ehemaligen Kriegsgefangenen Leistungen zur Minderung von Nachteilen gewähren, die durch die Bewertung der Zeiten des Kriegsdienstes und der Kriegsgefangenschaft als Ersatzzeiten in der gesetzlichen Rentenversicherung entstanden sind und eine Härte bedeuten. Eine Härte wird vermutet, wenn bei langer Kriegsgefangenschaft oder später Heimkehr unter Berücksichtigung der Einkommens- und Vermögensverhältnisse eine ausreichende Altersversorgung nicht vorhanden ist.

(2) Ist der Leistungsempfänger gestorben, so kann die Stiftung der Witwe/dem Witwer Leistungen zur Minderung von Nachteilen in der Hinterbliebenenversorgung gewähren, wenn eine Härte vorliegt. Eine Härte wird vermutet, wenn die Hinterbliebenenrente aus der gesetzlichen Rentenversicherung unter Berücksichtigung des übrigen Einkommens und des Vermögens für die Altersversorgung nicht ausreicht. Die Leistungen betragen 60 vom Hundert der Leistungen, die nach Absatz 1 bei gleichen Einkommens- und Vermögensverhältnissen gewährt werden. Die Witwe/der Witwer erhält keine Leistungen, wenn die Ehe erst nach Bewilligung der Leistungen nach Absatz 1 geschlossen worden ist und nicht mindestens ein Jahr gedauert hat, es sei denn, daß nach den besonderen Umständen des Falles die Annahme nicht gerechtfertigt ist, daß es der alleinige oder überwiegende Zweck der Eheschließung war, der Witwe/dem Witwer eine Versorgung zu verschaffen.

(3) Der Witwe eines verstorbenen, ehemaligen Kriegsgefangenen kann die Stiftung Leistungen zur Minderung von Nachteilen in der Hinterbliebenenversorgung gemäß Absatz 2 auch dann gewähren, wenn der Verstorbene keine Leistungen nach § 46 b Abs. 1 beantragt oder erhalten hat, sie selbst aber die Voraussetzungen nach Absatz 2 erfüllt.

## § 47

(1) Organe der Stiftung sind:

1. der Stiftungsrat,

2. der Stiftungsvorstand.

(2) Die Mitglieder der Organe werden ehrenamtlich tätig; sie haben Anspruch auf Ersatz ihrer notwendigen Auslagen.

## § 48

(1) Der Stiftungsrat besteht aus vierzehn Mitgliedern. Der für dieses Gesetz federführende Bundesminister benennt sieben Mitglieder; er beruft sieben weitere Mitglieder auf Vorschlag der auf Bundesebene tätigen Verbände der ehemaligen Kriegsgefangenen. Für jedes Mitglied wird ein Stellvertreter benannt oder berufen.

(2) Den Vorsitzenden und seinen Stellvertreter wählt der Stiftungsrat. Der Vorsitzende wird aus den nach Absatz 1 Satz 2 benannten Mitgliedern gewählt.

(3) Die Amtszeit der Mitglieder des Stiftungsrates und ihrer Stellvertreter beträgt vier Jahre. Scheidet ein Mitglied oder ein Stellvertreter vorzeitig aus, wird für den Rest seiner Amtszeit ein Nachfolger benannt oder berufen. Wiederholte Bestellungen sind zulässig.

(4) Der Stiftungsrat erläßt die Satzung und stellt Richtlinien für die Verwendung der Mittel auf, in denen er bestimmt, unter welchen Voraussetzungen und bis zu welcher Höhe die in den §§ 46 und 46 b genannten Förderungsmaßnahmen gewährt werden können; Satzung und Richtlinien bedürfen der Genehmigung des für dieses Gesetz federführenden Bundesministers im Einvernehmen mit dem Bundesminister der Finanzen. Der Stiftungsrat beschließt über alle grundsätzlichen Fragen, die zum Aufgabenbereich der Stiftung gehören, und überwacht die Tätigkeit des Stiftungsvorstandes. Der Stiftungsrat gibt sich eine Geschäftsordnung.

(5) Der Stiftungsrat ist beschlußfähig, wenn die Hälfte der Mitglieder anwesend ist. Er beschließt mit einfacher Mehrheit.

## § 49

(1) Der Stiftungsvorstand besteht aus dem Vorsitzenden und drei weiteren Mitgliedern. Der Stiftungsrat wählt den Vorsitzenden und die weiteren Mitglieder des Stifungsvorstandes auf die Dauer von zwei Jahren. Wiederwahl ist zulässig. Scheidet der Vorsitzende oder ein weiteres Mitglied des Stiftungsvorstandes vorzeitig aus, wird für den Rest seiner Amtszeit vom Stiftungsrat ein Nachfolger gewählt.

(2) Der Vorsitzende und die weiteren Mitglieder des Stiftungsvorstandes können nicht Mitglieder des Stiftungsrates oder deren Stellvertreter sein.

(3) Der Stiftungsvorstand führt die Geschäfte und vertritt die Stiftung gerichtlich und außergerichtlich; das Nähere regelt die Satzung. Nach Ablauf seiner Amtszeit führt der Stiftungsvorstand die Geschäfte bis zum Zusammentritt des neu gewählten Stiftungsvorstandes weiter.

(4) Für die Beschlüsse des Stiftungsvorstandes gilt § 48 Abs. 5 entsprechend.

## § 50

(1) Zur Entscheidung über Anträge nach § 46 Abs. 2 und nach § 46 b werden bei dem Vorstand Ausschüsse gebildet.

(2) Jeder Ausschuß besteht aus

1. einem Mitglied des Vorstandes als Vorsitzendem,

2. zwei ehrenamtlichen Beisitzern.

(3) Einer der Beisitzer muß ehemaliger Kriegsgefangener sein.

(4) Die Beisitzer werden vom Stiftungsrat auf die Dauer von zwei Jahren gewählt und von dem Vorsitzenden des Ausschusses auf die gewissenhafte und unparteiische Wahrnehmung ihrer Amtsobliegenheiten verpflichtet.

(5) Über die Anträge entscheiden die Ausschüsse durch schriftlichen Bescheid.

## § 51

(1) Zur Entscheidung über den Widerspruch gegen Bescheide der Ausschüsse nach § 50 wird ein Widerspruchsausschuß gebildet.

(2) Der Widerspruchsausschuß besteht aus

1. einem vom Stiftungsrat aus seiner Mitte gewählten Mitglied als Vorsitzendem,

2. zwei ehrenamtlichen Beisitzern.

(3) Der Vorsitzende des Widerspruchsausschusses muß die Befähigung für den höheren Verwaltungsdienst besitzen. Für die Beisitzer gilt § 50 Abs. 3 und 4 entsprechend.

(4) Für das Verfahren bei der Anfechtung von Entscheidungen über Anträge nach § 46 Abs. 2 und nach § 46 b gelten die §§ 23 und 27 entsprechend.

## § 52

Die Stiftung untersteht der Aufsicht des für dieses Gesetz federführenden Bundesministers.

## § 53

Bei der Aufhebung der Stiftung vorhandenes Vermögen fließt dem Bund zu.

## Abschnitt IV
## Schlußbestimmungen
## § 54

(weggefallen)

## § 54 a

Sofern sich in einzelnen Fällen aus den Vorschriften dieses Gesetzes besondere Härten ergeben, kann die zuständige Landesbehörde im Einvernehmen mit dem für dieses Gesetz federführenden Bundesminister an ehemalige Kriegsgefangene, die nach dem 31. Dezember 1946 aus ausländischem Gewahrsam (§ 2) entlassen worden sind, die Gewährung von Leistungen nach Abschnitt I dieses Gesetzes ganz oder teilweise zulassen, auch wenn die sonstigen gesetzlichen Voraussetzungen nicht erfüllt sind.

## § 54 b

Die Leistungen nach diesem Gesetz unterliegen in der Person des unmittelbar Berechtigten nicht der Zwangsvollstreckung und dürfen nicht auf Leistungen nach dem Bundessozialhilfegesetz angerechnet werden.

**§ 54 c**

Beschädigtengrundrenten nach dem Bundesversorgungsgesetz und den Gesetzen, die das Bundesversorgungsgesetz für anwendbar erklären, sowie Renten für Verletzte aus der gesetzlichen Unfallversicherung bis zur Höhe der vergleichbaren Grundrenten nach dem Bundesversorgungsgesetz gehören nicht zum Einkommen im Sinne dieses Gesetzes.

**§ 55**

Der Bund trägt die Aufwendungen für die nach Abschnitt I dieses Gesetzes gewährten Leistungen wie die Aufwendungen für die Kriegsfolgenhilfe nach Maßgabe des Ersten Überleitungsgesetzes in der im Bundesgesetzblatt Teil III, Gliederungsnummer 603-3, veröffentlichten bereinigten Fassung, zuletzt geändert durch Artikel 1 des Gesetzes vom 8. Juni 1977 (BGBl. I S. 801), in voller Höhe. § 21 a Abs. 1 Satz 1 des Ersten Überleitungsgesetzes in der Fassung des Vierten Überleitungsgesetzes findet keine Anwendung.

**§ 56**

Dieses Gesetz gilt nach Maßgabe des § 13 Abs. 1 des Dritten Überleitungsgesetzes auch im Land Berlin. Rechtsverordnungen, die auf Grund der in diesem Gesetz enthaltenen Ermächtigung erlassen werden, gelten im Land Berlin nach § 14 des Dritten Überleitungsgesetzes.

**§ 57**

(Inkrafttreten)

## 16.2 Gesetz über Hilfsmaßnahmen für Personen, die aus politischen Gründen außerhalb der Bundesrepublik Deutschland in Gewahrsam genommen wurden (Häftlingshilfegesetz) i.d.F. vom 4. Februar 1987 (BGBl. I S. 512), zuletzt geändert durch Gesetz vom 23. September 1990 (BGBl. II S. 885, 919)

**§ 1**

**Personenkreis**

(1) Leistungen nach Maßgabe der folgenden Vorschriften erhalten deutsche Staatsangehörige und deutsche Volkszugehörige, wenn sie

1. nach der Besetzung ihres Aufenthaltsortes oder nach dem 8. Mai 1945 in der sowjetischen Besatzungszone oder im sowjetisch besetzten Sektor von Berlin oder in den in § 1 Abs. 2 Nr. 3 des Bundesvertriebenengesetzes genannten Gebieten aus politischen und nach freiheitlich-demokratischer Auffassung von ihnen nicht zu vertretenden Gründen in Gewahrsam genommen wurden oder

2. Angehörige der in Nummer 1 genannten Personen sind oder

3. Hinterbliebene der in Nummer 1 genannten Personen sind

und den gewöhnlichen Aufenthalt im Geltungsbereich des Gesetzes genommen haben.

(2) (weggefallen)

(3) (weggefallen)

(4) (weggefallen)

(5) Gewahrsam im Sinne des Absatzes 1 ist ein Festgehaltenwerden auf engbegrenztem Raum unter dauernder Bewachung. Wurde oder wird eine im Absatz 1 Nr. 1 genannte Person gegen ihren Willen in ein ausländisches Staatsgebiet verbracht, so gilt die Zeit, während der sie an ihrer Rückkehr gehindert war oder ist, als Gewahrsam, längstens jedoch bis zum 31. Dezember 1989.

(6) Eine lagermäßige Unterbringung als Folge von Arbeitsverpflichtungen oder zum Zwecke des Abtransportes von Vertriebenen oder Aussiedlern gilt nicht als Gewahrsam im Sinne dieses Gesetzes.

(7) Keine Leistungen nach diesem Gesetz erhalten die im Gewahrsam geborenen Abkömmlinge von im Gewahrsam geborenen Berechtigten; die ihnen als Erben auf Grund des § 9a Abs. 2 in Verbindung mit § 5 Abs. 2 oder 3 des Kriegsgefangenenentschädigungsgesetzes zustehenden Ansprüche bleiben unberührt.

## § 2
### Ausschließungsgründe

(1) Leistungen nach diesem Gesetz werden nicht gewährt an Personen,

1. die in den Gewahrsamsgebieten (§ 1 Abs. 1 Nr. 1) dem dort herrschenden politischen System erheblich Vorschub geleistet haben,

2. die während der Herrschaft des Nationalsozialismus oder in den Gewahrsamsgebieten (§ 1 Abs. 1 Nr. 1) durch ihr Verhalten gegen die Grundsätze der Rechtsstaatlichkeit oder Menschlichkeit verstoßen haben; dies gilt insbesondere für Personen, die durch ein deutsches Gericht im Geltungsbereich dieses Gesetzes wegen eines an Mithäftlingen begangenen Verbrechens oder Vergehens rechtskräftig verurteilt worden sind,

3. die nach dem 8. Mai 1945 durch deutsche Gerichte im Geltungsbereich dieses Gesetzes wegen vorsätzlicher Straftaten zu Freiheitsstrafen von insgesamt mehr als drei Jahren rechtskräftig verurteilt worden sind.

(2) Die Gewährung von Leistungen kann versagt oder eingestellt werden, wenn der Berechtigte die im Geltungsbereich dieses Gesetzes bestehende freiheitliche demokratische Grundordnung bekämpft hat oder bekämpft.

(3) Die Gewährung von Leistungen kann versagt oder eingestellt werden, wenn der Berechtigte in die Gewahrsamsgebiete (§ 1 Abs. 1 Nr. 1) zurückkehrt, und zwar auch dann, wenn er seinen Wohnsitz oder ständigen Aufenthalt im Geltungsbereich dieses Gesetzes nicht aufgibt oder ihn später wiederum begründet.

(4) Liegen Ausschließungsgründe bei der in Gewahrsam genommenen Person (§ 1 Abs. 1 Nr. 1) vor, so sind diese auch gegenüber Angehörigen und Hinterbliebenen wirksam.

(5) Solange wegen einer Straftat, die zu einem Ausschluß nach Absatz 1 Nr. 2 und 3 oder Absatz 2 führen kann, ein Ermittlungsverfahren oder Strafverfahren schwebt, sind Entscheidungen über Anträge nach diesem Gesetz zurückzustellen. Wird ein solches Verfahren eingeleitet, nachdem der Anspruch auf Leistungen zuerkannt ist, so ist die Auszahlung einmaliger Leistungen auszusetzen; wiederkehrende Leistungen können ausgesetzt werden.

## § 3
### Erweiterung des Personenkreises

Die Bundesregierung wird ermächtigt, durch Rechtsverordnung mit Zustimmung des Bundesrates weitere Gruppen von Personen, die aus den in § 1 Abs. 1 Nr. 1 genannten Gründen

a) in anderen als den dort bezeichneten Gebieten außerhalb des Geltungsbereiches dieses Gesetzes in Gewahrsam genommen wurden oder

b) ohne in Gewahrsam genommen worden zu sein, durch andere Maßnahmen eine gesundheitliche Schädigung erlitten haben

sowie deren Angehörige und Hinterbliebene den nach diesem Gesetz zum Empfang von Leistungen Berechtigten gleichzustellen.

## § 4
**Beschädigtenversorgung**

(1) Ein nach § 1 Abs. 1 Nr. 1 Berechtigter, der infolge des Gewahrsams eine gesundheitliche Schädigung erlitten hat, erhält wegen der gesundheitlichen und wirtschaftlichen Folgen dieser Schädigung auf Antrag Versorgung in entsprechender Anwendung der Vorschriften des Gesetzes über die Versorgung der Opfer des Krieges (Bundesversorgungsgesetz), soweit ihm nicht wegen desselben schädigenden Ereignisses ein Anspruch auf Versorgung unmittelbar auf Grund des Bundesversorgungsgesetzes zusteht.

(2) Einer Schädigung im Sinne des Absatzes 1 steht eine gesundheitliche Schädigung gleich, die durch einen Unfall unter den Voraussetzungen des § 1 Abs. 2 Buchstabe e oder f des Bundesversorgungsgesetzes herbeigeführt worden ist.

(3) Wer als Berechtigter oder Leistungsempfänger nach Absatz 1 oder § 5 in Verbindung mit § 10 Abs. 4 oder 5 des Bundesversorgungsgesetzes, als Pflegeperson oder als Begleitperson bei einer notwendigen Begleitung des Beschädigten durch einen Unfall unter den Voraussetzungen des § 8 a des Bundesversorgungsgesetzes eine gesundheitliche Schädigung erleidet, erhält Versorgung nach Absatz 1.

(4) Einer gesundheitlichen Schädigung im Sinne der Absätze 1 bis 3 steht die Beschädigung eines am Körper getragenen Hilfsmittels, einer Brille, von Kontaktlinsen oder von Zahnersatz gleich.

(5) Zur Anerkennung einer Gesundheitsstörung als Folge einer Schädigung genügt die Wahrscheinlichkeit des ursächlichen Zusammenhanges. Wenn die Wahrscheinlichkeit nur deshalb nicht gegeben ist, weil über die Ursache des festgestellten Leidens in der medizinischen Wissenschaft Ungewißheit besteht, kann mit Zustimmung des Bundesministers für Arbeit und Sozialordnung die Gesundheitsstörung als Folge einer Schädigung anerkannt werden; die Zustimmung kann allgemein erteilt werden. Eine Anerkennung nach den Sätzen 1 und 2 und hierauf beruhende Verwaltungsakte können mit Wirkung für die Vergangenheit zurückgenommen werden, wenn unzweifelhaft feststeht, daß die Gesundheitsstörung nicht Folge einer Schädigung ist; erbrachte Leistungen sind nicht zu erstatten.

## § 5
**Hinterbliebenenversorgung**

Ist der Beschädigte an den Folgen der Schädigung gestorben, so erhalten die Hinterbliebenen Versorgung in entsprechender Anwendung der Vorschriften des Bundesversorgungsgesetzes, soweit ihnen nicht ein Anspruch auf Versorgung unmittelbar auf Grund des Bundesversorgungsgesetzes zusteht. § 4 Abs. 3 dieses Gesetzes und die §§ 48 und 52 des Bundesversorgungsgesetzes sind entsprechend anzuwenden.

## § 6
### Zusammentreffen von Ansprüchen

(1) Treffen Ansprüche aus § 4 dieses Gesetzes mit Ansprüchen aus § 1 des Bundesversorgungsgesetzes zusammen, so wird die Versorgung unter Berücksichtigung der durch die gesamten Schädigungsfolgen bedingten Minderung der Erwerbsfähigkeit unmittelbar nach den Vorschriften des Bundesversorgungsgesetzes gewährt.

(2) § 55 des Bundesversorgungsgesetzes findet Anwendung, wenn Leistungen nach § 4 oder § 5 mit Leistungen zusammentreffen, die unmittelbar nach dem Bundesversorgungsgesetz gewährt werden.

(3) Bei der Feststellung der Elternrente sind auch die Kinder zu berücksichtigen, die an den Folgen einer nach dem Bundesversorgungsgesetz anzuerkennenden Schädigung gestorben oder verschollen sind. Besteht ein Anspruch auf Elternrente unmittelbar nach den Vorschriften des Bundesversorgungsgesetzes, so wird sie nach diesem Gesetz nicht gewährt.

## § 7
(weggefallen)

## § 8
### Unterhaltsbeihilfe

(1) Angehörige der in § 1 Abs. 1 Nr. 1 genannten Personen erhalten auf Antrag eine Unterhaltsbeihilfe in entsprechender Anwendung des Gesetzes über die Unterhaltsbeihilfe für Angehörige von Kriegsgefangenen, soweit ihnen nicht bereits ein Anspruch hierauf unmittelbar auf Grund des Unterhaltsbeihilfegesetzes zusteht. § 4 Satz 2 des Unterhaltsbeihilfegesetzes findet keine Anwendung.

(2) § 2 Abs. 3 des Gesetzes über die Unterhaltsbeihilfe für Angehörige von Kriegsgefangenen tritt außer Kraft. Soweit hiernach Unterhaltsbeihilfe bewilligt worden ist, verbleibt es dabei.

(3) Unterhaltsbeihilfe nach Absatz 1 wird neben Dienstbezügen oder Ruhegehalt gemäß § 11 a Abs. 1 oder 3 des Gesetzes zur Regelung der Wiedergutmachung nationalsozialistischen Unrechts für Angehörige des öffentlichen Dienstes oder neben Dienstbezügen gemäß § 37 b Abs. 1, 3 oder 4 oder Ruhegehalt gemäß den §§ 37 c, 48 Satz 2 des Gesetzes zur Regelung der Rechtsverhältnisse der unter Artikel 131 des Grundgesetzes fallenden Personen nur insoweit gezahlt, als sie die Dienstbezüge oder das Ruhegehalt übersteigt.

## § 9
### Anwendung der für Heimkehrer geltenden Vorschriften

(1) Berechtigte nach § 1 Abs. 1 Nr. 1, die insgesamt länger als drei Monate in Gewahrsam gehalten wurden und innerhalb von sechs Monaten nach der Entlassung ihren Wohnsitz oder ständigen Aufenthalt im Geltungsbereich dieses Gesetzes genommen haben oder nehmen oder in den Geltungsbereich dieses Gesetzes zurückkehren, erhalten die für Heimkehrer vorgesehenen Hilfen und Vergünstigungen in entsprechender Anwendung der dafür geltenden Vorschriften, sofern ihnen nicht nach anderen Vorschriften Gleichartiges gewährt werden kann.

(2) Die §§ 2, 3 und 28 a des Heimkehrergesetzes finden keine Anwendung.

(3) In die Frist von sechs Monaten werden Zeiten unverschuldeter Verzögerung nicht eingerechnet.

## § 9a
### Eingliederungshilfen

(1) Ein Berechtigter nach § 1 Abs. 1 Nr. 1, der nach dem 31. Dezember 1946 insgesamt länger als drei Monate in Gewahrsam gehalten wurde, erhält auf Antrag Eingliederungshilfe, wenn er den gewöhnlichen Aufenthalt im Geltungsbereich dieses Gesetzes am 10. August 1955 hatte oder diesen danach genommen hat

1. als Person im Sinne des § 1 Abs. 2 Nr. 3 oder des § 3 des Bundesvertriebenengesetzes,

2. im Wege der Familienzusammenführung gemäß § 94 Abs. 2 des Bundesvertriebenengesetzes, vorausgesetzt, daß er mit einem Angehörigen zusammengeführt wird, der schon am 10. August 1955 im Geltungsbereich dieses Gesetzes seinen gewöhnlichen Aufenthalt hatte oder unter § 10 Abs. 2 Nr. 2, 3 oder 5 des Bundesvertriebenengesetzes fällt,

3. bis zum 31. Dezember 1964 und im Wege der Notaufnahme aus den in § 3 des Bundesvertriebenengesetzes genannten Gebieten zugezogen ist,

4. spätestens sechs Monate nach Entlassung aus dem Gewahrsam oder, wenn er bereits vor dem Gewahrsam den gewöhnlichen Aufenthalt im Geltungsbereich dieses Gesetzes hatte, bei Rückkehr innerhalb dieses Zeitraums; in die Frist werden Zeiten unverschuldeter Verzögerung nicht eingerechnet.

Die Eingliederungshilfe beträgt für jeden Gewahrsamsmonat, frühestens vom 1. Januar 1947 an, 30 Deutsche Mark, vom dritten Gewahrsamsjahr, frühestens vom 1. Januar 1949 an, 60 Deutsche Mark. Bei der Berechnung wird der Gewahrsam nach § 1 Abs. 5 Satz 2 mit längstens 10 Jahren berücksichtigt. Die Eingliederungshilfe wird auf einen Höchstbetrag von 15 420 Deutsche Mark begrenzt.

(2) § 3 Abs. 1 Satz 4 und Abs. 3, die §§ 7 und 27 des Kriegsgefangenenentschädigungsgesetzes gelten sinngemäß. § 5 des Kriegsgefangenenentschädigungsgesetzes gilt sinngemäß mit der Maßgabe, daß nur der Anspruch auf Eingliederungshilfe für einen Gewahrsam nach § 1 Abs. 5 Satz 1 vererblich ist, die Ausschließungsgründe des § 2 auch für Erben gelten und die Eingliederungshilfen beim Zusammentreffen von eigenen Ansprüchen mit Ansprüchen als Erbe auf die jeweiligen Höchstbeträge begrenzt sind.

(3) (weggefallen)

(4) Leistungen, die nach den Richtlinien für die Gewährung von Beihilfen an ehemalige politische Häftlinge aus der sowjetischen Besatzungszone und ihr gleichgestellten Gebieten vom 9. November 1955 (BAnz. Nr. 229 vom 26. November 1955) oder nach § 9a Abs. 1 dieses Gesetzes in der Fassung vom 13. März 1957 (BGBl. I S. 168) bewilligt worden sind oder werden, sind auf die nach Absatz 1 und 3 zu gewährenden entsprechenden Leistungen anzurechnen.

(5) Die Bundesregierung wird ermächtigt, durch Rechtsverordnung mit Zustimmung des Bundesrates den Zeitpunkt und die Reihenfolge der Auszahlung der Leistung, auf die nach Absatz 1 ein Anspruch besteht, nach den Gesichtspunkten der sozialen Dringlichkeit zu bestimmen.

## § 9b
### Zusätzliche Eingliederungshilfen

Ein Berechtigter nach § 9a Abs. 1, der nur wegen seines persönlichen Verhaltens nach der Besetzung seines Aufenthaltsortes oder nach dem 8. Mai 1945 in Gewahrsam genommen wurde und die in § 1 Abs. 1 Nr. 1 genannten Gebiete nach dem 31. Dezember 1985 verlassen hat, erhält zusätzlich zu den Leistungen nach § 9a für jeden Gewahrsamsmonat, frühestens vom 1. Januar 1947 an, 50 Deutsche Mark, vom dritten Gewahrsamsjahr, frühestens vom 1. Januar 1949 an, 150 Deutsche Mark, vom fünften Gewahrsamsjahr, frühestens vom 1. Januar 1951 an, 210 Deutsche Mark; die zusätzliche Eingliederungshilfe wird auf einen Höchstbetrag von 20250 Deutsche Mark begrenzt. § 9a Abs. 2 gilt auch für diese Leistung.

### § 9c
### Weitere Eingliederungshilfen

Ein Berechtigter nach § 9a Abs. 1, der keinen Anspruch auf die zusätzliche Eingliederungshilfe nach § 9b hat, erhält auf Antrag im Rahmen der Höchstgrenzen des § 9a Abs. 1 Sätze 3 und 4 vom fünften Gewahrsamsjahr, frühestens vom 1. Januar 1951 an, für jeden Gewahrsamsmonat eine weitere Eingliederungshilfe von 20 Deutsche Mark, die sich nach zwei, vier und sechs weiteren Gewahrsamsjahren jeweils um 20 Deutsche Mark erhöht; jedoch erhalten Personen, die im Gewahrsam geboren wurden, diese Leistungen nicht. § 9a Abs. 2 gilt auch für diese Leistungen.

### § 10
### Zuständigkeit und Verfahren

(1) Für die Gewährung von Leistungen nach den §§ 4, 5 und 8 sind die Behörden zuständig, denen die Durchführung des Bundesversorgungsgesetzes und des Unterhaltsbeihilfegesetzes obliegt. Soweit die Versorgungsbehörden zuständig sind, richtet sich das Verfahren nach den für die Kriegsopferversorgung geltenden Vorschriften.

(2) Für die Gewährung der in § 9 bezeichneten Hilfen und Vergünstigungen sind diejenigen Behörden und Stellen zuständig, welche die Gesetze ausführen, in denen die einzelnen Hilfen und Vergünstigungen geregelt sind. Die für diese Behörden und Stellen maßgebenden Bestimmungen für das Verwaltungsverfahren gelten entsprechend. Für die Gewährung der Leistungen nach den §§ 9a bis 9c sind die von den Landesregierungen bestimmten Stellen zuständig; hat der Antragsteller seinen gewöhnlichen Aufenthalt im Ausland, so bestimmt die Regierung des Landes, in welchem die Bundesregierung ihren Sitz hat, die zuständige Behörde.

(3) Über öffentlich-rechtliche Streitigkeiten entscheiden die Gerichte der Sozialgerichtsbarkeit, soweit dieses Gesetz von den für die Kriegsopferversorgung zuständigen Verwaltungsbehörden, von den Dienststellen der Bundesanstalt für Arbeit oder den Trägern der Sozialversicherung durchgeführt wird. Für das Verfahren vor den Gerichten der Sozialgerichtsbarkeit sind je nach der Art des Anspruchs die Vorschriften des Sozialgerichtsgesetzes für Angelegenheiten der Kriegsopferversorgung oder für Angelegenheiten der Bundesanstalt für Arbeit oder für Angelegenheiten der Sozialversicherung maßgebend. § 51 Abs. 2 Satz 2 des Sozialgerichtsgesetzes bleibt unberührt. Über öffentlich-rechtliche Streitigkeiten bei der Anwendung der §§ 9a bis 9c entscheiden die allgemeinen Verwaltungsgerichte.

(4) Der Nachweis darüber, daß die Voraussetzungen entweder des § 1 Abs. 1 oder des § 1 Abs. 1 und des § 9 Abs. 1 vorliegen und daß Ausschließungsgründe nach § 2 Abs. 1 Nr. 1 und 2 weder gegeben noch gemäß § 2 Abs. 4 wirksam sind, ist durch eine Bescheinigung zu erbringen. Bescheinigungen, die für die in § 1 Abs. 1 Nr. 2 und 3 genannten Personen ausgestellt werden, sind kein Nachweis dafür, daß Ansprüche nach den §§ 4, 5 und 8 dieses Gesetzes bestehen.

(5) Über die Anträge mehrerer Antragsteller, die Erben oder weitere Erben einer in § 1 Abs. 1 Nr. 1 bezeichneten Person sind, entscheidet die Behörde, bei welcher der erste Antrag gestellt worden ist.

(6) Hält die Behörde zur Feststellung des Gewahrsams oder von Ausschließungsgründen nach § 2 Abs. 1 Nr. 1 und 2 und nach § 2 Abs. 4 die eidliche Vernehmung eines Zeugen oder eines Sachverständigen für geboten, so ist das Amtsgericht, in dessen Bezirk der Zeuge oder Sachverständige seinen Wohnsitz oder Aufenthaltsort hat, um die eidliche Vernehmung zu ersuchen.

(7) Die Vorschriften des § 15 Abs. 5 und der §§ 16 bis 18 des Bundesvertriebenengesetzes sind entsprechend anzuwenden.

(8) Wird die Bescheinigung eingezogen oder für ungültig erklärt, so sind die Leistungen nach diesem Gesetz einzustellen.

## § 11
### Berechtigte in Gast- oder Durchgangslagern

Für Berechtigte, die sich in einem Gast- oder Durchgangslager aufhalten, sind für die Gewährung von Leistungen nach diesem Gesetz und für die Ausstellung der Bescheinigung gemäß § 10 Abs. 4 die Behörden und Stellen zuständig, in deren Bereich sich das Lager befindet.

## § 12
### Härteausgleich

Die zuständige oberste Landesbehörde kann im Einvernehmen mit dem für dieses Gesetz federführenden Bundesminister zur Vermeidung unbilliger Härten in Einzelfällen Maßnahmen nach diesem Gesetz ganz oder teilweise zulassen.

## § 13
### Kostenregelung

(1) Der den Trägern der Sozialversicherung und der Arbeitslosenversicherung auf Grund des § 9 entstehende Aufwand wird ihnen mit Ausnahme der Verwaltungskosten aus Mitteln des Bundes erstattet, soweit dieser Aufwand die Leistungen übersteigt, auf die die nach § 1 Abs. 1 Nr. 1 Berechtigten nach anderen gesetzlichen Bestimmungen Anspruch haben. Den Trägern der gesetzlichen Krankenversicherung wird als Ersatz für Verwaltungskosten und für sonstige mit der Durchführung des Gesetzes zusammenhängende Kosten ein Betrag von 8 vom Hundert ihres Aufwandes für die nach § 23 des Heimkehrergesetzes zu gewährenden Leistungen ersetzt.

(2) Im übrigen trägt der Bund die Aufwendungen für Leistungen nach diesem Gesetz jeweils in dem gleichen Umfange wie die Aufwendungen für Leistungen, die unmittelbar auf Grund der Gesetze gewährt werden, die in diesem Gesetz für entsprechend anwendbar erklärt sind.

## § 14
### Überleitungsvorschrift für Bestimmungen, in denen auf die Eigenschaft als Heimkehrer abgestellt ist

Soweit in anderen Vorschriften, die die Gewährung von Leistungen von der Einhaltung eines Stichtages abhängig machen, Heimkehrer hiervon freigestellt sind, gilt diese Freistellung auch für Personen im Sinne des § 9 Abs. 1.

## § 15
### Stiftung für ehemalige politische Häftlinge

(1) Zur Förderung ehemaliger politischer Häftlinge wird unter dem Namen „Stiftung für ehemalige politische Häftlinge" eine rechtsfähige Stiftung des öffentlichen Rechts errichtet.

(2) Der Sitz der Stiftung wird durch die Satzung bestimmt.

(3) Die Stiftung verfolgt ausschließlich und unmittelbar steuerbegünstigte Zwecke im Sinne der §§ 51 bis 68 der Abgabenordnung.

## § 16
### Stiftungsvermögen

(1) Die Stiftung wird mit 42 500 000 Deutsche Mark ausgestattet. Dieser Betrag wird der Stiftung vom Bund nach Maßgabe der im Bundeshaushalt ausgebrachten Mittel zur Verfügung gestellt.

(2) Die Stiftung ist berechtigt, Zuwendungen von dritter Seite anzunehmen.

(3) Neben den jährlichen Erträgnissen können aus dem Stammvermögen für das Jahr 1985 insgesamt 3 000 000 Deutsche Mark, für die Jahre 1986 bis 1988 jährlich bis zu 3 500 000 Deutsche Mark und vom Jahre 1989 an jährlich bis zu 3 000 000 Deutsche Mark entnommen werden.

## § 17
### Personenkreis

Von der Stiftung werden die in § 1 Abs. 1 genannten Personen gefördert. Auf die Förderung nach § 18 besteht kein Rechtsanspruch. § 12 gilt mit der Maßgabe, daß das Einvernehmen mit dem für dieses Gesetz federführenden Bundesminister vom Vorstand der Stiftung hergestellt wird.

## § 18
### Unterstützungen

Einem Berechtigten, der durch die Folgen des Gewahrsams in seiner wirtschaftlichen Lage besonders beeinträchtigt ist, können Unterstützungen gewährt werden.

## § 19
### Stiftungsorgane

(1) Organe der Stiftung sind

1. der Stiftungsrat,

2. der Stiftungsvorstand.

(2) Die Mitglieder der Organe werden ehrenamtlich tätig; sie haben Anspruch auf Ersatz ihrer notwendigen Auslagen.

## § 20
### Stiftungsrat

(1) Der Stiftungsrat besteht aus zwölf Mitgliedern. Der für dieses Gesetz federführende Bundesminister benennt sechs Mitglieder; er beruft weitere sechs Mitglieder aus den in § 17 Satz 1 genannten Personen. Für jedes Mitglied wird ein Stellvertreter benannt oder berufen.

(2) Den Vorsitzenden und seinen Stellvertreter wählt der Stiftungsrat. Der Vorsitzende wird aus den nach Absatz 1 Satz 2 benannten Mitgliedern gewählt.

(3) Die Amtszeit der Mitglieder des Stiftungsrates und ihrer Stellvertreter beträgt vier Jahre. Scheidet ein Mitglied oder ein Stellvertreter vorzeitig aus, wird für den Rest seiner Amtszeit ein Nachfolger benannt oder berufen. Wiederholte Bestellungen sind unzulässig.

(4) Der Stiftungsrat erläßt die Satzung und stellt Richtlinien für die Verwendung der Mittel auf, in denen er bestimmt, unter welchen Voraussetzungen und bis zu welcher Höhe Unterstützungen nach § 18 gewährt werden können; Satzung und Richtlinien bedürfen der Genehmigung des für dieses Gesetz federführenden Bundesministers im Einvernehmen mit dem Bundesminister der Finanzen. Der Stiftungsrat beschließt über alle grundsätzlichen Fragen, die zum Aufgabenbereich der Stiftung gehören, und überwacht die Tätigkeit des Stiftungsvorstandes. Der Stiftungsrat gibt sich eine Geschäftsordnung.

(5) Der Stiftungsrat ist beschlußfähig, wenn die Hälfte der Mitglieder anwesend ist. Er beschließt mit einfacher Mehrheit.

## § 21
### Stiftungsvorstand

(1) Der Stiftungsvorstand besteht aus dem Vorsitzenden und drei weiteren Mitgliedern. Der Stiftungsrat wählt den Vorsitzenden und die weiteren Mitglieder des Stiftungsvorstandes auf die Dauer von zwei Jahren. Wiederwahl ist zulässig. Scheidet der Vorsitzende oder ein weiteres Mitglied des Stiftungsvorstandes vorzeitig aus, wird für den Rest seiner Amtszeit vom Stiftungsrat ein Nachfolger gewählt.

(2) Der Vorsitzende und die weiteren Mitglieder des Stiftungsvorstandes können nicht Mitglieder des Stiftungsrates oder deren Stellvertreter sein.

(3) Der Stiftungsvorstand führt die Geschäfte und vertritt die Stiftung gerichtlich und außergerichtlich; das Nähere regelt die Satzung. Nach Ablauf seiner Amtszeit führt der Stiftungsvorstand die Geschäfte bis zum Zusammentritt des neu gewählten Stiftungsvorstandes weiter.

(4) Für die Beschlüsse des Stiftungsvorstandes gilt § 20 Abs. 5 entsprechend.

## § 22
### Entscheidung über Anträge

(1) Zur Entscheidung über Anträge nach § 18 wird bei dem Vorstand ein Ausschuß gebildet.

(2) Der Ausschuß besteht aus

1. dem Vorsitzenden des Vorstandes oder dessen Stellvertreter als Vorsitzendem,

2. zwei ehrenamtlichen Beisitzern.

(3) Einer der Beisitzer muß ehemaliger politischer Häftling sein.

(4) Die Beisitzer werden vom Stiftungsrat auf die Dauer von zwei Jahren gewählt und von dem Vorsitzenden des Ausschusses auf die gewissenhafte und unparteiische Wahrnehmung ihrer Amtsobliegenheiten verpflichtet.

(5) Über den Antrag entscheidet der Ausschuß durch Bescheid.

## § 23
### Widerspruchsausschuß

(1) Zur Entscheidung über den Widerspruch gegen den Bescheid des Ausschusses nach § 22 wird ein Widerspruchsausschuß gebildet.

(2) Der Widerspruchsausschuß besteht aus

1. einem vom Stiftungsrat aus seiner Mitte gewählten Mitglied als Vorsitzendem,

2. zwei ehrenamtlichen Beisitzern.

(3) Der Vorsitzende des Widerspruchsausschusses muß die Befähigung für den höheren Verwaltungsdienst besitzen. Die Beisitzer des Ausschusses nach § 22 können nicht zu-

gleich Mitglieder des Widerspruchsausschusses sein; im übrigen gilt § 22 Abs. 3 und 4 entsprechend.

## § 24
### Aufsicht

Die Stiftung untersteht der Aufsicht des für dieses Gesetz federführenden Bundesministers.

## § 25
### Aufhebung der Stiftung

Bei der Aufhebung der Stiftung vorhandes Vermögen fließt dem Bund zu.

## § 25 a
### Übergangsvorschrift

(1) § 9 b ist in der bis zum 31. Dezember 1985 geltenden Fassung weiterhin anzuwenden, wenn der Berechtigte spätestens an diesem Tage die in § 1 Abs. 1 Nr. 1 genannten Gebiete verlassen hat und die Leistungen nach § 9 b vor dem 1. Januar 1989 beantragt.

(2) § 1 Abs. 5, § 9 a Abs. 1 und 2 und § 9 c sind in der bis zum 31. Dezember 1989 geltenden Fassung weiterhin anzuwenden, wenn der Berechtigte spätestens an diesem Tage die in § 1 Abs. 1 Nr. 1 genannten Gebiete verlassen und die Leistungen nach §§ 9 a und 9 c vor dem 1. Januar 1992 beantragt hat.

(3) Für einen Gewahrsam in den in § 3 des Bundesvertriebenengesetzes genannten Gebieten genügt es, wenn abweichend von § 1 Abs. 1 und § 9 a Abs. 1 Satz 1 der gewöhnliche Aufenthalt nach der Entlassung aus dem Gewahrsam dort beibehalten oder genommen worden ist. Leistungen nach den §§ 9 a bis 9 c für einen Gewahrsam in diesen Gebieten werden nur gewährt, wenn sie bis zum 31. Dezember 1992 beantragt worden sind.

## § 25 b
### Sonstige Vorschriften

Die Leistungen nach den §§ 9 a bis 9 c und § 18 unterliegen in der Person des unmittelbar Berechtigten nicht der Zwangsvollstreckung.

## § 26
### Anwendung im Land Berlin

Dieses Gesetz gilt nach Maßgabe des § 13 Abs. 1 des Dritten Überleitungsgesetzes auch im Land Berlin. Rechtsverordnungen, die auf Grund dieses Gesetzes erlassen werden, gelten im Land Berlin nach § 14 des Dritten Überleitungsgesetzes.

## § 27
(Inkrafttreten)

## 16.3 Richtlinien der Heimkehrerstiftung
### – Stiftung für ehemalige Kriegsgefangene –
für die Gewährung von Leistungen aus Stiftungsmitteln
i. d. F. vom 1. Januar 1987 (BAnz. S. 12441), geändert durch
Bekanntmachung vom 27. April 1988 (BAnz. S. 2017)

Der Stiftungsrat hat gemäß § 48 Abs. 4 des Kriegsgefangenenentschädigungsgesetzes (KgfEG) die nachstehenden Richtlinien für die Gewährung von Leistungen aus Stiftungsmitteln beschlossen:

### I. Allgemeine Bestimmungen

1. (1) Von der Stiftung werden gefördert:

a) Personen, die wegen militärischen oder militärähnlichen Dienstes im ursächlichen Zusammenhang mit dem Zweiten Weltkrieg gefangengenommen und von einer ausländischen Macht festgehalten wurden;

b) Personen, die nach § 2 Abs. 2 und 3 KgfEG als Kriegsgefangene gelten;

c) Witwen heimgekehrter Kriegsgefangener, sofern sie keine neue Ehe eingegangen sind und die häusliche Gemeinschaft mit dem Verstorbenen bis zu dessen Tod bestanden hat.

(2) Was als militärischer oder militärähnlicher Dienst anzusehen ist, ergibt sich aus §§ 2 – 4 des Bundesversorgungsgesetzes (BVG) und den hierzu ergangenen Verwaltungsvorschriften; § 6 BVG und die Verwaltungsvorschriften hierzu sind entsprechend anzuwenden.

(3) Nicht gefördert werden in ausländischem Gewahrsam geborene Abkömmlinge von Berechtigten.

2. Leistungen aus Mitteln der Stiftung nach § 46 Abs. 2 KgfEG können auch Personen erhalten, die nicht Berechtigte im Sinne des § 1 KgfEG sind, weil sie vor dem 1. Januar 1947 aus dem Gewahrsam entlassen wurden oder die Stichtagsvoraussetzungen nicht erfüllen.

3. Bei den in Nummer 1 Buchstabe b) genannten Personen muß zum Zeitpunkt der Antragstellung die Rechtsstellung eines Deutschen im Sinne des Artikels 116 GG gegeben sein. Danach ist Deutscher, wer die deutsche Staatsangehörigkeit besitzt oder als Flüchtling oder Vertriebener deutscher Volkszugehörigkeit oder als sein Ehegatte oder Abkömmling in dem Gebiet des Deutschen Reiches nach dem Stand vom 31. Dezember 1937 Aufnahme gefunden hat.

4. Die in Nummer 1 Buchstabe a) – c) genannten Personen müssen zum Zeitpunkt der Antragstellung ihren Wohnsitz oder ständigen Aufenthalt im Geltungsbereich des Kriegsgefangenenentschädigungsgesetzes haben.

5. Aus der Stiftung können nach Maßgabe der verfügbaren Mittel gemäß § 46 Abs. 2 KgfEG Darlehen und Unterstützungen sowie gemäß § 46 b KgfEG Leistungen zur Minderung von Nachteilen in der gesetzlichen Rentenversicherung gewährt werden. Auf sie besteht kein Rechtsanspruch. Die Ausschließungsgründe des § 8 KgfEG gelten entsprechend.

6. Stirbt ein Antragsteller nach der Beantragung einer Leistung nach § 46 Abs. 2 KgfEG, so kann die beantragte Leistung in Härtefällen dem Ehegatten oder einem unterhaltsberechtigten Angehörigen, der nach geltendem Recht als Kriegshinterbliebener Anspruch auf Versorgung hätte, oder einer Person, die zur Sicherung seines Lebensbedarfs wesentlich beigetragen hat, gewährt werden, wenn und soweit hierfür noch ein Bedarf vor-

handen ist, die Voraussetzungen für die Gewährung beim Antragsteller erfüllt waren und die häusliche Gemeinschaft mit dem Antragsteller bis zu dessen Tod bestanden hat.

7. Die Reihenfolge der Gewährung von Leistungen wird durch die aus den vorliegenden Anträgen erkennbare soziale Dringlichkeit – bei Darlehen auch durch die volkswirtschaftliche Förderungswürdigkeit der Vorhaben – bestimmt. Im Rahmen der sozialen Dringlichkeit ist vorrangig zu berücksichtigen, in welchem Ausmaß der Antragsteller durch die Kriegsgefangenschaft und ihre Folgen gehindert war, eine seinen Fähigkeiten entsprechende Tätigkeit auszuüben.

8. Die Förderungsmaßnahmen können an ehemalige Kriegsgefangene gewährt werden, wenn sie Leistungen in gleicher Art und Höhe nach anderen Vorschriften nicht erhalten können.

9. Unrichtige oder unvollständige Angaben bei der Antragstellung können zum Ausschluß oder zur Rückforderung von Leistungen führen.

## II. Besondere Bestimmungen

### A. Darlehen

10. (1) Darlehen können gewährt werden

a) zum Aufbau oder zur Sicherung der wirtschaftlichen Existenz;

b) zur Beschaffung von Wohnraum;

c) für sonstige förderungswürdige Vorhaben.

(2) Darlehen können nur gewährt werden, wenn und soweit der Antragsteller nicht in der Lage ist, das Vorhaben aus eigenen Mitteln oder durch zumutbare Inanspruchnahme anderer Finanzierungsmöglichkeiten durchzuführen.

11. Das Darlehen wird dem Darlehensnehmer in der Regel über ein von ihm zu benennendes Kreditinstitut (Hausbank) zur Verfügung gestellt. Das Darlehen darf nur für das genehmigte Vorhaben verwendet werden. Die Verwendung ist entsprechend zu belegen. Auszahlung, Verwaltung und Überwachung des Darlehens werden vom Kreditinstitut vorgenommen, sofern die Stiftung nicht unmittelbar als Kreditgeber auftritt. Dem Bundesrechnungshof und der Stiftung steht insoweit bei den benannten Kreditinstituten ein jederzeitiges Prüfungsrecht zu.

### a) Darlehen zum Aufbau oder zur Sicherung der wirtschaftlichen Existenz

12. (1) Darlehen zum Aufbau oder zur Sicherung der wirtschaftlichen Existenz können gewährt werden, wenn die Lebensgrundlage des Antragstellers begründet oder bei einer Gefährdung gefestigt werden soll und der Antragsteller die erforderlichen persönlichen und fachlichen Voraussetzungen erfüllt.

(2) Die Bewilligung eines Darlehens ist auch zulässig zur Ablösung eines Zwischenkredits, sofern mit dem abzulösenden Kredit das Vorhaben vorfinanziert worden ist, und zur Umschuldung eines Darlehens, ausgenommen aus öffentlichen Mitteln, dessen Zins- und Tilgungsdienst die Existenz gefährdet.

13. Die Höhe eines Darlehens richtet sich nach dem Umfang der zur Durchführung des beantragten Vorhabens erforderlichen Mittel; der Höchstbetrag ist DM 40 000 –.

14. Die Darlehen zum Aufbau oder zur Sicherung der wirtschaftlichen Existenz sind mit 3 vom Hundert jährlich, beginnend am 3. Geschäftstag nach Abgang der Überweisung an das Kreditinstitut, zu verzinsen und nach 3 Freijahren in längstens 20 gleichen Halbjahresraten zu tilgen; das erste Freijahr beginnt mit dem auf die Auszahlung – auch nur eines Teilbetrages – folgenden Halbjahresersten. Bei Darlehen zum Zwecke der Umschulung können die 3 Freijahre entfallen. Die Zins- und Tilgungsleistungen sind am 31. Mai und 30. No-

vember jedes Jahres fällig. Bei Stundung und Verzug erhöht sich der Zinssatz auf 4 vom Hundert jährlich.

### b) Darlehen zur Beschaffung von Wohnraum

15. (1) Darlehen zur Beschaffung von Wohnraum können für Neubau, Ankauf bestehender Wohngebäude oder Eigentumswohnungen, Instandsetzungen, Instandhaltungen, Modernisierungen oder Erweiterungen sowie zur Beschaffung einer Mietwohnung oder zur Begründung eines Dauerwohnrechts (Mieterdarlehen) gewährt werden. Die geplante Maßnahme muß der Behebung eines gegenwärtigen dringenden Wohnraumbedarfs des Antragstellers und seiner zum Haushalt gehörenden Familienmitglieder dienen.

(2) Die Bewilligung eines Darlehens ist auch zulässig zur Ablösung eines Zwischenkredits, sofern mit dem abzulösenden Kredit das Vorhaben vorfinanziert worden ist, sowie zur Umschuldung von Darlehen, ausgenommen aus öffentlichen Mitteln, wenn die Zins- und Tilgungsbelastung aus dem Familieneinkommen nicht getragen werden kann und die Erhaltung des Familienwohnraumes deshalb gefährdet ist. Nicht gefördert werden Vorhaben, die hinsichtlich Größe, Umfang, Ausstattung oder Kosten über einen angemessenen Bedarf hinausgehen, sowie Wohnraum im Ausland oder der nachträgliche Bau von Garagen und Außenanlagen.

16. Die Darlehen sind keine öffentlichen Mittel im Sinne des § 6 Zweites Wohnungsbaugesetz; sie dienen dem Ersatz oder der Ergänzung von Eigenleistungen. Die Finanzierung des Bauvorhabens muß gesichert sein.

17. Bei Mieterdarlehen soll eine langfristige Wohnberechtigung des Darlehensnehmers, mindestens 5 Jahre, sowie die Berechtigung zur Rückforderung des noch nicht abgewohnten Darlehensanteils im Falle seines Auszuges gesichert sein.

18. (1) Die Höhe des Darlehens wird bestimmt nach Umfang, Art, Rechtsform und Nutzung des Vorhabens sowie nach dem Finanzierungsbedarf; bei Mieterdarlehen nach der Größe der Wohnung und der geforderten Mietvorauszahlung. Der Höchstbetrag ist DM 30000,–, bei Mieterdarlehen DM 10000,–. Die Darlehen sind unverzinslich und mit 5 vom Hundert jährlich in gleichen Halbjahresraten zu tilgen.

Darlehen für Instandsetzungen, Instandhaltungen, Modernisierungen oder Erweiterungen sind mit 10 vom Hundert jährlich in gleichen Halbjahresraten zu tilgen. Bei der Festsetzung der Tilgungsbedingungen des Mieterdarlehens ist die Dauer des Mietvertrages angemessen zu berücksichtigen.

(2) Die erste Rate ist an dem 28. Februar oder an dem 31. August fällig, der auf den Ablauf einer Frist von 11 Monaten nach dem Tage der ersten Auszahlung folgt.

(3) Bei Stundung und Verzug sind Stundungs- und Verzugszinsen in Höhe von 4 vom Hundert jährlich zu berechnen.

### c) Darlehen für sonstige förderungswürdige Vorhaben

19. Sonstige förderungswürdige Vorhaben sind solche, die nicht unter Nr. 12 oder Nr. 15 fallen und bei denen die Darlehensgewährung beruflichen, sozialen und ähnlichen Zwecken dient und der Antragsteller die zur Verwirklichung des Vorhabens erforderlichen Voraussetzungen erfüllt. Dazu gehören auch Darlehen zur Sicherung eines Alten- und Pflegeheimplatzes.

20. Der Höchstbetrag der Darlehen beträgt DM 20000,–. Die sonstigen Bedingungen richten sich nach der Art, der Rechtsform und dem Finanzierungsbedarf des Vorhabens sowie der wirtschaftlichen Lage des Antragstellers.

**B. Einmalige Unterstützungen**

21. Unterstützungen können gewährt werden, wenn sie zur Beseitigung oder Linderung einer gegenwärtigen Notlage geboten sind. Eine Notlage ist gegeben, wenn der Antragsteller nicht in der Lage oder es ihm nicht zuzumuten ist, bestimmte dringende Lebensbedürfnisse für sich oder die von ihm zu unterhaltenden Angehörigen mit eigenen Mitteln oder sonstiger Hilfe zu befriedigen.

22. Unterstützungen können unter den Voraussetzungen der Nr. 21 auch gewährt werden

a) für Maßnahmen der Gesundheitsfürsorge, wenn diese geboten sind;

b) für die Entrichtung von Beiträgen an die gesetzliche Rentenversicherung, wenn sonst keine ausreichende Altersversorgung sichergestellt ist;

c) zur vorübergehenden Abdeckung von Zins- und Tilgungsleistungen für Schuldverpflichtungen, wenn das Eingehen der Verpflichtung bei Abwägung der Lebensumstände des Antragstellers vertretbar war.

23. Die Höhe der Unterstützung richtet sich nach Art und Ausmaß der Notlage. Die Unterstützung soll DM 8 000,– nicht übersteigen. Sie kann auch in Teilbeträgen gezahlt werden.

24. Unterstützungen können wiederholt gewährt werden, wenn dies ohne Zurückstellung anderer dringlicher Anträge möglich ist.

25. Unterstützungen dürfen nicht gewährt werden, wenn die Notlage durch Inanspruchnahme anderer Leistungen oder durch besondere Hilfen aus öffentlichen Mitteln behoben oder nachhaltig gemildert werden kann.

**C. Leistungen zur Minderung von Nachteilen in der gesetzlichen Rentenversicherung**

26. Ehemalige Kriegsgefangene nach Nummer 1 Buchstabe a) dieser Richtlinien, die eine Rente wegen Erwerbsunfähigkeit oder ein Altersruhegeld aus der gesetzlichen Rentenversicherung beziehen, können Leistungen zur Minderung von Nachteilen erhalten, die durch die Bewertung der Zeiten des Kriegsdienstes und der Kriegsgefangenschaft als Ersatzzeiten in der gesetzlichen Rentenversicherung entstanden sind und eine Härte bedeuten.

27. Die Voraussetzungen gemäß Nummer 26 sind anzunehmen, wenn

a) die Kriegsgefangenschaft nach dem 31. Dezember 1946 geendet hat,

b) bei der Rentenberechnung mindestens 25 Versicherungsjahre, davon mindestens 36 Monate einer Ersatzzeit nach § 1251 Abs. 1 Nr. 1 Reichsversicherungsordnung, § 28 Abs. 1 Nr. 1 Angestelltenversicherungsgesetz oder § 51 Abs. 1 Nr. 1 Reichsknappschaftsgesetz angerechnet wurden und

c) eine ausreichende Altersversorgung nicht vorhanden ist.

28. (1) Eine Altersversorgung gilt im Sinne dieser Richtlinien als nicht ausreichend, wenn das Einkommen im Jahre 1980 den Betrag von DM 1 200,– monatlich nicht übersteigt. Dieser Betrag ändert sich entsprechend der Anpassungsquote des jeweiligen Rentenanpassungsgesetzes.

(2) Zum Einkommen gehören die Renten und alle sonstigen Einkünfte des Antragstellers nach Abzug der auf das Einkommen zu entrichtenden Steuern und Beiträge zur Sozialversicherung einschließlich der Arbeitslosenversicherung. Kinderzuschüsse, Kinderzulagen und Kindergeld werden bei der Feststellung des Einkommens nicht angerechnet.

(3) Bei der Feststellung des Einkommens im Sinne des Absatzes 1 werden die Beschädigtengrundrente nach dem Bundesversorgungsgesetz und den Gesetzen, die dieses

Gesetz für anwendbar erklären, sowie die Verletztenrente aus der gesetzlichen Unfallversicherung bis zur Höhe der vergleichbaren Grundrente nach dem Bundesversorgungsgesetz nicht berücksichtigt; „vergleichbare Grundrente" ist die Grundrente, die dem Verletzten bei gleicher Minderung der Erwerbsfähigkeit als Beschädigtem nach dem Bundesversorgungsgesetz zustehen würde.

(4) Der Einsatz des Vermögens ist nicht zuzumuten, wenn dadurch die bisherige Lebensgrundlage beeinträchtigt würde.

29. (1) Die Höhe der Leistung beträgt ab 1. Juli 1987 für Leistungsberechtigte
bei einem Monatseinkommen
bis DM 1 120 = DM 80,– mtl.
bis DM 1 243 = DM 70,– mtl.
bis DM 1 368 = DM 60,– mtl.
bis DM 1 492 = DM 50,– mtl.[1]
Maßgebend ist das Einkommen im jeweiligen Monat der Leistung.

(2) Diese Einkommensgruppen ändern sich entsprechend der Anpassungsquote des jeweiligen Rentenanpassungsgesetzes, wobei die Beträge auf volle DM abzurunden sind.

30. Nach dem Tode des Empfängers einer Leistung (Nr. 26) kann der Witwe/dem Witwer eine Leistung nach § 46 b KgfEG gewährt werden. Voraussetzung ist:

a) Tod des Ehemannes/der Ehefrau, auch wenn der Tod vor dem 1. Januar 1987 eingetreten ist,

b) daß der verstorbene Ehemann/die verstorbene Ehefrau eine Leistung nach Nummer 26 dieser Richtlinien bis zum Tod bezogen hat; dazu gehört auch die Leistung nach Nummer 35 Abs. 3;

c) daß die Ehe bis zum Tode bestanden hat,

d) daß die Ehe vor Bewilligung der Leistung an den Ehemann bzw. an die Ehefrau geschlossen war,

e) wenn die Ehe nach Bewilligung der Leistung an den Ehemann/Ehefrau geschlossen war: daß sie mindestens 1 Jahr bestanden hat; das gilt jedoch nicht, wenn nach den besonderen Umständen des Falles die Annahme nicht gerechtfertigt ist, daß der alleinige oder überwiegende Zweck der Eheschließung war, der Witwe/dem Witwer eine Versorgung zu verschaffen.

31. (1) Die Höhe der Leistung an die Witwe/den Witwer beträgt 60 % der Leistung nach Nummer 29 Abs. 1 u. 2; dabei gelten die dort genannten Einkommensgruppen und die Einkommensgrenze.

(2) Die Höhe der Leistung beträgt ab 1. Juli 1987
für Witwen/Witwer von Leistungsberechtigten bei einem Monateinkommen
bis DM 1 120,– = DM 48,– mtl.
bis DM 1 243,– = DM 42,– mtl.
bis DM 1 388,– = DM 36,– mtl.
bis DM 1 492,– = DM 30,– mtl.[1]
Maßgebend ist das Einkommen im jeweiligen Monat der Leistung.

(3) Nummer 29 Abs. 2 gilt entsprechend.

---

[1] Neufestsetzung ab 1. Juli 1987 (vgl. BAnz. 1987, S. 12443)
  Ab 1. Juli 1990 gilt folgende Staffel: 1 219,– DM/1 352,– DM/1 488,– DM/1 623,– DM

32. Für die Ermittlung des Einkommens der Witwe/des Witwers gilt Nummer 28 Abs. 2 bis 4 entsprechend. Dabei sind sowohl abgeleitete Leistungen (z. B. Hinterbliebenenrenten) als auch eigene Einkünfte der Witwe/des Witwers zu berücksichtigen.

33. Die Leistung (Nr. 26 und Nr. 30) kann vorbehaltlich der Bestimmungen unter Nummer 35 bewilligt werden. Der Leistungsempfänger/die Leistungsempfängerin ist verpflichtet, Änderungen hinsichtlich der Voraussetzungen für die Leistung und der Höhe des Einkommens der Heimkehrerstiftung unverzüglich anzuzeigen.

34. Die Leistung (Nr. 26 und Nr. 30) beginnt mit dem Monat, in dem die Voraussetzungen für die Gewährung erfüllt sind. Die Leistung nach Nummer 26 beginnt frühestens mit dem Monat des Eingangs des Antrages bei der Heimkehrerstiftung. Die Leistung nach Nummer 30 beginnt frühestens mit dem auf den Todestag des Leistungsempfängers folgenden Kalendermonat, wenn der Antrag innerhalb von 6 Monaten nach dem Todestag gestellt wird; in anderen Fällen mit dem Monat des Eingangs des Antrages bei der Heimkehrerstiftung, jedoch nicht vor dem 1. Januar 1987. Lag der Todestag vor dem 1. Januar 1987, beginnt die Leistung mit Januar 1987, wenn der Antrag vor dem 1. Juli 1987 gestellt wurde.

35. (1) Die Leistung (Nr. 26 und Nr. 30) soll jeweils zu Beginn des Monats Dezember eines jeden Jahres für das folgende Kalenderjahr, die Leistung für das Jahr der Antragstellung zu Beginn des Monats Dezember dieses Jahres ausgezahlt werden.

(2) Ist der Antragsteller/die Antragstellerin (Nr. 26 und Nr. 30) nach Bescheiderteilung verstorben oder hat er/sie seinen/ihren Wohnsitz nicht mehr im Geltungsbereich des Kriegsgefangenenentschädigungsgesetzes, dürfen Leistungen für Zeiten nach dem Sterbemonat oder nach dem Monat der Verlegung des Wohnsitzes nicht mehr ausgezahlt werden. Bereits ausgezahlte Beträge nach Nummer 26 und Nummer 30 werden nicht zurückgefordert.

(3) Ist der Antragsteller/die Antragstellerin (Nr. 26) vor Bescheiderteilung verstorben, erhält die Witwe/der Witwer aus Billigkeitsgründen die Leistung bis zum Sterbemonat des Ehegatten.

(4) Die Leistung nach Nr. 30 an die Witwe/den Witwer fällt mit Ablauf des Monats der Wiederheirat weg.

(5) Voraussetzung für die Auszahlung ist eine Mitteilung des Leistungsempfängers an die Stiftung bis zum 1. Oktober jedes Jahres, daß der Wohnsitz, das angegebene Konto und die Einkommensverhältnisse unverändert bestehen bzw. ob und wie sie sich verändert haben. Diese Mitteilung ist vom Leistungempfänger eigenhändig zu unterschreiben.

### III. Verfahren

36. Leistungen werden auf Antrag gewährt. Der Antrag ist unter Verwendung der vorgeschriebenen Vordrucke und unter Beifügung der zum Nachweis der Antragsberechtigung – bei Darlehensanträgen auch des Vorhabens – erforderlichen Unterlagen bei der Stiftung einzureichen.

37. Zur Vorbereitung der Entscheidung, insbesondere zur Klärung des Sachverhalts, zur Feststellung der Antragsvoraussetzungen und zur Ergänzung der Angaben im Antragsvordruck können von der Stiftung Behörden im Wege der Amtshilfe oder andere Stellen (Verband der Heimkehrer, Kriegsgefangenen und Vermißtenangehörigen Deutschlands e. V., Deutsches Rotes Kreuz, WASt und dgl.) in Anspruch genommen werden.

38. Über den Antrag entscheidet ein Bewilligungsausschuß durch schriftlichen Bescheid.

39. Ist ein Darlehen bewilligt worden, wird zwischen der Stiftung oder in ihrem Auftrag einem Kreditinstitut und dem Antragsteller nach Rechtskraft des Bewilligungsbescheides ein Darlehensvertrag/Schuldurkunde nach vorgeschriebenem Muster abgeschlossen.

40. Die Darlehen sind unter Berücksichtigung der wirtschaftlichen Lage des Darlehensnehmers, z. B. unter Heranziehung der aus den Darlehen errichteten oder angeschafften Werte, nach Möglichkeit zu sichern.

41. Bei Einschaltung eines Kreditinstitutes gewährt dieses das Darlehen im eigenen Namen für Rechnung der Stiftung.

### IV. Inkrafttreten

42. Die Richtlinien treten in der vorstehenden Fassung am 1. Januar 1987 in Kraft und werden im Bundesanzeiger veröffentlicht.

## 16.4 Merkblatt der Heimkehrerstiftung zu Leistungen zur Minderung von Nachteilen in der gesetzlichen Rentenversicherung

### A. Personenkreis

Leistungen nach § 46 b KgfEG kann erhalten, wer

1. in der Bundesrepublik Deutschland oder in West-Berlin wohnt,

2. wegen militärischen oder militärähnlichen Dienstes im ursächlichen Zusammenhang mit dem Zweiten Weltkrieg gefangengenommen und von einer ausländischen Macht festgehalten wurde (nicht jedoch Witwen von ehemaligen Kriegsgefangenen),

3. nach dem 31. 12. 1946 aus der Kriegsgefangenschaft entlassen wurde,

4. eine Rente wegen Erwerbsunfähigkeit oder ein Altersruhegeld **aus der gesetzlichen Rentenversicherung** (Bundesversicherungsanstalt für Angestellte, Landesversicherungsanstalten, Bundesknappschaft, Bundesbahn-Versicherungsanstalt, Seekasse) bezieht,

5. nachweist, daß bei der Rentenberechnung mindestens 25 Versicherungsjahre, davon mindestens 36 Monate einer Ersatzzeit nach § 1251 Abs. 1 Nr. 1 der Reichsversicherungsordnung, § 28 Abs. 1 Nr. 1 des Angestelltenversicherungsgesetzes oder § 51 Abs. 1 Nr. 1 des Reichsknappschaftsgesetzes (Zeiten des militärischen oder militärähnlichen Dienstes) angerechnet sind und

6. über keine ausreichende Altersversorgung verfügt.

### B. Höhe der Leistung, Leistungsbeginn, Leistungsdauer, Auszahlungstermin

Die Höhe der Leistung beträgt ab 1. Juli 1990

bei einem Monatseinkommen
bis DM 1 219,– DM 80,– monatlich,
bis DM 1 352,– DM 70,– monatlich,
bis DM 1 488,– DM 60,– monatlich,
bis DM 1 623,– DM 50,– monatlich.

Ein Monatseinkommen über DM 1 623,– gilt als ausreichende Altersversorgung.

Auf die Leistung besteht kein Rechtsanspruch. Sie kann nur auf Antrag gewährt werden. Sie wird vom Ersten des Monats an bewilligt, in dem die Voraussetzungen für die Bewilligung erfüllt sind, frühestens vom Monat der Antragstellung bei der Stiftung.

Sie endet mit Ablauf des Monats, in dem die Voraussetzungen für eine Leistung entfallen, spätestens mit dem Monat des Todes oder mit dem Monat, in dem der Leistungsberechtigte seinen Wohnsitz außerhalb des Geltungsbereichs des Kriegsgefangenenentschädigungsgesetzes (Bundesrepublik Deutschland und Berlin-West) nimmt.

Die Leistung wird jeweils jährlich im Monat Dezember ausgezahlt.

Voraussetzung für die jährliche Auszahlung ist eine Mitteilung des Antragstellers an die Heimkehrerstiftung bis zum 1. Oktober jeden Jahres, daß sein Wohnsitz, das angegebene Konto und die Einkommensverhältnisse unverändert bestehen bzw. ob und wie sie sich verändert haben. Diese Mitteilung ist vom Antragsteller eigenhändig zu unterschreiben. Ein entsprechender Vordruck wird dem Antragsteller rechtzeitig zugesandt.

## C. Verfahren

Der Antragsvordruck ist sorgfältig auszufüllen und zu unterschreiben. Alle Fragen im Antragsvordruck sind gut lesbar und **vollständig**, ggf. mit „nein" oder „entfällt" zu beantworten. **Freilassungen oder Striche** genügen nicht.

Die im Antragsvordruck angeführten „beizufügenden Unterlagen" sind beizulegen, möglichst in beglaubigter Fotokopie.

Kosten für die Beschaffung von Unterlagen können von der Stiftung nicht übernommen werden. Bei Angabe des Verwendungszwecks werden Beglaubigungen oder Bestätigungen von Behörden in der Regel gebührenfrei erteilt.

## Hinweise

1. Die landwirtschaftliche Alterskasse und sonstige berufsständische Altersversorgungskassen fallen nicht unter den Begriff „gesetzliche Rentenversicherung" im Sinne des Kriegsgefangenenentschädigungsgesetzes.

Dort erbrachte Versicherungsleistungen können nicht berücksichtigt werden.

2. Zum Einkommen gehören alle Einkünfte in Geld oder Geldeswert.

Hierzu zählen auch:

a) freies Wohnrecht sowie Sachbezüge (freie Kost, freie Heizung, Lieferung von Naturalien),

b) Leistungen aufgrund früherer Erwerbstätigkeit:

– Betriebsrenten, die wegen Ihrer früheren Tätigkeit vom Arbeitgeber, einer Pensionskasse oder dergleichen, gezahlt werden,

Leistungen aus:

– Zusatzversorgungskasse des Baugewerbes,

– Zusatzversorgungskasse des Maler- und Lackierhandwerks,

– Zusatzversorgungskasse der Steine- und Erdenindusrtrie und des Betonsteinhandwerks,

– Zusatzversorgungskasse der Dachdecker und des Gerüstbaugewerbes,

– Zusatzversorgungskasse des Steinmetz- und Steinbildhauerhandwerks,

– Zusatzversorgungskasse für die Beschäftigten des Deutschen Bäckerhandwerks,

– hüttenknappschaftlicher Zusatzversicherung,

– Versorgungsanstalt des Bundes und der Länder,

– Versorgungseinrichtungen von Bundesbahn, Bundespost sowie sonstigen öffentlich-rechtlichen Körperschaften und Einrichtungen,

– kirchlichen Zusatzversorgungskassen,

– Zusatzversorgungskasse und Zusatzversorgungswerk für Arbeitnehmer in der Land- und Forstwirtschaft,

– Zusatzversorgungskasse für Optiker,

c) Leistungen für Kriegsbeschädigte nach dem Bundesversorgungsgesetz – BVG – wie Berufsschadensausgleich, Ausgleichsrente u. ä., ausgenommen jedoch die Grundrente.

## 16.5  Merkblatt der Heimkehrerstiftung für die Gewährung von Unterstützungen aus Mitteln der Heimkehrerstiftung

### A. Personenkreis

Nach den Richtlinien der Heimkehrerstiftung werden gefördert:

a) Personen, die wegen militärischen oder militärähnlichen Dienstes im ursächlichen Zusammenhang mit dem Zweiten Weltkrieg gefangengenommen und von einer ausländischen Macht festgehalten wurden;

b) Personen, die nach § 2 Abs 2 und 3 des Kriegsgefangenenentschädigungsgesetzes (KgfEG) als Kriegsgefangene gelten;

c) Witwen heimgekehrter Kriegsgefangener, sofern sie keine neue Ehe eingegangen sind und die häusliche Gemeinschaft mit dem Verstorbenen bis zu dessen Tod bestanden hat.

Voraussetzung ist, daß der Antragsteller zum Zeitpunkt der Antragstellung seinen Wohnsitz oder ständigen Aufenthalt im Bundesgebiet oder Berlin (West) hat.

Unterstützungen aus Mitteln der Stiftung können auch Personen erhalten, die Nichtberechtigte im Sinne des § 1 KgfEG sind, weil sie vor dem 1. Januar 1947 aus dem Gewahrsam entlassen wurden oder die Stichtagsvoraussetzungen nicht erfüllen.

Auf Gewährung einer Unterstützung besteht kein Rechtsanspruch.

Nicht gefördert werden in ausländischem Gewahrsam geborene Abkömmlinge von Berechtigten (§ 46 Abs. 1 Kriegsgefangenenentschädigungsgesetz).

### B. Leistungen

Eine Unterstützung kann nicht als **Entschädigung für die Kriegsgefangenschaft** und auch nicht als Beihilfe zum laufenden Lebensbedarf, sondern nur zur Behebung einer gegenwärtigen Notlage gewährt werden. Diese liegt vor, wenn der Antragsteller ohne Gewährung einer Unterstützung nicht in der Lage oder es ihm nicht zuzumuten ist, bestimmte, im einzelnen anzugebende dringende Lebensbedürfnisse für sich oder die von ihm zu unterhaltenden Angehörigen mit eigenen Mitteln oder sonstiger Hilfe zu befriedigen. Eine Unterstützung kann unter diesen Voraussetzungen auch gewährt werden für Maßnahmen der Gesundheitsfürsorge, wenn diese geboten ist, für die Entrichtung von Beiträgen an die gesetzliche Rentenversicherung, wenn sonst keine ausreichende Altersversorgung sichergestellt ist, und zur vorübergehenden Abdeckung von Zins- und Tilgungsleistungen für Schuldverpflichtungen, wenn das Eingehen der Verpflichtung bei Abwägung der Lebensumstände des Antragstellers vertretbar war.

Die Höhe der Unterstützung richtet sich nach Art und Ausmaß der Notlage und soll DM 8 000,– nicht übersteigen. Sie kann auch in Teilbeträgen gewährt erden, darf aber nicht gewährt werden, wenn der Antragsteller Leistungen gleicher Art und Höhe nach anderen Vorschriften erhalten kann.

### C. Verfahren

Die Reihenfolge der Bearbeitung der auf vorgeschriebenem Vordruck zu stellenden Anträge und damit die Gewährung von Leistungen wird durch die aus den vorliegenden Anträgen erkennbare soziale Dringlichkeit bestimmt. Im Rahmen der sozialen Dringlichkeit ist vorrangig zu berücksichtigen, in welchem Ausmaß der Antragsteller durch die Kriegsgefangenschaft und ihre Folgen gehindert war, eine seinen Fähigkeiten entsprechende Tätigkeit auszuüben.

Dem Antrag sind als Unterlagen in Urschrift, beglaubigter Abschrift oder Fotokopie beizufügen:

1. Nachweis der Kriegsgefangenschaft durch Entlassungsschein oder auf andere Weise

2. Darstellung und Nachweise der gegenwärtigen Notlage...

3. Nachweis über die Gesamteinkünfte des Antragstellers (z. B. auch Kindergeld, Ausbildungsbeihilfe, Wohngeld, Mieteinnahmen) sowie die seines Ehegatten und aller im Haushalt lebenden Personen monatlich brutto und netto nach dem neuesten Stand. Hierzu gehören insbesondere Bescheide über die Bewilligung und der Nachweis über die gegenwärtige Höhe der Rente, der Versorgungsbezüge, des Krankengeldes, des Arbeitslosengeldes oder der Sozialhilfe.

4. Nachweis über die derzeitige monatliche Miethöhe, gegebenenfalls durch Wohngeldbescheid.

5. Letzter Einheitswertbescheid über etwaiges Grundeigentum und Angabe, ob es sich um eine Eigentumswohnung, ein Einfamilienhaus oder ein Mehrfamilienhaus handelt.

6. Genaue Aufstellung über beabsichtigte bevorstehende Aufwendungen, welche zur Deckung dringender Lebensbedürfnisse erforderlich sind, jedoch infolge der Notlage zurückgestellt werden mußten (mit Kostenvoranschlägen).

7. Nachweis über sämtliche Schulden oder sonstige Zahlungsverbindlichkeiten – auch Grundstücksbelastungen – (Geldgeber, gegenwärtige Höhe, Zins- und Tilgungsbelastungen monatlich) sowie über die Verwendung des Kredits (bei privaten Geldgebern mit amtlich beglaubigter Unterschrift) und über die Gründe für das Eingehen der Schuldverpflichtung.

8. Bei Maßnahmen der Gesundheitsfürsorge:

a) Nachweis der Gesamtkosten (aufgegliedert), bei Zahnersatz Heil- und Kostenplan.

b) Ärztliche Bescheinigung über die Notwendigkeit der Maßnahme bzw. des Bedarfs.

c) Bescheinigung der Krankenkasse, des Versicherungsträgers oder der Beihilfestelle über die Höhe ihrer Beteiligung an den Kosten der vorgesehenen Maßnahme.

9. Bei Anträgen auf Entrichtung von Beiträgen an die gesetzliche Rentenversicherung: Nachweis über die Höhe der Beiträge sowie über die jetzt und die nach der Zahlung zu erwartende Rente.

Zur Klärung des Sachverhalts wie Prüfung der Antragsvoraussetzungen, Ergänzung und Beratung bei der Antragstellung kann auch der örtliche Heimkehrerverband in Anspruch genommen werden.

Es empfiehlt sich im Interesse einer beschleunigten Bearbeitung, nicht durch Urkunden belegte Tatsachen, insbesondere solche, die eine Notlage begründen, von einer amtlichen Stelle, z. B. Stadtverwaltung, Gemeinde, bestätigen zu lassen.

Kosten für die Beschaffung von Unterlagen können von der Stiftung nicht übernommen werden.

## 16.6 Richtlinien der Stiftung für ehemalige politische Häftlinge für die Gewährung von Leistungen aus Stiftungsmitteln i. d. F. vom 17. Dezember 1985 (BAnz. 1986, S. 3982), geändert durch Bekanntmachung vom 11. Februar 1988 (BAnz. S. 717)

Der Stiftungsrat (der Stiftung für ehemalige politische Häftlinge) hat gemäß § 20 Abs. 4 des Häftlingshilfegesetzes (HHG) die nachstehenden Richtlinien für die Gewährung von Leistungen aus Stiftungsmitteln in der Fassung vom 17. Dezember 1985 beschlossen:

**1. Allgemeine Bestimmungen:**

1.1 Von der Stiftung können Berechtigte nach § 1 Abs. 1 HHG nach Maßgabe dieser Richtlinien und der verfügbaren Mittel (§ 16 HHG) gefördert werden. Auf Förderung durch die Stiftung besteht kein Rechtsanspruch.

1.2 Angehörige nach § 1 Abs. 1 Nr. 2 HHG und Hinterbliebene nach § 1 Abs. 1 Nr. 3 HHG im Sinne dieser Richtlinien sind

a) der Ehegatte und/oder

b) Kinder, sofern sie das 18. oder, falls sie sich noch in einer Schul- oder Berufsausbildung befinden, das 27. Lebensjahr noch nicht vollendet haben.

1.3 Voraussetzung für eine Förderung durch die Stiftung ist Wohnsitz oder ständiger Aufenthalt im Geltungsbereich des Häftlingshilfegesetzes zum Zeitpunkt der Antragstellung und das Nichtvorliegen von Ausschlußgründen nach § 2 HHG.

1.4 Die Reihenfolge der Gewährung von Leistungen wird durch die aus den vorliegenden Anträgen erkennbare soziale Dringlichkeit bestimmt. Im Rahmen der sozialen Dringlichkeit ist vorrangig zu berücksichtigen, in welchem Ausmaß der Antragsteller durch den erlittenen politischen Gewahrsam und seine Folgen gehindert war, eine seinen Fähigkeiten entsprechende Tätigkeit auszuüben.

1.5 Unrichtige oder unvollständige Angaben bei der Antragstellung können zum Ausschluß oder zur Rückforderung von Leistungen führen.

**2. Förderungsmaßnahmen**

2.1 Einem Antragsteller, der durch die Folgen des Gewahrsams in seiner wirtschaftlichen Lage besonders beeinträchtigt ist, kann Unterstützung gewährt werden (§ 18 Abs. 1 HHG), wenn er nicht in der Lage oder ihm nicht zuzumuten ist, diese gegenwärtige haftbedingte Beeinträchtigung seiner wirtschaftlichen Lage mit eigenen Mitteln oder sonstiger Hilfe abzuwenden.

2.1.1 Zu den besonderen Beeinträchtigungen gehören insbesondere Gesundheitsschäden, Einschränkung der Erwerbsmöglichkeit und erhebliche berufliche Nachteile, die eine über die allgemeinen Eingliederungshilfen für Aussiedler und für Übersiedler sowie die besonderen Eingliederungshilfen für ehemalige politische Häftlinge hinausgehende Unterstützung erfordern.

2.1.2 Die wirtschaftliche Beeinträchtigung ist haftbedingt, wenn sie auf den Gewahrsam zurückzuführen ist. Die Wahrscheinlichkeit des ursächlichen Zusammenhangs genügt.

2.1.3 Die Höhe der Unterstützung richtet sich nach Art und Ausmaß der wirtschaftlichen Beeinträchtigung. Die Unterstützung soll im Einzelfall DM 8 000,–[1] nicht übersteigen. Sie kann in Teilbeträgen gezahlt werden.

---

[1] Änderung der Richtlinien vom 24. Januar 1989, bisher nicht bekanntgemacht (der Betrag lag vorher bei DM 5 000,–)

2.1.4  Dauert die besondere wirtschaftliche Beeinträchtigung an, so kann Unterstützung wiederholt gewährt werden, wenn dies ohne Zurückstellung anderer dringlicher Anträge möglich ist.

2.1.5  Unterstützung soll nicht gewährt werden, wenn

a) die besondere wirtschaftliche Beeinträchtigung durch Inanspruchnahme anderer Leistungen oder durch besondere Hilfen aus öffentlichen Mitteln behoben oder nachhaltig gemindert werden kann;

b) der Antragsteller

– über regelmäßige monatliche Nettodurchschnittseinkünfte verfügt, die unter Berücksichtigung des Familienstandes und -einkommens eine ausreichende Versorgung sicherstellen,

– verwertbares Vermögen hat, dessen Einsatz ihm zuzumuten ist.

2.2  Ein Antragsteller, der unmittelbar nach der Entlassung aus dem Gewahrsam im Sinne des § 1 Abs. 5 Satz 1 HHG im Geltungsbereich des Häftlingshilfegesetzes eingetroffen ist, kann zur Beschaffung von Gegenständen des persönlichen Bedarfs eine einmalige Unterstützung in Höhe von 1.000,– Deutsche Mark erhalten (§ 18 Abs. 2 HHG).

2.3  Zur Vermeidung einer unbilligen Härte kann Unterstützung gewährt werden, wenn hierzu der Vorstand der Stiftung das Einvernehmen mit dem für das Häftlingshilfegesetz federführenden Bundesminister im Einzelfall hergestellt hat (§ 17 HHG).

2.4  Die Stiftung kann ehemalige politische Häftlinge durch Beratung und Information über weitergehende Hilfsmöglichkeiten und Betreuungsmaßnahmen fördern. Zu diesem Zweck wird die Stiftung bei der Ankunft von ehemaligen politischen Häftlingen in der Aufnahmestelle Gießen beratend tätig, führt Eingliederungskurse durch und gibt die Broschüre „Kompaß" heraus.

### 3. Verfahren

3.1  Unterstützung wird auf Antrag gewährt. Der Antrag soll unter Verwendung eines Vordrucks und Beifügung der zum Nachweis der Antragberechtigung erforderlichen Unterlagen bei der Stiftung gestellt werden.

Unterstützung nach Nummer 2.2 kann nur gewährt werden, wenn der Antrag innerhalb von sechs Monaten nach Eintreffen des Antragstellers im Bundesgebiet einschließlich dem Land Berlin gestellt wird.

3.2  Für die Unterstützung ist der Nachweis über die Zugehörigkeit des Antragstellers zum Personenkreis nach Nummern 1.1 bis 1.3 durch die Bescheinigung nach § 10 Abs. 4 HHG zu erbringen. Solange kein bindender Bescheid über einen Antrag nach § 10 Abs. 4 HHG ergangen ist, stellt die Stiftung das Vorliegen der Voraussetzungen nach Nummern 1.1 bis 1.3 unter Berücksichtigung der von der Bundesaufnahmestelle über den Antragsteller mitgeteilten Erkenntnisse fest. In Zweifelsfällen ist die Vorlage der Bescheinigung nach § 10 Abs. 4 HHG erforderlich.

Zur Vorbereitung der Entscheidung, insbesondere zur Klärung des Sachverhalts und zur Feststellung der Antragsvoraussetzungen, können Behörden des Bundes und der Länder um Amtshilfe gebeten sowie von diesen Behörden oder anderen Stellen Auskünfte eingeholt werden.

3.3  Über Anträge entscheiden durch schriftlichen Bescheid auf Unterstützung nach Nummer 2.1 der Bewilligungsausschuß und auf Unterstützung nach Nummer 2.2 der Geschäftsführer.

3.4  Stellt die Verwaltungsbehörde im Antragsverfahren nach § 10 Abs. 4 HHG fest, daß der Antragsteller nicht zu dem nach § 1 Abs. 1 Nr. 1 HHG berechtigten Personenkreis gehört, wird die hiernach gezahlte Unterstützung nicht zurückgefordert.

**4. Inkrafttreten**

...

# 17. ANHANG

## 17.1  Artikel 119 – 120 a des Grundgesetzes vom 23. Mai 1949 (BGBl. S. 1), mehrfach geändert

**Art. 119**

In Angelegenheiten der Flüchtlinge und Vertriebenen, insbesondere zu ihrer Verteilung auf die Länder, kann bis zu einer bundesgesetzlichen Regelung die Bundesregierung mit Zustimmung des Bundesrates Verordnungen mit Gesetzeskraft erlassen. Für besondere Fälle kann dabei die Bundesregierung ermächtigt werden, Einzelweisungen zu erteilen. Die Weisungen sind außer bei Gefahr im Verzuge an die obersten Landesbehörden zu richten.

**Art. 120**

(1)  Der Bund trägt die Aufwendungen für Besatzungskosten und die sonstigen inneren und äußeren Kriegsfolgelasten nach näherer Bestimmung von Bundesgesetzen. Soweit diese Kriegsfolgelasten bis zum 1. Oktober 1969 durch Bundesgesetze geregelt worden sind, tragen Bund und Länder im Verhältnis zueinander die Aufwendungen nach Maßgabe dieser Bundesgesetze. Soweit Aufwendungen für Kriegsfolgelasten, die in Bundesgesetzen weder geregelt worden sind noch geregelt werden, bis zum 1. Oktober 1965 von den Ländern, Gemeinden (Gemeindeverbänden) oder sonstigen Aufgabenträgern, die Aufgaben von Ländern oder Gemeinden erfüllen, erbracht worden sind, ist der Bund zur Übernahme von Aufwendungen dieser Art auch nach diesem Zeitpunkt nicht verpflichtet. Der Bund trägt die Zuschüsse zu den Lasten der Sozialversicherung mit Einschluß der Arbeitslosenversicherung und der Arbeitslosenhilfe. Die durch diesen Absatz geregelte Verteilung der Kriegsfolgelasten auf Bund und Länder läßt die gesetzliche Regelung von Entschädigungsansprüchen für Kriegsfolgen unberührt.

(2)  Die Einnahmen gehen auf den Bund zu demselben Zeitpunkt über, an dem der Bund die Ausgaben übernimmt.

**Art. 120 a**

(1)  Die Gesetze, die der Durchführung des Lastenausgleichs dienen, können mit Zustimmung des Bundesrates bestimmen, daß sie auf dem Gebiete der Ausgleichsleistungen, teils durch den Bund, teils im Auftrage des Bundes durch die Länder ausgeführt werden und daß die der Bundesregierung und den zuständigen obersten Bundesbehörden auf Grund des Artikels 85 insoweit zustehenden Befugnisse ganz oder teilweise dem Bundesausgleichsamt übertragen werden. Das Bundesausgleichsamt bedarf bei Ausübung dieser Befugnisse nicht der Zustimmung des Bundesrates; seine Weisungen sind, abgesehen von den Fällen der Dringlichkeit, an die obersten Landesbehörden (Landesausgleichsämter) zu richten.

(2)  Artikel 87 Abs. 3 Satz 2 bleibt unberührt.

**17.2 Erstes Gesetz zur Überleitung von Lasten und Deckungsmitteln auf den Bund (Erstes Überleitungsgesetz) in der Fassung der Bekanntmachung vom 28. April 1955 (BGBl. I, S. 193), zuletzt geändert durch Gesetz vom 8. Juni 1977 (BGBl. I, S. 801)**

## I. Allgemeiner Teil

### § 1

(1) Der Bund trägt nach Maßgabe der §§ 21, 21 a und 21 b

1. die Aufwendungen für Besatzungskosten und Auftragsausgaben (§ 5),

2. die in § 6 bezeichneten Aufwendungen,

3. die Aufwendungen für die Kriegsfolgenhilfe (§§ 7 bis 13); für die in § 7 Abs. 2 Ziff. 3 genannten Personen trägt der Bund nur 80 vom Hundert der Fürsorgekosten (§§ 8 bis 10),

4. die Aufwendungen für die Umsiedlung Heimatvertriebener und für die Auswanderung von Kriegsfolgenhilfe-Empfängern (§§ 14 und 14 a),

5. die Aufwendungen für die Rückführung von Deutschen (§ 15),

6. die Aufwendungen für Grenzdurchgangslager (§ 16),

6a. die Zuschüsse zur Kriegsgräberfürsorge, zum Suchdienst für Kriegsgefangene, Heimatvertriebene und heimatlose Ausländer und die Aufwendungen für den Rechtsschutz von Deutschen, die von ausländischen Behörden oder Gerichten im Zusammenhang mit den Kriegsereignissen verfolgt werden oder verurteilt worden sind,

7. die Aufwendungen für verdrängte Angehörige des öffentlichen Dienstes und für ehemalige berufsmäßige Wehrmachtsangehörige,

8. die Aufwendungen für Kriegsbeschädigte, Kriegshinterbliebene, ihnen gleichgestellte Personen und für Angehörige von Kriegsgefangenen, jedoch die Aufwendungen für die Kriegsopferfürsorge nach den §§ 25 bis 27 e des Bundesversorgungsgesetzes nur zu 80 vom Hundert, soweit nicht die Leistungen der Kriegsopferfürsorge an Empfänger außerhalb des Geltungsbereichs dieses Gesetzes gewährt werden; die Aufwendungen umfassen auch die Kosten der Heilbehandlung in Versorgungskuranstalten, Versorgungsheilstätten für Tuberkulöse und in Versorgungskrankenhäusern innerhalb des Geltungsbereichs des Gesetzes nach näherer Bestimmung einer Rechtsverordnung der Bundesregierung, die der Zustimmung des Bundesrates bedarf,

9. die Aufwendungen der Arbeitslosenfürsorge,

10. die Zuschüsse zur Arbeitslosenversicherung,

11. die Zuschüsse zu den Lasten der Sozialversicherung (§ 17).

(2) Aufwendungen sind die Beträge, um die die nachgewiesenen Ausgaben die mit ihnen zusammenhängenden Einnahmen übersteigen.

Die bei den Behörden der Gebietskörperschaften einschließlich der selbständigen landesunmittelbaren Verwaltungsträger entstehenden Verwaltungsausgaben werden nicht übernommen. Der Bund trägt jedoch

1. bei den in Absatz 1 Ziffer 3 bis 6 genannten Aufwendungen diejenigen persönlichen und sächlichen Verwaltungskosten, die im Zusammenhang mit der Unter-

bringung, Verpflegung und Heilbehandlung in Einrichtungen der geschlossenen Fürsorge oder in Durchgangs- oder Wohnlagern stehen,

2. bei den in Absatz 1 Ziffer 8 bezeichneten Aufwendungen die Kosten für Bauvorhaben, die vor dem 1. April 1955 für Rechnung des Bundes begonnen, aber noch nicht beendet worden sind.

## § 2
(durch Zeitablauf überholt)

## § 3

(1) Mit Wirkung ab 1. April 1950 gehen auf den Bund über:

1. die Umsatzsteuer,

2. die der konkurrierenden Gesetzgebung unterworfenen Verbrauchsteuern mit Ausnahme der Biersteuer,

3. die Beförderungsteuer,

4. die einmaligen Zwecken dienenden Vermögensabgaben,

5. der Ertrag der Monopole.

(2) Mit Wirkung vom 21. September 1949 gehen von den Ländern Baden, Rheinland-Pfalz und Württemberg-Hohenzollern und vom bayerischen Kreis Lindau auf den Bund über:

1. die Zölle,

2. die Umsatzausgleichsteuer,

3. die Kaffeesteuer,

4. die Teesteuer,

(3) Die besondere Regelung für die Soforthilfeabgabe bleibt hiervon unberührt.

## § 4

(1) Die am 31. März 1950 in Geltung gewesenen bundes- und landesrechtlichen Bestimmungen über die in § 1 Abs. 1 aufgeführten Sachgebiete sind weiter anzuwenden, soweit in diesem Gesetz nichts anderes bestimmt ist oder nicht bundesgesetzliche Regelungen seit dem 1. April 1950 getroffen worden sind oder noch getroffen werden.

(2) Soweit die Länder oder Gemeinden (Gemeindeverbände) Ausgaben für die in § 1 Abs. 1 aufgeführten Sachgebiete nach § 21 für Rechnung des Bundes leisten, gilt folgendes:

1. Auf die für Rechnung des Bundes geleisteten Ausgaben und die mit ihnen zusammenhängenden Einnahmen sind die Vorschriften über das Haushaltsrecht des Bundes anzuwenden. Zur Vereinfachung des Verwaltungsverfahrens kann die Bundesregierung durch Rechtsverordnung, die der Zustimmung des Bundesrates bedarf, für bestimmte Sachgebiete Ausnahmen zulassen.

Die für die Ausführung des Haushalts verantwortlichen Bundesbehörden können ihre Befugnisse auf die zuständigen obersten Landesbehörden übertragen und zulassen, daß auf die für Rechnung des Bundes zu leistenden Ausgaben und die mit ihnen zusammenhängenden Einnahmen die landesrechtlichen Vorschriften über die Kassen- und Buchführung der zuständigen Landes- und Gemeindebehörden angewendet werden.

2. In Angelegenheiten von grundsätzlicher oder erheblicher finanzieller Bedeutung sind die obersten Landesbehörden hinsichtlich der wirtschaftlichen Verwaltung der Bundesmittel an die Weisungen der obersten Bundesbehörden gebunden. Der Vollzug der Weisungen ist durch die obersten Landesbehörden sicherzustellen.

## II. Besonderer Teil

### 1. Besatzungslasten

. . .

### 2. Kriegsfolgenhilfe

§ 7

(1) Aufwendungen der Kriegsfolgenhilfe sind die auf Grund gesetzlicher Anordnung von den Bezirksfürsorgeverbänden, den Landesfürsorgeverbänden oder den Ländern geleisteten Fürsorgekosten für Kriegsfolgenhilfe-Empfänger.

(2) Kriegsfolgenhilfe-Empfänger sind

1. Heimatvertriebene,

2. Evakuierte,

3. Zugewanderte aus der sowjetischen Besatzungszone und der Stadt Berlin,

4. Ausländer und Staatenlose,

5. Angehörige von Kriegsgefangenen und Vermißten sowie Heimkehrer.

§ 8

Fürsorgekosten sind die Pflichtleistungen, die im Rahmen der Verordnung über die Fürsorgepflicht in der Fassung vom 20. August 1953 (Bundesgesetzblatt I S. 967), der Reichsgrundsätze über Voraussetzung, Art und Maß der öffentlichen Fürsorge in der Fassung vom 20. August 1953 (Bundesgesetzblatt I S. 976) und der hierzu ergangenen Ausführungsvorschriften in Verbindung mit den durch die Fürsorgerechtsprechung entwickelten Grundsätzen nach den örtlich maßgebenden über Anordnung des Landes nicht hinausgehenden Richtsätzen und Richtlinien der öffentlichen Fürsorge gewährt werden.

§ 9

Fürsorgekosten sind sowohl Geldleistungen (laufende und einmalige Unterstützungen) als auch Sachleistungen der offenen und geschlossenen Fürsorge.

§ 10

Fürsorgekosten sind auch

1. (durch Artikel 4 des Gesetzes über die Änderung und Ergänzung fürsorgerechtlicher Bestimmungen vom 20. August 1953 – Bundesgesetzblatt I S. 967 – überholt);

2. die Kosten der Erholungsfürsorge für Mütter, Kinder und Jugendliche aus dem Kreise der Kriegsfolgenhilfe-Empfänger, wenn die Erholungsfürsorge nach Bescheinigung des Gesundheitsamtes zur Wiederherstellung der Gesundheit oder zur Verhütung einer erkennbar drohenden Gesundheitsschädigung notwendig ist;

3. die auf Grund der folgenden Sonderbestimmungen auf dem Gebiet des Fürsorge- und Gesundheitswesens an die Personengruppen der Kriegsfolgenhilfe geleisteten Zahlungen, auch soweit diese über den örtlich maßgebenden Sätzen der allgemeinen öffentlichen Fürsorge liegen:

a) Verordnung über Tuberkulosehilfe vom 8. September 1942 (Reichsgesetzblatt I S. 549),

b) Verordnung über die Fürsorge für Kriegsblinde und hirnverletzte Kriegsbeschädigte vom 28. Juni 1940 (Reichsgesetzblatt I S. 937),

c) Gesetz zur Bekämpfung der Geschlechtskrankheiten vom 23. Juli 1953 (Bundesgesetzblatt I S. 700)

mit ihren Ausführungsbestimmungen.

## § 11

(1) Zur Kriegsfolgenhilfe gehören auch – soweit nicht die Bestimmung des § 15 oder des § 16 in Betracht kommt – die Kosten allgemeiner Fürsorgemaßnahmen für den Transport und für die lagermäßige Unterbringung und Versorgung von Heimatvertriebenen, Evakuierten, Zugewanderten aus der sowjetischen Besatzungszone und der Stadt Berlin, von Ausländern und Staatenlosen und von Heimkehrern bis zur wohnungsgemäßen Unterbringung am Übernahmeort. Diese Kosten gelten als Kriegsfolgenhilfe ohne Rücksicht darauf, ob sie für unterstützte oder nichtunterstützte Personen aufgewendet worden sind.

(2) Zur Kriegsfolgenhilfe gehören auch die gemäß §§ 2 und 3 des Gesetzes über Hilfsmaßnahmen für Heimkehrer (Heimkehrergesetz) vom 19. Juni 1950 (Bundesgesetzblatt S. 221) in der Fassung der Änderungsgesetze vom 20. Oktober 1951 (Bundesgesetzblatt I S. 875, 994) und vom 17. August 1953 (Bundesgesetzblatt I S. 931) gewährten Entlassungsgelder und Übergangsbeihilfen.

## § 12

Werden auf Grund landesrechtlicher Bestimmungen, die nach dem 8. Mai 1945 erlassen sind, an Stelle von Fürsorgeleistungen Leistungen gewährt, die nach anderen Grundsätzen als denen der Verordnung über die Fürsorgepflicht in der Fassung vom 20. August 1953 (Bundesgesetzblatt I S. 967) bemessen, insbesondere nicht von der im Einzelfall nachgewiesenen Hilfsbedürftigkeit abhängig gemacht worden sind, so übernimmt der Bund nur die Kosten, die bei Anwendung der Vorschriften der Fürsorgepflichtverordnung aufzuwenden gewesen wären. Das gleiche gilt für Fürsorgeleistungen, die Kriegsfolgenhilfe-Empfängern nach anderen Richtsätzen oder Richtlinien (§ 8) gewährt werden als den übrigen Empfängern der öffentlichen Fürsorge.

## § 13

Die Bundesregierung wird ermächtigt, mit Zustimmung des Bundesrates

1. die in § 7 genannten Personengruppen,

2. die in den §§ 8 bis 12 aufgeführten Fürsorgekosten näher zu bestimmen.

### 3. Umsiedlung und Auswanderung

## § 14

(1) Der Bund trägt die Kosten der Umsiedlung Heimatvertriebener im Sinne des § 2 der Verordnung über die Umsiedlung von Heimatvertriebenen aus den Län-

dern Bayern, Niedersachsen und Schleswig-Holstein vom 29. November 1949 (Bundesgesetzblatt 1950 S. 4) und der Personen, die durch Gesetz oder durch Rechtsverordnung auf Grund des Artikels 119 des Grundgesetzes in die Umsiedlung einbezogen werden.

(2) Als Umsiedlung gilt die Umsiedlung von Land zu Land, die Umsiedlung zum Zwecke der Familienzusammenführung und die Umsiedlung innerhalb des Landes, sowohl im Wege des Sammeltransportes wie des Einzeltransportes. Entsprechendes gilt für etwaige Umsiedlungen aus Gebieten außerhalb des Bundes in das Bundesgebiet.

(3) Kosten der Umsiedlung sind die Kosten des Transportes vom bisherigen Aufenthaltsort zum neuen Aufenthaltsort, der Verpflegung während der Reise, des Begleitpersonals und ein Überbrückungsgeld zur Deckung der ersten Bedürfnisse am Aufnahmeort, soweit diese Kosten nicht von anderer Seite, insbesondere von der Arbeitslosenversicherung zu tragen ist.

§ 14a

(1) Der Bund trägt die Kosten der Auswanderung von Kriegsfolgenhilfe-Empfängern. Als Kriegsfolgenhilfe-Empfänger gelten die in § 7 Abs. 2 genannten Personen auch dann, wenn sie nicht von den Fürsorgeverbänden unterstützt werden, aber andere Sozialleistungen erhalten, oder wenn sie hilfsbedürftig im Sinne der Fürsorgepflichtverordnung (§ 8) sind.

(2) Kosten der Auswanderung sind die Kosten des Transportes vom bisherigen Aufenthaltsort bis zum Grenzübertritt oder bis zur Einschiffung, der Verpflegung während der Reise, des Begleitpersonals, der vorgeschriebenen amtlichen Überprüfung und ärztlichen Untersuchung sowie der lagermäßigen Unterbringung und Versorgung.

## 4. Rückführung

§ 15

(1) Der Bund trägt die Kosten der Rückführung von Deutschen aus dem Ausland und aus den unter fremder Verwaltung stehenden deutschen Gebietsteilen und die Kosten der Durchführung der Verordnung über die Bereitstellung von Lagern und über die Verteilung der in das Bundesgebiet aufgenommenen Deutschen aus den unter fremder Verwaltung stehenden deutschen Gebietsteilen, aus Polen und der Tschechoslowakei auf die Länder des Bundesgebietes.

(2) Die Bundesregierung wird ermächtigt, mit Zustimmung des Bundesrates die Kosten der Rückführung im Sinne des Absatzes 1 näher zu bestimmen.

## 5. Grenzdurchgangslager

§ 16

Der Bund trägt die Kosten für die von der Bundesregierung als Grenzdurchgangslager von übergebietlicher Bedeutung anerkannten Einrichtungen.

## 5a. Aufwendungen der Arbeitslosenfürsorge

§ 16a bis § 16c

(Durch Zeitablauf überholt)

**6. Zuschüsse zu den Lasten der Sozialversicherung**

**§ 17**

Zuschüsse zu den Lasten der Sozialversicherung (§ 1 Abs. 1 Ziff. 11) sind die auf Grund der folgenden Bestimmungen und der Verordnung über die Erstreckung von Sozialversicherungsrecht der Verwaltung des Vereinigten Wirtschaftsgebietes auf die Länder Baden, Rheinland-Pfalz, Württemberg-Hohenzollern und den bayerischen Kreis Lindau vom 12. Mai 1950 (Bundesgesetzblatt S. 179) zu leistenden Ausgaben:

a) Grundbeträge der Rentenversicherung der Arbeiter (§ 1 Abs. 2 des Sozialversicherungs-Anpassungsgesetzes vom 17. Juni 1949 – WiGBl. S. 99 –);

b) Beiträge in Höhe der Grundbeträge der Rentenversicherung der Arbeiter von jeder Knappschaftsvollrente, Witwenvollrente und Waisenrente der knappschaftlichen Rentenversicherung (§ 1 Abs. 2 und § 5 Abs. 2 des Knappschaftsversicherungs-Anpassungsgesetzes vom 30. Juni 1949 – WiGBl. S. 202 –);

c) Beträge, die zur dauernden Aufrechterhaltung der Leistungen der knappschaftlichen Rentenversicherung erforderlich sind (§ 18 des Sozialversicherungs-Anpassungsgesetzes und § 5 Abs. 4 des Knappschaftsversicherungs-Anpassungsgesetzes);

d) Gemeinschaftshilfe des früheren Reichsstocks für Arbeitseinsatz an die knappschaftliche Krankenversicherung (§ 15 des Sozialversicherungs-Anpassungsgesetzes und § 5 Abs. 3 des Knappschaftsversicherungs-Anpassungsgesetzes);

e) Mehraufwendungen der Sozialversicherungsträger aus den Vorschriften des Gesetzes über die Behandlung der Verfolgten des Nationalsozialismus in der Sozialversicherung (§ 7 des Gesetzes über die Behandlung der Verfolgten des Nationalsozialismus in der Sozialversicherung vom 22. August 1949 – WiGBl. S. 263 –);

f) (entfällt);

g) Kosten der Unfallversicherung für ehemalige Reichsbetriebe und für Betriebe der britischen Zone (Sozialversicherungsordnung Nr. 9 vom 9. Juni 1947 – Arbeitsblatt für die britische Zone S. 233 –);

h) Aufwendungen der Sozialversicherungsträger für Ausgleichsbeträge an die im Bundesgebiet wohnenden Berechtigten saarländischer Sozialversicherungsträger;

i) Rentenauslagen für im Land Rheinland-Pfalz wohnende Berechtigte der früheren Lothringer Knappschaft.

**III. Übergangs- und Schlußbestimmungen**

**§ 18**

(1) Für den Übergang der in § 1 Abs. 1 dieses Gesetzes genannten Ausgaben und der in § 3 dieses Gesetzes genannten Einnahmen ist Stichtag der 1. April 1950. Alle bis zum 31. März 1950 eingegangenen Einnahmen und geleisteten Ausgaben werden in den Haushaltsrechnungen der Länder nachgewiesen. Alle ab 1. April 1950 eingehenden Einnahmen und alle ab 1. April 1950 geleisteten Ausgaben werden in der Haushaltsrechnung des Bundes nachgewiesen. Ausgleichsverbindlichkeiten zwischen den Ländern sowie solche, die zwischen dem Bund

und den Ländern vor dem 1. April 1950 entstanden sind, werden hiervon nicht betroffen.

(2) Wenn ein Land vor dem 1. April 1950 Mittel aufgewendet hat, um die fristgerechte Leistung von Zahlungen für den Monat April 1950 sicherzustellen, hat der Bund diese Mittel dem Land zu erstatten. Das gleiche gilt für Vorschüsse und Abschlagszahlungen der Länder an die auszahlenden Stellen, soweit die Vorschüsse und Abschlagszahlungen nicht für die Zeit bis zum 31. März 1950 verwendet worden sind.

(3) Außer den in den §§ 5 und 6 bezeichneten Aufwendungen für Besatzungskosten und Auftragsausgaben trägt der Bund auch die sonstigen Ausgaben, die von den Besatzungsmächten als Besatzungskosten und als Auftragsausgaben vorgeschrieben und in der Zeit nach dem 31. März 1950 zu leisten sind (Auslaufkosten). § 2 Ziff. 1 und Ziff. 2 finden entsprechende Anwendung.

(4) Soweit die von einem Land im Monat März 1950 gemachten Aufwendungen für Besatzungslasten hinter dem Durchschnittsbetrag der monatlichen Aufwendungen in der Zeit vom 1. Oktober 1949 bis 28. Februar 1950 zurückbleiben, hat das Land den Unterschiedsbetrag an den Bund abzuführen. Die Abführung unterbleibt, wenn und soweit das Land nachweist, daß der Rückgang der Ausgaben überwiegend auf Tatbeständen beruht, die von dem Land nicht beeinflußt werden können.

(5) Wenn in einem Lande bis zum 31. März 1950 fällige Zahlungen für Besatzungsleistungen durch ausdrückliche Erklärung oder durch Stillhalten der Besatzungsmacht über den 31. März 1950 hinaus gestundet sind oder nach Ablauf der Stundung vor dem 1. April 1950 im März 1950 nicht erfüllt sind, so fallen diese Verpflichtungen dem Land zur Last.

(6) Soweit die von einem Land bis zum 31. März 1950 geleisteten Ausgaben für sonstige Kriegsfolge- und Soziallasten

1. den seitherigen Landesanteil an den für die Zeit bis zum 31. März 1950 aufgewendeten Leistungen der Kriegsfolgenhilfe und Umsiedlung,

2. die für die Zeit bis zum 31. März 1950 aufzuwendenden Leistungen (einschließlich Verwaltungskosten) für Kriegsbeschädigte, Kriegshinterbliebene und ihnen gleichgestellte Personen und für die Arbeitslosenfürsorge,

3. die für die Zeit bis zum 31. März 1950 bestimmten Zuschüsse an die Träger der Sozialversicherung und an die Arbeitslosenversicherung

nicht decken, bleibt das Land mit dem Unterschiedsbetrag belastet.


§ 19

Für den Ertrag der Monopole gilt folgendes:

1. Der für das laufende Geschäftsjahr durch Zwischenbilanz nach kaufmännischen Grundsätzen zum 31. März 1950 festzustellende Reingewinn steht den Ländern zu. Er ist nach Abschluß des Geschäftsjahres an die Länder abzuführen.

2. Beträge, die vor dem 1. April 1950 von den Ländern entnommen sind, sind auf den zum 31. März 1950 festzustellenden Reingewinn anzurechnen. Soweit sie den Reingewinn übersteigen, sind sie unmittelbar nach Abschluß der Zwischenbilanz durch die Länder dem Bund zu erstatten.

## § 20

(1) Auf Ersuchen des Bundesministers der Finanzen hat der Bundesrechnungshof eine Überprüfung vorzunehmen, ob in einem Lande das finanzielle Ergebnis der Überleitung

a) den Grundsätzen der §§ 18 und 19 dieses Gesetzes entspricht,

b) durch Maßnahmen beeinflußt worden ist, die bei billiger Berücksichtigung der Interessen des Bundes und des Landes mit dem Sinn der Überleitungsregelung nicht vereinbar sind.

Solche Prüfungen sind gemeinsam mit der obersten Rechnungsprüfungsbehörde des Landes vorzunehmen. Die hierbei getroffenen Entscheidungen sind für die Beteiligten verbindlich.

(2) Zur Entscheidung von grundsätzlichen Fragen, die bei diesen Prüfungen auftreten, kann bei Meinungsverschiedenheiten jede der beteiligten obersten Rechnungsprüfungsbehörden den Vereinigten Senat (§ 10 des Gesetzes über Errichtung und Aufgaben des Bundesrechnungshofes vom 27. November 1950 – Bundesgesetzblatt S. 765 –) anrufen.

## § 21

(1) Ausgaben für die in § 1 Abs. 1 Ziff. 1, 2, 7 bis 10 aufgeführten Sachgebiete sind für Rechnung des Bundes zu leisten. Die damit zusammenhängenden Einnahmen (§ 1 Abs. 2) sind an den Bund abzuführen.

(2) Die Vorschrift des Absatzes 1 gilt auch für die in § 1 Abs. 1 Ziff. 3 zweiter Halbsatz bezeichneten Aufwendungen.

## § 21 a

(1) Die im Geltungsbereich des Gesetzes entstehenden Aufwendungen für die in § 1 Abs. 1 Ziff. 3 bis 6 aufgeführten Sachgebiete werden vom Bund durch Leistung von Pauschalbeträgen an die Länder abgegolten. Die Abgeltung erfolgt in den Fällen des § 1 Abs. 1 Ziff. 3 zweiter Halbsatz gemäß § 21 b, im übrigen gemäß den nachfolgenden Absätzen.

(2) Der einem Land nach Absatz 1 zustehende Pauschbetrag wird nach einem Grundbetrag errechnet. Der Grundbetrag eines Landes ist die Summe der in den Monaten Juli 1953 bis Juni 1954 (Bezugszeitraum) in seinem Gebiet entstandenen Aufwendungen (Absatz 1). Hierbei werden die Aufwendungen für die in § 10 Ziff. 1, 2, 3a und 3c bezeichneten Sachgebiete mit 110 vom Hundert angesetzt; zu den Aufwendungen in diesem Sinne gehören auch die Aufwendungen für die in § 7 Abs. 2 Ziff. 3 genannten Personen.

(3) Maßgebend für die Errechnung der Grundbeträge sind

1. die nach den Vorschriften dieses Gesetzes für den Bezugszeitraum verrechneten und von den Landesabrechnungsstellen als sachlich richtig bestätigten Aufwendungen und

2. die in dem Bezugszeitraum von den Trägern der gesetzlichen Rentenversicherung nach dem Erlaß des Reichsarbeitsministers vom 3. Juni 1944 (Amtliche Nachrichten des Reichsversicherungsamtes 1044 S. 150) geleisteten Aufwendungen der Tuberkulosehilfe für die in § 7 Abs. 2 genannten Personen, soweit diese Aufwendungen auf die Landesfürsorgeverbände übergegangen sind.

Erhebt der Bundesrechnungshof auf Grund seiner Prüfung Erinnerungen, gilt § 20 Abs. 1 Sätze 2 und 3 und Abs. 2 entsprechend.

(4) Der Pauschalbetrag beträgt in vom Hundert des Grundbetrages:

| | |
|---|---|
| im Rechnungsjahr 1955: | 100 |
| im Rechnungsjahr 1956: | 95 |
| im Rechnungsjahr 1957: | 90 |
| im Rechnungsjahr 1958: | 85 |
| im Rechnungsjahr 1959: | 80 |
| im Rechnungsjahr 1960: | 75 |
| im Rechnungsjahr 1961: | 70 |
| im Rechnungsjahr 1962: | 65 |
| im Rechnungsjahr 1963: | 60 |
| im Rechnungsjahr 1964: | 55 |
| im Rechnungsjahr 1965: | 45 |
| im Rechnungsjahr 1966: | 35 |
| im Rechnungsjahr 1967: | 25 |
| im Rechnungsjahr 1968: | 15 |

Ab 1. April 1969 fällt die Leistung von Pauschbeträgen weg.

(5) Die vorstehenden Bestimmungen gelten für die ab 1. April 1955 geleisteten Ausgaben und eingegangenen Einnahmen im Sinne des Absatzes 1. Die Pauschbeträge sind den Ländern in monatlichen Teilbeträgen zu überweisen; die Länder überweisen die Pauschbeträge den Landes- und Bezirksfürsorgeverbänden und den gegebenenfalls sonst beteiligten Aufgabenträgern zur Deckung der von ihnen zu gewährenden Leistungen der Kriegsfolgenhilfe.

(6) Die Bundesregierung setzt die Höhe der den einzelnen Ländern nach den vorstehenden Bestimmungen zustehenden Pauschbeträge durch Rechtsverordnung fest, die der Zustimmung des Bundesrates bedarf. Wird die Rechtsverordnung nicht vor dem 1. April 1955 verkündet, leistet der Bund monatlich Abschlagszahlungen in Höhe eines Zwölftels der in dem Bezugszeitraum zu Lasten des Bundeshaushalts verrechneten Aufwendungen.

(7) Führt die politische oder wirtschaftliche Entwicklung im Geltungsbereich des Gesetzes zu einer erheblichen Steigerung oder Minderung der im Absatz 1 bezeichneten Aufwendungen, sind die Pauschbeträge durch Rechtsverordnung der Bundesregierung, die der Zustimmung des Bundesrates bedarf, dieser Änderung anzupassen.

## § 21 b

(1) Für die in § 1 Abs. 1 Ziff. 3 zweiter Halbsatz bezeichneten Fürsorgekosten stehen den Ländern jährliche Pauschbeträge in Höhe der in ihrem Gebiet im Haushaltsjahr 1975 entstandenen Aufwendungen zu. Als Aufwendungen gelten auch Leistungen nach § 12 dieses Gesetzes und 75 vom Hundert der Leistungen nach den §§ 276 und 276a des Lastenausgleichsgesetzes in der Fassung der Bekanntmachung vom 1. Oktober 1969 (BGBl. I, S. 1909), zuletzt geändert durch Artikel 35 des Einführungsgesetzes zur Abgabenordnung vom 14. Dezember 1976 (BGBl. I, S. 3341), für die in § 7 Abs. 2 Ziff. 3 genannten Personen.

(2) Die Pauschbeträge sind in den Haushaltsjahren 1976 bis einschließlich 1981 in vierteljährlich im voraus fälligen Teilbeträgen an die Länder zu überweisen.

Soweit die Länder nicht selbst Aufgabenträger sind, überweisen sie die Zahlungen an die beteiligten Aufgabenträger zur pauschalen Abgeltung der von ihnen zu gewährenden Leistungen. Ab 1. Januar 1982 fällt die Leistung von Pauschbeträgen weg.

(3) Für die Feststellung der Pauschbeträge gilt § 21 a Abs. 3, Abs. 6 Satz 1 und Abs. 7 entsprechend; danach entfällt eine nachträgliche Verrechnung von Einnahmen und Ausgaben der pauschalierten Leistungsbereiche aus der Zeit vor dem 1. Januar 1976.

### § 22

Die Ansprüche des Bundes auf den Ausgleich von Vorteilen, die den Ländern aus den Aufwendungen des Bundes auf Grund dieses Gesetzes zuwachsen, werden durch dieses Gesetz nicht berührt.

### § 23

(1) Mit Wirkung vom 1. April 1950 ab übernimmt der Bund die Anteile der Länder Baden, Rheinland-Pfalz, Württemberg-Hohenzollern und des bayerischen Kreises Lindau an den Ausgleichsforderungen der Bank deutscher Länder und der Postsparkassen unter sinngemäßer Anwendung der §§ 18 und 20. Die Vorschriften des § 5 Abs. 3 des Gesetzes über die Aufstellung und Ausführung des Bundeshaushaltsplans für das Rechnungsjahr 1949 sowie über die Haushaltsführung und über die vorläufige Rechnungsprüfung im Bereich der Bundesverwaltung (Haushaltsgesetz 1949 und vorläufige Haushaltsordnung) vom 7. Juni 1950 (Bundesgesetzblatt S. 199) werden hierdurch nicht berührt.

(2) Der Bund stellt statt der Länder Baden, Rheinland-Pfalz, Württemberg-Hohenzollern und des bayerischen Kreises Lindau die Schuldverschreibungen aus, die auf Grund von Artikel II der Gesetze Nr. 67 und der Verordnung Nr. 223 der MIlitärregierungen der Bank deutscher Länder zu übergeben sind. Der Bund erhält die nach Artikel IV der Gesetze Nr. 67 und der Verordnung Nr. 223 der Militärregierungen von der Gebietskörperschaft Groß-Berlin auszustellenden Schuldverschreibungen in voller Höhe.

## 17.3 § 41 des Wehrpflichtgesetzes i.d.F. vom 13. Juni 1986 (BGBI. I S. 879), zuletzt geändert durch Gesetz vom 6. Dezember 1990 (BGBI. I S. 2588)

### Wehrpflicht bei Zuzug

Wer seinen ständigen Aufenthalt aus den in § 1 Abs. 2 Nr. 3 oder § 3 Abs. 1 Satz 1 des Bundesvertriebenengesetzes genannten Gebieten in den Geltungsbereich dieses Gesetzes verlegt hat oder verlegt, wird vor Ablauf von zwei Jahren nicht wehrpflichtig.

## 17.4 § 51 des Bundesseuchengesetzes i.d.F. vom 18. Dezember 1979 (BGBl. I S. 2261), zuletzt geändert durch Gesetz vom 12. September 1990 (BGBl. I S. 2002)

### § 51

(1) Wer durch eine Impfung, die

1. gesetzlich vorgeschrieben oder

2. auf Grund dieses Gesetzes angeordnet oder

3. von einer zuständigen Behörde öffentlich empfohlen und in ihrem Bereich vorgenommen oder

4. auf Grund der Verordnungen zur Ausführung der Internationalen Gesundheitsvorschriften durchgeführt worden ist,

einen Impfschaden erlitten hat, erhält wegen der gesundheitlichen und wirtschaftlichen Folgen des Impfschadens auf Antrag Versorgung in entsprechender Anwendung der Vorschriften des Bundesversorgungsgesetzes, soweit dieses Gesetz nichts Abweichendes bestimmt. Satz 1 Nr. 4 gilt nur für Personen, die zum Zwecke der Wiedereinreise in den Geltungsbereich dieses Gesetzes geimpft wurden und die ihren Wohnsitz oder gewöhnlichen Aufenthalt in diesem Gebiet haben oder nur vorübergehend aus beruflichen Gründen oder zum Zwecke der Ausbildung aufgegeben haben, sowie deren Angehörige, die mit ihnen in häuslicher Gemeinschaft leben. Als Angehörige gelten die in § 205 Abs. 1 und 2 der Reichsversicherungsverordnung genannten Personen.

(2) Versorgung im Sinne des Absatzes 1 erhält auch, wer als Deutscher außerhalb des Geltungsbereichs dieses Gesetzes einen Impfschaden durch eine Impfung erlitten hat, zu der er auf Grund des Impfgesetzes vom 8. April 1874 (RGBl S. 31) bei einem Aufenthalt im Geltungsbereich dieses Gesetzes verpflichtet gewesen wäre. Die Versorgung wird nur gewährt, wenn der Geschädigte

1. nicht im Geltungsbereich dieses Gesetzes geimpft werden konnte,

2. von einem Arzt geimpft worden ist,

3. zur Zeit der Impfung in häuslicher Gemeinschaft mit einem Elternteil oder einem Sorgeberechtigten gelebt hat, der sich zur Zeit der Impfung aus beruflichen Gründen oder zur Ausbildung nur vorübergehend außerhalb des Geltungsbereichs dieses Gesetzes aufgehalten hat.

(3) Versorgung im Sinne des Absatzes 1 erhält auch, wer außerhalb des Geltungsbereichs dieses Gesetzes einen Impfschaden erlitten hat infolge einer Pockenimpfung auf Grund des Impfgesetzes vom 8. April 1874 (RGBl. S. 31) oder infolge einer Pockenimpfung, die in den in § 1 Abs. 2 Nr. 3 des Bundesvertriebenengesetzes in der Fassung der Bekanntmachung vom 3. September 1971 (BGBl I S. 1565, 1807), zuletzt geändert durch § 2 des Gesetzes vom 16. Februar 1979 (BGBl I S. 181), bezeichneten Gebieten, in der Deutschen Demokratischen Republik oder in Berlin (Ost) gesetzlich vorgeschrieben oder auf Grund eines Gesetzes angeordnet worden ist, soweit nicht auf Grund anderer gesetzlicher Vorschriften Entschädigung gewährt wird. Ansprüche nach Satz 1 kann nur geltend machen, wer als Deutscher bis zum 8. Mai 1945 oder als Berechtigter nach den §§ 1 bis 4 des Bundesvertriebenengesetzes oder § 1 des Flüchtlingshilfegesetzes in der Fassung der Bekanntmachung vom 15. Mai 1971 (BGBl I S. 681), geändert durch § 4 des Gesetzes vom 24. August 1972 (BGBl. I S. 1521), oder im Wege der Familienzusammenführung (§ 94 Bundesvertriebenengesetz) seinen ständigen Aufenthalt im Geltungsbereich dieses Gesetzes genommen hat oder nimmt.

(4) Die Hinterbliebenen eines Impfgeschädigten erhalten auf Antrag Versorgung in entsprechender Anwendung der Vorschriften des Bundesversorgungsgesetzes.

## 17.5  §§ 1, 2 des Bundeskindergeldgesetzes i.d.F. vom 30. Januar 1990 (BGBl. I S. 149), zuletzt geändert durch Gesetz vom 23. September 1990 (BGBl. II S. 885, 1093)

### § 1 Anspruchsberechtigte

(1) Nach den Vorschriften dieses Gesetzes hat Anspruch auf Kindergeld für seine Kinder und die ihnen durch § 2 Abs. 1 Gleichgestellten,

1. wer im Geltungsbereich dieses Gesetzes einen Wohnsitz oder seinen gewöhnlichen Aufenthalt hat,

2. wer, ohne eine der Voraussetzungen der Nummer 1 zu erfüllen,

a) von seinem im Geltungsbereich dieses Gesetzes ansässigen Arbeitgeber oder Dienstherrn zur vorübergehenden Dienstleistung in ein Gebiet außerhalb dieses Geltungsbereiches entsandt, abgeordnet, versetzt oder kommandiert ist,

b) als Bediensteter der Deutschen Bundesbahn, der Deutschen Bundespost oder der Bundesfinanzverwaltung in einem der Bundesrepublik Deutschland benachbarten Staat beschäftigt ist,

c) Versorgungsbezüge nach beamten- oder soldatenrechtlichen Vorschriften oder Grundsätzen oder eine Versorgungsrente von einer Zusatzversorgungsanstalt für Arbeitnehmer des öffentlichen Dienstes erhält,

d) als Entwicklungshelfer Unterhaltsleistungen im Sinne des § 4 Abs. 1 Nr. 1 des Entwicklungshelfer-Gesetzes erhält.

Dem Abgeordneten im Sinne des Satzes 1 Nr. 2 Buchstabe a steht derjenige gleich, dem nach § 123 a des Beamtenrechtsrahmengesetzes eine Tätigkeit bei einer Einrichtung außerhalb des Anwendungsbereichs jenes Gesetzes zugewiesen ist.

(2) Anspruch auf Kindergeld für sich selbst hat nach Maßgabe des § 14, wer

1. im Geltungsbereich dieses Gesetzes einen Wohnsitz oder seinen gewöhnlichen Aufenthalt hat,

2. Vollwaise ist oder den Aufenthalt seiner Eltern nicht kennt und

3. nicht bei einer in Absatz 1 bezeichneten Person als Kind zu berücksichtigen ist.

(3) Ausländer, die sich ohne Aufenthaltsgenehmigung im Geltungsbereich dieses Gesetzes aufhalten, haben einen Anspruch nach diesem Gesetz nur, wenn sie nach den §§ 51, 53 oder 54 des Ausländergesetzes auf unbestimmte Zeit nicht abgeschoben werden können, frühestens jedoch für die Zeit nach einem gestatteten oder geduldeten ununterbrochenen Aufenthalt von einem Jahr.

### § 2  Kinder

(1) Als Kinder werden auch berücksichtigt
1. Stiefkinder, die der Berechtigte in seinen Haushalt aufgenommen hat,
2. Pflegekinder (Personen, mit denen der Berechtigte durch ein familienähnliches, auf längere Dauer berechnetes Band verbunden ist, sofern er sie in seinen Haushalt aufgenommen hat und ein Obhuts- und Pflegeverhältnis zwischen diesen Personen und ihren Eltern nicht mehr besteht.
3. Enkel und Geschwister, die der Berechtigte in seinen Haushalt aufgenommen hat oder überwiegend unterhält.

Ein angenommenes Kind wird bei einem leiblichen Elternteil nur berücksichtigt, wenn es von diesem oder von dessen Ehegatten angenommen worden ist. Ein Kind, das mit dem Ziel der Annahme als Kind in die Obhut des Annehmenden aufgenommen ist und für das die zur Annahme erforderliche Einwilligung der Eltern erteilt ist, wird bei den Eltern nicht berücksichtigt.

(2) Kinder, die das 16. Lebensjahr vollendet haben, werden nur berücksichtigt, wenn sie
1. sich in Schul- oder Berufsausbildung befinden oder
2. ein freiwilliges soziales Jahr im Sinne des Gesetzes zur Förderung eines freiwilligen sozialen Jahres leisten oder
3. wegen körperlicher, geistiger oder seelischer Behinderung außerstande sind, sich selbst zu unterhalten oder
4. als einzige Hilfe des Haushaltführenden ausschließlich in dem Haushalt des Berechtigten tätig sind, dem mindestens vier weitere Kinder angehören, die bei dem Berechtigten berücksichtigt werden, oder
5. anstelle des länger als 90 Tage arbeitsunfähig erkrankten Haushaltführenden den Haushalt des Berechtigten führen, dem mindestens ein weiteres Kind angehört.

In den Fällen des Satzes 1 Nr. 1 werden Kinder nicht berücksichtigt, denen aus dem Ausbildungsverhältnis Bruttobezüge in Höhe von wenigstens 750 DM monatlich zustehen; außer Ansatz bleiben Ehegatten- und Kinderzuschläge und einmalige Zuwendungen sowie vermögenswirksame Leistungen, die dem Auszubildenden über die geschuldete Ausbildungsvergütung hinaus zustehen, soweit sie den nach dem jeweils geltenden Vermögensbildungsgesetz begünstigten Höchstbetrag nicht übersteigen. Satz 2 gilt entsprechend, wenn dem Kind mit Rücksicht auf die Ausbildung Unterhaltsgeld oder Übergangsgeld von wenigstens 610 DM monatlich zusteht oder nur deswegen nicht zusteht, weil das Kind über anrechnungsfähiges Einkommen verfügt. Ist die Ausbildungsvergütung oder eine dem Unterhalts- oder Übergangsgeld vergleichbare Leistung in ausländischer Währung zu zahlen, treten an die Stelle der in den Sätzen 2 und 3 genannten Grenzwerte die entsprechenden Werte, die sich bei Anwendung der jeweils für September des vorangegangenen Jahres vom Statistischen Bundesamt bekanntgegebenen Verbrauchergeldparität ergeben.

Für die Übergangszeit zwischen zwei Ausbildungsabschnitten wird ein Ausbildungswilliger nach Satz 1 Nr. 1 berücksichtigt, wenn der nächste Ausbildungsabschnitt spätestens im vierten auf die Beendigung des vorherigen Ausbildungsabschnitts folgenden Monat beginnt; bleibt die Bewerbung um einen Ausbildungsplatz in diesem Ausbildungsabschnitt erfolglos, endet diese Berücksichtigung mit Ablauf des Monats, in dem dem Ausbildungswilligen die Ablehnung bekanntgegeben wird. Zur Schul- oder Berufsausbildung (Satz 1 Nr. 1) gehört auch
1. die Zeit, in der unter den Voraussetzungen des § 1 und im zeitlichen Rahmen des § 4 des Bundeserziehungsgeldgesetzes ein Kind betreut und erzogen wird, solange mit Rücksicht hierauf die Ausbildung unterbrochen wird, sowie
2. die Zeit, in der mit Rücksicht auf eine solche Betreuung und Erziehung eine Ausbildung, die spätestens im vierten auf die Beendigung des vorherigen Ausbildungsabschnitts folgenden Monat aufgenommen werden könnte, vorläufig nicht angestrebt oder aufgenommen wird;
erfüllen beide Elternteile diese Voraussetzungen, so wird nur derjenige von ihnen berücksichtigt, den beide nach § 3 Abs. 2 des Bundeserziehungsgeldgesetzes zum Berechtigten bestimmt haben.

(2 a) Absatz 2 Satz 1 gilt für verheiratete, geschiedene oder verwitwete Kinder nur, wenn sie vom Berechtigten überwiegend unterhalten werden, weil ihr Ehegatte oder früherer Ehegatte ihnen keinen ausreichenden Unterhalt leisten kann oder dem Grunde nach nicht unterhaltspflichtig ist oder weil sie als Verwitwete keine ausreichenden Hinterbliebenenbezüge erhalten.

(3) In den Fällen des Absatzes 2 Satz 1 Nr. 1, 2, 4 und 5 werden die Kinder nur berücksichtigt, wenn sie noch nicht das 27. Lebensjahr vollendet haben. Im Falle des Absatzes 2 Satz 1 Nr. 1 wird ein Kind,

1. das den gesetzlichen Grundwehrdienst oder Zivildienst geleistet hat, für einen der Dauer dieses Dienstes entsprechenden Zeitraum oder

2. das sich freiwillig für eine Dauer von nicht mehr als 3 Jahren zum Wehrdienst oder zum Polizeivollzugsdienst, der anstelle des Wehr- oder Zivildienstes abgeleistet wird, verpflichtet hat, für einen der Dauer dieses Dienstes entsprechenden Zeitraum, höchstens für die Dauer des gesetzlichen Grundwehrdienstes, bei anerkannten Kriegsdienstverweigerern für die Dauer des gesetzlichen Zivildienstes oder

3. das eine vom Wehr- und Zivildienst befreiende Tätigkeit als Entwicklungshelfer im Sinne des § 1 Abs. 1 des Entwicklungshelfer-Gesetzes ausgeübt hat, für einen der Dauer dieser Tätigkeit entsprechenden Zeitraum, höchstens für die Dauer des gesetzlichen Grundwehrdienstes, bei anerkannten Kriegsdienstverweigerern für die Dauer des gesetzlichen Zivildienstes

über das 27. Lebensjahr hinaus berücksichtigt; dem Grundwehr- oder Zivildienst steht der entsprechende Dienst, der in dem in Artikel 3 des Einigungsvertrages genannten Gebiet geleistet worden ist, gleich.

(4) Kinder, die das 16., aber noch nicht das 21. Lebensjahr vollendet haben, werden auch berücksichtigt, wenn sie im Geltungsbereich dieses Gesetzes

1. eine Berufsausbildung mangels Ausbildungsplatzes nicht beginnen oder fortsetzen können oder

2. als Arbeitslose der Arbeitsvermittlung zur Verfügung stehen.

Dies gilt nicht für Kinder, die monatlich wenigstens 400 Deutsche Mark

1. an laufenden Geldleistungen wegen Erwerbs-, Berufs- oder Arbeitsunfähigkeit oder Arbeitslosigkeit oder

2. an Übergangsgebührnissen nach beamten- oder soldatenversorgungsrechtlichen Grundsätzen oder

3. aus einer Erwerbstätigkeit nach Verminderung um die Steuern und gesetzlichen Abzüge

beziehen. Der Erfüllung der Voraussetzungen des Satzes 1 Nr. 1 oder 2 steht es gleich, wenn das Kind von der Bewerbung um einen Ausbildungsplatz oder von der Arbeitslosmeldung mit Rücksicht darauf vorläufig absieht, daß es unter den Voraussetzungen des § 1 und im zeitlichen Rahmen des § 4 des Bundeserziehungsgeldgesetzes sein eigenes Kind zu betreuen und erziehen beabsichtigt oder betreut und erzieht; Absatz 2 Satz 6 Halbsatz 2 ist anzuwenden. Absatz 2 Satz 4 sowie die Absätze 2 a und 3 Satz 2 gelten entsprechend.

(5) Kinder, die weder einen Wohnsitz noch ihren gewöhnlichen Aufenthalt im Geltungsbereich dieses Gesetzes haben, werden nicht berücksichtigt. Dies gilt nicht gegenüber Berechtigten nach § 1 Abs. 1 Nr. 2, wenn sie die Kinder in ihren Haushalt aufgenommen haben. Abweichend von Satz 1 werden Kinder, die Deutsche im Sinne des Artikels 116 des Grundgesetzes oder deutsche Volkszugehörige sind und seit ihrer Geburt ohne Unterbrechung einen Wohnsitz oder ihren gewöhnlichen Aufenthalt in Albanien, Bulgarien oder der Sowjetunion haben, bei Berechtigten berücksichtigt, die

1. Deutsche im Sinne des Artikels 116 des Grundgesetzes sind und

2. für den Unterhalt dieser Kinder regelmäßig mindestens einen Betrag in Höhe des Kindergeldes aufwenden, das bei Leistung von Kindergeld für diese Kinder auf sie entfällt (§ 12 Abs. 4).

(6) Die Bundesregierung wird ermächtigt, durch Rechtsverordnung zu bestimmen, daß einem Berechtigten, der im Geltungsbereich dieses Gesetzes erwerbstätig ist oder sonst seine hauptsächlichen Einkünfte erzielt, für seine im Absatz 5 Satz 1 bezeichneten Kinder Kindergeld ganz oder teilweise zu leisten ist, soweit dies mit Rücksicht auf die durchschnittlichen Lebenshaltungskosten für Kinder in deren Wohnland und auf die dort gewährten dem Kindergeld vergleichbaren Leistungen geboten ist.

## 18. ANSCHRIFTEN DER FÜR DIE EINGLIEDERUNG ZUSTÄNDIGEN OBERSTEN LANDESBEHÖRDEN

| | |
|---|---|
| Innenministerium Baden-Würtemberg | Holzstraße 23<br>W 7000 Stuttgart 1 |
| Innenminister des Landes Brandenburg | Heinrich-Mann-Allee 107<br>O 1560 Potsdam |
| Bayerisches Staatsministerium<br>für Arbeit und Sozialordnung | Winzererstraße 9<br>W 8000 München 40 |
| Senator für Gesundheit und<br>Soziales Berlin | An der Urania 12 – 14<br>W 1000 Berlin 30 |
| Senator für Jugend und<br>Soziales der Freien Hansestadt Bremen | Bahnhofsplatz 29<br>W 2800 Bremen 1 |
| Behörde für Arbeit, Gesundheit und Soziales<br>der Freien und Hansestadt Hamburg | Hamburger Straße 47<br>Postfach 58 67<br>W 2000 Hamburg 76 |
| Hessischer Sozialminister | Dostojewskistraße 4<br>W 6200 Wiesbaden |
| Niedersächsischer Minister für<br>Bundes- und Europaangelegenheiten | Calenberger Straße 2<br>W 3000 Hannover 1 |
| Innenminister des Landes<br>Mecklenburg-Vorpommern | Karl-Marx-Straße 1<br>O 2750 Schwerin |
| Minister für Arbeit, Gesundheit und Soziales<br>des Landes Mecklenburg-Vorpommern | Werderstraße 124<br>O 2750 Schwerin |
| Minister für Arbeit, Gesundheit und Soziales<br>des Landes Nordrhein-Westfalen | Horionplatz 1<br>Postfach 11 34<br>W 4000 Düsseldorf 1 |
| Ministerium für Soziales und Familie<br>des Landes Rheinland-Pfalz | Bauhofstraße 4<br>W 6500 Mainz |
| Minister für Arbeit, Gesundheit und<br>Sozialordnung des Saarlandes | Franz-Josef-Röder-Straße 21<br>W 6600 Saarbrücken 1 |
| Innenminister des Freistaats Sachsen | Archivstraße 1<br>O 8060 Dresden |
| Innenminister des Landes Sachsen-Anhalt | Olvenstedter Straße 1 – 2<br>O 3080 Magdeburg |
| Minister für Soziales, Gesundheit und<br>Energie des Landes Schleswig-Holstein | Brunswiker Straße 16–22<br>W 2300 Kiel |
| Minister für Soziales und Gesundheit<br>des Landes Thüringen | Johann-Sebastian-Bach-Straße 1<br>O 5085 Erfurt |

# SACHVERZEICHNIS

Abendstudium 63
Abiturzeugnis 64f, 159
Abkommen über allgemeine Fragen des Handels und der Seeschiffahrt 22
– über Gewährung eines Finanzkredits 24
– über Renten- und Unfallversicherung 24, 78, 79, 92
Abschlußprüfung 63f, 305ff
Abschlußzeugnis 63, 303f
Abstammung 41, 103, 157, 163
Ackermann-Gemeinde 34
AFG-Leistungsverordnung 56, 58
Akademie 332
Akademikerprogramm 62, 68f, 331, 342ff
Albanien 18, 102, 196, 353, 485
Alleinerziehender 52
Allgemeine Erklärung der Menschenrechte 21, 82
Altershilfe für Landwirte 78
Altersruhegeld 79
Anerkennung von Ausbildungsgängen 25
– von Befähigungsnachweisen 25, 35, 42, 70f, 350ff, 375
– von Bildungsnachweisen 63
– von Prüfungen 35, 70f, 134f, 167, 375
– von Prüfungszeugnissen 350ff
– von Vorbildungsnachweisen 69
– von Zeugnissen 42, 72, 350, 375
Anliegersiedlung 413
Annahme an Kindes Statt 44, 103, 183f
Anordnung
– Ausbildung 55, 242ff
– Aussiedler und Übersiedler 53, 60f, 272ff
– Förderung der Arbeitsaufnahme 57
– Fortbildung und Umschulung 56, 253ff
Anschlußgewahrsam 80f
Anwartschaftszeit (AFG) 57f, 230, 232, 237
Arbeiterwohlfahrt 34
Arbeitsamt 29, 220, 233ff, 252, 274, 375
Arbeitsaufnahme, Förderung der 57, 226
Arbeitsausrüstung 66, 226, 316
Arbeitsbuch 192
Arbeitserlaubnis 270
Arbeitsförderungsgesetz 27, 29, 50ff, 56, 60f, 216ff, 243
Arbeitsgemeinschaft der Landesflüchtlingsverwaltungen 31
Arbeitskleidung 225, 246, 248, 262
Arbeitslosengeld 37, 50ff, 57f, 220, 230, 232ff, 375, 468
Arbeitslosenhilfe 50f, 53, 58f, 232, 237ff, 265
Arbeitslosenhilfeverordnung 58f, 265ff
Arbeitslosenversicherung 230, 319, 336, 455, 471f
Arbeitsmaterial 66, 316
Arbeitsunfall 79f, 424ff
Arbeitsvermittlung 127, 231, 271

Asylantrag 39
Asylberechtigter 60, 62, 229, 272, 295, 310f, 329
Aufbaudarlehen 42, 47, 74, 77, 179, 399
– (Landwirtschaft) 399, 410
Aufbauwochen 34
Aufenthaltserlaubnis 93, 199
Aufnahme 26, 33, 45, 94, 99, 191
Aufnahmebescheid 29, 40f, 109, 139
Aufnahmeeinrichtung 30
Aufnahmegesetz 33, 65
Aufnahmelager 49
Aufnahmeland 54
Aufnahmeschein 48, 65, 95, 215, 310, 329
Aufnahmestelle 28, 95
Aufnahmeverfahren 27, 32f, 35, 40, 75, 100, 109f
Aufstockung (Garantiefonds) 65, 313, 332
Aufträge, öffentliche 376
Auftragsberatungsstelle 380ff
Ausbildung, berufliche 55, 213ff, 231, 242ff
Ausbildungsbeihilfe 52, 337
Ausbildungskosten 66, 69, 315ff, 333ff
Ausgleichsamt 48, 59, 95, 268f, 400
Ausgleichsbankgesetz 73, 383ff
Ausgleichsfonds 115, 131
Ausreisefreiheit 21
Ausreisegenehmigung 32, 97
Ausreiseprotokoll 23, 90
Aussiedler 18f, 21, 25ff, 34, 36ff, 44ff, 64f, 67, 71, 75f, 78f, 81f, 102, 139f, 192, 202, 205ff,
    227ff, 258, 268ff, 272ff, 275ff, 297ff, 301ff, 308ff, 327ff, 373, 397, 422
Aussiedleraufnahmegesetz 27, 32, 40, 139
Aussiedlerwohnungsbau s. Wohnungsbau
Aussiedlungsgebiet 26, 53, 62, 76, 102, 164, 393, 423
Aussiedlung 18ff, 20ff, 70
Ausweis 35, 106 s. auch Flüchtlingsausweis/Vertriebenenausweis
– (Einziehung) 107
– (Ungültigkeitserklärung) 107

Bauernverband der Vertriebenen 34, 78
Beauftragte der Länder für die Verteilung 29
Beauftragter der Bundesregierung 29, 31, 41, 139, 163, 269, 310, 329
Bedarfsanalyse 25
Beendigung der Betreuungsberechtigung 42, 70, 105f, 165ff
Befähigungsnachweis s. auch Anerkennung 25, 35, 70f, 134f
Beglaubigung 66, 69, 345
Begrüßungsgabe 31, 61
Behindertenwerkstätte 376
Beihilfe 65f, 69, 112, 125, 308ff, 327ff, 407, 418, 444
– laufende 42, 176
– zum Lebensunterhalt 42, 176
Beirat für Vertriebenenfragen 34, 108
Beitragszeiten 428
Beitrittsgebiet 52

Bekenntnis   41f, 103
Bekenntnisfähigkeit   160
Belastungen, außergewöhnliche   49, 76, 403, 406
Beratung   26, 34, 73, 271, 373
Beratungsdienste   35
Berechtigungsschein   48ff, 207, 211ff, 215
Beruf, freier   42, 74, 179, 390, 395
Berufsausbildung   50f, 62, 301ff
Berufsausbildungsbeihilfe   218ff, 243ff, 251ff
Berufsbildungsgesetz   225, 243, 247, 353
Berufskrankheit   426f
Berufsunfähigkeit   78f
Beschädigtenversorgung   451
Besitzeinweisung   121
Besitzstandswahrung   71, 354ff
Bestandsaufnahme   25
Bestätigungsmerkmale   42, 157ff
Bestätigungsprüfung   64, 306, 346
Betreuung   27, 34
Betriebsgebäude, landwirtschaftliches   75, 402
Bewerbungskosten   226
Bildung, berufliche   71, 217f
Bildungsabschluß   63, 303
Blindenwerkstätte   379
Bürgschaft   42, 49, 115, 125, 374f, 384, 390
Bürgschaftsprogramme   68
Bulgarien   18, 102, 196, 353, 485
Bund der Vertriebenen   34
Bund der Mitteldeutschen   34
Bundesanstalt für Arbeit   29ff, 52, 55, 60, 127, 217ff, 242ff, 253ff, 268ff, 272ff, 275ff,
   297ff
Bundesarbeitsgemeinschaft Jugendaufbauwerk   35
Bundesausbildungsförderungsgesetz   69, 218, 332, 337
Bundesausgleichsamt   47, 75, 115, 401
Bundesevakuiertengesetz   214, 376
Bundesinstitut für Berufsbildung   71, 376
Bundeskabinett   25f
Bundeskindergeldgesetz   82, 483f
Bundesminister der Finanzen   115, 205, 265, 409, 421, 447
– des Innern   25ff, 33f, 45, 48f, 59, 95, 97, 106, 115, 191, 198, 205ff, 265, 350, 379, 397
– für Arbeit und Sozialordnung   82, 127, 224, 235, 243, 379, 432
– für Bildung und Wissenschaft   68ff, 342, 351
– für Ernährung, Landwirtschaft und Forsten   77, 115, 408, 420
– für Jugend, Familie, Frauen und Gesundheit   34f, 60, 64ff, 82, 230, 265, 308, 314, 317,
   321ff, 327ff, 334, 338
– für Raumordnung, Bauwesen und Städtebau   45
– für Verkehr   72
– für Wirtschaft   71, 73, 350, 379
Bundesrechnungshof   209, 419
Bundesseuchengesetz   82, 482
Bundessozialhilfegesetz   95, 251, 312, 320
Bundesversorgungsgesetz   37, 80, 319, 441, 449, 463

Bundesvertriebenengesetz   27, 32, 35ff, 44, 72f, 101ff, 160, 174, 180, 203, 371, 402, 405, 482
Bundesverwaltungsamt   27, 40f, 53, 189

China   76, 82, 102, 196, 353, 406
CSFR   19, 24, 39, 71
CSSR   18f, 141, s. auch Tschechoslowakei

Danzig   18, 102, 196, 427
Danziger   193
Darlehen   70, 373ff, 384, 415ff, 444
DDR   19ff, 30, 33, 37ff, 42f, 48, 50, 53ff, 64ff, 73ff, 349f, 376, 405, 422
Deutsche Ausgleichsbank   73, 373f, 383ff, 387, 391, 395ff
Deutsche Bundesbahn   30
Deutsche Jugend in Europa   34
Deutsche Siedlungs- und Landesrentenbank   77, 114
„Deutsche Volksliste"   39, 41, 139, 141f, 185, 194
Deutscher Caritasverband   34
Deutscher Paritätischer Wohlfahrtsverband   34
Deutsches Rotes Kreuz   23, 34, 90
Deutsch-Lehrgang   62
Deutsch-Sprachlehrgang   53, 229f, 271
Diakonisches Werk   34f
Diplomierung, nachträgliche   371
Durchgangslager, s. auch Grenzdurchgangslager   93, 107, 455
Durchgangsstelle für Aussiedler (Nürnberg)   28f, 163, 211, 269, 310, 329
Durchgangswohnheim (Berlin)   28
Durchschnittsnote   69, 346ff

Eheschließung   41, 87, 102, 159, 193, 316
Eigenkapital   374
Eigenkapitalhilfe   374, 387, 389f
Eigenkapitalhilfeprogramm   374
Einarbeitungszuschuß   71, 263
Einbürgerung   190
Eingliederung   21, 25f, 35, 109ff
Eingliederungsanpassungsgesetz   27, 37, 47, 50ff, 55, 58f, 61f, 73, 75f, 80f
Eingliederungsdarlehen   42, 178f
Eingliederungsgeld   29, 50ff, 53, 57, 62, 220, 229, 241, 275ff
Eingliederungshilfen   36, 453f
Eingliederungsmaßnahmen   27, 34, 66
Eingliederungsprogramm der Bundesregierung   24f
Einheit, deutsche   27
Einigungsvertrag   37, 54f, 75
Einkommen, anrechenbares   309, 319f, 328, 336f
Einkommen, Anrechnung von   66, 246, 248f, 345
Einkommensteuer   116, 203, 205, 406
Einkommensteuergesetz   27, 49, 56, 75, 203, 402ff, 443
Einkommensteuergesetz   75f, 166, 405
Einkommensteuerrichtlinien   76, 405f
Einrichtungsdarlehen   24, 33, 45, 48ff, 205ff
– (Landwirtschaft)   412f

Einrichtungshilfe 42, 174f
Eintragung in die Handwerksrolle, s. Handwerksrolle
Empfehlung der KMK 62ff, 301, 314
Entlassung aus der Staatsangehörigkeit 32, 97f, 195
Entlassungsgeld 81
Entschädigungsrente 399
Erbschaftsteuer 116
Ergänzungskurse 69, 343
Ergänzungsprogramme der Deutschen Ausgleichsbank 74, 390f, 395ff
Ergänzungsprüfung 363
Ergänzungsstudium 69, 343
ERP-Darlehen 374, 389f, 392
ERP-Existenzgründungsprogramm 74, 373f, 392, 395
ERP-Vergabebedingungen 74, 393
Ersatzurkunden 66, 135
Erstaufnahmeeinrichtung 26, 29, 41, 78
Erstes Überleitungsgesetz 32f, 81, 472ff
Erwerbstätiger, selbständiger 35, 125f
Erwerbstätiger, unselbständiger 35, 127f
Erwerbsunfähigkeit 78f
Erziehung 41, 103, 157, 163
Erziehungsbeihilfe 319, 336
Erziehungsgeld 319
Estland 18, 102, 196
Evakuierter 214, 376, 475
Evakuierung 153
Existenz, selbständige 24, 372ff
Existenzgrundlage 40, 103, 148ff, 168, 177
Existenzgründung 73f, 387ff, 395, 399

Fabrikgebäude 75, 402
Facharbeiterprüfung 355, 361
Fachhochschule 64, 304, 371
Fachmittelschule 63, 304
Fachschule, Höhere 72
Fahrerlaubnis 72, 372
Fahrkarte 316, 344
Fahrkosten/Fahrtkosten 32, 36, 61, 66, 69, 97, 223, 230, 246f, 261f, 274, 316, 334
Familien, gemischte 23, 89
Familienanghörige 32, 98, 150, 154, 170, 174f, 177
Familienfreizeit 34
Familienheimfahrten 66, 226, 316, 334
Familienname 197
Familienverband 31, 96
Familienzusammenführung 22, 35, 37, 86, 98, 104, 136, 167, 440, 453
Fernstudium 63f
Fernunterricht 257f, 260
Feststellungsgesetz 174
Finanzierungshilfen 126
Finanzierungsrichtlinien 77, 123, 408ff
Flucht 145, 153, 157
Fluchthilfe 151

Flüchtling   19, 47, 203, 210
Flüchtlingsamt   48, 95
Flüchtlingshilfegesetz   38, 42f, 47, 70, 74, 173ff, 482
Flüchtlingsrat, Katholischer   34
Flugkosten   98
Fördereinrichtung   63
Förderklasse   63, 67
Förderschule   63, 67
Förderunterricht   63f, 302
Fortbildung, berufliche   50, 52, 55, 217ff, 253ff
Fragebogen (Landwirtschaft)   422f
Frauenarbeit, Evangelische   34
Freizügigkeit   34, 100
Fremdrentengesetz   78, 424ff
Fremdrentenrecht   78f
Friedland, s. Grenzdurchgangslager (Friedland)
Friedlandhilfe   30
Frühgeborene   161
Führerschein   72, 372

Garantiefonds   68
– (Hochschulbereich)   65, 327ff
– (Schul- und Berufsbildungsbereich)   64f, 308ff
Garantiefondsrichtlinien   53, 60, 64ff
Gastlager   455
Gemeinschaft ehem. pol. Häftlinge   34
Generation, spätgeborene   141
Gesamtnote   69, 346f
Gesellenprüfung   355, 361
Gewissenskonflikt   40, 103, 147f, 152
Gleichwertigkeit   71, 135, 353ff, 372
Grad, akademischer   72, 369
– staatlicher   72, 369
Graduiertenförderungsgesetz   70
Graduierung, nachträgliche   72, 369
Grenzdurchgangslager (Friedland)   28ff, 32f, 44, 65, 78, 96f, 163, 191, 195, 199f, 210, 269, 310, 329
Grunderwerbsteuer   46
Grundsätze des Bundesministers für Wirtschaft   71, 350ff
Grundsätze für die Aufnahme   31
Grundschule   63, 302f, 315ff
Grundwehrdienst   485
Güterbeförderung   97f
Güterrechtsregister   181f
Güterstand, ehelicher   43, 181ff
Güterstand, gesetzlicher   43, 181ff

Häftling, politischer   46, 80, 96, 146, 455, 469ff
Häftlingshilfegesetz   27, 57, 80, 449ff
Häftlingshilfestiftung   445, 469ff
Härte
– besondere   237

– unbillige   32, 61, 96, 455
Härtefall   96f
Härteklausel   61
Härteregelung   37f
Handwerksordnung   71, 225, 243, 350, 354
Handwerksrolle   42, 72, 124, 350, 364ff, 375f
Hauptentschädigung   399ff
Hauptschule   63, 303, 315ff
Hausaufgabenhilfe   303
Hausfrau   62
Haushaltsgemeinschaft   32, 50, 206, 210, 212, 214, 216
Hausrat   75f, 98, 170, 399ff, 405ff
Hausratentschädigung   50, 399ff
Heimatauskunftstelle   164, 269
Heimatortskartei   164, 269
Heimatschein   192
Heimatvertriebener   75, 102, 106, 352, 405, 472, 474
Heimkehrer   47, 80f, 104, 407, 440, 452
Heimkehrergesetz   47, 81, 104, 407
Heimkehrerstiftung   80f, 445ff, 459ff
Hinterbliebenenversorgung   451f
Hochschule   72, 304, 332, 369f
Hochschulreife   63f, 304ff, 347
Hochschulstudium   63ff, 327ff
Hochschulzugangsberechtigung   69, 346ff
Hochschulzugangszeugnis   63, 71, 304
Hypothekengewinnabgabe   36, 119f

Impfschaden   82, 482
Information der Regierung der VR Polen   23f, 89f
Informationsmaterial   30
Ingenieurschule   72, 371
Institut für Ostrecht   71
Internationale Rotkreuzkonferenz   22
Internationaler Pakt zur Beseitigung jeder Form von Rassendiskriminierung   21, 83f
– über bürgerliche und politische Rechte   22, 84f
Internierung   81

Jahreseinkommen   47, 204
Jugoslawien   18f, 39, 71, 76, 82, 102, 139, 141, 196, 353, 376, 406

Kassenpraxis   36
Kennkarte   192
Kinderbetreuungskosten   263
Kindergarten   27, 163, 302
Kindergeld   82, 202, 271, 319f, 337, 468, 483ff
Kinderzuschüsse   320, 337
Kleidung   76, 405ff
Kolchose   422
Kompaß   30
Konferenz über Sicherheit und Zusammenarbeit in Europa   22, 23, 84
Konrad-Adenauer-Stiftung   78

Konsulargesetz   33
Kontingente   126
Kontingentflüchtling   60, 62, 229, 272
Krankenbedarf   66, 318
Krankengeld   37, 234, 468
Krankenversicherung   37, 47, 52, 61, 66, 69, 74, 81, 205, 221, 225, 235, 241, 246, 248, 262,
    318, 335, 345, 455
Kredit   42, 125, 374f, 384, 390, 409
Kriegsschadenrente   78, 399f
Kriegsfolgenhilfe   474
Kriegsfolgeschicksal   39, 138ff
Kriegsgefangenenentschädigungsgesetz   27, 80, 440ff
Kriegsgefangener   80, 440ff, 459, 467, 474
Kriegsgefangenschaft   153, 405, 407, 467f
Kriegsopferversorgung   251
Kultur   21, 41, 103, 136, 157, 160
Kulturgut   36
Kultusministerkonferenz   69, 301, 346, 349f

Lager   206
Lagerdienst   29
Lagerhaus   75, 402
Länderbeauftragte für die Verteilung   29
Landesauftragsstelle   380ff
Landesflüchtlingsverwaltung   42, 108, 352
Landwirtschaft   35, 76f, 110, 179, 408ff, 420ff
Lastenausgleich   74, 110, 179, 384, 397ff, 471
Lastenausgleichsbank   73, 206f
Lastenausgleichsgesetz   74f, 114, 169, 174, 176, 403, 407
Lebensunterhalt   55, 59, 66, 69, 246ff, 266, 315ff, 328, 333ff
Lehrgangsgebühren   55, 218, 246, 248, 253, 260
Lehrgangskosten   61f, 225
Lernmittel   61f, 66, 69, 218, 225, 230, 246, 248, 261, 303, 316
Lettland   18, 102, 196
Litauen   16, 18, 102, 193, 196
Lohnausfall   56
Lohnsteuerrichtlinien   76

Meisterprüfung   355f, 375
Memelländer   22, 193
Merkblatt   30, 44, 75, 81, 397ff
Mieterdarlehen   461
Mitteldeutschland   19
Mutterschaftsgeld   37
Mutterschutzgesetz   245

Nachfinanzierung   418
Namensänderung   45, 200
Namensführung   29, 45, 198, 200
Namensrecht   45
Nationale Volksarmee   148, 152
Nebenerwerbsstelle, landwirtschaftliche   46f, 77, 114, 399, 411

Nebenkosten 33, 99, 320
Neusiedlung 112, 114, 409
Nichtdeutsche 258
Nichtvertriebene 65
Notunterkunft 49f

Ostgebiete, deutsche 18, 102, 196, 429
Ostpreußen 196
Otto Benecke Stiftung 30, 65, 67ff, 311, 327ff, 339ff, 342ff

Pädagogisches Zentrum 71, 371
Paß 41, 159
Paßgebühren 32, 97f
Personalausweis 29, 41, 45, 159, 192, 200
Personenstandsbuch 197
Personenstandsurkunden 196
Polen 18f, 23ff, 71f, 79, 89ff, 102, 196, 353, 372, 376, 485
Polnisches Rotes Kreuz 23, 89f
Potsdamer Kommuniqué 18
Potsdamer Abkommen 18, 173
Prioritätenregelung 77, 420
Projektförderung (Garantiefonds) 65, 67, 339ff
Prüfungen s. Anerkennung von Prüfungen
Prüfungsgebühren 66, 315, 334

Rahmenfrist (AFG) 54, 104f
Registrierschein 29, 32, 44f, 96, 192, 269, 310, 329
Registrierung 19, 26, 31, 199, 201
Registrierverfahren 29, 39, 59, 94, 269
Registriervermerk 29
Rehabilitation 50ff
Reichs- und Staatsangehörigkeitsgesetz 43, 183ff, 193
Reichssiedlungsgesetz 123
Reifezeugnis 69
Reisebeihilfe 344
Reisekosten 226
Reisepaß 29, 45, 192, 200
Rentenversicherung 47, 52, 78, 81, 205, 235, 424ff, 462, 465, 467
Reparationsschädengesetz 177, 400
Repatriierung 22
Repatriierungserklärung 22, 87ff
Rotkreuzkonferenz 22
Rückführung 32, 97ff, 476
Rückführungskosten 30, 32, 97ff
Rumänien 18f, 24, 71f, 102, 140, 196, 353, 372, 376, 485

Saarverdrängte 170
Sammeleinbürgerung 187, 193f
Schuldenregelung 35f, 129f
Siedlungsbehörde 111, 115
Siedlungsprogramm 77
Sonderabschreibung 402

Sonderbedarf   66, 312, 315, 318, 328, 331, 333, 335, 344
Sonderlehrgang   63f, 305ff, 347f
Sonderprogramm   25f, 46
Sonderschule   63, 302
Sowchose   422
Sowjetunion, s. auch UdSSR   41, 64, 73, 102, 353, 485
Sowjetzonenflüchtling   39f, 46, 74, 102, 131, 170, 172, 351, 354, 363, 376ff, 405
Sozialhilfe   105f, 134, 213, 468
Sozialversicherung   78, 132, 319, 336, 424ff, 454, 471f, 477
Sparguthaben   398
Spätaussiedler   421
Spätgeborene   161f
Sperrbrecher   19
Sprache   21, 41, 62, 67f, 103, 157, 159, 163, 313, 332
Sprachförderung   24ff, 50f, 54, 57, 59ff, 62, 67f, 229f, 275ff, 297ff
Sprachförderungsvereinbarung   57, 60, 62
Sprachförderungsverordnung   57, 60
Sprachkenntnisse   41, 55, 63, 67, 301
Sprachkurs   54, 61
Sprachlehrgang   54
Staatsangehöriger, deutscher   22, 43, 45, 65, 101, 183, 191, 198
Staatsangehörigkeit   32, 40, 43, 45, 88, 105, 153, 183, 191, 424, 427, 449
Staatssicherheitsdienst   146
Statistik   36, 43, 137
Steuerbegünstigung   42, 125
Steuervergünstigung   75
Stiftung für ehem. pol. Häftlinge   34, 81, 455
Stipendium   65f, 330
Strafbestimmungen   36, 137
Studienqualifikation   63, 304f
Suchdienst   29

Teileingliederungsgeld   54f, 295
Teilhaberschaft   42, 125
Trennungsbeihilfe   226
Tschechoslowakei, s. auch CSSR und CSFR   18, 102, 139, 141, 196, 353, 376, 485
Tschechoslowakische Republik   185

Überbrückungsbeihilfe   226
Überbrückungsgeld   375
Überbrückungshilfe   31f, 53, 65, 95f
Übergangshilfe   81
Übergangswohnheim   34, 48, 206, 211, 400
Übernahmeerklärung   31, 53
Übernahmevereinbarung   31
Übersetzung (Urkunden)   66, 69, 318, 335
Übersetzungskosten   318, 335
Übersiedler   19, 25, 27f, 30, 32ff, 36ff, 42f, 46ff, 51, 53, 59, 63ff, 73, 79, 82, 202, 205ff, 275ff
Übersiedlung   70
UdSSR, s. auch Sowjetunion   18f, 71, 102, 196, 372, 376
Ukraine   194

Umrechnungskurs  99
Umschulung, berufliche  50, 52, 55, 226, 253ff
Umzugsgut  30, 32f, 98, 215
Umzugskosten  32f, 226
Unfallversicherung  61, 78, 221, 225, 267, 424ff
Ungarn  18f, 39, 71f, 102, 139, 141, 196, 353, 372, 376, 485
Unna-Massen  29f, 269
Unterbringung  66, 246, 316f, 335
Unterhaltsbeihilfe  80, 452
Unterhaltsgeld  51f, 56, 223f, 259f
Unterhaltshilfe  399
Unterkunft  61, 225, 246, 262, 317ff, 335
Unterrichtsgelder  66, 81,315, 334
Unterstützung  462, 467ff
Urkunde  42, 135, 167, 353, 363

Vereinigung der Opfer des Stalinismus  34
Vergabe öffentlicher Aufträge  73, 376ff
Vergleichbarkeit  369
Vergünstigungen  42, 75, 80, 105, 125, 165ff, 402
Vermögen, anrechenbares  66, 309, 319ff, 328, 336f
Vermögensabgabe  61
Verpflegung  61, 66, 225, 246, 262, 316f, 335
Verrechnungsfähigkeit  32f, 97ff
Verteilung  30f, 92f, 191, 195, 471
Verteilungsrichtlinien  31
Verteilungsschlüssel  31, 93
Verteilungsverordnung  30f, 92ff
Vertragshilfe  129ff
Vertragshilfegesetz  129
Vertragshilfeverfahren  129
Vertragsumsiedler  22
Vertreibung  18, 103, 106, 110, 138ff, 170, 407
Vertreibungsdruck  38f, 138f
Vertreibungsgebiet  18, 29, 165, 170, 196
Vertreibungsmaßnahmen  18, 160
Vertreibungsschaden  75
Vertriebenenamt  48, 59, 95, 269
Vertriebenenausweis  32, 45, 65, 269, 310, 329, 342, 398, 408
Vertriebener  42f, 46f, 57, 73, 101, 104, 191, 351, 363, 376ff, 405
Vertriebenenorganisationen  108
Vertriebenenverbände  26, 34
Volksdeutscher  41, 193f
Volksgruppe  21
Volkspolizei  146, 148, 152
Volkstum  38f, 41f, 157ff
Volkstumspolitik  21
Volkszugehöriger, deutscher  21, 23, 40f, 43, 101, 138, 143ff, 153, 157ff, 183, 185ff, 191, 198, 201, 449
Volkszugehörigkeit, deutsche  23, 40, 43, 89, 103, 157ff, 183, 185ff, 191, 198, 441, 459
Vorkaufsrecht  123
Vorname  200f

Vorschuß (Garantiefonds)   65, 312, 331

Wegweiser für Aussiedler   30, 59, 73, 372, 397
Wegweiser für Flüchtlinge und Übersiedler aus der DDR   30, 73
Wehrdienst   185, 192
Wehrmachtsauskunftstelle   41
Wehrpaß   192
Wehrpflicht   81, 481
Wehrpflichtgesetz   81, 481
Wissenschaftlerprogramm   70
Wochenendseminar   34
Wohlfahrtsverbände   26, 34
Wohnberechtigungsschein   47
Wohngeld   45ff, 202, 204f, 251, 468
Wohngeldantrag   47
Wohngeldgesetz   27, 46ff, 204f
Wohnraum   24, 26, 34f, 46, 81, 461
Wohnraumbeschaffung   34
Wohnraumversorgung   26, 45f, 128
Wohnsitz   41
Wohnung, ausreichende   48ff, 206, 210ff
Wohnungsbau   42, 45ff, 179, 202f
Wohnungsbaugesetz, Zweites   27, 45ff, 202ff, 461
Wohnungsbindungsgesetz   47

Zahl der Aussiedler   18f
Zahl der Übersiedler   19f
Zentralstelle für ausländisches Bildungswesen   63, 71, 304, 370
Zentralverband Mittel- und Ostdeutscher   34
Zinsverbilligung   42, 48, 125, 206, 209
Zivildienst   485
Zugewinngemeinschaft   43
Zuschuß (Garantiefonds)   65, 313, 332
Zuwanderer   25, 35, 64f, 82, 202, 209ff, 308ff, 327ff, 422
Zwangslage, besondere   40, 102f, 145f, 149ff
Zweiter Weltkrieg   18, 21, 74, 194